嶺南文獻綜録

駱偉 編著

南方出版传媒
廣東人民出版社
·廣州·

圖書在版編目（CIP）數據

嶺南文獻綜録／駱偉編著. ——廣州：廣東人民出版社，2016. 7
ISBN 978－7－218－10904－6

Ⅰ. ①嶺 … Ⅱ. ①駱 … Ⅲ. ①地方文獻－書名目錄－廣東省 Ⅳ. ①Z812. 265

中國版本圖書館 CIP 數據核字（2016）第 124791 號

Lingnan Wenxian Zonglu
嶺南文獻綜録
駱 偉 編著

出 版 人：曾 瑩

策劃編輯：倪臘松
責任編輯：王俊輝 黄良起 李 響
裝幀設計：書窗設計
責任技編：周 傑 黎碧霞

出版發行：廣東人民出版社
地 址：廣州市大沙頭四馬路 10 號（郵政編碼：510102）
電 話：（020）83798714（總編室）
傳 真：（020）83780199
網 址：http：//www. gdpph. com
印 刷：廣州家聯印刷有限公司
開 本：787mm × 1092mm 1/16
印 張：53
字 數：820 千
版 次：2016 年 7 月第 1 版 2016 年 7 月第 1 次印刷
定 價：380. 00 元

如發現印裝質量問題，影響閱讀，請與出版社（020－83795749）**聯繫調换。**
售書熱綫：020－83790604 020－83791487 **郵購熱綫**：020－83795749

本書承廣州市宣傳文化出版資金資助

序　　言

嶺南文獻，源遠流長，典籍豐富，自古已然。溯自漢代以來，名卿巨公之輩出，醇儒逸士之蟬連。漢番禺楊孚所著《南裔異物志》，開創我國地區性物產志書之先河，也是粵人首部科學著作。唐宋以降，嶺南名著不斷涌現，如張文獻金鑒之録、余文襄武溪之集、陳文恭白沙之學、丘文莊衍義之補、湛文簡格物之通、黄文襄皇極之疇、黄文裕庸言之理、屈翁山新語之作、陳蘭甫學思之録、康南海大同之書以及梁任公之飲冰室等，皆博大精深而彪炳千秋。

文獻為歷代學者精神智慧之所在，文存而其人因而存，如文獻無徵，則淪為草莽。所以，嶺南歷代涌現不少熱心搜集鄉邦文獻之人士，見之于史料記載者，計有明代張邦翼《嶺南文獻》、清代屈大均《廣東文集》、《廣東文選》，羅學鵬《廣東文獻》，吴蘭修《嶺南叢書》，伍崇曜《嶺南遺書》，温汝能《粵東文海》，陳在謙《嶺南文鈔》，吴道鎔《廣東文徵》，海南書局《海南叢書》等，對匯集保存嶺南地方文獻，其功至偉。迨至二十世紀初，杜定友先生和冼玉清女士，對嶺南文獻工作和研究，情有獨鍾，撰寫了多部著作，做出了卓越貢獻，令世人矚目。番禺黄雨亭蔭普先生，喜搜鄉賢遺著垂六十年，集腋成裘，編輯《廣東文獻知見録》、《補編》，並于二十世紀七十年代面世，對研究嶺南文獻，奠定了基礎。

近五十多年來，由于嶺南文化研究深入開展，特别是全國（包括廣東）編輯《中國古籍善本書目》、《中國古籍總目》以及廣東省市所編印的地方文獻書目和各種專題書目等，特别在文化、教育界深入進行的古籍普查、著録和彙編工作，不斷在省内外發現了一批新的嶺南地方文獻和版本，為訂編擴容本書提供了十分有利的條件。二〇〇〇年由中山大學出版了《廣東文獻綜録》，受到學界的關注和歡迎，此書收入“嶺南叢書”，在編輯過程中，得到編委會成員的熱情指導和幫助，提出許多寶貴意見；參加編纂的協作單位有廣東省立中山圖書館、中山大學圖書館、華南師範大學圖書館、華南農業大學圖書館、廣州中醫學院圖書館等，在此再次致以謝忱和敬意。此書早已絕版，有鑒于此，筆者以年邁之時，病體之軀，把近十多年各地編印出版物，一點一滴從中考證梳理並摘録下來，經年爬格剪貼，終成此編，以饗讀者。

由于本書收録范圍廣、時間跨度長、學科門類多，因此工作量很大，我雖殫思極慮，篇幅有較大增長，仍覺不免有疏漏訛誤之感。因嶺南人、地、時、事、物、文獻，歷經滄桑，不斷增長、消失和變化，使人目不暇接，需不斷考證、判斷和增添。由于時代久遠，有些文獻不但在今天已不可考，即使是前人也未必能詳。而文獻的存藏，卻像大海深淵，探索則無窮無盡。個人盡綿薄之力，只能做到一定程度為止。這不僅需費時費神，且要熟識地方掌故和多種學科歷史知識，這是從事文獻工作者的條件和體會。因此，某些失漏的空間和條目的辨考，只能留待後來者匡補。

昔有謂嶺南為“南蠻”、“文化沙漠之州”，殊不知各地有各地的文化差異和特徵，這正是“一方水土養一方人”的道理。而且人、地、時、事物都有興與衰的更替過程。因此，不能統而論之，更不能持偏見而固化，因為這是世間任何事物發展的普遍規律。此書雖為嶺南文獻存目，所列著作卻是一千多年來嶺南人的智慧結晶，也見證了嶺南歷史文獻的傳承和發展。嶺南雖為區區一隅，古人云："夫道無大小，大而天下，小而一鄉一國"，可見"睹一隅而知天下"。

此書之作，雖以工具書論，但可供遊覽者觀土風，為政者知地情，文史學者徵故實，師生者查資料。因此，地方文獻不僅是中華文化瑰寶，也是民族生存綿延的根源，亦系一地開發建設之依據。

余退休多年，僻居陋巷，又不精通現代新技術，故不能廣致群籍，是以一覺掛一漏萬，所祈大雅君子，惠賜斧教，訂誤補缺，則就正之心固所愿矣。

駱 偉 二〇一三年十二月書于中山大學蒲籟

編　　例

一、宗　旨

嶺南地處祖國南疆，在政治、經濟與文化等方面，過去多默默無聞，而近代卻躍居全國重要地位。為了研究嶺南、開發嶺南和弘揚民族優秀文化，必須系統地搜集、揭示該區及國內外收藏歷代嶺南文獻，以便更好地為建設廣東文化大省和中華民族復興服務。

二、收録内容范圍

本録共收條目7800餘種。其中包括：（1）粵人著述。指祖籍、寄籍或圓寂嶺南者，其著作方式包括撰、著、述、編、輯、釋、注、考等，他們是嶺南文化的創造者和代表者，是本録的主體；（2）記載嶺南事物的文獻。主要指人、地、時、事、物，能反映社會政治、經濟發展、歷史地理、文化教育、習俗民情以及自然資源等方面文獻，包括粵人和其他地區人士的著述；（3）嶺南刊行的文獻。主要指歷代刊行的重要文獻，包括刊印、活字、套印、鉛印、石印、稿鈔等，這是考察和研究嶺南文化發展的組成部分；（4）收録文獻的時間和載體。粵人著作，起源于漢代，故起漢代訖近代。凡書寫或刊行于1911年以前並具有古典裝訂形式的文獻（如蝴蝶裝、經摺裝、包背裝、綫裝、毛裝等）；部分有影響的人物及其著作，時間可延續到民國時期，如容庚、陳垣及其著作等等；（5）收録文獻的地域範圍。考慮到歷史和地緣傳統關係，故地域範圍以近代廣東行政區域為主，即包括今廣東省、海南省、廣西的欽州、北海市以及香港、澳門等地區。

三、著　録

基本參照中華人民共和國國家標準《古籍著録規則》（GB·3792.7－87）著録。有幾點需說明：（1）凡粵人作者姓名前加注籍貫，他省人士則從略。如《六瑩堂集》，著録“（清）南海梁佩蘭撰”；《南海集》，則著録“（清）王士禛撰”等；（2）作者時代。依有關工具書著録，但“民國”作者，則省略時代；（3）原書如無卷、無著者，且不能考出者，則省略；（4）對文獻的殘卷（指收藏文獻不完整），不作“存卷”或“缺卷”著録，只用“⊗”符號標示；（5）同一文獻的書名、卷帙、著者完全相同者，其版本按版本年代先后排列。否則，作單書著録；（6）我國傳統對釋、道及婦女著作不列籍貫，為增加信息量，本録作簡述；（7）需加說明的各種文獻（包括作者、内容、版本和存量），均以“按”標示。

四、叢　書

粵人編輯和刊行的叢書，以整套叢書著録，並詳列子目。部分批校題跋本視情況另作單書著録。外地人編輯的叢書，如内容涉及廣東事物者，則分別作整套叢書或部分著録，如張之洞《文雅堂四種》、王易祺《小方壺輿地叢鈔》等。叢書編輯者著録籍貫，但子目著者籍貫從略。

五、分　類

為適應嶺南近代中西文化交流和文獻内容的發展變化，本録分十部：即經學、哲學宗教、社會科學、歷史、地理、語言文字、文學、藝術、自然科學及綜合十大部，下設若干類目（詳見分類表），作為類分文獻的依據。除地理方志類以地區排列外，其餘各類，一般按文獻內容及作者時代編排。另，歷史部譜牒類，因筆者已出版《嶺南姓氏族譜輯録》，讀者可參閱之，故從略。

六、結　構

本輯分正録和附録兩部分。正録指各個時代粵人著述款目；附録為藏書單位名稱對照表、參考文獻、書名和責任者索引，以備檢索。

七、藏書單位及簡稱

正録所收每種文獻之后，均列出收藏單位簡稱及個人姓名，詳見“藏書單位名稱對照表”。

八、索　引

分書名索引、責任者索引兩種。其中，書名索引按原題書名（含冠詞）著録，責任者索引按著者姓名著録，均以首字拼音聲部順序排列，以備檢索。

目録

一、經學部

總　類

0001

五經旁訓　五種　二十二卷

（明）南海王安舜撰

明天啓元年（1621）刊本

南圖、哈佛

子目：

易經旁訓　四卷

書經旁訓　四卷

詩經旁訓　四卷

禮記旁訓　四卷

春秋旁訓　四卷

（按：古代經書，原爲“六經”，即：易、書、詩、禮、樂、春秋。後《樂經》因秦代焚書而亡佚，故只剩“五經”。近年，從清華大學某校友捐贈2000多枚戰國竹簡中，發現了戰國時期的“勸酒樂詩”。經著名考古專家李學勤教授考證，認爲是《樂經》的篇目，爲周武王時的樂詩，從而填補了“六經·樂”的空缺。見《羊城晚報》2009年4月26日“2300歲竹簡留下周文王遺言”。）

0002

五經典要注釋　五卷

（清）東莞袁壯行撰

清康熙二十九年（1690）文萃堂刻本

粵圖

0003

五經衷要　五種　七十二卷

（清）李式穀輯

清道光十年（1830）南海葉夢龍風滿樓刊本

國圖、上圖、清華等

子目：

易經衷要　十二卷

書經衷要　十二卷

詩經衷要　十二卷

春秋衷要　六卷

禮記衷要　三十卷

0004

五經味根録　五種　三十八卷

（清）番禺劉昌齡撰

清光緒十八年（1892）凌雲閣石印本

國圖

子目：

周易　四卷

書經　六卷

詩經　四卷

禮記　十卷

春秋　十四卷

0005

六經圖　二十四卷

（清）潮陽鄭之僑編

清乾隆九年（1744）述堂刊本

粵圖、中大

（按：此書分：易經圖四卷、書經圖四卷、詩經圖四卷、春秋圖四卷、禮記圖四卷和周禮圖四卷。左圖右文，各圖附注釋與考證。）

0006

十三經注疏附校勘記　二百四十八卷

（清）阮元撰

清同治十年（1871）廣東书局刊本

粵圖、中大等

子目：

周易兼義 九卷 附音義 一卷 注疏校勘記 九卷 釋文校勘記 一卷（魏）王弼（晉）韓康伯注（唐）孔穎達正義 音義（唐）陸德明撰
附釋音尚書注疏 二十卷 附校勘記 二十卷（漢）孔安國傳（唐）陸德明音義（唐）孔穎達疏
附釋音毛詩注疏 七十卷 附校勘記 七十卷（漢）毛亨傳（漢）鄭玄箋（唐）陸德明音義（唐）孔穎達疏
附釋音周禮注疏 四十二卷 附校勘記 四十二卷（漢）鄭玄注（唐）陸德明音義（唐）賈公彦疏
儀禮注疏 五十卷 附校勘記 五十卷（漢）鄭玄注（唐）陸德明音義（唐）賈公彦疏
附釋音禮記注疏 六十三卷 附校勘記 六十三卷（漢）鄭玄注（唐）陸德明音義（唐）孔穎達疏
附釋音春秋左傳注疏 六十卷 附校勘記 六十卷（晉）杜預注（唐）陸德明音義（唐）孔穎達疏
監本附釋音春秋公羊注疏 二十八卷 附校勘記 二十八卷（漢）何休撰（唐）陸德明音義（□）□□疏
監本附音春秋穀梁注疏 二十卷 附校勘記 二十卷（晉）范甯集解（唐）陸德明音義（唐）楊士勛疏
論語注疏解經 二十卷 附校勘記 二十卷（魏）何晏集解（宋）邢昺疏
孝經注疏 九卷 附校勘記 九卷 唐玄宗注（宋）邢昺校
爾雅注疏 十卷 附校勘記 十卷（晉）郭璞注（宋）邢昺校定（□）□□音
孟子注疏解經 十四卷 附校勘記 十四卷（漢）趙岐注（宋）孫奭疏並撰音義 附十三經注疏校勘記識語 四卷（清）汪文臺撰

0007

九經古義 十六卷

（清）惠棟撰

清乾隆潮陽縣署刊本 清嚴元照校並跋

上圖

（按：九經即：周易、書經、詩經、周禮、禮記、春秋、論語、孝經、孟子。）

0008

十三經繹注疏 九卷

（明）香山梁斗輝撰

明天啓七年（1627）刊本

國圖

0009

十三經注疏序録 二卷

（清）香山何無衢輯

清刊本

内圖

0010

皇清經解 一百八十三種 一千四百卷

（清）阮元輯

清道光九年（1829）廣東學海堂刊本

粵圖等

清道光九年（1829）廣東學海堂刊 咸豐十一年（1861）補刊本

粵圖等

子目參見《中國叢書綜録》第603至605頁

0011

通志堂經解 一百四十種 一千八百六十卷

（清）成德（性德）輯

清同治十二年（1873）粵東書局刊本

國圖、上圖等

子目參見《中國叢書綜録》第599頁至605頁

0012

經典釋文 三十卷

（唐）陸德明撰

清同治十年（1871）廣州粵秀山文瀾閣刻本

港學海

0013

經鋤堂經説 一卷

（清）番禺張維屏撰

清刊本

國圖

0014

經字異同　四十八卷

（清）番禺張維屏撰

清光緒五年（1879）清泉精舍刊本

港大

清紅格紙鈔本

港大⊗

0015

學思稿　不分卷

（清）番禺陳澧撰

稿本

粵圖

子目：

札記　一冊

篆説　四冊

音韻雜文　一冊

七音表　四冊

説文聲表目録　三冊

稿本

國圖、港大

［按：陳澧（1810—1882），字蘭甫，自號江南倦客，因幼時讀書於祖宅東厢，後爲其著作名《東塾讀書記》，世人尊稱"東塾先生"。原籍浙江紹興，其祖父南遷廣東，遂占籍番禺。清道光舉人，曾爲廣州學海堂學長長達27年之久，培養廣東不少人才。他博覽群書，學識過人，在經學、史學、數學、文學等方面，著作頗豐，近人統計其著作多達116種，在嶺南學界頗有地位和影響。此書爲其經學代表作之一。］

0016

經學叢書　十七種　六十六卷

（清）南海桂文燦撰

稿本

科圖

［按：桂文燦（1823—1884），字子白，又字昊庭，南海人。早年師從陳澧，道光末中舉，同治元年（1862）進呈所著《經學叢書》，次年應詔陳言。畢生研究經學，長於考證，著有《經學撮要》、《經學博采録》等50多種著作，是嶺南經學大師之一。］

0017

群經補證　六卷

（清）南海桂文燦撰

稿本

粵社

［按：書前有咸豐三年（1853）自序，稱："文燦弱冠以前治經，道光撰有《經義記》一卷。自後遊學四方，博訪通人，屢因國家變故，返家重編之，寫之欲付梓人，以免散佚。"該書原題《經義叢録》，後改今名。］

0018

經學博采録　十二卷

（清）南海桂文燦撰

稿本

遼圖

0019

經學博采録　六卷

（清）南海桂文燦撰

民國三十年（1941）鉛印《辛巳叢編》本

粵圖、中大

0020

經學　一卷

（清）南海勞植楠述

清光緒高等學堂鉛印本

粵圖

0021

經義精華　不分卷

（清）曾國藩等撰

清光緒二十四年（1898）廣州聚豐坊刊本

港學海

0022

經義述要　一卷

（清）揭陽林顯榮撰

民國鉛印《近韓林氏家範》本

揭博

0023

馬氏經學叢刊　不分卷

（清）順德馬貞榆撰

清刊朱印本
國圖

0024
通介堂經説 三十七卷
（清）番禺徐灝撰
清刊本
港中山

0025
通介堂經説 十二卷
（清）番禺徐灝撰
清咸豐四年（1854）廣州藝芳齋刊本
粵圖、華師
清咸豐四年（1854）廣州藝芳齋刊本　清李慈銘校注
國圖

0026
二十二子彙雋 二卷
（清）南海李宗顥輯
稿本
粵圖

0027
四書五經義約鈔 一卷
題（清）羊城花峰主人編
清光緒二十四年（1898）時務局刊本
粵圖

0028
經學源流大義 一卷
（清）南海梁紹熙撰
清末鉛印本
粵圖

0029
茶香室經説 十六卷
（清）俞樾撰
清光緒十八年（1892）廣州廣東學院刊本
港中央

0030
經學文鈔 十五卷 首三卷
番禺梁鼎芬撰集
清宣統江蘇存古堂木活字印本
粵圖⊗

0031
兩湖文高等學校經學課程 不分卷
（清）順德馬貞榆撰
清光緒二十九年（1903）刊朱印本
科圖

0032
經傳字音考證 四卷
（清）順德馮肩輯
清道光二十六年（1846）刊本
粵圖

0033
僞經考答問 一卷 讀書要論 一卷
（清）順德譚濟騫輯
清光緒二十四年（1898）上海大同譯書局石印本
粵圖

0034
新學僞經考 十四卷
南海康有爲撰
清光緒十七年（1891）廣州康氏萬木草堂刊本　清張之洞等批
上圖
清光緒十七年（1891）廣州康氏萬木草堂刊本
粵圖、中大、華師
清光緒武林望雲樓石印本
中大
民國七年（1918）廣州萬木草堂刊本
粵圖、中大、華師

0035
讀書堂叢刻 四種 五十四卷
順德簡朝亮撰
清光緒至民國刊本
上圖
子目：
　　尚書集注 三十二卷 首一卷 末二卷 附答問一卷

論語集注補正述疏 十卷 首一卷 附答問一卷
孝經集注述疏 一卷 附答問 一卷
禮記子思子言鄭注補正 四卷

易 類

0036
周易黃氏注 一卷
（晉）南海黃穎撰
清光緒十年（1884）楚南湘遠堂刊本
華農

0037
易注 一卷
（晉）南海黃穎撰
清道光中甘泉黃氏刊、光緒中印《漢學堂叢書》本
華農

0038
周易傳義 十卷
（宋）程頤、朱熹撰
明嘉靖三十五年（1556）廣東崇正堂刊本
首圖、上圖

0039
易學辨惑 一卷
（宋）邵伯温撰
清光緒南海孔氏嶽雪樓鈔本
粵圖

0040
厚齋易學 五十卷 附録 二卷
（宋）馮椅撰
清光緒南海孔氏嶽雪樓鈔本
粵圖

0041
讀易舉要 四卷
（宋）俞琰撰
清光緒南海孔氏嶽雪樓鈔本
粵圖

0042
易纂言外翼 八卷
（元）吳澄撰
清光緒南海孔氏嶽雪樓鈔本
粵圖

0043
讀易餘言 五卷
（明）崔銑撰
清光緒南海孔氏嶽雪樓鈔本
粵圖

0044
古文周易傳義約説 十二卷
（明）南海方獻夫撰
明嘉靖二十年（1541）刊本
臺灣

0045
周易傳義約説 十二卷
（明）南海方獻夫撰
清乾隆文津閣《四庫全書》本
國圖

0046
圖書質疑 不分卷
（明）揭陽薛侃撰
明萬曆四十五年（1617）薛茂杞刊本
粵圖
清乾隆文津閣《四庫全書》本
國圖

0047
重訂蔡虛齋先生易經蒙引 十二卷
（明）蔡清撰、（明）揭陽宋兆禴重訂
明末刊本
南圖、浙圖、東北師大、廣圖

0048
讀易記 三卷
（明）番禺王漸逵撰
明刊本
南圖

0049
易原 八卷
（明）南海陳錫撰
明萬曆二十七年（1599）刊本
北師大

0050
鄭氏易譜 十二卷
（明）順德鄭旒撰
清乾隆十八年（1753）鄭時達刊本
粵圖、皖博

0051
周易爻物當名 二卷
（明）番禺黎遂球撰
明崇禎刊本
中大、北大
清乾隆文津閣《四庫全書》本
國圖
清紅鯀書屋刊本
粵圖

0052
翁山易外 七十一卷
（清）番禺屈大均撰、（清）番禺屈明洪等編
清康熙刊本
粵圖
清鈔本
北大
［按：屈大均（1630—1695），初名邵龍，又名紹隆，以其幼年寄養南海邵家而得名。字翁山，號華夫、三外野人、五嶽外史等。他生活於明清鼎革亂世，幼從陳邦彦讀書於粵秀山，與陳邦彦子恭尹交密，曾隨陳邦彦一起抗清，失敗後禮釋函昰於番禺雷峰海雲寺爲僧，法名今種。十二年後蓄髮還俗，1652 年遂只身遠遊，往來於吴越、幽燕、齊魯、荆楚和秦晉等地，交接志節之士，與當地學者多有過從。在這 30 年中，忽釋忽儒，繼“三藩”平後，遂回里著書立説。屈大均才華橫溢，長於詞章，詩尤有盛名。一生著述甚豐，既是一位卓越的文學家，也是一位優秀的史學家，其撰“三廣”（《廣東新語》、《廣東文集》、《廣東文選》）尤負盛名。清雍正、乾隆兩朝大興文字獄，由於他存有反清復明的思想，經他撰寫編輯的二十多種書，大多遭禁燬。近年來，廣東炎黄文化研究會歐初、王貴忱先生主編《屈大均全集》，使屈大均主要著作得以整理出版問世，亦當代文壇一盛事。］

0053
演周易 四卷
（清）潮陽陳英猷撰
清乾隆十八年（1753）陳氏疊石山房刊本
粵圖

0054
周易本義闡旨 八卷
（清）新會胡方撰
清嘉慶刊本
粵圖

0055
周易略解 八卷
（清）南海馮經撰
清嘉慶十八年（1813）枏堂刊本
粵圖
（按：馮經，字世則，一字耒廬，南海人。幼時得何夢瑤指點，後又師從戴震，清乾隆中舉人，曾主羊石書院講席，授徒 30 年。平生精易，旁及算學。其《周易互解》已失傳。）

0056
周易略解 五卷
（清）南海馮經撰
清道光二十九年（1849）粵雅堂刊本
華師

0057
周易集解 十一卷 首一卷
（清）饒平詹鯤撰
清道光四年（1824）文玉樓刊本
粵圖、汕圖、潮圖

0058
周易述翼 五卷
（清）番禺黄應麒撰
清道光二十二年（1842）懺花庵刊本
中大

0059
朱子周易本義補闕 四卷
（清）順德廖焕光撰
清鈔本
粵圖

0060
大易心義 六卷
（清）開平伍鑾軒撰
清道光十二年（1832）刊本
粵圖

0061
易象占驗 一卷
（清）順德鄧接成撰
清道光二十一年（1841）裕新堂刊本
粵圖

0062
易象元機 二卷
（清）順德鄧接成撰
清道光二十一年（1841）裕新堂刊本
粵圖

0063
讀易述訓 四卷
（清）香山蔡顯源撰
清道光二十九年（1849）刊本
中大
清同治六年（1867）蔡氏敦睦堂刊本
粵圖

0064
讀易口義 四卷
（清）順德楊一夔撰
清咸豐二年（1852）刊本
粵圖

0065
周易觀象 一卷
（清）東莞吳應期撰
清咸豐六年（1856）西南啓文堂刊本
粵圖

0066
易説旁通 十卷
（清）鶴山吳岳撰
清同治十年（1871）刊本
粵圖、中大

0067
易説旁通 八卷
（清）鶴山吳岳撰
清同治十三年（1874）佑啓堂刊本
港中山

0068
易學史鏡 八卷
（清）南海曹爲霖撰
清同治十二年（1873）木筆花館刊本
粵圖

0069
問心録向易解 二十二卷
（清）開平鄧子賓撰
清同治十三年（1874）乃則堂刊本
粵圖

0070
易大義補 一卷
（清）南海桂文燦撰
清光緒十九年（1893）刊本
港大

0071
周易象義備考 不分卷
（清）南海劉壽康輯
清鈔本
國圖

0072
易言 二十篇
（清）香山鄭觀應撰

民國初上海淞隱閣刊本
華東師大
（按：此書稀見。）

0073
易學理數纂要　一卷
（清）順德吳昭良撰
清光緒三年（1877）刊本
粤圖

0074
邵村易説　不分卷
（清）東莞張其淦撰
民國鈔本
粤圖

0075
周易乾坤文言講疏　不分卷
陳湛銓撰
民國香港鉛印本
港學海

書　類

0076
尚書　十三卷三冊
題（漢）孔安國傳
清同治三年（1864）南海鄺九我堂刊本
港中央

0077
書集傳或問　二卷
（宋）陳大猷撰
清康熙通志堂刊《通志堂經解》本
首圖、上圖等

0078
書集傳　十二卷　或問　二卷
（宋）陳大猷撰
元刊本
國圖

0079
書傳會選　六卷
（明）劉三吾等撰
清光緒南海孔氏嶽雪樓鈔本
粤圖

0080
尚書疑義　五卷
（明）馬明衡撰
清光緒南海孔氏嶽雪樓鈔本
粤圖

0081
尚書疏衍　四卷
（明）陳第撰
清光緒南海孔氏嶽雪樓鈔本
粤圖

0082
書經衷論　四卷
（清）張英撰
清光緒南海孔氏嶽雪樓鈔本
粤圖

0083
書經　四卷
不著撰人
清同治十年（1871）廣州教忠堂刊本　清南海馮焌光跋並録　清儲欣批識
武漢、武大

0084
尚書埤傳　十五卷　補二卷　首一卷　考異　補一卷　書經考異　一卷
（清）朱鶴齡撰
清康熙羊城濠上草堂刊本
國圖、北大
清光緒南海孔氏嶽雪樓鈔本
粤圖

0085
禹貢長箋　十二卷
（清）朱鶴齡撰
清光緒南海嶽雪樓鈔本
粤圖

0086
禹貢纂注 一卷
（明）饒平周用撰
清鈔本
上圖

0087
禹貢備遺 一卷 書法 一卷
（明）惠來胡瓚撰
清初刊本
國圖

0088
禹貢圖 一卷
（清）番禺陳澧撰
清光緒十五年（1889）上海蜚英館石印《皇清經解續編》本
華農

0089
禹貢川澤考 二卷 附先考皓庭府君事略 一卷
（清）南海桂文燦撰
清光緒十二年（1886）廣州利華印務局石印本
華師

0090
禹貢川澤考 二卷
（清）南海桂文燦撰
清光緒粵東十八甫森寶閣刊本
粵圖
清光緒十二年（1886）沙基利華印務局鉛印本
浸大
民國三十五年（1946）廣州利華印務局鉛印本
中大、廣圖

0091
禹貢水道圖論 一卷
（清）南海關遠光撰
清道光八年（1828）粵東九經閣刊本
粵圖

0092
禹貢新圖說 二卷
（清）嘉應楊懋建撰
清同治元年（1862）廣州富文齋刊本
粵圖

0093
尚書源流 一卷
（清）順德馬貞榆撰
清末刊本
粵圖

0094
今古文尚書授受源流
（清）順德馬貞榆撰
清末兩湖高等學堂經學課程刊本
粵圖
（書又名《尚書要旨》）

0095
書經精華 六卷
（清）潮州陳龍標編、薛嘉穎注
清嘉慶二十四年（1819）鳳城文林閣刊本
揭博

0096
尚書秘鑰 不分卷
（清）揭陽林顯榮撰
民國鉛印《近韓林氏家範》本
揭博、揭圖

0097
尚書句解考正 不分卷
徐天璋撰
清宣統三年（1911）廣州雲麓山館刊本
港中文

0098
尚書集注述疏 三十二卷 首一卷 末二卷 附讀書答問 一卷
順德簡朝亮撰
清光緒三十三年（1907）順德簡氏讀書堂刊本
中大、華師、華農、港中文

0099
洪範微 二卷 附明代千遺民詩詠 一卷
東莞張其淦撰

民國十九年（1930）鉛印《寓園叢書》本
中大

詩　類（參文學部）

0100
詩經集注　二十卷
（宋）朱熹撰
明嘉靖三十五年（1556）廣東崇正堂刊本
粵圖、國圖

0101
潁濱先生詩集傳　十九卷
（宋）蘇轍撰
清光緒南海孔氏嶽雪樓鈔本
粵圖

0102
慈湖詩傳　二十卷
（宋）楊簡撰
清光緒南海孔氏嶽雪樓鈔本
粵圖

0103
詩傳旁通　十五卷　類目　一卷
（元）梁益撰
清光緒南海孔氏嶽雪樓鈔本
粵圖

0104
重訂詩經疑問　十二卷
（明）姚舜牧撰
清光緒南海孔氏嶽雪樓鈔本
粵圖

0105
詩經通解　二十五卷
（明）香山黄佐撰
明嘉靖二年（1523）刊本
復旦
明嘉靖四十年（1561）刊本
日内閣
［按：黄佐（1489—1566），字才伯，號泰泉，明正德間進士，香山人。出身於書香門第，祖父黄瑜，父親黄畿，均爲一代儒宗。黄佐深知官場之黑闇，無心仕途。於廣州辟粵洲草堂接待遊學士子，又改白雲山景泰寺爲泰泉書院，授徒研學。黄佐博通經史，擅樂律詞章，《四庫全書總目》贊其在“明人之中，學問最有根底”。他培養了歐大任、梁有譽、黎民表等“南園後五先生”，爲嶺南一代詩宗。一生著述宏富，據統計，其著作約 60 種，620 餘卷，多爲地方文獻，被冼玉清教授譽爲“嶺南文獻之第一人”。其後代人才輩出，如黄培芳、黄鯨文、黄映奎、黄佛頤等。］

0106
詩經正訛　八卷
（清）番禺王隼撰
清乾隆九年（1744）大樗堂刊本
浙圖

0107
毛詩紬義　二十四卷
（清）嘉應李黼平撰
清光緒十四年（1888）上海點石齋石印《皇清經解》本
華農
清光緒十七年（1891）上海鴻寶齋石印《皇清經解》本
華農

0108
李氏毛詩紬義　一卷
（清）嘉應李黼平撰
清焦廷琥稿本《仲軒群書雜著》
湘社

0109
詩經庭訓便覽　五卷
（清）南海潘炳綱輯
清乾隆五十九年（1794）養正家塾刊本
中大

0110
重訂三家詩拾遺　十卷
（清）范家相輯、（清）嘉應葉鈞重訂

清嘉慶十五年（1810）詒谷堂刊本
中大

0111
毛詩復古録 十二卷 首一卷
（清）吳川吳懋清撰
清光緒二十年（1894）廣州學使署刊本
粤圖、中大、華師

0112
詩毛鄭異同辨 二卷
（清）南海曾釗撰
清面城樓刊本
中大

0113
曾氏毛詩異同辨 二卷
（清）南海曾釗撰
清焦廷琥稿本《仲軒群書雜著》
湘社

0114
讀詩日録 不分卷
（清）番禺陳澧撰
稿本
中大

0115
讀詩日録 一卷
（清）番禺陳澧撰
稿本
中大
民國元年（1912）刊本
粤圖、中大

0116
鄭氏詩箋禮注異義考 一卷
（清）南海桂文燦撰
清咸豐刊《南海桂氏經學》本
粤圖
清咸豐至光緒年間廣州富文齋刊本
粤圖

0117
毛詩釋地 六卷
（清）南海桂文燦撰
清光緒刊《經學叢書》本
粤圖

0118
詩異文録 三卷
（清）番禺黄位清撰
清道光二十四年（1844）松風閣刊本
粤圖

0119
詩緒餘録 八卷
（清）番禺黄位清輯
清道光十九年（1839）南海葉氏佇月樓刊本
粤圖、中大

0120
詩經繹參 四卷
（清）南海鄧翔撰
清同治六年（1867）南海孔氏朱墨套印本
粤圖、華師
清同治六年（1867）廣州九經閣刊本
港中文

0121
詩經精華 十卷
（清）潮州陳龍標編、薛嘉穎注
清道光五年（1825）鳳城瑞文堂刊本
揭博

0122
詩經注 五卷
（清）南海康國熺撰
清同治五年（1866）刊本
粤圖

0123
詩經串義 五卷
（清）南海康國熺撰
清光緒十七年（1891）粤東學院前文經堂刊本
粤圖

0124
詩玉尺 二卷
（清）林昌彝撰
清同治八年（1869）廣州海天琴舫刊本
港中文

0125
詩繹 一卷
（清）南海廖翺撰
清光緒四年（1878）刊本
粤圖

0126
詩經注 二卷
（清）番禺陳善百撰
清鈔本
粤圖

0127
詩經精旨
（清）揭陽林顯榮撰
民國鉛印《近韓林氏家範》本
揭博

0128
毛詩學
（清）順德馬貞榆撰
清末刊本
科圖

0129
詩輯 一卷
（清）南海李應鴻撰
稿本　盧子樞題識
廣圖

0130
毛詩説習傳 一卷
順德簡朝亮撰
民國刊本
華師

0131
詩旨纂詞 五卷
順德黄節撰
民國北京大學鉛印本
中大

0132
詩序非衛宏所作説 一卷
順德黄節撰
民國十九年（1930）鉛印本
粤圖

0133
毛詩古音諧讀 五卷
嘉應楊恭桓撰
民國十七年（1928）京華印書局鉛印本
中大

0134
銘心齋經説 六卷
嘉應楊鴻光撰
民國紅欄精鈔本
中大

0135
廣州俗話詩經解義 不分卷
南海麥仕治撰
民國文寶閣刊本
中大

禮　類

0136
周禮注 六卷
（漢）鄭玄撰　（唐）陸德明音義
清嘉慶十一年（1806）順德張青選清芬閣刊本
普葛

0137
禮書 一百五十卷
（宋）陳祥道撰
清光緒二年（1876）廣州菊坡精舍刊本
港中文
清末廣州學源堂刊本
港學海

0138
内外服制通釋 七卷
（宋）車垓撰
清光緒南海孔氏嶽雪樓鈔本
粤圖

0139
月令解 十二卷
（宋）張虙撰
清光緒南海孔氏嶽雪樓鈔本
粵圖

0140
禮記集説 三十卷
（元）陳皓撰
明嘉靖三十五年（1556）廣東崇正堂刊本
浙圖

0141
文公家禮會通 十卷
（明）湯鐸撰
明景泰元年（1450）湯氏執中堂刊本
國圖、科圖⊗

0142
家禮儀節 八卷
（明）瓊山丘濬撰
明成化十年（1474）刊本
加英哥大

0143
文公家禮儀節 八卷
（明）瓊山丘濬撰
明弘治三年（1490）順德知縣吳廷舉刊本
臺灣
明正德十二年（1517）太平府刊本
北師大、復旦
明正德十二年（1517）應天府刊本
浙圖
明正德十三年（1518）常州府重刊本
北大
明嘉靖十八年（1539）刊本
臺灣
明萬曆三十六年（1608）常州錢時刊本
中大、國圖等
明萬曆三十七年（1609）常州錢時刊本　清丁丙跋
南圖
明萬曆四十年（1612）刊本
北大
明萬曆四十六年（1618）何士晉刊本
國圖
明萬曆刊本
上圖
明末吳郡寶翰樓刊本
粵圖
明末刊本
港中文
明末刊本
復旦
明鈔本
上圖
明刊本
西北大
明刊本
湘圖
明刊本
皖博
明刊本
國圖
清咸豐五年（1855）重刊本
粵圖

0144
丘文莊家禮儀節 八卷
（明）瓊山丘濬撰
清乾隆三十五年（1770）寶敕樓刊本
粵圖

0145
朱子家禮 八卷 首一卷
（明）瓊山丘濬輯
清康熙刊本
粵圖、港中文

0146
文公家禮會成 八卷
（明）魏堂撰
明嘉靖三十六年（1557）李存中、來端蒙等刊本
上圖

0147

二禮經傳測 六十八卷

（明）增城湛若水撰

明嘉靖四年（1525）刊本

日内閣

明嘉靖刻本

津圖

明刊本

國圖、北大

清乾隆文津閣《四庫全書》本

國圖

［按：湛若水（1466—1560），字元明，初名露，字民澤，避家諱改名雨，後定名若水，世稱“甘泉先生”。明弘治舉人，旋得賜進士，授翰林院編修，曾官禮部、吏部、兵部三部尚書。他爲官十幾載，利用閒職之便，致力著書講學。弘治七年，往江門拜陳獻章門下，對其學術思想有所創新，如陳“主静”，湛“主敬”，認爲“善學者必合動静一於敬，敬立則動静渾淪矣，此合内外之道也。”後主講增城明誠書院、南海雲谷書院、大科書院、池州甘泉書院、婺源福山精舍等，他繼承和發揚白沙精神，自成門派。因此，陳湛理學被中國理學界稱爲“廣宗”或“廣派”，遂傳播海内外，影響巨深。］

0148

聖訓約 不分卷

（明）增城湛若水撰

明嘉靖二十三年（1544）刊本

國圖

0149

泰泉鄉禮 七卷

（明）香山黄佐撰

清乾隆文津閣《四庫全書》本

國圖

清道光刊本

粵圖、静嘉

0150

泰泉鄉禮 七卷 首一卷

（明）香山黄佐撰

清道光南海伍氏粤雅堂刊《嶺南遺書》本

粵圖、中大

0151

周禮傳 十卷

（明）王應電撰

清光緒南海孔氏嶽雪樓鈔本

粵圖

0152

表式 不分卷

（清）揭陽郭天欽輯

稿本

粵圖

0153

檀弓疑問 一卷

（清）邵秦衢撰

清光緒南海孔氏嶽雪樓鈔本

粵圖

0154

陳蘭甫手批方望溪周官辯 一卷

（清）方苞撰、（清）陳澧批

清刊本

港大

0155

鄭學 一卷

（清）番禺陳澧撰

稿本

港大

0156

禮記學思稿 不分卷

（清）番禺陳澧撰

稿本

粵圖

0157

周禮正文 三卷

（清）新會伍兆芳譯

清道光八年（1828）刊本

佛圖

0158
周禮提綱輯注 一卷
（清）南海林組撰
清乾隆四十三年（1778）刊本
粵圖

0159
品官家儀考 四卷
（清）番禺林伯桐撰
清道光二十四年（1844）林世懋刊《脩本堂叢書》本
粵圖

0160
士人家儀考 四卷
（清）番禺林伯桐撰
清道光二十四年（1844）林世懋刊《脩本堂叢書》本
粵圖

0161
經辦祀典事跡冊 一卷
（清）順德梁廷枏撰
清道光刊本
粵圖

0162
周禮今釋 六卷
（清）南海桂文燦撰
清光緒二十二年（1896）南海桂氏刊本
粵圖

0163
聖廟祀典輯聞 十四卷 首一卷 年譜 二卷
（清）番禺黃位清輯
清道光二十九年（1849）松風閣刊本
粵圖

0164
聖廟祀典輯聞 不分卷
（清）番禺黃位清、謝有仁輯
稿本
重慶圖

0165
三禮通釋 二百八十卷 首一卷 目録 四卷
（清）林昌彝撰
清同治二年（1863）廣州刊本
港中文、港大

0166
禮記庭訓 十二卷
（清）南海潘炳綱輯
清梁覺亭刊本
粵圖

0167
周禮注疏小箋 五卷
（清）南海曾釗撰
清光緒十二年（1886）廣州學海堂刊《學海堂叢刻》本
港中文

0168
喪制便覽 一卷
（清）南海張大翎編
清鈔本
粵圖

0169
增訂叢宜集 二卷
（清）順德楊廷科輯
民國二十四年（1935）鈔本
粵圖

0170
四禮從宜 六卷 附讀禮紀古目録 一卷 讀禮全圖目録 一卷
（清）東莞林荃撰
清光緒十九年（1893）京都琉璃廠漱潤齋刊本
粵圖
清光緒虎門寨聽松書屋刊本
粵圖

0171
樸齋家誡 一卷
（清）嶺南黃樸齋撰

清光緒二年（1876）刊本
粵圖

0172
禮記正義校勘記　二卷
（清）南海潘宗周撰
民國十七年（1928）潘氏刊本
中大

0173
［三次改良］婦孺論説　一卷
（清）廣東蒙學書塾編輯
清光緒二十八年（1902）鉛印本
粵圖

0174
大戴禮記解詁　十三卷
（清）汪聘珍撰
清光緒十三年（1887）廣州廣雅書局刊本
港中文

0175
儀禮萃精　不分卷
（清）南海李宗顥輯
稿本
廣圖

0176
粵境酬恩　不分卷
不著撰人
清光緒十六年（1890）康寧堂刊本
粵圖

0177
儀禮喪服鄭注易明録　二卷
（清）廣州高枚撰
清宣統元年（1909）刊本
粵圖

0178
南海先生禮運注　一卷
南海康有爲撰
稿本
津圖
民國鉛印《演孔叢書》本
粵圖、港大

0179
禮記子思子言鄭注補正　三卷　附録　一卷
順德簡朝亮撰
民國讀書堂刊本
中大、華師、港學海

0180
倫常要編　六章
番禺秦仁山撰
民國二十三年（1934）番禺秦氏思敬堂鉛印本
華師

樂　類（參藝術部）

0181
樂書　二百卷
（宋）陳暘撰
清光緒二年（1876）廣州學源堂刊本
港中文

0182
律吕成書　二卷
（元）劉瑾撰
清光緒南海孔氏嶽雪樓鈔本
粵圖

0183
古樂經傳全書　二卷
（明）增城湛若水、吕懷撰
明嘉靖三十四年（1555）祝廷滂刊本
國圖
明嘉靖江西刊本
尊經

0184
樂典　三十六卷
（明）香山黄佐撰
明嘉靖二十六年（1547）孫學古刊本
南圖
明嘉靖三十六年（1557）盧宁刊本　清孔廣陶跋
粵圖

明嘉靖三十六年（1557）盧宁刊本
中大
清康熙三十一年（1692）裔孫黃逵卿重刊本
粤圖
清鈔本
粤圖

0185
今律吕考 一卷
（明）香山黃佐撰
明嘉靖四十三年（1564）刊本
上圖

0186
律吕解注 二卷
（明）新會鄧文憲撰
明嘉靖二年（1523）詹瓛、丘瓊刊本
國圖
明嘉靖十八年（1539）曹逵刊本
中考古所
明刊本
浙圖⊗

0187
律吕正義述要 二卷
（清）南海何夢瑤撰
清刊本
粤圖

0188
聲律通考 十卷
（清）番禺陳澧撰
清咸豐八年（1858）刊本
粤圖、港學海

0189
述樂 一卷
（清）番禺陳澧撰
稿本
粤圖

0190
簫譜 一卷
（清）番禺陳澧撰
稿本
粤圖

0191
樂律考 二卷
（清）番禺徐灝撰
清光緒十三年（1887）刊《學壽堂叢書》本
粤圖

0192
音學辨微 一卷
清末鈔本
港學海

春秋類

0193
春秋三傳讞 二十二卷
（宋）葉夢得撰
清光緒南海孔氏嶽雪樓鈔本
粤圖
子目：
　　春秋左傳讞 十卷
　　春秋公羊傳讞 六卷
　　春秋穀梁傳讞 六卷

0194
春秋正傳 三十七卷 辨疑 一卷
（明）增城湛若水撰
明嘉靖刊本
北大、故宫
清乾隆文津閣《四庫全書》本
國圖
清乾隆六十年（1795）紅荔山房刊本
粤圖、中大
清同治五年（1866）資政堂刊《甘泉全集》本
粤圖、中大、華師、華農
日本江户鈔本
日内閣

0195
春秋測義 十二卷 首一卷
（明）章潢撰

明萬曆十八年（1590）王佐等刊本
粵圖

0196
春秋三發　四卷
（明）馮士驊撰
明末能遠居刊本
北大

0197
春秋別典　十五卷
（明）海陽薛虞畿撰
清乾隆文津閣《四庫全書》本
國圖
清嘉慶張海鵬刊《墨海金壺》本
國圖、津圖
清道光錢熙祚刊《守山閣叢書》本
上圖
清道光十一年（1831）南海伍氏刊《嶺南遺書》本
粵圖
日本亨和元年（1801）寫本
日内閣

0198
春秋左傳節文注略　十五卷
（明）汪道昆撰、（明）潮陽周光鎬注
明萬曆十二年（1584）刊本
科圖

0199
左傳釋疑鈔　二卷
（明）南海陳子壯注釋
清王瀚鈔本
文藝院

0200
春秋左傳補注　六卷
（清）惠棟撰
清乾隆三十九年（1774）潮陽縣衙刊本
粵圖

0201
春秋國都爵姓考　一卷　附補　一卷
（清）陳鵬撰、（清）南海曾釗補
清咸豐十一年（1861）刊《粵雅堂叢書》續集本
中大

0202
春秋圖　四卷
（清）潮陽鄭之僑輯
清述堂刊《六經圖》本
粵圖

0203
春秋古經説　二卷
（清）番禺侯康撰
清光緒十五年（1889）上海蜚英館石印《皇清經解續編》本
華農

0204
春秋公羊注疏質疑　二卷
（清）番禺何若瑤撰
清光緒二十年（1894）廣雅書局刊本
粵圖

0205
春秋鑰　四卷
（清）東莞劉翰棻撰
清光緒三十二年（1906）刊《花雨樓叢書》
粵圖

0206
春秋經傳日月考　一卷
（清）南海鄒伯奇撰
清光緒兩湖書院刊本
粵圖

0207
春秋中國夷狄辨　一卷
（清）三水徐勤撰
清光緒上海大同譯書局石印本
粵圖

0208
春秋筆削大義微言考　十一卷　發凡　一卷
南海康有爲撰
稿本

北文局、粵圖⊗
民國六年（1917）萬木草堂刊本
粵圖

0209
春秋董氏學 八卷 傳 一卷
南海康有爲撰
清光緒萬木草堂朱印本
粵圖
清光緒二十三年（1897）演孔書局刊本
粵圖
清光緒二十四年（1898）上海大同譯書局刊《萬木草堂叢書》本
粵圖、中大

0210
公羊何氏釋例 十卷 公羊春秋何氏解詁箋 一卷 發墨守評 一卷 左氏春秋考證 二卷
（清）劉逢禄撰
清光緒二十三年（1897）廣州大清樓刊本
港中文

0211
春秋公羊注疏質疑 二卷
（清）番禺何若瑶撰
清光緒八年（1882）番禺何雲旭等家刊本
港中山
清光緒二十年（1894）廣雅書局刊本
粵圖

0212
列國左傳要詮 八卷
（清）嘉應饒謙撰
清乾隆四十三年（1778）枕松堂刊本
劍英圖

0213
春秋左傳綜覽 三十卷
（清）番禺陳廷英撰
清光緒二十六年（1900）粵東同德堂刊本
粵圖

0214
東萊左傳博議 六卷
（清）東莞駱根深撰
清光緒二十九年（1903）東莞天香吟館刊本
粵圖

0215
左傳口義 三卷
（清）順德馬貞榆撰
清光緒兩湖書院刊紅印本
粵圖

0216
讀左傳法 五卷
（清）順德馬貞榆撰
清末刊本
浙大

0217
穀梁禮證 一卷
（清）番禺侯康撰
稿本　清番禺陳澧跋
粵圖
清光緒十五年（1889）上海蜚英館石印《皇清經解續編》本
華農
清光緒刊本
粵圖

四書類

0218
四書經疑貫通 八卷
（元）王充耘撰
清光緒南海孔氏嶽雪樓鈔本
粵圖

0219
新訂四書補注備旨 十卷
（明）新會鄧林撰
清末廣州登雲閣刊本
粵圖
清末刊本
粵圖

0220

新訂四書補注備旨 十卷

（明）新會鄧林撰、（清）杜定基增訂

清宣統元年（1909）廣州以文堂石印本

中大

清宣統二年（1910）廣州福芸樓書局刊本

中大

清末順德馮繼善刊翰文堂書局印本

粵圖⊗

清末佛山廣文局機器印本

粵圖

清末佛山文光樓刊本

粵圖

清末民初上海圖書局石印本

中大

清宣統元年（1909）上海南洋官書局石印本

中大

清末民初上海掃葉山房石印本

中大⊗

清宣統元年（1909）上海久敬齋書局石印本

中大⊗

民國廣州麟書閣機器印本

粵圖

民國上海廣益書局石印本

粵圖

民國十年（1921）上海共和書局石印本

粵圖、中大

民國六年（1917）上海錦章圖書局石印本

粵圖

民國粵東編譯公司鉛印本

粵圖

0221

新訂四書補注備旨孟子 不分卷

（明）新會鄧林撰

清末佛山翰文堂石印本

華師

0222

四書補注備旨題竅彙參 十卷

（明）新會鄧林撰

清末佛山翰文堂石印本

中大

0223

四書評眼 十九卷

（明）歸善楊起元撰

明刊本

静嘉

0224

四書參 十九卷

（明）歸善楊起元輯、李贄評、張明憲等參訂

明刊朱墨套印本

國圖、津圖

0225

區子四書翼 五卷

（明）高明區大倫撰

明天啓刊本

尊經

0226

區子四書翼 六卷

（明）高明區大倫撰

明崇禎四年（1631）刊本

東北師大

清光緒十三年（1887）刊本

粵圖

0227

四書補注兼考 十九卷

（清）何磻、番禺屈大均撰

清康熙三閭書院刊本　番禺屈向邦跋　鄔慶時題詩

港中文

［按：目録後有印："學庸兩孟嗣出。"屈氏封面題："翁山之補注兼攷存，在屈氏光裕堂箱底，不可失去，後人寶之。"］

［又按：此書卷帙題法不一，香港中文大學藏清初廣州三閭書院刊本，題：屈氏兒子明洪、明洗、明泳、明渲、明瀵及侄梁滙等校。此與一九九六年北京人民文學出版社《屈大均全集》有異。

佚名題記云："翁山公著屈沱二十四種奇書，殁後族人於其子明洪處求得（未知若干種），

裝箱珍藏於大宗祠中，子孫永寶。嗣文字獄漸嚴，立事者乃散存於鄰鄉戚好家。此書遂輾轉流入徐氏南州書樓，後又藏之鄔氏半颿樓。後學只知沙亭有三間書院，爲翁山公藏書之處。今觀此書，刻有‘三間書院綉梓’六字，則三閭書院亦刊刻書籍者也。又書耑蓋有‘廣州城南三間書院現書發兑’朱印，至有發兑處之設，則知所刻書必不甚少。惜現所能見者，除此種外，無第二種，其所刊印又紙版均佳，爽心悦目也。另，書中有丙戌花朝鄔慶時題七律一首：‘三年未得成歸計，相見時難别更難。每到鐘聲鳴半夜，總防趙璧不能完。山河一旦重收拾，好共堂前燕子歸。楊柳依依今往矣，不依依處也依依。’是書各家著録均爲屈大均著，而篇首標出何磻、屈大均，又云何磻補注屈大均參考，何君不知何許人，想是翁山公假託冀免文字之禍爾？又此書加以蠅頭小楷批注殆遍，復加硃筆圈點，未知何人所爲？以情形度之，或明洪今之手澤歟？”書中有屈向邦印記。此書後爲清禁書。]

0228
四書考　六卷
（清）番禺屈大均、（清）何磻撰
民國鈔本
粤圖

0229
四書字音録　一卷
（清）南海鍾上選撰
清監玆堂刊本
粤圖

0230
四書繹旨　二卷
（清）高要莫元伯撰
清同治五年（1866）廣州富文齋刊本
粤圖

0231
四書明辨　三卷
（清）順德羅禮琮撰
清嘉慶二十二年（1817）經籯樓刊本
粤圖

0232
四書本注擇粹　十九卷
（清）南海勞潼撰
清嘉慶二年（1797）刊本
港中文

0233
四書本注擇粹　不分卷
（清）南海勞潼編
清荷經堂刊本
粤圖

0234
四書解　二十卷
（清）順德蘇珥撰
清嘉慶十九年（1814）種德堂刊本
浙圖

0235
四書故　十二卷
（清）番禺陸殿邦撰
清光緒刊本
粤圖⊗

0236
四書講義　十二卷
（清）番禺陸殿邦撰
清光緒十三年（1887）維心亨室刊本
粤圖⊗

0237
四書講義　不分卷
（清）南海何文綺撰
清聚文堂刊本
粤圖

0238
制義約鈔　不分卷
（清）南海何文綺編
清道光粤秀書院刊本
粤圖、港學海
清光緒五年（1879）翰苑樓重刊本
中大
清光緒六年（1880）粤秀書院刊本
中大

0239
美基篇 一卷
（清）海陽鄒桐鄉評選、澄海姚炳奎增詮
清道光二十一年（1841）十思堂刊本
粵圖

0240
朱子不廢古訓説 十六卷
（清）嘉應李中培撰
清道光二十三年（1843）四謙堂刊本
粵圖

0241
四書逸箋 六卷
（清）程大中撰
清道光十三年（1833）曾釗活字印本
中大

0242
四書貫珠講義 八卷
（清）廣東林虚亭撰
清同治十一年（1872）刊本
廣圖⊗

0243
四書備檢 二十卷
（清）李揚華編、番禺衛惟清校
清同治十二年（1873）佛山近文堂刊本
粵圖

0244
四書質疑 十九卷
（清）番禺徐紹楨撰
清光緒九年（1883）番禺徐氏梧州秦三星堂刊《學壽堂叢書》本
粵圖

0245
四書互證録 一卷 中庸脈胳 一卷
（清）南海蘇梯雲撰
清刊本
粵圖

0246
四書義史證 六卷
（清）茂名譚義撰
清光緒三十年（1904）上海宏文閣石印本
粵圖
清光緒上海文衡社石印本
粵圖

0247
四書講義自得録 十卷 續六卷
（清）南海何如瀡撰
清乾隆二十六年（1761）何氏刊本
港中文

0248
四書講義 十卷
（清）南海何如瀡撰
清刊本
港中文

0249
四書撮言 三十七卷
（清）胡斐才輯
清乾隆二十八年（1763）羊城文玉樓刊本
港中文

0250
四書義啓蒙 一卷
（清）南海李枚撰
清光緒刊本
粵圖

0251
四書串義
（清）揭陽林顯榮撰
民國鉛印《近韓林氏家範》本
揭博

0252
四書勸學録 四十二卷
（清）新會謝廷龍撰
清道光四年（1824）富文齋刊本
北大
子目：
　　大學 二卷
　　中庸 六卷
　　論語 二十卷
　　孟子 十四卷

0253
四書引解 二十六卷
（清）東莞鄧柱瀾纂輯
清翠竹齋刊本
粵圖、人大、港中文

0254
四書講義殘稿 不分卷
（清）南海朱次琦撰
稿本
港中文

0255
四書經史摘證 七卷
（清）宋繼種輯
清光緒三年（1877）廣州禪山金玉樓刊本
港中文

0256
論語全解 十卷
（宋）陳祥道撰
清光緒南海孔氏嶽雪樓鈔本
粵圖

0257
增訂論語外篇 四卷
（明）南海梁子璠輯
明天啟五年（1625）自刊本
中大

0258
論語皇疏考證 二卷
（清）南海桂文燦撰
稿本
粵圖

0259
論語鄉黨篇訂疑 四卷
（清）南海霍禮運輯
清道光二十一年（1841）刊本
粵圖
清咸豐六年（1856）刊本
粵圖

0260
論語述義 四卷
（清）樊封編
清同治二年（1863）鈔本
粵圖
（按：樊封，爲長駐廣州漢軍正白旗人。）

0261
論語詩稿 四卷
（清）番禺孔繼宣撰
清咸豐十年（1860）知守齋刊本
粵圖⊗

0262
論孟述 十二卷
（清）番禺陸殿邦撰
清光緒五年（1879）刊本
上圖⊗

0263
論孟述 四卷
（清）番禺陸殿邦撰
清光緒十三年（1887）刊本
粵圖⊗

0264
朱子論語集注訓詁考 二卷
（清）南海潘衍桐撰
清光緒十七年（1891）浙江書局刊本
粵圖、中大
清道光二十一年（1841）刊本
國圖

0265
讀論語日記 一卷
（清）番禺陳宗誼撰
清刊本
國圖

0266
論語注 二卷
南海康有爲撰
稿本
津圖

民國六年（1917）萬木草堂刊本
中大

0267
論語公羊相通説 一卷
新會梁啓超撰
清光緒二十三年（1897）刊本
中大

0268
讀書堂答問 一卷
順德簡朝亮撰
清光緒三十三年（1907）刊本
粤圖

0269
論語集注補正述疏 十卷 首一卷 附讀書堂答問 一卷
順德簡朝亮撰
清末讀書堂刊本
中大、華師

0270
增補蘇批孟子 二卷
（宋）蘇洵原本、（清）新會趙大浣增補
清嘉慶二十年（1815）刊本
粤圖
清咸豐六年（1856）廣州文選樓重刊本
粤圖
清同治四年（1865）羊城芸居樓刊本
粤圖

0271
孟子趙注考證 一卷
（清）南海桂文燦撰
清光緒十九年（1893）刊《南海桂氏經學》本
粤圖

0272
南海先生孟子微 二卷
南海康有爲撰
稿本
津圖

0273
孟子微 八卷
南海康有爲撰
清光緒二十七年（1901）康氏萬木草堂鉛印本
港中文
民國五年（1916）上海廣智書局鉛印本
粤圖

0274
學庸順文 九卷 當湖陸稼書先生師弟子答問 一卷
（清）新會李實撰
清康熙四十二年（1703）李天植刊本
清華

0275
大學綱目决疑章 一卷 中庸直指 一卷
（明）釋德清撰
清刊本
中大
清光緒六年（1880）廣州海幢寺刊本
港大
［按：德清（1546—1623），字澄印，號憨山，安徽全椒人。一生坎坷，晚年（萬曆末）到曲江曹溪寶林寺，潛心著作，終年七十八歲。］

0276
明憨山大師大學綱目决疑 一卷
（明）釋德清撰
清光緒六年（1880）廣州海幢寺刊本
粤圖
民國九年（1920）刊本
東北師大

0277
古本大學解 二卷
（清）德慶温颺撰
清同治張氏廣東刊民國二年（1913）重修《榕園叢書》本
中大

0278
大學古本説故 一卷
（清）南海勞光泰撰
清咸豐元年（1851）寶儉堂刊本
粵圖

0279
大學述義 一卷
（清）番禺徐紹楨撰
民國十年（1921）番禺徐氏學壽堂鉛印本
中大

0280
朱子大學章句釋疑 一卷
（清）順德簡岸讀書堂同人萃編
民國刊本
中大
民國二十年（1931）刊本
粵圖、中大、華師

0281
中庸直指 一卷
（明）釋德清撰
清光緒十年（1884）金陵刻經處刊本
中大

0282
中庸注 一卷
南海康有爲撰
民國五年（1916）上海廣智書局鉛印《演孔叢書》本
粵圖、中大

孝經類

0283
孝訓 二卷
（明）歸善楊起元撰
明萬曆二十四年（1596）刊本
加英哥大

0284
孝經引證 一卷
（明）歸善楊起元撰
日本承應元年（1652）刊本
日内閣

0285
孝經引證 一卷 孝經宗旨 一卷
（明）歸善楊起元撰
明刊《亦政堂鐫陳眉公普秘笈》本
科圖

0286
孝經鄭氏解 一卷
（清）臧庸輯、（清）南海桂文燦校
清鈔本、清陳澧批校
粵圖

0287
孝經約解 二卷
（清）順德温汝能纂輯
清聽松閣刊本
粵圖

0288
桂星垣手録孝經 不分卷
（清）南海桂文燿書
稿本　清陳澧跋
中大⊗

0289
孝經集解 一卷
（清）南海桂文燦撰
清咸豐四年（1854）南海桂氏刊《經學叢書》本
粵圖
民國三十年（1941）上海道德書局鉛印本
中大

0290
孝經質疑 一卷
（清）番禺徐紹楨撰
清光緒十年（1884）番禺徐氏刊《學壽堂叢書》本
粵圖

0291
孝經實踐録 一卷
（清）南海馮願撰
清學古堂鈔本
粤圖

0292
孝經繹説 不分卷
（清）揭陽蔡懷清撰
清光緒二十一年（1895）林文在樓刊本
粤圖

0293
國朝漢學師承續記 八卷
（清）新會曾文玉纂
清刊本
國圖

0294
國朝經師經義續總目 一卷
（清）新會曾文玉纂
清刊本
蘇圖

0295
孝經説 三卷
東莞陳伯陶撰
民國十六年（1927）香港奇雅鉛印本
中大

0296
孝經集注述疏 一卷 附讀書堂答問 一卷
順德簡朝亮撰
清宣統讀書堂刊本
中大、華師

0297
二十四孝圖説 不分卷
潮陽陳韋寬書並繪圖
民國潮陽郭氏百鹿齋石印本
粤圖

二、哲學、宗教部

儒家類

0298
朱子語類 一百四十卷
（宋）朱熹撰、（宋）黎靖德編
清同治十一年（1872）廣州應元書院刊本
港中文、港大

0299
近思録 十四卷 附考訂朱子世家 一卷
（宋）朱熹撰、（宋）吕祖謙輯
清光緒十四年（1888）廣州廣雅書局刊本
港中文

0300
古香齋朱子全書 六十六卷
（宋）朱熹撰、（清）熊賜履、李光地等輯
清光緒十年（1884）南海孔氏三十有三萬卷堂重刊内府本
港中文、港嶺大
（按：書又名《朱子全書》）

0301
千秋金鑒録 五卷
（唐）曲江張九齡撰
清乾隆歐堪善鈔呈本
臺宫

0302
自然書 一卷
（明）新會陳獻章撰
明嘉靖三十四年（1555）增城廖憲重刊本
臺“國圖”
［按：陳獻章（1428—1500），字公甫，號石齋、白沙子、石翁等，新會人，明正統年間中副榜進士，後屢試不第，遂發憤讀書，曾師從江西著名學者吴與弼門下，後歸里，十年閉門苦讀，得陸九淵佛學禪宗理論啓發，擺脱宋代以來程朱理學的統治地位，形成“學貴乎自得”和“以自然爲宗”的思想體系，也挑戰了以聖人之是非觀的儒家教條，遂開創了明代新一代學風——“明儒心學”的先河，對嶺南學風、學術思想影響巨大。］

0303
三儒類要 一卷
（明）陳獻章、（明）薛瑄、（明）王守仁撰、（清）黄輝輯
清嘉慶間婺源黄氏刊《杞菊齋藏書》本
國圖

0304
白沙先生至言 十卷
（明）新會陳獻章撰
明嘉靖二十六年（1547）刊本　清丁丙跋
南圖
明嘉靖二十六年（1547）刊本
粤圖

0305
陳白沙稿 一卷
（明）新會陳獻章撰
清鈔本
國圖

0306
獻子講存 二卷
（明）陳人第編、（明）張詡校
明嘉靖三十九年（1560）序刊本
公文

0307
新刊皇明白沙陳先生要録 四卷
（明）新會陳獻章撰
明隆慶二年（1568）刊《皇明三儒言行要録》本
津圖

0308
白沙陳子語録 二卷
（明）新會陳獻章撰

0309
白沙陳子年譜 一卷　白沙陳子門人 一卷
（清）陳遇夫輯
清康熙五十三年（1714）亦若堂刊本
粤圖

0310
白沙先生語録 二卷
（明）新會陳獻章撰、（明）歸善楊起元輯
明萬曆中刊《楊貞復六種》本
復旦、南圖

0311
白沙語要 一卷
（明）新會陳獻章撰
明嘉靖鄭梓刊《明世學山》本
國圖

0312
白沙語要 一卷
（明）新會陳獻章撰
明萬曆刊《百陵學山》本
國圖、上圖
清道光晁氏活字印《學海類編》本
國圖、中大

0313
白沙要語補 一卷
（清）東莞衛金章輯
清康熙四十七年（1708）刊本
上圖

0314
大學衍義補 一百六十卷
（明）瓊山丘濬撰
明弘治元年（1488）建寧府刊本
魯圖、浙圖

0315
大學衍義補 一百六十卷 補前書 一卷 目録三卷
（明）瓊山丘濬撰
明弘治刊本
中大⊗
明弘治刊本　王貴忱跋
魯圖
明嘉靖三十八年（1559）吉澄、樊獻科等刊本
南圖
明萬曆三十三年（1605）内府刊本
上圖
明萬曆三十三年（1605）喬應用等刊本
南圖
明崇文堂刊本
北大、首圖
明萬曆刊本
中大
明刊本
粤圖、北京黨圖
明建安書林鄭氏宗文堂刊本
臺灣
日本寬政四年（1792）刊本
日内閣
清乾隆文津閣《四庫全書》本
國圖

0316
大學衍義補 一百六十卷 首一卷
（明）瓊山丘濬撰
明弘治元年（1488）建寧府刊本
首圖、北大等
明正德元年（1505）宗文堂刊本
首圖、南圖等
明嘉靖十二年（1533）宗文堂刊本
首圖、南圖等
明嘉靖三十八年（1559）吉澄刊本
首圖、南圖等

明萬曆三十三年（1605）內府刊本
上圖
明萬曆三十三年（1605）喬應甲等刊本
清華、南圖等
明天啓四年（1624）南京國子監刊本
甘圖
明刊本
遼圖、揚圖等
明崇禎陳仁錫刊本
粵圖、中大等
日本寬政四年（1792）序刊本
日內閣
清道光十七年（1837）芸香堂重刊本
中大
清同治十三年（1874）郭氏家塾刊本
粵圖
清鈔本
粵圖
民國二十年（1931）瓊州海口海南書局鉛印本
中大

0317
大學衍義補鈔 六卷
（明）瓊山丘濬撰
明刊本
北大

0318
大學衍義補摘要 四卷
（明）瓊山丘濬撰
明嘉靖十二年（1533）孫應奎刊本
上圖

0319
大學衍義補摘要 五卷
（明）瓊山丘濬撰、（明）顧起輯
明嘉靖三十七年（1558）衆芳書屋刊本
民院

0320
精刻大學衍義摘粹 十二卷
（明）瓊山丘濬撰、（明）許國輯
明隆慶元年（1567）刊本
普葛

0321
纂丘瓊山先生大學衍義補英華 十八卷
（明）瓊山丘濬撰、（明）凌遇知輯
明萬曆三年（1575）凌迪之刊本
南圖、人大

0322
丘瓊山先生大學衍義補贊英華 六卷
（明）瓊山丘濬撰、（明）陳仁錫輯
明末刊本
科圖、東北師大

0323
大學衍義補纂要 六卷
（明）瓊山丘濬撰、（明）徐栻輯
明嘉靖三十七年（1558）顧名儒刊本
北大、津圖⊗
明隆慶三年（1569）南昌府刊本
粵社、北大

0324
大學衍義節略 十卷 補略 二十卷
（明）瓊山丘濬撰、（明）楊廉輯補
明嘉靖四十一年（1562）刊本
津圖

0325
學的 二卷
（明）瓊山丘濬撰
明刊本
國圖、南開
日承德二年（1653）刊本
静嘉、日內閣

0326
重編朱子學的 二卷
（明）瓊山丘濬撰、（明）朱吾弼重編
明萬曆三十四年（1606）朱崇沐刊本
北大、人大、日內閣

0327
朱子學的 二卷
（明）瓊山丘濬輯

清乾隆嘉慶間刊本
粤圖
清同治五年（1866）福州正誼書院刊《正誼堂全書》本
粤圖、中大等

0328
傳習録 三卷
（明）王守仁講、（明）揭陽薛侃等記
明刊本
國圖

0329
聖學格物通 一百卷
（明）增城湛若水撰
明嘉靖七年（1528）吳昂校刊本
臺灣
明嘉靖十二年（1533）陳陞刊本
北大、津圖
清乾隆文津閣《四庫全書》本
國圖
清同治五年（1866）資政堂刊本
粤圖、華師

0330
古文小學 九卷
（明）增城湛若水撰
明嘉靖間刊本
美國會

0331
新論 一卷
（明）增城湛若水撰
明嘉靖鄭梓刊《明世學山》本
國圖
明萬曆刊《百陵學山》本
國圖、上圖
清道光晁氏活字印《學海類編》本
國圖、中大

0332
格物通 一百卷
（明）增城湛若水撰
清同治五年（1866）資政堂刊本
港中文

0333
甘泉新論 一卷
（明）增城湛若水撰
清道光十一年（1831）六安晁氏木活字排印《學海類編》本
華農、國圖、上圖

0334
揚子折衷 六卷
（明）增城湛若水撰
明嘉靖刊藍印本
閩圖
明嘉靖葛澗刊本
浙圖
明鈔本
尊經

0335
心性書 一卷
（明）增城湛若水撰
明嘉靖三十四年（1555）增城廖憲重刊本
臺“國圖”

0336
湛子約言
（明）增城湛若水撰、（明）東莞鍾景星編
明嘉靖間（1522—1566）張纓等刊本
臺“國圖”

0337
遵道録 十卷
（明）增城湛若水撰
明嘉靖二年（1523）刊本
臺“國圖”

0338
家訓 一卷
（明）南海霍韜撰
清初毛氏汲古閣影明鈔本
國圖

0339
陽明先生則言 二卷
（明）王守仁撰、（明）揭陽薛侃編

明錢中選校刊本
臺灣

0340
研幾録 不分卷
（明）揭陽薛侃撰
明萬曆四十五年（1617）揭陽薛茂杞、薛茂槮刊本
粵圖

0341
庸言 十二卷
（明）香山黄佐撰
明嘉靖三十一年（1552）孫學古等刊本
國圖、無錫
清康熙二十一年（1682）重刊本
粵圖、中大、南大

0342
二程先生類語 八卷
（明）澄海唐伯元輯
明萬曆十三年（1585）姜召等刊本
南圖、杭大

0343
太極辨疑 二卷
（明）孔學周撰
明萬曆十年（1582）歸善楊起元、牛桓刊本
國圖

0344
宋明四子書 四卷
（明）沈桂編
明嘉靖三十四年（1555）增城廖憲重刊本
臺灣

0345
學蔀通辯前編 三卷 後編 三卷 續編 三卷 終編 三卷
（明）東莞陳建撰
明嘉靖刊本
曹縣
明萬曆三十三年（1605）黄吉士、吳中立刊本
國圖、滎縣
清康熙十七年（1678）啓後堂刊本
粵圖、華師
清雍正元年（1723）謝浦泰鈔本
福建師大
清道光七年（1827）文畬堂刊本
粵圖
清同治五年（1866）福州正誼書院刊《正誼堂全書》本
粵圖
清湛園鈔本
上圖
日本寛文三年（1663）刊本
日内閣
朝鮮刊本
日内閣

0346
子史經濟言 十二卷
（明）南海陳子壯輯
明天啓間（1621—1627）刊本
港大

0347
明夷待訪録 一卷
（清）黄宗羲撰
清道光二十七年（1847）番禺潘氏海山仙館刊本
港中山

0348
鵝湖講學會編 十二卷
（清）揭陽鄭之僑編
清乾隆九年（1744）述堂刊本
港中央

0349
環書 一卷
（清）番禺方殿元撰
清辛夷花館鈔本
北大

0350
乙丑學規 一卷
（清）香山黄培芳撰

稿本
粤圖

0351
東塾讀書記稿 不分卷
（清）番禺陳澧撰
稿本
粤圖

0352
東塾讀書記殘稿 不分卷
（清）番禺陳澧撰
稿本
國圖⊗

0353
東塾讀書記 二十五卷
（清）番禺陳澧撰
清光緒廣州刊本　楊壽昌跋
中大
清光緒二十九年（1903）直隸德林堂刊本
華師
民國十三年（1923）上海掃葉山房石印本
中大
（按：内有十卷未印。）

0354
漢儒通義 七卷
（清）番禺陳澧撰
清咸豐八年（1858）廣州富文齋刊《東塾叢書》本
粤圖、中大

0355
朱子語類日鈔 五卷
（清）番禺陳澧輯
清咸豐十一年（1861）廣州富文齋刊《鍾山别業叢書》本
粤圖、中大
清光緒二十二年（1896）皖江藩署刊本
粤圖

0356
東塾雜俎 十卷
（清）番禺陳澧撰
稿本
中大⊗

0357
東塾雜俎 十四卷
（清）番禺陳澧撰
稿本
中大
清鈔本
粤圖

0358
東塾類稿 一卷
（清）番禺陳澧撰
清鈔本
中大

0359
陳澧遺稿 不分卷
（清）番禺陳澧撰
清同治稿本
中大

0360
東塾雜俎重編稿 十四卷
（清）番禺陳澧撰、（清）番禺陳慶龢編録
稿本
中大

0361
東塾雜俎 不分卷
（清）番禺陳澧撰
清鈔本
南開⊗

0362
朱子襄先生講義 一卷
（清）南海朱次琦述、（清）香山劉爔芬校録
清光緒十一年（1885）鈔本
粤園

0363
朱九江先生講學記 不分卷
順德簡朝亮撰

清光緒二十三年（1897）讀書草堂刊本
粵圖、華師

0364
主一齋隨筆　九卷
（清）東莞鄧淳撰
清刊本
國圖
清道光二十七年（1847）刊本
科圖

0365
家範輯略　二十卷
（清）東莞鄧淳撰
清道光二十七年（1847）鄧氏家刊本
港中央
清咸豐五年（1855）水雲山房刊本
國圖

0366
家範輯要　二十卷
（清）東莞鄧淳編
清末刻本
國圖

0367
供冀小言　一卷
（清）番禺林伯桐撰
清光緒刊《啓秀山房叢書》本
粵圖
清刊本　清陳澧批並跋
國圖

0368
理學庸言　二卷
（清）番禺金錫齡撰
清光緒二十一年（1895）刊本
港中文

0369
人範　六卷
（清）蔣元輯
清光緒二十七年（1901）廣州廣雅書局刊本
港中文

0370
理學庸言　二卷
（清）番禺金錫齡撰
清光緒二十一年（1895）刊本
粵圖

0371
課餘彙鈔　八卷
（清）南海何文綺撰
清咸豐元年（1851）刊本
粵圖

0372
大學士張文端公格言節録　一卷
（清）番禺陳官蘭撰
清道光二十一年（1841）廣州正文堂寫刊本
粵圖

0373
勸學篇　不分卷
（清）張之洞撰
清光緒二十四年（1898）廣雅書局刊本
粵圖
清光緒二十四年（1898）兩湖書院刊本
粵圖

0374
朱伯廬治家格言詩箋　不分卷
（清）番禺李綸恩撰、（清）李錦如箋注
清鈔本
粵圖

0375
格言聯璧　不分卷
（清）金蘭生撰
清宣統三年（1911）廣州合璧齋刊本
港中文

0376
趨庭瑣語　八卷
（清）番禺史澄撰
清光緒十三年（1887）刊本
港大

0377
勸學篇書後 一卷
（清）南海何啓、胡禮垣同編
清光緒二十五年（1899）聚珍書樓鉛印本
粵圖

0378
家規要言 一卷
（清）南海何昌禄撰
清光緒二十三年（1896）刊本
粵圖

0379
自訟知吉 一卷
題（清）岐山八德東平氏撰
清道光二十五年（1845）刊本
粵圖

0380
南海先生大同書稿 不分卷
南海康有爲撰
稿本　日本犬養毅、柏原文太郎跋
津圖

0381
齊家淺説 一卷
番禺鄔慶時撰
民國十八年（1929）刊本
中大、瀋圖

0382
中國思想史參考資料 不分卷
東莞容肇祖撰
民國二十四年（1935）北京大學出版組鉛印本
中大

0383
韓非子考證 不分卷
東莞容肇祖撰
民國二十五年（1936）商務印書館鉛印本
中大

0384
過庭百録 不分卷
番禺葉佩瑲述、番禺葉恭綽録
民國三十一年（1942）鉛印本
中大

道家類

0385
新鐫校評葛稚川全書 不分卷
（晉）葛洪撰
明萬曆二十七年（1599）刊本
臺灣
（按：葛洪，字稚川，江蘇句容人，曾長期在羅浮山煉丹。）

0386
葛稚川全書 不分卷
（晉）葛洪撰
明萬曆刊本
臺灣

0387
新鋟葛稚川内篇 四卷 外篇 四卷
（晉）葛洪撰、（明）張可大、盧舜治評校
明萬曆十二年（1584）慎懋官刊二十七年（1599）翁天霽重修張可大遞修本
津圖
清刊本　清顧曾壽校並跋
華東師大

0388
抱樸子 八卷
（晉）葛洪撰
明慎懋官三衢舒石泉刊本
華師

0389
抱樸子外篇 五十卷
（晉）葛洪撰
明鈕氏世學樓鈔本
北文局⊗
明鈔本
上圖⊗
清嘉慶刊本　清顧廣圻、彭兆蓀批校並跋
臺灣

0390

抱樸子外篇勖學 一卷

（晉）葛洪撰

清黄氏士禮居鈔本　清黄丕烈校並跋

南圖

0391

抱樸子内篇 二十卷 外篇 五十卷

（晉）葛洪撰

明嘉靖四十四年（1565）魯藩承訓書院刊本

國圖、西安文管會

明嘉靖四十四年（1565）魯藩承訓書院刊本

清盧文弨校、丁丙跋

南圖

明嘉靖四十四年（1565）魯藩承訓書院刊本

清沈炳垣校

上圖

明鈔本　清錢謙貞批校

湘圖

明鈔本　清顧廣圻校並跋

國圖

明鈔本　清陸僎跋

川圖

清嘉慶十八年（1813）孫星衍刊《平津館叢本》　清陳澧批校

國圖

0392

抱樸子内篇 二十卷

（晉）葛洪撰

宋紹興二十二年（1152）臨安榮六郎家刊本

遼圖

明陸氏迎翠軒鈔本　李盛鐸跋

北大

明鈔本

上圖

清嘉慶十八年（1813）金陵道署刊本　清楊沂孫校、趙宗建跋

南圖

0393

新鋟抱樸子内篇 四卷 外篇 四卷

（晉）葛洪撰

明萬曆十二年（1584）慎懋官刊本

魯圖、南圖

明萬曆十二年（1584）慎懋官刊本　明徐濟忠校並跋

國圖

明萬曆十二年（1584）慎懋官刊本　清沈韻鏘校並跋

上圖

明萬曆十二年（1584）慎懋官刊本　李盛鐸跋

北大

明刊本

中科院

明萬曆二十七年（1599）翁天霽刊本

上圖

明萬曆二十七年（1599）翁天霽刊本　傅增湘校

國圖

明萬曆二十七年（1599）翁天霽刊張可大重修本

國圖、上圖

0394

金木萬靈論 一卷

（晉）葛洪撰

明刊本

東文　明正統十年（1445）刊本

國圖

0395

金碧浮黎鼻祖金藥篇秘旨

（晉）葛洪注釋

清鈔本

上圖

0396

夢林玄解 四卷

（晉）葛洪撰、（宋）邵雍輯

明崇禎刊本

臺灣

0397

夢林玄解 四卷

（晉）葛洪撰、（宋）邵雍輯、（明）陳士元

增删
明崇禎刊本
尊經

0398
太上感應經 二卷
（晉）葛洪撰
明萬曆刊本
尊經

0399
抱樸子内篇 二十卷 外篇 五十卷 校勘記 二卷 佚文 二卷 神仙金汋經 三卷 養生論、大丹問答、别旨各一卷
（晉）葛洪撰
民國上海中華書局排印《四部備要》本
華師

0400
新鋟抱樸子外篇 四卷
（晉）葛洪撰
日本元禄十二年（1700）刊本
日内閣

0401
麻姑傳 一卷
（晉）葛洪撰
明末刊本
臺灣

0402
枕中書 一卷
（晉）葛洪撰
清乾隆五十六年（1791）王氏刊本
遼大
清刊本
臺灣

0403
神仙傳 十卷
（晉）葛洪撰
明萬曆刊本
哈師
清乾隆文津閣《四庫全書》本
國圖

0404
白先生雜著指玄篇 八卷 白先生金丹圖 二卷
（宋）瓊州葛長庚輯
元勤有堂刊本
日内閣
（按：葛長庚，閩清人，家瓊州。初至雷州，繼爲白氏子，名玉蟾，故其著作有署葛長庚，亦有作白玉蟾。）

0405
白先生雜著指玄篇 八卷 白先生金丹火候圖 二卷
（宋）瓊州葛長庚輯
明刊本
上圖

0406
前快活歌後快活歌大道歌水調歌頭酹江月五言古詞 不分卷
（宋）瓊州葛長庚撰
明刊本
日内閣

0407
地元真訣 一卷
（宋）瓊州葛長庚撰
明萬曆黄之寀刊《道言外三編》本
遼圖
明刊本
日内閣

0408
金木萬靈經 一卷
（宋）瓊山葛長庚撰
明正統中刊續萬歷中刊《道藏》本
國圖、上圖

0409
太上道德寶章注疏 二卷
（宋）瓊州葛長庚注、（明）程以寧疏
明崇禎二年（1629）程以寧刊本
上圖、新圖
清光緒南海孔氏嶽雪樓鈔本
粤圖

0410
謝張紫陽真人書 一卷
（宋）瓊州葛長庚撰
舊鈔本
臺灣

0411
道德寶章 一卷
（宋）瓊州葛長庚注
元刊本
臺宫
明萬曆十一年（1583）天倪閣刊本
重慶
明刊本　清陸時化跋
國圖
明刊本
魯博、津圖
清乾隆文津閣《四庫全書》本
國圖

0412
大道歌 一卷
（宋）瓊州白玉蟾撰
明刊本
日内閣
［按：白玉蟾（1194—1229），本姓葛，名長庚，爲白氏繼子，故名白玉蟾，字如晦，號海瓊子，祖籍福建閩清，生於海南瓊州。］

0413
白先生雜著指玄篇 八卷 白先生金丹火候圖二卷
（宋）瓊州葛長庚撰
明刊本
上圖

0414
指玄篇 一卷
（宋）瓊州白玉蟾撰
明刊本
日内閣

0415
金華沖碧丹經秘旨 二卷 傳 一卷
（宋）瓊山白玉蟾撰
明正統中刊續萬曆刊《道藏》本
國圖、上圖

0416
太上道德寶章注 疏傳神集 二卷
（宋）瓊州葛長庚撰
明崇禎九年（1636）刊本
上圖
明崇禎二年（1629）程以寧刊本
上圖、新圖

0417
太上道德寶章翼 二卷
（宋）瓊山白玉蟾章句、（明）程以寧圖疏
明正統中刊續萬曆中刊《道藏》本
國圖、上圖

0418
修道真言 一卷
（宋）瓊州白玉蟾撰
民國七年（1918）敏慎堂石印本
吉圖

0419
海瓊白真人語録 四卷
（宋）瓊州白玉蟾述
民國十二年（1923）上海涵芬樓影印《正統道藏》本
遼圖等

0420
玉隆集 六卷
（宋）瓊山白玉蟾撰
明正統中刊續萬曆中刊《道藏》本
國圖、上圖

0421
海瓊問道集 一卷
（宋）瓊州白玉蟾撰、（宋）留元長輯
明正統中刊續萬曆中刊《道藏》本
國圖、上圖

民國十二年（1923）上海涵芬樓影印《正統道藏》本
遼圖等

0422
瓊琯真人集
（宋）瓊州白玉蟾撰
民國十二年（1923）上海涵芬樓影印《正統道藏》本
遼圖等

0423
紫清指元集 二卷
（宋）瓊山白玉蟾撰
清乾隆嘉慶間古越集陽樓刊《道貫真源》本
南圖、浙圖

0424
海瓊白真人語録 四卷
（宋）瓊州白玉蟾撰
明正統中刊續萬曆中刊《道藏》本
國圖、上圖
民國十二年（1923）上海涵芬樓影印《正統道藏》本
遼圖等

0425
摘録玉蟾白真人金丹語要 一卷
（宋）瓊州白玉蟾撰
民國二十七年（1938）影印《玄功秘籍》本
遼圖

0426
九天應元雷聲普化天尊玉樞寶經集注 二卷
（宋）瓊州白玉蟾撰
明正統中刊續萬曆中刊《道藏》本
國圖、上圖
清雍正十一年（1733）刊本
韓國

0427
太上老君說常清靜經注 一卷
（宋）瓊山白玉蟾分章正誤
明正統中刊續萬曆中刊《道藏》本
國圖、上圖

0428
雲笈七籤 一百二十二卷
（宋）張君房撰
明張萱清真館刊本
山大

0429
關尹子 二卷
（宋）陳顯微注
民國六年（1917）香山鄭觀應刊本
吉林、吉大

0430
南華經注 六卷
（明）歸善楊起元撰
明刊本
魯圖

0431
老子道德經解 二卷
（明）釋德清撰
明刊本
北大、上圖
明玉溪菩提庵刊本　清丁丙跋
南圖
明刊本
北大
清貝氏千墨菴鈔本
湘圖
清鈔本
臺灣
日本刊本
尊經
清同治十二年（1873）廣州桂耕堂重刊本
粵圖
（按：德清，俗姓蔡，字澄印，安徽全椒人，稱憨山大師，卒於曲江南華寺。）

0432
道德經發隱 二卷
（明）釋德清撰
明鈔本
港大

0433
老子道德經解 二卷 首一卷
（明）釋德清撰
清光緒十二年（1886）金陵刻經處刊本
中大
民國八年（1919）廣州藝雲閣刊本
遼大

0434
莊子内篇注 七卷
（明）釋德清撰
明天啓元年（1621）管覺仙刊本
國圖、南圖

0435
觀老莊影響論 一卷
（明）釋德清撰
明天啓四年（1624）刊本
北大、臺灣、臺研
明萬曆刊本
國圖
明萬曆寶貴刊本
粵圖
明天啓快堂刊《快書》本
北大、中大

0436
黃帝陰符經纂注 一卷
（□）鄧道淳撰　（明）歸善楊起元評
明花齋刊《合諸名家批點諸子全書》本
國圖

0437
道德經釋義 二卷 金玉經 一卷
題純陽真人釋義
清嘉慶十四年（1809）鄒學鯤羊城刊本
遼圖

0438
道經五種
（清）番禺李明徹述
清廣州林記書莊刊本
國圖
子目：
道德經（春秋）李耳撰、（唐）純陽真人釋義
道德經轉譜 二卷（?）陳觀吾撰
道德經古今本考證 二卷
道德經釋義 二卷（春秋）李耳撰（唐）純陽真人釋義　（清）牟目源訂
常清静經 一卷（清）牟目源訂
金玉經 一卷（唐）純陽真人撰
太上黃庭經注 三卷（明）石和陽述（清）李明徹評閲
陰符經注 一卷（明）石和陽述（清）李明徹評閲
［按：李明徹（1755—1832），道士，番禺人。］

0439
莊子故 三卷
（戰國）莊周撰、（清）何夢瑶注
清刊本
國圖

0440
莊子辯證 六卷
（清）新會胡方撰
清嘉慶十九年（1814）鴻桷堂刊本
粵圖

0441
莊子雪 三卷
（清）信宜陸樹芝撰
清嘉慶四年（1799）文選樓刊本
粵圖、華師

0442
莊子未定稿 不分卷
（清）南海何如瀍撰、何日壁編
清道光六年（1826）東閣刊本
粵圖

0443
讀老莊簡端記 一卷
（清）順德黎簡撰
清鈔本
汪宗衍藏

0444
老子注 一卷
（清）番禺陳澧撰
清光緒汪兆鏞鈔本
港中文
清光緒鈔本
粵圖
民國十九年（1930）石氏鈔本
粵圖

0445
黄老合編 二卷
（清）番禺丁杰輯注
清同治九年（1870）刊本
粵圖
子目：
　　陰符經直解 一卷
　　道德經直解 一卷

0446
老子道德經直解 一卷
（清）番禺丁杰撰
清末刊本
粵圖

0447
黄醮法册 一卷
（清）東莞梁達卿輯
清同治十一年（1872）鈔本
粵圖
清鈔本
粵圖

0448
黄醮諸真懺文 一卷
（清）東莞梁達卿輯
清同治十三年（1874）鈔本
粵圖

0449
清黄牒 一卷
（清）東莞梁達卿輯
清同治間鈔本
粵圖

0450
清醮符誥文檢款式 一卷
（清）東莞梁達卿編
清鈔本
粵圖

0451
黄醮符誥文檢 一卷
（清）東莞梁達卿編
清鈔本
粵圖

0452
清醮牒疏 一卷
（清）東莞梁達卿輯
清末鈔本
粵圖

0453
開度章箋表詞 一卷
（清）東莞梁達卿編
清鈔本
粵圖

0454
轉經行儀總目 一卷
（清）東莞梁達卿編
清末鈔本
粵圖

0455
修身玉髓 一卷
（清）南海勞寶勝撰
清同治光緒間羊城萃經堂刊本
粵圖

0456
長春道教源流 八卷
（清）東莞陳銘珪撰
民國東莞陳氏刊《聚德堂叢書》本
粵圖

0457
成仙捷徑 四卷
（清）香山鄭官應撰

清光緒三十四年（1908）廣東省城穗雅鉛印本
中大

0458
道德經述義 二卷
（清）番禺徐紹楨撰
民國八年（1919）上海學壽堂鉛印本
東北師大
民國九年（1920）學壽堂鉛印本
中大
民國十年（1921）天津協成印刷局鉛印本
粵圖

0459
老子約 四卷
（清）東莞張其淦撰
民國八年（1919）羅浮酥醪觀鉛印本
大連圖、吉圖

0460
女丹彙解 一卷
題（□）廣東月西老人述
清光緒三十二年（1906）成都二仙庵刊《女丹合編》本
遼圖

0461
廣州道教至寶臺慈善會立案章程公交存底部
廣州道教至寶臺慈善會編
民國稿本
廣圖

0462
莊子天下篇闡義 一卷
新會梁啓超撰
民國鈔本
遼圖

0463
莊子哲學 九章 莊子内篇解説 七章
曹受坤撰
民國三十七年（1948）廣州蔚興印刷廠鉛印本
吉林

釋家類

0464
大般若波羅蜜心經直説 一卷
（唐）釋玄奘譯
清末海幢寺刊本
粵圖

0465
楞嚴經 五卷
（唐）釋般剌密諦譯、釋彌伽釋迦譯語
清光緒七年（1881）海幢寺刊本
粵圖

0466
六祖大師法寶壇經 一卷 附一卷
（唐）釋惠能、（唐）釋法海集
元至元二十七年（1290）吳中休休庵刊本
上圖
［按：惠能（638—713），廣東新興人，俗姓盧氏。因得黄梅五祖弘忍傳授衣鉢，繼承東山法門，被稱爲禪宗第六祖。］

0467
金剛般若波羅蜜經 不分卷
（唐）釋惠能等撰
明崇禎刊本
韓國

0468
六祖大師金剛經口訣 一卷
（唐）釋惠能撰
清末海幢寺刊本
粵圖

0469
六祖大師法寶壇經 一卷
（唐）釋惠能、（唐）釋法海集
明永樂刊本　沈曾植跋
臺灣
明成化四年（1468）刊本
日内閣

明成化十五年（1479）刊本
韓國
明萬曆八年（1580）刊本
津圖
明刊本
南圖、國圖、北大、杭圖
明釋正脈鈔本
滇圖

0470
六祖大師法寶壇經 一卷 附機緣及附録 一卷
（唐）釋法海等集、（元）釋宗寶編、（明）釋真一輯
明萬曆三十一年（1603）上虞鍾廷英刊本
中大

0471
新刻法寶壇經 一卷
（唐）釋惠能撰
明萬曆胡氏文會堂刊《格致叢書》本
國圖、中大
明萬曆三十五年（1607）曹氏刊梵夾裝本
普葛
明崇禎六年（1633）建陽書林刊本　沈曾植跋
臺灣
明末寫刊本
廣圖

0472
法寶壇經 二卷
（唐）釋惠能撰
清乾隆二十年（1755）本土延偉鈔本
牡圖

0473
六祖法寶壇經 二卷
（唐）釋惠能撰、（唐）釋法海輯
清同治二年（1863）寧波天童寺古松堂刊本
上圖

0474
壇經 一卷
（唐）釋惠能説、（唐）釋法海録
唐敦煌寫經本
國圖
清光緒七年（1881）龍城曾氏刊本
粵圖

0475
大佛頂如來密因修證了義諸菩薩萬行首楞嚴經 十卷
（唐）釋般刺密諦譯、（明）惠州楊起元評釋
明萬曆間西吳淩毓枏校刊朱墨套印本
港大

0476
七俱胝佛母所説準提陀羅尼經會釋 三卷
（唐）釋廣智譯、（清）釋弘贊會釋
日本續藏經本
粵圖

0477
圓覺經直解 二卷
（唐）釋佛陀多羅譯
明天啓二年（1622）廣州海幢寺刊本
粵圖

0478
百丈叢林清規正義記 九卷 首一卷 附地輿名目 一卷
（唐）釋懷海集編
清同治元年（1862）廣州海幢寺經坊刊本
粵圖

0479
新譯大方廣佛華嚴經音義 四卷
（唐）釋慧苑撰
清咸豐四年（1854）粵雅堂刊本　清伍崇曜跋
吉市圖

0480
大慧普覺禪師宗門武庫 一卷
（宋）釋道謙編
明末刊本
吉社
清光緒七年（1881）常熟刻經處刊本
哈圖

0481
正法眼藏 六卷
（宋）釋宗杲撰
明萬曆刊本
臺灣

0482
大慧普覺禪師書 一卷
（宋）釋宗杲撰
明刊本
韓國

0483
大慧普覺禪師語録 三十卷
（宋）釋宗杲撰、釋蕴聞、釋道謙編
明萬曆十三年（1585）刊本
日内閣

0484
大慧普覺禪師語録 十四卷
（宋）釋宗杲撰
日本户初寫本
日内閣

0485
大慧普覺禪師宗門武庫 一卷
（宋）釋道謙撰

0486
雪堂行和尚拾遺録 一卷
（宋）釋宗杲撰、釋道謙編
日本寬永十四年（1637）刊本
日内閣

0487
六祖壇經節録 一卷
（明）袁宏道輯
明刊本
國圖

0488
六祖大師法寶壇經 一卷
（明）番禺趙玉芝輯
明萬曆八年（1580）刊本
津圖
明黄埻刊本
科圖
明刊本
山大
清同治十一年（1872）如皋刻經處刊本
大連圖
清光緒三十一年（1905）京都漱潤齋刊本
丹東圖
民國四年（1915）上海佛學書局石印本
大連圖
民國十年（1921）營口文華印書局石印本
遼圖
民國十三年（1924）北京天華館鉛印本
齊圖
民國二十三年（1934）揚州衆香庵刊本
錦圖
民國北平中央刻經院鉛印本
吉圖

0489
妙法蓮華經擊節 一卷
（明）釋德清撰
明萬曆二十六年（1598）釋法濟等刊本
湘圖

0490
法華擊節 一卷
（明）釋德清撰
民國十一年（1922）揚州藏經院刊本
遼大
民國木活字印本
中大

0491
妙法蓮華經通義 七卷
（明）釋德清撰
明萬曆四十四年（1616）丹陽廣福寺募刊本
南圖
明刊本
浙圖
清嘉興續藏本
臺灣

0492
妙法蓮華經通義 二十卷
（明）釋德清撰
清光緒三十四年（1908）金陵刻經處刊本
吉圖、大慶、中大
民國上海佛學書局影印本
東北師大

0493
觀楞伽阿跋多羅寶經記 四卷 略科 一卷
（明）釋德清撰
明萬曆二十七年（1599）刊本
杭圖
明萬曆刊朱印本
國圖
明萬曆三十三年（1605）刊本
杭圖
明萬曆三十六年（1608）劉弘謨刊本
上圖
明萬曆四十年（1612）刊本
上圖
明萬曆刊本
安丘
清光緒八年（1882）廣州海幢寺刊本
港中文

0494
觀楞伽記 四卷
（明）釋德清撰
明萬曆樊友軒刊本
粵圖

0495
肇論略注 六卷
（明）釋德清撰
清光緒十四年（1888）金陵刻經處刊本
港中文、大連圖

0496
大方廣圓覺修多羅了義經直解 二卷
（明）釋德清撰
明崇禎七年（1634）性理、性璞刊本
新大
清紅螺山寺刊本
大連圖

0497
緒言 一卷
（明）釋德清撰
明萬曆四十五年（1617）管覺仙刊本
北大、科圖

0498
金剛决疑 一卷
（明）釋德清撰
明萬曆嶺南刊本
粵圖
清陳寶晉、鄭學焜刊本
粵圖

0499
大佛頂如來密因修證了義諸菩薩萬行首楞嚴經通議 十卷 補遺 一卷 附首楞嚴經懸鏡 一卷
（明）釋德清撰
清光緒二十年（1894）金陵刻經處刊本
中大

0500
大乘起信論直解 二卷
（明）釋德清撰
明泰昌元年（1620）刊本
粵圖
清光緒十六年（1890）金陵刻經處刊本
吉圖

0501
楞伽筆記 四卷
（明）釋德清撰
清末海幢寺刊本
粵圖

0502
憨山老人夢遊集 五十五卷
（明）釋德清撰
清光緒金陵刻經處刊本
吉圖、吉大
清刊本
東北師大

0503
憨山大師夢遊摘要 二卷
（明）釋德清撰
清光緒十八年（1892）紅螺山寺刊本
錫圖
清鈔本
遼圖

0504
憨山大師夢遊全集 二十卷
（明）釋德清撰
清光緒十九年（1893）端州慶雲寺刊本
粵圖

0505
觀楞伽阿跋多羅寶經記 十八卷 首一卷 補遺一卷
（明）釋德清撰
民國三年（1914）金陵刻經處刊本
中大

0506
楞嚴正脈 十卷
（明）釋德清撰
明崇禎六年（1633）東莞張二果校刊本
粵圖
清乾隆五十七年（1792）海幢寺刊本
粵圖

0507
性相通説 一卷
（明）釋德清撰
清同治十二年（1873）金陵刻經處刊本
港中文

0508
憨山老人年譜自叙實録 二卷
（明）釋德清撰
明天啓二年（1622）張翼軫刊本
粵圖

0509
曹溪中興録 二卷
（明）釋德清撰
明末刊本
粵圖

0510
諸祖道影傳贊 三卷
（清）釋元賢撰

0511
補刻祖師正宗道影 一卷
（清）釋性統撰
清順治二年（1645）曹禎驥刊康熙五十一年（1712）續刊本
中大

0512
奏對機緣 一卷
（清）釋道忞撰
清康熙詒清堂刊《昭代叢書》本
上圖、暨大
［按：道忞（1596—1674），字木陳，號山翁，大埔人，俗姓林。］

0513
兜率龜鏡集 三卷
（清）釋弘贊撰
清嘉興續藏本
臺灣
清初廣州海幢寺經坊刊本
港大
［按：弘贊（1611—1685），易名在犙，新會人，俗姓朱。］

0514
歸戒要集 三卷
（清）釋弘贊撰
清嘉興續藏本
臺灣

0515
禮舍利塔儀式 一卷
（清）釋弘贊撰
清嘉興續藏本
臺灣

0516
沙門日用　二卷
（清）釋弘贊撰
清嘉興續藏本
臺灣

0517
四分戒本如釋　十二卷
（清）釋弘贊譯
清刊本
錦州圖

0518
般若波羅蜜多心經添足　一卷
（清）釋弘贊述
民國十九年（1930）上海佛學書局鉛印本
吉大

0519
解惑篇　一卷
（清）釋弘贊編
清嘉慶十三年（1808）刊本
吉大

0520
沙彌學戒儀軌頌注　一卷　附禮佛儀式　一卷
（清）釋弘贊撰
清嘉興續藏本
臺灣

0521
沙彌律儀要略增注　二卷
（清）釋弘贊注釋
清初端州慶雲寺刊本
粵圖

0522
佛説梵網菩薩心地品下略疏　八卷
（清）釋弘贊撰
清嘉興續藏本
臺灣
民國十一年（1922）揚州藏經院刊本
遼大

0523
持誦準提真言法要　一卷
（清）釋弘贊撰
清嘉興續藏本
臺灣

0524
觀音慈林記　三卷
（清）釋弘贊撰
清嘉興續藏本
臺灣

0525
比丘尼受戒録　一卷
（清）釋弘贊撰
清嘉興續藏本
臺灣

0526
式義摩那尼戒本　一卷
（清）釋弘贊撰
清嘉興續藏本
臺灣

0527
六道集　五卷
（清）釋弘贊輯
清康熙二十一年（1682）端州慶雲寺刊本
粵圖
清嘉慶元年（1796）廣州刊本
吉大

0528
補刻祖師正宗道影　一卷
（清）釋性統撰
清康熙五十一年（1712）刊本
中大

0529
天然昰禪師語録　十二卷
（明）釋函昰撰、（清）釋今辯重編
清與木石居士鈔本
加英哥大
民國鈔本
粵圖

［按：函昰（1608—1685），字天然，番禺人，俗姓曾。今辯，字樂説，番禺人，俗姓麥，曾主海雲、海幢兩寺。］

0530
天然和尚同住訓略 一卷
（明）釋函昰撰、（清）釋今應編
清順治番禺雷峰寺刊本
粤圖
清鈔本
粤圖
汪宗衍鈔本 汪宗衍跋
粤圖

0531
天然和尚著述考 不分卷
番禺汪宗衍編
清康熙海幢寺刊本
粤圖

0532
海幢阿字無禪師語録 二卷
（清）釋今無撰、（清）釋今辯編
清康熙刊本
中大
［按：今無（1633—1681），字阿字，番禺人，俗姓萬。］

0533
經懺直音增補切釋 一卷
（清）釋光鷲撰
清康熙二十九年（1690）鼎湖山經房刊本
粤圖
［按：光鷲（1577—1662），易名成鷲，字跡刪，番禺人，俗姓方。］

0534
觀世音菩薩大悲心陀羅尼神咒 一卷
清道光十三年（1833）吴榮光寫本
津圖

0535
金剛經 不分卷
清道光省城西湖街正文堂刊本
粤圖
（按：此爲粤海關監督明善恭摹乾隆御筆手書上版。）

0536
華嚴寶鏡 一卷
（清）釋道獨撰
清順治十三年（1656）海幢寺刊本
粤圖

0537
金剛經直説 一卷
（清）釋成鷲撰
清末海幢寺刊本
粤圖

0538
塗鴉集書問 二卷
（清）釋一機撰
清順治十八年（1661）端州慶雲寺刊本
粤圖
［按：一機（1630—1708），俗姓李，番禺人。曾任廣州華林寺住持。］

0539
塗鴉集録 一卷 文部 二卷
（清）釋一機撰
清康熙四年（1665）端州慶雲寺刊本
粤圖

0540
丹霞澹歸釋師語録 三卷
（清）釋今辯輯
清康熙丹霞别傳寺刊本
粤圖

0541
海幢阿字禪師語録 一卷
（清）釋阿字撰
清康熙海幢寺刊本
粤圖

0542
剩人和尚語録 六卷
（明）釋函可撰
清康熙二十九年（1690）廣州黄華寺刊本
粤圖

0543
靈山正弘集 一卷
（清）釋本果撰
清康熙五十八年（1719）潮州靈山寺刊本
粵圖

0544
長慶語録 二卷
清末海幢寺刊本
粵圖

0545
穿珠集 二卷
（清）釋獻純撰
清光緒端州慶雲寺刊本
粵圖

0546
大佛頂如來密因修證了義諸菩薩萬行首楞嚴經通議 十卷
（清）釋傳晟撰
清道光二十年（1840）廣州海幢寺刊本
吉大⊗

0547
楞嚴經集注 十卷
（清）釋傳晟撰
清道光二十年（1840）廣州海幢寺重刊本
粵圖

0548
吴榮光寫經 一卷
（清）南海吴榮光書
清光緒三十四年（1908）廣州澄大閣石印本
佛圖

0549
金剛般若波羅蜜經淺注 一卷 證驗 一卷
（清）釋了了注
民國八年（1919）廣州超華齋刊本
吉大

0550
百丈叢林清規元義 九卷
（清）釋義潤撰
清同治元年（1862）廣州海幢寺刊本
錦州圖

0551
天樂鳴空集 三卷
（清）鮑宗肇撰
民國二十年（1931）潮陽郭氏刊本
吉圖　吉大

0552
密教講習録 一卷
民國十五至十八年（1926—1929）潮州震旦密教會鉛印本
遼圖

0553
一行阿闍梵文字母表淺注 一卷
潮安王弘願撰
民國十七年（1928）印本
粵圖
（按：書又名《密宗講習録》。）

0554
一字頂輪王瑜伽儀軌略注 一卷
潮安王弘願撰
民國十八年（1929）密教會鉛印本
粵圖

0555
密教綱要四編
潮安王弘願譯
民國八年（1919）刊本
粵圖

0556
清初僧諍記 三卷 表一卷
新會陳垣撰
民國二十三年（1934）勵耘書屋刊《勵耘書屋叢刻》本
中大

雜家類

0557

西京雜記　六卷

（晉）葛洪撰

明嘉靖三十一年（1552）刊本

臺灣

0558

洞天清録　一卷

（宋）趙希鵠撰

明萬曆四十二年（1614）博羅張萱刊本

上圖

0559

澄懷録　二卷

（宋）周密撰

清光緒二年（1876）順德李文田家鈔本　清潘祖蔭跋　傅增湘校

國圖

0560

自警編　五卷

（宋）南海趙善璙輯

宋刊本　清宋賓穎跋

遼圖

宋刊本　清翁方綱跋

遼圖

宋端平元年（1234）九江郡齋刊本　清汪兆鏞、莫棠跋

港大

明初刊本

國圖、上圖

明弘治刊本

静嘉

明嘉靖七年（1528）蜀藩刊本

國圖、北大

明嘉靖十九年（1540）陳光哲刊本

南圖

明嘉靖二十四年（1545）唐曜刊本

人大

明嘉靖四十年（1561）陳善刊本　清丁丙跋

南圖

明萬曆元年（1573）瑞州府刊本

臺灣

明萬曆二年（1574）李華春刊本

上圖

明萬曆四年（1576）徐栻壯猷堂刊本

北大、南圖

明萬曆五年（1577）李超刊本

國圖

明刊本

津圖、國圖

明刊本　清順德李文田校注並跋

國圖

明鈔本

上圖⊗

清乾隆文津閣《四庫全書》本

國圖

日本享和二年（1802）刊本

日内閣

0561

自警編　十一卷

（宋）南海趙善璙輯

明刊本

國圖

0562

自警編　一卷

（宋）南海趙善璙撰

明萬曆朱東光刊《歷代小史》本

南圖、閩圖

0563

新修自警編　二十卷

（宋）南海趙善璙撰

朝鮮活字本

愛知大

0564

自警編　二十卷

（宋）南海趙善璙撰

朝鮮刊本
静嘉

0565

甕牖閑評　八卷

（宋）袁文撰

清光緒二十五年（1899）廣雅書局刊聚珍版叢書本　傅增湘跋並輯補遺目

國圖

0566

朝鮮類要　五卷

（宋）趙昇撰

清光緒二十五年（1899）廣雅書局刊聚珍版叢書本　傅增湘跋並跋

國圖

0567

敬齋古今黈　八卷　拾遺　五卷

（元）李治撰

清光緒二十五年（1899）廣雅書局刊聚珍版叢書本　傅增湘跋

國圖

0568

南牖日牋　七卷

（明）南海王佐撰

明崇禎九年（1636）觀文堂刊本

皖圖

0569

雙槐歲鈔　十卷

（明）香山黄瑜撰

明嘉靖二十七年（1548）黄氏家刊本

臺灣、日内閣

明嘉靖三十八年（1559）陸延枝刊本

中大

明刊本

津圖

明鈔本

復旦⊗

清順治三年（1646）李際期宛委山堂刊《説郛續》本

中大、華農、國圖

清道光南海伍氏粤雅堂文字歡娱室刊《嶺南遺書》本

粤圖

0570

皇極經世書傳　八卷

（明）香山黄畿撰

明嘉靖刊本

尊經

0571

兩廣去思録前集　一卷　後集　一卷

明正德間刊本

國圖

0572

新增格古要論　十三卷

（明）曹昭撰、（明）南海王佐增補

明天順六年（1462）徐氏善得書堂刊本

國圖

明黄珙刊本

國圖、上圖

明鄭樸刊本

上圖、魯圖、南圖

明黄正位刊本

中大、暨大等

明黄正位刊清淑躬堂重修本

國圖、上圖等

明黄正位刊清淑躬堂重修本　清盧文弨校並跋

南圖

明黄正位刊清淑躬堂重修本　清丁壽昌批校並跋

浙圖

0573

諸經品節　二十卷

（明）歸善楊起元輯

明萬曆刊本

北大、人大等

明萬曆十九年（1591）刊本

日國會、美國會

明刊本

日内閣、美國會

0574
諸經品節 八卷
（明）歸善楊起元撰
明萬曆刊本
静嘉

0575
太史楊復所先生證學編 四卷
（明）歸善楊起元撰
明萬曆二十四年（1596）刊本
日宫内

0576
太史楊復所先生證學編 四卷 首一卷 證學論一卷 策一卷
（明）歸善楊起元撰
明萬曆四十五年（1617）佘永寧刊本
國圖、南圖、粵社

0577
西園聞見録 一百七卷
（明）博羅張萱撰
明陳氏居敬堂鈔本
北大
清鈔本
北大、津圖

0578
疑耀 七卷
（明）博羅張萱撰
明萬曆刊本
北圖、上圖、南圖
明萬曆刊本　鄭振鐸跋
國圖
清乾隆文津閣《四庫全書》本
國圖
日本鈔本
臺灣

0579
文鈔 不分卷
（明）南海霍韜等撰
清道光年間鈔本
粵圖

0580
譚輅 三卷
（明）澄海張鳳翼撰
明萬曆刊本
上圖、遼圖

0581
譚輅 一卷
（明）澄海張鳳翼撰
清順治李氏宛委山堂刊《説郛續》本
中大、國圖
明萬曆刊《百陵學山》本
國圖、上圖
明天啓快堂刊《快書》本
北大、中大

0582
暇老齋雜記 三十二卷
（明）茅元儀撰
清光緒順德李文田家鈔本　清李文田批校並跋
國圖

0583
王太蒙先生類纂批評灼艾集 十八卷
（明）萬表輯、（明）南海王佐纂評
明刊本
國圖、上圖等

0584
初學藝引 十卷 文引 五卷 詩引 三卷 書引四卷 首一卷
（清）揭陽李仕學撰
清乾隆十四年（1749）漱芳居刊本
粵圖⊗

0585
新鐫陳太史子史經濟言 十二卷 經制考略 八卷
（明）南海陳子壯撰
明天啓刊本
北大、浙圖、港大

0586
新鐫陳太史子史經濟言 十二卷
（明）南海陳子壯撰

明天啓五年（1625）刊本
粤圖

0587
新刻陳太史經濟言 十二卷
（明）南海陳子壯撰
明天啓五年（1625）刊本
粤圖

0588
新刻陳太史經濟言輯要 十二卷
（明）南海陳子壯輯
明天啓刊本
上圖

0589
陳太史昭代經濟言 十四卷
（明）南海陳子壯撰
明天啓六年（1626）讀書坊刊本
中大、北大
明天啓刊本
中大、國圖等

0590
陳太史經制考略 八卷
（明）南海陳子壯撰
明末刊本
港大

0591
新鐫陳太史子史經濟言 十二卷 經制考略 八卷
（明）南海陳子壯撰
明天啓刊本
北大、浙圖、港大

0592
新鐫陳太史子史經濟言 二十卷 新刻陳太史經制考略 八卷
（明）南海陳子壯撰
明天啓五年（1625）刊本
日内閣
明重刻天啓刊本
日内閣、尊經、港大、美國會

0593
新刻陳太史經濟言輯要 二十卷
（明）南海陳子壯撰
明天啓刊本
上圖

0594
新刻陳太史子史經濟言輯要 十二卷
（明）南海陳子壯撰
明天啓間刊本
普葛

0595
戒殺文 一卷
（明）番禺黎遂球撰
清康熙三十六年（1697）新安張氏霞舉堂刊《檀几叢書》本
華農

0596
漁樵問答 一卷
（清）釋成鷲撰
清康熙詒清堂刊《昭代叢書》本
上圖、暨大

0597
安舟雜鈔 三十六卷
（清）順德蘇珥撰
清嘉慶十九年（1814）種德堂刊本
粤圖、華師、華農

0598
摘鈔三岡識略 十卷 續識略 二卷
（清）董含撰
清順德李文田家鈔本　清李文田跋
國圖

0599
見聞續記 二卷
（清）潮陽鄭與僑撰
稿本
魯博

0600
初學藝引 二十三卷
（清）潮州李仕學撰

清乾隆十五年（1750）漱芳居刊本
粵圖⊗
（按：此書分：文引、詩引、書引、畫引、琴引、棋引及格言。今只存文引五卷、詩引三卷、書引四卷。此書罕見。）

0601
靄樓逸志 六卷
（清）東莞歐蘇撰
清乾隆五十九年（1794）刊本
粵圖

0602
雲泉隨札 二卷
（清）香山黃培芳撰
清嘉慶刊本
粵圖

0603
粵嶽子 二卷
（清）香山黃培芳撰
清刊本
粵圖

0604
虎坊雜識 四卷 粵嶽子 二卷
（清）香山黃培芳撰
清刊本
中大

0605
經史析疑 二十四卷
（清）潮陽陳蕃撰
清嘉慶七年（1802）四會學署刊本
粵圖

0606
松心十録 四十七卷
（清）番禺張維屏撰
清道光二十年（1840）刊本
粵圖

0607
花甲閒談 十六卷
（清）番禺張維屏撰
清道光二十年（1840）廣州超華齋刊本
粵圖、華師、華農
清光緒十年（1884）上海同文書局印本
粵圖、中大、華師

0608
諸子粹白 四卷
（清）香山何文明輯
清光緒七年（1881）閩南節署刊本
國圖、上圖

0609
願體集 四卷
（清）香山陳蘭芝輯
清光緒十八年（1892）上海同文書局石印本
上圖
清光緒二十年（1894）湖北崇文書局刊本
上圖

0610
巾箱拾羽 二十卷
（清）順德吳梯撰
清道光二十九年（1849）刊本
粵圖

0611
定湖筆談 二卷 首一卷 附録 一卷
（清）南海黃景治撰
清道光六年（1826）刊本
華農、南圖

0612
客窗筆記 十卷
（清）揭陽王秉之輯
稿本
汕頭愛緑堂

0613
説映 十六卷
（清）澄海李鏡儂撰
民國三十八年（1949）澄清蘭芳居鉛印本
粵圖
（按：饒宗頤序云：李氏輟科名厭仕進，潛修旁訊，撰此書，舉古今事物，暨當朝政利病有所揚榷，輒中肯綮。）

0614
東塾讀書記 不分卷
（清）番禺陳澧撰
稿本
粵圖、北圖⊗

0615
東塾讀書記 十卷
（清）番禺陳澧撰
清光緒十五年（1889）上海蜚英館石印《皇清經解續編》本
華農

0616
東塾讀書記 二十五卷
（清）番禺陳澧撰
清光緒廣州刊本　楊壽昌跋
中大
清光緒廣州鎔經鑄史齋刊本
港中文
清光緒二十九年（1903）直隸德林堂刊本
華師、港中央⊗
清光緒刊本（按内有十卷未刊）
粵圖、中大、華師、華農、廣中醫
清刊本
華師、港中央⊗
民國十二年（1923）上海掃葉山房石印本（按：内有十卷未刊）
中大
民國二十五年（1936）上海中華書局鉛印《四部備要》本（按：内有十卷未刊）
中大、華師

0617
公孫龍子注 一卷
（清）番禺陳澧撰
稿本
中大
清番禺吳道鎔鈔本
粵圖

0618
東塾類稿 一卷
（清）番禺陳澧撰
清鈔本
中大

0619
東塾雜稿 十頁 附梁氏族譜序
（清）番禺陳澧撰
稿本
粵圖

0620
東塾叢稿 不分卷
（清）番禺陳澧撰
稿本
滇圖
清鈔本
中大

0621
東塾剩稿 不分卷
（清）番禺陳澧撰
清鈔本
粵社

0622
東塾讀書記殘稿 不分卷
（清）番禺陳澧撰
稿本
國圖

0623
東塾讀書記 十二卷 又三卷
（清）番禺陳澧撰
清光緒八年（1882）番禺陳氏刊初印本
港中山

0624
東塾讀書記 十五卷
（清）番禺陳澧撰
清光緒二十七年（1901）邵州勤學書舍重刊本
港中山

0625
陳氏三種
（清）番禺陳澧撰

清光緒二十六年（1900）廣州新寧明善社刊本
港大

0626
學思録 不分卷
（清）番禺陳澧撰
稿本
國圖
清光緒五年（1879）稿本
港大
稿本
加大博

0627
蠡勺編 四十卷
（清）番禺凌揚藻撰
清同治刊本
静嘉

0628
十二石山齋叢録 八卷
（清）順德梁九圖輯
清道光二十八年（1848）刊本
哈燕

0629
紫藤館雜録 十六卷
（清）順德梁九圖撰
清道光二十五年（1845）順德梁氏紫藤館刊本
國圖

0630
雨非盦筆記 四卷
（清）番禺汪鼎撰
清咸豐刊本
粤圖、華農

0631
粟香隨筆 八卷 二筆 八卷 三筆 八卷 四筆 八卷 五筆 八卷
（清）金武祥撰
清光緒七年至二十四年（1881—1898）江陰金氏粟香室廣州刊本
港大

0632
鄉黨全解 一卷
（清）南海何聘珍撰
清光緒元年（1875）羊城文經堂刊本
粤圖

0633
補筆談 三卷 續一卷 校證 一卷
（清）番禺陶福祥撰
清光緒番禺陶氏刊本
粤圖

0634
鄺齋雜記 八卷
（清）番禺陳曇撰
清道光九年（1829）東莞陳汝亨刊本
中大
清光緒十年（1884）廣雅堂刊本
粤圖

0635
舟車隨筆 二卷
（清）南海顏葆濂撰
稿本　南海黄任恒跋
粤圖⊗

0636
舟車隨筆摘鈔 不分卷
（清）南海顏葆濂撰
稿本
粤圖
清道光二十八年（1848）南海姚芬鈔本
粤圖

0637
續李氏蒙求注 四卷
（清）順德何仁鏡撰
清道光刊本
粤圖

0638
課餘彙鈔 八卷
（清）南海何文綺撰
清咸豐元年（1851）廣州同仁堂刊本

粵圖
清同治四年（1865）一經堂刊本
港大

0639
陔餘叢録 十六卷
（清）順德胡斯錞撰
清咸豐二年（1852）廣州富文齋刊本
粵圖

0640
求福新編 七卷 首一卷
（清）茂名吳雲間撰
清咸豐三年（1853）重刊本
粵圖

0641
花南軒筆記 八卷
（清）番禺李能定撰
咸豐九年（1859）百盆圃刊本
華農

0642
鄧和簡公雜鈔 不分卷
（清）順德鄧華熙撰
稿本
粵圖

0643
麗濾薈録 十四卷 爽鳩要録 二卷
（清）蔣超伯撰
清同治六年（1867）刊本
粵圖

0644
探本録 二十二卷
（清）文昌雲茂琦撰
清同治七年（1868）刊本
中大

0645
囊賸 不分卷
（清）番禺趙古農纂
清同治九年（1870）翰寶樓刊本
粵圖

0646
庸閒齋筆記 八卷
（清）陳其元撰
清同治十三年（1874）廣州儒雅堂刊本
粵圖

0647
心遠論餘 十二卷
（清）番禺梁松年撰
稿本
粵圖

0648
心遠論餘 一百四十三卷
（清）番禺梁松年撰
清咸豐間朱絲欄底稿本
臺“國圖”

0649
皇荂軼響 不分卷
（清）番禺梁松年撰
清紫絲欄鈔本
國圖

0650
邵齋漫録 一卷
（清）南海李宗顥輯
稿本
廣圖

0651
達庵隨筆 一卷
（清）番禺鄔寶理撰
清光緒三十四（1908）刊本
中大

0652
吉祥録 一卷
宣統元年（1909）刊本
中大
（按：此書收：大總統題褒“三族歸仁”、鄔夔颺傳、鄔道源先生家傳、鄔道源先生墓表及吉祥録等。）

0653
足吾好齋六如瑣記
（清）南海葉應銓撰
清鈔本
粵圖

0654
説教 一卷
（清）香山容揆譯
清光緒十九年（1893）北京同文館鉛印本
國圖、上圖、人大

0655
逸農筆記 八卷
（清）嘉應黃鴻藻撰
清光緒十四年（1888）桂林有退思書屋刊本
粵圖

0656
松煙小録 不分卷
（清）番禺汪瑔撰
清光緒十一年（1885）隨山館刊本
粵圖

0657
旅譚 五卷
（清）番禺汪瑔撰
清光緒十一年（1885）刊本
粵圖⊗

0658
新藝精華 八卷
（清）南海胡又安編
清光緒三十年（1904）上海學文社石印本
粵圖⊗

0659
邱園隨筆 一卷
（清）順德邱誥桐撰
清光緒二十年（1894）刊本
粵圖、中大

0660
荷廊筆記 四卷
（清）番禺俞洵慶撰
清光緒家刊本
粵圖

0661
朱蓉生侍御論學遺札摭存 一卷
（清）朱一新撰
清光緒二十一年（1895）菁華閣刊本
上圖
（按：朱一新，浙江義烏人，清光緒进士，因劾内侍李蓮英，降職乞歸，後掌管廣州廣雅書院多年，建樹頗多。）

0662
義烏朱氏論學遺札 一卷
（清）朱一新撰
清光緒二十四年（1898）刊本
清光緒間刊本
國圖

0663
無邪堂答問 五卷
（清）朱一新撰
清光緒二十一年（1895）廣雅書局刊《廣雅書局叢書》本
粵圖、華師、華農

0664
新政安行 一卷
（清）南海何啓、三水胡禮垣撰
清光緒二十四年（1898）聚珍書樓鉛印本
港中文
（按：書又名《中國新政安行》。）

0665
泰西藝學通考 十六卷
（清）何良棟編
清光緒二十七年（1901）鴻貿書局石印本
港大

0666
俗話傾談 初集 二卷 二集 二卷
（清）嶺南邵彬儒撰
清光緒二十九年（1903）文裕堂鉛印本
港大

0667
新政論議 一卷
（清）南海何啓、三水胡禮垣撰
清光緒二十七年（1901）上海廣譯社鉛印本
港中央

0668
新政論議 二卷
（清）南海何啓、三水胡禮垣撰
清光緒二十一年（1895）刊本
粤圖

0669
揮麈拾遺 六卷
（清）澄海邱煒萲撰
清光緒二十七年（1901）上海鉛印本
港中山

0670
劉徵君演説彙編 一卷 佚稿輯存 一卷
（清）龍門劉士驥撰
清光緒三十一年（1905）廣州文茂印務局鉛印本
中大

0671
輯注初學史論 十五法 不分卷
（清）東莞葉毓崙撰
清光緒三十二年（1906）東莞到滘愛國鉛印本
粤圖

0672
遊學紀聞 不分卷
（清）歸善陳廷泰撰
清光緒二十九年（1903）羊城開新公司鉛印本
華師

0673
邵齋漫録 一卷
（清）南海李宗顥撰
稿本
廣圖

0674
陶齋志果 八卷
（清）香山鄭觀應輯
清光緒二十年（1894）皖江容忍居重刊本
粤圖

0675
修真四要 一卷
（清）香山鄭觀應撰
清光緒刊本
粤圖

0676
告蒙編 十卷
（清）高要黎佩蘭重輯
清光緒二十九年（1903）志陶軒刊本
中大

0677
異談暇筆 不分卷
題（清）漸紹半峰氏勉之校訂
清末宛平尚勤氏潤田鈔本　潤田批校
中大
（按：此書為紅格鈔本。羅椒生批校，多述嶺南事物。如：貞女、感命篇、新婦詞、放鴿、戒賭、湯生、茗餘小録、勝錦州、趙蘭、某乙強詞、了然、無故休妻、迷色亡身、玉佩姻緣、僧報恩、卦婆謀財等。）

0678
貽令堂雜俎 一卷 首一卷
（清）南海黄保康撰
清宣統三年（1911）南海黄氏刊《霄鵬先生遺著》本
粤圖

0679
瘳忘編 二卷 續論 一卷 附後 一卷
（清）李塨撰、順德鄧實、黄節校録
清光緒三十四年（1908）國學保存會鉛印《國粹叢編》本
華農

0680
讀書隨筆 一卷
（清）鶴山吕冠雄撰
稿本
粤圖

0681
榕堂續録 二卷
（清）蔣超伯撰
清末羊城聚珍堂刊本
粵圖

0682
懺盦隨筆 八卷 附懺盦詞話 一卷
（清）番禺沈澤棠撰
清宣統三年（1911）刊本
粵圖、中大、華農

0683
止庵筆語 一卷
（清）南海譚宗浚撰
清末民初譚祖任校刊紅印本
中大

0684
鄧氏講義摘鈔 一卷
（清）新寧鄧振翼、趙天錫輯
民國五年（1916）廣東浮石淡忠書屋刊《趙魯庵先生集》本
中大

0685
宦海昇沉録 一卷
（清）黄世仲撰
清宣統元年（1909）香港實報館鉛印本
港中文
（按：書又名《袁世凱》。）

0686
蘭閨福履
（清）順德賴振寰撰
清光緒二十二年（1896）刊本
北大

0687
勸女學集證 三卷
（清）順德賴振寰撰
清光緒間刊本
北大

0688
南海康先生口說 二卷
（清）番禺黎祖健輯
清光緒稿本
粵圖

0689
朱蓉生駁康學書札 一卷
（清）朱一新撰
民國上海商務印書館鉛印本
粵圖

0690
桂學答問 一卷
南海康有爲撰
清光緒二十年（1894）廣州雙門底全經閣刊本
粵圖、中大
稿本
東北師大

0691
長興學記 一卷
南海康有爲撰
清光緒刊《蟄雲雷齋叢書》本
粵圖

0692
周末諸子學說節要 二卷
南海康有爲撰
稿本
北大

0693
讀西學書法 一卷
新會梁啓超撰
清光緒二十二年（1896）時務報館刊本
粵圖

0694
墨經校釋 不分卷
新會梁啓超撰
民國十五年（1926）商務印書館鉛印本
粵圖

0695
中西學門徑書　七種
新會梁啓超撰
清光緒上海大同譯書局石印本
子目：
長興學記（康有爲撰）
輶軒今語（徐仁壽撰）
時務學堂學約
讀春秋界説
讀西學書法
讀孟子界説
幼學通義
粤圖、中大

0696
中西學門徑書　七種　八卷
南海康有爲撰
清光緒二十四年（1898）上海大同譯書局石印本
東北師大

0697
讀書分月課程　不分卷
新會梁啓超撰
清末刊本
華師

0698
學服齋筆記　六卷
南海黄任恒撰
民國二十年（1931）南海保粹堂叢刊本
中大

0699
明代思想史　不分卷
東莞容肇祖編撰
民國北京大學鉛印本
中大

0700
朱子碑樓輯存　六卷　續篇　十卷
（清）順德賴振寰輯
民國二至五年（1913—1916）廣州雙門底活版公司和粤東編譯公司鉛印本
中大

0701
東齋雜誌　一卷
番禺鄔慶時撰
民國十七年（1928）刊《半驅樓叢書》本
中大

0702
白桃花館雜憶　一卷
番禺鄔慶時撰
民國十四年（1925）刊本
中大

0703
白桃花館雜憶　不分卷
番禺鄔慶時撰
民國十四年（1925）刊本
濬圖

0704
窮忙小記　一卷
番禺鄔慶時撰
民國十七年（1928）鉛印本
中大

0705
東齋筆記　不分卷
大埔廖海寰撰
民國稿本
粤圖

0706
學疑　一卷
開平張鼎勛撰
民國十三年（1924）量今山房刊本
中大

0707
救災福報
香山鄭官應編輯
清宣統三年（1911）上海著易堂印刷所鉛印本
粤圖

各國哲學類

0708
希臘三大哲學家學説 十三章
（清）南海陳鵬譯
清光緒二十九年（1903）上海廣智書局鉛印本
粵圖

0709
歷史哲學 前編後編
［美］威爾遜撰、（清）番禺羅伯雅譯
清光緒二十九年（1903）上海廣智書局鉛印本
粵圖

0710
歐美政治要義 十八章
（清）南海戴鴻慈等撰
清光緒三十四年（1908）商務印書館影印本
粵圖

0711
國家學綱領 一卷
［德］伯倫知理撰、新會梁啓超譯
清光緒二十八年（1902）上海廣智書局鉛印《政治學小書》本
中大

0712
心理摘要 十章
［日］井上圓了撰、（清）番禺沈誦清譯
清光緒二十八年（1902）上海廣智書局鉛印本
粵圖、華師

0713
政治泛論 二卷 後編 二卷
［美］域魯威爾遜撰、（清）順德麥鼎華譯
清光緒二十九年（1903）上海廣智書局鉛印本
粵圖

其他宗教類

0714
聖母行實 不分卷
［意］高一志撰
清康熙十九年（1680）廣州大原堂重刊本
梵蒂岡

0715
真福直指 不分卷
［意］陸安德撰
清康熙十二年（1673）刊本
梵蒂岡

0716
天神會課 不分卷
［意］潘國光撰
清順治十八年（1661）廣州大原堂重刊本
梵蒂岡

0717
妄推吉凶辯 不分卷
［比］南懷仁撰
清廣州重刊本
梵蒂岡

0718
妄占辯 不分卷
［比］南懷仁撰
清廣州大原堂重刊本
梵蒂岡

0719
豁疑論 不分卷
（清）朱完元述
清廣州大原堂重刊本
梵蒂岡

0720
天主教聖教略説 不分卷
［意］陸安德撰

清粵東教堂刊本
梵蒂岡

0721
萬物真原 不分卷
［意］艾儒略撰
清廣州大原堂重刊本
梵蒂岡

0722
天主實義 不分卷
［意］利瑪竇撰
明萬曆三十五年（1607）廣州重刊本
梵蒂岡

0723
永福天衢 不分卷
［西］利安定撰
清康熙十九年（1680）廣州朝天路教堂刊本
梵蒂岡

0724
永暫定衡 不分卷
［墨］石鐸禄撰
清康熙三十五年（1696）廣州刊本
梵蒂岡

0725
初會問答 不分卷
［墨］石鐸禄撰
清康熙十九年（1680）廣州刊本
梵蒂岡

0726
童幼教育 不分卷
［意］高一志撰
明萬曆四十八年（1620）澳門刊本
梵蒂岡

0727
成人要集 不分卷
［西］利安當撰
清康熙三十三年（1694）廣州楊仁里福音堂刊本
梵蒂岡

0728
默想神功 不分卷
［墨］石鐸禄撰
清康熙三十三年（1694）廣州刊本
梵蒂岡

0729
聖教約言 不分卷
［葡］蘇如望撰
明末清初粵東老城教堂重刊本
梵蒂岡

0730
聖教小引 不分卷
（清）范中撰
清順德救世堂重刊本
梵蒂岡

0731
聖教要訓 不分卷
［西］文席辣撰
清康熙二十年（1681）廣州楊仁里福音堂刊本
梵蒂岡

0732
天主聖教日課 不分卷
［意］龍華民撰
清康熙五十四年（1615）廣州全能堂刊本
梵蒂岡

0733
要經略解 不分卷
［西］白多瑪撰
清康熙四十四年（1605）肇慶真原堂刊本
梵蒂岡

0734
聖教切要 不分卷
［西］白多瑪撰
清康熙四十四年（1605）肇慶真原堂刊本
梵蒂岡

0735
聖教要經 不分卷
［?］伊納爵撰

清康熙五十三年（1714）廣州全能堂刊本
梵蒂岡⊗

0736
曆書 不分卷
清雍正三年（1725）廣州福音堂刊本
梵蒂岡

0737
瑟辣飛各聖父方濟各行實大全 不分卷
LiHoaijen
清雍正三年（1927）廣州刊本
梵蒂岡

0738
辜蘇歷程 □章
明末清初刊本
澳中央
（按：此書用粵語叙述，辜蘇生於1632年，講述家庭發展經過。）

0739
靈言蠡勺 二卷
［意］畢方濟述、（明）徐光啓録
民國八年（1919）新會陳垣鉛印本
遼圖

0740
鼎新録 二卷
（清）譚之璿輯
清咸年二年（1852）廣信府崇文堂鈔本
吉圖

0741
景教碑文紀事考正 三卷
（清）番禺楊榮鋕撰
清光緒二十一年（1895）楊大本堂刊本
粵圖、吉圖、吉大
清光緒二十三年（1897）刊本
吉大

0742
清真指南 十卷
（清）馬注撰
清同治九年（1870）粵東省城濠畔街清真寺刊本
大連圖

0743
教欵捷要
（清）馬伯良撰
清嘉慶二十二年（1817）粵東省城四寺刊本
大連圖

0744
耶穌教難入中國説 一卷
（清）順德梁廷枏撰
清道光二十六年（1846）刊《海國四説》本
港中央

0745
三山論學 不分卷
［泰西］艾子等撰
清道光二十七年（1847）重刊本
澳聖約

0746
馬太傳福音書注釋 不分卷
（?）爲仁者纂
清道光二十八年（1848）香港刊本
港大

0747
聖會準繩 不分卷
不著撰人
清同治五年（1866）香港英華書院鉛印本
港中文

0748
耶穌事跡考 九卷
［英］師多馬撰、（清）陳雲五筆述
清光緒十三年（1887）廣州惠師禮會刊本
港中文

0749
聖經入門 不分卷
（清）韶波輯
清光緒十五年（1889）巴色傳道會刊本
港中文

0750
路加衍義 一卷
［德］花之安撰
清光緒二十年（1894）廣州真寶堂書局刊本
港中文

0751
佐治芻言 一卷
［英］傅蘭雅口譯、應祖錫筆述、（清）南海張蔭桓編輯
清光緒二十二年（1896）鴻文書局石印《西學富强叢書》本
港大

0752
聖潔之路 不分卷
［英］班魯克撰、（清）袁永晟譯
清光緒二十九年（1903）香港救世軍香港總部鉛印本
浸大

0753
經世全書便覽 不分卷
（清）吕約翰注
清道光二十八年（1848）粤東天主堂刊本
普葛

0754
聖經證據 不分卷
（清）南海何進善撰
清同治六年（1867）香港刊本
日内閣

0755
新約全書注釋 不分卷
（清）南海何進善撰
清同治七年（1868）香港刊本
日内閣

0756
續天路歷程土話 不分卷
（清）羊城惠師禮堂編
清同治九年（1870）刊本
普葛

0757
幼學四字經 不分卷
粤東基督教會編
民國香港刊本
普葛

0758
新約全書（廣東話）
民國十四年（1925）鉛印本
港大

0759
述史淺譯 五卷
［美］花皮氏撰
清同治五年（1866）雙門底福音堂刊本
普葛

0760
香港女道德社壇訓録 一卷
蕭嵐纂
民國二十年（1931）香港英倫印書局鉛印本
黑圖

0761
聖道東來考 不分卷
（清）王元深撰
清光緒三十二年（1906）香港鉛印本
廣文
（按：此書簡介景教、天主教東來，英國倫敦傳道會、浸禮會、美國綱紀慎傳道會、英國安立間會、美國惠師禮會、福漢會、德國禮賢傳道會、德國巴色傳道會、德國小巴陵傳道會入粤的歷史。）

0762
馬太福音注釋 一卷
（清）南海何進善輯
清同治七年（1868）香港英華書院鉛印本
粤圖

0763
聖經注辨 三卷
（清）南海羅仲藩撰
清末廣州酌雅齋刊本
粤圖

0764
自西徂東　七十二卷
［德］花之安撰
清光緒十年（1884）德國花之安香港刊本
港中文

0765
自西徂東　五卷
［德］花之安撰
清光緒十年（1884）廣東刊本
科圖、上圖、港中文
清光緒二十八年（1902）上海廣學會鉛印本
上圖

0766
摩尼教入中國考　一卷
新會陳垣撰
民國油印本
中大

0767
火祆教入中國考　不分卷
新會陳垣撰
民國油印本
中大

0768
元也里可温考　一卷
新會陳垣撰
民國六年（1917）鉛印本
大連圖等

0769
元也里可温考　十一五章　開封一賜樂業教考　十二章
新會陳垣撰
民國九年（1920）鉛印本
大連圖等

附：術數堪輿

0770
太玄經　二卷
（漢）揚雄撰、（明）歸善楊起元注評
明刊本
閩圖

0771
皇極經世緒言　九卷　卷首　一卷
（宋）邵康節撰、（明）黄畿注釋
清嘉慶四年（1799）錢塘徐樹堂刊本
國圖

0772
皇極經世書傳　八卷
（明）香山黄畿撰
明嘉靖三十三年（1554）黄佐刊本
國圖
清康熙二十一年（1682）重刊本
粵圖
清康熙刊本
粵圖
清咸豐七年（1857）純淵堂刊本
粵圖

0773
夢占類考　十二卷
（明）澄海張鳳翼撰
明萬曆十三年（1585）王祖嫡刊本
國圖、上圖等

0774
堪輿秘訣　不分卷
（明）香山李秩撰
清同治元年（1862）黄守安堂鈔本
粵圖

0775
辟徑集　二卷
（明）香山李秩撰
清道光十四年（1834）香山欖溪李世德堂刊本

港大
清道光十四年（1834）刊本
粵圖

0776
辟徑集 一卷
（明）香山李秩撰
清鈔本
粵圖

0777
地理秘傳 二卷
（明）香山李秩撰
清鈔本
粵圖

0778
陳子性藏書 十二卷 首一卷
（請）廣州陳應選撰、（清）陳式猷、陳式基輯
清連元閣刊本
粵圖
清聚盛堂刊本
粵圖
清末佛山文華閣石印本
粵圖

0779
陳子性藏書 十二卷
（清）廣州陳應選撰
清末民初廣東廣益書局石印本
粵圖

0780
劉氏家藏書 不分卷
（清）東莞劉春沂撰
清康熙刊本
廣圖

0781
陳氏家藏書 八卷 首一卷
清乾隆四十七年（1782）刊本
廣圖

0782
陽宅紫府寶鑒 一卷
（清）高明劉文瀾撰
清道光刊本
廣圖

0783
皇極經世易知 八卷 首一卷
（清）南海何夢瑤編
清咸豐九年（1859）滚雪樓刊本
粵圖、中大

0784
大易附厨鏡 不分卷
題（清）南海奇澥陸八臚子輯
清鈔本
粵圖

0785
安宅規模 四卷
（清）番禺林伯桐撰
稿本
粵圖

0786
地理知本金鎖秘 二卷
（清）順德鄧恭撰
粵東古岡州黄其勤校訂、粵東鳳城陳垂耀正字
清嘉慶抗仙山館刊本
粵圖
清嘉慶二十一年（1816）紫貴堂刊本
港嶺大

0787
潛虚述義 四卷 附考異 一卷
（清）蘇天木撰
清道光三十年（1850）粵雅堂刊本
港中文

0788
撼龍經注 一卷
（清）順德李文田撰
清光緒知服齋刊本
粵圖

清光緒十八年（1892）刊本
粵圖

0789
易象占驗 一卷
（清）順德鄧接成撰
清道光二十年（1840）裕新堂刊本
粵圖

0790
金光斗臨經 不分卷 附雙龍出洞式
佚名撰
清咸豐七年（1857）潮州總館府刊本
港大

0791
地理務本 二卷
（清）東莞周天琛撰
清咸豐元年（1851）羊城儒雅堂刊本
粵圖⊗

0792
增訂陽宅井明 四卷 首一卷
（清）東莞鄧遂識撰
清乾隆三十六年（1771）品經堂刊本
港大
清刊本
粵圖

0793
天星選擇撮要 一卷
（清）順德左敬元撰
清同治順德龍山崇日堂刊本
粵圖

0794
巒頭心法 二卷
（清）澄海蔡麟士撰
清咸豐四年（1854）廣州西園書屋刊本
港中文
清咸豐四年（1854）粵東文華閣刊本
粵圖
清同治八年（1869）粵東文華閣刊本
粵圖

0795
星學精華 一卷
（清）順德梁鳳儔撰
清鈔本
粵圖

0796
六友堂羅經活圖解 二卷
（清）南海李國龍撰
清光緒十一年（1885）聯興堂刊本
粵圖

0797
地理秘傳 二卷
（明）香山李秩撰
清鈔本
粵圖

0798
理氣溯源初集 六卷
（清）南海陳啓沅撰
清光緒十年（1884）惜陰草堂刊本
港大
清光緒十二年（1886）刊本
粵圖

0799
圖局挈要 一卷
（清）劉墨池撰

0800
奇門紀要 一卷
（清）歐傑撰
清光緒十一年（1885）廣州潘氏鈔本
港大

0801
新增重刻辨證圖訣 一卷
（清）戴禮臺撰、（清）新會陳良謨輯補
清光緒十七年（1891）廣州陳氏讀易草堂刊本
粵圖

0802
格致治平通議 二十六卷
（清）大埔楊毓輝撰

清光緒二十八年（1902）鴻寶書局石印本
粵圖

0803
繫辭上傳朱子本義補闕 □卷
（清）順德廖焕光撰
清末鈔本
粵圖⊗

0804
香山小欖李默齋家藏山法撮要秘書 一卷
□□□撰
清鈔本
粵圖

0805
地理尋源 不分卷
（清）南海勞潼纂輯
清心簡齋刊本
臺“國圖”

0806
陰騭文儒宗 不分卷
（清）南海勞潼評
清心簡齋刊本
臺“國圖”

三、社會科學部

經濟類

0807

鹽法考略 一卷

（明）瓊山丘濬撰

清道光十一年（1831）六安晁氏活字印《學海類編》本

華農、國圖、中大

0808

錢法纂要 一卷

（明）瓊山丘濬撰

清道光十一年（1831）六安晁氏活字印《學海類編》本

國圖、上圖

清鈔本《雜鈔二十種》

國圖

0809

萬曆會計録 四十三卷

（明）瓊山張學顏等撰

明萬曆九年（1581）刊本

國圖

0810

廣東賦役全書 □□卷

清順治刊本

國圖

目次：

廣東省總 一卷
廣州府總 一卷
南海縣 一卷
番禺縣 一卷
新會縣 一卷
順德縣 一卷
東莞縣 一卷
香山縣 一卷
增城縣 一卷
龍門縣 一卷
三水縣 一卷
從化縣 一卷
清遠縣 一卷
新安縣 一卷
新寧縣 一卷
連州 一卷
連山縣 一卷
陽山縣 一卷
南雄府總 一卷
保昌縣 一卷
始興縣 一卷
韶州府總 一卷
曲江縣 一卷
樂昌縣 一卷
仁化縣 一卷
英德縣 一卷
翁源縣 一卷
乳源縣 一卷
惠州府總 一卷
歸善縣 一卷
博羅縣 一卷
海豐縣 一卷
河源縣 一卷
龍川縣 一卷
長樂縣 一卷
長寧縣 一卷
興寧縣 一卷

和平縣 一卷
花縣 一卷
潮州府總 一卷
海陽縣 一卷
潮陽縣 一卷
揭陽縣 一卷
澄海縣 一卷
饒平縣 一卷
惠來縣 一卷
大埔縣 一卷
普寧縣 一卷
肇慶府總 一卷
高要縣 一卷
高明縣 一卷
恩平縣 一卷
四會縣 一卷
廣寧縣 一卷
陽江縣 一卷
陽春縣 一卷
新興縣 一卷
開平縣 一卷
德慶州 一卷
封川縣 一卷
開建縣 一卷
鶴山縣 一卷
高州府總 一卷
茂名縣 一卷
電白縣 一卷
信宜縣 一卷
化州 一卷
吳川縣 一卷
石城縣 一卷
雷州府總 一卷
海康縣 一卷
遂溪縣 一卷
徐聞縣 一卷
廉州府總 一卷
欽州 一卷
合浦縣 一卷
永安縣 一卷
連平縣 一卷
靈山縣 一卷
瓊州府總 一卷
瓊山縣 一卷
儋州 一卷
萬州 一卷
崖州 一卷
澄邁縣 一卷
臨高縣 一卷
文昌縣 一卷
會同縣 一卷
陵水縣 一卷
定安縣 一卷
樂會縣 一卷
感恩縣 一卷
羅定州總 一卷
羅定州 一卷
東安縣 一卷
西寧縣 一卷

0811

廣東賦役全書 一百五卷

清乾隆刊本

國圖

子目：

廣東省總 二卷
廣州府總 一卷
南海縣 一卷
番禺縣 一卷
新會縣 一卷
順德縣 一卷
東莞縣 一卷
香山縣 一卷
增城縣 一卷
龍門縣 一卷
三水縣 一卷
從化縣 一卷
靈山縣 一卷
瓊州府總 一卷
瓊山縣 一卷
儋州 一卷
萬州 一卷

崖州 一卷
澄邁縣 一卷
臨高縣 一卷
文昌縣 一卷
會同縣 一卷
陵水縣 一卷
定安縣 一卷
樂會縣 一卷
感恩縣 一卷
昌化縣 一卷
羅定州總 一卷
羅定州 一卷
東安縣 一卷
西寧縣 一卷
連州總 一卷
連州 一卷
連山縣 一卷
陽山縣 一卷
嘉應州總 一卷
嘉應州 一卷
興寧縣 一卷
長樂縣 一卷
平遠縣 一卷
鎮平縣 一卷

0812
粵東鹽法議 一卷 廣東司署事録 一卷
（明）鹿善繼撰
明崇禎刊本
清華、上圖

0813
廣東鹽法考 一卷
清鈔本
臺灣

0814
兩廣鹽法外志 六卷
（清）李侍堯纂修
清乾隆刊本
英亞非
（按：李侍堯，滿人，清乾隆間曾官廣東將軍、兩廣總督等職。）

0815
兩廣鹽法志 二十四卷 首一卷
（清）李侍堯纂修
清乾隆内府鈔本
故宮

0816
兩廣鹽法志 三十五卷 首一卷
（清）阮元修、伍長華纂
清道光刊本
粵圖、中大⊗
清道光十六年（1836）刊本
粵圖、中大、華師

0817
兩廣鹽法志 五十五卷 首一卷
（清）劉坤一等修、何兆瀛等纂
清道光十年（1884）刊本
哥比
清同治八年（1869）刊本
粵圖
清光緒十年（1884）刊本
中大

0818
兩廣鹽法志 三十五卷
（清）伍長華纂修
清鈔本
重慶
清道光十六年（1836）刊本
哥比

0819
廣東鹽務奏鈔 四卷
清乾隆二十八年至三十五（1763—1770）刊本
東文

0820
兩廣鹽政行銷引地圖説
（清）兩廣鹽運使署編
清光緒二年（1876）兩廣鹽運使署刊本
粵圖

0821
粤鹺螺紋集 四卷
（清）陳銓輯
清鈔本
南圖

0822
太平遇仙滘光三關則例 一卷
清文林堂刊本
上圖

0823
通商約章類纂 三十五卷
（清）洪子彬等編
清光緒十八年（1892）廣東善後局刊本
普葛

0824
六櫃運道冊 不分卷
（清）兩廣鹽運使司編
清咸豐七年（1857）刊本
粤圖
（按：記載清代兩廣鹽運使司屬下各地的總埠、分埠地點以及鹽運和販鹽的各種規定。）

0825
廣東各廠上下水貨抽釐則例 一卷
（清）廣東全省釐務局編
清同治五年（1865）刊本
東洋

0826
粤鹺蠡測編 一卷
（清）陳銓衡撰
清光緒八年（1882）刊本
粤圖、中大

0827
粤鹺輯要 不分卷
（清）兩廣鹽運使署編
民國鈔本
粤圖

0828
鹺政備覽 不分卷
（清）兩廣鹽運使署編
清光緒二年（1876）刊本
粤圖

0829
使鹺批牘 三卷
（清）廣東鹽運使司編
清光緒鈔本
粤圖

0830
鹽務六櫃冊 一卷
（清）兩廣鹽運使司編
清嘉慶十一年（1806）刊本
粤圖

0831
粤省鹽務外辦章程 一卷
清末刊本
津圖

0832
廣東鹽務議略 一卷
清鈔本
上圖

0833
粤東鹽政襍録 一卷
清鈔本
上圖

0834
兩廣鹽務研究所課存 四卷
（清）彭元麟撰
清宣統三年（1911）油印本
上圖

0835
經濟論初編 三卷
（清）番禺馮焕章撰
清光緒二十七年（1901）上海書局石印本
粤圖

0836
廣東清佃總局憲批準續訂簡明章程 一卷
（清）廣東全省清佃總局編

清光緒三十三年（1907）刊本
粵圖

0837
廣州總商會報有限公司息折 一卷
（清）廣州總商會報有限公司制
清光緒三十二年（1906）鉛印本
粵圖
［按：廣州總商會報，清光緒三十二年（1906）創刊。］

0838
廣東錢局銀錢兩廠章程 一卷
（清）廣東錢局編
清光緒年間刊本
粵圖
（按：廣東錢局，在廣州大東門外黄華塘。是書詳細記載該局和錢廠的建立，以及錢銀的製造情況。）

0839
廣東巡警道編定調查户口白話演講文 不分卷
（清）廣東巡警道編
清宣統元年（1909）廣州文茂印局鉛印本
粵圖

0840
石樓陳啓秀堂租簿 不分卷
（清）陳啓秀堂編
清光緒二十二年至民國二年（1896—1913）鈔本
粵圖
［按：石樓，即石樓鎮，在番禺市橋鎮（今番禺市）東北。是爲該鎮一出租田地者陳某的收租簿，格式爲鉛印，後用毛筆填寫租户的收欠情況。］

0841
兩粵水災善後策 不分卷
（清）楊襄甫撰
清光緒三十一年（1905）稿本
粵圖
［按：是書反映清光緒十一年（1885）廣東境内三江的水災情況，並分析原因和研究對策。又有民國年間鉛印本。］

0842
潮州府鹽法志
（清）周碩勛輯
清鈔本
粵圖

0843
東陽隨筆 一卷
（清）林慶炳輯
清光緒十一年（1885）刊本
粵圖

0844
廣東太平關口岸賦税 一卷
（清）張渠輯
清雍正十二年（1734）鈔本
國圖
［按：張渠，直隸武强人。清雍正十二年（1734）任廣東布政使。太平關，在廣東東莞虎門，清初開水運交通，後成爲香港、廣州等地水路交通的中轉站。］

0845
粵海關規則 一卷
（清）龍拔世撰
清乾隆十三年（1748）刊本
粵圖
（按：是書收録廣州粵海關各類業務所應遵循的規例文件，其中以税收項目内容爲主。）

0846
粵海關志 三十卷
（清）順德梁廷枏纂
清道光省城粵東業文堂刊本
粵圖、中大
（按：内容分爲皇朝聖訓、前代事實、口岸、設官、税則、奏課、經費、禁令、兵衛、貢舶、行商、夷商、雜識等門，記述清代廣州粵海關的業務以及對外貿易情況甚詳，這是我國第一部地方海關志書，對研究廣東乃至中國海關歷史有重要參考價值。）

0847

粤海關改正歸公規則冊 一卷

（清）粤海關輯、李侍堯、龍拔世奏

清刊本

粤圖

0848

潮州汕頭常關照問辦法彙並簡便徵收例款及各費章程 一卷

（清）潮州常税新編

清光緒三十四年（1908）中華新報鉛印本

粤圖

0849

鈔録廣東省試辦宣統三年預算關税歲出專冊表 一卷

清末民初粤東編譯公司鉛印本

粤圖

0850

鈔録廣東省試辦宣統三年預算關税歲出專冊表 不分卷

（清）粤東編譯公司編

清宣統元年（1909）鉛印本

粤圖

0851

督撫憲核定廣東通省抽釐例則 一卷

不著撰人

清同治五年（1866）廣州又新堂刊本

粤圖

（按：廣東釐務總局，在廣州府番禺縣屬倉邊街錢局舊址。是書詳記該局負責核定公佈的清同治年間廣東各類物品，其中包括茶葉、絲綢、服飾、布疋、皮氈、海味食物、香粉花油、珍寶玩器、顔料紙張、雜貨藥材和木料等的抽税銀數。）

0852

六櫃鹽志 不分卷

（清）廣東布政使司編

清嘉慶刊本

粤圖

清咸豐七年（1857）刻本

粤圖

（按：記載清代兩廣鹽運使司屬下各地的總埠、分埠地點以及鹽運和販鹽的各種規定。）

0853

東粤藩儲考 十二卷

（清）高崇基編

清光緒鈔本

粤圖

清光緒十三年（1887）刊本

粤圖

（按：記録清代廣東全省徵收税款及各類政府開支，其中包括兵餉、教育經費等。）

0854

廣東通商條例 不分卷

（清）兩廣總督部堂編

清光緒十年（1894）刊本

粤圖

0855

廣東財政説明書 十六卷

（清）廣東清理財政局編

清宣統二年（1910）鉛印本

粤圖

民國十七年（1928）鉛印本

華師

0856

廣東全省禁煙總局籌辦推廣牌照捐章程附辦事細則 一卷

（清）廣東省禁煙局編

清宣統二年（1910）廣雅書局鉛印本

粤圖

0857

廣東全省禁煙總局籌辦推廣牌照捐章程 不分卷

（清）廣東全省禁煙總局編

清宣統二年（1910）鉛印本

粤圖

0858

鈔録廣東省試辦宣統三年預算歲出地方行政經費總冊表 一卷

不著撰者

清宣統二年（1910）粵東編譯公司鉛印本
粵圖

0859
廣東省出口協會出口説明書　不分卷
（清）廣州總商會編
清宣統二年（1910）鉛印本
華師

0860
兩粵水災善後策　一卷
（清）番禺楊襄甫撰
民國初年鈔本
粵圖

0861
省港澳救災公所戊午水災徵信録　二卷
省港澳救災公所編
民國八年（1919）羊城穗雅印務局鉛印本
中大

0862
廣東航政彙編　一卷
廣東航政總局輯
民國十一年（1922）石印本
中大

0863
廣東紳富捐輸銜封貢監折收章程評稿　一卷
（清）廣東海防兼善後總局、廣東布政使司同撰
清光緒二十六年（1900）刊本
東研

0864
廣東海防善後總局月支各款簡明清冊　不分卷
（清）廣東海防善後總局編
清鈔本
粵圖

0865
新軍營制餉章　一卷
清末廣州開敏公司鉛印本
粵圖

0866
京師廣東學堂收支徵信録　一卷
（清）京師廣東學堂編
清光緒三十三年（1907）北京京華印書局鉛印本
粵圖

0867
廣東通省抽收釐金章程　一卷
（清）廣東全省釐務局編
清同治五年（1866）刊本
國圖

0868
廣東續輯釐務章程　一卷
（清）廣東釐務局編
清刊本
國圖

0869
廣東釐廠比較功過章程　一卷
清光緒二十六年（1900）刊本
國圖

0870
廣東通省禁革規禮裁免捐酌減養費加治公費章程　一卷
清末刊本
上圖

0871
清代廣東各縣徵收雜録　一卷
清宣統鈔本
粵圖

0872
英國印花税章程　一卷
（清）三水鄧廷鏗譯、李企晟編
清光緒二十五年（1899）石印本
國圖

0873
詳定省河堤岸築成後商民繳價承領地段埗頭章程　一卷
清光緒二十九年（1903）刊本
葡國圖

0874
詳定商民承領沿堤各項馬頭租價及車輛費銀價目章程
清光緒二十九年（1903）刊本
葡國圖

0875
廣東調查陸軍財政説明書初編　十三卷　首一卷
（清）廣東調查陸軍財政局編
清宣統三年（1911）廣東調查陸軍財政局石印本
粤圖、中大

0876
重修惠郡東新浮橋徵信録　不分卷
（清）惠郡東新浮橋管理處編
清宣統三年（1911）刊本
粤圖

0877
香港九龍置業按揭公司年結　不分卷
（清）香港九龍置業按揭公司編
清光緒二十六年（1900）鉛印本
粤圖

0878
香港九龍置業按揭公司年結（乙巳七月至丙午六月）　不分卷
（清）香港九龍置業按揭公司編
清光緒三十二年（1906）中華印務公司刊本
粤圖

0879
香港九龍置業按揭公司年結（丁未七月至戊申六月）　不分卷
（清）香港九龍置業按揭公司編
清光緒三十四年（1908）香港聚珍書樓刊本
粤圖

0880
書總税務司赫德籌款書後　一卷
（清）南海何啓撰、香港中國日報譯意、黄汪波纂
清光緒三十年（1904）鉛印本
港大
（按：書又名《何啓先生籌款節略》。）

0881
盧制軍香港大學堂第二次勸捐啓　一卷
（英）盧嘉撰
清宣統二年（1910）香港大學堂鉛印本
港大

0882
徵信録　不分卷
清宣統三年（1911）香港廣華醫院鉛印本
港中文
（按：書又名《辛亥年香港倡建油麻地廣華醫院徵信録》。）

0883
增城清田集　二卷
（清）沈澄撰
清康熙刊本
北大
清刊本
粤圖

0884
番禺四同大沙頭公産印示　不分卷
不著撰者
清宣統三年（1911）鉛印本
粤圖

0885
番禺沙灣本善鄉商務會股份簿　不分卷
（清）本善商務會編
清光緒三十四年（1908）粤東十七甫穗雅齋鉛印本
粤圖
清宣統三年（1911）鉛印本
粤圖
（按：沙灣，即沙灣鎮，在番禺市橋鎮西南。）

0886
粤保定堂收支簿　不分卷
（清）燕昌堂製
稿本
粤圖

（按：這種史料雖瑣碎小事，正如梁啓超所指出："一商店或一家宅之積年流水賬簿，以常識論之，寧非天下最無用之物？然以歷史家眼光觀之，倘將'同仁堂'、'王麻子'、'都一處'等數家自開店迄今之賬簿及城間鄉間貧富舊家之賬簿各數種，用科學方法一爲研究整理，其爲瑰寶，寧復可量？蓋百年來物價變遷，可從此以得確實資料；而社會生活狀況之大概情形，亦歷歷若睹也。"見翦伯贊《史料與史學》北京大學出版社，1985 年版第 48 頁。）

0887
進支銀簿 不分卷
不著撰人
清光緒二十二年（1896）稿本
粵圖

0888
癸卯年娶媳婦支用簿 不分卷
（清）張學彰記
稿本
粵圖
［按：記光緒二十七年辛丑年十月娶媳婦開支記賬記事簿，其中項目繁多細緻，包括擇日、購物、禮儀、花轎、八音、宴席等内容，購物來源大多在佛山和廣州的商號。］

0889
癸卯年娶媳婦支用簿 不分卷
不著撰人
清光緒二十九年（1903）稿本
粵圖

0890
買物歸來價值記 不分卷
不著撰人
稿本
粵圖

0891
物意管窺 不分卷
清鈔本
粵圖

0892
家用收支簿 不分卷
不著撰人
稿本
粵圖

0893
善善堂租簿（道光五年至咸豐二年） 不分卷
（清）順德善善堂製
清咸豐二年（1852）稿本
粵圖

0894
善善堂收支簿 不分卷
（清）順德善善堂編
稿本
粵圖

0895
飲冰室理財論集 第一輯
新會梁啓超撰
清宣統三年（1911）上海廣智書局鉛印本
北師大

0896
商辦廣東粵漢鐵路有限公司庚戌全年總結冊一卷
（清）粵漢鐵路有限公司編
清宣統三年（1911）省城文茂印書局鉛印本
中大、粵圖

0897
商辦廣東粵漢鐵路有限公司辛亥全年總結冊一卷
（清）粵漢鐵路有限公司編
清宣統三年（1911）廣州鉛印本
中大

0898
商辦廣東粵漢鐵路有限公司甲寅全年總結冊一卷
（清）粵漢鐵路有限公司編
民國四年（1915）廣州恒盛印務局鉛印本
中大

0899

救饑舉略　一卷

（清）順德龍孝善輯

清同治六年（1867）順德龍氏刊本

粵圖

0900

粵漢鐵路廢約議　一卷

（清）南海梁紀佩輯

清宣統元年（1909）香港悟群著書社鉛印本

粵圖

0901

陳、陳、楊三家代理派回粵路股銀始末記　一卷

（清）香港陳賡虞等編

清光緒三十四年（1908）香港中華印務有限公司鉛印本

粵圖、中大

0902

廣東香洲商埠稟奉批準奏咨存案章程不分卷附本埠輿圖

（清）廣東香洲商埠辦事處編

清宣統元年（1909）廣州嶺南書局石印本

港大

0903

粵東市舶論　一卷

（清）蕭令裕撰

光緒二十三年（1897）上海著易堂鉛印《小方壺齋輿地叢鈔再補編》本

華農

0904

粵東錢糧情形　不分卷

（清）王之春等編

清光緒鈔本

粵圖

0905

龍江東海營進支數徵信録　一卷

（清）龍江東海營編

清光緒三十年（1904）羊城穗雅印務館鉛印本

粵圖

0906

廣東省五年建設計劃綱要　一卷

廣東省五年建設計劃起草委員會編

民國三十五年（1946）油印本

中大

0907

廣東清理財政局彙編宣統二年秋季分廣東司局等庫報告總冊　不分卷

（清）廣東清理財政局編

清宣統二年（1910）鈔本

粵圖

0908

廣東清理財政局彙編司等庫宣統二年春季分收款報告冊　不分卷

（清）廣東清理財政局編

清宣統二年（1910）鈔本

粵圖

0909

廣東清理財政局彙編宣統二年冬季分廣東司道局等庫報告冊　不分卷

（清）廣東清理財政局編

清宣統三年（1911）鈔本

粵圖

0910

廣東清理財政局呈送彙編廣東崖州屬各縣宣統二年夏季分四柱總冊　不分卷

（清）廣東清理財政局編

清宣統二年（1910）鈔本

粵圖

0911

盛豐年、瑞豐年民國四年分總結簿　不分卷

盛豐年、瑞豐年合編

民國四年（1915）廣州佗城公司鉛印本

粵圖

0912

何芸昌成記股份簿　一卷

何芸昌成記編制

民國十二年（1923）廣州誠昌鉛印本

粵圖
（按：何芸昌成記於1923年5月，在廣州上九甫和鶴山沙坪圩開業，經營菸、絲業。）

0913
國豐行廿六年年結賬簿 一卷
國豐行編
民國二十六年（1937）鉛印本
粵圖

0914
碧沙王秋波祖三益銀會部 一卷
王秋波祖三益銀編
民國十四年（1925）鉛印本
粵圖

0915
廣東省出品協會出品説明書 不分卷
（清）廣州總商會編
清宣統二年（1910）鉛印本
粵圖

0916
廣東各縣縣税辦法章程清冊廣東各府税廠徵收税率表 不分卷
廣東省財政廳編
民國四年（1915）鈔本
東洋

0917
廣東幣制改革意見 不分卷
臺山黄元彬撰
民國二十五年（1936）鉛印本
東洋

0918
廣東紙幣史 不分卷
區季鸞撰
民國二十三年（1934）刊本
東洋

0919
廣東經濟紀實 不分卷
劉懋初撰
民國二十三年（1934）天香書屋刊本
日國會

0920
建設計劃 不分卷
廣東省建設廳編
民國十九年（1930）刊本
日國會

0921
廣州年鑒 二十一卷
廣州年鑒編纂委員會編
民國二十四年（1935）刊本
東洋

0922
募修大埔峰下石橋石路捐冊 一卷
大埔饒子貞等撰
民國三十八年（1949）稿本
一冊
粵圖

0923
簑衣街至黄沙辟路條例補償徵費冊 一卷
廣州市工務局編
民國十九年（1930）油印本
粵圖

0924
商辦廣東粵漢鐵路有限公司民國三年賬略 一卷
粵漢鐵路有限公司編
民國四年（1915）鉛印本
粵圖

政治類

政　書

0925
杜氏通典 二百卷
（唐）杜佑撰
明嘉靖十八年（1539）至十九年（1540）羊城崇正書院刊本
無錫圖

0926
三通 七百四十八卷
清同治中廣州學海堂刊本
上圖、鄂圖
子目：
通典二百卷 （唐）杜佑撰
通志二百卷 （宋）鄭樵撰
文獻通考三百四十八卷 （元）馬端臨撰

0927
政和五禮新儀 二百二十卷
（宋）鄭居中等撰

0928
政和御製冠禮 十卷
清南海孔氏嶽雪樓鈔本
中大

0929
中興禮書 三百卷
（宋）禮部太常寺纂修、（清）徐松輯

0930
中興禮書續編 八十卷
（宋）葉宗魯纂修、（清）徐松輯
清南海曾氏面城樓鈔本 清曾釗校
中大

0931
宋丞相崔清獻公言行録 内集 二卷 外集 三卷
（宋）增城崔與之撰、崔兆元等增輯
明崇禎刊本
港學海、美國會

0932
大元聖政國朝典章 六十卷 新集聖治條例 不分卷
清南海曾氏面城樓鈔本
中大

0933
皇明典要 八卷
（明）東莞陳建輯
明末書林王渭刊本
北師大、閩師大

0934
治安要議 六卷
（明）東莞陳建撰
清鈔本
上圖
清留芳堂重刊本
粤圖

0935
銓曹儀注 五卷
（明）澄海唐伯元撰
明萬曆刊本
南圖

0936
銓曹儀注 五卷
（明）澄海唐伯元撰、□□□續增
清初刊本
國圖

0937
惠安政書 十二卷
（明）歸善葉春及撰

0938
附録 □卷
明萬曆刊本
吴縣

0939
新刻陳太史經制考略 八卷
（明）南海陳子壯輯
明末刊本
北大、南圖

0940
辟雝紀事 不分卷
（明）東莞盧上銘、東莞馮士驊撰
明崇禎刊本
南圖、粤圖

0941
辟雝紀事 八卷 原始 一卷 辟雝考 一卷
（明）東莞盧上銘、東莞馮士驊撰

李盛鐸家鈔本
國圖

0942
歷代政事要論 四卷
（清）番禺范公謌撰
清光緒二十四年（1898）廣東實學書齋刊本
粵圖

0943
中外政俗異同考 二卷
（清）南海桂坫撰
清光緒二十四年（1898）稿本
故宮

0944
策時末議 二卷
（清）番禺蔡乃煌撰
清光緒二十四年（1898）刊本
中大

0945
百蘭山館政書 十四卷
（清）豐順丁日昌撰
民國二十九年（1940）香港鉛印本
粵圖、揭博

0946
六元聖政國朝典章 六十卷 新集至治條例 一卷
清南海曾氏面城樓鈔本　周連寬題識
中大

0947
保甲書輯要 四卷
（清）豐順丁日昌輯
清同治十年（1871）黔陽官署刊本
粵圖

0948
增訂盛世危言正續編 九卷
（清）香山鄭觀應撰
清光緒十九年（1893）上海六先書局鉛印本
粵圖⊗

0949
盛世危言 五卷
（清）香山鄭觀應撰
清光緒二十年（1894）鉛印本
粵圖
清光緒二十一年（1895）上海古香閣重刊石印本
粵圖、華農

0950
盛世危言 十四卷
（清）香山鄭觀應撰
清光緒二十一年（1895）鉛印本
粵圖

0951
盛世危言續編 五卷
題（清）香山杞憂生輯著
光緒二十一年（1895）上海賜書堂石印本
華農
（按：杞憂生，爲鄭觀應號。）

0952
盛世危言 六卷 續編 四卷 補編 六卷
（清）香山鄭觀應撰
清光緒二十二年（1896）上海書局石印本
粵圖、華師

0953
盛世危言 五卷 續編 三卷
（清）香山鄭觀應撰

0954
盛世危言 外編 二卷
（清）馮桂芬撰
清光緒二十三年（1897）時務山館刊本
粵圖
清光緒三十二年（1906）芸漢山房刊本
粵圖⊗

0955
盛世危言增訂新編 不分卷
（清）香山鄭觀應撰
清光緒二十一年（1895）鉛印本
澳大

0956
盛世危言 外編 二卷 續編 二卷
（清）香山鄭觀應撰

清光緒二十三年（1897）上海書局石印本
粵圖

0957
盛世危言 六卷 二編 四卷 三編 六卷
（清）香山鄭觀應撰
清光緒二十四年（1898）圖書集成局鉛印本
粵圖、華農

0958
盛世危言正續 十四卷
（清）香山鄭觀應撰
清光緒二十四年（1898）上海同文正記書局石印本
華師

0959
盛世危言 八卷
（清）香山鄭觀應撰
清光緒二十六年（1900）待鶴齋鉛印本
華農

0960
盛世危言後編 □卷
（清）香山鄭觀應撰、番禺潘飛聲編
清光緒鄭潤潮刊本
港中央

0961
林文忠公政書 不分卷
（清）林則徐撰
清刊本
粵圖

0962
南皮張宫保政書 十二卷
（清）張之洞撰
清光緒二十七年（1901）上海圖書集成印書局石印本
港大

0963
列國政要 一百三十二卷 首一卷
（清）端方、南海戴鴻慈輯
清光緒三十三年（1907）石印本
國圖

0964
列國政要續編 九十四卷 首一卷
（清）端方、南海戴鴻慈輯
清宣統三年（1911）上海商務印書館石印本
國圖

0965
歐西儀禮 不分卷
清光緒三十一年（1905）廣州浸信會印書局中英文印本
港大

0966
高拱宸先生評講三通序 不分卷
（清）廣州高枚撰
清光緒二十七年（1901）廣州儒雅堂刊本
港中文

0967
三通序詳説 一卷
（清）廣州高枚撰
清光緒二十七年（1901）廣州儒雅堂刊本
粵圖

0968
歐美政治要義 十八章
（清）端方、南海戴鴻慈編
清光緒三十四年（1908）上海商務印書館石印本
港中央

0969
新政真詮初編 六編
（清）南海何啓、三水胡禮垣同編
清光緒二十七年（1901）格致新報館鉛印本
粵圖

0970
翼教叢編 六卷
（清）嶺海報館編
清光緒二十五年（1899）嶺海報館鉛印本
粵圖

0971
孔子改制考 二十一卷
南海康有爲撰

清光緒二十四年（1898）上海大同譯書局刊本

中大

民國十一年（1922）京師刊《萬木草堂叢書》本

粵圖、中大

0972

大同書 不分卷

南海康有爲撰

民國八年（1919）刊本

静嘉

0973

救時芻言 不分卷

南海康有爲撰

清光緒二十年（1894）刊本

東研、東洋

0974

康南海先生口記 不分卷

（清）康有爲述

清光緒二十二年（1896）鈔本

粵圖

（按：此書爲康有爲的學生在廣州萬木草堂聽康氏講課後的整理記録稿。其内容廣泛，通過對先秦諸子、兩漢經學、今文經學、宋明理學和佛學、清代考據學，以至詩、文、詞、賦的評述，對讀者瞭解和研究康有爲的早期學術思想有參考價值。）

0975

大同書甲部入世界觀衆苦 一卷

南海康有爲撰

民國石印本

中大

0976

變法通議 一卷

新會梁啓超撰

清光緒二十二年至二十三年（1896—1897）《時務報》鉛印本

華農

0977

中國魂 二卷

新會梁啓超撰

清光緒二十九年（1903）上海廣智書局排印本

中大

0978

中國魂 不分卷

新會梁啓超撰

清光緒三十二年（1906）刊本

日國會

0979

歷代皇朝政治文鈔 一卷

順德鄧實輯

清光緒二十九年（1903）上洋書局石印《政藝叢書・上編》本

華農

0980

西政叢鈔 一卷

順德鄧實輯

光緒二十九年（1903）上洋書局石印《政藝叢書・上編》本

華農

0981

錦州府政治報告書 一卷

（清）嶺南程道元編

清宣統元年（1909）奉天太古山房鉛印本

粵圖

0982

政學文編 三卷

順德鄧實撰

清光緒二十九年（1903）上洋書局石印《政藝叢書》本

華農

0983

藝學文編 二卷

順德鄧實輯

清光緒二十九年（1903）上洋書局石印《政

藝叢書》本
華農

0984
物質救國論 一卷
南海康有爲撰
清光緒三十四年（1908）上海廣智書局鉛印本
東北師大

0985
南海先生大同書稿 不分卷
南海康有為撰
稿本 日本犬養毅、柏原文太郎題識
津圖

0986
學記 一卷
南海康有爲撰
清光緒二十二年（1896）羊城文陞閣刊本
哈師

0987
梁任公學術演講 一、二、三輯
新會梁啓超撰
民國十二年（1923）刊本
東研

0988
學壽堂仁説 一卷
番禺徐紹楨撰
民國初刊本
東北師大

0989
現今世界大勢論 一卷
新會梁啓超撰
清光緒二十九年（1903）上海廣智書局鉛印本
東北師大

0990
國民淺訓 十三章
新會梁啓超撰
民國上海商務印書館鉛印本
吉圖、東北師大

0991
政治通論内外篇 二卷
順德鄧實撰
清光緒二十九年（1903）上洋書局石印《政藝叢書》本
華農

0992
孫文學説 一卷
香山孫文撰
民國八年（1919）上海華强印書局鉛印本
中大

0993
總理遺教 不分卷
香山孫文撰
民國二十年（1931）中國國民黨中央執行委員會鉛印贈國民會議代表本
中大

0994
總理遺教
香山孫文撰
民國二十年（1931）鉛印本
吉圖、吉大

0995
建國方略 不分卷
香山孫文撰
民國十年（1921）廣州鉛印本
中大

0996
建國大綱 不分卷
香山孫文撰
抗戰時期三民主義叢書編纂委員會鉛印本
中大

0997
中山學説
香山孫文撰
民國十四年（1925）刊本
東研

0998
國父遺教（正續） 不分卷
香山孫文撰
民國三十一年（1942）刊本
東研

0999
五權憲法 不分卷
香山孫文撰
民國二十五年（1936）刊本
東洋

1000
支那問題之真解决 不分卷
香山孫文撰
清光緒三十年（1904）刊本
日國會

1001
孫中山先生十講
香山孫文撰
民國十五年（1926）刊本
東洋

1002
廣東省省議會選舉參議院議員名冊 一卷
廣東省省議會編
民國二年（1913）鈔本
粵圖

1003
丹竈鄉自治會報告書 一卷
丹竈鄉自治會編
民國十五年（1926）鉛印本
粵圖

1004
粵商維持公安會同人録 一卷
粵商維持公安會編
民國元年（1912）鉛印本
粵圖

1005
粵省商團總公所徵信録 不分卷
粵省商團總公所編
民國五至十年（1916—1921）鉛印本
粵圖

1006
潮梅自治總會章程 一卷
饒平陳沅呈報、潮梅粵軍總指揮部批準
民國十三年（1924）汕頭潮梅自治籌備處鉛印本
粵圖

1007
潮汕東南沿海颶實紀略 一卷
饒平陳沅撰
民國十一年（1922）汕頭名利軒鉛印本
粵圖

職　官

1008
契丹官儀 不分卷
（宋）曲江余靖撰
清鈔本　清順德李文田校
臺灣

1009
南京刑部志 四卷 首一卷
（明）南海龐嵩等纂修
明嘉靖三十四年（1555）刊本
南大
清嘉慶刊本
尊經

1010
翰林記 二十卷
（明）香山黄佐撰
明鈔本
天一閣⊗
清初鈔本　清丁丙跋
上圖
清乾隆文津閣《四庫全書》本
國圖
清光緒十七年（1891）文字歡娱室刊《嶺南遺書》本
粵圖、華師

1011
南雝志　二十四卷
（明）香山黄佐撰
明嘉靖二十三年（1544）刊本
天一⊗
明嘉靖刊隆慶增修本
南圖
明嘉靖刊隆慶、萬曆增修本
南大
明嘉靖刊隆慶、萬曆、天啓增修本　清丁丙、朱緒曾跋
南圖
明朱絲欄鈔本
臺灣

1012
南雝志　十八卷
（明）順德黄儒炳撰
明天啓六年（1626）刊本
臺灣

1013
百僚金鑒　十二卷
（清）牛天宿撰
清忠愛堂刊本
民院
（按：牛天宿，山東章丘人，康熙中官瓊州府知府。是編乃論清代職官制，其中自叙其粤中政績。其所撰《海表奇觀》八卷，乃記瓊州事甚詳，原藏浙江汪啓淑家，今不知下落。）

1014
明謚法考　一卷
（清）嶺南練恕撰
清鈔本　清李文田校
臺灣

1015
粤東同官録　一卷
清道光二十年（1840）刊本
粤圖、北大

1016
廣東同鄉同官録　一卷
清鈔本
中大

1017
廣東同官録　一卷
（清）孫鉞撰
清光緒七年（1881）澍中孫氏刊本
北大

1018
廣東同官録　一卷
（清）王藻章撰
清光緒七年（1881）刊本
北大

1019
廣東省漢雲騎尉世襲官員名
清鈔本
臺灣

1020
牧令書輯要　十卷
（清）徐棟輯、豐順丁日昌重編
清同治八年（1869）湖北崇文書局刊本
粤圖、華師、華農
清末羊城書局刊本
港中文

1021
官制篇　一卷
（清）番禺李家駒撰
清宣統鉛印本
粤圖

1022
漢官答問　五卷
（清）新會陳樹鏞編
清光緒二十五年（1899）刊《端溪叢書》朱印本
粤圖
清宣統二年（1910）泉唐汪氏鉛印《振綺堂叢書》本

粤圖
清鈔本
粤圖

1023
廣東文武官員各省縉紳録 不分卷
不著撰人
清光緒二十一年（1895）廣州經緯堂刊本
粤圖

1024
［光緒］**廣東官秩陞降人名冊 不分卷**
□□□編
清光緒年間鈔本
粤圖

1025
萬國官制志 三卷
（清）南海馮斯欒撰
清光緒二十八年（1902）上海廣智書局鉛印本
國圖

1026
廣東文官員各省縉紳録 一卷
（清）廣州經緯堂編
清光緒二十一年（1895）廣州經緯堂刊本
粤圖
（按：是書以記載京師官職爲主，後附有清光緒二十八年廣東進士名録。）

1027
廣東同官録 一卷
（清）佚名編
清光緒二十三年（1897）廣州瑞元堂刊本
粤圖

1028
廣東同鄉同官録 不分卷
（清）佚名編
鈔本
粤圖

1029
康南海官制議 十四卷
南海康有爲撰
清光緒三十年（1904）上海廣智書局鉛印本
粤圖

公牘、檔案

1030
盟水齋存牘 一刻 十二卷 二刻 九卷
（明）顔俊彦撰
明崇禎五年（1632）刊本
北大
［按：顔俊彦，浙江桐鄉人。明崇禎元年（1628）進士，授廣州府推官。此爲作者任内三年間（1628—1631）所撰寫的公文稿中選編而成。其内容分勘合、讞略、翻案、公移等門，反映了廣州府番禺、增城、南海等地政治、經濟、教育、科舉、户籍、雇傭、民生等社會情况，爲研究明代廣州地區社會經濟和地方法制史提供了豐富的資料。］

1031
籌瓊紀略 一卷
（清）張彦珩撰
清順治刊本
國圖

1032
撫粤政略 八卷
（清）李士禎撰
清康熙四十一年（1702）刊《李大中丞政略》本
國圖
［按：李士禎，山東人。以貢生廷對中選，康熙二十一年（1682）任廣東巡撫，在位六年，有政績。該書分奏疏、符檄、文告、批答四類，有一定史料價值。］

1033
撫粤條告彙編 二卷
（清）德保撰
清乾隆刊本
近代史所
（按：德保，正白旗人，清乾隆三十五年（1770）任廣東巡撫。）

1034
撫粵條告彙編 二卷
（清）德保撰
清乾隆年間刊本
粵圖

1035
廣東清代檔案録 二十二卷
（清）佚名輯
清乾隆鈔本
粵圖

1036
刑部廣東司情實重囚招冊 一卷
（清）佚名輯
清嘉慶年間刊本
粵圖

1037
粵東例案 不分卷
（清）佚名輯
清鈔本
粵圖
（按：記清代乾隆至道光年間兩廣官吏關於平糶、賑災等事務的公文若干篇。）

1038
粵東成案初編 三十八卷
（清）朱柆編
清道光十二年（1832）刊本
粵圖
（按：載廣東各類刑事案件及判罰規定，内容分爲命案、傷人、盜匪、失囚、控訐、雜讞、職官、議處等。）

1039
粵東省例新纂 八卷
（清）黄恩彤等編
清道光二十六年（1846）廣東藩署刊本
粵圖
清道光二十六年（1846）羊城古香樓刊本
粵圖、中大
清刊本
中大
（按：黄恩彤，山東寧陽人，曾官廣東巡撫。是書收集清朝廣東政府的各類條例章程，分爲吏例、啓例、禮例、兵例、刑例、工例等八門，内容翔實豐富，其中有《省垣書院、廣州府屬續議水陸緝捕章程》等廣州史料。）

1040
紀功録 一卷
（清）番禺張維屏編
清咸豐刊本
粵圖

1041
稟帖選鈔 不分卷
不著撰人
清道光鈔本
粵圖

1042
鄧和簡公書牘存稿 八卷
（清）順德鄧華熙撰
稿本　鄧又同題簽
粵社

1043
東征集 六卷
（清）藍鼎元撰、（清）王者輔評
清鈔本
港大

1044
茶船誤碰木樁插漏案 一卷
（清）廣東阜通洋行撰
清同治十二年（1873）刊本
港大

1045
撫吳公牘 五十卷
（清）豐順丁日昌撰
清丁氏百蘭山館鈔本
汕圖⊗
清光緒三年（1877）廣州華英書局刊本
粵圖
清宣統元年（1909）南洋官書局石印本
粵圖等

民國二十四年（1935）鉛印本
粵圖
民國影印宣統本
汕圖

1046
丁中丞撫閩書牘 不分卷
（清）豐順丁日昌撰
民國初鈔本
揭博

1047
法事彙鈔 一卷
（清）豐順丁日昌撰
清末新會劉晚榮藏修書屋鈔本
粵圖

1048
照軒公牘拾遺
（清）普寧方耀撰
民國刊《潮州先正遺書》本
汕圖
（按：方耀，清咸同間官南韶連、潮州總兵、廣東陸路提督、廣東水師提督等職。）

1049
張文襄公督粵電稿 不分卷
（清）張之洞撰
稿本
中大
（按：記清光緒十年十月二十三日至十五年二月十七日）

1050
張文襄公電稿 不分卷
（清）張之洞撰
稿本
中大
（按：記清光緒十年閏五月三十日至光緒十一年三月二十六日。）

1051
張文襄公函稿 六卷 續編 一卷
（清）張之洞撰、許同莘編輯
民國九年（1920）鉛印本
粵圖

1052
東江借箸録 一卷
（清）吳均嘗撰
清咸豐十年（1860）如不及齋刊本
粵圖

1053
從公續録 二卷
（清）戴肇辰撰
清同治八年（1869）刊本
中大
（按：戴肇辰，丹徒人。監生，清同治八年代廣州知府修府志。）

1054
從公三録 一卷
（清）戴肇辰撰
清同治九年（1870）刊本
粵圖、中大

1055
摩盾餘譚 四卷
（清）朱用孚撰
清同治十一年（1872）潮州知白草堂刊本
粵圖

1056
潮牘偶存 二卷
（清）冒澄撰
清光緒五年（1879）廣州藝苑樓刊本
粵圖

1057
决事餘譚 一卷
（清）冒澄撰
清光緒八年（1882）刊本
粵圖

1058
寧陽存牘 不分卷
不著撰人
清光緒二十四年（1898）粵東省城刊本
粵圖

1059
圭山存牘 一卷
（清）金武祥編
清光緒二十一年（1895）刊本
粵圖

1060
嶺西公牘彙存 十卷
（清）方濬師輯
清光緒四年（1878）羊城富文齋刊本
粵圖
（按：方濬師，安徽定遠人。咸豐舉人，官至直隸永定河道。）

1061
軍牘集要 十二卷
（清）欽州馮子材撰
清光緒二十一年（1895）鉛印本
粵圖

1062
估修粵東省垣文牘 不分卷
（清）顧炳章輯
稿本
粵圖

1063
廣東提學使司理留學生公牘（光緒三十四年至宣統元年） 一卷
（清）廣東提學使司撰
清裱本
中大

1064
廣東提學使司改定省視學章程例冊 不分卷
（清）廣東提學使司編
清光緒三十二年（1906）該司鉛印本
粵圖

1065
收回粵漢鐵路照繕美國合興公司售讓合同並陳籌辦情形折 不分卷
（清）張之洞撰
清光緒三十二年（1906）鉛印本
粵圖

1066
奉委稽查粵路公司收支所歷年進出銀數編造簡明四柱清冊 不分卷
（清）佚名編
清宣統元年（1909）鉛印本
粵圖

1067
奏準粵漢、川漢鐵路供款合同 不分卷
（清）郵傳部擬
清宣統三年（1911）鉛印本
粵圖

1068
廣東墾荒章程 不分卷
（清）龔心湛編
清光緒二十八年（1902）刊本
粵圖
（按：是書爲清廣州知府龔心湛根據當時廣東糧食不足，需由外省和外國接濟的狀況，主張招工開墾土地和發展種植而制定的章程。）

1069
中葡澳門劃界交涉文牘始末記初稿 不分卷
清光緒刊本
東研

1070
岡州公牘 四卷 再續 四卷
（清）聶爾康撰
清同治六年（1867）粵東高涼官廨刊本
湘圖

1071
順德名利新編 一卷
不著撰人
清光緒十二年（1886）粵東第八甫藏經閣刊本
粵圖

1072
歸善名利新編 一卷
不著撰人
清光緒十五年（1889）廣州載經堂刊本
粵圖

1073
海陽名利新編 一卷
（清）載經堂編
清光緒十五年（1889）載經堂刊本
粵圖

1074
潮陽名利新編 一卷
（清）載經堂編
清光緒十五年（1889）載經堂刊本
粵圖

1075
揭陽名利新編 一卷
不著撰人
清光緒十五年（1889）載經堂刊本
粵圖

1076
問心齋學治續録 四卷
（清）張聯桂編
清光緒十一年（1885）刊本
粵圖
（按：張聯桂，江都人。清咸豐間爲太常博士，官至廣西巡撫，與法人定中越邊界。）

1077
澳門公牘録存 一卷
（清）蔡國楨撰
清宣統三年（1911）刊《振綺堂叢書初集》本
粵圖

1078
鬱松公牘 不分卷
（清）揭陽周易撰
稿本
揭博
（按：此爲清光緒官廣西鬱林知州公牘。）

1079
公牘雜録 不分卷
不著撰者
清光緒鈔本
粵圖

1080
廣東憲政籌備處報告書 不分卷
（清）廣東憲政籌備處編
清宣統二年（1910）廣州廣東開敏公司鉛印本
粵圖

1081
廣東諮議局第一年經費報告表冊 不分卷
（清）廣東諮議局編
清宣統元年（1909）鉛印本
粵圖

1082
廣東諮議局第二年經費報告冊 不分卷
（清）廣東諮議局編
清宣統二年（1910）鉛印本
粵圖

1083
廣東諮議局籌辦處第一、二次報告書 不分卷
（清）廣東諮議局籌辦處編
清宣統元年（1909）鉛印本
粵圖

1084
廣東諮議局籌辦處第二次報告書 不分卷
（清）廣東諮議局編
清宣統元年（1909）鉛印本
粵圖

1085
廣東諮議局第一次報告書 不分卷
（清）廣東諮議局編
清宣統元年（1909）粵東編譯公司鉛印本
中大

1086
廣東諮議局第二次常年會議報告書 不分卷
（清）廣東諮議局編
清宣統二年（1910）鉛印本
中大

1087
廣東諮議局第一期會議速記録 不分卷
（清）廣東諮議局編

清宣統元年（1909）粤東編譯公司鉛印本
中大

1088
廣東諮議局第一期會議速記録 一卷
（清）廣東諮議局編
清宣統二年（1910）廣東法政學堂鉛印本
粤圖

1089
廣東諮議局協會决議辦理事項 不分卷
（清）廣東諮議局編
清宣統二年（1910）油印本
中大

1090
廣東諮議局第一次臨時會報告書 一卷
（清）廣東諮議局編
清宣統二年（1910）粤東編譯公司鉛印本
粤圖

1091
廣東諮議局第一次會議報告書 一卷
（清）廣東諮議局編
清宣統元年（1909）粤東編譯公司鉛印本
粤圖

1092
廣東諮議局議員協會報告書 一卷
（清）廣東諮議局編
清宣統二年（1910）油印本
粤圖

1093
廣東諮議局議案 一卷
（清）廣東諮議局編
清宣統二年（1910）鉛印本
粤圖

1094
廣東調查局公牘録要初編 不分卷
（清）廣東調查局編
清宣統元年（1909）鉛印本
粤圖⊗

1095
諮議局章程及選舉章程解釋彙鈔 不分卷
（清）憲政編查館編
清宣統二年（1910）鉛印本
粤圖

1096
廣東地方自治籌辦處第二次報告書 一卷
（清）廣東地方自治籌辦處編
清宣統二年（1910）鉛印本
粤圖

1097
粤垣源源水局議 一卷
（英）柯則域撰
清光緒八年（1882）森寶閣鉛印本
粤圖
［按：記載清光緒八年（1882）南海西樵人士何獻墀在廣州創辦羊城源源水局時有關水量、水源、水塘、供水、濾水塘、貯水塘、濾水局的過程，以及購置機器開支等情况。］

1098
廣東諮議局第二次常年會議報告書 不分卷
（清）廣東諮議局編
清宣統二年（1910）鉛印本
中大

1099
廣東諮議局協會决議辦理事項 不分卷
（清）廣東諮議局編
清宣統二年（1910）油印本
中大

1100
省直諮議局議員聯合會通告書 不分卷
（清）廣東諮議局編
清宣統元年（1909）廣東編譯公司鉛印本
粤圖

1101
廣東地方自治籌辦處第二次報告書 一卷
（清）廣東地方自治籌辦處編
清宣統二年（1910）鉛印本
粤圖

1102
編查録 二卷
（清）廣東諮議局編
清宣統二年（1910）鉛印本
中大

1103
廣東諮議局議事細則 一卷
（清）廣東諮議局編
清宣統三年（1911）鉛印本
粤圖

1104
廣東改選諮議局議員規則表冊彙編
（清）廣東改選諮議局編
清宣統年間鉛印本
粤圖

1105
廣東諮議局選舉議長副議長常駐議長細則 不分卷
（清）廣東諮議局編
清宣統元年（1909）粤東編譯局鉛印本
粤圖

1106
廣東諮議局開局日禮式
（清）廣東諮議局編
清宣統元年（1909）鉛印本
粤圖

1107
廣東會議廳公决交諮議局提議草案 不分卷
（清）廣東會議廳編
清廣東法政學堂印刷所鉛印本
粤圖

1108
廣東官紙印刷局試辦章程
（清）劉麟瑞輯
清宣統元年（1909）鉛印本
國圖

1109
廣東農事試驗場第一年報告書
（清）區柏年等編
清宣統二年（1910）石印本
粤圖、國圖

1110
巡警章程彙編 不分卷
（清）廣東全省警務公所編
清宣統元年（1909）廣東全省警務公所鉛印本
粤圖

1111
巡警章程彙編 一卷
（清）廣東巡警道編
清宣統年間鉛印本
粤圖

1112
廣東巡警道稟準取締軍人持槍並查禁民間私挾私藏槍枝章程 不分卷
（清）廣東巡警道編
清宣統三年（1911）鉛印本
粤圖

1113
戊巳廣東警務公牘録存 一卷
（清）廣東巡警道編
清宣統三年（1911）鉛印本
粤圖

1114
廣東警務公牘録存 一卷
（清）佚名編
清宣統元年（1909）鉛印本
湘圖

1115
廣東巡警總局分科治事章程 不分卷
（清）廣東巡警總局制
清末廣州商務總會鉛印本
粤圖

1116
廣東警務公所第一次統計書 不分卷
（清）廣東警務公所編
清末鉛印本
粤圖

1117
宣統元年七月至十二月廣東警務公所第二統計書 不分卷
（清）李寶祥等編
清宣統三年（1911）粵東編譯公司鉛印本
粵圖

1118
廣東調查局公牘録要初編 不分卷
（清）廣東調查局編
清光緒三十四年（1908）鉛印本
粵圖

1119
公益堂通融三益會簿 一卷
（清）公益堂通融三益會編
清宣統三年（1911）鉛印本
粵圖

1120
廣州市政公所辦理電車路公牘撮要 不分卷
（清）廣州市政公所編
民國粵東編譯公司排印本
中大

1121
開辦船牌章程 二十四則
清光緒刊本
粵圖

1122
廣行善堂章程 一卷
（清）羊城廣行善堂編
清光緒中西報社鉛印本
粵圖
［按：廣行善堂，清光緒二十二年（1896）創辦，地址在廣州城北粵秀山宇祖廟内。該堂集資舉辦借看善書、檢收字紙、夜堂宣講、放生等事務。］

1123
番禺四司大沙頭公産印示 不分卷
（清）佚名編
清宣統三年（1911）鉛印本
粵圖
（按：記載廣州大沙頭圍被番禺四司屬千餘鄉育秀、培英兩堂捐資購置的情況，上有捐資數額和業主名單。）

1124
新會江門自治研究社章程 一卷
（清）江門自治研究社編
清末羊城維新印務局鉛印本
粵圖

1125
廣東憲政籌備處報告書 不分卷
（清）廣東憲政籌備處編
清宣統二年（1910）鉛印本
粵圖

1126
中國天津鐵路公司公牘並章程 一卷
（清）新會伍廷芳等撰
清光緒十四年（1888）天津石印本
國圖

1127
粵漢鐵路交涉秘密檔案 不分卷
（清）上海時報館編
清光緒三十年（1904）上海時報館鉛印本
粵圖
清光緒鉛印剪貼本
粵圖

1128
粵漢鐵路全案 不分卷
（清）番禺梁慶桂撰
清光緒三十二年（1906）鈔本
粵圖

1129
粵漢鐵路廢約議 一卷
（清）南海梁紀佩輯
清宣統元年（1909）香港悟群著書社鉛印本
粵圖

1130
粵路工程辯誣 不分卷
（清）南海鄺孫謀輯

清宣統元年（1909）省城十八甫文寶閣鉛印本
國圖

1131
粵漢鐵路往來電文 一卷
清鈔本
南圖

1132
商辦廣東全省粵漢鐵路有限公司章程 不分卷
香山鄭官應撰
清光緒三十二年（1906）鉛印本
國圖

1133
粵漢鐵路借款合同草約 一卷
鈔本
南圖

1134
英國鐵路章程 二卷
（清）三水鄧廷鏗譯、楊寶寅纂輯
清光緒二十八年（1902）鴻寶書局石印本
國圖

1135
倫敦鐵路公司章程 不分卷
（清）三水鄧廷鏗、黄致堯譯
清光緒石印本
上圖

1136
廣東刑事題奏存案 不分卷
（清）佚名編
鈔本
國圖

1137
嗣後發遣回犯照例改發兩廣及解審中途脱逃均以犯逃之日起限各條例册 一卷
（清）刑部訂定
清光緒二年（1876）刊本
上圖

1138
廣東團練計劃書 六卷
（清）廣東巡撫部院倪等奏
清末鈔本
粵圖
（按：所收多爲奏摺，其内容除團練計劃外，還有關於科舉考試、鐵路邊防等。）

1139
廣東海防兼善後總局檔 不分卷
清鈔本
上圖

1140
伍秩庸先生公牘 二卷
（清）新會伍廷芳撰
民國二年（1913）上海圖書局石印本
吉大

詔令、奏議

詔令

1141
皇明誥勅 不分卷
（明）順德梁儲撰
明鈔本　中大

1142
皇明詔制 八卷
明嘉靖十八年（1539）霍韜、吕柟刊本
國圖

1143
誥贈李詒德誥書 一卷
明永曆三年（1649）誥書　王貴忱跋
楊傑祥

1144
聖諭廣訓衍 不分卷
（清）世宗胤禛撰
清嘉慶十三年（1808）廣東刊本
港大
（按：每葉夾有白紙，有手書英文注釋。）

1145
欽定英傑歸真 一卷
（太平天國）花縣洪仁玕撰
太平天國十一年（1863）刊本　葉恭綽跋

南太博
清鈔本
粵圖

1146
欽定軍次實録 一卷
（太平天國）花縣洪仁玕撰
太平天國十一年（1863）刊本
南太博

1147
欽定士階條例 一卷
（太平天國）花縣洪仁玕撰
太平天國十一年（1863）刊本
南太博

1148
聖諭廣訓疏義 不分卷
（清）兩粵廣仁善堂編
清光緒十六年（1890）刊本
中大

奏議

1149
唐陸宣公奏議讀本 四卷 首一卷
（清）番禺汪銘謙輯
清宣統元年（1909）會稽馬氏石印本
粵圖

1150
范文正公政府奏議 二卷 補一卷
（宋）范仲淹撰
清光緒二十三年（1897）粵東經韻樓鉛印本
吉圖

1151
芻蕘奥論 二卷
（宋）張方平撰
清咸豐南海伍氏粵雅堂刊《粵雅堂叢書》本 清伍崇曜跋
吉市圖

1152
包孝肅公奏議 十卷
（宋）包拯撰
清同治三年（1864）李瀚章廣州刊本
港中文

1153
盡言集 十三卷
（宋）劉安世撰
清南海孔氏嶽雪樓鈔本
南開

1154
交黎剿平事略 五卷
（明）歐陽必進撰
明嘉靖三十年（1551）方民悦刊本
國圖⊗

1155
兩廣疏略 二卷 惠威録 二卷
（明）林富撰
明隆慶五年（1571）林兆恩刊本
清華、閩圖
（按：林富，字守仁，閩莆田人。明弘治進士，歷官廣東右布政司，督兵兩廣，累官兵部右侍郎。）

1156
渭厓疏要 二卷
（明）南海霍韜撰
明隆慶刊本
天一閣⊗
明鈔本
尊經

1157
按粵疏稿 不分卷
（明）周嘉謨撰
明刊本
國圖
（按：周嘉謨，字明卿，漢川人。明隆慶進士，曾任吏部尚書。）

1158
按粵疏稿 六卷
（明）田生金撰
明萬曆四十五年（1617）刊本
國圖

（按：田生金，號雙南，湖北麻城人。明萬曆進士，歷官御史、太僕卿。）

1159
南垣疏稿　一卷
（明）劉堯誨撰、劉心忠輯
清鈔《劉堯海先生全集》本
湘圖
（按：劉堯誨，湖南臨武人。明嘉靖進士，歷官巡撫、兩廣總制。）

1160
兩廣奏章　十六卷
（明）葉盛撰
明崇禎四年（1631）葉氏賜書樓刊《葉文莊公奏疏》本
國圖、上圖
（按：葉盛，江蘇崑山人。明正統進士，天順時巡撫兩廣，官至吏部左侍郎。）

1161
廣東司度支奏議　一卷
（明）畢自嚴撰
明崇禎刊《度支奏議》本
國圖
（按：畢自嚴，山東淄川人。明萬曆進士，官至太子太保。）

1162
審録廣東案稿　二卷
（明）夏□□撰
明隆慶元年（1567）刊本
寧圖

1163
東粤疏草　五卷　南國疏草　一卷
（明）王以寧撰
明萬曆刊本
浙圖

1164
林熙春疏草　一卷
（明）海陽林熙春撰
清刊本
粤圖

1165
掖垣疏草　一卷
（明）海陽林熙春撰
清初刊本
粤圖
清乾隆五十七年（1792）刊《林忠宣公全集》本
粤圖

1166
區大司徒疏稿　一卷
（明）高明區大倫撰
明末刊本
粤圖

1167
銓曹儀注　不分卷
（明）澄海唐伯元撰
明萬曆刊本
國圖

1168
郭給練疏稿　不分卷
（明）南海郭尚賓撰
清鈔本　周連寬跋
中大

1169
疏草　二卷
（明）東莞李覺斯撰
清初刊本
國圖

1170
嶺海焚餘　三卷
（清）釋今釋撰
清燈崖閣藍格鈔本
臺研
民國二年（1913）刊《適園叢書》本
清鈔《明季野史》本
國圖
［按：今釋（1614—1680），字澹歸，浙江仁和人，俗姓金，名堡。1652 年入廣州，易名今釋。曾爲丹霞寺、澳門普濟禪寺僧。］

1171

澳商法禁久弛等廣東切要事疏 一卷

（明）熊明遇撰

稿本

國一檔、澳中央（複印）

（按：熊明遇，字良孺，號壇石山主人，江西進賢人。明萬曆進士，官至兵部尚書，明亡後成遺民。其著作《格致草》和《則草》，是兩部介紹西學的重要著作。此摺爲明崇禎四年在兵部尚書任内的奏摺。）

1172

清忠堂撫粵奏疏 十四卷 清忠堂署理總督奏疏 一卷

（清）朱弘祚撰

清康熙刊本

山師

（按：朱弘祚，山東歷城人。順治舉人，歷官廣東巡撫、兩廣總督。）

1173

東粵日省 一卷 東粵疏鈔 一卷

（清）彭鵬撰

清康熙刊《彭氏遺著》本

國圖

（按：彭鵬，閩莆田人。順治舉人，官至廣東巡撫。）

1174

清查澳門西洋人並請限制洋船數目疏 一卷

（清）孔毓珣撰

稿本

國一檔、澳中央（複印）

［按：孔毓珣（？—1730），字東美，曲阜人，孔子六十六世孫。清雍正官兩廣總督，這是他在任内的奏摺，後擢兵部尚書。］

1175

廣東鹽務奏鈔 四卷

清乾隆二十八至三十五年（1763—1770）刊本

東文

1176

請照例鑄給移駐澳門之香山縣丞鈐記以昭信守事疏

（清）策楞撰

稿本

國一檔、港中央（複印）

［按：策楞（？—1756），鈕祜禄氏，滿洲鑲黄旗人。清乾隆初官廣州將軍，這是他在任内所上奏摺，後授兩廣總督、兩江總督。］

1177

廣東清代檔案録 二十二卷

清乾隆鈔本

加英哥大

1178

欽差大臣伊耆在廣東奏辦夷務通商事宜 一卷

（清）伊里布、耆英撰

清鈔本

科圖

（按：伊里布，滿州鑲黄旗人。嘉慶進士，鴉片戰争始爲欽差大臣，與英兵議和，簽“五口通商條約”，官至兩廣總督。）

1179

鴉片戰争奏檔 不分卷

（清）牛鑒等撰

清鈔本

國圖

（按：牛鑒，武威人。清嘉慶進士，道光間官兩江總督。）

1180

鴉片戰爭初期奏稿選集 不分卷

清鈔本

粵圖

1181

靖逆將軍奕會辦廣東軍務摺檔 不分卷

（清）奕山撰

清鈔本

國圖

清鈔本

科圖

（按：奕山，清宗室，鑲藍旗人。道光間以靖逆將軍赴粵辦理夷務。）

1182
辦理廣東軍務摺檔 十卷
（清）奕山等撰
清鈔本
科圖

1183
石雲山人奏議 四卷
（清）南海吳榮光撰
清道光二十一年（1841）吳氏筠清館刊本
國圖、粵圖

1184
奏覆遵旨查明官兵在關閘與英夷接仗情形摺 一卷
（清）祁𡎴撰
稿本
國一檔、澳中央（複印）
（按：祁𡎴，字竹軒，高平人。清嘉慶進士，道光時官兩廣總督。）

1185
四家奏議合鈔 九卷
（清）番禺汪瑔輯
清光緒九年（1883）汪氏隨山館刊本
國圖、北大、上圖等
子目：
首一卷
林文忠公政書 二卷 （清）林則徐撰
駱文忠公奏議 二卷 （清）駱秉章撰
胡文忠公遺集 二卷 （清）胡林翼撰
曾文正公奏議 二卷 （清）曾國藩撰

1186
使粵奏稿 二卷 兩廣奏稿 二卷
（清）林則徐撰
清林氏雲左山房鈔本
南大

1187
林文忠公禁煙奏稿 一卷
（清）林則徐撰
民國十八年（1929）鉛印本
華師

1188
使粵奏稿 八卷 兩廣奏稿 八卷
（清）林則徐撰
清光緒三山林氏刊《林文忠公遺集》本
粵圖

1189
廣州都統任内漢奏摺冊 一卷 廣州將軍任内漢奏摺底冊 一卷
清道光鈔本
東文

1190
欽差廣東上諭奏摺 三卷
清朱絲欄鈔本
臺傅

1191
廣東題稿 一卷 廣東乞假全案 一卷
（清）黃贊湯等撰
稿本
南圖
（按：黃贊湯，廬陵人。清道光進士，同治間官廣東巡撫。）

1192
駱文忠公奏議 二十七卷 附録 一卷
（清）花縣駱秉章撰
清光緒十五年（1889）刊本
粵圖、華師

1193
駱大司馬奏稿 十六卷
（清）花縣駱秉章撰
清咸豐十一年（1861）湖南刊本
遼圖、吉大

1194
駱文忠公奏議湘中稿四川奏議 九卷 首一卷
（清）花縣駱秉章撰
清刊本
粵圖

1195
駱文忠公奏議 十卷 附一卷
（清）花縣駱秉章撰
清光緒四年（1878）刊本
港中央
清光緒十七年（1891）湖南刊本
港大

1196
兩廣總督奏議 不分卷
（清）李瀚章撰
清鈔本
湘圖
（按：李瀚章，李鴻章兄，安徽人。清咸同間官兩廣總督。）

1197
毛尚書奏疏 不分卷
（清）毛鴻賓撰
清同治刊本
魯圖
（按：毛鴻賓，山東歷城人。同治間官兩廣總督。）

1198
丁中丞政書 三十六卷
（清）豐順丁日昌撰，温丹銘輯
清鈔本
子目：
藩吳公牘 十五卷
巡滬公牘 七卷
淮鹺摘要 三卷
撫吳奏稿 六卷
撫閩奏稿 四卷
兩淮公牘 一卷
耶魯

1199
丁禹生政書 三十五卷
（清）豐順丁日昌撰
清陸潤庠等鈔本
粵社
（按：此書史料價值高，尤以臺灣爲最。）

1200
海防條議 不分卷
（清）豐順丁日昌撰
清末鈔本
故宫

1201
粵海關奏稿 不分卷
（清）長有撰
清光緒鈔本
梁基永
（按：此爲粵海關監督長有的奏稿，内有新增潮州關等關税、上繳等記録。）

1202
治粵奏疏 不分卷
不著撰人
清光緒刊本
静嘉

1203
鄧和簡公手録奏議 一卷 詩文選 一卷 公餘雜録 二卷 説文擇録 一卷
（清）順德鄧華熙撰
稿本
中大
稿本 鄧又同跋
粵社

1204
鄧和簡公奏議 八卷
（清）順德鄧華熙撰
民國二十年（1931）刊本
粵圖、中大

1205
鄧和簡公奏議 不分卷
（清）順德鄧華熙撰、鄧本逵輯
民國鄧氏刊本
港學海
子目：
御史奏議
漕督奏議

蘇藩奏議
皖撫奏議

1206
鄧和簡公蘇藩任條陳政事書 一卷
（清）順德鄧華熙撰
清鈔本
粵圖

1207
鄧和簡公御史漕督奏議 一卷
（清）順德鄧華熙撰
稿本 鄧又同署簽
粵圖
（按：書後有：孫又同敬録，曾孫錦添、錦鴻恭校。）

1208
鄧和簡公評議變法事宜奏稿 一卷
（清）順德鄧華熙撰
稿本
粵圖

1209
羅文恪公奏稿 二卷
（清）順德罗淳衍撰
清刊本
港學海

1210
廣東乞假全案 一卷
稿本
南圖

1211
茂名公牘 七卷 附録 一卷
（清）王原撰
清康熙刊《學庵類稿》本
國圖、南圖
（按：王原，青浦人，清康熙進士，曾任茂名知縣。）

1212
撫粵條告彙編 二卷
（清）德保撰
清乾隆刊本
近代史所
（按：德保，滿州正白旗人，乾隆進士，官至禮部尚書。）

1213
治粵奏疏 不分卷
不著撰人
清同治鈔本
粵圖

1214
郭侍郎奏議 十二卷
（清）郭嵩燾撰
清光緒十八年（1892）刊本
粵圖
（按：郭嵩燾，崑燾弟，湖南人。清同治間官廣東提督。）

1215
彭剛直公奏稿 八卷
（清）彭玉麟撰
清光緒十七年（1891）刊本
粵圖
（按：彭玉麟，衡陽人。道咸間官兵部尚書。）

1216
拙叟勝言 一卷
（清）冒澄撰
清光緒七年（1881）刊本
粵圖

1217
劉光禄遺稿 不分卷
（清）番禺劉錫鴻撰
清光緒刊本
粵圖

1218
廣東學政奏稿 一卷
（清）徐琪撰
清光緒間石印本
上圖

1219
詒蔭堂奏議 一卷
（清）東莞黎攀鏐撰
清光緒十八年（1892）刊本
中大

1220
壽學堂奏議 一卷
（清）番禺徐紹楨撰
清宣統三年（1911）南洋印刷官廠鉛印本
粵圖

1221
張香濤制軍奏稿 不分卷
（清）張之洞撰
清鈔本
科圖

1222
粵督張粵撫吴奏稿 不分卷
（清）張之洞撰
清光緒鈔本
吉大

1223
張文襄公手劄 不分卷
（清）張之洞撰
清宣統二年（1910）石印本
粵圖

1224
鄧鐵香奏稿 六卷
（清）歸善鄧承修撰
清光緒二十八年（1902）安雅書局鉛印本
粵圖、華師

1225
粵督奏稿 一卷
（清）嶺海報館編
清光緒二十六年（1900）嶺海報館鉛印本
粵圖

1226
語冰閣奏議 八卷 中越勘界往來電稿 四卷
（清）歸善鄧承修撰
清光緒鉛印本
粵圖

1227
督河奏疏 十卷
（清）許振褘撰
清光緒元年（1875）廣州刊本
港中文

1228
張蔭桓奏稿 不分卷
（清）南海張蔭桓撰
稿本
王貴忱

1229
廣東闔省京外各官暨會試舉人籌奏稿 一卷
（清）劉士驥等編
清光緒二十九年（1903）廣州文茂印務局鉛印本
粵圖

1230
甲午疏稿 不分卷
南海康有爲撰
鈔本
南圖

1231
杰士上書彙録 不分卷
南海康有爲撰
清光緒二十四年（1898）内府鈔本
故宫

1232
戊戌奏稿 一卷
南海康有爲撰
清宣統三年（1911）鉛印本
粵圖、華師

1233
公車上書記 一卷
南海康有爲撰
清光緒二十一年（1895）香港石印書房石印本
粵圖、華農

清光緒二十一年（1895）祝三氏鈔本
哈師
清光緒刊本
粵圖

1234
康工部上書稿 一卷
南海康有爲撰
清光緒二十二年（1896）文陞書局刊本
粵圖

1235
南海先生四上書記 一卷
南海康有爲撰
清光緒二十一年（1895）上海時務報石印本
中大、華農

1236
南海先生四上書記 四卷
南海康有爲撰
清光緒二十一年（1895）三水徐勤校刊本
粵圖、華師

1237
四上書記 四卷
南海康有爲撰
清光緒二十三年（1897）慎記書莊石印《西政叢書》本
華農

1238
奏議及條陳摘鈔 一卷
南海康有爲等撰
清末鈔本
中大

法律類

1239
重刊補注洗冤録集證 四卷 洗冤彙纂補輯 一卷 洗冤録辨正 一卷 檢驗合參 一卷 洗冤録解 一卷
（宋）宋慈撰、（清）王又槐增輯
清道光二十四年（1844）廣州翰墨園刊本
港大

1240
審録廣東案稿 二卷
（明）夏□□撰
明隆慶刊本
天一閣

1241
刑部廣東司情實重囚招冊 一卷
清嘉慶刊本
國圖

1242
粵東成案初編 三十八卷 補遺 一卷
（清）朱珪編
清道光十二年（1832）刊本
粵圖
清光緒二十八年（1902）石印本
粵圖

1243
名法指掌 四卷
（清）沈稼叟撰、番禺徐灝編
清同治九年（1870）湖北崇文書局刊本
粵圖

1244
管子析疑 不分卷
（清）大埔何如璋撰
稿本
上圖

1245
讀律提綱 一卷
（清）番禺楊榮緒撰
清光緒四年（1878）刊《學海堂叢刊》本
粵圖

1246
律例通詮 不分卷
（清）番禺陳融撰
清末廣東法政學堂鉛印本
中大

1247
粵東例案　不分卷
清鈔本
粵圖

1248
約章成案彙覽甲編　十卷
（清）連平顔世清編
清光緒三十一年（1905）上海點石齋石印本
粵圖

1249
區天民鳴冤狀　一卷
清末套印本
廣圖
（按：此爲清光緒年間南海著名富户區氏爲家族争産而寫的冤狀。）

1250
約章分類輯要　三十八卷
（清）番禺蔡乃煌等編
清光緒二十六年（1900）湖南商務局刊本
粵圖、遼圖、大連等
清光緒二十七年（1901）上海緯文閣刊本
粵圖

1251
法政叢志　不分卷
（清）廣東法政學堂編
清光緒三十三年（1907）鉛印本
粵圖

1252
廣東法政學會章程　不分卷
（清）廣東法政學堂編
清光緒三十三年（1907）鉛印本
粵圖

1253
廣東法政學堂講義　不分卷
（清）羅□□編
清宣統二年（1910）廣東法政學堂鉛印本
粵圖

1254
擬定廣東監所改良暫行草章　一卷
清末鉛印本
上圖

1255
日本司法窺要　不分卷
（清）香山唐寶鍔撰
清宣統元年（1909）油印本
國圖

1256
日本刑法大全　不分卷
（清）香山唐寶鍔譯著
清光緒宣統間北京修訂法律館油印稿本
國圖

1257
日本警察法令提要　一卷
（清）香山唐寶鍔譯
清末譯書彙編社印本
國圖

1258
警察精義　一卷
（清）香山唐寶鍔譯
清末《政治學報》本
粵圖

1259
日本礦律　一卷
（清）香山唐寶鍔譯
清末刊《譯書彙編》本
粵圖

1260
日本礦沙采取法　一卷
（清）香山唐寶鍔譯
清末刊《譯書彙編》本
粵圖

1261
歷朝行獄纂要　八卷
（清）周爾吉編輯
清光緒十六年（1890）粵東省學院衙前翰文

堂刊本
中大

1262
廣東省不符冊 不分卷
清光緒間刊本
國圖

1263
英例全書 不分卷
（清）三水胡禮垣譯
清光緒十三年（1887）粵東友石齋石印本
國圖

1264
西例便覽 五卷
（清）南海何啓鑒定、（清）三水胡禮垣譯
清光緒二十八年（1902）鴻寶書局石印本
國圖

1265
最近萬國公法提要編録 一卷
（清）南海何祐撰
清光緒三十年（1904）刊本
粵圖

1266
拙吏臆説 一卷
（清）符翕撰
清光緒十五年（1889）石印本
粵圖

1267
廣東興寧縣命盜訴訟學堂官紳積弊表説 一卷
（清）興寧侯藤撰
清光緒三十一年（1905）鉛印本
粵圖

1268
戊戌公案 一卷
（清）南洋總匯報編
清末南洋總匯報鉛印本
粵圖

1269
南海縣監獄改良試辦簡章 一卷
（清）虞汝鈞撰
清光緒三十三年（1907）廣東學務公所鉛印本
粵圖

1270
爲稟請牛屠捐稟稿 不分卷
（明）韓鳴鸞等撰
清宣統二年（1910）平遠九鄉高等小學堂鈔本
粵圖

1271
廣東興寧縣盜訟學堂官紳積弊表説 一卷
（清）興寧侯藤撰
鈔本
粵圖

1272
梁天來案考證 一卷
不著撰人
清鈔本
粵圖

1273
康梁徐謀財害命鐵證書 一卷
（清）龍門劉作楫編
清宣統二年（1910）鉛印本
粵圖

1274
梅縣蓬辣强劫三百年不動産奇案 一卷
楊紹勛等撰
民國六年（1917）梅縣鉛印本
粵圖

1275
梅縣地方空前之重大舞弊案
梅縣梅松路舊股真正股東團編
民國六年（1917）梅縣鉛印本
粵圖

軍事類

1276
蒼梧總督軍門志 三十四卷
（明）應檟輯、（明）劉堯誨重修
明萬曆九年（1581）刊本
國圖

1277
决勝綱目 十卷
（明）歸善葉夢熊撰
明刊本
北大

1278
紀郊新書 十八卷 首一卷
（明）戚繼光撰
明萬曆二十三年（1595）嶺南書林江殿卿刊本
國圖

1279
軍政條例類考 六卷
（明）南海霍韜輯
明嘉靖三十一年（1552）刊本
國圖

1280
軍政事宜 一卷
（明）南海龐尚鵬撰
明萬曆五年（1577）自刊本
國圖

1281
守城事宜 一卷
（明）南海龐尚鵬撰
明刊本
天一閣

1282
福建省城防禦火患事宜 一卷
（明）南海龐尚鵬撰
明萬曆五年（1577）刊本
臺灣

1283
嶺西水陸兵紀 二卷 拙政編 一卷
（明）盛萬年撰
清雍正寶綸堂刊本
南圖

1284
水師輯略 不分卷
（清）澄海陳良弼撰
清鈔本
中大

1285
水師輯要 不分卷
（清）澄海陳良弼撰
清鈔本
華東師大

1286
廣東海防彙覽 四十二卷
（清）盧坤撰
清刊本
東洋
（按：盧坤，涿州人。道光間官兩廣總督。）

1287
駐粵八旗志 二十四卷 首一卷
（清）陳鴻墀、順德梁廷枏纂修
清光緒内府鈔本
國圖

1288
駐防廣州小志 五卷
（清）樊屏撰
清鈔本　凌懋祖跋
加英哥大

1289
廣東邊防輯覽 不分卷
舊鈔本
臺研

1290
黔粵軍營紀略 一卷
（清）陳元燮撰

清鈔本
國圖

1291
海防要覽 二卷
（清）豐順丁日昌、李鴻章撰
清光緒十年（1884）刊本
粵圖

1292
廣州駐防事宜 一卷
（清）慶保輯
清鈔本
粵圖
（按：慶保，滿州鑲黄旗人。道光間官廣州將軍。）

1293
廣東軍務記 一卷
清鈔本
臺灣

1294
輶軒抗議 二卷 首一卷
（清）臺山余乾耀撰
清光緒刊本
粵圖

1295
粵省右路海灣形勢 一卷
稿本
無錫圖

1296
廣東全省水師軍門統領靖勇等營章程 一卷
清刊本
粵圖

1297
廣東砲臺圖冊 不分卷
（清）顧炳章等繪
清道光二十四年（1844）繪本
國圖

1298
虎門砲臺圖説
（清）陳坤撰
油印本
粵圖、遼圖、東北師大

1299
虎門各砲臺形勢總圖
（清）廣東威遠署總臺長處編
清刊本
國圖

1300
廣東駐防旗營事宜 不分卷
（清）廣東駐防旗營編
清嘉慶六年（1801）鈔本
粵圖
（按：記載了清代廣東全省軍隊的駐防情況，其中廣州内城、外城、砲臺、夷船和廣州駐防滿漢八旗水師旗營的官兵數目及其俸餉等。）

1301
廣東駐防小志
（清）順德温子顥撰
清鈔本
加英哥大

1302
廣東海防各臺各營操防章程 一卷
（清）總理廣東全省營務處編
清光緒十年（1884）刊本
粵圖

1303
廣東陸軍緝逃暫行簡章 一卷
清末鉛印本
粵圖、上圖

1304
廣東陸軍速成學堂步科第一區隊學生同學録 一卷
（清）廣東陸軍速成學堂編
清光緒三十三年（1907）刊本
粵圖

1305
廣東陸軍速成學堂步砲工輜各科學生年終試驗成績表　不分卷
（清）廣東陸軍速成學堂編
清光緒三十三年（1907）油印本
粵圖

1306
廣東陸軍速成學堂步砲工輜各科學生第三期年終試驗成績表　不分卷
（清）廣東陸軍速成學堂編
清光緒三十四年（1908）油印本
粵圖

1307
廣東陸軍速成學堂步砲工輜科畢業生等第姓名履歷表　不分卷
（清）廣東陸軍速成學堂編
清光緒三十三年（1907）油印本
粵圖

1308
廣東陸軍速成學堂步砲工輜科畢業生等第姓名履歷表　一卷
（清）廣東陸軍速成學堂編
清光緒三十年（1904）油印本
粵圖
清光緒三十三年（1907）刊本
粵圖

1309
廣東陸軍速成學堂第二班步砲工輜各科學生畢業試驗分數及年籍三代表　不分卷
（清）廣東陸軍速成學堂編
清宣統元年（1909）石印本
粵圖
（按：記載廣東陸軍速成學堂的學生年齡、籍貫、出身以及各科考試成績。）

1310
廣東陸軍速成學堂官長履歷表　一卷
（清）廣東陸軍速成學堂編
清光緒三十四年（1908）刊本
粵圖
清宣統元年（1909）油印本
粵圖

1311
廣東陸軍速成學堂步砲工輜各科學生第三期年終試驗成績表　不分卷
（清）廣東陸軍速成學堂編
清光緒三十四年（1908）油印本
粵圖
（按：記録廣東陸軍速成學堂學生的地理、物理、化學、歷史等科成績。）

1312
廣東全省水師軍門統領靖勇等營章程　不分卷
（清）佚名編
清刊本
粵圖
（按：該章程主要是爲督辦清末廣州府屬各地清鄉剿匪、設立鄉約和組成鄉勇而制定。）

1313
廣東水師學堂釐定章程　不分卷
（清）廣東水師學堂編
清宣統元年（1909）廣州廣東學務公所印刷處鉛印本
粵圖

1314
廣東水師國防要塞圖説　不分卷
（清）李準撰
清宣統二年（1910）刊本
粵圖
（按：内容主要有《廣東沿海總圖説》、《廣東六門水道説》等文，介紹廣東全省海事、防務、水路深淺等情況。）

1315
廣東海防善後總局月支各款簡明清冊　不分卷
（清）廣東海防善後總局編
清鈔本
粵圖
（按：記録了清末廣東海防善後總局款項開支，其中包括巡防勇、巡緝船、輪船、魚雷艇及各砲臺的人員配備和兵餉。）

1316
廣東水師國防要塞圖説 一卷
（清）李準撰
清宣統二年（1910）鉛印本
粤圖

1317
廣東調查陸軍財政説明書初編 十三卷
（清）王棟等編
清宣統三年（1911）石印本
粤圖
（按：記載清末廣東陸軍情况甚詳，其中包括八旗、新軍等部隊設置、生活開支以及軍隊教育，還有廣州駐防滿漢官兵及廣東陸軍各學堂的資料。）

1318
軍醫學堂同學録 一卷
（清）廣東軍醫學堂編
清末鉛印本
粤圖

1319
廣東陸軍速成學堂第二班步砲工輜各科學生畢業試驗分數及年籍三代表 不分卷
（清）廣東陸軍速成學堂編
清宣統元年（1909）石印本
粤圖

1320
廣東陸軍講武學堂章程 不分卷
（清）廣東陸軍講武學堂編
清宣統年間廣東陸軍講武學堂鉛印本
粤圖

1321
廣東陸軍小學校規則 不分卷
（清）廣東陸軍小學校編
清末鉛印本
粤圖

1322
廣東武備學堂試辦簡要章程 不分卷
（清）廣東武備學堂編
清刊本
暨大

1323
廣東武備學堂章程 不分卷
清刊本
國圖

1324
廣東虎門陸軍速成學堂成員學生姓名表 一卷
（清）虎門陸軍速成學堂編
清光緒三十四年（1908）刊本
北大

1325
廣東製造軍械廠章程 不分卷
（清）佚名編
清光緒年間鉛印本
津圖、國圖

1326
廣東製造軍械廠圖説 不分卷
（清）廣東製造軍械廠編
清光緒三十四年（1908）石印本
粤圖

1327
廣東製造軍械廠及無煙藥廠弁勇丁役人數冊
（清）廣東製造軍械廠編
稿本
國圖

1328
廣東製造軍械廠及無煙藥廠已成未成料件冊
（清）廣東製造軍械廠編
稿本
國圖

1329
廣東製造軍械廠及無煙藥廠現存材料冊
（清）廣東製造軍械廠編
稿本
國圖

1330
廣東試辦巡警章程 不分卷 附職事章程 不分卷
（清）佚名編
清光緒年間刊本
津圖、國圖

1331
廣東巡警分局章程 一卷
（清）廣東全省巡警總局撰
光緒中排印本
東研

1332
廣東巡警總局表式 一卷
（清）廣東全省巡警總局撰
光緒中排印本
東研

1333
廣東全省警察學堂全科簡易科章程 一卷
清末光緒間時事新報鉛印本
上圖

1334
廣東省河巡警試辦章程 一卷
清末鉛印本
上圖

1335
兩廣督練公所議案規則 不分卷
清光緒宣統（1875—1911）油印本
上圖

1336
兩廣督練公所兵各處軍需會議七月分議案
（清）兩廣督練公所兵備處編
油印本
上圖

1337
步兵射擊教範白話 一卷
（清）廣東隨營將弁學堂譯
民國廣州惠愛四約文茂鉛印本
國圖

1338
步兵操典白話 二卷
（清）廣東將弁學堂譯
民初鉛印本
國圖

1339
軍人衛生學白話 一卷
（清）廣東將弁學堂譯
清末兩廣學務處鉛印本
國圖

1340
教育指南 一卷
（清）廣東隨營將弁學堂譯
清末鉛印本
國圖

1341
陸軍人譜 一卷
（清）廣東隨營將弁學堂編
清末鉛印本
國圖

1342
廣東隨營將弁學堂編定新式步兵教練口令 一卷
（清）廣東隨營將弁學堂編
清末鉛印本
國圖

1343
陸軍淺義地理教科書 不分卷
（清）廣東將弁學堂編
清末鉛印本
國圖

1344
廣東將弁學堂精神教育課目 不分卷
（清）廣東將弁學堂編
清末鉛印本
國圖

1345
防營將弁學堂試卷 一卷
（清）廣東將弁學堂編

清末鉛印本
國圖

1346
孫子白話演義 一卷
（清）廣東將弁學堂編述
清末鉛印本
國圖、粵圖

1347
德國陸軍紀列略 不分卷
（清）許景澄撰、（清）番禺梁鼎芬校
清光緒三十一年（1905）刊《精衛庵叢書》朱印本
粵圖

1348
籌海初集 四卷
（清）關天培撰
清道光十六年（1836）刊本
粵圖
清末上海申報館鉛印本
華農
（按：是書有清代道光年間廣州地區虎門、沙角、南山、橫檔等砲臺圖，水師操練圖和上諭、奏章等文牘，是研究鴉片戰爭歷史的重要文獻之一。）

1349
集思廣益編 二卷
（清）嶺南陳還、王家賓撰
清光緒上洋文藝齋刊本　清翁同龢跋
南圖

1350
武匡軍營制 一卷
清末廣州惠愛四約文茂印務局鉛印本
上圖

1351
廣東試辦巡警章程 不分卷
（清）佚名編
清光緒年間刊本
粵圖

1352
防邊危言 一卷
（清）香山鄭觀應撰
清光緒二十三年（1897）上海著易堂鉛印《小方壺齋輿地叢鈔再補編》本
華農

1353
防海紀略 二卷
題（清）芍塘居士撰
清光緒六年（1880）上洋文藝齋刊本
粵圖

1354
海防餘論 一卷
（清）南海顏斯綜撰
光緒二十三年（1897）上海著易堂鉛印《小方壺齋輿地叢鈔再補編》本
華農
稿本《小方壺與地叢鈔》
國圖

1355
一九一〇年廣東新軍革命〔庚戌首義〕紀實 一卷
（清）羅宗堂撰
鈔本
粵圖
［按：記清宣統二年（1910）正月駐紮在廣州燕塘的新軍在同盟會領導下舉行武裝起義的史實。］

1356
粵東軍變記 一卷
（清）李介孺編
清宣統二年（1910）鈔本
粵圖
［按：記清宣統二年（1910）廣州新軍武裝起義（庚戌起義）歷史。］

1357
水師撮要 一卷
（清）佚名編

清鈔本
中大

1358
潮州海防記 一卷
（清）藍鼎元撰
清光緒二十三年（1897）著易堂鉛印《小方壺齋輿地叢鈔》本
華農

1359
限制稽查各項船隻配置軍火試辦章程 一卷
不著撰人
清光緒三十四年（1908）刊本
粵圖

1360
龍江聯防義會章程 一卷
不著撰人
清光緒二十五年（1899）刊本
粵圖

1361
龍江十九街團防義信録 一卷
（清）龍江十九街團防義會編
清光緒二十九年（1903）廣州敬文堂鉛印本
粵圖

1362
駐日本海軍武官報告書 一卷
（清）番禺林國賡撰
民國八年（1919）鉛印本
吉大

1363
廣東警務官報 一卷
（清）廣東警務公所編
清宣統二年（1910）文寶閣鉛印本
丹東圖

1364
保甲書 四卷
（清）豐順丁日昌重編
清道光二十八年（1848）李煒刊本
遼圖、大慶

1365
軍政電文（伍秩庸致袁項城書） 一卷
新會伍廷芳撰
民國鈔本
吉大

1366
止湯坑械鬥説 不分卷
題（清）南海煙橋生撰
清光緒二十七年（1901）廣東潮城王存文樓石印本
港大

1367
朔方備乘札記 一卷
（清）順德李文田撰
清光緒二十一年（1895）刊《靈鶼閣叢書》本
粵圖
清光緒二十三年（1897）會稽施世杰鄦鄦學廬刊《鄦鄦學廬地理叢刊》本
粵圖、華農
清光緒刊本
遼圖、吉大

1368
粵氛史稿零拾 一種
鈔本
東北師大

1369
改定廣東陸軍暫行編制給與令
（清）廣東參謀部編
民國鉛印本
南圖

1370
廣州城坊志 六卷 附六脈渠圖説 一卷
香山黃佛頤纂
稿本
吉大
民國三十七年（1948）影印《廣東叢書》本
中大

教育類（參歷史部・貢舉）

1371
登州三字經 一卷
（宋）順德區適子撰、（清）南海陳交明考訂
清同治九年（1870）廣州聚賢堂刊本
順博

1372
三字經句釋 一卷
（宋）區適子撰、（清）李文田編輯
清光緒刊本
粵圖

1373
訓蒙三字經 一卷
（宋）順德區適子撰
民國民智書局刊本
粵圖

1374
粵闈餘記 一卷
（明）高匯旃撰
明崇禎刊本
臺研

1375
粵秀書院課藝 二卷
（清）南海何文綺評編
清道光刊本
粵圖
清光緒刊本
粵圖

1376
學海堂課卷 一卷
不著撰人
清鈔本　清陳澧評並跋
粵圖

1377
學海堂課藝 不分卷
（清）學海堂編
清光緒二十三年（1897）廣州富文齋刊本
粵圖

1378
學海堂課藝 三卷
廖景曾輯
民國八年（1919）廣州中漢鉛印本
中大、華師

1379
學海堂集 初集 十六卷 二集 二十二卷 三集 二十四卷 四集 二十八卷
（清）阮元等輯
清道光五年（1825）刊本
粵圖
清道光十八年（1838）刊本
粵圖
清咸豐九年（1859）刊本
粵圖
清光緒十二年（1886）廣州學海堂刊本
港大

1380
學海堂專科章程 一卷
（清）學海堂編
清道光十四年（1834）刊本
粵圖

1381
菊坡精舍章程 一卷
（清）羊城菊坡精舍編
清同治九年（1870）刊本
粵圖

1382
菊坡精舍集 不分卷
（清）番禺陳澧撰、南海廖廷相重訂
清光緒刊本
中大

1383
菊坡精舍章程　一卷
（清）羊城菊坡精舍編
清同治九年（1870）刊本
粵圖

1384
菊坡精舍集　二十卷
（清）番禺陳澧輯
清光緒二十年（1894）廣州菊坡精舍刊本
港大

1385
陳蘭甫先生批菊坡課卷　不分卷
（清）金浚基等撰
稿本　清陳澧批
粵圖

1386
羊城書院試藝　一卷
（清）羊城書院輯
清同治九年（1870）廣州羊城書院刊本
港大

1387
越華課藝　不分卷
（清）番禺梁檀圃鑒定
清光緒十年（1884）刊本
粵圖

1388
應元書院課藝　一卷
（清）張士芬等撰
清同治年間刊本
粵圖

1389
應元書院吳桂丹課卷　一卷
（清）高要吳桂丹撰
稿本
高要圖

1390
粵東書院新藝　四卷
（清）陳岐蔚等撰
清光緒二十九年（1903）廣州集成堂刊本
粵圖

1391
粵東書院課藝日新　六卷
（清）梁鳳藻等撰
清光緒二十八年（1902）刊本
粵圖⊗

1392
粵東五大書院時務課藝　三卷
（清）任世杰輯
清光緒二十八年（1902）石印書局鉛印本
粵圖⊗

1393
國朝漢學師承記　八卷　附經師經義目録　一卷　國朝宋學淵源記　二卷　附札記
（清）江藩撰
清咸豐四年（1854）南海伍崇曜刊本
港中山

1394
擷英堂課藝　一卷
（清）順德梁有晟編
清光緒元年（1875）刊本
粵圖

1395
染研編　一卷
（清）順德梁有晟撰
清光緒十年（1884）文蘭閣刊本
粵圖

1396
小題真珠船　不分卷
題（清）海墨樓主人輯
清光緒十一年（1885）羊城海墨樓石印本
中大

1397
丙申歲課藝日新　不分卷
（清）廣州石經堂書局選輯
清光緒二十二年（1896）廣州石經堂書局石印本
中大

1398
壬寅課藝日新　六卷
清光緒二十八年（1902）廣州從新書局石印本
港中文

1399
乙巳課藝日新　六卷
清光緒三十一年（1905）廣州從新書局石印本
港中文

1400
癸卯課藝全集　六卷
（清）南海梁寶常編
清光緒二十九年（1903）粵東從新書局石印本
粵圖

1401
［三次改良］婦孺論説入門　一卷
（清）廣東蒙學書塾編輯
清光緒二十八年（1902）鉛印本
粵圖

1402
雲泉山館規條　一卷
（清）西樵雲泉山館編
清光緒三十年（1904）廣州超華齋刊本
粵圖

1403
京師廣東學堂收支徵信録　不分卷
（清）京師廣東學堂編
清光緒三十三年（1907）北京京華印書局鉛印本
粵圖

1404
順德龍江兩等小學堂徵信録　不分卷
（清）順德蔡之璋録
清光緒三十一年（1905）文寶閣鉛印本
粵圖

1405
河源縣官立高等小學堂、高要縣圖始初等小學堂、陽春縣近聖初等小學堂光緒三十三年上學期報告表簿　不分卷
（清）河源縣官立高等小學堂等編
清光緒三十三年（1907）鉛印本
粵圖

1406
廣州教忠學堂徵信録　一卷
（清）廣州教忠學堂編
清光緒二十八年（1902）刊本
粵圖
清光緒二十九年（1903）刊本
粵圖

1407
高郡師範學堂同校録　一卷
（清）茂名楊彦澂編
清光緒三十二年（1906）刊本
粵圖

1408
光緒廿五年府考院考試録　不分卷　附光緒三十年南、番、順三縣學宫考試録
（清）黄文英等撰
清光緒三十年（1904）載經堂刊本
粵圖

1409
光緒十五年學院考取全省文遺才録　不分卷
不著撰人
清光緒十五年（1889）廣州連元閣刊本
粵圖

1410
光緒十八年學院招復番禺文童録（附八年武遺才）　不分卷
不著撰人
清光緒十八年（1892）廣州藏經閣刊本
粵圖

1411
實用文教授案　不分卷
（清）鶴山吕冠雄編
稿本
粵圖

1412
广雅書院菊坡精舍課卷　不分卷
（清）普寧方鴻慈、番禺范公讜等撰

稿本
粤圖

1413
廣雅書院課藝初集　六卷
（清）張之洞輯
清光緒二十八年（1902）桂林三味齋刊本
港中山

1414
廣雅書院同舍録　不分卷
（清）廣雅書院編
清光緒二十三年（1897）刊本
中大

1415
廣雅書院課藝詩文　不分卷
不著撰人
清末馬季立鈔本　張之洞批跋
中大

1416
廣雅書院課卷　不分卷
（清）張爲棟、普寧方鴻慈等撰
清光緒二十七年（1901）鈔本
粤圖

1417
兩廣速成師範館同人表　不分卷
（清）兩廣速成師範館編
清光緒三十年（1904）刊本
粤圖

1418
兩廣師範練習所用人表　一卷
清光緒三十年（1904）鉛印本
港大

1419
兩廣同學姓名冊　一卷
（清）兩廣同鄉會編
清光緒三十年（1904）鉛印本
港大

1420
教忠初級師範學堂第一次畢業同年録　一卷
（清）廣東公立教忠初級師範學堂編
清宣統三年（1911）鉛印本
粤圖

1421
廣東公立教忠初等師範學堂第四次畢業同年録　一卷
（清）廣東公立教忠初級師範學堂編
清宣統三年（1911）鉛印本
粤圖

1422
廣雅書院監生易開駿官課卷　不分卷
（清）番禺易開駿撰
稿本
粤圖

1423
辦理學堂人員練習所章程　不分卷
（清）廣東學務公所編
清光緒二十九年（1903）鉛印本
粤圖

1424
學務報告表簿式　一卷
（清）廣東學務公所編
清光緒三十三年（1907）廣東學務公所鉛印本
粤圖

1425
學堂職員練習所章程　一卷
（清）廣東學務公所編
清光緒二十九年（1903）鉛印本
粤圖

1426
德國學校論略　不分卷
［德］花之安輯
清同治十二年（1873）廣州小書會真寶堂刊本
粤圖

1427
教化議　五卷
［德］花之安撰

清光緒元年（1875）羊城小書會真寶堂刊本
國圖

1428
豐湖書藏四約 一卷
（清）番禺梁鼎芬訂
清光緒十四年（1888）刊本
粵圖

1429
廣東課吏館章程 一卷
清光緒二十八年（1902）刊本
上圖

1430
廣東省大學堂試辦簡要章程 一卷
清光緒間石印本
上圖

1431
廣東存古學堂章程 一卷
清末廣東存古學堂鉛印本
上圖

1432
倡設女學堂啓 一卷 女學堂試辦略章 一卷
梁啓超撰
清光緒二十三年（1897）石印本
湘圖

1433
廣東提學司改定省視學章程例冊 一卷
（清）廣東提學使司編
清光緒三十四年（1908）鉛印本
粵圖

1434
兩廣高等工業學堂暫行章程 不分卷
（清）兩廣高等工業學堂編
清宣統元年（1909）廣東學務所印刷處鉛印本
粵圖

1435
兩廣高等工業學堂管理規則 不分卷
（清）兩廣高等工業學堂編
清宣統元年（1909）廣東學務所印刷處鉛印本
粵圖

1436
廣東家族工藝傳習所學則 一卷
（清）廣東家族工藝傳習所編
清宣統二年（1910）鉛印本
粵圖

1437
廣東學務公所會計課事略 一卷
（清）廣東學務公所編
清光緒三十四年（1908）鉛印本
粵圖

1438
廣東官立蒙養院改定簡章 一卷
（清）廣東官立蒙養院編
清宣統三年（1911）鉛印本
粵圖

1439
東游考察學校記 一卷
（清）南海關賡麟撰
清光緒二十九年（1903）廣州漢石樓鉛印本
粵圖

1440
日本學校圖論 一卷
（清）南海關賡麟撰
清光緒鉛印本
粵圖

1441
兩廣初級師範簡易科館章程 一卷
（清）兩廣初級師範簡易科館編
清光緒三十一年（1905）兩廣學務處鉛印本
粵圖
［按：兩廣初級師範簡易科館，清光緒三十一年（1905）創辦。］

1442
兩廣初級師範簡易科館同學録 一卷
（清）兩廣初級師範簡易科館編

清光緒三十二年（1906）廣州裕和堂鉛印本
粤圖

1443
廣東官立女子師範附屬兩等小學堂章程　一卷
（清）廣東官立女子師範附屬兩等小學堂編
清光緒三十四年（1908）廣東學務公所鉛印本
粤圖

1444
南强附屬幼兒園保姆傳習所章程　不分卷
（清）南强附屬幼兒園保姆傳習所編
清光緒三十三年（1907）翰章印刷所鉛印本
粤圖
［按：南强附屬幼兒園和南强附屬幼兒園傳習所都是廣州南强公學附設的幼兒教育師資培訓及幼兒教育機構，地址在廣州西關逢源南約三號（曾暫設在西關寶華坊正中約朱宅内）。此章程内容分爲該園及其傳習所的宗旨、名稱、位置、學額、資格、保育課目、保育時間、放假及慶典、入園期、入園證書式、保育金、通知書、通則、參觀等。］

1445
甲辰課藝日新　六卷　附算學圖　一卷
（清）倫邁等撰、（清）番禺凌鶴書、南海梁寶常、番禺張學華評
清光緒三十年（1904）石印本
粤圖

1446
經心書院算字課程　不分卷
（清）番禺曹汝川撰
清末朱印本
粤圖

1447
光緒戊戌番禺歲考同案録　不分卷
清光緒二十四年（1898）廣州瑞元堂刊本
港中山

1448
棘闈奪魁録　不分卷
佚名編、（清）延弼整理
清道光二十七年（1847）廣州聚經堂書坊刊本
港大

1449
最新潮州鄉土地理教科書　不分卷
（清）潮州鄭𢙐亮撰
清末揭陽啓明公司印本
粤圖、國圖

1450
自强學塾課藝　三卷
（清）番禺黄輝庭編
民國八年（1919）廣州東雅印務有限公司鉛印本
中大

1451
婦孺譯文　一卷
（清）新會盧子駿編
清光緒二十八年（1902）蒙學書塾刊本
港大

1452
清代歷科廣東文鄉試題名録（乾隆甲午科至光緒乙酉科）　不分卷　附大清國朝歷科廣東鄉試文解元題名録　不分卷
（清）錦書堂輯
清光緒間（1875—1908）廣州錦書堂刊本
中大
（按：書又名《廣東鄉試録》。）

1453
潮屬兒歌　一卷
徐鈷庵編
民國十九年（1930）汕頭文明商務書局鉛印本
粤圖

1454
改良版潮州鄉土歷史教科書　四册
（清）潮安翁輝東、黄人雄合編
清宣統元年（1909）海陰劍光民國編書社石印本
粤圖
（按：此書分首版、次版、三版、四版。）

1455
潮州府屬歷案文黌宫録 一卷
（清）載經堂編
清光緒十四年（1888）載經堂刊本
粵圖

1456
童子問路 二卷
（清）鄭之瓊輯
清光緒七年（1881）潮城瑞文堂刊本
粵圖

1457
潮州鄉土教科書 不分卷
（清）潮陽林宴瓊編
清宣統元年（1909）中華新報鉛印本
粵圖

1458
潮州鄉土地理科教書 不分卷
（清）潮安翁輝東、黄人雄合編
清宣統元年（1909）曉鐘報社鉛印本
粵圖

1459
最新澄海鄉土地理教科書 不分卷
（清）澄海蔡鵬雲編
清宣統二年（1910）上海萃英書局石印本
粵圖

1460
澄海鄉土地理教科書 不分卷
（清）澄海蔡鵬雲編
清末石印本
粵圖

1461
澄海鄉土格致教科書 不分卷
（清）澄海蔡鵬雲編
清宣統元年（1909）汕頭《圖畫新報》社石印本
粵圖

1462
澄海鄉土地理教科書 不分卷
（清）澄海蔡鵬雲編
清宣統元年（1909）景韓學堂石印本
粵圖

1463
嘉應鄉土地理教科書 不分卷
（清）熊理編
清光緒三十二年（1906）泮香學堂刊本
中大

1464
新體嘉應鄉土地理教科書 不分卷
（清）蕭啓岡、楊家鼐編
清宣統二年（1910）嘉應啓新書局刊本
粵圖

1465
千仞庵時藝 一卷
（清）番禺陳宗侃等撰
清番禺陳宗侃鈔稿本
中大
（按：千仞庵，爲陳澧庵名。）

1466
成衆齋時藝 不分卷
（清）番禺陳宗侃、南海廖廷相、南海譚宗浚撰
清袖珍鈔本
中大

1467
［嶺南］精選時藝 不分卷
（清）鍾聲等撰
清光緒鈔本
粵圖

1468
廣東高等學堂同學録 不分卷
（清）廣東高等學堂編
清光緒三十年（1904）鉛印本
粵圖
［按：廣東高等學堂，原名兩廣大學堂，清光緒二十八年（1902）創辦於廣州。］

1469
廣東高等學堂本科第一類地理科政治地理學講義 不分卷
（清）三水梁致祥撰
清末高等學堂鉛印本
粤圖

1470
廣東高等學堂輿地課本 二卷
（清）三水梁致祥撰
清光緒三十二年（1906）刊本
粤圖

1471
廣東鄉土史教科書 二卷
（清）香山黄映奎編
清光緒三十年（1904）時中學校刊本
中大

1472
廣東鄉土地理教科書 不分卷
（清）新寧黄培申等編
清宣統元年（1909）廣州文興學社鉛印本
粤圖

1473
新寧鄉土地理 二卷
（清）新寧雷澤普編
清宣統元年（1909）臺山刊本
粤圖

1474
新寧鄉土歷史 二卷
（清）新寧雷澤普編
清宣統元年（1909）臺山刊本
粤圖

1475
清末廣東縣級科舉取士紀實 不分卷
（清）沈拜言撰
民國十八年（1929）鉛印本
加英哥大

1476
廣東鄉土史教科書 三卷
香山黄佛頤編
清光緒三十二年（1906）粤城時中學校刊本
粤圖

1477
廣東鄉土史教科書附録 二卷
香山黄佛頤編
清光緒三十二年（1906）刊本
華師

1478
廣東鄉土格致教科書 不分卷
（清）順德黄節編
清宣統元年（1909）國學保存會石印本
華師

1479
廣東鄉土歷史教科書 一卷
（清）順德黄節編
清光緒三十三年（1907）上海國學保存會鉛印本
粤圖

1480
鑄强學塾同學録 四卷
（清）鶴山鑄强學塾編
清鈔本
粤圖
［按：記清宣統二年（1910）至民國十四年（1925）鶴山鑄强學塾同學録。］

1481
仲元圖書館紀事詩 不分卷
張肇崧撰
民國二十年（1931）廣州中山印務局鉛印本
粤圖

1482
廣東國民大學歷届畢業生一覽表 一卷
民國鈔本
粤圖

1483
國立中山大學新校舍記 不分卷
大埔鄒魯撰並書
民國二十四年（1935）拓本
粤圖

1484
啓新亭記 一卷
大埔鄒魯撰並書
民國二十四年（1935）拓本
粵圖

1485
兩廣方言學堂同學録 一卷
番禺鄔慶時編
民國二十五年（1936）鉛印本
粵圖

1486
嶺南大學概況 不分卷
嶺南大學編
民國二十三年（1934）鉛印本
東研

1487
圖書館與成人教育 不分卷
南海杜定友撰
民國三十七年（1948）刊本
加英哥大

1488
幼學婦孺韻語 一卷
新會陳榮衮撰
民國廣州雙門底同文堂印本
澳中央
［按：陳榮衮（1862—1922），字子褒，號耐庵，新會人。清光緒舉人，後入萬木草堂讀書，參與强學會，戊戌政變後，東渡日本。回國後，創辦蒙學會於澳門，畢業從事婦幼教育事業，是廣東著名教育家。］

1489
婦孺論説入門 一卷
新會陳榮衮撰
清光緒二十七年（1901）蒙學書塾刊本
民國佛山十七間同文堂印本
澳中央

1490
婦孺須知 一卷
新會陳榮衮撰
光緒二十六年（1900）省城十七甫明經閣刊本
民國香港文裕堂刊本
澳中央

1491
婦孺淺解 一卷
新會陳榮衮撰
清光緒雙門底經史閣刊本
港中央

1492
婦孺八勸 一卷
新會陳榮衮撰
清末民初印本
港中央

1493
婦孺釋詞 一卷
新會陳榮衮撰
清光緒二十八年（1902）廣州蒙學書塾刊本
港中文、澳大
清末民初印本
澳中央

1494
陳子褒教育遺議 不分卷
（清）新會陳榮衮撰
民國鈔本
粵圖

1495
大埔虎山公學校落成徵求詩文紀念品啓 一卷
大埔虎山公學新校編
民國二十八年（1939）大埔虎山公學新校鉛印本
粵圖

1496
嘉應樂育中西學堂 一卷
（清）樂育中西學堂編
清光緒二十九年（1903）嘉應石印本
粵圖

1497
廣雅書局及學海堂等版片述略 不分卷
徐信符撰
民國二十三年（1934）鈔本
粵圖

1498
平遠縣立救濟院概況 不分卷
張炯標編
民國二十八年（1939）平遠金章印務局鉛印本
粵圖

邦交類

1499
西洋朝貢典録 三卷
（明）黄省曾撰
清道光鈔本　清曾釗跋
暨大
（按：記占城國、真臘國、爪哇國、三佛齊國、滿剌加國、浡泥國、琉球國、彭亨國、蘇祿國等朝貢事宜，多由廣州北上。）

1500
使交紀事 不分卷
（清）鄔黑等撰
清康熙鈔本
故宫

1501
使東述略 一卷 使東雜記 一卷
（清）大埔何如璋撰
稿本《小方壺齋輿地叢鈔》
國圖

1502
道光朝籌辦夷務始末 八十卷
（清）文慶等纂修
清咸豐内府鈔本
故宫

1503
咸豐朝籌辦夷務始末 八十卷
（清）賈楨等纂修
清同治内府鈔本
故宫

1504
同治朝籌辦夷務始末 一百卷
（清）寶鋆等纂修
清光緒内府鈔本
故宫

1505
東還紀略 一卷
（清）番禺史善長撰
清嘉慶二十四年（1819）廣州刊本
粵圖

1506
粵道貢國説 六卷
（清）順德梁廷枏撰
清道光年間刊本
粵圖、中大
（按：此記載清代經由廣東入貢的外國貢品和我國賚回物品的情況，爲研究近代廣東乃至中國對外交往歷史提供了資料。）

1507
使美記略 一卷
（清）吳川陳蘭彬撰
清光緒二十三年（1897）上海著易堂鉛印《小方壺齋輿地叢鈔補編》本
粵圖、華農

1508
海外番夷録 二卷
（清）嘉應楊炳南輯
清道光刊本
港學海

1509
日本雜事 一卷
（清）嘉應黄遵憲撰
稿本《小方壺齋輿地叢鈔》
國圖

1510
日本食貨志　一卷
（清）嘉應黄遵憲編
清光緒三十二年（1906）成都官報局鉛印本
吉大

風俗禮制類（參經部・禮類）

1511
書儀　十卷
（宋）司馬光撰
清光緒二十五年（1899）番禺端溪書院刊本
港中山

1512
理學簡言
（宋）順德區仕衡撰
清道光二十五年（1845）南海伍氏粵雅堂刊本
東北師大

1513
新刻丘瓊山故事雕龍　二卷
（明）瓊山丘濬撰
日本享保十年（1726）平安仰山堂刊本
遼圖

1514
拄楣蕕記　六卷
（清）番禺凌揚藻撰
清道光刊《海雅堂全集》本
粵圖
清同治三年（1864）刊本
中大

1515
吾學録初編　二十四卷
（清）南海吳榮光撰
清道光十三年（1833）南海吳氏筠清館刊本
粵圖、中大
清道光十二年（1832）會經堂刊本
港中文
清道光二十三年（1843）南海吳氏筠清館刊本
粵圖
清道光二十九年（1849）刊本
中大
清同治九年（1870）江蘇書局重刊本
粵圖、華師
清同治七年（1868）南京金陵書局刊本
港中文
清光緒十年（1884）刊本
粵圖
民國二十五年（1936）上海中華書局鉛印《四部備要》本
中大

1516
潮陽縣民情　不分卷
潮陽崔炳炎撰
民國石印本
汕圖

1517
海澄饒順天善堂孔教分會第二三期徵信録　一卷
海澄饒順天善堂編
民國十八年至二十年（1929—1931）汕頭鉛印本
粵圖

1518
汕頭誠敬善社第五屆理事會徵信録　一卷
汕頭誠敬善社編
民國三十二年（1943）汕頭福生印務局鉛印本
粵圖

1519
澄海縣同善堂章程　一卷
（清）尹佩紳編
清道光五年（1825）刊本
粵圖

1520
澄海縣同善堂章程　五卷　首一卷
（清）尹佩紳編

清道光五年（1825）刊本
粤圖

1521
潮嘉風月記 不分卷
（清）俞蛟撰
清道光中吳江沈氏世楷堂刊本
粤圖

1522
潮嘉風月記 一卷
（清）俞蛟撰
清楊復吉編《昭代叢書新編》稿本
科圖

1523
潮州風俗考 一卷
（清）藍鼎元撰
清刊本
粤圖

1524
鮓話 一卷
（清）佟世思撰
清光緒十五年（1889）刊本
粤圖

1525
喪制便覽 一卷
（清）南海張大翎輯
清鈔本
粤圖

1526
人家冠昏喪祭考 四卷
（清）番禺林伯桐撰
清道光二十四年（1844）刊《修本堂叢書》本
粤圖、中大、華師

1527
文廟從祀録 三卷
（清）新會譚錫明輯
清同治二年（1863）稽古齋刊本
中大

1528
文廟記略 六卷 首一卷
（清）開平張伯璜撰
清宣統三年（1911）刊民國三年（1914）補刊本
粤圖

1529
五雲社録 一卷
清咸豐刊本
廣圖
（按：結文社爲揚清代廣東民間勸學風氣而設，此爲有關順德文社的記録。）

1530
經訓粹編 一卷
清咸豐五年（1855）寫刊套印本
廣圖

1531
沈刻元典章校補札記 六卷 闕文 三卷 表格一卷
新會陳垣撰
民國二十年（1931）國立北京大學研究所國學門刊本
粤圖、中大

1532
元典章校補釋例 六卷
新會陳垣撰
民國二十三年（1934）國立中央研究院歷史語言研究所刊本
中大

1533
惠來縣民情風俗民事暨紳商訴訟事冊 一卷
不著撰人
清鈔本
中大

1534
廉州府合浦縣民情風俗事綱目冊 不分卷
（清）合浦向傳乾撰
清宣統元年（1909）鈔本
粤圖

1535
女學言行纂 三卷
（清）順德李晚芳撰
民國影印本
遼圖、吉大

1536
訓俗遺規類編 四卷 首一卷
南海黄保康撰
民國十六年（1927）刊本
吉圖

1537
治家要義 一卷 附録 一卷
番禺屈鳳竹撰
民國十七年（1928）刊本
瀋圖

1538
道光乙巳通書 不分卷
（清）廣州丹桂堂編
清道光二十五年（1845）廣州省城九曜坊蘇氏丹桂堂刊本
哈佛
清咸豐四年（1854）廣州省城九曜坊蘇氏丹桂堂刊本
哈佛

1539
新春吉慶大全 不分卷
清嘉慶十六年（1811）省城廣賢堂刊本
哈佛

四、歷史部

紀傳類

1540
漢書 一百卷
（漢）班固撰、（唐）顔師古注
明嘉靖十六年（1537）廣東崇正書院刊本
粵博、北大等
明嘉靖十六年（1537）廣東崇正書院刊本清孫灊批校並跋
上圖
明嘉靖十六年（1537）廣東崇正書院重修本清畢裕曾跋
南圖
明嘉靖十六年（1537）廣東崇正書院重修本清錢泰吉鈔補並跋
國圖
明嘉靖十六年（1537）廣東崇正書院重修本清丁丙跋
南圖

1541
兩漢書注考證 二卷
（清）番禺何若瑶撰
清光緒二十年（1894）廣雅書局刊本
粵圖、中大

1542
前漢書注考證 二卷
（清）番禺何若瑶撰
清光緒二十年（1894）廣雅書局刊本
粵圖

1543
漢書地理志輯補 二卷
（清）南海羅汝楠輯
清光緒二十四年（1898）刊本
粵圖

1544
漢書管見 四卷
（清）朱一新撰
清光緒葆真堂刊本
粵圖

1545
漢書地理志水道圖説 七卷
（清）番禺陳澧撰
清道光二十八年（1848）廣東省城富文齋刊本
粵圖、中大
清同治十一年（1872）刊本
粵圖、中大

1546
後漢書 九十卷
（劉宋）范曄撰、（唐）李善注

1547
志 三十卷
（晉）司馬彪撰、（梁）劉昭注
明嘉靖十六年（1537）廣東崇正書院刊本
國圖、上圖等

1548
後漢書補注續 一卷
（清）番禺侯康撰
清光緒十七年（1891）廣雅書局刊《廣雅叢書》本
粵圖

清光緒十九年（1893）武林有三長齋石印《史學叢書》本
農大

1549
補後漢書藝文志 四卷
（清）番禺侯康撰
清刊《菜香室叢書》本
國圖
清道光三十年（1850）南海伍氏刊本
粵圖
清光緒二十五年（1899）上海文瀾書局本
國圖

1550
讀前後漢書札記 一卷
（清）南海朱次琦撰
清鈔本
臺灣

1551
三國志注證遺 四卷 補四卷
（清）周壽昌撰
清光緒十七年（1891）廣州廣雅書局刊本
港中文

1552
三國志辨疑 三卷
（清）錢大昭撰
清光緒十五年（1889）廣州廣雅書局刊本
港中文

1553
三國志旁證 三十卷
（清）梁章鉅撰
清光緒十五年（1889）廣州廣雅書局刊本
港中文

1554
三國志補注 六十五卷
（清）趙一清撰
清光緒廣雅書局刊本
南圖、浙圖
（按：此書較稀見，未收入《廣雅書局叢書》。）

1555
讀三國志裴注 二卷
（清）番禺林國贊撰
清光緒十六年（1890）廣州學海堂刊本
粵圖、華師
清光緒鈔本　清林國賡跋
南圖

1556
三國志質疑 六卷
（清）番禺徐紹楨撰
清光緒十二年（1886）刊本
粵圖

1557
南齊書 五十九卷 首一卷
（南朝梁）蕭子顯撰
清同治八年（1869）嶺南苑古堂刊本
港中文

1558
舊五代史輯本發覆 三卷 附薛史輯本避諱例一卷
新會陳垣撰
民國二十六年（1937）輔仁大學刊《勵耘書屋叢刊》本
中大

1559
元史地名考 不分卷
（清）順德李文田撰
稿本
國圖
稿本　清冒廣生跋
如皋

1560
元史地名考 五卷
（清）順德李文田撰
清光緒二十四年（1898）胡玉縉鈔本
復旦

編年類

1561
續資治通鑒 二百二十卷
（清）畢沅撰
清光緒七年（1881）番禺任氏寄螺齋刊本
港中文、港大

1562
古香齋資治通鑒綱目三編 二十卷
（清）張廷玉等撰
清光緒七年（1881）南海孔氏三十有三萬卷堂刊本
港中文
（按：書又名《資治通鑒綱目三編》。）

1563
資治通鑒綱目前編竊議 二十五卷
（清）鶴山易其霈撰
清光緒間（1875—1908）鶴山易氏四益友樓刊本
港中央
清光緒十五年（1889）鶴山易氏四益友樓刊本
粵圖、中大

1564
御批歷代通鑒輯覽 一百二十卷
（清）高宗弘曆批、（清）傅恒等撰
清光緒二十七年（1901）廣東茹涵書局重刊本
港大

1565
硃批鑒史提綱 四卷
（明）潘榮原本、（清）盧文錦補注
清嘉慶十三年（1808）廣州麟書閣刊本
港中文、港大

1566
綱鑒總論 二卷
（清）周茂才撰
清光緒二十八年（1902）廣州福雲樓刊本
港中文

1567
前漢紀 三十卷
（漢）荀悦撰
清光緒二年（1876）廣州嶺南學海堂刊本
港大

1568
後漢紀 三十卷
（晉）袁宏撰
清光緒二年（1876）廣州學海堂刊本
港大

1569
太宗皇帝實録 八十卷
（宋）錢若水等纂修
清曾氏面城樓鈔本
中大
清曾氏詁訓堂鈔本　清曾釗、吳蘭修跋
國圖

1570
古今一覽全書 二卷
（明）新會黎貞撰
清光緒元年（1875）會城緯經樓刊本
粵圖

1571
世史正綱 三十二卷
（明）瓊山丘濬撰
明弘治三年（1490）刊本
天一
湘師大
明初刊本
臺研
明嘉靖四十二年（1563）孫應鰲刊本
津圖、粵圖
明嘉靖四十二年（1563）孫應鰲刊本　清丁丙跋
南圖
明嘉靖刊本
臺研、美國會

明隆慶二年（1568）刊本
日内閣
民國二十五年（1936）文昌郭氏家塾鉛印本
中大、華師

1572
兩漢紀字句異同考 一卷
（清）蔣國祚撰
清番禺陳氏東塾鈔本　清陳澧批校
中大

1573
皇朝編年備要 三十卷
（宋）陳均撰
清南海曾釗鈔本　曾釗校
中大

1574
中興小紀 四十卷
（宋）熊克撰
清鈔廣雅書局底本
錦圖

1575
皇明資治通紀全書 二十八卷
（明）東莞陳建等撰
明萬曆刊本
子目：
　皇明資治通紀 十四卷
　皇明續紀 二卷
　皇明通紀續遺 十二卷
　尊經

1576
新鍥李卓吾先生增補批點皇明正續合併通紀統宗 十三卷
（明）東莞陳建撰、（明）袁黄、卜大有續補、（明）李贄批點
明末刊本
北師大⊗、文學所⊗
日本元禄九年（1696）京都林九兵衛刊本
港中文

1577
新鍥李卓吾先生增補批點皇明正續合併通紀統宗 十二卷 附録 一卷
（明）東莞陳建撰、（明）袁黄、卜大有補、（明）李贄批點
明末刊本
北師大、文學所

1578
鼎鍥鍾伯敬訂正皇明紀要 三卷
（明）東莞陳建撰、（明）鍾惺、陳仁錫注
明刊本
吉圖、東研

1579
新鍥鍾伯敬訂正皇明紀要 三卷
（明）東莞陳建撰
明刊本
吉圖

1580
新刊校正皇明通紀 三十四卷
（明）東莞陳建撰
明嘉靖三十四年（1555）東莞陳氏刊本
臺灣

1581
新鍥官版音釋標題皇明通紀 十卷
（明）東莞陳建撰

1582
續紀 三卷
（明）卜大有撰
明萬曆摘星樓刊本
粤圖、國圖等

1583
皇明資治通紀 前編 八卷 後編 三十四卷
（明）東莞陳建撰
明嘉靖刊本
天一⊗

1584
新鍥鈔評校正標題皇明資治通紀 十二卷
（明）東莞陳建撰

明萬曆四十年（1612）閩書林徐仙源刊本
國圖、北大

1585
新刊校正增補皇明資治通紀 十四卷
（明）東莞陳建撰
明嘉靖刊本
人大、浙圖

1586
新鍥校正標題皇明通紀 十卷
（明）東莞陳建撰
明刊本
清華

1587
皇明通紀 前編 二十七卷 續編 十八卷
（明）東莞陳建撰、（明）董其昌補訂
明崇禎十一年（1638）刊本
北師大

1588
皇明二祖十四宗增補標題評斷通紀 二十七卷
（明）東莞陳建撰、陳龍可評
明末刊本
國圖、北大、浙圖
明末五東樓刊本
社科、蘇圖、南大
明末天德堂刊本
粵圖、上圖

1589
皇明通紀法傳全録 五十卷
（明）東莞陳建撰
明崇禎刊本
臺研

1590
皇明資治通紀 十四卷
（明）東莞陳建撰

1591
皇明續紀 三卷
（明）卜大有撰
明萬曆三十二年（1604）卜世昌刊本
科圖、上圖

1592
重刻校正增補皇明資治通紀 十卷 續紀 三卷
（明）東莞陳建撰、（明）卜大有續撰
明嘉靖二十四年（1545）刊本
東文

1593
重刻校正增補皇明資治通紀 十卷
（明）東莞陳建撰
明刊本
南圖

1594
重刻校正增補皇明資治通紀 十卷
（明）東莞陳建撰

1595
皇明續紀 三卷
（明）卜大有撰
明刊本
清華、河北大
明刊本
吉圖⊗

1596
鐫品隲皇明資治紀鈔 十卷
（明）陳建撰
明萬曆二十二年（1594）永慶堂刊本
粵圖

1597
皇明資治通紀 十四卷
（明）東莞陳建撰

1598
皇明續紀 三卷
（明）卜大有撰

1599
皇明通紀述遺 十二卷
（明）卜世昌撰
明萬曆刊本
鄂圖等

1600
皇明資治通紀 三十卷
（明）東莞陳建撰、（明）岳元聲訂
明刊本
津圖
明刊本　章炳麟跋
上圖
明刊本
國圖、中大等

1601
新鍥皇明紀政録 十二卷
（明）東莞陳建撰
明刊本
北師大

1602
皇明紀要 八卷
（明）東莞陳建撰
明崇禎書林王渭刊本
上圖

1603
皇明通紀輯要 二十四卷
（明）東莞陳建撰、（明）馬晉允增定
明崇禎寶日堂刊本
北大、南圖

1604
皇明通紀集要 六十卷
（明）東莞陳建撰、（明）江旭奇補訂
明崇禎刊本
粤社、國圖等
明崇禎刊本　王培孫、陳乃乾跋
上圖

1605
新鋟校正標題皇明通紀 十卷
（明）東莞陳建撰

1606
續紀 三卷
（明）卜大有纂
明萬曆摘星樓刊本
粤圖

1607
皇明通紀 二十七卷
（明）東莞陳建撰
明末天德堂刊本
粤圖

1608
皇明續紀 三卷
（明）卜大有撰
明刊本　明锺羽批點　鄧之誠跋
科圖

1609
皇明通紀法傳全録 二十八卷
（明）東莞陳建撰

1610
嘉隆紀 六卷 續紀三朝法傳全録 十六卷
（明）高汝栻輯
明崇禎九年（1636）刊本
粤圖、津圖等

1611
皇明資治紀鈔 十卷
（明）東莞陳建撰
明萬曆二十二年（1594）永慶堂重刊本
粤圖

1612
皇明啓運録 八卷
（明）東莞陳建撰
明刊本
南圖
朝鮮刊本
日内閣

1613
皇明從信録 四十卷
（明）東莞陳建撰、（明）沈國元訂補
明天啓刊本
津圖
明泰昌元年（1620）刊本
臺研、日内閣、加英哥大
明萬曆四十八年（1620）刊本

中大
明末刊本
粵圖、中大

1614
皇明十六朝廣彙紀 二十八卷
（明）東莞陳建撰、（明）陳龍可補訂
明崇禎五年（1632）友石居刊本
北師大、南圖

1615
皇明典要 八卷
（明）東莞陳建撰
明刊本
尊經

1616
南漢春秋 十三卷
（清）番禺劉應麟編
清嘉慶十二年（1807）刊本
粵圖
清道光七年（1827）廣州上苑堂刊本
浸大
清道光七年（1827）含章書局刊本
粵圖
清道光三十年（1850）刊本
粵圖、中大、華師、港大、港中文

1617
南漢紀 五卷
（清）嘉應吳蘭修撰
清刊《嶺南遺書》本
粵圖

1618
南漢書 十八卷 南漢書考異 十八卷
（清）順德梁廷枏撰
清道光九年（1829）刊本
粵圖

1619
南漢書考異 十八卷
（清）順德梁廷枏撰
清道光九年（1829）刊本
粵圖

1620
南漢叢録 二卷
（清）順德梁廷枏撰
清道光九年（1829）刊本
粵圖

1621
南漢文字略 四卷 叢疏 二卷
（清）順德梁廷枏撰
清道光九年（1829）刊本
粵圖

1622
通鑒論 二卷
（宋）司馬光撰、（清）香山伍耀光輯録
清光緒二十四年（1898）菁華閣刊本
粵圖

1623
元朝秘史注 十五卷
（清）順德李文田撰
清光緒二十二年（1896）通隱堂刊本
粵圖、華師
清光緒二十九年（1903）上海文瑞樓石印巾箱本
粵圖、中大、華師、華農
稿本
上圖
稿本　清文廷式、□珩批注
國圖
清光緒二十二年（1896）漸西村舍彙刊本王國維校注並跋
國圖

1624
皇明史竊 一百零五卷
（明）東莞尹守衡撰
明崇禎刊本
粵圖
清光緒十二年（1886）刊本
粵圖、華師

1625
多識録　四卷
（清）連平練恕撰
清道光十八年（1838）練氏上海刊本
粤圖

1626
起居注冊　不分卷
（清）番禺梁肇煌纂修
清鈔本
科圖
（按：存清同治元年八月。）

1627
東華録注　十六卷
（清）蔣良驥撰、順德李文田注
清刊本　李文田校
國圖

1628
大清德宗實録　一卷
（清）順德温肅撰
稿本
粤圖

1629
便蒙通鑒　八卷
（清）南海孔憲祐撰
清宣統二年（1910）鈔本
粤圖

1630
中華民國開國史料　不分卷
東莞張江裁撰
民國二十六年（1937）刊本
東研

1631
華僑革命開國史　不分卷
南海馮自由撰
民國三十五年（1946）刊本
東研

1632
孔教十年大事　不分卷
南海康有爲撰
民國十三年（1924）刊本
東研

1633
廣東六年大事記　不分卷
題三餘書屋主人輯
民國元年（1912）刊本
日國會

1634
酌加畢氏續資治通鑒論　八卷
順德簡朝亮撰
民國元年（1912）刊本
粤圖

1635
清史粤人傳　不分卷
南海黄慈博輯
民國十九年（1930）稿本
粤社

紀事本末類

1636
通鑒長編紀事本末　一百五十卷
（宋）楊仲良撰
清光緒十九年（1893）廣州廣雅書局刊本
港大、港中央

1637
資治通鑒紀事本末補　不分卷
（清）王延年撰
清光緒廣州廣雅書局鈔本
湘圖

1638
宋史紀事本末　一百〇九卷
（明）馮琦原編、（明）陳邦瞻增訂、（明）張溥論正
清光緒十三年（1887）廣州廣雅書局刊本
港中文、港大

1639
遼史紀事本末諸論 不分卷
（清）南海譚宗浚撰
民國二十年（1931）刊本
中大

1640
遼史紀事本末 四十卷
（清）李有棠撰
清光緒二十六年（1900）廣州廣雅書局刊本
港中文、浸大、港中央

1641
金史紀事本末 五十二卷
（清）李有棠撰
清光緒二十七年（1901）廣州廣雅書局刊本
港中文、港大

1642
元史紀事本末 二十七卷
（明）陳邦瞻撰、（明）張溥論正
清光緒十三年（1887）廣州廣雅書局刊本
港中文、港大、港中央

1643
國朝柔遠記 二十卷
（清）王之春撰
清光緒十一年（1885）廣州海墨樓石印本
港嶺大
清光緒十七年（1891）廣州廣雅書局刊本
港大

1644
聖武記 十四卷
（清）魏源撰
清光緒七年（1881）廣州粵垣榷署刊本
港中文

1645
新經世文編 不分卷
（清）羊城日報編輯
清光緒三十一年（1905）鉛印本
粵圖

1646
近世中國秘史 一、二編
（清）三水徐勤撰
清光緒三十年（1904）鉛印本
粵圖

1647
新廣東 不分卷
（清）歸善歐榘甲撰
民國刊本
中大
（按：本書又名《廣東人之廣東》。）

1648
戊戌政變記 九卷
新會梁啓超撰
民國鉛印本
粵圖、中大、華師

雜史類

1649
九國志 十二卷
（宋）路振撰
清南海曾氏面城樓鈔本　清曾釗批校
粵圖

1650
南燼紀聞 一卷
（宋）辛棄疾撰
清南海曾氏面城樓鈔本　清曾釗批校
中大

1651
大金吊伐録 二卷
清順德李文田鈔本　清李文田校並跋
上圖

1652
新刊大元混一江南實録 三卷
（元）劉敏中撰
清順德李文田鈔本　清李文田校並跋
國圖

1653
談淵 一卷
（宋）曲江王陶撰
明鈕氏世學樓鈔《説郛》本
國圖
清順治李際期宛委山堂刊《説郛》本
明刊《歷代小史》本
南圖

1654
江南野史 十卷
（宋）龍衮撰
清南海孔氏嶽雪樓鈔本 明趙琦美跋 傅增湘校並録
國圖

1655
南征録 一卷
（明）張瑄撰
明鈔《藝海彙函》本
南圖
（按：張瑄，江浦人。明正統進士，明天順年間，張瑄爲廣西右布政使，征伐廣西諸峒蠻及廣東肇、高、雷、連土寇之亂，此書乃記其始末。）

1656
甓餘集 十二卷
（明）朱紈撰
明末朱質刊本
津圖
（按：朱紈，長洲人。明正德進士，官至提督浙閩海防軍務，一生專事海防。是集卷一至卷九爲其在官時章疏公文，卷十為海道紀言，卷十一爲戍邊紀事，記平寇事，末卷爲永咸録。其海防涉及廣東，具有較高史料價值。）

1657
平定交南録 一卷
（明）瓊山丘濬撰
明嘉靖刊本
臺“國圖”
明萬曆四十五年（1617）陳于廷刊《紀録彙編》本
臺“國圖”
明藍格鈔本
臺“國圖”
清鈔本 清李文田批並鈔補
臺“國圖”
明鈔《國朝典故》本
上圖、陝圖
明刊《國朝典故》本
北大、南圖
明刊《今獻彙言》本
粵圖、國圖
明萬曆陳于廷刊《紀録彙編》本
中大、國圖
明末刊本
臺“國圖”
清順治李氏宛委山堂刊《説郛續》本
中大、國圖、華農
清乾隆五十九年（1794）石門馬氏大西山房刊《龍威秘書》本
華農
清道光陳璜刊《澤古齋重鈔》本
國圖

1658
洗海近事 二卷
（明）俞大猷撰
清鈔本
閩圖
（按：俞大猷，晉江人。明嘉靖武進士，官至都督同知兼征蠻將軍。時海盜曾一本者，執澄海縣知縣，敗官兵，守備李茂中亦戰死，朝詔俞督廣兵協討。隆慶二年一本犯廣州，俞合郭成等擒滅之，該書乃記此事始末。）

1659
平蠻録 七卷
（明）韓雍撰
明成化刊本
天一閣
（按：韓雍，長洲人。明正統進士，景泰擢

廣東副使，後歷官兵部右侍郎，平傜僮有功，提督兩廣軍務，粵、桂人念雍功，立祠奉祀。）

1660
平粵録 一卷
（明）談愷撰
明嘉靖刊本
南圖
（按：談愷，江蘇無錫人。明嘉靖進士，官兩廣總督，平峒亂。）

1661
廣東巢賊賴元爵藍一清諸酋列傳 一卷 黎岐列傳 一卷
題（清）顧炎武撰
清鈔《皇明修文備史》本
國圖

1662
革除遺事 六卷
（明）香山黄佐撰
明嘉靖袁氏嘉趣堂刊《金聲玉振集》
國圖、上圖
明刊《國朝典故》本
北大、南圖
明烏絲欄鈔本
臺研
明鈔《國朝典故》本
上圖、陝圖
明鈔本
國圖
明鈔本
國圖
明鈔本
上圖
明鈔本
南圖
清鈔本
中大
清道光陳璜刊《澤古齋重鈔》本
國圖

1663
革除遺事節本 六卷
（明）香山黄佐撰
清鈔本
中大

1664
革除遺事 一卷
（明）香山黄佐撰
清順治三年（1646）宛委山堂刊《説郛續》本
中大、華農

1665
明良集 六種 九卷
（明）南海霍韜輯
明嘉靖十二年（1533）刊本
上圖
子目：
洪武聖政記 一卷　（明）宋濂撰

1666
金文靖公前北征録 一卷 後北征録 一卷
（明）金幼孜撰
北征記 一卷　（明）楊榮撰
三朝聖諭録 三卷　（明）楊士奇撰
天順日録 一卷　（明）李賢撰
燕對録 一卷　（明）李東陽撰

1667
定氛外史 二卷
（明）歸善楊起元撰
鈔本
臺研

1668
綏廣紀事 一卷
（明）高拱撰
明萬曆刊本
臺灣
（按：高拱，新鄭人，明嘉靖進士，歷官文淵閣大學士。該書記廣東平寇亂事。）

1669
春秋别典 十五卷
（明）海陽薛虞畿撰
明鈔本
國圖
清鈔本、《四庫底本》
上圖

1670
粤遊見聞 一卷
（明）瞿共美撰
清鈔《明季野史匯編》本
國圖
清鈔《銅仙逸史六種》本
科圖
（按：瞿共美，常熟人。其生卒年、身世不可考，南明永曆朝時人，是明末抗清將領瞿式耜的族人和部下。）

1671
兩粤新書 一卷
（明）方以智撰
清鈔《甲申野史彙鈔》本
浙圖
（按：方以智，桐城人。明崇禎進士，官檢討，入清爲僧。）

1672
兩粤議稿 二卷
（明）蕭騰鳳撰
明刊本
日内閣
（按：蕭騰鳳，明隆慶進士，泉州人。）

1673
粤中偶記 一卷
（明）華復蠡撰
清道光活字印《荆駝逸史》本　清李文田批校並跋
國圖
（按：華復蠡，無錫人。明崇禎進士，曾官臨高知縣。）

1674
兩廣紀略 一卷
（明）華復蠡撰
清光緒二十二年（1896）上海圖書集成局鉛印《明季稗史彙編》本
華農
清鈔《明季野史》本
國圖

1675
稽古篇 五十五卷
（明）揭陽郭之奇撰
清初刊本
北大

1676
殊域周咨録 二十四卷
（明）嚴從簡撰
明萬曆刊本
國圖、魯圖
（按：該書以明代爲中心，分别記載東南西北四方海陸各國和地區的道里、山川、民族、風俗、物産等，内含朝鮮、日本、琉球、安南、占城、真臘、暹羅、滿制加、爪哇、三佛齊、渤尼、蘇門答臘、錫蘭、蘇禄、佛郎機及雲南百夷、哈密、吐魯蕃、蒙古、于闐、韃靼、女真等。全書又按地域分爲東夷、南蠻、西戎、北狄四部。清禁書。）

1677
粤劍編 四卷
（明）王臨亨撰
明萬曆刊本
國圖、南圖
民國三十六年（1947）國立中央圖書館影印《玄覽堂叢書續集》本
粤圖等
［按：王臨亨（1548—1601），江蘇崑山縣人。明萬曆進士，曾任刑部主事、杭州知府。萬曆二十九年（1601），他奉命到廣東審案，將途中見聞編成此書，自稱“雖無陸賈千金裝，亦可當其百金劍矣，因以粤劍名編。”全書分古

跡、名勝、時事、土風、物產、藝術、外夷、遊覽八類，對研究明代中葉廣東政治時事、社會習俗、山川物產、古代遺跡提供了史料。]

1678
嶺表紀年 四卷
（明）魯可藻撰
清傅氏長恩閣鈔本
浙圖
清鈔本
上圖
（按：魯可藻，明崇禎進士，曾官廣西巡撫。）

1679
征南紀事 一卷
（明）潮陽周光鎬撰
明刊《名臣寧攘要編》本
天一閣

1680
明季南史 十八卷 明季北史 二十四卷
（清）計大奇輯
清道光北京琉璃廠半松居士活字印本
廣圖

1681
海槎餘録 一卷
（明）顧岕撰
清顺治三年（1646）宛委山堂刊《說郛續》本
華農
（按：岕字匯堂，吳縣人。此乃他官海南儋州時，對當地風土物產，共記四十餘則，尤對黎叛一事，敘述頗詳。）

1682
兩粵新書 一卷
（明）方以智撰
清鈔《甲申野史彙鈔》本
浙圖
清鈔《海甸野史》本
國圖
清鈔本
臺研

1683
崇禎朝記事 四卷
（明）李遜之撰
清光緒李文田家鈔本　清李文田校並跋
國圖
（按：李遜之，江陰人，此為清禁書。）

1684
粵行紀事 三卷
（明）瞿昌文撰
清乾隆嘉慶間鮑廷博刊《知不足齋叢書》本　清傅以禮跋
國圖
清嘉慶十五年至道光四年（1810—1824）長塘鮑氏刊《知不足齋叢書》本
華農
清鈔本
上圖
（按：瞿昌文，明崇禎進士，曾官廣西巡撫，此書記其來粵所見所聞南明史事。）

1685
粵行小紀 三卷
（明）瞿昌文撰
清末傅氏長恩閣《長恩閣叢書》鈔本
國圖

1686
嶺海拾遺 □□卷
（清）李來章撰
清鈔本
粵圖
［按：李來章，河南襄城人，舉人。清康熙四十三年（1704）任廣東連山知縣。］

1687
寧古塔紀略 一卷
（清）番禺吳振臣撰
清康熙詒清堂刊《昭代叢書》本
上圖、暨大
清光緒十八年（1892）順德龍氏刊《知服齋叢書》本

粵圖
清光緒順德李氏鈔本　李文田批
臺灣
清順德龍氏刊《知服齋叢書》本
粵圖

1688
安龍逸史 不分卷
（清）番禺屈大均撰
清鈔本
上圖

1689
安龍逸史 一卷
（清）番禺屈大均撰
清鈔本
吴縣

1690
安龍逸史 二卷
（清）番禺屈大均撰
民國七年（1918）劉氏刊《嘉業堂叢書》本
中大

1691
劫灰録 二卷 附録 二卷
題（清）珠江寓舫撰
清鈔本　清翁同龢跋
上圖
清魚元傅鈔本
上圖
清鈔本
上圖
清鈔本　清傅以禮跋
上圖
清周氏都公鐘室鈔本　周大輔校
浙圖
清光緒三十二年（1906）上海國學保存會鉛印《國粹叢書》本
華農

1692
野史無文 二十一卷
（清）香山鄭達撰
清初鈔本
湘圖

1693
夷難始末 二卷
（清）樊封撰
清刊本
東洋

1694
鴉片戰爭史料 一卷
（清）高明遠撰
清高氏環翠樓鈔本
閩圖

1695
鴉片紀略 一卷
（清）姚錫光撰
清鈔本
北大

1696
鴉片事略 二卷
（清）李圭撰
稿本
首圖
民國二十年（1931）刊本
東文

1697
道光二十年廣東英叛考 不分卷
（清）丁紹儀撰
清聽秋聲館鈔本
臺研

1698
廣東夷務事宜 一卷
清鈔本
南圖

1699
道光洋艘征撫記 二卷
清鈔本
浙圖

1700
嶺上紀行 二卷
（清）彭孫貽撰
清鈔《明季野史》本
國圖

1701
潮災記略 一卷
題（清）素心室主人編
清鈔《南沙枕秘四種》本
科圖

1702
潮災紀略 一卷 粵人宦略 一卷
清鈔《虞陽説彙》本
上圖

1703
南越記略 一卷
（清）李調元撰
清稿本《小方壺齋叢書》
國圖
（按：李調元，四川緜州人，清乾隆進士。）

1704
覺庵雜記稿本 不分卷
（清）鬱南何庚生撰
稿本　清何茹沅跋
粵圖
（按：何庚生，字夢星，號覺庵，粵西寧建城人，工詩詞書畫。）

1705
撫夷紀略 一卷
（清）黄恩彤撰
清鈔本
上圖
（按：黄恩彤，山東寧陽人。道光進士，官廣東巡撫。）

1706
英夷入粵記略 一卷
稿本
臺研

1707
道光時夷務雜鈔 不分卷
（清）翁心存輯
稿本
國圖
（按：翁心存，常熟人。道光進士，官至體仁閣大學士。）

1708
海夷記略 不分卷
清鈔本
國圖

1709
劉華東筆記 不分卷
（清）番禺劉華東撰
稿本
廣圖

1710
英夷入寇記 二卷
清光緒四年（1878）馬其昶抱潤軒鈔本　馬其昶校並跋
南開

1711
夷艘入寇記 二卷
清鈔本
粵圖
清楊氏吉祥止止室鈔本
南圖

1712
煙海庚辛録 不分卷
題（清）無尋老人輯
清鈔本
國圖

1713
煙海記聞 不分卷
清鈔本
國圖

1714
撫夷記略 不分卷
（清）黄冕撰

清鈔本
復旦

1715
平夷録 十六卷
清鈔本
浙圖

1716
夷艘寇海記 二卷
清鈔本
南圖

1717
夷氛聞記 五卷
（清）順德梁廷枏撰
清刊本
國圖
清同治光緒間刊本
粵圖、中大、華師

1718
夷氛聞記 四卷
（清）順德梁廷枏撰
民國二十八年（1939）鉛印《崦廬叢書》本
中大

1719
血史 不分卷
（清）新會梁啓勛撰、香山程斗評
清光緒三十一年（1905）鉛印本
南圖

1720
夷氛紀略 一卷
清道光鈔本
復旦

1721
英吉利夷舶入寇記 二卷
（清）嶺南李鳳翎撰
清鈔本
湘圖

1722
紅巾軍新會圍城記 一卷
（清）新會趙沅英撰
稿本
粵圖

1723
粵匪始末記略 一卷
題（清）杏花樵子輯
清傅氏長恩閣鈔本
上圖
民國鈔本
中大、華師

1724
粵匪紀事 不分卷
（清）夏燮撰
稿本
南圖

1725
洋泉平瑤記略 一卷
（清）李德騫撰
清道光十四年（1834）刊本
魯圖

1726
平定瑤匪述略 二卷
（清）周存義撰
清道光十三年（1833）存吾春室鈔本
辭書

1727
戒拐販人口出洋論並附見聞實録 不分卷
（清）嶺南譚禹撰
清同治十一年（1872）日本刊本
日内閣

1728
浙中髮匪紀略 一卷
（清）化州李應珏撰
清鈔本
上圖

1729
觸藩始末 三卷
（清）華廷杰撰
清同治光緒間刊本

粵圖
清同治光緒間刊本　番禺葉恭綽跋
中大
（按：記英夷船隻欲入廣州城事交涉始末，時葉名琛主粵。）

1730
英人强賣鴉片記 八卷 附録 一卷
（清）番禺湯睿譯
清光緒二十四年（1898）上海大同譯書局石印本
粵圖
（按：記鴉片戰争的始末，其中有林則徐燒棄英商鴉片，英軍攻佔廣東的史料，林則徐和英國侵略軍指揮官的小傳，以及中英戰争年表。）

1731
英吉利廣東入城始末 一卷
題（清）七弦河上釣叟撰
清道光鈔本
南圖
清鈔本
粵圖
清光緒六年（1880）會稽趙之謙刊《仰視千七百二十九鶴齋叢書》本
粵圖
（按：記述了鴉片戰争期間英軍入侵廣州城的歷史。）

1732
羊城西關紀功録 不分卷
（清）香山黄培芳等撰
清咸豐四年（1854）粵東楊正文堂刊本
粵圖、中大

1733
廣東火劫記 一卷
（清）梁恭辰撰
清鉛印本
粵圖
［按：記述清道光二十五年（1845）四月二十日廣州九曜坊火災事。］

1734
勝朝遺事 四十一卷
（清）南海吴彌光撰
清光緒九年（1883）懺花盦重訂本
港中文

1735
岡城枕戈記 二卷
（清）新會陳殿蘭撰
清咸豐五年（1855）槐屋刊本
粵圖

1736
新會圍城記 不分卷
（清）新會趙沅英撰
稿本
粵圖

1737
嘉應平寇紀略 一卷
（清）嘉應謝國珍撰
清光緒四年（1878）仁和葛氏刊《嘯園叢書》本
華農
民國鈔本
中大

1738
記英咭唎求澳始末 一卷
（清）蕭枚生撰
清道光吴興凌氏刊《凌氏傳經堂叢書》本
粵圖

1739
入廣記 一卷
（清）王闓運撰
清稿本《小方壺齋輿地叢鈔》
國圖
清光緒十七年（1891）上海著易堂鉛印《小方壺齋輿地叢鈔》本
華農

1740
紀變録 一卷
（清）新寧陳式琜撰

民國五年（1916）廣東浮石澹忠書屋刊《趙魯庵先生集》本
中大

1741
平瑤述略 二卷
（清）周宜亭撰
清道光刊本
粵圖

1742
南澳氣記 一卷
（清）陳倫炯撰
清稿本《小方壺輿地叢鈔》
國圖
（按：陳倫炯，福建同安人，官至浙江提督。）

1743
中日戰輯 六卷
（清）東莞王炳耀輯
清光緒二十一年（1895）鉛印本
浸大⊗

1744
珠城紀跡 一卷
（清）孔安撰
清光緒二十七年（1901）刊本
粵圖
（按：孔安，曾任兩粵轉運使。是書中“羊石談兵”、“帥幕上書”等文談及鴉片戰爭廣州史事。）

1745
平安粵匪功臣戰跡圖 不分卷
（清）艾颺春輯
清光緒二十年（1894）刊本
粵圖

1746
潮乘備采録 二卷
（清）吴均等述、（清）陳坤輯
清咸豐十一年（1861）廣州陳坤等刊本
港中山
清咸豐十一年（1861）羊城萃經堂刊本
粵圖、廣中醫、國圖

1747
潮乘備采録 不分卷
（清）陳坤撰
清咸豐十一年（1861）刊本
國圖

1748
頤養軒管見録 不分卷
（清）陳鳴球撰、香山劉爋芬編
稿本
粵圖

1749
見聞雜記 一卷
（清）鶴山吕冠雄撰
稿本
粵圖

1750
全粵社會實録 一卷
（清）鄧雨生編
清宣統二年（1910）鉛印本
粵圖
（按：是書記述清光緒、宣統年間廣州各慈善、醫療、戒毒、商會、賑災、改良會、紅十字會等機構團體的宗旨、章程、條規及董事人員名單等。）

1751
塞北路程考 不分卷
（清）順德李文田撰
稿本
上圖
稿本
國圖、臺研
稿本　冒廣生跋
如皋
清光緒二十四年（1898）胡玉縉鈔本
復旦
清鈔本
粵圖

1752
鶴山述聞 十二卷
（清）陳家鎮輯
稿本
川圖⊗

1753
粵東剿匪紀略 五卷
（清）陳坤編
清同治十年（1871）刊《如不及齋叢書》本
粵圖
清鈔本
粵圖

1754
粵東軍變記 不分卷
（清）新會李介孺撰
稿本
清宣統鈔本
粵圖
（按：本書又名《庚戌新軍之變》。）

1755
粵氛紀事 十三卷
題（清）謝山居士撰
清同治八年（1869）刊本
粵圖

1756
粵西瑣記 一卷
（清）沈曰霖撰
清康熙詒清堂刊《昭代叢書》本
上圖、暨大

1757
鄧和簡公雜鈔 六卷
（清）順德鄧華熙撰
稿本
中大
子目：
奏議 一卷
詩文 一卷
公餘雜録 三卷
說文擇録 一卷

1758
粵西筆述 一卷
（清）張祥河撰
清鈔《鳩堝隨手録》本
津圖

1759
粵西偶記 一卷
（清）陸祚蕃撰
清鈔《邊輿紀略彙鈔》本
上圖

1760
粵東管見 一卷
（清）華仲起撰
稿本
廣圖

1761
夢軒筆談 二十卷
（清）番禺梁松年撰
清咸豐二年（1852）稿本
粵圖
（按：此書用筆記形式記載廣東社會的風土人情、科舉考試及傳聞逸事等，其中有關廣州的地方風俗、方言、趣聞等内容十分豐富。）

1762
越臺雜記 四卷
（清）南海顔嵩年撰
清光緒年間鈔本
粵圖
（按：此書主要記述廣州地區的歷史和傳聞逸事等，其中有清道光年間廣州九曜坊火災、光緒二十四年（1898）廣州米價昂貴等史實，頗有價值。作者顔嵩年（1815—1865），南海人，道光間考取宗人府供事，曾任玉牒館供事官，參與編纂《玉牒全書》。）

1763
光復廣東始末記 不分卷
（清）李準編
民國元年（1912）鉛印本
粵圖

（按：收録《胡漢民君在南京宣佈廣東反正時情形》及謝良牧、陳炯明、胡漢民、黃興和李準等有關辛亥廣東光復的書信、電報等。）

1764
興漢紀念廣東獨立全案 一卷
題（清）大漢熱心人撰
清宣統三年（1911）鉛印本
粵圖

1765
辛亥紀念廣東獨立全案 一卷
題（清）半翁撰
清宣統三年（1911）鉛印本
南圖、粵圖（油印本）

1766
京塵雜録 四卷
（清）嘉應楊懋建撰
清光緒十二年（1886）鉛印本
粵圖、華師

1767
周伍西阡紀 一卷
（清）饒平陳步墀撰
民國二十年（1931）石印本
粵圖
（按：此書記陳氏母、妻墓及其本人生壙之文字，清遠朱汝珍撰贊、順德溫肅撰記、增城賴際熙書，書末為陳氏所題詩。）

1768
變法通議 一卷
新會梁啓超撰
清光緒二十二年至二十三年（1896—1897）《時務報》鉛印本
華農

1769
順德馬齊陳氏被害録 不分卷
（清）□□□撰
清同治十一年（1872）陳國樑鈔本
粵圖

1770
瑞澄泉相國治粵事實 一卷
（清）瑞麟撰
清鈔本
粵圖
（按：是書中有關於辛亥廣東獨立的經過、廣州城垣及各砲臺及城坍塌、瑞氏籌捐維修等史料。）

1771
張文襄幕府紀聞 二卷
題（清）漢濱讀易者撰
清宣統二年（1910）鉛印本
粵圖

1772
廣州辛亥三月二十九日革命記 不分卷
大埔鄒魯撰
民國二十八年（1939）長沙商務石印本
中大

1773
鄉事紀實 一卷
番禺吳冕伯撰
民國鈔本
中大
（按：本書又名《廣肇公所風潮始末記》。）

1774
沙溪雜俎初集 十卷
惠來林廷玉撰
民國十七年（1928）汕頭華僑印刷公司鉛印本
粵圖、汕圖

1775
珠璣巷民族南遷記 不分卷
香山黃慈博輯
稿本
粵圖

1776
碧血黃花集 不分卷
林森編

民國八年（1919）鉛印本
粵圖
（按：匯集1919年公祭黄花崗七十二烈士的祭文、詩詞、對聯、唁電、函件、雜録等。）

1777
兩廣瑤山調查（廣東之部）
龐新民撰
民國二十四年（1935）刊本
日國會

史評類

1778
唐書直筆 四卷
（宋）吕夏卿撰
清光緒二十五年（1899）廣州廣雅書局刊本
港中央

1779
涉史隨筆 一卷
（宋）葛洪撰
明弘治刊本
國圖、天一閣
明正德十一年（1516）鄺璠刊本
國圖
清乾隆文津閣《四庫全書》本
國圖
清鈔本
晉文物局

1780
擬古樂府 二卷
（明）李東陽撰、（明）東莞陳建通考
清康熙五十七年（1718）留芳堂刊本
粵圖、中大
清鈔本
粵圖
民國八年（1919）東莞陳氏刊《聚德堂叢書》本
粵圖、中大

1781
歷代史論 十二卷 宋史論 三卷 元史論 一卷 左傳史論 二卷 明史論 四卷
（明）張溥等撰
清光緒十一年（1885）廣東文陞閣刊本
浸大

1782
兀涯西漢書議 十二卷
（明）南海霍韜撰、（明）張邦奇增修
明鈔本
國圖

1783
西園彙史義例 二卷
（明）博羅張萱撰
明刊本
民院、閩圖

1784
擬明史樂府注 一卷
（清）南海葉官桃撰
清末王道平鈔本
粵圖

1785
明史樂府 七卷
番禺吴道鎔撰
民國二十三年（1934）廣州蔚興印刷廠鉛印本
中大

1786
鑒史提綱 四卷
（清）新會盧文錦撰
清同治四年（1865）刊本
粵圖

1787
讀史管見 三卷
（清）順德李晚芳撰
清乾隆五十二年（1787）梁煒刊嘉慶印本
粵圖、中大
安政三年日本浪華書林群玉堂刊本

國圖

［按：李晚芳（？—1767），女，晚號菉猗老人，順德人。龍津處士李心月之女，碧水梁永登之妻，專研經史，為同邑蘇珥、何夢瑤所重。］

1788

狎山閣明季樂府 四卷

（清）東莞羅嘉蓉撰

稿本

楊寶霖（稿本影印本）

1789

綱鑒擇語 十卷

（清）開平司徒則廬輯

清同治元年（1862）愛日書屋刊本

粵圖

1790

朱九江先生論史口說 二卷

（清）南海朱次琦撰

清光緒二十六年（1900）粵東寶經閣刊本

中大

1791

申範 不分卷

（清）番禺陳澧撰

清同治六年（1867）刊本

東北師大

1792

申範 一卷

（清）番禺陳澧撰

清光緒十八年（1892）菊坡精舍刊本

粵圖

1793

文史通義 八卷 首一卷 校讎通義 三卷

（清）章學誠撰

清光緒十九年（1893）廣州粵東菁華閣刊本

港中文

1794

史略 十六卷

（清）朱堃輯

清光緒二十五年（1899）廣州時務書局刊朱墨套印本

港中文

1795

評注史論啓蒙 不分卷

（清）周雪樵評選、嵇銓注釋

清光緒十五年（1889）廣州全經閣刊本

港中山

1796

明史雜詠箋注 四卷

（清）嚴遂成撰、（清）嚴兆元箋注

清道光七年（1827）廣東何太青、葉夢龍刊本

1797

二十四史論贊 七十八卷

（清）南海陳闡輯

清光緒二十年（1894）長生書屋刊本

粵圖、華師

1798

史論初階 一卷

（清）南海李權撰

清光緒二十四年（1898）羊城明道堂刊本

粵圖

1799

邵村咏史詩 不分卷

（清）東莞張其淦撰

稿本

粵圖

1800

邵村咏史詩鈔 十八卷

（清）東莞張其淦撰

民國十六年（1927）刊本

粵圖

1801

粵東學術源流史 一卷

順德黃節編

民國鈔本

粵圖

1802
史學通論　一卷
順德鄧實撰
清光緒二十九年（1903）上洋書局石印《政藝叢書》本
華農

1803
中國史學史　不分卷
不著撰人
民國廣東高等師範學校鉛印本
中大

1804
王安石新法論　不分卷
［日］高橋作衛撰、（清）南海陳超譯
清光緒二十七年（1901）上海廣智書局鉛印本
粤圖

1805
史諱舉例　八卷
新會陳垣撰
民國二十二年（1933）勵耘書屋刊《勵耘書屋叢刻》本
中大

傳記類

總　録

1806
廣州先賢傳　一卷
（晉）鄒閎甫撰
明鈕氏世學樓鈔《説郛》本
國圖
清順治李氏宛委山堂刊《説郛》本
粤圖、中大、華農
清刊《漢學堂知足齋叢書》本
國圖

1807
伊洛淵源録　十四卷
（宋）朱熹撰
明香山黄瑜刊本
贛圖

1808
廣信先賢事實録　六卷
（明）姚堂輯
明景泰七年（1456）廣信府刊本
國圖

1809
東林點將録　一卷
（明）王紹徽撰
清順德李文田鈔本　李文田校注
國圖

1810
夥壞封疆録　一卷
（明）魏應嘉撰
清順德李文田鈔本　李文田注
國圖

1811
東林籍貫　一卷
清順德李文田鈔本　李文田注
國圖

1812
盜柄東林夥　一卷
清順德李文田鈔本　李文田注
國圖

1813
天鑒録　一卷
清順德李文田鈔本　李文田注
國圖

1814
元祐黨籍碑考　一卷　慶元僞學逆黨籍　一卷
（明）瓊山海瑞撰
清道光十一年（1831）六安晁氏活字印《學海類編》本
國圖、中大

清鈔《雜鈔二十種》本
國圖

1815
廣州人物傳 二十四卷
（明）香山黄佐撰
明嘉靖刊本
上圖
清道光十一年（1831）南海伍氏文字歡娛室刊本
港中山

1816
詩人名氏 一卷
（明）香山黄佐撰
明嘉靖四十三年（1564）刊本
上圖

1817
百越先賢志 四卷
（明）順德歐大任撰
清康熙刊本
粤圖
清鈔本
粤圖
清乾隆文津閣《四庫全書》本
國圖

1818
嶺南道學録 一卷
（清）澄海楊世勛撰
清道光刊本
粤圖

1819
廣陵十先生傳 不分卷
（明）順德歐大任撰
清刊本
國圖
清鈔《明季野史彙編》本
國圖

1820
廣州鄉賢傳 四卷 首一卷 續二卷
（清）番禺潘楳元纂輯、南海譚瑩補輯
清嘉慶刊道光十九年（1839）重修本
中大
清同治元年（1862）刊本
粤圖
清光緒六年（1880）廣州經韻樓刊本
港大
（按：收録自周朝至明代廣州鄉賢事跡，其中有高固、董正、王範、馮元、梁觀國、孫蕢、王佐、陳獻章等。）

1821
中國名相傳 不分卷
（清）南海潘博輯
清光緒上海廣智書局鉛印本
粤圖

1822
元廣東遺民録 二卷 附録 一卷
（清）番禺汪兆鏞輯
民國刊《聚德堂叢書》本
遼圖、吉大、吉社

1823
元廣東遺民録 二卷
（清）番禺汪兆鏞撰
民國十一年（1922）刊本
中大

1824
四朝成仁録 不分卷
（清）番禺屈大均撰
清鈔本
上圖

1825
皇明四朝成仁録 不分卷
（清）番禺屈大均撰
清初鈔本
港中文

1826
皇明四朝成仁録 十卷
（清）番禺屈大均撰
舊鈔本
靜嘉

清鈔三卷本
南圖
清葉廷琯鈔本
南圖
（按：此書收崇禎朝三卷、弘光朝二卷、隆武朝二卷、永曆朝三卷。）

1827
皇明四朝成仁録餘編　四卷
（清）番禺屈大均撰
清鈔本
粵圖

1828
皇明四朝成仁録　十二卷
（清）番禺屈大均撰、番禺葉恭綽校
清初鈔本
港中文
民國三十六年（1947）鉛印《廣東叢書》本
華師

1829
明季南都殉難記　不分卷
（清）番禺屈大均撰
清鈔本
粵圖

1830
女官傳　一卷
（清）番禺屈大均撰
清宣統上海國學扶輪社鉛印《香艷叢書》本
粵圖

1831
平南王元功垂範　二卷
（清）釋今釋、東莞尹源進撰
清道光重刊本
粵圖
清鈔本
粵圖

1832
涉需堂文集　不分卷
（清）新寧陳遇夫撰
清雍正刊本
粵圖

1833
涉需堂文集　四卷
（清）新寧陳遇夫撰
清光緒二十四年（1898）刊本
粵圖

1834
啓禎野乘　二集　八卷
（清）鄒漪撰
清康熙十八年（1679）金閶存仁堂素政堂刊本順德李文田校
國圖

1835
蜀粵名宦録　一卷
清康熙刊本
國圖

1836
濂洛關閩六先生傳　一卷
（清）順德羅惇衍撰
清道光二十七年（1847）學源堂刊本
粵圖

1837
江南春詞補傳　一卷
（清）順德梁廷枏編
清道光十八年（1838）刊本
粵圖

1838
名宦傳　二卷
（清）黃恩彤輯
清道光二十五年（1845）刊同治三年（1864）重刊本
粵圖

1839
永恩録　一卷
（清）香山黃培芳撰
清嘉慶六年（1801）鈔本
中大

1840
廣東儒林文苑傳 一卷
（清）嘉應宋湘輯
清嘉慶刊本
南圖

1841
史傳事略 一卷
（清）嘉應宋湘輯
清嘉慶二十年（1815）羊城富文齋刊本
粵圖、中大

1842
南越五主傳 三卷
（清）順德梁廷枏撰
清道光刊本
粵圖

1843
南越五主傳 三卷 南越叢録 二卷
（清）順德梁廷枏撰
民國二十三年（1934）順德龍氏中和園刊《自明誠樓叢書》本
粵圖、中大

1844
江南春詞補傳 一卷 附十二南春 三首
（清）順德梁廷枏編
清道光十八年（1838）刊本
粵圖

1845
秦淮八艷圖詠 一卷
（清）番禺葉衍蘭撰並繪圖
清光緒十八年（1892）廣州越華書院石印本
港大

1846
廣州人物志 不分卷
（清）阮元編
清同治三年（1864）重刊《廣東通志》本
粵圖

1847
國朝詩人徵略 六十卷 二編 六十四卷
（清）番禺張維屏編
清道光二十年（1840）粵東超華齋刊本
中大

1848
國朝詩人徵略 六十卷
（清）番禺張維屏編
清道光刊《張南山全集》本
粵圖、華師、華農、港大

1849
梁序鏞、招敬常、易佩紳、李文田四君行狀 不分卷
（清）南海何若瑤撰
清刊本
粵圖

1850
實學考 四卷
（清）文昌雲茂琦輯
清咸豐元年（1851）刊本
中大
清鈔本
粵圖

1851
詞林輯略 十一卷 附詞林姓氏韻編 一卷
（清）清遠朱汝珍輯
民國北平中央刻經院鉛印本
粵圖、中大

1852
東林籍貫 一卷
（清）順德李文田注
清李文田鈔本
國圖

1853
天鑒録 一卷
（清）順德李文田注
清李文田鈔本
國圖

1854
嘉應採芹録 一卷
（清）梅縣張樸樓編

清光緒十二年（1886）梅縣吳敬賢堂重刊本
粵圖

1855
黎岐列傳 一卷
清鈔《皇明修文備史》本
國圖

1856
百將圖傳 二卷
（清）豐順丁日昌撰
清同治八年（1869）江蘇書局刊本
中大

1857
百將圖記 四卷
（清）豐順丁日昌撰
清同治刊本
故宫、美國會

1858
東莞庠士録 四卷
（清）張小遇輯
稿本
粵社

1859
本朝從祀三先生傳 一卷
（清）順德羅惇衍編
清鈔本
中大

1860
於越先賢像傳贊 二卷
（清）任熊畫像、（清）王齡贊
清光緒十年（1884）廣州鑒古書局縮印本
港大

1861
粵東名儒言行録 二十四卷
（清）東莞鄧淳編
清道光十一年（1831）養拙山房刊本
粵圖、華師、港大
清道光廣州汗青齋刊本
粵圖、中大

1862
清代學者像傳 二集
（清）葉衍蘭、葉恭綽編
民國十九年（1930）上海商務印書館印本
中大

1863
廣州節孝録 一卷
清刊本
粵圖

1864
廣東文徵作者考 十二卷
（清）番禺吳道鎔纂
民國三十年（1941）鉛印本
中大

1865
白沙門人考 不分卷
（清）新會阮榕齡編
清咸豐新會阮氏夢菊堂刊本
中大、港中山

1866
文瀾衆紳録 一卷
（清）鶴山吕鑒煌輯
清光緒十八年（1892）文瀾書院刊本
粵圖

1867
文瀾衆紳總録 一卷
（清）鶴山吕鑒煌重輯
民國二年（1913）文瀾書院刊本
粵圖

1868
列傳一寓賢 一卷
（清）南海桂坫輯
清末民初鈔本
粵圖

1869
廣州府人物志寓賢列女傳稿 一卷
（清）南海桂坫輯
稿本
粵圖

1870
廣雅書院同舍録 不分卷
（清）廣雅書院編
清光緒二十三年（1897）刊本
中大

1871
正學續 四卷
（清）臺山陳遇夫撰
清光緒二十四年（1898）刊本
港大

1872
蓮峰書院景賢堂二十先生列傳彙鈔 一卷
（清）南海蔡尚鋆輯
清光緒二十六年（1900）蓮峰書院刊本
粵圖

1873
南海氏族 不分卷
不著撰人
清刊本
粵圖

1874
乙酉同年會譜 不分卷
（清）番禺蔡寅編
民國八年（1919）廣州華東印務局鉛印本
粵圖

1875
［光緒］順天府人物志稿 不分卷
（清）南海廖廷相撰
稿本
粵圖

1876
歷代名人生卒年表 不分卷 附帝王生卒年表閨秀生卒年表高僧生卒年表
（清）順德梁廷燦編
民國二十二年（1933）鉛印本
日國會

1877
兩漢三國學案 十一卷
唐晏撰
民國潮陽鄭氏龍谿精舍刊本
粵圖

1878
兩廣同學姓名冊 不分卷
兩廣同鄉會編輯
清光緒三十年（1904）鉛印本
港大

1879
廣東現代畫人傳 不分卷
李健兒撰
民國二十九年（1940）鉛印本
加英哥大

1880
清史粵人傳 十三卷
番禺黄慈博輯
稿本
粵圖
民國鈔本　黄佛頤、黄任恒跋
粵社
（按：該傳記分：大臣、忠義、儒林、文苑、循吏、孝友六類，共録三百六十九人。此書在民國十五年宦京與粵紳從清史館中鈔出，寄回省城，由黄慈博推薦，擬付石印，后以公司同好多卒，籌貲無着，故未印行。）

1881
勝朝粵東遺民録 四卷 補遺 一卷 附一卷
東莞陳伯陶撰
民國東莞陳氏刊《聚德堂叢書》本
粵圖、中大

1882
宋東莞遺民録 二卷 附補遺 一卷
東莞陳伯陶輯
民國五年（1916）刊本
中大

1883
明季東莞五忠傳 二卷
東莞陳伯陶撰
民國十二年（1923）東莞養和書局鉛印本
中大

（按：五忠即袁崇煥、陳策、蘇觀生、張家玉、陳象明。）

1884
明代千遺民詩咏 初編 十卷 二編 十卷 三編 十卷
東莞張其淦撰、祁正注
民國十九年（1930）鉛印《寓園叢書》本
粵圖、中大

1885
廣東通志列傳 四卷
大埔温廷敬輯
民國中山大學出版組鉛印本
中大、華農

1886
粵省民族考原 一卷
嶺南鍾用龢撰
民國十年（1921）石印本
中大

1887
潮府屬歷案文黌宫録 一卷
佚名编
清光緒十四年（1888）廣州載經堂刊本
粵圖

1888
明季潮州忠逸傳 六卷
大埔温廷敬輯
民國二十二年（1933）汕頭補讀書廬鉛印本
中大、汕圖、粵圖

1889
禮山遺澤録 一卷
順德何藻翔輯
民國八年（1919）羊城穗雅印務局鉛印本
中大

1890
［廣州］河南九老會同譜録 不分卷
順德黄澤森輯
民國八年（1919）廣州東華鉛印本
粵圖

1891
日本七十三義俠傳 不分卷
（清）番禺韓曇首撰
清光緒二十四年（1898）日本神户東亞書局鉛印本
粵圖

專　録

1892
高士傳 三卷
（晉）皇甫謐撰
清光緒十年（1884）廣州鑒古書局刊本
港中文

1893
高力士傳 一卷
（唐）郭湜撰
清順治李氏宛委山堂刊《説郛》本
粵圖、中大
（按：高力士，唐宦官，馮盎曾孫，高延福養為子，故從其姓。唐肅宗時累官驃騎大將軍，後為李輔國所劾，長流巫州，尋卒。唐之宦官跋扈，自力士始。）

1894
高力士外傳 一卷
（唐）郭湜撰
明正德嘉靖間顧元慶刊《陽山顧氏文房小説》本
國圖、上圖

1895
宋丞相崔清獻公全録 十卷
（宋）增城崔與之撰、（明）增城崔子璲輯、（明）崔曉增輯
明嘉靖十三年（1534）唐胄、邵煉刊本
中大、南圖
明嘉靖十三年（1534）唐胄、邵煉刊本　清丁丙跋
南圖

1896
宋丞相崔清獻公言行録内集 二卷 外集 三卷
（明）增城崔子璲輯、（明）增城崔爌增輯
明嘉靖十五年（1536）崔爌刊萬曆崇禎增修本
粵圖、北大、魯圖、南圖

1897
宋丞相崔清獻公言行録内集 二卷 外集 二卷
（宋）增城崔與之撰、（明）增城崔子璲輯
清道光三十年（1850）重刊本
粵圖、華師

1898
何氏傳贊 一卷
（宋）增城崔與之等撰
清鈔本
粵圖

1899
朱子實紀 十二卷
（明）東莞戴銑輯
明正德八年（1513）鮑雄刊本
粵圖、國國等

1900
宋廣東制置使淩公死事本末 一卷
（清）番禺淩鶴書撰
民國三年（1914）刊本
中大、港學海

1901
東坡事類 二十二卷
（清）順德梁廷枏撰
清道光十年（1830）刊《藤花亭十七種》本
粵圖
清光緒五年（1879）刊本
中大

1902
白沙叢考 六卷
（清）新會阮榕齡編
清咸豐元年（1851）新會阮氏夢菊堂刊本
粵圖

1903
宫省賢聲録 四卷
（明）澄海高曰化輯
明萬曆十五年（1587）楚藩刊本
上圖

1904
海忠介公事略 不分卷
不著撰人
民國意大利羅斯（ROS・G）據舊志剪輯本
粵圖

1905
忠定公履歷 不分卷
清鈔本
粵圖
［按：忠定公，即南海李待問，字葵孺。明萬曆三十二年（1604）進士，任連城知縣，擢禮部主事，官至應天巡撫。是書記述其生平經歷甚詳。］

1906
［南海］忠定公履歷 一卷
佚名撰
清鈔本
粵圖

1907
廬江郡何氏家記 一卷 附録 一卷
（明）東莞何崇撰
清鈔本
南圖
民國三十六年（1947）影印鈔本
粵圖

1908
明蘇爵輔事略 一卷 附録 一卷
東莞蘇澤東輯
民國八年（1919）祖坡吟館刊本
中大

1909

袁督師列傳 一卷 督師文 一卷 白冤疏、磯聲漩聲記、剖肝録、督師詩 一卷

（明）東莞袁崇焕撰、（清）陳大文、梁朝錫等編

清刊本

中大

1910

袁督師集 不分卷

（清）東莞張伯楨輯

民國刊《滄海叢書》本

中大

子目：

袁督師傳（録《明史》）

袁督師傳（梁啓超撰）

白冤疏（錢家修撰）

白冤傳（程本直撰）

磯聲漩聲記（程本直撰）

剖肝録（余大成撰）

袁督師計斬毛文龍始末記（録《荆駝逸史》）

1911

袁督師遺稿遺事彙輯 六卷

東莞張江裁編

民國三十年（1941）拜袁堂鉛印本

中大

1912

督師袁崇焕計斬毛文龍始末 一卷

（清）李清撰

清鈔《海甸野史》本

蘇圖

1913

平南王元功垂範 二卷

（清）嶺南釋今釋撰

1914

續 一卷

（清）張允格撰

清康熙刊乾隆續刊本

國圖、中大等

清鈔本

粵圖

清道光刊本

粵圖

1915

紀夢編年 一卷

（清）釋光鷲撰

清鈔本

科圖

1916

陸右丞蹈海録 一卷

（明）丁元吉輯

清康熙十二年（1673）王乃昭鈔本　潘承厚跋

上圖

清康熙龔氏玉玲瓏閣鈔本　清龔翔麟、張載華、丁丙跋

南圖

清宣統民國間刊《横山草堂叢刻》本

國圖

（按：此書記宋末陸秀夫厓門海上死難事。）

1917

明浙西李之藻傳 不分卷

新會陳垣撰

民國八年（1919）刊本

東洋

1918

明季蘇張列公傳 一卷

東莞陳伯陶輯

民國東莞修志局鉛印本

中大

1919

［東莞］袁自如公粵西家傳 不分卷

（清）不著撰人

清鈔本

粵圖

［按：袁崇焕（1584—1630），字自如，東莞人。明萬曆進士，官右副都御史，加太子太保，抗清名將。］

1920
何氏傳讚　一卷
（清）番禺謝禹翱輯
清初鈔本
粤圖

1921
屈翁山先生墓碑　不分卷
（清）番禺吳道鎔撰
民國石印本
中大

1922
花甲閒談　不分卷
（清）番禺張維屏撰
清刊本
港學海

1923
張提法闇公行狀　一卷
（清）黄梓林等輯
清刊本
港學海

1924
潘仙全書　一卷
（清）茂名譚應祥編
清光緒九年（1883）高州富文樓刊本
粤圖

1925
駱文忠公事實　不分卷
（清）番禺李光廷撰
清同治十年（1871）文石堂刊本
粤圖
（按：此書分輓言録、志銘和行狀三部分。）

1926
駱公輓言録　一卷
（清）南海陳興鉞撰
清同治十年（1871）文石堂刊本
中大、上圖

1927
誥授光禄大夫太子太傅四川總督協辦大學士世襲一等輕騎都尉駱文忠公行狀（附神道碑銘）　不分卷
（清）番禺李光廷撰
清同治刊本
粤圖、國圖

1928
光禄大夫太子太傅協辦大學士四川總督世襲一等輕車都尉駱文忠公神道碑銘　一卷
（清）高要蘇廷魁撰
清刊本
粤圖

1929
李文誠公行狀　一卷
順德李淵碩撰
民國七年（1918）鉛印紅印本
中大
［按：李文田（1833—1895）字若農，順德人。清咸豐進士，官至內閣學士，禮部右侍郎，謚文誠。］

1930
朱次琦先生事實考　一卷
（清）□□□撰
清光緒鈔本
粤圖
（按：每卷后附有勘誤表。）

1931
何璟行狀　不分卷
（清）張之萬撰
清刊本
華師
［按：何璟（1817—1888），字伯玉，號小宋，香山人。何曰愈之子。］

1932
皇清賜進士出身誥授榮禄大夫振威將軍晉授光禄大夫兵部尚書都察院右都御史閩浙總督翰林院編修先考何公行狀
（清）香山何耀章撰

清光緒刊本
國圖、華師
（按：何公即香山何璟。）

1933
明經二樵黎君行狀 不分卷
（清）順德黄丹書撰
清鈔本
粵圖
［按：黎簡（1747—1799），原名桂錦，號二樵，順德人。］

1934
陳東塾先生自述 一卷
（清）番禺陳澧撰
清光緒七年（1881）刊本
粵圖

1935
陳蘭甫先生履歷及著述 不分卷
佚名撰
稿本
粵圖

1936
陳澧事實 十三則
番禺陳氏後人編寫
稿本
中大

1937
朱氏傳芳集 八卷 首一卷
清咸豐刊本
中大

1938
楊氏按察公行述 一卷
（清）嘉應楊晉三等撰
清刊本
粵圖

1939
柳盟胡公紀實 一卷
（清）順德胡錫芬、胡龍安輯
清道光三十年（1850）刊本
粵圖
（按：胡天球，字瑞嘉，順德人，著有《柳盟園詩》。）

1940
廣東巢賊賴元爵藍一清諸酋列傳 一卷
清鈔《皇明修文備史》本
國圖

1941
羅文恪公年譜 一卷
（清）順德羅桀撰
清光緒刊本
東洋、美國會
（按：羅惇衍，字星齋，號椒生，順德人，謚文恪。）

1942
誥授光禄大夫經筵講官户部尚書卒謚文恪順德羅公行狀 一卷
（清）方濬師撰
清光緒順德羅氏增刊本
國圖

1943
朱氏墓表 不分卷
（清）清遠朱汝珍輯
清光緒二十一年（1895）刊本
美國會

1944
劉大將軍（永福）大事記 不分卷
題（清）長樂廬主人編
清光緒二十一年（1895）務實齋石印本
粵社
［按：劉永福（1837—1917），原名義，字淵亭，欽州人。1867 年在越南創建黑旗軍抗法軍，擊殺法將李威利，名震海外，有關他的故事，在粵民間廣為傳播。］

1945
黑旗劉大將軍（永福）事實 一卷
（清）管斯駿輯
清光緒十二年（1886）楚北李氏森寶齋刊本
上圖

1946

［香山］同知銜孝廉方正大挑直隸試用知縣舉人林若谷先生鄉賢録 不分卷

（清）三水王乃聰編

清光緒二年（1876）粤東省城聚賢堂刊本

粤圖

1947

皇清敕授文林郎翰林院庶吉士加一級顯考澧浦謝公府君行述 不分卷

（清）南海謝念功等撰

清光緒八年（1882）鈔本

國圖

［按：謝蘭生（1760—1831），字佩士，號澧浦，南海人。］

1948

先考陳公府君行述 一卷

（清）番禺陳泰初述

清道光間刊本

國圖

（按：陳仲良，字希亮，番禺人，陳泰初為其子。）

1949

永思録 一卷

（清）香山黄培芳撰

清嘉慶六年（1801）鈔本

中大

1950

徐子遠先生傳略 一卷

（清）黄質撰

清末民國間石印本

國圖

（按：徐子遠即番禺徐灝。）

1951

皇清誥授建威將軍贈太子少保記名提督廣西右江鎮總兵勇烈張公墓表 一卷

（清）番禺陳澧撰

清末石印本

國圖

1952

誥授榮禄大夫廣西布政使護理巡撫康公事狀 一卷

（清）南海康有濟等撰

清末刊本

粤圖

［按：康國器（1811—1884），原名以泰，號友之，南海人。曾任廣西布政使、廣西巡撫。］

1953

故光禄大夫尚書銜户部左侍郎南海張公事狀

（清）番禺蔡乃煌撰

清光緒石印本

國圖

1954

馮夏威義士哀榮集 一卷

（清）廣東拒約總公所編

清光緒三十二年（1906）羊城敬文堂鉛印本

粤圖

［按：馮夏威（約1882—1905），南海人。1905年從美國回上海，參加反美愛國拒約運動，要求廢除不平等條約，維護華僑利益，無果，服毒明志。］

1955

南海李應鴻先生行述 一卷

（清）南海李宗顥撰

稿本　盧子樞題跋

廣圖

（按：李應鴻，字翥云，南海人。清同治七年進士，官建昌、安康、榆林等知縣，為李宗顥之父。）

1956

李鴻章 一卷

新會梁啓超撰

清光緒二十七年（1901）鉛印本

華師

1957

清故萬州牧向君碑 一卷

（清）王闓運、向燊撰

清末刊本
粵圖
（按：向君，疑為向陽，字葵生，清遠人。因辦團練攻打太平軍有功，賞戴藍翎。）

1958
［德慶州學正］林月亭先生鄉賢録 一卷
佚名撰
清刊本
華師

1959
欽加員外郎銜兵部主事何樸園先生崇祀鄉賢録 不分卷
（清）何增慶編
清光緒五年（1879）刊本
粵圖
［按：何文綺，號樸園，南海涌堡鎮煙橋鄉人，清咸豐五年（1855）身故。是書爲清光緒五年（1879）南海縣爲何氏入祀鄉賢的上奏表彰之文。］

1960
欽加員外郎銜兵部主事何樸園先生入祀鄉賢録 不分卷
（清）南海何增慶編
清光緒刊本
粵圖

1961
國史大臣傳（廣東茂名楊頤傳） 一卷
（清）新會伍銓萃撰
民國八年（1919）鉛印本
中大
（按：楊頤，字子異，號蓉浦，茂名人。清同治進士，累官兵部左侍郎。）

1962
王虎賁將軍事跡類纂 一卷
（清）恩平聶崇一輯
清末民初鈔本
粵圖

1963
清廣東巡撫馬公丕瑤神道碑 一卷
（清）李秉衡撰
清光緒石印本
粵圖
（按：馬丕瑤，字玉山，安陽人，清同治進士，為官廣東巡撫，課民蠶桑，禁賭尤力。）

1964
劉士驥先生哀啓 一卷（附先府君往美招股日記及拒絶惡賊康有爲、梁啓超、徐勤等攘奪振華公司款項來往函電 不分卷
（清）龍門劉作揖撰
清宣統三年（1911）鉛印本
粵圖
［按：劉士驥（1857—1909），龍門人。清光緒舉人，歷官懷集等知縣，創辦清平、善慶、芳村、叢桂，觀成、珠光、東關等小學堂七所及籌建兩廣優質師範學堂，后興辦實業，如廣西銀行、梧封鐵路、振華公司等，后在廣州遭暗殺身亡。］

1965
陳氏家乘舊譜序跋 一卷
（清）番禺陳澧輯
稿本
粵圖

1966
番禺梁氏兩世傳狀 一卷
番禺梁慶桂輯
民國十三年（1924）鉛印本
中大

1967
皇清誥封資政大夫陳府君墓表 不分卷
（清）番禺吳道鎔撰
清宣統三年（1911）石印本
粵圖

1968
誥授朝議大夫李君墓志銘 一卷
（清）番禺吳道鎔撰並書

民國初年石印本
粵圖

1969
誥封夫人先妣楊母梁夫人事略 一卷
南海梁履瑞撰
清光緒刊本
粵圖

1970
阮氏尋復二世祖考妣墳墓記 不分卷
（清）南海阮燿垣撰
清光緒阮燿常鈔本
粵圖

1971
樵山銀兒墓志 不分卷
（清）簡熊飛編
清同治十一年（1872）刊本
粵圖
（按：銀兒，清末一青年女子名，姓氏、里籍、生平不詳，病逝後葬於南海西樵山白雲洞。此爲當時諸名流居士爲悼念她寫的詩彙集成書。書前后有粉紅色圖像各兩張，稀見。）

1972
養拙庵録 一卷 鄉賢録 一卷
（清）新會伍步瀛等纂修
清同治刊本
粵圖

1973
華盛頓全傳 八卷
（清）番禺蔡國昭等譯
清光緒十二年（1886）鉛印本
粵圖

1974
清封武義都尉雲石金公家傳 一卷 清封淑人金母施太淑人家傳 一卷
（清）番禺商衍鎏撰
民國十二年（1923）石印本
中大

1975
誥授榮禄大夫康公事狀 一卷
南海康祖詒撰
清末鈔本
粵圖
民國石印本
粵圖

1976
清一品太夫人南海康氏顯妣勞太夫人墓表 不分卷
南海康有爲書
民國石印本
中大

1977
康南海傳 一卷
新會梁啓超撰
清光緒三十四年（1908）刊本
粵圖、東洋
民國鉛印本
中大

1978
南海先生傳 上編
陸乃翔等編
民國十八年（1929）萬木草堂鉛印本
華農

1979
何氏事略 不分卷
（清）順德何氏厚本堂編
民國十二年（1923）廣州精華印務局鉛印本
粵圖

1980
張氏家傳 不分卷
東莞張其淦等撰
稿本
粵圖

1981
中國最早的佈道者梁發 一卷
胡簪雲譯

民國二十八年（1939）鉛印本
港大
［按：梁發（1789—1855），又名梁亞發，高明人。自幼從師習雕版，最初為英傳教士馬禮遜雕印《路加福音》，並隨他到馬六甲，后至澳門學教。一生兼印刷和傳教兩種身份，他的徒弟為屈昂，子進德是林則徐的翻譯。］

1982
黃埔二梁傳狀 不分卷
順德温肅撰
民國刊本
粵圖
［按："二梁"，指廣州黃埔人梁同新（官順天府尹）、梁肇煌（代理兩江總督）等傳記資料。］

1983
總理開始學醫與革命運動五十週年紀念史略 不分卷
嶺南大學編
民國二十四年（1935）刊本
加英哥大

1984
倫敦被難記及附録 不分卷
香山孫文撰
民國元年（1912）刊本
東洋

1985
總理奉安實録 不分卷
孫中山先生葬事委員會輯
民國十八年（1929）鉛印本
中大

1986
夏重民先生紀念冊 不分卷
番禺胡漢民等撰
民國十六年（1927）石印本
中大
［按：夏重民（1887—1922），番禺人。曾在廣東高等學堂學習，后赴日本東京帝國大學留學，不久加入同盟會，創辦多種報紙，宣傳革命，發動華僑募捐。曾任中華革命軍東北軍華僑義勇團團長和航空隊司令、廣三警備司令，1922年被陳炯明叛軍捕殺。］

1987
史堅如先生傳略 一卷
韓德溥編
民國二十五年（1936）南京正中書局珂羅版印本
中大
［按：史堅如（1879—1900），原名久緯，番禺人。早年加入興中會，曾參與惠州起義，后暗殺兩廣總督德壽未遂，被捕遭殺害。］

1988
遐庵先生重修越中先塋記 不分卷
番禺葉恭綽撰
民國三十六年（1947）影印本
中大

1989
德宗實録 不分卷
順德温肅撰
稿本
粵圖

1990
陳道人墓志銘 不分卷
順德温肅撰
民國廣州梁俊生石印本
中大

1991
更生記 一卷
南海冼玉清撰
民國三十七年（1948）鉛印《琅玕館叢著》本
中大

1992
元也里可温考 一卷 開封一賜樂業教考 一卷
新會陳垣撰
民國十年（1921）鉛印本
中大

1993
胡漢民自傳 一卷
番禺胡漢民撰
民國二十五年（1936）鉛印本
加英哥大
［按：胡漢民（1879—1936），字展堂、番禺人。1902年赴日留學，後加入同盟會，曾多次參與策劃反清武裝起義，被推為廣東省都督。1924年孫中山北伐，他留守廣州代理大元帥兼廣東省省長。自孫中山逝世后，參與國民黨右派反共，曾任南京國民政府主席，后與蔣介石爭權，宣揚抗日、反蔣、反共，1936年病逝於廣州。］

1994
陸女士景韞墓志銘 不分卷
東莞劉紀文撰並書
民國二十三年（1934）拓印本
中大

1995
袁世凱 一卷
南海梁紀佩撰
清光緒元年（1875）廣州獨立草堂鉛印本
粵圖
［按：考光緒元年印本，時袁才十六歲，故版本有誤。］

1996
革黨趙聲歷史 一卷
南海梁紀佩撰
清宣統三年（1911）鉛印本
粵圖
［趙聲（1881—1911），字伯先，江蘇丹徒人。1902年畢業于江南陸師學堂，次年遊學日本，結識黃興等革命義士。回國后，積極參與反清革命，1910年與倪映典組織廣州新軍起義，失敗后赴南洋籌款，次年與黃興領導廣州黃花崗之役，同年病逝於香港。后南京臨時政府追認為上將軍。］

1997
摩西傳 一卷
題香山貫公撰
日本排印本
粵圖

雜　録

1998
枕干録 一卷 枕干録贈言 一卷
（清）番禺陳澧、李元度等撰
清光緒五年（1879）潮州水繪園刊本
粵圖

1999
陸氏世德記 六卷
（清）南海陸師彥纂修
清光緒元年（1875）廣州心簡齋刊民國二十年（1931）增補鉛印本
粵圖、中大

2000
劉氏家傳 一卷
（清）番禺劉釗撰
清宣統元年（1909）廣州超華齋刊本
粵圖

2001
關彩衢先生壽言 不分卷
（清）香山關壽松編
清道光二十三年（1843）廣州富文齋刊本
粵圖、中大

2002
保德盛堂家規 不分卷
（清）南海何昌祿撰
清光緒二十二年（1896）刊本
粵圖

2003
梓里談資 一卷
（清）封開温且昭撰
清鈔本
粵圖

2004
郭節母廖太夫人清芬録 不分卷
（清）潮陽郭兆霖撰

清光緒三十年（1904）鉛印本
粵圖

2005
誦芬録 一卷
番禺汪兆鏞撰
清光緒三十四年（1908）番禺汪氏刊本
中大

2006
莫氏誦芬紀略 不分卷
南雄莫開瑤撰
民國十五年（1926）南雄五鳳樓印務所鉛印本
粵圖

2007
九龍真逸七十述哀詩 一卷
東莞陳伯陶撰
民國香港新石印館石印本
粵圖

2008
合浦林錫三先生七十壽言録 不分卷
合浦林翼中輯
民國二十四年（1935）廣州中心印務局紅色鉛印本
中大

2009
易蘭池先生榮哀録 一卷
鶴山易廷瑄、陳森沅同輯
民國九年（1920）廣州易氏鉛印本
中大

2010
張氏家族紀念録 不分卷
（清）東莞張伯楨輯
民國元年（1912）刊本
粵圖

2011
廣州旌表節孝事例 一卷
不著撰人
清光緒刊本
粵圖

2012
九峰采蘭記 一卷
番禺鄔慶時撰
民國十八年（1929）廣州陳氏超華齋刊本
中大

2013
陳少白先生哀思録 一卷
新會陳德芸、陳景農編
民國二十四年（1935）鉛印本
中大

年　譜

2014
歷代名人年譜 不分卷
（清）南海吳榮光撰
稿本
杭大

2015
歷代名人年譜 十卷 存疑 一卷
（清）南海吳榮光撰
清咸豐二年（1852）北京晉會書局刊本
港中文
清光緒元年（1875）南海念初思滿齋刊本
粵圖

2016
歷代名人年譜補遺 不分卷
（清）南海吳榮光撰、（清）南海李宗顯補
稿本
粵圖

2017
二程年譜 二卷
（明）澄海唐伯元撰
明萬曆十三年（1585）刊《二程類語》本
杭大

2018
先聖年譜考 二卷 孟子時事考 二卷
（清）番禺黃位清撰
清道光二十七年（1847）刊本
國圖

2019
先三鄉賢年譜 不分卷
香山黄佛頤撰
清光緒二十九年（1903）純淵堂刊本
粵圖
子目：
雙槐公年譜 一卷
粵洲公年譜 一卷
文裕公本譜 一卷

2020
廣元遺山年譜 二卷
（清）番禺李光廷編
清同治五年（1866）刊本
粵圖、中大
民國二十三年（1934）嶺南圖書流通影印同治五年（1866）本
華師
（按：元遺山即金秀容元好問。）

2021
倪高士年譜 一卷
（清）番禺沈世良編
清宣統元年（1909）重刊本
中大

2022
邢湄丘先生年譜 一卷
（清）瓊山王國憲輯
民國八年（1919）湄丘祠刊本
粵圖
（按：邢湄丘即明文昌邢宥。）

2023
丘文莊公年譜 一卷
（清）瓊山王國憲輯
清光緒二十四年（1898）研經書院刊本
粵圖、華師
（按：丘文莊公即明瓊山丘濬。）

2024
白沙陳子年譜 一卷
（清）新寧陳遇夫輯
清康熙五十三年（1714）刊本
粵圖

2025
陳白沙先生年譜 二卷
（清）新會阮榕齡編
清咸豐元年（1851）新會阮氏夢菊堂刊本
粵圖、中大
（按：陳白沙即明新會陳獻章。）

2026
海忠介公年譜 一卷
（清）瓊山王國憲輯
清光緒三十二年（1906）瓊城留香閣刊本
粵圖
民國緑格鈔本
中大
（按：海忠介公即明瓊山海瑞。）

2027
宫保霍文敏公年譜黄淮集 八卷
（明）南海霍韜撰、（明）南海霍尚守增修、（明）沈應乾注
明鈔本
北大
（按：霍文敏公即明南海霍韜。）

2028
王忠銘公年譜 一卷
（清）瓊山王國憲輯
清刊本
粵圖
（按：王忠銘公即定安王弘誨。）

2029
明朝列大夫陝西布政司參議森琅公年譜 一卷
（清）順德梁廷枏撰
清道光刊本
粵圖、中大
（按：森琅公即順德梁元柱。）

2030
陳子壯年譜 一卷
（清）南海陳上柱撰
清鈔本
粵圖

（按：陳子壯爲明末南海人，爲“粵東三忠”之一。）

2031
米海嶽年譜初稿 不分卷
（清）南海李宗顥撰
稿本
粵圖
（按：米海嶽即宋書畫家米芾。）

2032
屈翁山先生年譜 不分卷
順德黄節撰
稿本
粵圖
（按：屈翁山即清初番禺屈大均，只記到永曆五年，時屈氏二十三歲。）

2033
海康陳清端公年譜 二卷
（清）海康丁宗洛編
清道光六年（1826）沸上東署不負齋刊本
中大
（按：陳清端公即清海康陳瑸。）

2034
陳清端公年譜 四卷
（清）海康丁宗洛撰
民國二十三年（1934）鉛印本
粵圖

2035
天然和尚年譜 一卷 天然和尚著述考 一卷
番禺汪宗衍編
民國三十二年（1943）羊城鉛印本
中大
（按：天然和尚俗姓曾，明末清初番禺人。）

2036
山翁忞禪師隨年自譜 一卷
（清）釋道忞撰
清初鈔本
粵圖
［按：道忞（1596—1674），字木陳，號山翁，賜號宏覺禪師，大埔人，俗姓林。］

2037
吴荷屋自訂年譜 一卷
（清）南海吴榮光撰
清道光刊本
中大
（按：吴榮光，字伯榮，號荷屋，南海人。清嘉慶進士，歷任編修、御史，累官湖南巡撫兼署兩湖總督。）

2038
吴榮光年譜 一卷
（清）南海吴榮光撰
清末鈔本
中大

2039
朱九江先生年譜 一卷
順德簡朝亮撰
清光緒二十三年（1897）刊本
粵圖
［按：朱次琦（1807—1882），字子襄，又字稚圭，南海九江人，人稱九江先生。是譜作者簡朝亮爲其門人。］

2040
駱文忠公年譜 二卷
（清）花縣駱秉章撰
清光緒二十一年（1895）粵東新館刊本
粵圖、中大
［按：駱秉章（1793—1867），原名俊，號儒齋，花縣人。清道光十二年（1832）進士，選庶吉士，授編修，歷任江南道監察御史、侍講學士、貴州布政使、湖南巡撫、四川總督等職。］

2041
駱文忠公自訂年譜 二卷
（清）花縣駱秉章撰
清光緒二十一年（1895）長沙思賢書局重刊本
粵圖

2042
前任四川總督吁門宫保駱公年譜 二卷
（清）花縣駱秉章撰
清廣西柳州府來賓縣何卓刊本
粵圖

2043
馮潛齋先生年譜 一卷
（清）南海勞潼編、南海馮願輯
清宣統三年（1911）學古堂刊本
粵圖
（按：馮潛齋即南海馮成修。）

2044
葉雲葆年譜 一卷
（清）鶴山葉覲光輯
清光緒二十一年（1895）刊本
粵圖
（按：葉雲葆為鶴山人。）

2045
張南山先生年譜撮略 一卷
（清）番禺金菁茅編
清咸豐刊本
國圖
（按：張南山即番禺張維屏。）

2046
羅文恪公年譜 一卷
（清）順德羅棨等撰
清同治十三年（1874）刊本
粵圖
［按：羅惇衍，字兆藩，號椒生，謚文恪，廣州人。清道光十五年（1835）進士，官編修，累官至刑部侍郎。第一次鴉片戰争時，羅氏曾在穗參與抵禦英軍入侵鬥争。］

2047
顯考椒生府君年譜 一卷
（清）順德羅棨等撰
清秦翰才鈔本
上圖
（按：椒生即羅惇衍。）

2048
高要彭春洲先生詩譜 一卷
（清）番禺李光廷撰
清同治刊本
國圖
（按：彭春洲即清高要彭泰來。）

2049
康南海自編年譜 不分卷
南海康有爲撰
稿本
人大

2050
葉遐庵先生年譜 一卷
遐庵年譜彙稿編印會編
民國三十五年（1946）鉛印本
中大
（按：葉遐庵即番禺葉恭綽。）

貢　舉

2051
成化四年廣東鄉試録 一卷
明成化刊本
天一

2052
成化七年廣東鄉試録 一卷
明成化刊本
天一

2053
成化十年廣東鄉試録 一卷
明成化刊本
天一

2054
成化二十二年廣東鄉試録 一卷
明成化刊本
天一

2055
弘治二年廣東鄉試録 一卷
明弘治刊本
天一

2056
弘治八年廣東鄉試録 一卷
明弘治刊本
天一

2057
正德二年廣東鄉試録 一卷
明正德刊本
天一

2058
正德五年廣東鄉試録 一卷
明正德刊本
天一

2059
正德十四年廣東鄉試録 一卷
明正德刊藍印本
天一

2060
嘉靖十三年廣東鄉試録 一卷
明嘉靖刊藍印本
天一

2061
嘉靖十六年廣東鄉試録 一卷
明嘉靖刊藍印本
天一

2062
嘉靖十九年廣東鄉試録 一卷
明嘉靖刊藍印本
天一

2063
嘉靖二十二年廣東鄉試録 一卷
明嘉靖刊藍印本
天一

2064
嘉靖二十五年廣東鄉試録 一卷
明嘉靖刊藍印本
天一

2065
嘉靖二十八年廣東鄉試録 一卷
明嘉靖刊本
天一

2066
嘉靖三十一年廣東鄉試録
明嘉靖刊本
天一

2067
嘉靖四十年廣東鄉試録
明嘉靖刊本
天一

2068
嘉靖四十三年廣東鄉試録 一卷
明嘉靖刊藍印本
天一

2069
隆慶四年廣東鄉試録 一卷
明隆慶刊藍印本
天一

2070
萬曆元年廣東鄉試録 一卷
明萬曆刊藍印本
天一

2071
萬曆四年廣東鄉試録 一卷
明萬曆刊本
天一

2072
萬曆七年廣東鄉試録 一卷
明萬曆刊本
天一

2073
萬曆十年廣東鄉試録 一卷
明萬曆刊本
天一

2074
康熙三十五年丙子科廣東鄉試墨卷 □卷
清康熙刊本
國圖

2075
乾隆三十三年廣東鄉試武舉録 一卷
清乾隆刊本
國圖

2076
道光八年戊子科廣東鄉試録 一卷
清道光刊本
國圖

2077
道光十五年乙未恩科廣東鄉試録 一卷
清鈔本
國圖

2078
道光二十四年甲辰恩科廣東鄉試題名録 一卷
清鈔本
國圖

2079
咸豐二年廣東武舉鄉試録 一卷
清咸豐刊本
美國會

2080
同治三年甲子科廣東鄉試題名録 一卷
清同治鈔本
國圖

2081
同治六年丁卯科廣東鄉試題名録 一卷
清同治鈔本
國圖

2082
廣東貢士録 三卷
（清）張小遇輯
稿本
粤社

2083
粤東校士日録 不分卷
（清）翁心存輯
稿本
國圖

2084
粤東校士録 不分卷
（清）翁心存輯
稿本
國圖

2085
學海堂丁亥課士録 不分卷
（清）翁心存輯
稿本
國圖

2086
隆慶庚午科廣東武舉鄉試録 一卷
明隆慶刊本
天一

2087
大清國朝歷科廣東鄉試武解元題名録 一卷
清刊本
國圖

2088
康熙丁卯科廣東武舉鄉試録 一卷
清刊本
臺灣

2089
乾隆丙辰科廣東武舉鄉試録 一卷
清刊本
臺灣

2090
乾隆辛酉科廣東武舉鄉試録 一卷
清刊本
臺灣

2091
乾隆丁卯科廣東武舉鄉試録 一卷
清刊本
臺灣

2092
乾隆壬申科廣東武舉鄉試録 一卷
清刊本
臺灣

2093
乾隆癸酉科廣東武舉鄉試録 一卷
清刊本
臺灣

2094
乾隆丙子科廣東武舉鄉試録 一卷
清刊本
臺灣

2095
乾隆戊子科廣東武舉鄉試録 一卷
清乾隆刊本
國圖
清刊本
臺灣

2096
乾隆辛卯科廣東武舉鄉試録 一卷
清刊本
臺灣

2097
嘉慶戊午科廣東武舉鄉試録 一卷
清刊本
臺灣

2098
嘉慶庚申科廣東武舉鄉試録 一卷
清刊本
臺灣

2099
嘉慶甲子科廣東武舉鄉試録 一卷
清刊本
臺灣

2100
嘉慶丁卯科廣東武舉鄉試録 一卷
清刊本
臺灣

2101
嘉慶庚午科廣東武舉鄉試録 一卷
清刊本
臺灣

2102
嘉慶癸酉科廣東武舉鄉試録 一卷
清刊本
臺灣

2103
嘉慶丙子科廣東武舉鄉試録 一卷
清刊本
臺灣

2104
嘉慶戊寅科廣東武舉鄉試録 一卷
清刊本
臺灣

2105
嘉慶己卯科廣東武舉鄉試録 一卷
清刊本
臺灣

2106
道光辛卯科廣東武舉鄉試録 一卷
清刊本
臺灣

2107
道光甲午科廣東武舉鄉試録 一卷
清刊本
臺灣

2108
道光庚子科廣東武舉鄉試録 一卷
清刊本
臺灣

2109
道光癸卯科廣東武舉鄉試録 一卷
清刊本
臺灣

2110
道光丙午科廣東武舉鄉試録 一卷
清刊本
臺灣

2111
咸豐壬子科廣東武舉鄉試録 一卷
清刊本
臺灣

2112
同治丁卯科廣東武舉鄉試録 一卷
清同治刊本
國圖

2113
同治庚午科廣東武舉鄉試録 一卷
清同治刊本
國圖

2114
廣東全省歷科解元題名録 不分卷
□□□輯
清光緒二年（1876）廣州載經堂刊本
粤圖

2115
廣東同鄉同官録 一卷
（清）佚名録
清鈔本
中大

2116
廣東試牘 八卷
（清）何廷謙輯
清同治十二年（1873）廣州試院刊本
粤圖

2117
粤東試牘 二卷
（清）□□輯
清同治六年（1867）善美堂刊本
丹東圖

2118
廣東闈墨 一卷
東莞陳伯陶等撰
清光緒刊本
粤圖

2119
廣東闈墨 一卷
（清）番禺傅維森等撰
清光緒十七年（1891）聚奎堂刊本
粤圖

2120
同治癸酉科廣東闈墨 一卷
（清）張兆棟等撰
清同治十二年（1873）聚奎堂刊本
粤圖

2121
光緒己丑恩科廣東闈墨 不分卷
（清）順德周頌聲等撰
清光緒十五年（1889）廣百宋齋鉛印本
粤圖

2122
光緒丁酉科廣東闈墨 不分卷
（清）曾對顏等撰
清光緒二十三年（1897）聚奎堂刊本
粤圖

2123
光緒辛丑壬寅恩正並科會試闈墨 不分卷
（清）廣州麟書閣輯
清光緒廣州麟書閣刊本
中大

2124
光緒癸卯恩科廣東全省闈墨 不分卷
（清）香山李應庚等撰
清光緒二十九年（1903）廣州通藝局石印本
粤圖

2125
宣統己酉科廣東選拔貢卷 一卷
（清）廉州宋以梅撰

清宣統元年（1909）刊本
粵圖

2126
宣統己酉科廣東選拔貢卷 一卷
（清）新會盧堯撰
清宣統元年（1909）盧文祥刊本
粵圖

2127
大清國朝歷科廣東鄉試文解元題名録 六卷
（清）佚名輯
清光緒廣州藏經閣刊本
粵圖

2128
兩廣鄉試硃卷 不分卷
（清）順德何澤群等撰
清光緒刊本
粵圖

2129
廣東鄉試硃卷 不分卷
（清）新會湯扶輪撰
清光緒二十七年（1901）廣州經史閣刊本
粵圖

2130
廣東鄉試硃卷 不分卷
（清）順德何惠群等撰
清道光十四年至光緒十九年（1834—1893）廣州書坊刊本
粵圖
清光緒廣州聚珍堂刊本
粵圖
（按：是書爲刊登清道光至光緒年間廣東各地考生試文的合訂本，分别由廣東傳經堂、酌雅齋等書坊印刷發售。）

2131
廣東鄉試硃卷 不分卷
（清）新會陳崇熙等撰
清光緒二十七年（1901）廣州留香齋刊本
粵圖

2132
廣東鄉試闈墨 一卷
（清）新會唐思溥撰
清光緒二十九年（1903）廣州鐫文堂刊本
粵圖

2133
廣東鄉試録前後序 一卷
（清）黄琮、蘇應珂等撰
清鈔本
粵圖

2134
廣東鄉試同門録 一卷
（清）李振杰編
清同治元年（1862）廣州酌雅齋刊本
粵圖

2135
廣東鄉試題名録：道光八年戊子科 一卷
（清）佚名輯
清道光年間刊本
粵圖

2136
廣東鄉試録：道光十五年乙未恩科 一卷
（清）佚名輯
清鈔本
粵圖

2137
廣東鄉試題名録：道光二十四年甲辰恩科 一卷
（清）佚名輯
清鈔本
粵圖

2138
粵東試牘 不分卷
佚名輯
清道光二十九年（1849）廣東同安堂刊本
港大

2139
廣東闈墨同治壬戌恩科並補行咸豐己未恩科鄉試卷 一卷
（清）賀壽慈、郭祥瑞輯
清同治間（1862—1874）聚奎堂刊本
港大

2140
廣東闈墨同治甲子科鄉試卷 一卷
清同治間（1862—1874）刊本
港大

2141
廣東闈墨同治九年庚午科鄉試卷 一卷
（清）謝維藩輯
清同治間（1862—1874）聚奎堂刊本
港大

2142
廣東闈墨同治癸酉科鄉試卷 一卷
（清）夏家鎬、周冠輯
清同治十二年（1873）聚奎堂刊本
港大

2143
廣東闈墨光緒元年乙亥恩科鄉試卷 一卷
（清）吳寶恕、朱琛輯
清光緒間（1875—1908）聚奎堂刊本
港大

2144
廣東闈墨光緒丙子科鄉試卷 一卷
清光緒間（1875—1908）刊本
港大

2145
廣東鄉試録 不分卷
（清）佚名輯
清道光二十九年（1849）鈔本
粵圖

2146
廣東鄉試題名録：同治三年甲子科 一卷
（清）佚名輯
清同治年間鈔本
粵圖

2147
廣東鄉試録：同治六年丁卯科 一卷
（清）佚名輯
清同治年間鈔本
粵圖

2148
廣東鄉試録：同治九年庚午科 一卷
（清）佚名輯
清同治年間鈔本
粵圖

2149
廣東鄉試録：光緒乙酉科 不分卷
（清）佚名輯
清光緒十一年（1885）刊本
粵圖

2150
廣東鄉試齒録 不分卷
（清）佚名輯
清光緒十四年（1888）刊本
粵圖

2151
光緒十五年學院考取全省文遺才録 不分卷
（清）廣州連元閣編
清光緒十五年（1889）連元閣刊本
粵圖
（按：是書分廣府、南海、番禺等條目，記載廣東全省科舉文遺才名單。）

2152
全省入科生員名利雜姓録 不分卷
（清）廣州連元閣編
清光緒十五年（1889）廣州連元閣刊本
粵圖

2153
全省遺才 不分卷
（清）廣州載經堂編
清光緒十五年（1889）廣州載經堂刊本
粵圖

2154
光緒十八年學院招復番禺文童録 不分卷
（清）广州藏經閣編
清光緒十八年（1892）廣州藏經閣刊本
粤圖

2155
廣東鄉試録：光緒甲午科 不分卷
（清）王蔭槐輯
清光緒二十年（1894）刊本
粤圖

2156
廣東鄉試録：光緒辛丑並補行庚子恩正並科 不分卷
（清）佚名輯
清光緒二十七年（1901）刊本
粤圖

2157
廣東鄉試武舉録：乾隆三十三年 一卷
（清）佚名輯
清乾隆年間刊本
粤圖

2158
廣東鄉試武舉録：同治六年丁卯科 一卷
（清）佚名輯
清同治年間鈔本
粤圖

2159
廣東鄉試武舉録：同治九年庚午科 一卷
（清）佚名輯
清同治年間鈔本
粤圖

2160
光緒十五年新舊武舉人上京會試題名録 不分卷
（清）广州連元閣編
清光緒十五年（1889）廣州連元閣刊本
粤圖
（按：是書有番禺籍考生陳朝威、何應龍、何廷安等人的出生、考試名次和科目等資料。）

2161
廣東中式歷科武進士 不分卷
（清）佚名輯
清光緒二十四年（1898）刊本
粤圖
［按：是書收録清同治十年（1871）至光緒二十一年（1895）廣東歷科武進士名録。］

2162
咸豐丙辰歲考同案録 不分卷
（清）佚名輯
清咸豐六年（1856）刊本
粤圖

2163
番禺同案録 不分卷
（清）廣州聚珍堂編
清光緒二十年（1894）廣州聚珍堂刊本
粤圖
［按：是書收集清光緒甲午科（光緒二十年）番禺籍考生的出生、履歷和家庭情況。］

2164
廣東光緒丁酉科拔貢同年録 不分卷
（清）佚名輯
清光緒二十三年（1897）刊本
粤圖
［按：此爲清光緒二十三年（1897）廣東拔貢生題名録，其中不少是廣州學海堂、廣雅書院畢業生。］

2165
廣東鄉試墨卷：康熙丙子科 一卷
（清）佚名輯
清康熙三十五年（1696）刊本
粤圖

2166
廣東試牘 不分卷
（清）王彤編
清同治四年（1865）廣州試院刊本
粤圖
（按：是書收入清代廣東科舉試牘若干篇，

内容分爲論語、孟子、經文、論、賦、詩等門。)

2167
廣東闈墨：同治癸酉科 不分卷
（清）佛山戴鴻慈等撰
清同治十二年（1873）廣州聚奎堂刊本
粵圖

2168
廣東闈墨：光緒己丑恩科 不分卷
（清）順德周頌聲等撰
清光緒十五年（1889）廣州聚奎堂刊本
粵圖

2169
廣東闈墨：光緒辛卯科 不分卷
（清）番禺傅維森等撰
清光緒十七年（1891）廣州聚奎堂刊本
粵圖

2170
廣東闈墨：光緒丁酉科 不分卷
（清）瓊山曾對顔撰
清光緒二十三年（1897）廣州聚奎堂刊本
粵圖

2171
廣府試草：光緒戊戌科 不分卷
（清）番禺蔣禹廷等撰
清光緒二十四年（1898）刊本
粵圖
[按：是書收入清光緒二十四年（1898）番禺縣蔣禹廷、范公讜、詹憲慈、許之衡，廣州府學葉恭綽、南海縣關庚麟、梁福文、潘紹祎等人士的時文。]

2172
廣東鄉試硃卷 不分卷
（清）陳崇熙、南海桂廷鑾等撰
清光緒二十七年（1901）刊本
粵圖

2173
恩正並科會試闈墨 不分卷
（清）廣州麟書閣編
清光緒二十七年（1901）麟書閣刊本
粵圖
[按：是書内容爲清光緒二十七年廣東各地會試闈墨卷，其中廣州籍有李慶萊、關文彬（南海）、陳褘庠（花縣）、陳念曲（增城）等人。]

2174
廣東全省闈墨：光緒癸卯恩科 不分卷
（清）香山李應庚等撰
清光緒二十九年（1903）廣州聚奎堂刊本
粵圖

2175
廣東拔貢卷 不分卷
（清）盧文祥輯
清宣統元年（1909）刊本
粵圖

2176
廣東選拔貢卷 不分卷
（清）聖文堂編
清宣統元年（1909）刊本
粵圖

2177
兩廣鄉試硃卷 不分卷
（清）佚名輯
清同治光緒年間石印本
粵圖

2178
會試硃卷：道光庚戌科 一卷
（清）番禺許其光撰
清道光七年（1827）稿本
粵圖

2179
會試硃卷：道光辛丑科 一卷
（清）南海冼倬邦撰
清道光二十一年（1841）稿本
粵圖

2180
會試硃卷：道光丁未科 一卷
（清）南海潘斯濂撰

清道光二十七年（1847）稿本
粵圖

2181
會試硃卷：道光丁未科 一卷
（清）南海劉廷鑒撰
清道光二十七年（1847）稿本
粵圖

2182
會試硃卷：咸豐丙辰科 一卷
（清）南海葉衍蘭撰
清咸豐六年（1856）稿本
粵圖

2183
會試硃卷：咸豐庚申科 一卷
（清）南海林彭年撰
清咸豐十年（1860）稿本
粵圖

2184
會試硃卷：同治戊辰科 一卷
（清）南海李應鴻撰
清同治七年（1868）稿本
粵圖

2185
會試硃卷：同治戊辰科 一卷
（清）南海潘衍桐撰
清同治七年（1868）稿本
粵圖

2186
會試硃卷：同治己巳科 一卷
（清）番禺張清華撰
清同治八年（1869）稿本
粵圖

2187
會試硃卷：同治己巳科 一卷
（清）番禺曹秉哲撰
清同治八年（1869）稿本
粵圖

2188
會試硃卷：同治辛未科 一卷
（清）番禺梁肇晉撰
清同治十年（1871）稿本
粵圖

2189
會試硃卷：同治甲戌科 一卷
（清）番禺姚禮泰撰
清同治十三年（1874）稿本
粵圖

2190
會試硃卷：同治甲戌科 一卷
（清）南海譚宗浚撰
清同治十三年（1874）稿本
粵圖

2191
崔登瀛會試硃卷 不分卷
（清）南海崔登瀛撰
清光緒二十一年（1895）刊本
粵圖
［按：崔登瀛，字寬和，南海監生，清同治八年（1869）生，光緒二十一年（1895）崔登瀛參加會試，獲一百零七名。］

2192
何維鑛鄉試闈墨 不分卷
（清）增城何維鑛撰
清光緒二十八年（1902）刊本
粵圖
［按：何維鑛，增城縣人。清光緒二十三年（1897）優貢生第一名。是書收録何氏出生、家族及其試卷文章。］

2193
何炳鍾鄉試墨卷 不分卷
（清）番禺何炳鍾撰
清光緒二十八年（1902）刊本
粵圖
［按：何炳鍾，番禺縣人，清光緒二年（1876）生。是書記録何氏出生、家族及刊登

其在光緒二十八年（1902）參加順天鄉試獲三十二名的墨卷。]

2194
順天鄉試闈墨 一卷
（清）番禺何炳鍾撰
清光緒二十八年（1902）刊本
粤圖

2195
廣東優貢之卷：光緒丙午科 不分卷
（清）信宜林繩武撰
清光緒三十二年（1906）刊本
粤圖
［按：是書收録廣雅書院畢業生林繩武（廣東高州府信宜人）的履歷、世系、師承及其優貢試卷。］

2196
甲辰典試粤東闈中即事 八首
（清）順德龍啓瑞撰
清光緒二十四年（1898）刊本
粤圖

2197
粤闈餘事 不分卷
（清）孫福清輯
清同治九年（1870）廣州寶翰樓刊本
粤圖
［按：是書收集清同治九年（1870）在廣州城參加科舉考試人士的互相唱和詩作，其中有《寫榜條口占》等詩篇，反映放榜之日情況。］

2198
粤闈餘事二編 不分卷
（清）孫福清輯
清同治十二年（1873）廣州寶翰樓刊本
粤圖
（按：是書爲《粤闈餘事》的續篇，内容亦大致相類。）

2199
粤試雜録 不分卷
（清）廣州黄文英編
清同治元年至光緒二十九年（1862—1903）廣州聯桂堂刊本
粤圖
［按：是書收入廣州西湖街黄文英聯桂堂書坊，從清同治元年至光緒二十九年（1862—1903）所刻刊的優貢題名録等科場刊物。］

2200
光緒己卯科廣東鄉試録 一卷
清刊本
國圖

2201
光緒戊子廣東鄉試齒録 不分卷
（清）佚名輯
清光緒十四年（1888）刊本
粤圖

2202
光緒己丑恩科廣東鄉試録 一卷
清刊本
國圖

2203
光緒辛卯廣東鄉試録 一卷
（清）佚名編
清光緒十七年（1891）刊本
粤圖

2204
光緒癸巳廣東鄉試録 一卷
（清）佚名編
清光緒十九年（1893）刊本
粤圖

2205
光緒甲午廣東鄉試録 一卷
（清）王蔭槐等編
清光緒二十年（1894）刊本
粤圖、中大

2206
光緒丁酉廣東鄉試録 一卷
（清）佚名編
清光緒二十三年（1897）刊本
粤圖

2207
光緒庚子恩正兩科廣東鄉試録 不分卷
清光緒二十七年（1901）刊本
黑圖、國圖

2208
（光緒九年至二十九年）廣東全省歷科文進士録、禮部會試進京録、全省歷科應編官生題名録、歷科備中薦卷雜姓録
清□□輯
清光緒十三至二十九年（1887—1903）刊本
吉大

2209
粵東校士録初刻 不分卷
（清）惲彦彬編
清光緒二十一年（1895）刊本
粵圖

2210
粵東校士録續刻 不分卷
（清）惲彦彬編
清光緒二十二年（1896）刊本
粵圖

2211
［正續］廣東校士録 四卷
（清）番禺林㥠耀等撰
清光緒二十九年（1903）上海書局石印本
粵圖⊗

2212
廣東校士録三集 四卷
（清）番禺林㥠耀等撰
清光緒二十九年（1903）通藝局石印本
粵圖

2213
廣東校士録 四卷
（清）番禺林㥠耀等撰
清光緒三十年（1904）上海國文書局石印本
粵圖⊗

2214
廣東校士録 六卷
（清）樂昌胡燮東等撰
清光緒二十九年（1903）上海書局石印本
粵圖⊗

2215
廣東校士録四集 二卷
（清）南海盧維岳等撰
清光緒三十年（1904）石印本
粵圖

2216
廣東貢士録 三卷
（清）東莞張瓚輯
稿本
粵社

2217
東莞庠士録 四卷
（清）東莞張瓚輯
稿本
粵社

2218
試場寶鑒 十三卷
（清）新會吕相燮撰
清光緒九年（1883）刊本
國圖

2219
科場異聞録 二十二卷 附録 一卷
（清）新會吕相燮輯
清光緒二十四年（1898）石印本
粵圖

2220
廣東學憲校士録 二卷
（清）嘉應郭海濤等撰
清光緒三十年（1904）上海文文書社石印本
粵圖

2221
廣東光緒丁酉科拔貢同年録 一卷
（清）惲彦彬撰
清光緒二十三年（1897）刊本
粵圖

2222
宣統己酉科廣東恩貢卷 一卷
（清）佚名撰
清宣統元年（1909）刊本
粵圖

2223
武遺才 一卷
（清）佚名撰
清光緒五年（1879）廣州三元閣刊本
粵圖

2224
兵部會試進京録 一卷
（清）佚名撰
清光緒十五年（1889）廣州載經堂刊本
粵圖

2225
歷科武會試備中小榜録 一卷
（清）佚名録
清光緒二年（1876）廣州載經堂刊本
粵圖

2226
粵闈遺事 不分卷
（清）孫福清輯
清同治九年（1870）廣州寶翰樓刊本
粵圖
清同治十二年（1873）望雲山館刊本
粵圖

2227
約選墨中 不分卷
（清）順德梁夔譜編
清同治七年（1868）聚文堂刊本
粵圖

2228
咸豐丙辰年歲考同案録 一卷
（清）佚名編
清咸豐六年（1856）合成齋刊本
粵圖

2229
光緒十六年新舊試舉人上京會試題名録 不分卷
（清）佚名編
清光緒十五年（1889）廣州連元閣刊本
粵圖

2230
新藝發硎 九卷
（清）廣州經史閣書坊編
清光緒二十九年（1903）廣州經史閣刊本
粵圖

2231
四府試士録 不分卷
（清）佚名編
清光緒廣州載經閣刊本
粵圖

2232
縣考順德全場録 一卷
（清）佚名編
清光緒十二年（1886）藏經閣刊本
粵圖

2233
國朝東莞題名録 九卷
（清）東莞蘇澤東編
清光緒十八年（1892）祖坡吟館刊本
粵圖、中大、華師

2234
順德同案録 不分卷
（清）佚名編
清光緒刊本
粵圖

2235
光緒十三年順德同案録 不分卷
（清）汪大宗輯
清光緒三十年（1904）刊本
粵圖

2236
東莞縣同案録 不分卷
（清）佚名撰

清光緒二十一年（1895）廣州藏珍閣刊本
粵圖

2237
府考歸善全場題名録 一卷
（清）佚名撰
清同治十年（1871）廣州載經堂刊本
粵圖

2238
採芹録 一卷
（清）大柘凌朝薦、謝廷杰等編
清光緒六年（1880）敬賢堂刊本
粵圖

2239
陳景鎏會試硃卷 一卷
（清）番禺陳景鎏撰
清光緒六年（1880）刊本
粵圖

2240
朱次琦先生殿試卷 一卷
（清）南海朱次琦撰
民國十九年（1930）影印本
中大

2241
青蘿何氏登科記 不分卷
（清）番禺何炳鍾撰
稿本
粵圖

2242
尹恩灝鄉試墨卷 一卷
（清）新會尹恩灝撰
清光緒十五年（1889）粵東省城陳紹經堂刊本
粵圖

2243
陳汝南鄉試墨卷 一卷
（清）澄海陳汝南撰
清光緒二十九年（1903）羊城儒雅堂刊本
粵圖

2244
周子元試帖遺墨 一卷
（清）揭陽周易撰
稿本
揭博

2245
胡鎏蔆鄉試墨卷 一卷
（清）順德胡鎏蔆撰
清光緒二十九年（1903）廣州留香齋刊本
粵圖

2246
胡靖鄉試墨卷 一卷
（明）順德胡靖撰
清光緒二十九年（1903）廣州留香齋刊本
粵圖

2247
商衍瀛商衍鎏同懷兄弟會試墨卷 一卷
（清）番禺商衍瀛、商衍鎏撰
清末刊本
中大

2248
尹晸舉鄉試墨卷 一卷
（清）東莞尹晸舉撰
清光緒二十九年（1903）廣州寶珍樓刊本
粵圖

2249
戊戌廣府試草 一卷
（清）番禺蔣禹廷等撰
清刊本
粵圖

2250
鶴山鑄强學塾同學録 一卷
鶴山鑄强學塾編
民國鈔本
粵圖

譜牒類（略）

日記類

2251
南征紀略 二卷
（清）孫廷銓撰
稿本
國圖
清初刊本
上圖
清鈔本　清翁同龢跋
上圖
［按：孫廷銓，山東益都人。清初曾官吏部尚書、内秘書院大學士。此記清順治八年（1651）官粵事。］

2252
粵槎日記 一卷
（清）馮如京撰
清刊本
日内閣
（按：馮如京，清順治拔貢，代州人，曾官廣東左布政使。）

2253
澹歸和尚丹霞日記 不分卷
（清）釋今釋撰
稿本　清張璐、汪兆鏞、商衍鎏、汪宗衍跋
普濟

2254
粵遊日記 一卷
（清）王鉞撰
清康熙刊《世德堂遺書》本
南圖、津圖
［按：王鉞，山東諸城人，清順治進士，曾官廣東西寧（今鬱南）縣令。］

2255
粵閩巡視紀略：粵記 三卷 閩記 三卷 附記澎湖臺灣 一卷
（清）杜臻撰
清康熙三十八年（1699）經緯堂刊本
中大
（按：杜臻，秀水人。順治進士，官禮部尚書，遍歷沿海。）

2256
粵閩巡視紀略 五卷 附紀 一卷
（清）杜臻撰
清康熙經緯堂刊本
國圖、北大、津圖

2257
閩粵巡視紀略 六卷
（清）杜臻撰
清乾隆文津閣《四庫全書》本
國圖

2258
粵遊日記 一卷
（清）林源撰
稿本
閩圖
［記清康熙五十七年（1718）二月至六月。］

2259
粵遊日記 一卷
（清）鈕蕙卜撰
清康熙刊本
國圖

2260
採硫日記 三卷
（清）郁永河撰
清咸豐四年（1854）南海伍氏刊《粵雅堂叢書》本
粵圖
［按：郁永河（1645—?），浙江仁和（今杭州市）人。清康熙中赴臺考察地礦，為清代著名地理地質學家。］

2261
使粵日記 一卷
（清）喬萊撰
清康熙刊本
國圖、科圖

（按：喬萊，寶應人。清康熙進士，官内閣中書，舉鴻博，遷侍讀。）

2262

使粤日記　二卷

（清）孟超然撰

清刊本

粤圖

［按：孟超然（1730—1797），福建閩縣人。乾隆進士，累官吏部郎中。］

2263

恩平程記　一卷

（清）李文藻撰

稿本

魯博

［按：記清乾隆三十四年至三十五年（1769—1770）赴任沿途事。］

2264

壺中日記　一卷

（清）嘉應葉鈞撰

稿本

國圖

［按：記清嘉慶元年至二年（1796—1797）史事。］

2265

北行日記　不分卷

（清）香山黄培芳撰

稿本

粤圖

［按：記起清嘉慶二十三年（1818），訖二十五年（1820），主記赴京會試沿途及考場經過。］

2266

常惺子遊羅浮日記　一卷

（清）南海謝蘭生撰

清鈔本　清陳澧題簽

粤圖

［按：記起清嘉慶二十年（1815），訖嘉慶二十三年（1818）］

2267

常惺惺齋日記　不分卷

（清）南海謝蘭生撰

稿本

國圖

［按：記清道光五年和八年（1825、1828）史事。］

2268

桂遊日記　三卷

（清）番禺張維屏撰

清道光十七年（1837）廣州超華齋刊本

粤圖、中大

2269

東行日記　一卷

（清）順德梁廷枏撰

清道光刊本

粤圖

2270

朱次琦日記　不分卷

（清）南海朱次琦撰

稿本

粤社

2271

朱九江日記　不分卷

（清）南海朱次琦撰

稿本

粤圖

（按：此書爲朱絲欄稿紙。版心上刻“生財”，下刻“和合”，記家中購物開支及家庭雜事。）

2272

使粤日記　三卷

（清）李鈞撰

清道光十四年（1834）開封府署刊本

粤圖

2273

粤遊日記　一卷

（清）勞乃寬撰

稿本
上圖

2274
補讀書齋日記 不分卷
（清）廣州沈維鐈撰
稿本
上圖
［按：記清道光十七至十八年、二十三至二十五年（1837—1838、1843—1845）史事。］

2275
鄧和簡公日記 十卷
（清）順德鄧華熙撰
稿本
中大
［按：起清咸豐七年（1857），訖民國五年（1916）。評論時人、時事、時政、時文，是作者親歷晚清政壇的第一手資料。］

2276
庚生日記 不分卷
（清）南海梁起撰
稿本
粤圖
［按：起咸豐十一年（1861），訖同治元年（1862）。

梁起，原名以瑭，號庚生，南海縣人，梁樹功之子，縣學附生。清同治五年（1866）選學海堂專科肄業生，光緒乙酉中舉，後爲菊坡精舍學長，曾官廣西知縣。卷末有高要何昆玉篆刻“梁以瑭印”、“庚生”印模。］

2277
望懸行館宦粤日記 不分卷
（清）杜鳳治撰
稿本
中大
［按：日記起清同治五年（1866），訖光緒八年（1882）。

日記分《綏江日記》、《羊城寄寓日記》、《廣寧官廨日記》、《胥江官廨日記》、《南武衙署日記》、《署羅定直棣州正堂日記》、《三羅州廨日記》、《南海回任日記》、《歸田日記》等。

杜鳳治，浙江山陰人，清咸豐舉人。同治五年（1866），輾轉廣東官場，歷任廣寧、四會、南海等縣知縣。該日記始於1866年5月，終至1882年10月，歷時16年未曾中斷。記載了同光朝官場百態、社情民俗以至所見所聞及自己出入行藏、對朝政世事的思考，甚至連四時變化、陰晴圓缺也無一遺漏。該日記對晚清京師官場及基層社會官場實況作了詳盡記録，對研究清末詮選制度及任地情况，提供了珍貴史料，這在清人日記中是少見的。］

2278
日本日記 不分卷
（清）南海羅森撰
清刊影印本
港中文
［按：清咸豐四年（1854）作者作為美國培理艦隊的漢文翻譯到了日本，與日本文人、學者、僧人等廣泛交流。詳記横濱、下田、箱館、琉球等地山水、民情、風俗、特產及政治、軍事、文化等方面所發生的大事，是一部史料性、學術性較高的著作。］

2279
南北行日記 二卷
（清）茂名楊廷桂撰
清同治六年（1867）芸香堂刊本
粤圖

2280
番禺梁文忠公日記 不分卷
稿本
津圖

2281
羊城日記 一卷 遊傜日記 一卷 龔潯遊記 一卷
（清）蘇時學撰
清同治九年（1870）梧州刊本
黔師大

2282
李準日記 不分卷
（清）李準撰

稿本
臺灣
［按：李準（1871—?），四川省鄰水人。出身官宦世家，光緒舉人。光緒三十一年（1905），任廣東水師提督，加三品頂戴。1907年7月奉命率伏波號、琛航號、振威號三艘鐵甲船巡弋南海，歷時兩個月，曾對東沙、西沙和南沙近百個島嶼進行測量和勘察，最遠處曾到曾母暗沙海域，以抗擊法國殖民主義者對我國南沙、西沙幾個島嶼的侵佔。日記記録了所見所聞，也記録了南海海産及各種奇觀現象，留下了極寶貴的資料。］

2283
遊歷日本考查商務日記 二卷 條陳商務公牘一卷
（清）香山劉學詢撰
稿本
南圖
清光緒二十五年（1899）香山劉氏上海石印本
港中文
［按：劉學詢，字問刍，清光緒丙辰（十二年）科進士。曾奉李鴻章之命，任特派專使，赴日本考察商務，歷時兩月，這是甲午戰爭之后，中國官方派出第一位身份較高的考察官員。］

2284
于滇日記 一卷、旋粵日記 一卷
（清）南海譚宗浚撰
清鈔本
北師大
［按：記清光緒十二年（1886）史事。］

2285
張樵野戊戌日記 三卷
（清）南海張蔭桓撰
稿本
王貴忱
［按：日記始光緒二十四年（1898）正月初一，止光緒二十四年（1898）七月初六。］

2286
奉使日記 十六卷
（清）南海張蔭桓撰
清鈔本
上圖
［按：記清光緒十二至十五年（1886—1889）史事。］

2287
奉使日記 不分卷
（清）南海張蔭桓撰
清張氏鐵畫樓鈔本
南圖

2288
甲午日記 一卷
（清）南海張蔭桓撰
稿本
南博
［按：記清光緒二十年（1894）史事。］

2289
三洲日記 八卷
（清）南海張蔭桓撰
清光緒二十二年（1896）京都刊本
粵圖
清光緒三十二年（1906）上海石印本
粵圖

2290
跋廬日録 不分卷
（清）番禺丁仁長撰
稿本
粵圖

2291
從政日記 不分卷
（清）佚名撰
清朱格鈔本
粵圖

2292
出使九國日記 十二卷
（清）南海戴鴻慈撰

清光緒三十二年（1906）刊本
哈燕、粵圖
（按：戴鴻慈（？—1910），南海人。清光緒進士，授編修。中日甲午戰爭時，累劾李鴻章誤國，求上嚴懲。后官內閣學士、刑部侍郎、戶部侍郎，1905 年為清五大臣之一出國考察，回國后籌劃立憲，1909 年充軍機大臣、協辦大學士。）

2293
南清日俄戰日記 一卷
（清）開平謝纘泰撰
清光緒三十二年（1906）香港南華早報鉛印本
粵圖
（按：謝纘泰（1872—1937），開平人，生于澳洲。肄業香港皇仁書院，創辦輔仁文社，1893 年設計“中國號”氣艇，次年加入興中會，負責對外事務，參與策劃廣州起義，事敗后留港處理善后事宜。）

2294
南遊日記 一卷
（清）香山鄭官應撰
稿本
臺灣
（按：鄭官應即鄭觀應。）

2295
鴻爪前遊日記 六卷
（清）南海孔廣陶述
清光緒十八年（1892）廣州南海孔氏三十有三萬卷堂刊本
港大
清光緒十八年（1892）廣州富文齋刊本
佛圖

2296
從公筆記 不分卷
（清）趙承炳撰
稿本
粵圖
［按：內分《瓊海重遊筆記》、《九龍承乏筆記》、《九龍辦黎筆記》、《環珠辦團筆記》、《康州署篆筆記》、《圭山從事筆記》、《粵垣聽政筆記》等。記起清光緒二十二年（1896），訖光緒三十三年（1907）。］

2297
出塞紀略 一卷
（清）錢良擇撰
清順德李氏據《指海》本傳鈔本　清順德李宗顥校
上圖

2298
粵學日記 四卷
（清）徐琪撰
清鈔本
國圖
［按：記清光緒十七年（1891）八月至十月史事。］

2299
劉學詢日記 一卷
（清）香山劉學詢撰
稿本
南圖
［按：記清光緒二十五年（1899）六月至八月，又記清光緒二十五年（1899）七月至九月。］

2300
遊歷日本考查農務日記 一卷
（清）南海黄璟撰
稿本
上圖
清光緒二十八年（1902）刊本
國圖
［按：清光緒二十八年（1902），作者奉袁世凱之命，以花翎二品頂戴，奉派日本考察農務，目的是“遊歷日本，購采農具，取彼新法，改我舊習。”］

2301
甲辰考察日本商務日記 一卷
（清）番禺許柄榛撰

清光緒三十年（1904）鉛印本
粵圖
［按：作者番禺人，1908年為駐舊金山總領事，以倡導實業聞名，曾到日本考察實業，故撰此兩書。］

2302
乙巳考察日本礦務日記 一卷
（清）番禺許柄榛撰
清光緒三十一年（1905）鉛印本
粵圖

2303
粵軺日記 一卷、粵軺隨筆 一卷
（清）沈桂芬撰
清光緒八年（1882）石印本
東北師大
民國三十一年（1942）石印本
粵圖
（按：作者吳江人，清道光進士，光緒時官至兵部尚書、協辦大學士及軍機大臣。）

2304
李宗顥書畫日記 不分卷
（清）南海李宗顥撰
稿本
上圖
［按：記清光緒三十年（1904）史事。］

2305
李宗顥日記 不分卷
（清）南海李宗顥撰
稿本
廣圖
（按：内分：榆林赴北京路程、赴云南由西河海道路程、丙申由粵赴蘇州復遊閩中入都紀程、黄巢點兵法、甲辰正月遊記、乙巳十二月廿五日至次年正月初九遊記等。該稿已由廣州圖書館整理正式出版。）

2306
入秦紀程日記 不分卷
（清）南海李宗顥撰
稿本
廣圖
［按：記清光緒二十年（1894）六月十九日至八月十九日。聞父逝世，孑身從北京出發，經河北、山西到陝西沿途歷程。］

2307
南行紀程日記 不分卷
（清）南海李宗顥撰
稿本
廣圖
［按：記光緒二十一年（1895）九月二十九日至十二月十二日，記李宗顥與家人扶父靈柩由陝西送回廣州安葬沿途過程。］

2308
藏語 不分卷
（清）順德何藻翔撰
清宣統二年（1910）上海廣智書局鉛印本
粵圖
［按：記光緒三十二年（1906）四月十四日奉派，迄光緒三十四年（1908）二月二十日，新增通商章程訂定爲止，逐日譯起赴藏時沿途事宜。］

2309
清代粵吏日鈔 不分卷
撰者不詳
稿本
粵圖
［按：日記作於清光緒二十六年（1900），記作者生活、友朋，書信摘鈔及詩文畫藝等。］

2310
粵行叢録 四卷
（清）俞思穆撰
清鈔本
粵圖

2311
學壽堂庚午日記 十二卷
番禺徐紹楨撰
民國二十一年（1932）上海中原書局石印本
吉圖、東北師大

2312
雙松館日記　一卷
題（清）耕伯氏撰
稿本
粵圖
［按：記清光緒十九年（1893）廣東史事。］

2313
遊羅浮日記　一卷
（清）南海謝蘭生撰
清鈔本
粵圖

2314
丁仁長日記　不分卷
（清）番禺丁仁長撰
稿本
粵圖
（按：書又名《跛廬目録》。）

2315
出塞日記
（清）南海黄明亮撰
影印《近代中國史料叢刊》本
粵圖

2316
嶺南遊日記　一卷
題（清）□蝶園撰
清末錢百熙鈔本
上圖
［按：記清光緒十九年至二十年（1893—1894）史事。］

2317
英軺日記　一卷
（清）番禺劉錫鴻撰
清光緒十七年（1891）上海著易堂鉛印《小方壺齋輿地叢鈔》本
華農
稿本《小方壺齋輿地叢鈔》
國圖

2318
臺遊日記、燕遊日記　不分卷
（清）揭陽周易撰
稿本
揭博

2319
梧卡日記　不分卷
（清）揭陽周易撰
稿本
揭博
（按：記清光緒末辦理廣西梧州中關釐務事宜。）

2320
西行日記　一卷
（清）南海馮焌光撰
清光緒七年（1881）刊本
國圖、上圖

2321
遊薩克遜日記　一卷
番禺潘飛聲撰
清光緒刊本
國圖
（按：記清光緒二十四年（1898）史事。］

2322
蘭亭硯齋日記　一卷
番禺潘飛聲撰
清光緒十三年（1887）刊本
王貴忱

2323
汕獄日記　一卷
揭陽王振民撰
民國十七年（1928）鈔本
汕圖

2324
馬肇梅日記　一卷
（清）順德馬肇梅撰
稿本
粵圖

［按：馬氏爲順德桂洲鎮人，爲馬貞榆之姪。在1900年至1910年間在廣州海珠南路穌寧里經營茶莊，係一代粵劇名伶馬師曾的祖父。所記多爲商場活動、賬目紛争或日常生活瑣事，對研究當年廣州小商販經營有一定參考價值。記事起清光緒十四年（1888）至十九年（1893）。］

2325
惠行日記　不分卷
（清）佚名撰
稿本
粵圖
［按：起清宣統二年（1910）二月二十六日，訖是年五月初五日。］

書牘類

2326
瀚海　十二卷
（明）沈佳胤輯
民國初年廣東法政學堂鉛印本
中大
（按：本書爲分類摘録尺牘。）

2327
種墨亭尺牘　二卷　補遺一卷
（清）海陽陳衍虞撰
清康熙刊本
粵圖
清道光陳氏世馨堂刊本
粵圖、汕圖

2328
陳園公尺牘　一卷
（清）海陽陳衍虞撰
清道光十九年（1839）刊本
粵圖

2329
吳六奇書札　一卷
（清）豐順吳六奇撰
清鈔本
粵圖

2330
粵名人書札　不分卷
（清）番禺陳景鎏等撰
稿本
粵圖

2331
丁日昌朱文煒手札合冊　不分卷
（清）豐順丁日昌、朱文煒撰
稿本
揭博

2332
安所遇軒同人尺牘　一卷
（清）順德梁兆鳳輯
清同治三年（1864）梁氏萃古精舍刊本
粵圖

2333
張之洞書札稿　不分卷
（清）鄒道沂擬稿、張之洞簽發
稿本
粵圖

2334
清暉園贈貽尺牘　二卷
（清）王鞏撰
清宣統三年（1911）順德鄭實風雨樓鉛印本
港大

2335
清人書札　不分卷
（清）番禺陳景鎏等撰
稿本
粵圖

2336
鶴山新會知縣信稿　不分卷
（清）楊介康撰
稿本
粵圖

2337
滋園粵遊尺牘 二卷
（清）劉家柱撰
清同治九年（1870）京都琉璃廠刊本
粵圖、中大

2338
尺牘新樣 一卷
（清）南海勞少喬輯
清光緒遷喬民書塾刊本
粵圖

2339
半園尺牘 二十五卷 補遺 六卷
題（清）嶺南静福山人輯
清光緒五年（1879）刊本
粵圖

2340
翡翠依樣札稿 四卷
（清）□□□撰
清末刊本
粵圖⊗

2341
梁文忠公書札 三卷
（清）番禺梁鼎芬撰
稿本
杭圖

2342
康南海書牘 二卷
南海康有爲撰
民國四年（1915）上海圖書局石印本
粵圖、中大

2343
飲冰室書牘 二卷
新會梁啓超撰
民國八年（1919）上海圖書局石印本
中大

2344
孫中山先生廿年來手札 不分卷
香山孫文撰、新會鄧澤如編
民國十六年（1927）述志公司影印本
中大

2345
二十家尺素 不分卷
增城賴際熙等撰
民國綉詩樓石印本
廣圖
（按：此爲民國初增城賴際熙等二十餘家爲饒平陳步墀所寫書札。）

2346
岑學吕尺牘 一卷
順德岑學吕撰
民國二十四年（1935）書札
粵圖

金石類

2347
云林石譜 三卷 附詠石詩 一卷
（宋）杜綰撰　（清）南海李宗顥輯
稿本
廣圖

2348
彙堂摘奇 一卷
（明）南海王佐撰
明嘉靖鄭梓刊《明世學山》本
國圖
明萬曆刊《百陵學山》本
國圖、上圖

2349
粵東金石略 九卷 首一卷 附二卷
（清）翁方綱撰
清乾隆石洲草堂刊本
粵圖
清光緒十七年（1891）廣州石經堂書局縮影本
粵圖、中大、華師

2350
粵東金石略目 一卷
（清）翁方綱撰
清陸增祥鈔本　清陸增祥跋
上圖

2351
嶺南金石拓本 不分卷
（清）廣州競美美術會拓
清宣統二年（1910）拓本
粵圖
（按：此書爲部分廣東金石拓片，其中收有唐宋廣州拓片若干種。）

2352
南漢金石志 二卷
（清）嘉應吴蘭修撰
清道光十四年（1834）鄭廷松刊本
港大
清光緒十一年（1885）羊城馮氏刊《翠琅玕館叢書》本
粵圖

2353
高要金石略 四卷
（清）高要彭泰來編
清咸豐刊本
粵圖、中大、華師

2354
筠清館法帖 不分卷
（清）南海吴榮光輯
清道光十年（1830）拓本
粵圖

2355
筠清館金石録 五卷
（清）南海吴榮光撰
清道光二十二年（1842）南海吴氏刊本
粵圖、華師

2356
筠清館金石目 二卷 續二卷
（清）南海吴榮光輯
民國容庚頌齋緑格鈔本
中大⊗

2357
筠清館金石目 二卷 續目 二卷
（清）南海吴榮光撰
稿本
臺研

2358
筠清館金石記目 二卷
（清）南海吴榮光撰、陸增祥輯
稿本
上圖

2359
筠清館金石文字 五卷
（清）南海吴榮光撰
稿本
臺研
清道光二十二年（1842）吴氏筠清館刊本清王筠、吴式芬批校、清尹彭壽跋
魯圖
清道光二十二年（1842）吴氏筠清館刊本清陳慶鏞批注
國圖
清道光二十二年（1842）吴氏筠清館刊本清吴式芬校注並録、清許瀚批識
國圖
清道光二十二年（1842）吴氏筠清館刊本清陳介祺校注
國圖
清道光二十二年（1842）吴氏筠清館刊本清龔橙校釋並跋、姚華跋
國圖
清道光二十二年（1842）吴氏筠清館刊本清王懿榮校並跋
國圖
清道光二十二年（1842）吴氏筠清館刊本清盛昱批校
國圖
清道光二十二年（1842）吴氏筠清館刊本清江標校並跋
南圖

2360
筠清館石文輯存 不分卷
（清）南海吳榮光撰
清吳氏宜銘金室鈔本
國圖

2361
金石詩所見録 不分卷
（清）凌霞撰
稿本
揚圖

2362
潮州府金石略 不分卷
（清）海陽陳寶瑛撰
清清緗樓鈔本
國圖

2363
麟枕簿 五卷
（清）番禺梁于渭撰
稿本
臺灣

2364
李若農臨唐碑 二十種
（清）順德李文田書
清光緒刊本
廣圖

2365
癖好堂收藏金石書目 一卷
（清）凌霞撰
清鈔本
南開

2366
河陽金石記 三卷
（清）欽州馮敏昌撰
清凌氏癖好堂鈔本
上圖

2367
看篆樓鑑藏古銅印譜 不分卷
（清）番禺潘有爲輯
清嘉慶鈐印本
南開、川圖

2368
小蓬萊閣金石文字 不分卷
（清）海豐黄易輯
清嘉慶五年（1800）刊本
港大
清道光二十二年（1842）陵苕館重刊本
港中文

2369
金石稱例 四卷 續一卷
（清）順德梁廷枏撰
清道光八年至十年（1828—1830）梁氏刊本
港大
清光緒四年（1878）南海馮氏讀有用書齋刊《金石全例》本
粵圖
清光緒十三年（1887）吳縣朱記榮刊《槐廬叢書》本
粵圖

2370
碑文摘奇 一卷
（清）順德梁廷枏撰
清道光間刊《藤花亭十種》本
港中央

2371
和林金石録 一卷
（清）順德李文田撰
稿本
上圖
民國十八年（1929）石印本
華師

2372
和林金石録 一卷 詩 一卷
（清）順德李文田撰

2373
和林考 一卷
（清）黄楙材撰
清光緒二十三年（1897）江標刊《靈鶼閣叢書》本 王國維校
國圖

2374
克鼎集釋 一卷
（清）順德李文田等撰
清鈔本
杭大

2375
李若農唐碑 十二種
（清）順德李文田書
清末石印本
中大

2376
漢碑異文考 一卷
（清）南海李宗顥撰
稿本
粵圖

2377
蕭堪金石録摘要 一卷
（清）南海李宗顥撰
稿本
粵圖

2378
金石擿藻 二卷
（清）南海李宗顥撰
稿本
粵圖

2379
蕭弇讀碑校勘記 二卷
（清）南海李宗顥撰
稿本
粵圖

2380
寰宇訪碑録校勘記 二卷 補寰宇訪碑録校勘記 一卷
（清）南海李宗顥撰
民國十五年（1926）蘧廬刊本
中大

2381
南海李氏寶召齋吉金目録 一卷
（清）南海李宗岱撰並藏
清鈔本
科圖

2382
南海李氏寶彝堂家藏金石文字 不分卷
（清）南海李宗岱撰並藏
清鈐印本
國圖

2383
重修崖州學宫碑記 一卷
（清）定安張岳崧撰
清道光端州區遠祥拓本
粵圖

2384
修復新興學宫墻碑記 不分卷
（清）定安張岳崧書
清道光六年（1826）端州區遠祥拓本
粵圖

2385
修復新興學宫墻碑記 不分卷
（清）陳嵩慶撰、定安張岳崧書
清拓本
粵圖

2386
吉金齋古銅印譜 六卷 續一卷
（清）高要何昆玉輯
清同治八年（1869）刊鈐印本
國圖、鄂圖

2387
白鹿洞書院學規碑 不分卷
清光緒拓本　王貴忱題簽　徐續跋、梁基永跋
梁基永

2388
端石擬篆閣十硯銘
（清）陳齡撰
清同治刊本
粵圖

2389
金石篆隸薈萃 不分卷
（清）南海葉應銓撰
稿本
港中文

2390
金石略 十七卷
（清）佚名撰
清光緒十一年（1885）羊城海墨樓石印巾箱本
粵圖

2391
嶺南金石拓本 二集
（清）嶺南寶漢劍齋藏輯
清宣統二年（1910）廣州競美美術會拓本
粵圖

2392
西安府學碑林石刻目録 一卷
（清）南海李宗顥撰
稿本
廣圖

2393
金石鏡 二卷
（清）南海李宗顥撰
稿本
王貴忱

2394
磊園語泉 一卷
（清）南海李宗顥撰
稿本
粵圖

2395
阮氏尋復二世祖墳墓碑記 一卷
（清）南海阮燿垣撰
清光緒八年（1882）阮氏鈔本
粵圖

2396
腴道堂金石條記 一卷
（清）李文田書
稿本
歷博

2397
碧琳琅館金石碑版目録 不分卷
（清）方功惠撰
稿本
國圖

2398
頑夫碑録 一卷
（清）順德歐家廉撰
稿本
粵圖

2399
丙戌餘録 四種
（清）番禺朱啓連撰
稿本
粵圖
子目：
　　漢碑六種釋文
　　孫虔禮書譜釋文
　　顔魯公書存佚略
　　帖略
（按：此書爲朱執信侄女朱嫻女士捐贈。）

2400
番禺金石志 七卷
番禺汪兆鏞纂
民國二十年（1931）刊《番禺縣志續志》本
中大

2401
石例簡鈔 四卷
南海黄任恒輯
清光緒三十二年（1906）刊本
粵圖、華師

2402
簠齋吉金録 不分卷
順德鄧實編
民國七年（1918）風雨樓影印本
中大

2403
遼代金石録 四卷
南海黄任恒編
清光緒三十一年（1905）鉛印本
粵圖

2404
康有爲書家廟碑 一卷
南海康有爲書
清光緒末拓本
南海

2405
竹園陶説 一卷 古玉考合編 一卷
梅縣劉子芬撰
民國十四年（1925）石印本
中大

2406
番禺葉氏遐盦藏器 不分卷
番禺葉恭綽藏輯
民國影印本
中大

2407
秦漢金文録 八卷
東莞容庚撰
民國二十年（1931）國立中央研究院歷史語言研究所影印本
中大

2408
漢金文録 七卷 附録 一卷
東莞容庚撰
民國二十年（1931）國立中央研究院歷史語言研究所影印本
中大

2409
宋代金文著録表 不分卷
王國維輯録、東莞容庚編
民國十七年（1928）紅格稿本
中大

2410
頌齋吉金文字 不分卷
東莞容庚編
民國二十八年（1939）容氏拓印集貼本
中大

2411
頌齋吉金續録附考釋 不分卷
東莞容庚編
民國二十五年（1936）影印本
中大

2412
頌齋吉金圖録 不分卷
東莞容庚撰
民國二十二年（1933）影印本
中大

2413
澄秋館金文 不分卷
東莞容庚編
民國二十二年（1933）拓片集貼本
中大

2414
金石書目録 十卷 附金石志目 一卷 金石叢書目 一卷 通檢 一卷
東莞容媛輯
民國二十五年（1936）上海商務印書館鉛印本
中大

2415
金文編 十四卷 附録 二卷 通檢 一卷
東莞容庚撰
民國二十八年（1939）上海商務影印本
中大

2416
金文編附録 不分卷
東莞容庚撰
稿本
中大
民國二十四年（1935）上海商務印書館影印本
中大

2417
海外吉金圖録 不分卷
東莞容庚編
民國二十四年（1935）影印本
中大

2418
延鴻閣金文 不分卷
東莞容庚輯
民國二十二年（1933）容庚重裝拓片集貼本
中大

2419
寶蘊樓彝器圖録 不分卷
東莞容庚編
民國十八年（1929）北京京華印書局影印本
中大

2420
善齋彝器圖録 不分卷
東莞容庚編
民國二十五年（1936）燕京大學哈佛燕京學社影印本
中大

2421
西清彝器拾遺 不分卷
東莞容庚編
民國二十九年（1940）考古學社影印本
中大

2422
殷契卜辭附釋文及文編 不分卷
東莞容庚編
民國二十二年（1933）燕京大學哈佛燕京學社影印本
中大

2423
漢武梁祠畫像録 不分卷
東莞容庚撰
民國二十五年（1936）燕京大學考古學社影印本
中大

2424
全漢碑文 不分卷
東莞容庚藏輯
民國容庚頌齋紅格鈔本
中大⊗

2425
武英殿彝器銘文花紋拓本 不分卷
東莞容庚輯
民國頌齋藏拓片集貼本
中大

2426
古石刻拾零 不分卷
東莞容庚撰
民國二十三年（1934）北平石印本
中大

2427
頌齋書畫别録 不分卷
東莞容庚輯録
稿本
中大

2428
頌齋讀畫記 不分卷
東莞容庚録
民國二十八年至三十年（1939—1941）稿本
中大

2429
武英殿彝器圖録 不分卷
東莞容庚輯
民國二十三年（1934）燕京大學哈佛燕京學社影印本
中大

2430
玲瓏石室藏瓦 不分卷
東莞容庚鑒藏
民國二十五年（1936）拓本
中大

2431
古鏡景 不分卷
東莞容庚編

民國二十四年（1935）拓印本
中大

2432
碑學提綱 不分卷
番禺麥華三編
民國二十三年（1934）鉛印本
中大

2433
古器物銘釋 不分卷
番禺商承祚輯
民國中山大學出版組油印本
中大

2434
殷虛文字彙編 不分卷
番禺商承祚撰
民國十二年（1923）決定不移軒刊本
中大

2435
福氏所藏甲骨文字 不分卷
番禺商承祚編
民國二十二年（1933）金陵大學中國文化研究所鉛印本
中大

2436
殷虛佚存 不分卷
番禺商承祚撰
民國二十二年（1933）金陵大學中國文化研究所影印本
中大

2437
殷虛文字研究、中國文字學 不分卷
番禺商承祚編
民國清華大學講義鉛印本
中大

2438
殷虛文字待問編 十三卷
番禺商承祚録
民國十二年（1923）決定不移軒刊本
中大

2439
十二家吉金圖録 不分卷
番禺商承祚編
民國二十四年（1935）金陵大學中國文化研究所影印本
中大

2440
渾源彝器圖 不分卷
番禺商承祚編
民國二十五年（1936）金陵大學中國文化研究所影印本
中大

五、地理部

總録類

2441
歷代地理指掌圖 一卷
題（宋）蘇軾撰
明刊本　清順德李文田跋
國圖

2442
輿地紀勝 二百卷
（宋）王象之輯
清咸豐五年（1855）南海伍氏粤雅堂刊本
港大

2443
肇域志・廣東 二卷
（清）顧炎武撰
清鈔本
上圖
清同治鈔本
滇圖

2444
方輿類纂 二十八卷 首圖 一卷 九邊圖 一卷
（清）順德温汝能撰
清嘉慶十三年（1808）刊本
粤圖、港大

2445
歷代州域形勢 一卷
（清）顧祖禹撰、（清）番禺趙齊嬰注補
清鈔本
粤圖
（按：本書爲《讀史方輿紀要》一部分。）

2446
國地異名録 一卷
（清）香山林謙撰
清同治十年（1871）刊本
粤圖

2447
歷代地理志韻編今釋 二十卷 附皇朝輿地韻編 二卷 校勘記 一卷
（清）順德馬貞榆撰
清光緒元年（1875）羊城馬氏集益堂重刊本
粤圖

2448
元史地名考 三卷
（清）順德李文田撰
清鈔本
中大

2449
元輿地略 四卷
不著撰人
清光緒順德李文田讀五千卷書室鈔本　李文田校
粤圖

2450
廣東考古輯要 四十六卷
（清）周廣等編
清光緒十九年（1893）還讀書屋刊巾箱本
中大、粤圖、華師、華農

2451

新增廣東考古輯要 四十六卷 附廣東海防要覽 一卷

（清）周廣等編

清光緒二十年（1894）上海緯文閣石印本

粵圖

2452

皇朝輿地略 一卷

（清）六承如編、（清）南海馮焌光增補

清同治二年（1863）廣州刊本

港大

2453

讀史方輿紀要 一百三十卷 附方輿全圖總説 五卷

（清）顧祖禹撰

清道光三十年（1850）廣州識時山館刊本

港大

2454

皇朝直省地名韻語 不分卷

（清）陳樹鏞纂、（清）番禺韓銘基補

清光緒十九年（1893）番禺韓澄熹校刊本

港大

2455

皇朝直省地名韻語 一卷

（清）新會陳樹鏞編

清光緒十九年（1893）刊本

粵圖

2456

元史地名考 三卷 目録 一卷

（清）順德李文田撰

清鈔本

中大

2457

輿地略 一卷

（清）南海馮焌光輯

清光緒十七年（1891）上海著易堂鉛印《小方壺齋輿地叢鈔》本

華農

2458

中國近世輿地圖説 二十三卷

（清）南海羅汝楠編

清宣統元年（1909）廣東教忠學堂石印本

粵圖、中大、華師

2459

中外大略 四十八卷

（清）南海羅傳瑞等撰

清光緒二十三年（1897）鉛印《先務齋叢書》本

粵圖

2460

南漢地理志 一卷

（清）嘉應吳蘭修撰

清道光十四年（1834）鄭廷松校刊本

港大

2461

西陲今略 不分卷

（清）梁份撰

清光緒十九年（1893）李文田家鈔本　李文田校並跋

國圖

2462

新地理 一卷

新會梁啓超撰

清光緒二十九年（1903）上海廣智書局鉛印本

粵圖

方志類

2463

［宋元］廣州圖經 □□卷

（宋）王中行纂修

明鈔本《永樂大典》一一九〇五卷至一一九〇七卷

國圖

2464
［嘉靖］廣東通志初稿 四十卷 首一卷
（明）戴璟修、張岳纂
明嘉靖十四年（1535）刊本
國圖
清鈔本
上圖
民國三十五年（1946）藍晒本
粵圖

2465
［嘉靖］廣東通志 七十卷
（明）香山黃佐纂修
明嘉靖六年（1527）刊本
天一⊗
明嘉靖四十年（1561）刊本
粵圖、天一⊗

2466
［萬曆］廣東通志 七十二卷
（明）南海郭棐纂修
明萬曆三十年（1602）刊本
粵圖、上圖⊗

2467
粵大記 三十二卷
（明）南海郭棐撰
明萬曆二十四至二十六年（1596—1598）刊本
中大⊗、日内閣⊗
［按：此書為私撰志書，海内孤本，國内僅中山大學有藏。原書三十二卷，中大僅存二十七卷，缺卷一、二、三十至三十二共五卷。日本内閣文庫也藏有此書，但亦非足本，缺卷一、二十六至二十八共四卷，中日所藏，可互補有無，但仍缺卷一，為此，筆者遍查古籍，在清道光刊本東莞鄧淳輯《嶺南叢述》中找到此缺卷《郡國釋名》，遂撰文《關于〈粵大記〉及其佚卷》，發表在（《廣東史志》1994（4）上。］

2468
［康熙］廣東通志 三十卷
（清）金光祖纂修、莫慶元等纂
清康熙三十六年（1697）刊本
粵圖
清康熙三十六年（1697）刊五十二年（1713）增補本
粵圖

2469
［雍正］廣東通志 六十四卷
（清）郝玉麟等修、魯曾煜等纂
清雍正九年（1731）刊本
粵圖、中大
清乾隆文津閣《四庫全書》本
國圖

2470
［道光］廣東通志 三百三十四卷 首一卷
（清）阮元修、海康陳昌齊等纂
清道光二年（1822）刊本
粵圖
清同治三年（1864）重刊本
粵圖、中大、華師
民國二十三年（1934）上海商務印書館影印本
中大

2471
［宣統］續修廣東通志 不分卷
朱慶瀾修、番禺梁鼎芬纂
民國五年（1916）廣東通志局稿本
粵圖

2472
［民國］續廣東通志未成稿 不分卷
大埔鄒魯修、大埔温廷敬等纂
稿本
粵圖

2473
［宣統］廣東鄉土地理志 不分卷
（清）黃培堃、岑錫祥編
清宣統廣州粵東編譯公司刊本
中大
（按：書又名《廣東鄉土地理教科書》，其編簡而淺顯，但有關廣東扼要之點，莫不詳舉，並附圖説明。）

2474
［成化］廣州志　三十二卷
（明）吳中修、王文鳳纂
明成化九年（1473）刊本
國圖⊗

2475
［康熙］新修廣州府志　五十四卷
（清）汪永瑞修、香山楊錫震等纂
清康熙十二年（1673）鈔本
國圖⊗

2476
［乾隆］廣州府志　六十卷　首一卷
（清）張嗣衍修、沈廷芳纂
清乾隆二十四年（1759）刊本
粤圖、中大

2477
［同治］廣州府志　一百六十三卷
（清）戴肇辰、蘇佩訓修，番禺史澄、李光廷纂
清光緒五年（1879）粤秀書院刊本
粤圖、中大、華師、華農

2478
廣州府部考　不分卷
（清）蔣廷錫等輯
清光緒十年（1884）上海圖書集成書局鉛印本
粤圖

2479
［康熙］番禺縣志　二十卷
（清）孔興璉修、順德薛起蛟纂
清康熙二十五年（1686）刊本
國圖、魯圖⊗

2480
［乾隆］番禺縣志　二十卷
（清）任果修、檀萃等纂
清乾隆三十九年（1774）刊本
故宫、北大
清鈔本
粤圖

2481
［同治］番禺縣志　五十四卷　首一卷　附録一卷
（清）李福泰修、番禺史澄、何若瑶纂
清同治十年（1871）廣州光霽堂刊本
粤圖、華師、華師、廣中醫
［按：記事至清光緒七年（1881）。］

2482
［宣統］番禺縣續志　四十四卷首一卷
（清）番禺梁鼎芬修、番禺丁仁長、吳道鎔等纂
稿本
粤博
清宣統三年（1911）刊本
華師
民國二十年（1931）重刊本
中大、華農
稿鈔本
粤圖⊗

2483
［民國］番禺縣續志　不分卷
番禺凌鶴書纂修
民國七年（1918）番禺修志局稿本
粤圖⊗
民國鈔本
粤博、上圖、鄂圖

2484
［民國］番禺縣古壩鄉志　不分卷
番禺韓鋒撰
民國二十六年（1937）鉛印本
粤圖

2485
［民國］番禺河南小志　九卷
南海黄任恒編
民國鈔本
粤圖

2486
［大德］南海志　二十卷
（元）番禺陳大震、吕桂孫纂修

元大德刊本
國圖⊗

2487
［萬曆］**南海縣志　十三卷**
（明）劉廷元修、南海王學曾纂
明萬曆三十七年（1609）刊本
國圖⊗

2488
［崇禎］**南海縣志　十三卷**
（明）朱光熙修、南海龐景忠等纂
清鈔本
國圖

2489
［康熙］**南海縣志　十七卷**
（清）郭爾弝、胡雲客修，南海冼國幹纂
清康熙三十年（1691）刊本
日内閣

2490
［康熙］**南海小志　五卷**
（清）順德李文焆纂修
清康熙三十六年（1697）刊本
南州書樓

2491
［乾隆］**南海縣志　二十卷**
（清）魏綰修、陳張翼纂
清乾隆六年（1741）刊本
粤圖、北大

2492
［道光］**南海縣志　四十四卷　首一卷　末一卷**
（清）潘尚楫修、南海鄧士憲纂
清同治八年（1869）刊本
粤圖、中大、華師、華農

2493
［同治］**南海縣志　二十六卷　首一卷**
（清）鄭夢玉修、南海梁紹獻纂
清同治十一年（1872）廣州翰元樓刊光緒二年（1876）廣州富文齋補刊本
粤圖

2494
［同治］**南海縣圖志説　二卷**
（清）南海鄒伯奇、羅照滄纂修
清同治十一年（1872）刊本
科圖、粤社

2495
［宣統］**南海縣志　二十六卷　末一卷**
（清）鄭榮修、南海桂坫、何炳堃纂
清宣統三年（1911）刊本
粤圖、中大、華師、華農

2496
［乾隆］**佛山忠義鄉志　十一卷　首一卷**
（清）毛維錡修、南海陳炎宗纂
清乾隆十八年（1753）文盛堂刊本
粤圖、粤社、中大、華師

2497
［道光］**佛山忠義鄉志　十四卷**
（清）南海吴榮光纂修
清道光十一年（1831）刊本
粤圖、中大、華師

2498
［民國］**佛山忠義鄉志　十九卷　首一卷**
南海戴曾謀修、冼寶幹纂
民國十五年（1926）佛山修志局刊本
粤圖、中大、華農

2499
［順治］**南海九江鄉志　五卷**
（清）順德黎春曦纂輯
清順治十四年（1657）刊同治十三年（1874）重刊本
粤圖

2500
［光緒］**九江儒林鄉志　二十一卷**
（清）南海朱次琦、馮栻宗纂修
清光緒九年（1883）刊本
粤圖、中大、華農
民國影印本
粤圖

民國石印本
粵社

2501
［光緒］南海鄉土志 不分卷
（清）佚名纂
清光緒三十四年（1908）鈔本
粵圖

2502
［萬曆］順德縣志 十卷
（明）葉初春修、順德梁柱臣、歸善葉春及纂
明萬曆十三年（1585）刊本
國圖

2503
［康熙］順德縣志 十三卷 首一卷
（清）黄培彝修、順德嚴而舒纂
清康熙十三年（1674）刊本
國圖

2504
［康熙］順德縣志 十二卷 首一卷
（清）姚肅規修、順德佘象斗纂
清康熙二十六年（1687）刊本
南地所、猶他譜、日内閣

2505
［乾隆］順德縣志 十六卷
（清）陳志儀修、保昌胡定纂
清乾隆十五年（1750）刊本
國圖、上圖、南圖

2506
［咸豐］順德縣志 三十二卷
（清）郭汝誠修、順德馮奉初纂
清咸豐六年（1856）刊本
粵圖、中大、華師、華農

2507
［民國］順德縣續志 二十四卷 附郭志刊誤二卷
周之貞、馮葆熙修、順德周朝槐纂
民國十八年（1929）刊本
粵圖、中大、華農

2508
［道光］龍江志略 四卷
（清）順德龍江儒林書院纂
稿本
粵圖⊗
清鈔本
粵圖

2509
［道光］龍江志略稿 不分卷
（清）順德龍江儒林書院纂修
稿本
粵圖⊗

2510
［民國］龍江鄉志 五卷
民國十五年（1926）刊本
臺灣
民國鈔本
粵圖

2511
［嘉慶］龍山鄉志 十四卷 首一卷
（清）順德温汝能編纂
清嘉慶十年（1805）順德金紫閣刊本
粵圖、中大

2512
［民國］龍山鄉志稿 不分卷
（清）順德温肅纂修
稿本
粵圖⊗

2513
［民國］龍山鄉志 十五卷
周廷幹修、順德温肅、梅友容纂
民國十九年（1930）刊本
粵圖

2514
［乾隆］鶴山縣志 十二卷
（清）劉繼纂修
清乾隆十九年（1754 ）刊本
故宫、中大

清鈔本
粵圖

2515
［道光］**鶴山縣志 十二卷 末一卷**
（清）徐香祖修、鶴山吳應逵纂
清道光六年（1826）刊本
粵圖、華師
民國鈔本
粵圖

2516
［民國］**鶴山縣志未成稿 十五卷**
鶴山宋森編纂
稿本
粵圖
（按：記事補至1952年。）

2517
［康熙］**高明縣志 十八卷**
（清）魯傑修、羅守昌、高明楊有聲纂
清康熙八年（1669）刊本
國圖⊗

2518
［康熙］**高明縣志 十八卷 首一卷**
（清）于學修、黃之壁等纂
清康熙二十九年（1690）刊本
故宮、津圖、浙圖
民國鈔本
粵圖

2519
［嘉慶］**高明縣志 十八卷**
（清）瞿雲魁、雷際泰纂修
清嘉慶五年（1800）刊本
臺故宮

2520
［道光］**高明縣志 十八卷 首一卷**
（清）祝淮修、夏植亨纂
清道光五年（1825）刊本
上圖、津圖

2521
［光緒］**高明縣志 十六卷 首一卷**
（清）鄒兆麟、蔡逢恩續修、高明梁廷棟、區爲梁纂
清光緒二十年（1894）刊本
粵圖、中大

2522
［萬曆］**新會縣志 七卷**
（明）王命璿修、新會黃淳纂
明萬曆三十七年（1609）刊本
粵圖
明萬曆三十七年（1609）刊順治重修本
復旦

2523
［康熙］**新會縣志 十八卷 首一卷**
（清）賈雒英修、順德薛起蛟等纂
清康熙二十九年（1690）刊本
粵圖

2524
［乾隆］**新會縣志 十三卷 首一卷**
（清）王植纂修
清乾隆六年（1741）刊本
粵社、粵圖
［按：記事至清乾隆二十五年（1760）。］

2525
［道光］**新會縣志 十四卷 首一卷**
（清）林星章修、香山黃培芳、南海曾釗纂
清道光二十一年（1841）刊本
粵圖、中大、華師、華農

2526
［同治］**新會縣續志 十卷 首一卷**
（清）彭君谷修、新會锺應元、李星煇纂
清同治九年（1870）緯經樓刊本
粵圖、中大
民國十八年（1929）新會英隆印務局鉛印本
粵圖

2527
新會鄉土志輯稿 十五篇
（清）蔡垚爔修、新會譚鑣纂

清光緒三十四年（1908）粵東編譯公司鉛印本
粵圖

2528
潮連鄉志 七卷 首一卷
新會盧子駿編
民國三十五年（1946）香港林瑞英印務局鉛印本
粵圖、中大

2529
［嘉靖］香山縣志 八卷
（明）鄧遷修、香山黄佐纂
明嘉靖二十七年（1548）刊本
日國會
（按：存世僅此一帙。）
民國油印本
國圖、科圖等。

2530
［康熙］香山縣志 十卷
（清）申良翰修、南雄歐陽羽文纂
清康熙十二年（1673）刊本
中大

2531
［乾隆］香山縣志 八卷 首一卷
（清）暴煜修、香山李卓揆纂
清乾隆十五年（1750）刊本
粵圖、國圖、故宫

2532
［道光］香山縣志 八卷 首一卷 附録 一卷
（清）祝淮修、香山黄培芳纂
清道光八年（1828）刊本
粵圖、中大、華師
［按：黄培芳在編纂此縣志后，另撰《香山志》一卷，其自序曰：“香山者，廣州之大邑也。自秦郡縣天下，而漢史列傳，未嘗稱某縣人。茲志不名縣，法古且避官書也。道光七年，余總纂《香山縣志》八卷，復約為三篇，隱括土地、人民、政事，附諸家集，以貽好事者。”（見光緒《香山縣志》卷二十一藝文・史部。）這是他纂縣志時彙集所餘資料，可惜此書失傳。此外，當代修志，縣級及縣級以上志書，《地方志工作條例》第八條：“以縣級以上行政區域名稱冠名的地方志書……其他組織和個人不得編纂。”若仿黄培芳所述，“不名縣，法古且避官書也”是否可行？值得探討。］

2533
［光緒］香山縣志 二十二卷
（清）田明曜修、番禺陳澧纂
清光緒五年（1879）刊本
粵圖、中大、華農

2534
［民國］香山縣志續編 十六卷 首一卷
厲式金修、香山汪文炳、張丕基纂
民國十二年（1923）廣州墨寶樓刊本
粵圖、中大、華農
民國鈔本
黨校

2535
［民國］香山縣鄉土志 十五卷
民國鈔本
科圖

2536
［道光］澳門志略 二卷
（清）佚名輯
清紅格鈔本
劉斯翰
（按：此書由中國國家圖書館出版社影印出版，曾引起粵澳學界關注。筆者對此書作了較詳考證和比較，認為此書絕大部分鈔自道光《香山縣志》和乾隆《澳門紀略》，從而認定此書為《香山縣志・恭常都采訪冊》，供讀者參考。）

2537
［崇禎］從化縣志 十二卷
（明）王至章纂修、（清）孫繩續修
明崇禎七年（1634）刊清康熙增修本
國圖⊗

2538
［康熙］從化縣志 十二卷
（清）孫繩修、從化李光昇纂
清康熙元年（1662）刊本
國圖

2539
［康熙］從化縣志 五卷
（清）郭遇熙修、梁長吉增補、從化張德桂纂
清康熙四十九年（1710）刊本
國圖
民國十九年（1930）鉛印本
粵圖

2540
［雍正］從化縣新志 五卷
（清）蔡廷鑣續修、從化張經綸續纂
清雍正八年（1730）刊本
粵圖、華師
清宣統元年（1909）鉛印本
粵圖、中大
民國十九年（1930）廣州源源印務局鉛印本
粵圖

2541
［嘉靖］增城縣志 十九卷
（明）文章修、增城張文海纂
明嘉靖十七年（1538）刊本
天一⊗
（按：國內僅見此書。）

2542
［康熙］增城縣志 十四卷
（清）徐鳳來修、許代岳增修、增城盧弼纂
清康熙十二年（1673）刊本
國圖⊗

2543
［康熙］增城縣志 十四卷
（清）蔡淑修、增城陳輝璧纂
清康熙二十五年（1686）刊本
上圖、辭書

2544
［乾隆］增城縣志 二十卷首一卷
（清）管一清修、增城湯億纂
清乾隆十九年（1754）刊本
粵社、國圖、上圖

2545
［嘉慶］增城縣志 二十卷 首一卷 末一卷
（清）趙俊修、李寶中、增城黃應桂纂
清嘉慶二十五年（1820）刊本
華師
清同治十年（1871）羊城萃文堂增刊本
粵圖、中大

2546
［民國］增城縣志 三十一卷 首一卷
王思章修、增城賴際熙纂
民國十年（1921）刊本
中大、粵圖、華師
1959年油印本
粵圖、中大、華師

2547
［天順］重刻盧中丞東莞舊志 十二卷
（明）吳中修、東莞盧祥纂
明天順八年（1464）刊清初印本
國圖⊗
臺灣

2548
［崇禎］東莞縣志 八卷
（明）汪運光修、東莞張二果、南海曾起莘纂
清鈔本
粵圖

2549
［康熙］東莞縣志 十四卷 首一卷
（清）郭文炳修、東莞李作楫、張朝紳纂
清康熙二十八年（1689）刊本
日內閣

2550
［雍正］東莞縣志 十四卷 首一卷
（清）周天成修、東莞鄧廷喆等纂

清雍正八年（1730）刊本
故宫、粤圖

2551
［嘉慶］**東莞縣志 四十六卷 附續表 二卷**
（清）彭人杰修、東莞黄時沛等纂
清嘉慶三年（1798）省城存書堂刊本
粤圖、中大、華師

2552
［民國］**東莞縣志 一百〇二卷 首一卷**
東莞陳伯陶等纂修
民國十六年（1927）東莞養和書局鉛印本
粤圖、中大、華師、華農

2553
［民國］**茶山鄉志 十三卷 首一卷**
東莞袁應淦編、劉文亮補編
民國二十四年（1935）東莞南方印務局鉛印本
粤圖、華師、華農

2554
［康熙］**新安縣志 十三卷**
（清）靳文謨修、新安鄧文蔚纂
清康熙二十七年（1688）刊本
國圖、上圖⊗
清鈔本
粤圖
（按：新安即今寶安縣。）

2555
［嘉慶］**新安縣志 二十四卷 首一卷**
（清）舒懋官修、王崇熙纂
清嘉慶二十四年（1819）鳳岡書院刊本
粤圖、粤博
民國十九年（1930）羊城光東印務局鉛印本
粤圖、中大

2556
［康熙］**龍門縣志 十二卷**
（清）楊燁修、向古、龍門黎光曦纂
清康熙六年（1667）刊本
國圖、晉圖

2557
［康熙］**龍門縣志 十二卷**
（清）成王左纂修
清康熙二十六年（1687）刊乾隆印本
粤圖、故宫

2558
［道光］**龍門縣志 十六卷 首一卷 末一卷**
（清）毓雯、張經贊修、番禺張維屏纂
清咸豐元年（1851）刊本
粤圖、中大、華師
清咸豐六年（1856）補刊本
國圖、上圖、南圖

2559
［民國］**龍門縣志 二十卷 首一卷**
南海招念慈修、番禺鄔慶時纂
民國二十五年（1936）羊城漢元樓鉛印本
粤圖、中大、華農

2560
［康熙］**花縣志 四卷**
（清）王永名修、花縣黄士龍纂、施允中續修
清康熙刊乾隆印本
國圖、故宫
清同治五年（1866）刊本
中大、國圖
清光緒六年（1880）刊本
粤圖、中大、華師
清末鈔本
粤圖

2561
［宣統］**花縣志 十三卷**
（清）孔昭度修、花縣利璋纂
民國十三年（1924）鉛印本
粤圖、中大、華師
［按：記事至清宣統三年（1911）。］

2562
［光緒］**花縣鄉土志 不分卷**
（清）花縣利璋編
清光緒三十三年（1907）鈔本
科圖

2563
［道光］佛岡直隸軍民廳志 四卷
（清）龔耿光纂修
清咸豐元年（1851）夏承煜刊本
粵圖、中大、華師

2564
［康熙］三水縣志 十五卷 首一卷
（清）蘇嵋修、三水梁紹光纂
清康熙十二年（1673）刊本
國圖⊗

2565
［康熙］三水縣志 十五卷 首一卷
（清）鄭玟纂修
清康熙四十九年（1710）刊本
國圖、故宫

2566
［嘉慶］三水縣志 十六卷 首一卷
（清）李友榕等修、三水鄧雲龍等纂
清嘉慶二十四年（1819）省城心簡齋刊本
粵圖、華師、中大
民國十二年（1923）影印本
粵圖、中大、華農

2567
［民國］三水縣志藝文略稿 不分卷
三水黄榮康撰
民國二十六年稿本
粵圖

2568
［康熙］清遠縣志 十一卷
（清）陳丹藎修、高要黄許嶸纂、馮皋疆續修
清康熙元年（1662）刊十一年（1672）增修本
國圖

2569
［康熙］清遠縣志 十四卷
（清）劉士驥纂修
清康熙二十六年（1687）刊本
日内閣

2570
［乾隆］清遠縣志 十四卷
（清）陳哲修、順德佘錫純等纂
清乾隆三年（1738）刊本
故宫、辭書
清末鈔本
粵圖⊗

2571
［光緒］清遠縣誌 十六卷 首一卷
（清）李文烜修、清遠朱潤芳等纂
清光緒六年（1880）省城翰元樓刊本
粵圖、中大、華師

2572
［民國］清遠縣志 二十一卷 圖一卷
梅縣吳鳳聲、高要余棨謀修、清遠朱汝珍纂
民國二十六年（1937）羊城亞東印務局印鉛本
粵圖、中大、華農
（按：該志以考訂校讎詳核著稱，不受“遠略近詳”的觀點局限，應據實際該詳則詳，該略則略，關鍵在信而有徵。）

2573
惠大記 六卷
（明）歸善鄭維新撰
明嘉靖刊本
天一
明嘉靖刊本　清丁丙跋
浙圖
（按：鄭序云：“惠大記何？記惠之大也。”故有《羅大記》、《粵大記》等。）

2574
［嘉靖］惠州府志 十六卷
（明）姚良弼修、楊載鳴纂
明嘉靖三十五年（1556）刊藍印本
天一

2575
［嘉靖］惠州府志 十二卷
（明）李玘修、歸善劉梧纂
明嘉靖二十一年（1542）刊藍印本
國圖

2576
［嘉靖］惠志略 不分卷
（明）楊載鳴纂修、李大有編校
明嘉靖三十九年（1560）刊本
天一
清鈔本
粵圖
民國油印本
粵圖、華師
1959 年油印本
中大、國圖
［按：李大有序云："茲編所輯，則公（指楊）之遇事觸衷攄發隱慮，誠文之精華。"全書共十七篇。］

2577
［萬曆］惠州府志 二十一卷
（明）程有守、歸善楊起元纂修，龍國禄續修
明萬曆二十三年（1595）刊藍印本四十五年（1617）增刊本
國圖⊗、上圖

2578
［崇禎］惠州府志 二十一卷
（明）梁招孟修、鄭伯升纂
清鈔本
國圖⊗

2579
［康熙］惠州府志 二十卷 首一卷
（清）吕應奎等修、南海黄挺華等纂
清康熙二十七年（1688）刊本
粵圖、華師

2580
［光緒］惠州府志 四十五卷 首一卷
（清）劉溎年、張聯桂修，歸善鄧掄斌、陳新銓纂
清光緒七年（1881）惠郡城北文昌宫刊本
粵圖、中大、華師、華農
民國七年（1918）補版重印本
粵圖

2581
惠州地理志 八卷
（清）阮元編
清同治三年（1864）刊《廣東通志》本
粵圖

2582
［康熙］歸善縣志 二十一卷
（清）連國柱修、歸善龔章纂
清康熙十四年（1675）刊本
國圖⊗

2583
［雍正］歸善縣志 二十一卷
（清）孫能寬等修、歸善葉適等纂
清雍正二年（1724）刊本
上圖

2584
［乾隆］歸善縣志 十八卷 首一卷
（清）章壽彭修、陸飛纂
清乾隆四十八年（1783）刊本
中大、華師
清乾隆四十八年（1783）刊光緒十三年（1887）增補刊本
粵圖

2585
［民國］惠陽新志 不分卷
惠陽張友仁編纂
民國三十八年（1949）豐湖圖書館鉛印本
粵圖

2586
［崇禎］博羅縣志 七卷
（明）蘇元起修、博羅韓日纘纂
明崇禎四年（1631）刊本
國圖

2587
［康熙］博羅縣志 七卷
（清）陶敬纂修
清康熙二十六年（1687）刊本
上圖⊗

2588
［乾隆］博羅縣志 十四卷
（清）陳裔虞纂修
清乾隆二十八年（1763）刊本
粵圖、中大
民國油印本
華師、南開

2589
［雍正］長寧縣志 十卷
（清）李紹膺、吳觀光纂修、金試增修
清乾隆二十一年（1756）楚元士刊本
故宫
（按：長寧，即今新豐縣。）

2590
［乾隆］長寧縣志 十卷
（清）李紹膺修、楚元士增修
清乾隆二十一年（1756）刊本
粵圖

2591
［道光］長寧縣志 十卷
（清）高炳文等修、順德馮蘭纂
清道光十九年（1839）刊本
中大
清鈔本
粵圖

2592
［萬曆］永安縣志 二卷 圖一卷
（明）郭之藩修、歸善葉春及纂
明萬曆十四年（1586）刊本
國圖
（按：永安，即今紫金縣。）

2593
［康熙］永安縣次志 十七卷 圖一卷
（清）張進籙修、番禺屈大均纂
清康熙二十六年（1687）刊本
粵圖

2594
［道光］永安縣志 五卷 首一卷 末一卷
（清）宋如楠、葉廷芳修、賴朝侶纂
清道光二年（1822）惠州同和堂刊本
粵圖

2595
［嘉靖］海豐縣志 二卷
（明）張炎道修、長樂李日巽纂
明嘉靖三十八年（1559）刊本
天一⊗

2596
［乾隆］海豐縣志 十卷 末一卷
（清）于卜熊修、史本等纂
清乾隆十五年（1750）刊本
粵圖、華師
清乾隆十五年（1750）刊道光二十一年（1841）補刊本
中大
清同治十二年（1873）補刊本
科圖、上圖

2597
［同治］海豐縣志續編 二卷
（清）蔡逢恩修、海豐林光斐纂
清同治十二年（1873）刊本
科圖、上圖
清同治十二年（1873）刊光緒三年（1877）續補本
粵圖、中大
民國二十年（1931）海豐鉛印本
中大、華農

2598
［乾隆］陸豐縣志 十二卷
（清）王之正等修、沈展才纂
清乾隆十年（1745）刊本
粵圖、中大、華師

2599
［民國］陸豐縣志 不分卷
馬斯臧纂修
民國二十三年（1934）鉛印本
上圖

2600
［民國］陸豐縣鄉土志 不分卷
陸豐黃墨園編
民國十二年（1923）廣州大同印務局鉛印本
粵圖、國圖、科圖

2601
［康熙］河源縣志 八卷
（清）王騎修、河源鄺奕俊等纂
清康熙二十八年（1689）刊本
日内閣、東洋

2602
［乾隆］河源縣志 十五卷
（清）陳張翼修、尹報逵纂
清乾隆十一年（1746）刊本
科圖、故宫、浙圖

2603
［乾隆］河源紀略 三十五卷 首一卷
（清）紀昀修、梅州吳省蘭等纂
民國二十年（1931）據故宫博物院本影印
劍英圖

2604
［同治］河源縣志 十五卷 附一卷
（清）彭君谷修、河源賴以平纂
清同治十三年（1874）刊本
粵圖

2605
［康熙］和平縣志 八卷
（清）唐開先纂修、韓師愈續修、龔以時續纂
清康熙鈔本
國圖

2606
［乾隆］和平縣志 八卷
（清）曹鵬翊修、和平朱超玫纂
清乾隆二十八年（1763）刻本
粵圖

2607
［嘉慶］和平縣志 八卷 首一卷
（清）羅天桂修、和平徐延翰纂
清嘉慶刊本
復旦

2608
［民國］和平縣志 二十卷
曾樞修、凌開蔚纂
民國三十二年（1943）贛縣大東書局鉛印本
粵圖

2609
［光緒］和平縣鄉土志 一卷
（清）佚名編
清光緒鈔本
科圖

2610
［宋］龍川略志 六卷 別志 四卷
（宋）蘇轍撰
民國初影宋本
日内閣

2611
［萬曆］龍川縣志 九卷
（明）林庭植修、劉晃等纂
清鈔本
國圖⊗

2612
［康熙］龍川縣志 十二卷
（清）潘好讓修、龍川陳繼芳等纂
清康熙二十七年（1688）刊本
魯博⊗

2613
［乾隆］龍川縣志 十卷
（清）盛熙祚纂修
清乾隆四年（1739）刊本
美國會

2614
［乾隆］龍川縣志 十二卷
（清）書圖修、龍川楊廷釗纂
清乾隆二十七年（1762）刊本
故宫、粵圖⊗

2615
［嘉慶］龍川縣志 四十卷
（清）胡瑃修、勒殷山纂
清道光元年（1821）省城心簡齋刊本
上圖、粵圖

2616
［光緒］龍川縣志 十六卷
（清）謝寶文纂修
清光緒二十三年（1897）刊本
上圖

2617
［民國］龍川縣志 不分卷
古雲瓊纂修
民國二十三年（1934）稿本
龍川方志辦

2618
［民國］龍川縣新志分並改補説略及凡例 不分卷
龍川縣修志館編
民國二十年（1931）龍川縣志館鈔本
粵圖

2619
［民國］龍川縣修志館職員履歷表 一卷
龍川縣修志館編
民國二十年（1931）龍川縣志館鈔本
粵圖

2620
［雍正］連平州志 十卷
（清）盧廷俊修、連平顏希聖等纂
清雍正八年（1730）刊本
粵圖
清鈔本
粵圖

2621
［光緒］連平州鄉土志 十卷
（清）連平謝錫善編
清鈔本
科圖

2622
［民國］連平縣志徵訪草冊 不分卷
民國十九年（1930）油印本
粵圖

2623
［宋］潮州圖經 □□卷
（宋）□□纂修
明《永樂大典》卷五三四三潮字
國圖

2624
［永樂］潮州府志 三卷
明《永樂大典》卷五三四三至五三四五潮字
國圖

2625
［嘉靖］潮州府志 八卷
（明）郭春震纂修
明嘉靖二十六年（1547）仰韓堂刊本
臺灣⊗、日內閣

2626
［順治］潮州府志 十二卷
（清）吳穎、賀寬纂修
清順治十八年（1661）刊本
粵圖
清順治十八年（1661）刊康熙五年（1666）補修本
粵圖

2627
［康熙］潮州府志 十六卷 首一卷
（清）林杭學修、潮州楊鍾岳纂
清康熙二十三年（1684）刊本
國圖、粵圖⊗

2628
［乾隆］潮州府志 四十二卷 首一卷
（清）周碩勛纂修
清乾隆二十七年（1762）刊本
粵圖、故宮、南開、浙圖
清乾隆四十年（1775）康基田增刊本
粵圖、華師

清光緒十九年（1893）珠蘭書屋重刊本
粵圖、中大、華師、華農

2629
［民國］潮州府志略 不分卷
揭陽潘載和編
民國二十二年（1933）汕頭文藝書店鉛印本
粵圖、中大

2630
［民國］潮州志 十五卷
揭陽饒宗頤纂修
民國三十八年（1949）汕頭藝文印務局鉛印本
粵圖、華農

2631
郡乘小序 一卷
（清）海陽陳衍虞撰，王岱、張履吉評閲
清康熙二十二年（1683）刊本
粵圖
清道光十九年（1839）刊本
粵圖、汕圖

2632
潮州嘉應州地理志 十卷
（清）阮元等撰
清同治三年（1864）刊本
粵圖
（按：本書爲阮元修《廣東通志》之部分。）

2633
［隆慶］潮陽縣志 十五卷 附録 一卷
（明）黄一龍修、潮陽林大春纂
明隆慶六年（1572）刊本
天一
清鈔本
粵圖
清初鈔本　清李文藻跋
臺研

2634
［康熙］潮陽縣志 二十卷 首一卷
（清）臧憲祖纂修
清康熙二十六年（1687）刊本
粵圖⊗、故宫

2635
［嘉慶］潮陽縣志 二十卷 首一卷
（清）唐文藻纂修
清嘉慶二十四年（1819）刊本
粵圖、中大、華師

2636
［光緒］潮陽縣志 二十二卷 首一卷
（清）周恒重修、嘉應張其翻纂
清光緒十年（1884）刊本
粵圖、中大、華師、華農
民國三十一年（1942）鉛印本
粵圖、中大、華農

2637
［康熙］海陽縣志 五卷 首一卷
（清）金一鳳修、海陽陳衍虞纂
清康熙鈔本
國圖
（按：海陽，今潮安縣。）

2638
［雍正］海陽縣志 十二卷
（清）張士璉修、歸善葉適等纂
清雍正十二年（1734）刊本
粵圖、華師、北大

2639
［光緒］海陽縣志 四十六卷 首一卷
（清）盧蔚猷修、番禺吴道鎔纂
清光緒二十六年（1900）潮城謝存文館刊本
粵圖、中大、華師、華農

2640
海陽縣鄉土志 不分卷
（清）潮安翁輝東、黄人雄編
清鈔本
國圖

2641
［康熙］饒平縣志 四卷
（清）劉抃、熊可坪纂修
稿本
國圖

清康熙二十六年（1687）刊本
粵圖、華師
（按：此志有題侯世祿纂。）

2642
［光緒］重修饒平縣志　二十五卷　圖一卷
（清）惠登甲增修、黄德容、翁荃增纂
清光緒九年（1883）增刊本
粵圖、中大、華師

2643
［民國］饒平縣志補訂　二十二卷
饒平陳光烈纂
清韻古樓鈔本
港大

2644
東里志　七卷
（明）饒平陳天資纂修
清末鈔本
汕圖

2645
［乾隆］南澳志　十二卷
（清）齊翀纂修
清乾隆四十八年（1783）刊本
中大、華師
清乾隆刊光緒十七年（1891）增刊本
粵圖

2646
［民國］南澳縣志未成稿　四卷
章濬龍修、楊世澤纂
稿本
粵圖

2647
［民國］南澳縣志　二十五卷
饒平陳光烈纂修
稿本
港大
民國三十四年（1945）汕頭《嶺東日報》鉛印本
港大

2648
［康熙］澄海縣志　二十二卷　首一卷
（清）王岱修、王楚書纂
清康熙二十五年（1686）刊本
國圖

2649
［雍正］澄海縣志　二十四卷　首一卷
（清）寧時文纂修
清雍正九年（1731）刊本
北大

2650
［乾隆］澄海縣志　二十九卷　首一卷
（清）金廷烈纂修
清乾隆二十九年（1764）刊本
國圖、上圖
1958 年鈔本
粵圖

2651
［嘉慶］澄海縣志　二十六卷　首一卷
（清）李書吉等修、澄海蔡繼紳等纂
清道光九年（1829）刊本
粵圖、中大、華師、華農
清鈔本
厦大

2652
［康熙］惠來縣志　十八卷　圖一卷
（清）張秉政修、惠來張經纂
清康熙二十六年（1687）刊本
津圖、鄂圖

2653
［康熙］惠來縣志　十八卷
（清）查曾榮纂修
清康熙四十四年（1705）刊本
日内閣

2654
［雍正］惠來縣志　十八卷
（清）張玿美纂修
清雍正九年（1731）刊本

故宫、上圖、粤圖
清同治五年（1866）補刊本
粤圖⊗
清末鈔本
粤圖
民國十九年（1930）汕頭名利軒鉛印本
粤圖、中大

2655
惠來縣鄉土志 不分卷
（清）惠來吳蘭編
清鈔本
科圖

2656
［萬曆］普寧縣志略 十卷
（明）阮以臨修、黄秉中纂
清鈔本
國圖⊗

2657
［乾隆］普寧縣志 十卷 首一卷
（清）蕭麟趾修、梅奕紹纂
清乾隆十年（1745）刊本
粤圖、中大、華師
民國二十三年（1934）鉛印本
粤圖、華農
（按：此志另題陳元德纂。）

2658
［光緒］普寧縣志稿 十卷
（清）盧師職修、普寧賴焕辰纂
清光緒十五年（1889）谷堂鈔本
汕圖
清末鈔本
暨大、粤博

2659
［崇禎］揭陽縣志 □卷
（明）馮元飈修、揭陽郭之奇纂
清鈔本
國圖⊗

2660
［雍正］揭陽縣志 八卷
（清）陳樹芝纂修
清雍正九年（1731）刊本
日内閣、粤圖（複印本）

2661
［乾隆］揭陽縣志 八卷 首一卷
（清）劉業勤修、番禺凌魚纂
清乾隆四十四年（1779）刊本
粤圖、中大、華師、華農
民國二十六年（1937）鉛印本
粤圖、中大

2662
［光緒］揭陽縣續志 四卷 首一卷
（清）王崧修、新會李星煇纂
清光緒十六年（1890）刊本
粤圖、中大、華師
民國二十六年（1937）鉛印本
粤圖、中大

2663
［乾隆］豐順縣志 八卷 首一卷
（清）葛曙纂修
清乾隆十一年（1746）刊本
北大、故宫、辭書、粤圖
清同治四年（1865）重刊本
粤圖

2664
［光緒］重修豐順縣志 八卷 首一卷
（清）許普濟修、豐順吳鵬纂
清光緒十四年（1888）刊本
粤圖、中大

2665
［民國］新修豐順縣志 二十六卷 首一卷
劉禹輪修、李唐纂
民國三十二年（1943）汕頭鑄字局梅縣分局鉛印本
粤圖

2666
［乾隆］嘉應州志 十二卷
（清）王之正等修、嘉應葉承立等纂
清乾隆十五年（1750）刊本
粵圖

2667
［咸豐］嘉應州志增補考略 四十卷 首一卷
（清）文晟纂修
清咸豐三年（1853）刊本
粵圖⊗、上圖

2668
［光緒］嘉應州志 三十二卷 首一卷
（清）吳宗焯、李慶榮修、嘉應温仲和纂
清光緒二十七年（1901）刊本
粵圖、中大、華師、華農
民國二十二年（1933）伍心達廬補刊本
粵圖

2669
嘉應州圖 一卷
（清）鍾焕彬繪
清光緒二十二年（1896）測繪本
中大
（按：此圖冊爲光緒《嘉應州志》輿圖。）

2670
嘉應鄉土志 不分卷
（清）嘉應張芝田編
清宣統元年（1909）奇珍閣石印本
首圖、津圖

2671
［康熙］程鄉縣志 八卷
（清）劉廣聰纂修
清康熙三十年（1691）刊本
東洋

2672
［民國］西陽鄉志 二十二卷
西陽修志局編纂
民國三十五年（1946）油印本
粵圖

2673
［正德］興寧志 四卷
（明）祝允明纂修、劉天錫纂
稿本
蘇博
明正德十三年（1518）刊本
温圖⊗
清鈔本
上圖、復旦、南大

2674
［嘉靖］興寧縣志 六卷
（明）黃國奎修、盛繼纂
明嘉靖三十一年（1552）刊藍印本
天一
清鈔本
粵圖

2675
［崇禎］興寧縣志 六卷
（明）劉熙祚修、李永茂纂
明崇禎十年（1637）刊本
日國會、國圖（膠卷）

2676
［康熙］興寧縣志 八卷 首一卷
（清）王綸部修、勞清纂
清康熙二十年（1681）刊本
國圖⊗

2677
［乾隆］興寧縣志 十卷
（清）施念曾纂修
清乾隆四年（1739）刊本
國圖、故宫、粵圖（複印本）

2678
［嘉慶］興寧縣志 十二卷 首一卷
（清）仲振履纂修
清嘉慶十六年（1811）刊本
粵圖⊗

2679
［咸豐］興寧縣志 十二卷 首一卷
（清）張鶴齡續修、興寧曾士梅續纂

清咸豐六年（1856）增刊本
粵圖、中大、華師、華農
民國十八年（1929）興寧書店印務公司鉛印本
粵圖、中大

2680
［光緒］興寧圖志考　二卷
（清）興寧胡曦撰
清光緒八年（1882）刊本
粵圖、華師

2681
［光緒］興寧鄉土志　二十卷
（清）羅獻編
清鈔本
粵圖、中大
民國鈔本
科圖

2682
［康熙］長樂縣志　八卷
（清）孫胤光修、李逢祥纂
清康熙二年（1663）刊本
國圖、浙圖
（按：長樂縣，爲今五華縣。）

2683
［康熙］長樂縣志　八卷
（清）孫蕙修、長樂孔元祚等纂
清康熙二十六年（1687）刊本
粵圖

2684
［道光］長樂縣志　十卷　首一卷
（清）侯坤元修、長樂温訓等纂
清道光二十五年（1845）刊本
粵圖⊗
民國興寧書店鉛印本
粵圖、中大

2685
［民國］五華縣志　十七卷
張際清修、古竹樓纂
民國三十七年（1948）鉛印本
故宫、粵圖⊗

2686
［康熙］鎮平縣志　八卷
（清）程夢簡修、黄殿楫纂
清康熙嘉樹堂刊本
國圖⊗
（按：鎮平縣，爲今蕉嶺縣。）

2687
［乾隆］重修鎮平縣志　六卷
（清）潘承焯、吳作哲修、王應亨纂
清乾隆四十八年（1783）刊本
粵圖⊗
民國五年（1916）鉛印本
粵圖、中大

2688
［道光］石窟一徵（又名鎮平縣志）　九卷
（清）鎮平黄釗編撰
清光緒六年（1880）古範初等刊光緒二十五年（1899）補刊本
粵圖
清宣統元年（1909）鉛印本
華師
民國十九年（1930）蕉嶺黄睦記鉛印本
粵圖、中大
民國三十二年（1943）蕉嶺縣署據清光緒六年（1880）板補刊本
粵圖、華農
［按：此爲私撰方志，作者黄釗（1787—1853），鎮平人。清嘉慶舉人，官内閣中書。晚年回里授徒，課暇編著此書，仿《揚州畫舫録》例，取鎮平原稱“石窟都”，又謙稱“一徵”，故名。對該縣歷史沿革、典章制度、風土人情、語言習俗等方面，有較詳記載，是研究客家文化的重要文獻。］

2689
［嘉靖］大埔縣志　九卷
（明）吳思立修、陳堯道等纂
明嘉靖刊本
國圖
影鈔本
粵博

2690
［康熙］埔陽志　六卷
（清）宋嗣京修、藍應裕等纂
清乾隆刊本
國圖、辭書

2691
［乾隆］大埔縣志　十二卷
（清）蔺涛纂修
清乾隆十年（1745）刊本
故宮⊗

2692
［嘉慶］大埔縣志　十八卷　首一卷
（清）洪光濤、白書田纂修
清嘉慶九年（1804）刊本
粵圖

2693
［同治］大埔縣志　十八卷　首一卷
（清）張鴻恩纂修、大埔饒于磐纂
清光緒二年（1876）刊本
粵圖、中大、華師
民國二十四年（1935）大埔公民報鉛印本
粵圖

2694
［民國］新修大埔縣志　三十九卷　首一卷
鄒進之修、大埔温廷敬纂
民國三十二年（1943）鉛印本
粵圖、中大、華農

2695
［康熙］平遠縣志　十卷　圖一卷
（清）劉駿名纂修、張天培增修
清康熙刊本
國圖

2696
［雍正］平遠縣志　十卷　圖一卷
（清）劉駿名修、黄大鵬增修
清康熙九年（1670）刊雍正九年（1731）增修本
國圖、科圖、故宮

2697
［嘉慶］平遠縣志　五卷　首一卷
（清）盧兆鰲修、平遠余鵬舉等纂
清嘉慶二十五年（1820）刊本
粵圖、中大
民國二十四年（1935）平遠鉛印本
粵圖、中大

2698
［嘉靖］韶關府志　十卷　圖一卷
（明）符錫修、秦志道纂
明嘉靖二十一年（1542）刊本
國圖

2699
［康熙］韶關府志　十六卷
（清）馬元纂修
清康熙刊本
國圖⊗

2700
［康熙］韶州府志　十八卷
（清）唐宗堯修、番禺秦嗣美纂
清康熙二十六年（1687）刊本
中大

2701
［同治］重修韶州府志　四十卷　首一卷
（清）額哲克、華祝三修、連州單興詩纂
清同治十三年（1874）刊本
粵圖、中大、華師

2702
［康熙］新修曲江縣志　四卷
（清）凌作聖、周韓瑞纂修
清康熙刊本
國圖⊗

2703
［康熙］重修曲江縣志　四卷
（清）秦熙祚纂修
清康熙二十六年（1687）刊本
國圖、北大、南圖
鈔本
粵圖

2704
［光緒］曲江縣志 十六卷
（清）張希京修、曲江歐樾華、馮翼之纂
清光緒元年（1875）羊城酌雅齋刊本
粵圖、中大、華師

2705
［光緒］曲江鄉土志 不分卷
（清）曲江梁朝俊、黄文蔚編
清光緒宣統間鈔本
科圖

2706
［民國］南華小志五章
題隋齋居士編
民國二十六年（1937）鉛印本
粵圖

2707
［康熙］樂昌縣志 十卷
（清）李成栋修、樂昌張日星纂
清康熙五年（1666）刊本
國圖
（按：該志另題樂昌鄧璟纂。）

2708
［康熙］樂昌縣志 十卷
（清）程𡿖修、樂昌張日星纂、任衡續修
清康熙二十六年（1687）刊五十八年（1719）增修本
南圖、華師

2709
［同治］樂昌縣志 十二卷 首一卷
（清）徐寶符、段綖傅修、新會李穮、興寧陳其藻纂
清同治十年（1871）刊本
粵圖、中大、華師

2710
［民國］樂昌縣志 二十三卷 首一卷
劉運鋒修、陳宗瀛纂
民國二十年（1931）羊城廣益書局鉛印本
粵圖、中大、華農

2711
［康熙］乳源縣志 十二卷
（清）裘秉鈁修、南海龐瑋纂
清康熙二年（1663）刊本
國圖
清鈔本
粵圖

2712
［康熙］乳源縣志 八卷
（清）張洗易纂修、南海李師錫纂
清康熙二十六年（1687）刊本
日內閣

2713
［宋］雄州圖經 □卷
宋人撰
明鈔本《永樂大典》卷六百六十五至卷六百六十六
東研

2714
［嘉靖］南雄府志 二卷
（明）胡永成修、始興譚大初纂
明嘉靖二十一年（1542）虛明堂刊本
天一
清鈔本
粵圖

2715
［康熙］南雄府志 八卷
（清）陸世楷、姚昌廷纂修
清康熙十四年（1675）刊本
國圖⊗

2716
［乾隆］南雄府志 十九卷
（清）梁弘勛等修、保昌胡定纂
清乾隆十八年（1753）刊本
故宮、津圖、杭大、華師
1958年廣東省中山圖書館油印本
粵圖、中大

2717
［嘉慶］直隸南雄州志 三十四卷 首一卷
（清）余保純等修、新會黄其勤纂、戴錫綸續修
清道光四年（1824）廣州簡心齋刊本
粵圖、中大、華師、華農

2718
［康熙］保昌縣志 八卷
（清）張進賢纂修
清康熙鈔本
國圖
（按：保昌，即今南雄。）

2719
［乾隆］保昌縣志 十四卷
（清）陳志儀纂修
清乾隆十八年（1753）刊本
故宫、粵圖

2720
［嘉靖］始興縣志 二卷
（明）汪慶舟修、袁宗與等纂
明嘉靖十五年（1536）刊本
天一
清鈔本
粵圖
1958年油印本
粵圖、中大、華師

2721
［康熙］始興縣志 十六卷
（清）李璨纂修
清康熙鈔本
國圖

2722
［乾隆］始興縣志 十六卷
（清）鄭炳修、始興凌元駒纂
清乾隆二十年（1755）刊本
故宫

2723
［嘉慶］始興縣志 十六卷
（清）胡勛裕修、始興鄧粹纂
清嘉慶二十四年（1819）刊本
北大

2724
［民國］始興縣志 十六卷 首一卷
陳賡虞等修、始興陳及時纂
民國十五年（1926）南雄華園印務局石印本
粵圖、中大

2725
［光緒］始興縣鄉土志 一卷
（清）始興張報和編
光緒三十三年（1907）鉛印本
粵圖、華農

2726
［嘉靖］仁化縣志 五卷
（明）胡居安纂修
明鈔本
天一
清鈔本
粵圖
1958年廣東省中山圖書館油印本
粵圖、中大、暨大

2727
［萬曆］仁化縣志 二卷
（明）司馬暐纂修
明萬曆刊本
國圖⊗

2728
［康熙］仁化縣志 二卷
（清）廣寧李夢鸞纂修
清康熙二十五年（1686）刊本
故宫、臺灣

2729
［嘉慶］仁化縣志 三卷
（清）鄭紹曾纂修
清嘉慶二十四年（1819）刊本
津圖、桂博

2730
［同治］仁化縣志 八卷 首一卷
（清）陳鴻修、新會劉鳳輝纂

清光緒九年（1883）刊本
粵圖、中大、華師

2731
［民國］仁化縣志 八卷 首一卷
何炯章修、譚儀鳳纂
民國二十三年（1934）鉛印本
粵圖

2732
［光緒］仁化鄉土志 不分卷
（清）佚名編
稿本
粵圖

2733
［嘉靖］廣東韶州府翁源縣志 不分卷
（明）徐恒錫修、李孔明、吳美等纂
明鈔本
天一
清鈔本
粵圖
1958 年油印本
粵圖、中大等

2734
［康熙］新修翁源縣志 七卷
（清）孫可訓修、郭弘纘纂、劉士麒增修
清康熙十三年（1674）刊本
國圖⊗

2735
［康熙］翁源縣志 七卷
（清）劉士麒纂修、東莞何賡颺纂
清康熙二十五年（1686）刊本
静嘉、日内閣

2736
［乾隆］翁源縣志 八卷
（清）楊楚枝修、郭正嘉纂
清乾隆三十年（1765）刊本
故宫

2737
［嘉慶］翁源縣新志 十二卷 首一卷 末一卷
（清）謝崇俊等修、連平顔爾樞纂
清嘉慶二十五年（1820）刊本
粵圖、中大

2738
［民國］翁源縣志 十六卷 首一卷 末一卷
殷恭仁纂修
稿本
南圖

2739
［民國］翁源縣志徵訪稿 不分卷
王章詞輯
民國十九年（1930）稿本
粵圖

2740
［康熙］（重修）英德縣志 五卷
（清）張斗、丘有璇纂修
清康熙十二年（1673）刊本
國圖⊗

2741
［康熙］英德縣續志 一卷
（清）孔興熼纂修
清康熙二十六年（1687）刊本
日内閣

2742
［乾隆］英德縣志 五卷
（清）陳志儀修、張宋良纂
清乾隆刊本
日宫内
清鈔本
日宫内

2743
［道光］英德縣志 十六卷 首一卷
（清）黃培燦等修、番禺陸殿邦等纂
清道光二十三年（1843）刊本
粵圖

2744
［宣統］英德縣續志 十七卷 首一卷 末一卷
英德鄧士芬修、番禺凌鶴書、香山黃佛頤纂
民國二十年（1931）鉛印本

粤圖、中大、華農
［按：記事至清宣統三年（1911）。］

2745
［民國］**英德鄉土志　不分卷**
佚名編
民國鈔本
國圖

2746
［宋］**湟川圖志　□卷**
（宋）□□撰
明鈔本《永樂大典》卷三一四五、八五二六、九七六四等卷
國圖

2747
［康熙］**連州志　十卷**
（清）李蕡修、連州石光祖等纂
清康熙刊本
國圖⊗

2748
［康熙］**連州志　十卷　首一卷**
（清）王濟民修、衛金章纂
清康熙四十九年（1710）刊本
日内閣

2749
［乾隆］**連州志　十二卷**
（清）楊楚枝等修、吳光等纂
清乾隆三十六年（1771）刊本
粤圖

2750
［同治］**連州志　十二卷**
（清）袁泳錫、覺羅祥瑞、阿克丹布修、連州單興詩纂
清同治九年（1870）刊本
粤圖、中大、華師

2751
［民國］**連縣志　七卷**
韓建勛修、連縣何詩迪纂
民國三十八年（1949）油印本
粤圖

2752
［康熙］**連山縣志　十卷　首一卷**
（清）劉允元修、彭鎧纂、李來章續修
清康熙刊本
國圖

2753
［道光］**連山綏瑤廳志　不分卷**
（清）姚柬之纂修
清道光十七年（1837）刊本
國圖、民院
清道光二十八年（1848）刊《且看山人文集》本
粤圖
清光緒三年（1877）刊本
粤圖、中大、華師
（按：此志專記瑤排沖道里、住居位置、瑤長、瑤練編制及各村戶口等。）

2754
［民國］**連山縣志　十六卷　首一卷**
何一鸞修、臧承宣纂、番禺凌錫華增修、彭徽朝增纂
民國十七年（1928）羊城天成印務局鉛印本
粤圖、中大

2755
［光緒］**連山鄉土志　不分卷**
（清）虞澤潤編纂
清光緒鈔本
粤圖

2756
［順治］**陽山縣志　八卷**
（清）熊兆師修、周士彪纂
清順治十五年（1658）刊本
國圖

2757
［乾隆］**陽山縣志　二十二卷**
（清）萬光謙纂修
清乾隆十二年（1747）刊本
故宮、國圖⊗

2758
［道光］陽山縣志　十五卷　首一卷
（清）陸向榮修、番禺劉彬華纂
清道光三年（1823）陽山縣城總局文元堂刊本
粵圖、中大
清鈔本
中大

2759
［民國］陽山縣志　十八卷　首一卷
黃瓚修、清遠朱汝珍纂
民國二十七年（1938）香港文雅書局鉛印本
粵圖、中大

2760
［萬曆］肇慶府志　二十二卷
（明）鄭一麟修、歸善葉春及纂
明萬曆十六年（1588）刊本
上圖

2761
［崇禎］肇慶府志　二十五卷
明陸鏊修、高明區懷瑞纂
明崇禎八年（1635）刊本
東研

2762
［康熙］肇慶府志　三十二卷
（清）史樹駿修、高明區簡臣纂
清康熙十二年（1673）刊本
國圖、科圖

2763
［康熙］肇慶府志　三十二卷
（清）宋志益修、順德鄭際泰纂
清康熙五十八年（1719）增修本
浙圖

2764
［乾隆］肇慶府志　二十八卷
（清）吳繩年修、南海何夢瑤纂
清乾隆二十五年（1760）刊本
故宫⊗、臺灣

2765
［道光］肇慶府志　二十二卷　首一卷
（清）屠英修、江藩、香山黃培芳纂
清光緒二年（1876）廣州富文齋刊本
粵圖、中大、華師、華農

2766
［康熙］高要縣志　二十九卷
（清）譚桓修、高要梁登胤纂
清康熙十二年（1673）刊本
國圖、浙圖

2767
［道光］高要縣志　二十二卷　首一卷
（清）韓際飛修、高要何元等纂
清道光六年（1826）刊本
中大、華師、華農

2768
［同治］續修高要縣志稿　二卷　首一卷
（清）吳信臣修、高要黃登瀛等纂
清同治二年（1863）高要賓興公所刊本
粵圖、華農
清同治二年（1863）刊光緒八年（1882）增刊本
粵圖

2769
［光緒］高要縣志　二十一卷　首一卷　續志稿　三卷　首一卷
（清）韓際飛修、高要黃登瀛續纂、高要陳培桂續纂
清光緒八年（1882）刊本
粵圖
民國初肇慶福元號鉛印本
粵圖

2770
［宣統］高要縣志　二十六卷　附志　二卷
高要馬呈圖、番禺鄔慶時纂修
民國二十七年（1938）肇慶和發自動機印務局鉛印本
中大、華農、粵圖
（按：此志纂修，歷經坎坷，如周葆真、陳

伯陶、何炳坤、范百勤、陳重遠等，都曾經纂，終因各種原因而未果，詳見書内邑人梁贊燊《重修高要縣志始末記》。）

2771
［民國］高要縣志初稿 二十三卷
高要梁贊燊等纂修
民國三十七年（1948）油印本
臺灣

2772
［光緒］高要鄉土志 不分卷
（清）高要潘文錦編
民國鈔本
科圖

2773
［康熙］肇慶府四會縣志 二十卷
（清）李復修修、吳國玕纂
清康熙十一年（1672）刊本
國圖⊗

2774
［康熙］四會縣補志 一卷
（清）吳樹臣纂修
清康熙二十五年（1686）刊本
國圖

2775
［康熙］四會縣志 二十卷
（清）陳欲達、鄒紫客纂修
清康熙二十七年（1688）刊本
科圖、津圖
清鈔本
粵圖

2776
［道光］四會縣志 十卷 首一卷
（清）伍鼎臣修、徐祖鞏、張炳文纂
清道光三年（1823）刊本
粵圖、湘圖⊗

2777
［光緒］四會縣志 十編 首一編 末一編
（清）陳志喆、劉德恒修、四會吳大猷纂
清光緒二十二年（1896）刊本
粵圖、中大、華師
民國十四年（1925）鉛印本
首圖、南圖

2778
［康熙］新興縣志 二十卷
（清）李超、李廷鳳纂修
清康熙十八年（1679）刊本
國圖⊗

2779
［康熙］新興縣志 二十卷
（清）徐煌纂修
清康熙二十六年（1687）刊本
北大、國圖
清康熙四十九年（1710）補刊本
津圖、上圖

2780
［乾隆］新興縣志 三十卷
（清）劉芳纂修
清乾隆二十三年（1758）刊本
故宮、浙圖
清鈔本
粵圖⊗
民國二十三年（1934）新州書局據乾隆二十三年（1758）刊本鉛印
粵圖

2781
［民國］新興縣志 不分卷
劉尚一修、葉潔芸纂
民國三十七年（1948）稿本
新興方志辦

2782
［光緒］新興縣鄉土志 不分卷
（清）顧雲龍編
清末鈔本
科圖

2783
［康熙］廣寧縣志 六卷
（清）黃金從纂修

清康熙二十六年（1687）刊本
臺灣

2784
［**乾隆**］**廣寧縣志　十卷**
（清）李本潔修、梁喬㠥纂
清乾隆十四年（1749）刊本
故宫、臺灣

2785
［**道光**］**廣寧縣志　十七卷　首一卷**
（清）黄思藻等纂修
清道光四年（1824）刊本
粤圖、中大
民國二十二年（1933）鉛印本
粤圖、華師

2786
［**光緒**］**廣寧縣鄉土志　不分卷**
（清）廣寧伍梅、龔炳章編纂
清光緒刊本
粤圖
鈔本
上圖

2787
［**乾隆**］**懷集縣志　十卷**
（清）顧旭明修、唐廷梁纂
清乾隆二十年（1755）刊本
故宫、津圖

2788
［**同治**］**懷集縣志　十卷**
（清）孫汝霖、趙準修、曾浤仁纂
清光緒元年（1875）貴蒸校刊本
國圖、北大

2789
［**民國**］**懷集縣志　十卷**
周贊元纂修
民國五年（1916）羊城十八甫石經堂鉛印本
粤圖、中大

2790
［**嘉靖**］**德慶州志　十六卷**
（明）陸舜臣纂修
明嘉靖十六年（1537）刊本
天一
清鈔本
粤圖

2791
［**康熙**］**德慶州志　十二卷**
（清）譚垣修、梁宗典纂
清康熙十二年（1673）刊本
國圖、民院、辭書

2792
［**乾隆**］**德慶州志　十八卷**
（清）宋錦、李麟洲纂修
清乾隆十八年（1753）刊本
故宫、北大、浙圖
清鈔本
粤圖

2793
［**光緒**］**德慶州志　十五卷　首一卷　末一卷**
（清）楊文駿修、朱一新、高要黎佩蘭纂
清光緒二十五年（1899）刊本
粤圖、中大、華師

2794
［**光緒**］**德慶鄉地理志　不分卷**
（清）覃喬芬、德慶梁芸編
民國鈔本
科圖

2795
［**天啓**］**封川縣志　二十二卷**
（明）方尚祖纂修
明天啟刊本
故宫

2796
［**康熙**］**封川縣續志　二卷**
（清）胡璇纂修
清康熙二十四年（1685）刊本
國圖、故宫
（按：封川，即今封開。）

2797
[道光] 封川縣志 十卷
（清）温恭修、嘉應吳蘭修纂
清道光十五年（1835）刊本
民院、大連圖、浙圖、粵圖
民國二十四年（1935）鉛印本
粵圖

2798
[康熙] 開建縣志 十卷
（清）張沖斗修、侯文邦纂
清康熙十二年（1673）刊本
北圖⊗

2799
[康熙] 開建縣志 十卷
（清）邵龍元纂修
清康熙三十一年（1692）刊本
故宮、民院

2800
[道光] 開建縣志 十二卷 首一卷 末一卷
（清）余瀚修、余楷纂
清道光省城文寶齋重刊本
粵圖
民國二十一年（1932）聶崇一校鈔本
粵圖
民國鈔本
華師
（按：開建縣為今封開縣。）

2801
[民國] 開建志 十卷
聶崇一增補
民國二十一年（1932）鈔本
粵圖
（按：此志在道光余志基礎上增補。）

2802
[康熙] 羅定直隸州志 十卷
（清）劉元祿纂修
清康熙二十六年（1687）刊本
日內閣

2803
[雍正] 羅定直隸州志 六卷 首一卷
（清）王植修、羅定吳泰纂
清雍正九年（1731）刊本
粵圖、中大
清雍正九年（1731）刊清嘉慶二十年（1815）補刊本
粵圖

2804
[民國] 羅定志 十卷
周學仕修、高要馬呈圖纂、陳樹勛續纂
民國二十四年（1935）羊城大中工業社鉛印本
粵圖、中大、華農
［按：此志始于民國六年（1917）縣長周學仕創修，聘馬呈圖為總纂，書未成兩人相繼去世。后任縣長陳子偕繼修未脫稿亦歿。延至民國二十三年（1934），曾越為羅定縣長，聘陳樹勛為總纂，終成。因此，此志歷十八年，歷四任縣長和四任總纂，在志史中稀見。］

2805
[萬曆] 西寧縣志 十卷
（明）林致禮修、朱潤纂
明萬曆二十二年（1594）刊本
北圖、南圖
（按：西寧縣爲今鬱南縣。）

2806
[康熙] 西寧縣志 十卷
（清）趙震陽修、南海鍾光斗纂
清康熙七年（1668）刊本
浙圖

2807
[康熙] 西寧縣志 十二卷 首一卷
（清）張溶修、新會區孟賢纂
清康熙二十六年（1687）刊本
國圖、津圖

2808
[康熙] 西寧縣志 十二卷
（清）李玉鋐纂修

清康熙五十七年（1718）刊本
國圖、北大、故宫

2809
［道光］西寧縣志　十二卷　首一卷　末一卷
（清）諸豫宗修、周中孚纂
清道光十年（1830）刊本
上圖、辭書

2810
［宣統］西寧縣志　三十四卷　首一卷
（清）興寧何天瑞修、南海桂坫纂
民國二十六年（1937）德慶文明印務局鉛印本
粤圖、中大

2811
［康熙］東安縣志　十卷　古志備考　一卷
（清）張其善纂修
清康熙十一年（1672）刊本
國圖
（按：東安即今雲浮縣）

2812
［康熙］東安縣志　十一卷
（清）袁承秦纂修
清康熙二十六年（1687）刊本
科圖
清道光省城文寶齋重刊本
粤圖

2813
［乾隆］東安縣志　四卷
（清）莊大中纂修
清乾隆五年（1740）刊本
科圖、故宫

2814
［道光］東安縣志　四卷
（清）汪兆柯纂修
清道光五年（1825）刊本
上圖、南圖、大連圖
民國二十五年（1936）德慶新新印務局鉛印本
粤圖、中大、華農

2815
［嘉靖］新寧縣志　十卷　首一卷
（明）王臣、陳元珂纂修
明嘉靖刊本
國圖
清鈔本
華東師大
（按：新寧即今臺山市）

2816
［康熙］新寧縣志　十卷
（清）寧林修、新寧麥汝梓纂
清康熙十一年（1672）刊本
國圖、民院
清康熙二十五年（1686）刊本
南圖

2817
［乾隆］新寧縣志　四卷
（清）王暠修、順德陳份纂
清乾隆三年（1738）刊嘉慶九年（1804）增修本
粤圖、故宫

2818
［道光］新寧縣志　十卷
（清）張深修、南海曾釗、長樂温訓纂
清道光十九年（1839）刊本
粤圖、華師

2819
［光緒］新寧縣志　二十六卷　首一卷
（清）何福海修、番禺林國賡纂
清光緒十九年（1893）刊本
粤圖、中大、華師、華農
民國十年（1921）鉛印本
粤圖、中大

2820
［光緒］赤溪直隸廳志　二卷
（清）金武祥纂修
清光緒十七年（1891）刊本
民院
［按：清同治七年（1868），析新寧縣赤溪、

曹沖等地置廳，名赤溪直隸廳，民國改為赤溪縣。]

2821
［民國］赤溪縣志 八卷 首一卷
王大魯修、增城賴際熙等纂
民國十五年（1926）刊本
粵圖、中大

2822
［康熙］開平縣志 不分卷
（清）薛璧修、開平甄芑纂
清康熙鈔本
國圖

2823
［康熙］開平縣志 二十四卷
（清）陳還修、東莞陳阿平纂
清康熙五十四年（1715）刊本
故宮⊗

2824
［道光］開平縣志 十卷
（清）王文驤修、新會李科等纂
清道光三年（1823）刊本
國圖、上圖、北大

2825
［民國］開平縣志 四十五卷 首一卷
余棨謀修、開平張啓煌纂
民國二十二年（1933）香港民聲印書局鉛印本
粵圖、華農

2826
［光緒］開平縣鄉士志稿 三篇
（清）開平張啓琛纂修
清末鈔本
粵博、科圖
（按：此書分歷史、政績、地理三篇，篇下再分若干子目，全書共297頁。）

2827
［崇禎］恩平縣志 十一卷
（清）宋應升修、恩平梁維棟纂
清鈔本
國圖⊗

2828
［康熙］恩平縣志 十一卷
（清）佟世男修、鄭軾纂
清康熙二十七年（1688）刊本
國圖、民院、津圖
清鈔本
國圖

2829
［乾隆］恩平縣志 十卷 首一卷
（清）曾萼修、周書纂
清乾隆三十一年（1766）刊本
故宮、魯圖

2830
［道光］恩平縣志 十八卷 首一卷 末一卷
（清）石台修、鎮平楊秀拔纂
清道光五年（1825）羊城墨寶樓刊本
粵圖、中大、華師

2831
［宣統］恩平縣志 二十五卷 首一卷
（清）合浦余丕承修、南海桂坫纂
民國二十三年（1934）廣州光華書局鉛印本
粵圖、中大、華農

2832
［民國］恩平縣志補遺 六卷 附録 一卷
聶崇一輯
民國十八年（1929）鉛印本
粵圖
（按：聶崇一序云："前志多從簡略……或缺而不載，或載而不詳，只舉其大顯者，而遺缺尚多，嘗于假日，翻閱他載有關于邑之事跡，搜輯以資考鏡。"）

2833
［康熙］陽江縣志 四卷
（清）周玉衡修、陽江陳本、陳偉纂
清康熙二十年（1681）刊本
國圖

2834
［康熙］**陽江縣志 四卷**
（清）范士瑾纂修
清康熙二十七年（1688）刊本
國圖、上圖

2835
［乾隆］**陽江縣志 八卷**
（清）莊大中修、林錫宗纂
清乾隆十一年（1746）刊本
故宫、臺灣⊗

2836
［道光］**陽江縣志 八卷**
（清）李澐修、陽江區啓科等纂，李應昀增補、胡墻續修、徐光裕續纂
清嘉慶二十三年（1818）刊道光二年（1822）增刊本
粵圖、中大、華師

2837
［民國］**陽江志 三十九卷 首一卷**
張以誠修、陽江梁觀喜纂
民國二十二年（1933）羊城留香齋刊本
粵圖、中大、華農

2838
［光緒］**陽江縣鄉土志 不分卷**
民國鈔本
科圖

2839
［萬曆］**陽春縣志 十五卷**
（明）張文詰修、羅兆旗纂
清鈔本
國圖

2840
［康熙］**陽春縣志 十八卷**
（清）康善述修、陽春劉裔炫纂
清康熙刊本
南圖、日内閣

2841
［雍正］**陽春縣志 十八卷**
（清）王博厚纂修
清雍正八年（1730）刊本
浙圖

2842
［乾隆］**陽春縣志 十四卷 首一卷 末一卷**
（清）姜山修、吕伊纂
清乾隆二十三年（1758）刊本
故宫

2843
［嘉慶］**陽春縣志 十四卷 首一卷**
（清）陸向榮修、番禺劉彬華纂
清道光元年（1821）羊城六書齋刊本
粵圖、中大、華師
民國十年（1921）鉛印本
粵圖、南圖

2844
［民國］**陽春縣志 十四卷**
陽春藍榮熙等修、陽春吴英華纂
民國三十八年（1949）羊城又新堂印刷所鉛印本
粵圖、中大、華農

2845
［萬曆］**高州府志 十卷**
（明）曹志遇等纂修
明萬曆刊本
尊經

2846
［康熙］**高州府志 十卷**
（清）蔣應泰纂修、黄雲史增修
清康熙十一年（1672）刊本
寧圖⊗、日内閣

2847
［乾隆］**高州府志 十六卷**
（清）王概、于殿琰纂修
清乾隆二十四年（1759）刊本
故宫
清鈔本
國圖

2848
［道光］**高州府志　十六卷　首一卷**
（清）黄安濤等修、潘眉纂
清道光七年（1827）刊本
粤圖⊗、中大、華師

2849
［光緒］**高州府志　五十四卷　首一卷　末一卷**
（清）楊霽修、吳川陳蘭彬等纂
清光緒十六年（1890）高城聯經號刊本
粤圖、中大、華師

2850
［康熙］**茂名縣志　四卷**
（清）錢以塏纂修
清康熙三十八年（1699）刊乾隆印本
故宫、辭書

2851
［康熙］**茂名縣志　四卷**
（清）周振聲修、周承權纂
清康熙鈔本
國圖⊗

2852
［雍正］**茂名縣續志　六卷**
（清）虞金銘纂修
清雍正八年（1730）刊本
臺宫

2853
［嘉慶］**茂名縣志　二十一卷　首一卷**
（清）王勛臣修、茂名吳徽叙纂
清嘉慶二十四年（1819）刊本
華師

2854
［光緒］**茂名縣志　八卷　首一卷**
（清）鄭業崇修、茂名許汝韶纂
清光緒十四年（1888）刊本
粤圖、中大、華師、華農

2855
［康熙］**吳川縣志　四卷**
（清）黄若香修、吳川吳士望纂
清康熙十八年（1679）刊本
國圖、科院、南圖

2856
［康熙］**吳川縣志　四卷**
（清）李球隨纂修
清康熙二十六年（1687）刊本
南圖
清鈔本
粤圖

2857
［雍正］**吳川縣志　十卷**
（清）盛熙祚、章國禄纂修
清雍正九年（1731）刊本
故宫

2858
［乾隆］**吳川縣志　十卷**
（清）沈峻修、吳川林式中纂
清乾隆五十五年（1790）刊本
故宫、上圖

2859
［道光］**吳川縣志　十卷**
（清）李高魁、葉載文修、吳川林泰雯纂
清道光五年（1825）吳川縣署刊本
中大

2860
［光緒］**吳川縣志　十卷　首一卷**
（清）毛昌善修、吳川陳蘭彬纂
清光緒十八年（1892）高城經聯號刊本
粤圖、中大、華師
清光緒二十三年（1897）刊本
粤圖

2861
［光緒］**梅菉志　不分卷**
（清）吳川黄爐編纂
稿本
粤圖

2862
［光緒］**梅菉志稿　八卷**
（清）番禺梁兆罊編纂

稿本
粵社

2863
［光緒］梅菉志　四卷
（清）番禺梁兆礽編纂
稿本
粵圖

2864
［康熙］信宜縣志　十二卷　首一卷
（清）李棠修、信宜李麟祥纂
清康熙十三年（1674）刊本
國圖
清康熙刊本
故宫

2865
［康熙］信宜縣志　十二卷
（清）周雋修、方日定、鍾煌纂
清鈔本
上圖

2866
［乾隆］信宜縣志　十三卷
（清）劉啓江修、信宜李東紹纂
清乾隆二十一年（1756）刊本
故宫⊗、臺灣

2867
［光緒］信宜縣志　八卷　拾遺一卷
（清）敖式槱修、信宜梁安甸纂
清光緒十五年（1889）高州三德堂刊本
粵圖、中大、華師、華農

2868
［康熙］電白縣志　八卷
（清）相斗南纂修、郭指南續修
清康熙十二年（1673）刊本
故宫、臺灣

2869
［康熙］電白縣志　八卷
（清）相斗南纂修、强兆統、黎日昇續修
清康熙二十五年（1686）刊本
國圖、天一

2870
［道光］重修電白縣志　二十卷　末一卷
（清）章鴻等修、電白邵詠纂
清道光六年（1826）刊本
粵圖

2871
［光緒］重修電白縣志　三十卷　首一卷
（清）孫鑄修、電白邵祥齡纂
清光緒十八年（1892）高州富文樓刊本
粵圖、中大、華師

2872
［民國］電白縣新志稿　十章
電白邵桐孫等編輯
民國三十五年（1946）油印本
粵圖、中大、華農

2873
［光緒］電白縣鄉土志　四卷
清鈔本
科圖

2874
［康熙］化州志　十二卷
（清）吕兆璜修、朱廷植纂
清康熙九年（1670）刊本
國圖⊗

2875
［康熙］化州志　十二卷
（清）楊于宸纂修
清康熙刊本
天一

2876
［乾隆］化州志　十卷
（清）楊棻修、林玉葉纂
清乾隆十三年（1748）刊本
故宫

2877
［道光］化州志　十一卷　首一卷
（清）黄錫寶修、化州黄均韓纂
清道光七年（1827）刊本
上圖、民院

2878
［光緒］**化州志　十二卷**
（清）彭貽蓀、章毓桂修、化州彭步瀛等纂
清光緒十六年（1890）高城聯經號刊本
粵圖、中大、華師

2879
［光緒］**羅江外紀　不分卷**
（清）黄鶴儀纂修
清光緒十九年（1893）鈔本
上圖
（按：羅江，即今化州。）

2880
［萬曆］**雷州府志　二十二卷**
（明）歐陽保修、徐應乾纂
明萬曆四十二年（1614）刊本
尊經、湛江方志辦（複印本）

2881
［康熙］**雷州府志　十卷**
（清）吴盛藻修、遂溪洪泮洙纂
清康熙十一年（1672）刊本
科圖、故宫、上圖、津圖

2882
［嘉慶］**雷州府志　二十卷　首一卷**
（清）雷學海修、海康陳昌齊等纂
清嘉慶十六年（1811）刊本
粵圖、中大

2883
雷州地理志　一卷
（清）阮元修
清同治三年（1864）刊《廣東通志》本
粵圖

2884
［康熙］**海康縣志　三卷**
（清）鄭俊修、海康宋紹啓纂
清康熙二十六年（1687）刊乾隆印本
故宫、湘圖
民國十八年（1929）雷陽印書館鉛印本
粵圖、中大

2885
［嘉慶］**海康縣志　八卷**
（清）劉邦柄修、海康陳昌齊纂
清嘉慶十七年（1812）刊本
粵圖、中大、華師

2886
［民國］**海康縣志　四十六卷　首一卷**
梁久成修、海康陳景棻纂
民國二十七年（1938）雷陽印書局鉛印本
粵圖

2887
［康熙］**遂溪縣志　四卷**
（清）宋國用修、遂溪洪泮洙纂
清康熙二十六年（1687）刊本
故宫、浙圖

2888
［道光］**遂溪縣志　十二卷**
（清）喻炳榮、朱德華纂修
清道光二十九年（1849）刊本
粵圖
清道光二十九年（1849）刊光緒二十一年（1895）補刊本
粵圖、華師

2889
［民國］**遂溪縣鄉土志　不分卷**
佚名編
民國鈔本
科圖

2890
［崇禎］**廉州府志　十四卷**
（明）張國經修、鄭抱素纂
明崇禎十年（1637）羊城刊本
日内閣

2891
［康熙］**廉州府志　十四卷**
（清）徐化民纂修
清康熙十二年（1673）刊本
上圖

2892
［康熙］廉州府志　十四卷
（清）徐成棟纂修
清康熙六十一年（1722）刊本
日内閣

2893
［乾隆］廉州府志　二十卷　首一卷
（清）周碩勛修、王家憲纂
清乾隆二十一年（1756）梅蒼書屋刊本
國圖、故宮

2894
［道光］廉州府志　二十六卷　首一卷
（清）張育春修、陳治昌纂
清道光十三年（1833）高州登云樓刊本
粵圖、華師

2895
［康熙］高州府石城縣志　上編　六卷　下編　五卷
（清）梁之棟修、黎民鐸纂、李琰續修、李尚志重輯
清康熙六年（1667）刊十一年（1672）增修本
國圖
（按：石城縣爲今廉江縣。）

2896
［康熙］石城縣志　十一卷
（清）周宗臣修、韓鏐纂
清康熙二十五年（1686）刊本
天一

2897
［康熙］石城縣志　五卷
（清）孫繩祖纂修
清康熙五十一年（1712）刊乾隆印本
故宮

2898
［嘉慶］石城縣志　六卷　首一卷
（清）張大凱纂修
清嘉慶二十五年（1820）刊本
粵圖、華師

2899
［光緒］石城縣志　九卷　首一卷　末一卷
（清）蔣廷桂修、吳川陳蘭彬等纂
清光緒十八年（1892）刊本
粵圖、中大、華師

2900
［民國］石城縣志　十卷　首一卷　末一卷
合浦鍾喜焯等修、石城江珣等撰
民國二十年（1931）廉江華安印務書局鉛印本
粵圖、中大

2901
［康熙］徐聞縣志　不分卷
（清）閻如珆修、徐聞吳平纂
清康熙鈔本
國圖

2902
［康熙］徐聞縣志　四卷
（清）孫挹纂修
清康熙三十七年（1698）刊本
故宮

2903
［宣統］徐聞縣志　十五卷　首一卷
（清）王輔之修、徐聞駱克良等纂
清宣統三年（1911）徐城林氏錦文齋刊本
粵圖、中大

2904
［宋］欽州志　不分卷
宋人纂
明鈔本《永樂大典》二二六〇、九七六四、九七六五等卷
國圖

2905
［嘉靖］欽州志　九卷
（明）林希元纂修
明嘉靖十八年（1539）刊本
天一

2906
［康熙］欽州志 十四卷
（清）馬世禄修、欽州謝蓬升纂
清鈔本
國圖⊗

2907
［雍正］欽州志 十四卷 附安南志 一卷
（清）董紹美修、吳邦瑗纂
清雍正元年（1723）刊本
國圖、故宫

2908
［道光］欽州志 十二卷 首一卷
（清）朱椿年修、瓊山杜以寬等纂
清道光十四年（1834）高州登云樓刊本
華師⊗
民國三十六年（1947）鉛印本
粤圖

2909
［民國］欽縣志 十六卷 首一卷
陳公佩修、陳德周纂
民國三十六年（1947）欽縣儒輪文生印務局石印本
華農

2910
［康熙］合浦縣志 二十四卷
（清）韓三異修、鈕廷彩纂
清康熙六十一年（1722）刊本
故宫

2911
［康熙］合浦縣志 十四卷
（清）張輔修、林如峣纂
清鈔本
國圖
民國三十七年（1948）油印本
粤圖

2912
［民國］合浦縣志 六卷 拾遺 一卷
廖國器修、劉潤綱等纂
民國三十一年（1942）石印本
粤圖、華農

2913
［光緒］防城縣小志 四卷
（清）李燕伯纂修
民國鈔本
民院
（按：防城縣，清光緒中設置，原為防城營。）

2914
［民國］防城縣志初稿 十八章
黄知元等纂修
稿本
桂檔⊗

2915
［康熙］靈山縣志 四卷
（清）林長存修、王啓輔纂
清康熙鈔本
國圖⊗

2916
［雍正］靈山縣志 十二卷
（清）盛熙祚纂修
清雍正十一年（1733）刊本
日内閣

2917
［乾隆］靈山縣志 十二卷
（清）黄元基修、吳蘇海纂
清乾隆二十九年（1764）刊本
故宫

2918
［嘉慶］靈山縣志 十三卷
（清）張孝詩修、靈山梁昊纂
清嘉慶二十五年（1820）刊本
中大
清鈔本
粤圖

2919
［民國］靈山縣志 二十二卷
劉運熙、李敏中纂修

民國三年（1914）省城新中華印務局鉛印本
粵圖

2920
［正德］瓊臺志 四十四卷
（明）上官崇修、瓊山唐胄纂
明正德十六年（1521）刊本
天一⊗
（按：此書是在舊志及《瓊台外紀》基礎上編纂的，從原十二卷擴為四十四卷，内容豐富。編次州縣，以瓊、澄、臨、定、文、會、樂、儋、昌、萬、陵、崖、感為序。其土產、戶口、田賦記載較詳，對當時現任職官及本土人物，只書履歷，不加褒貶，符合志法。）

2921
［萬曆］瓊州府志 十二卷
（明）戴熺修、蔡光前纂
明萬曆刊本
日國會

2922
［康熙］瓊州府志 十卷
（清）牛天宿修、朱子虛纂
清康熙十五年（1676）刊本
國圖、南地所⊗

2923
［康熙］瓊州府志 十卷
（清）焦映漢修、賈棠纂
清康熙四十五年（1706）刊本
黨校⊗

2924
［乾隆］瓊州府志 十卷
（清）蕭應植修、陳景塤纂
清乾隆三十九年（1774）刊本
故宮、南地所

2925
［道光］瓊州府志 四十四卷 首一卷
（清）明誼修、定安張岳崧纂
清道光二十一年（1841）刊本
粵圖、華師、華農
清道光二十一年（1841）刊光緒十六年（1890）補刊本
粵圖、中大
民國十二年（1923）海口海南書局鉛印本
粵圖、中大
（按：此書資料豐富，尤以黎族及海事較詳，並對歷代名宦謫居海南及海南邱文莊、海忠節人物，記載較詳。）

2926
瓊州地理志 一卷
（清）阮元編
清同治三年（1864）刊《廣東通志》本
粵圖

2927
［民國］瓊崖志略 五章
廣州許崇灝編
民國三十六年（1947）上海中正書局鉛印本
粵圖

2928
［民國］海南島志 二十二章 附録 四章
合浦陳銘樞修、曾蹇纂
民國二十二年（1933）上海神州國光社鉛印本
粵圖

2929
［民國］海南島新志 十一章
陳植編著
民國三十八年（1949）上海商務印書館鉛印本
粵圖

2930
［康熙］瓊山縣志 十二卷
（清）潘廷侯修、佟世南修、吳南杰纂
清康熙鈔本
國圖

2931
［康熙］瓊山縣志 十卷
（清）王贄修、南海關必登纂
清康熙四十七年（1708）刊本
日内閣

2932
［乾隆］瓊山縣志　十卷　首一卷
（清）楊宗秉纂修
清乾隆十二年（1747）刊本
故宫

2933
［咸豐］瓊山縣志　三十卷　首一卷
（清）李文烜修、瓊山鄭文彩、蔡藩纂
清咸豐七年（1857）刊本
粤圖、中大、華師

2934
［民國］瓊山縣志　二十八卷　首一卷
（清）徐淦等修、瓊山李熙、王國憲纂
民國六年（1917）刊本
粤圖

2935
瓊山志徵訪冊　不分卷
瓊山王國憲輯
稿本
海師

2936
［光緒］瓊山縣鄉土志　三卷
（清）瓊山張廷標編
民國鈔本
科圖

2937
［康熙］文昌縣志　十卷
（清）馬日炳纂修
清康熙五十七年（1718）刊本
故宫、浙圖

2938
［咸豐］文昌縣志　十六卷　首一卷
（清）張霈、陳起禮修、文昌林燕典纂
清咸豐八年（1858）刊本
粤圖、中大、華師

2939
［民國］文昌縣志　十八卷　首一卷
李鍾岳修、文昌林帶英纂
民國九年（1920）刊本
粤圖、中大

2940
［康熙］定安縣志　四卷
（清）董興祚、定安張文豹纂修
清康熙二十九年（1690）刊乾隆增修本
臺宫
清康熙鈔本
國圖

2941
［乾隆］定安縣志　八卷
（清）定安張文豹修、梁廷佐纂
清康熙三十年（1691）刊乾隆五十三年（1788）增修本
國圖、故宫

2942
［光緒］定安縣志　十卷　首一卷
（清）吴應廉修、定安王映斗纂
清光緒四年（1878）刊本
粤圖、中大

2943
［宣統］定安縣志　十卷
（清）宋席珍纂修
清宣統三年（1911）刊本
國圖

2944
［宣統］定安縣鄉土地理志　不分卷
（清）定安莫家桐編
清宣統鈔本
科圖

2945
［乾隆］會同縣志　十卷
（清）于煌修、楊縉銓纂
清乾隆三十八年（1773）刊本
故宫、大連圖
（按：會同縣爲今瓊東縣。）

2946
［嘉慶］會同縣志　十卷
（清）陳述芹纂修

清嘉慶二十五年（1820）刊本
粤圖
清光緒二十七年（1901）宋恒芳補刊本
粤圖、中大、華師
民國十四年（1925）海口海南書局鉛印本
粤圖、中大

2947
［民國］瓊東縣志 不分卷
（清）陳述芹纂修
民國十四年（1925）鉛印本
國圖
（按：瓊東原爲會同縣。）

2948
［康熙］樂會縣志 不分卷
（清）林子蘭修、陳宗琛纂
清康熙八年（1669）刊本
國圖、上圖

2949
［康熙］樂會縣志 四卷 首一卷
（清）程秉慥纂修
清崇文齋鈔本
上圖

2950
［宣統］樂會縣志 八卷
（清）樂會林大華纂修
清民國九年（1920）會文書局石印本
粤圖
（按：樂會縣爲今瓊海縣。）

2951
［萬曆］儋州志 三卷
（明）曾邦泰等修、儋州董綾纂
明萬曆四十六年（1618）刊本
尊經

2952
［康熙］儋州志 三卷
（清）韓祐修、東莞文冠斗纂
清康熙四十三年（1704）刊本
故宫

2953
［光緒］儋縣志初集 不分卷
（清）儋縣王雲清編
民國十七年（1928）海口民商書局石印本
粤圖
（按：本書僅輯録《儋耳賦》。）

2954
［民國］儋縣志 十八卷 首一卷
陸豐彭元藻修、瓊山王國憲纂
民國二十五年（1936）海口海南書局鉛印本
粤圖、中大

2955
［康熙］臨高縣志 十二卷
（清）樊庶纂修
清康熙四十六年（1707）刊本
日内閣
清鈔本
國圖

2956
［光緒］臨高縣志 二十四卷
（清）聶緝慶、張延修、南海桂文熾、番禺汪瑔纂
清光緒十八年（1892）臨高臨江書院刊本
粤圖、中大、華師

2957
［康熙］澄邁縣志 四卷
（清）丁斗炳修、曾典學纂
清康熙十一年（1672）刊本
國圖

2958
［康熙］澄邁縣志 十卷
（清）高魁標纂修
清康熙四十九年（1710）刊本
故宫

2959
［嘉慶］澄邁縣志 十卷
（清）謝濟韶、黄鳳詔修、李光先纂
清嘉慶二十五年（1820）刊本
中大

2960
［光緒］澄邁縣志 十二卷 首一卷
（清）龍朝翊修、澄邁陳所能纂
清光緒三十四年（1908）刊本
粵圖、中大、華師

2961
［康熙］萬州志 四卷
（清）李琰纂修
清康熙刊本
國圖

2962
［道光］萬州志 十卷
（清）胡瑞書修、萬州楊士錦、吳鳴清纂
清道光八年（1828）刊本
粵圖、中大、華師
民國三十七年（1948）鉛印本
粵圖
（按：萬州爲今萬寧縣。）

2963
［康熙］陵水縣志 不分卷
（清）高首標纂修、潘廷侯訂補
清康熙二十七年（1688）刊雍正印本
故宫
清鈔本
粵圖

2964
［乾隆］陵水縣志 十卷
（清）瞿雲魁修、蔡群纂
清乾隆五十七年（1792）刊本
國圖、故宫、津圖
清鈔本
粵圖

2965
［道光］陵水縣志 六卷
（清）甘家斌纂修
清道光十五年（1835）刊本
北大

2966
［民國］感恩縣志 二十卷 首一卷
周文海修、感恩盧宗棠纂
民國二十年（1931）海口海南書局鉛印本
粵圖、中大
（按：感恩縣爲今東方縣。）

2967
［康熙］昌化縣志 五卷
（清）方岱、璩之粲纂修
清康熙三十年（1691）刊本
粵博

2968
［光緒］昌化縣志 十一卷 首一卷
（清）李有益纂修
清光緒二十三年（1897）刊本
粵圖、中大

2969
［康熙］崖州志 二卷
（清）張擢士、李如柏纂修
清黄華田鈔本
科圖

2970
［乾隆］崖州志 十卷
（清）宋錦修、黄德厚纂
清乾隆二十年（1755）刊本
國圖、故宫、津圖

2971
［光緒］崖州志 二十二卷 首一卷
（清）鍾元棣修、張巂、崖州邢定綸纂
民國三年（1914）羊城油欄長堤美成印書局鉛印本　鄭紹材跋
粵圖、中大

2972
［民國］崖州直隸州鄉土志 二卷
崖州湯寶棻編
民國鈔本
華東師大

附録：嶺南人纂修省外方志

2973
［同治］（臺灣）淡水廳志 十六卷 訂謬 一卷
（清）高要陳培桂纂修
清同治十年（1871）刊本
粵圖、中大

2974
［康熙］淅川縣志 八卷
（清）南海郭治纂修
清康熙刊本
國圖

2975
［萬曆］義烏縣志 二十卷
（明）周士英、潮陽吳從周纂修
明萬曆刊本
浙圖

2976
［乾隆］寶慶府志 八十四卷 首一卷
（清）潮陽鄭之僑纂修
清乾隆二十八年（1763）刊本
科圖

2977
［嘉靖］吉安府志 十九卷
（明）揭陽王昂纂修
明嘉靖刊本
國圖、上圖

2978
［康熙］龍南縣志 十二卷
（清）蔣國楨、澄海王之驥纂修
清康熙刊本
國圖

2979
［乾隆］江津縣志 二十二卷
（清）紫金曾受一纂修
清乾隆刊本
故宫

2980
［萬曆］興化府志 五十九卷
（明）番禺馬夢吉、林堯俞纂修
明萬曆刊本
國圖

2981
［嘉靖］仙遊縣志 八卷
（明）林有年、和平黃宸纂修
明范氏天一閣鈔本
北大

2982
［嘉靖］建寧府志 二十一卷
（明）東莞謝邦信、汪佃纂修
明嘉靖刊本
天一、上圖

2983
［嘉靖］建寧縣志 七卷 附録 一卷
（明）新會何孟倫纂修
明嘉靖刊本
天一

2984
［乾隆］平遠州志 十六卷
（清）東莞李雲龍纂修
清乾隆刊本
故宫

2985
［嘉靖］廣西通志 六十卷
（明）林富修、香山黃佐纂
明嘉靖十年（1531）刊藍印本
國圖、桂檔

2986
［宣德］桂林郡志 三十二卷
（明）東莞陳璉纂修
明景泰刊本
國圖

2987
［康熙］桂林府志 不分卷
（清）南海程可則纂修

清康熙鈔本
國圖

2988
［萬曆］四川總志　三十四卷
（明）虞懷忠修、南海郭棐纂
明萬曆九年（1581）刊本
國圖、上圖

2989
［萬曆］賓州志　十四卷
（明）南海郭棐纂修
明萬曆十五年（1587）刊本
日内閣

2990
［乾隆］岑溪縣志　四卷
（清）南海何夢瑶纂修
清乾隆九年（1744）刊本
故宫

2991
［康熙］淶水縣志　十卷　首一卷
（清）饒平陸宸箴纂修
清康熙十六年（1677）刊本
國圖、上圖

2992
［乾隆］淶水縣志　十二卷　首一卷
（清）東莞王治纂修
清乾隆刊本
國圖

2993
［萬曆］重修安平縣志　六卷
（明）王訴、王三余纂修、明順德何翌續修
明萬曆刊本
津圖

2994
［順治］安慶府太湖縣志　十卷
（清）李世洽、香山何天衢纂修
清順治刊本
國圖

2995
［萬曆］寧國府志　二十卷
（明）南海陳俊、沈懋學等纂修
明萬曆刊本
國圖、上圖

2996
［康熙］萊州府志　十二卷　首一卷
（清）南海陳謙、孔尚任等纂修
清康熙刊本
黨校

2997
［嘉靖］夏邑縣志　八卷
（明）新會鄭相、黄虎臣等纂修
明嘉靖刊本
天一

2998
［嘉靖］壽昌縣志　十二卷
（明）海陽李思悦修、洪一鰲纂、李世芳續修
明嘉靖四十年（1561）刊萬曆十四年（1586）增刊本
國圖、臺傅
清鈔本
南京地理所

2999
［萬曆］泰和志　十卷
（明）澄海唐伯元修、梁庚等纂
明萬曆七年（1579）刊本
國圖（膠卷）

3000
［康熙］壽昌縣志　十二卷
（清）海陽曾華蓋修、張可元纂
清康熙二十二年（1683）刊本
上圖
（按：海内孤本。）

3001
［康熙］續纂建寧縣志　不分卷
（清）海陽梁夢劍等修、陳鐵等纂

清康熙四十五年（1706）刊本
國圖

3002
［乾隆］湯陰縣志　十卷
（清）揭陽楊世達纂修
清乾隆三年（1738）刊本
粤圖

3003
［乾隆］正定府志　五十卷　首一卷
（清）揭陽鄭大進纂修
清乾隆二十七年（1762）刊本
國圖、上圖等

3004
［乾隆］鉛山縣志　十五卷
（清）潮陽鄭之僑修、蔣垣纂
清乾隆八年（1743）刊本
國圖、上圖等

3005
［乾隆］鞏縣志　四卷
（清）海陽邱軒昂修、曹鵬翊纂
清乾隆十年（1745）刊本
民院、湘師大

3006
［乾隆］將樂縣志　十六卷
（清）澄海李永錫修、徐觀海纂
清乾隆三十年（1765）刊本
國圖等

3007
［乾隆］分宜縣志　二十卷　首一卷
（清）潮州黄維綱修、歐陽星纂
清乾隆四十二年（1777）刊本
上圖（複印本）

3008
［乾隆］直隸遵化州志　二十卷
（清）海陽傅修等纂修
清乾隆五十九年（1794）刊本
粤圖

3009
［道光］寧陝廳志　四卷
（清）饒平林一銘修、胡官清纂
清道光九年（1829）刊本
廈大
民國三十六年（1947）石印本
汕圖

3010
［道光］泌陽縣志　十二卷　首一卷
（清）海陽倪明進修、粟郢纂
清道光八年（1828）刊本
國圖、華師等

3011
白鹿洞志　十九卷
（明）瓊山鄭廷鵠等撰
明嘉靖刊本
國圖、清華
［按：此書其五冊，冊一為名勝、冊二為傳略、冊三至冊五為藝文（文、詩等）。］

專志類

山　水

3012
羅浮志略　二卷
（明）博羅韓鳴鸞撰
明萬曆三十九年（1611）刊本
國圖、日内閣

3013
羅浮野乘　六卷
（明）韓晃撰
明崇禎十二年（1639）刊本
東文

3014
羅浮志　十卷
（明）東莞陳璉撰
清道光同治間南海伍氏粤雅堂文字歡娛室刊

《嶺南遺書》本
中大

3015
羅浮志 十五卷
（明）東莞陳璉撰

3016
羅浮補志 一卷
東莞陳伯陶撰
民國刊本
粵圖、中大、華師、華農

3017
羅浮山志 十二卷
（明）從化黎民表撰
明嘉靖三十六年（1557）刊本
上圖⊗

3018
羅浮山志 十四卷
（明）東莞王希文撰
明嘉靖三十七年（1558）刊本
天一

3019
羅浮山志 十二卷
（清）李嗣鈺編
清康熙四十四年（1705）刊本
日内閣

3020
羅浮山記 一卷
明鈕氏世學樓鈔《説郛》本
國圖
明鈔《説郛》本
上圖

3021
羅浮記 一卷
（清）李調元撰
清稿本《小方壺齋輿地叢鈔》
國圖

3022
羅浮紀勝 一卷
（清）香山黄培芳撰
清稿本《小方壺齋輿地叢鈔》
國圖

3023
浮山小志 三卷 首一卷
（清）香山黄培芳撰
清嘉慶十八年（1813）番禺黄喬松刊本
粵圖、中大

3024
浮山小志 二卷
（清）香山黄培芳撰
清鈔本
國圖

3025
浮山志 五卷
（清）東莞陳銘珪撰
清光緒七年（1881）荔莊刊本
粵圖、中大、華師、華農

3026
浮山新志 三卷
（清）東莞賴洪禧輯
清道光二十五年（1845）刊本
粵圖
清咸豐十年（1860）刊本
粵圖

3027
羅浮山志會編 二十二卷 首一卷
（清）宋廣業撰
清康熙宋志益刊後印本
港大
清廣州海幢寺刊本
粵圖、中大、華師、華農
清刊本
粵圖

3028
羅浮紀勝 二卷
（清）吳騫輯
清康熙六十一年（1722）刊本
皖博

3029

羅浮紀勝 三卷 惠陽紀勝 三卷

（清）鬱南黄錫圭輯

清道光十年（1830）聚經堂刊巾箱本

粵圖、華農

3030

羅浮外史 一卷 圖一卷

（清）錢以塏撰

清康熙刊本

上圖、上海師大

3031

惠陽山水紀勝 四卷

（清）吴騫撰

清康熙六十一年（1722）寫刊本

目次：

羅浮紀勝 二卷

西湖紀勝 二卷

粵圖、中大

清刊本

日内閣

3032

惠陽紀勝二集 三卷

（清）鬱南黄錫圭輯、（清）黄觀訂

清道光十年（1830）聚經堂刊本

粵圖、華農

3033

鼎湖山志 八卷

（清）釋成鷲撰

清初端州慶雲寺刊本

粵圖

3034

鼎湖山志 八卷 圖一卷

（清）丁易修、釋成鷲纂

清康熙五十六年（1717）刊本

粵圖、華師、華農

3035

鼎湖山慶雲寺志 八卷 首一卷

（清）丁易、釋成鷲撰

清康熙刊本

國圖、上圖、澳聖約

清乾隆刊本

港中文

清刊本

粵圖、中大

3036

鼎湖山慶雲寺外集 五卷

（清）釋開溈撰

清初端州慶雲寺刊本

粵圖

民國鼎湖經寮刊本

中大、華師

3037

七星巖記 一卷

（清）喬萊撰

清光緒十七年（1891）上海著易堂鉛印《小方壺齋輿地叢鈔》本

華農

3038

星巖今志 六卷

高要黎杰輯

民國二十五年（1936）廣州永漢北路登雲閣鉛印本

中大

民國二十五年（1936）肇慶水仙庵鉛印本

華農

3039

明季嶺東山砦記 六卷

李介丞纂

民國二十五年（1936）鈔本

粵圖

3040

丹霞山志 十卷

（清）陳世英撰、釋古如增補

清雍正十一年（1733）丹霞别傳寺刊本

上圖

3041
丹霞山志 十卷
（清）陳世英撰
清鈔本
南圖

3042
西樵志 六卷
（清）順德羅國器輯
清西樵馬符録編刊本
粵圖、中大

3043
西樵白雲洞志 不分卷
（明）南海霍益芳撰
民國二十七年（1938）南海榮亨茶莊印務局石印本
南海

3044
陰那山志 六卷
（清）嘉應李閬中續修
清同治八年（1869）刊本
粵圖
清光緒六年（1880）刊本
粵圖

3045
厓山志 五卷
（明）新會黄淳撰
明萬曆三十九年（1611）刊清修本
上圖、北師大、魯圖
明萬曆三十九年（1611）刊本　清金武祥跋
臺灣
明鈔本
港大
明萬曆刊清修補本
粵圖
清鈔本
中大、港大

3046
厓山志 五卷 續二卷
（明）新會黄淳撰
清道光十六年（1836）刊本
粵圖
民國元年（1912）新會趙燦榮鉛印本
華農

3047
厓山續志 二卷
（清）趙允閑輯
民國二年（1913）廣州文緣印務局鉛印本
中大

3048
龍川霍山志 三卷
（明）龍川巫三祝撰
明崇禎十七年（1644）刊本
上圖

3049
圭山存牘 一卷
（清）金武祥選
清光緒二十一年（1895）寧陽刊本
劍英圖

3050
霍山志 四卷
（清）繆艮續修
清道光四年（1824）刊本
粵圖、劍英圖

3051
禺峽疏略 四卷
（明）朱學熙撰
明崇禎九年（1636）刊本
臺灣

3052
禺峽山志 四卷
（清）孫繩祖撰
清康熙五十九年（1720）刊本
華師、國圖、科圖
清同治元年（1862）重刊本
中大
清光緒十年（1884）重刊本
粵圖、中大、華師、華農

3053
白雲越秀二山合志　四十九卷
（清）番禺崔弼、陳際清纂輯
清道光二十九年（1849）樓西別墅刊本
粵圖、中大

3054
白雲洞志　五卷
（清）南海黄亨纂輯
清道光十九年（1839）刊本
粵圖、中大、華農
清同治三年（1864）重刊本
粵圖
清光緒十三年（1887）重刊本
中大、華農
民國二十年（1931）鉛印本
中大、華師

3055
華峰山志　五卷
（清）釋鑒傳撰
清光緒二十六年（1900）粵東增城海門禪院刊本
粵圖、中大、華師、華農
（按：鑒傳，南海人。爲增城華峰山海門寺住持。）

3056
蘿峰紀略　□卷
（清）番禺鍾鳳鳴輯
清光緒末刊本
粵圖

3057
黄婆洞記　不分卷
（清）盛謨撰
清光緒十七年（1891）上海著易堂鉛印《小方壺齋輿地叢鈔》本
華師

3058
崑崙説　一卷
（清）番禺李光廷撰
清光緒二十（1894）上海著易堂鉛印《小方壺齋輿地叢鈔補編》本
華農

3059
説山　一卷
（清）番禺陳澧撰
稿本
粵圖

3060
潮州西湖山志　十卷　首一卷
潮安饒鍔撰
民國十三年（1924）潮州梁永昌印刷所鉛印本
中大、華師、粵圖、汕圖

3061
廬山歸真寺志　四卷
（明）釋德清撰
明天啓刊本
江蘇師大

3062
衡岳志　八卷　續刻附録　一卷
（明）東莞鄧雲霄、曾鳳儀撰
明萬曆四十年（1612）刊本
國圖、北大
明萬曆刊本
上圖

3063
登華記　一卷
（清）番禺屈大均撰
清稿本《小方壺齋輿地叢書》
國圖
清光緒十七年（1891）上海著易堂鉛印《小方壺齋輿地叢鈔》本
華農

3064
大岳太和山志　十七卷
（明）慎旦、賈如愚等撰
明嘉靖三十五年（1556）臨高王佐刊本
國圖

3065
峨眉山行記 一卷
（清）番禺江錫齡撰
清同治十年（1871）番禺江氏成都刊本
川圖

3066
華峰山志 三卷 附虛舟遺稿 一卷 藏拙堂詩存 一卷
（清）釋鑒傳撰
清光緒二十六年（1900）增城海門禪院刊本
港大

3067
水經注西南諸水考 三卷
（清）番禺陳澧撰
清刊本
港中文

3068
水經注拾唾 一卷
（清）南海李宗顥輯
稿本
廣圖

3069
禹貢水道論圖說 一卷
（清）關遠光撰
清道光四年（1824）廣州九經閣校刊本
港中山

3070
廣東全省海圖總說 不分卷
清鈔本
中大

3071
海珠小志 五卷
（明）番禺李韡撰
明萬曆二十三年（1595）刊本
臺研
明萬曆二十三年（1595）刊清遞修本
南圖
清康熙三十六年（1697）刊本　清南海曾釗跋
粵圖

3072
海珠小志 六卷
（明）番禺李韡輯、（清）順德李文熖重輯
清鈔本
中大

3073
海珠志 十一卷
（明）番禺李韡輯、（清）順德李文熖重輯、李瑄朗增輯
清乾隆刊本
粵圖
清鈔本
中大

3074
陳眉公訂正海語 三卷
（明）南海黃衷撰
明刊《寶顏堂祕笈》本
科圖等

3075
粵江諸水編 一卷
（清）齊召南撰
清稿本《小方壺齋輿地叢鈔》
國圖
清光緒十七年（1891）上海著易堂鉛印《小方壺齋輿地叢鈔》本
華農

3076
西江源流說 一卷
（清）南海勞孝輿撰
清稿本《小方壺齋輿地叢鈔》
國圖
清光緒十七年（1891）上海著易堂鉛印《小方壺齋輿地叢鈔》本
華農

3077
西江軺程記 一卷
（清）晏端書撰

清光緒十三年（1887）刊本
國圖、北大

3078
韓江見聞録 十卷
（清）海陽鄭昌時輯撰
清道光四年（1824）文玉樓刊本
粤圖、汕圖、潮圖等
民國初重印本
華農

3079
韓江記 八卷
（清）海陽林大川撰
清咸豐七年（1857）釣月山房刊本
粤圖、汕圖、潮圖
民國十一年（1922）重印本
汕大

3080
西湖記 二卷 補遺 一卷
（清）海陽林大川撰
清咸豐七年（1857）刊本
汕圖、潮圖等

3081
湞水紀行 一卷
（清）鄭獻甫撰
清光緒十七年（1891）上海著易堂鉛印《小方壺齋輿地叢鈔》本
華農

3082
汝水説 一卷
（清）南海馮焌光撰
清光緒十七年（1891）上海著易堂鉛印《小方壺齋輿地叢鈔》本
華農

3083
白鵝洲小志 一卷
番禺鄔慶時撰
民國十八年（1929）刊本
中大

3084
桑園圍總志 十四卷
（清）明之綱纂修
清同治九年（1870）刊本
中大

3085
桑園圍通修志 十四卷
（清）順德温汝适纂修
清同治九年（1870）刊本
粤圖

3086
重輯桑園圍志 十七卷
（清）南海何如銓纂修
清光緒十五年（1889）刊本
粤圖、中大、華農

3087
黄公堤係桑園圍基段之確據 不分卷
佚名撰
民國羊城東雅印務公司鉛印本
中大

3088
廣肇兩府基圍總圖 不分卷
（清）羅照滄測繪
清光緒十二年（1886）刊本
國圖

3089
肇慶府屬基圍圖 不分卷
（清）王秉恩繪
清光緒二十九年（1903）湖北刊本
國圖

3090
高要縣屬基圍圖 不分卷
清色繪本
國圖

3091
粤省右路海灣形勢 一卷
（清）王錫祺編
清《中外遊記彙編》稿本
無圖

3092
大鵬各港灣情形 一卷
清《中外遊記彙編》稿本
無圖

3093
西江形勢論 一卷
清《中外遊記彙編》稿本
無圖

3094
李文田石角堤書札 一卷
（清）順德李文田撰
清光緒三十一年（1905）影印本
粵圖

3095
溝洫水利輯説 八卷
（清）番禺陳仲良撰
稿本
粵圖

3096
鰐渚回瀾記 八卷
題（清）耦蘇氏撰
清咸豐七年（1857）刊本
粵圖

3097
［廣州］六脈渠圖説 不分卷
（清）陳坤撰
清光緒十四年（1888）刊本
粵圖

3098
籌潦彙述 不分卷
廣東地方自治研究社徵集編輯
民國七年（1918）廣州鉛印本
中大

3099
揚子江流域現勢論 四編
［日］林繁撰、（清）南海汪國屏譯
清光緒二十八年（1902）上海廣智書局鉛印本
粵圖

3100
請開惠州軍港議 一卷
（清）歐雲高撰
清王錫祺《中外遊記彙編》稿本
無圖

3101
廣州灣圖説 一卷
（清）吳桐林撰
清稿本《小方壺齋輿地叢鈔三補編》
大連

3102
汕頭現勢調查記 一卷
（清）王錫祺編
稿本
無圖

3103
惠州西湖志 十三卷
博羅張友仁編纂
民國三十六年（1947）豐湖圖書館鉛印本
中大、華農

3104
茅館長粵潦平議 不分卷
茅謙撰
民國五年（1916）粵東編譯公司鉛印本
粵圖
［按：茅謙爲民國初廣東省立圖書館館長。此書收録《粵潦後宣製造公田爲歲修之費策》、《治粵潦有四大綱要説》、《粵潦私議》、《水利條議》及《論粵潦籌款》等。所謂“粵潦”，指1915年廣州發生罕見水災，傷亡損失慘重。］

3105
水路薄 不分卷
海南瓊海潭門鎮蘇氏家族蘇德柳輯鈔本
［按：書又名《更路薄》。這是一本民間航海針經書，記載南海諸島之間航向與路程，還記載從北海（南沙）到安南（越南）、星洲（新加坡）等港口的海路情況。］
廣圖

名勝古跡

3106
南海山水人物古跡記 一卷
（元）吳萊撰
清康熙顧氏秀野草堂刊《閭丘辯囿十種》本
國圖、科圖

3107
南海古跡記 一卷
（元）吳萊撰
明刊《續百川學海》本
北大、魯圖
清稿本《玉函山房輯佚書續編》
大連
清順治三年（1646）宛委山堂刊《説郛》本
華農

3108
廣東名勝志 四卷
（明）曹學詮撰
清刊本
東文

3109
嶺海名勝記 二十卷
（明）南海郭棐撰
明萬曆二十四年（1596）自刊本
粵圖、國圖⊗

3110
嶺海名勝記 十六卷
（明）南海郭棐撰、（清）香山陳蘭芝增輯
清乾隆五十五（1790）羊城六書齋刊本
粵圖

3111
嶺南風物記 一卷
（清）吳綺撰、宋俊增補
清初鈔本
上圖
清乾隆文津閣《四庫全書》本
國圖
（按：此書記嶺南氣候、草木花竹、鳥、獸、蟲、鱗介、布、香、酒、蔬谷、雜事等，詳而失序。）

3112
嶺南勝概 六卷
（清）賴國慶輯
清道光十四年（1834）刊本

3113
重修曹溪通志 五卷
（明）釋德清撰
明萬曆刊本
北大、華東師大
明萬曆刊清順治增修本
浙圖

3114
曹溪通志 八卷 首一卷
（清）釋真樸撰
清康熙十一年（1672）刊本
上圖
清康熙十一年（1672）刊道光十一年（1831）增刊本
粵圖、華師、華農

3115
重修白雲山福林禪院志 二卷
（清）李芳、釋性湛纂修
清乾隆二十九年（1764）刊本
（按：此書内容分爲山川、刹宇、宗教、物産、靈異、藝文等門，詳細記載了廣州白雲山的風景名勝古跡。）

3116
先聖廟林記 一卷
（清）番禺屈大均撰
清道光十一年（1831）六安晁氏木活字排印《學海類編》本
華農

3117
光孝寺志 十二卷
（清）顧光修撰、連平何淙纂
清鈔本
粵圖

民國二十四年（1935）廣東省立編印局鉛印本
中大、華農
清鈔本
中大
清末鈔本
粵圖
民國初鈔本
粵圖
民國二十四年（1935）廣東省立編印局鉛印本
粵圖
［按：此志修於清乾隆三十四年（1769），内容分爲法界、建置、古跡、法寶、净業、法系、名釋、檀越、語録、藝文、題咏等 11 門，記載廣州光孝寺殿宇、沿革、興廢、藏經、置田、法師語録、公牘文章以及歷代官宦名流遊覽光孝寺的詩歌作品。］

3118
雲泉仙館規條 不分卷
（清）雲泉仙館訂
清光緒三十年（1904）超華齋刊本
［按：雲泉仙館，在南海西樵白雲峰西北麓。清乾隆四十二年（1777）建，原名“攻玉樓”，道光二十八年（1848）擴建爲雲泉仙館。］

3119
孝通祖廟志 不分卷
（清）王士瀚等纂修
清刊本
粵圖

3120
泛槎圖 四集
（清）張寶撰
清道光六年（1826）羊城尚古齋刊本
粵圖
（按：此書圖文並茂描繪了全國各地名勝古跡，也包括廣州景色。）

3121
重輯悦城龍母廟志 二卷 首一卷 附刻 一卷
（清）香山黄培芳撰、黄應奎補
清光緒十三年（1887）東裕堂刊本
華農
清光緒十三年（1887）羊城錦書堂刊本
粵圖、中大
清光緒三十二年（1906）悦城東裕堂刊本
粵圖

3122
雷祖志 二卷
（清）陽春劉世馨編
清光緒十一年（1885）鉛印本
粵圖

3123
汪王廟志略 一卷
（清）香山孫文炳編
清光緒三十一年（1905）刊本
粵圖

3124
［番禺瀝滘］衛氏仗義建祠備録 不分卷
（清）番禺衛家架修
清光緒三十四年（1908）刊本
粵圖

3125
西樵名勝古跡考 一卷 遊覽指南 一卷
程孔碩編
民國鉛印本
華農

3126
浮山紀勝 一卷
（清）香山黄培芳撰
清光緒十七年（1891）上海著易堂鉛印《小方壺齋輿地叢鈔》本
華農

3127
靈應祠田鋪圖形 一卷
（清）佛山靈應祠輯
清光緒二十二年（1896）佛山大魁堂刊本
港中文

3128
唐代廣州懷聖寺塔號 一卷
韓振華撰
稿本
粵圖

3129
蔭堂筆記 一卷
偉霖撰
民國鈔本
粵圖
（按：記番禺名勝古跡。）

3130
廣州石室始末記 一卷
番禺李泰初撰
民國十九年（1930）廣州東升印務局鉛印本
粵圖、中大

3131
明季嶺東山砦記 六卷
李介丞撰
民國二十五年（1936）鈔本
粵圖

3132
平遠縣城隍廟臺建尋鄔兩邑諸天大課神聖寶訓 一卷
民國二十四年（1935）影印本
粵圖

3133
重修靈峰寺募捐冊 一卷
梅縣古雲瓊等編
民國三十六年（1947）梅縣鉛印本
粵圖

3134
粵東廣州城古磚遺跡碎金 一卷
民國元年（1912）拓本
粵圖

3135
廣州城磚拓本 一卷
廖景曾編
民國八年（1919）拓本
粵圖

3136
廣州新出土隋碑三種考 一卷
番禺汪兆鏞撰
民國十二年（1923）番禺吉金軒刊本
粵圖

3137
廣州城殘磚録 一卷 附大刀山晉磚記
番禺汪兆鏞編
民國二十一年（1931）鉛印本
粵圖

書　院

3138
白鹿書院志 十六卷
（清）連縣廖文英撰
清康熙刊本
上圖、南大

3139
粵東五大書院時務課藝 三卷
（清）任世杰編輯
清光緒二十八年（1902）鉛印本
粵圖⊗
（按：粵東五大書院：越華書院、菊坡精舍、粵秀書院、羊城書院、應元書院。）

3140
學海堂志 一卷
（清）番禺林伯桐撰
清道光十八年（1838）刊本
粵圖
[按：學海堂，清道光四年（1824）兩廣總督阮元建，校址在廣州越秀山麓。是書分爲圖説、文檄、建置、事宜、經費、題名、課業、經板、藏書、石刻、雅集、草木、典守 13 門，記述學海堂情況甚詳。]

3141
學海堂專課章程 不分卷
（清）學海堂編

清道光十四年（1834）刊本
粵圖

3142
學海堂丁亥課士録 不分卷
（清）翁心存輯
稿本
粵圖

3143
學海堂課題 不分卷
（清）學海堂編
清末刊本
粵圖

3144
學海堂課藝 不分卷
（清）學海堂輯
清末鉛印本
粵圖

3145
越華紀略 四卷
（清）順德梁廷枏撰
清道光二十一年（1841）刊本
粵圖
［按：越華，指越華書院，在廣州布政司後街，清乾隆二十年（1755）鹽大使范時紀及諸商捐建，與粵秀、端溪書院鼎足而立，今越華路因其而得名。清道光十六年（1836），梁廷枏主掌越華書院，將其建置年月、經費開支、院長履歷等情况分門别類，輯爲是紀。］

3146
越華課藝 不分卷
（清）梁檀圃鑒定
清光緒十年（1884）江寧藩署刊本
粵圖

3147
菊坡精舍章程 不分卷
（清）菊坡精舍編
清同治九年（1870）刊本
粵圖
［按：菊坡精舍，清同治六年（1867）廣東巡撫蔣益澧倡建于越秀山麓，延聘陳澧任山長。］

3148
菊坡精舍課卷 不分卷
（清）陳德培撰
稿本
（此爲菊坡精舍的學生陳德培撰寫的一篇課卷，題目爲《龔遂治渤海論》。）

3149
粵秀書院志 十六卷
（清）順德梁廷枏撰
清道光二十七年（1847）刊本
中大
清末鈔本
粵圖
［按：粵秀書院，清康熙四十九年（1710）總督趙宏燦、巡撫范時崇等捐銀創辦，在廣州城南門内鹽司街，今廣州北京路北段西側。］

3150
粵秀書院課藝 二卷
（清）南海何文綺評編
清道光刊本
粵圖

3151
應元書院志略 一卷
（清）王凱泰撰
清同治九年（1870）刊本
粵圖
清同治廣東布政使署刊本
港中山
［按：應元書院，清同治八年（1869）在廣州越秀山東麓創辦。王凱泰，時任廣東布政使。］

3152
應元書院課藝 不分卷
（清）馮譽驥選
清同治十年（1871）刊本
粵圖
（按：書分大學、論語、中庸、孟子、論、

説、表、賦等門，收録廣州應元書院學生課藝。）

3153

應元書院課藝 不分卷

（清）張士芬等撰

清同治年間（1862—1874）刊本

粤圖

3154

粤東書院課藝日新 六卷

（清）梁鳳藻等撰

清光緒二十八年（1902）刊本

粤圖⊗

［按：此書收有廣東各書院、學堂，其中包括廣州禺山、粤秀、羊城書院及時敏學堂的學生課卷。僅存四卷（卷1、卷3、卷5—6）。］

3155

粤東書院新藝 四卷

（清）梁慶禄等撰

清光緒二十九年（1903）刊本

粤圖

［按：粤東書院，清康熙四十九年（1710）創辦，院址在廣州南門鹽司街，今北京路、新民路南段之間。］

3156

粤東書院各館課藝 □卷

（清）關樹文等撰

清末鉛印本

粤圖

3157

廣雅書院課卷 不分卷

（清）張爲楝等撰

稿本

粤圖

［按：廣雅書院為兩廣總督張之洞于清光緒十五年（1889）創建。此爲廣雅書院、菊坡精舍的學生課卷的合訂本，每篇課卷後有名次、成績和批復。］

3158

廣雅書院藝詩文 不分卷

（清）馬季立編

清鈔本

粤圖

（按：此爲清光緒年間廣雅書院課藝詩文，不少文章經張之洞等人批改，此有助於廣雅書院教育研究。馬季立，里籍待考。）

3159

廣雅書院監生易開駿官課 不分卷

（清）易開駿撰

稿本

粤圖

（按：易開駿，清代番禺監生。此爲易氏在廣雅書院應考之課卷原稿。其中有考室房號、所得名次及考官評語等。）

3160

廣雅書院同舍録 不分卷

（清）廣雅書院編

清光緒二十三年（1897）刊本

粤圖

3161

端溪書院志略 不分卷

（清）黄登瀛編、吳華川撰

清道光二十八年（1848）六榕書屋刊本

粤圖

（按：端溪書院，為明嶺西道僉事李材在萬曆元年（1573）於高要縣學宫舊址創建，次年兩廣總督殷正茂強行把書院改為督標中軍副將署。清康熙四十七年（1708）兩廣總督趙宏燦在鼓鑄局舊址，即明永曆帝文華殿，今肇慶中學西北側復建書院，取名“天章”，為總督課士之所。雍正十一年（1733），上諭各省選幾所有成就的書院，各賜帑金一千兩，廣東有粤秀、天章書院兩所。清代林如棠、蘇廷魁都曾任端溪書院山長。）

3162

端溪書院志 七卷

（清）高要黎佩蘭編

清光緒二十六年（1900）端溪書院刊本
粤圖、中大

3163
雙桂書院志略 四卷
（清）新會孫潤芳撰
清光緒九年（1883）忠孝堂刊本
粤圖
（按：雙桂書院為清道光年間廣東林氏合族大宗祠改建而成，兼祭祀與教育功能。）

3164
文瀾衆紳録 不分卷
（清）吕鑒煌輯
清光緒十七年（1891）文瀾書院刊本
粤圖
［按：文瀾書院，清嘉慶十五年（1810）順德何太青建，在廣州太平門外下九甫綉衣坊。］

3165
佛山書院算課草 十一卷
（清）劉國光編
清光緒二十四年（1898）刊本
粤圖
［按：佛山書院，為清乾隆八年（1743）南海知縣黄興禮原倡建汾江義學，於佛山鎮柵下鋪廣德里。嘉慶七年（1802）知縣楊楷以舊地低濕，移建於豐寧鋪衙旁街分府署左，更名佛山書院，三水梁士詒、新會梁啟超都肄業於此。后改為佛山高等小學堂，1916 年為南海縣立第一師範講習所。］

3166
蔚文書院全志 四卷
（清）林邦焻纂修
清嘉慶二十四年（1819）刊本
粤圖
［按：蔚文書院原為明萬曆知縣賀沚、紳士林有鶚創建，為玉陽書院前身。清雍正九年（1731），海南文昌縣知縣梁繼安將書院、義學合二為一，名“至公書院”。嘉慶九年（1804）移建于學宫遺址，改名蔚文書院，為海南古代著名書院之一。現位于海南省文昌市文東路 79 號。］

3167
燕喜述略 六卷
連縣楊芝泉編
民國三十五年（1946）連縣燕喜中學鉛印本
中大、華農
［按：燕喜書院，原名巾峰書院，位于連州城北郊巾峰山麓。清光緒二十年（1894）督學使徐琪改名燕喜書院。院前有燕喜亭，為唐貞元間王弘中建，韓愈為之作記，碑刻尚存。光緒二十八年（1902）改為連州中學堂，現為連州中學，又稱燕喜中學。］

道里　島嶼

3168
入秦紀程 一卷 榆林赴北京路程 一卷 赴云南由西河海道路程 一卷 丙申由粤赴蘇州復遊閩中入都紀程 一卷
（清）南海李宗顒撰
稿本
廣圖

3169
粤省驛里表 二卷
（清）廣東糧驛道編
清刊本
國圖、静嘉

3170
粤省四至里數 不分卷
（清）廣東布政司編
清刊本
粤圖

3171
廣東各府州所屬相距里數冊 二卷
（清）廣東等處承宣布政使司編
清刊本
國圖

3172
中國海島考略 一卷
（清）龔柴撰
清光緒十七年（1891）上海著易堂鉛印《小

方壺齋輿地叢鈔》本

華農

3173

東海十六沙紀實 不分卷

題東海主人編撰

民國元年（1912）廣州香山公會鉛印本

中大

（按：香山與順德有東海隸屬之爭，歷年未決，迨至民國元年始將東海歸入香山縣。該書列沙圖沙名表，詳細注說。）

3174

瓊島桃園 不分卷

清鈔本

故宫

3175

南海諸島地理志略 不分卷

鄭資約撰

民國三十六年（1947）刊本

日國會

3176

［民國］南海諸島地理志略 七章

鄭資約編

民國三十六年（1947）商務印書館鉛印本

粵圖

3177

海南島 不分卷

臺灣總督官房調查課編

日本昭和十四年（1939）刊本

哈燕

3178

改訂海南島志 不分卷

曾蹇編

日本昭和十八年（1943）刊本

哈燕

3179

西沙群島小志 一卷

民國鈔本

黨校

3180

廣東西沙群島志 一卷

清《中外遊記彙編》稿本

無圖

3181

大東沙島志略 一卷

（清）陳壽彭譯

清《中外遊記彙編》稿本

無圖

3182

大東沙島調查記略 一卷

清《中外遊記彙編》稿本

無圖

3183

［民國］那大嘉積崖縣志 不分卷

瓊州海口海南書局編

民國十八年（1929）刊本

中大

（按：該書首附海南島畧圖，然后將那、大嘉、積崖三縣之位置、交通狀況、人情風俗及生活以及土質、雨水、氣候、運輸、墾植和政治、最近设施等，作一概述。）

3184

［民國］西沙群島志要 不分卷

陳獻榮撰

民國鈔本

黨校

3185

［民國］東沙群島及西沙群島小志 不分卷

陳獻榮撰

民國鈔本

黨校

3186

團沙群島小志 不分卷

民國鈔本

黨校

雜志類

地方綜録

3187

異物志 一卷

（漢）番禺楊孚撰

清道光同治間南海伍氏粤雅堂文字歡娱室刊《嶺南遺書》本

粤圖

（按：楊孚，漢章帝時，出任議郎，屢諫整頓吏治，提倡廉潔奉公。他針對當時交阯刺史利用嶺南珍奇異寶，行賄朝政權貴的弊端，收集家鄉大量資料，寫成此書，詳細列舉了嶺南土特産，特别對嶺南動植物以及風土民情、南海諸島作了簡要介紹，為我國首部地區性物産志書，也是嶺南存世首部科學著作，具有較高史料學術價值。）

3188

交州志 一卷

（晉）劉欣期等撰

明鈕氏世學樓鈔《説郛》本

國圖

明鈔《説郛》本

上圖

清順治李氏宛委山堂刊《説郛》本

粤圖、中大

清刊《漢學堂知足齋叢書》本

國圖

清稿本《玉函山房輯佚書續編》

大連圖

清道光同治間南海伍氏粤雅堂文字歡娱室刊《嶺南遺書》本

粤圖

3189

廣州記 一卷

（晉）顧微、裴淵撰

清順治李氏宛委山堂刊《説郛》本

粤圖、中大

清刊《漢學堂知足齋叢書》本

國圖

清嘉慶刊《漢唐地理書鈔》本

國圖

（按：此書分别為晉顧微和裴淵所撰，因書名相同，又是同時代人，故不易區分。明黄佐《廣東通志》著録五卷，晉顧微撰。但《太平御覽》等又作裴淵撰，今把兩位作者並列，待學者考證。）

3190

南越志 一卷

（晉）沈懷遠撰

明鈕氏世學樓鈔《説郛》本

國圖

明鈔《説郛》本

上圖

清順治李氏宛委山堂刊《説郛》本

粤圖、中大

清稿本《玉函山房輯佚書續編》

大連圖

［按：作者為吴興武康（今浙江德清縣）人，初為征北長流參軍，困坐事徙廣州，尋撰此書，原為七卷，佚，今叢書本只作一卷。該書内容豐富，涉及嶺南地域沿革、地方山川名由、民間傳說、風俗習慣以及珍稀物產，尤以動植物為最，可供讀者研究嶺南史地、民俗、生物等參考。］

3191

南方草木狀 三卷

（晉）嵇含撰

宋刊《百川學海》本

國圖

明弘治十四年（1501）華珵刊《百川學海》本

粤圖等

明鈔《百川學海》本

國圖

明鈕氏世學樓鈔《説郛》本

國圖

清順治李氏宛委山堂刊《説郛》本
粵圖、中大
明萬曆程榮刊《漢魏叢書》本
國圖
明刊《廣漢魏叢書》本
復旦、閩圖
明萬曆胡氏文會堂刊《百家名書》本
大連圖
清順治三年（1646）宛委山堂刊《説郛》本
華農
清世德堂刊《龍威秘書》本
華農
清乾隆文津閣《四庫全書》本
北圖
清宣統三年（1911）上海大通書局石印《增訂漢魏叢書》本
華農
（按：作者曾官廣州太守，故書中所載，皆嶺表之物，書分草、木、果、竹四類，共八十種，敘述典雅，其本亦最完整，故后人多引之。）

3192
續南方草木狀 一卷 廣南禽蟲述 一卷 獸述 一卷
（清）江藩撰
清阮氏文選樓鈔《炳燭齋雜著》本
上圖

3193
廣志 一卷
（晉）郭義恭撰
明鈕氏世學樓鈔《説郛》本
國圖
明鈔《説郛》本
上圖
清順治李氏宛委山堂刊《説郛》本
粵圖、中大
清刊《漢學堂知足齋叢書》本
國圖
（按：《廣志》，早佚，散見于唐、宋類書，元代陶宗儀曾輯十三則，録為一卷。清代馬國翰增輯二百七十二則，録為二卷。考作者生平不詳，名為《廣志》，因其内容超出古代廣州，包括東北、西南、中原、嶺南以及外國等廣大地域，可能意涵廣義，故名。由于該書收録部分嶺南動植物資源，也涉及嶺南山川、習俗，故姑作收録。）

3194
始興記 一卷
（劉宋）王韶之撰
明鈕氏世學樓鈔《説郛》本
國圖
清順治李氏宛委山堂刊《説郛》本
粵圖、中大
清刊《漢學堂知足齋叢書》本
國圖
清稿本《玉函山房輯佚書續編》
上圖
［按：此書阮元《廣東通志》著録為“□王韶之撰，佚。”考作者為南朝宋山東臨沂人，官著作佐郎、吴郡太守和廣州刺史。而始興郡，三國甘露元年（256）始分桂陽南部置郡，隋改為韶州，其郡域為今粵北和粵、湘、贛、桂交界處。此書早佚，今為叢書輯佚本。］

3195
嶺表録異記 一卷
（唐）劉恂撰
清順治三年（1646）宛委山堂刊《説郛》本
粵圖、華農

3196
嶺表録異 三卷
（唐）劉恂撰
明鈕氏世學樓鈔《説郛》本
國圖
清順治李氏宛委山堂刊《説郛》本
粵圖、中大
清乾隆武英殿活字印《武英殿聚珍版書》
國圖等
清鈔本《清懷叢書》
南圖
清稿本《玉函山房輯佚書續編》

大連圖
清乾隆十九年（1754）武英殿聚珍版
粵圖、華師、華農
清乾隆文津閣《四庫全書》本
國圖
清同治福建翻刊武英殿聚珍本
中大
清同治真州張氏刊《榕園叢書》本
粵圖

（按：此書書名較複雜，《唐書・藝文志》稱《嶺表録異》，另有稱《嶺表記》、《嶺表録》、《嶺表異録》、《嶺表録異記》等，今以《唐書・藝文志》題名為準。考劉恂，於唐昭宗時，出為廣州司馬，官滿，上京擾攘，遂居南海，撰此書。由于時代久遠，早佚。《永樂大典》和《四庫全書》著録為三卷，原書卷帙，已無考。“嶺表”，即古代嶺南，轄七十多個州縣，包括粵、瓊、桂三省及越南北部地區。此書以記民俗和物產為詳。魯迅先生曾做過輯佚，他有兩種鈔稿本，一為初寫本，二為校勘本，1983 年由廣東人民出版社出版。）

3197

番禺雜記　一卷

（唐）鄭熊撰
明鈕氏世學樓鈔《説郛》本
國圖
明鈔《説郛》本
上圖
清順治李氏宛委書堂刊《説郛》本
粵圖、中大

3198

古南越　一卷

（唐）杜佑編
明嘉靖十八年（1539）刊本
粵圖
清崇仁謝民重刊本
粵圖

［按：此書爲《通典》第一百八十四卷，記述古南越（嶺南）的州郡分佈，其中有南海（廣州）十二個縣。］

3199

投荒雜録　一卷

（唐）房千里撰
清順治三年（1646）宛委山堂刊《説郛》本
華農

3200

北户録　一卷

（唐）段公路撰
明嘉靖二十三年（1544）儼山書院刊《古今説海》本
國圖
明刊《續百川學海》本
華農
清順治三年（1646）宛委山堂刊《説郛》本
華農
清宣統元年（1909）上海集成圖書公司鉛印《古今説海》本
華農
清宣統至民國間上海學扶輪社鉛印《古今説部叢書》本
華農

3201

北户録　三卷

（唐）段公路撰、崔龜圖注
明文始堂鈔本
國圖
明鈔本
國圖
清乾隆文津閣《四庫全書》本
國圖
清江鄉歸氏鈔本　章愫跋
上圖、北大
清道光活字印《學海類編》本
國圖
清光緒六年（1880）陸氏刊《十萬卷叢書》本
中大

3202

新刻北户録　二卷

（唐）段公路撰

明萬曆三十一年（1603）胡文焕刊《格致叢書》本　佚名録　清黄丕烈校並跋　清丁丙跋
南圖
明刊本
臺灣
［按：作者為唐懿宗時人，生卒年不詳，山東臨淄（一說山東蓬萊）人。此書為其在廣州時所作，記載嶺南風土、特產頗為賅備。唐陸希聲在序中稱：段氏“問者以事南游五嶺間，嘗采其風土習俗，飲食衣制，有異于中夏者，録而志之。至于草木果蔬蟲魚羽毛之類，有瑰形詭狀者，亦莫不畢載。”故此書具有較高史料價值。該書卷一為動物，卷二、三記器物、植物等。］

3203
蘇黄門龍川志略　十卷
（宋）蘇軾撰
清鈔本
杭州

3204
龍川别志　一卷
（宋）蘇軾撰
清順治李際期宛委山堂刊《説郛》本
粵圖、中大等

3205
嶺外代答　十卷
（宋）周去非撰
清乾隆文津閣《四庫全書》本
國圖
清乾隆長塘鮑氏刊《知不足齋叢書》本
粵圖、華農
清同治十一年（1872）嶺南蘇氏刊《知不足齋叢書》本
華師
（按：周去非，宋永嘉人，隆興進士，官桂林通判。此書作于桂林代歸之后，記西南諸夷，且記土風物產，尤其邊帥、法制、財計諸門，可補正史所未備。）

3206
東坡居儋録　六卷　首一卷
（宋）蘇軾撰、（清）新會劉鳳輝輯
清光緒二十一年（1895）刊本
粵圖

3207
居儋録　六卷　首一卷　年譜　一卷
（宋）蘇軾撰、（清）新會劉鳳輝輯
清光緒二十二年（1896）刊本
粵圖、中大⊗

3208
炎徼紀聞　四卷
（明）田汝成撰
明嘉靖三十七年（1558）刊本
日内閣
清乾隆文津閣《四庫全書》本
國圖
（按：書又名《行邊紀聞》。）

3209
炎徼瑣言　二卷
（明）南海郭棐撰
清光緒十九年（1893）上海錦章圖書局石印本
粵圖

3210
西陽正俎　十卷
（明）南海郭棐撰
明萬曆十七年（1589）自刊本
國圖、上圖

3211
海槎餘録　一卷
（明）顧岕撰
明刊《廣百川學海》本
華農
清順治三年（1646）宛委山堂刊《説郛》續本
華農
（按：顧岕，吴縣人。是書乃其官儋州時所撰，凡風土、物產悉記之。其中，處置叛黎一節，記述頗詳。）

3212
殿粵要纂 四卷
（明）楊芳、詹景鳳撰
明萬曆三十年（1602）楊芳刊本
國圖

3213
粵劍編 四卷
（明）王臨亨撰
明萬曆刊本
國圖、南圖
民國三十六年（1947）國立中央圖書館影印《玄覽堂叢書續集》本
中大
［按：作者于萬曆二十八年（1600）夏，奉命慮囚嶺南因記其事。此書為類者八：古跡、名勝、時事、土風、物產、藝術、外夷、遊覽。］

3214
潮中雜記 十二卷
（明）郭子章撰
明萬曆十三年（1585）刊本
上圖⊗

3215
百粵風土記 不分卷
（明）謝肇淛撰
清鄭氏注韓居鈔本
國圖

3216
百粵風土記 一卷
（明）謝肇淛撰
清鈔本　清黃世發、謝廷章、徐恕跋
國圖

3217
嶺海異聞 一卷 續聞 一卷
（明）蔡汝賢撰
明刊本
國圖、湘師

3218
赤雅 不分卷
（明）南海鄺露撰
清趙氏小山堂鈔本
國圖
清鈔本
文藝院
清鈔《邊輿紀略彙鈔》本
上圖

3219
赤雅 三卷
（明）南海鄺露撰
清乾隆三十四年（1769）長塘鮑氏刊《知不足齋叢書》本
粵圖、華農
清道光五年（1825）鄺氏恬淡山堂刊本
粵圖、中大、華師、華農
清道光鄺瑞海雪樓刊本
粵圖、中大
清同治十年（1871）知不足齋重刊本
粵圖
清光緒四年（1878）仁和葛氏刊《嘯園叢書》本
粵圖、華農
清光緒三十年（1904）鉛印本
粵圖
民國四年（1915）上海文明書局石印《説庫》本
粵圖
（按：此書卷上記廣西土司及各部落的制度風俗；卷中記各處山川古跡；卷下記各種動植物產。《四庫全書總目》稱其所記“皆詞藻簡雅，序次典核，不在范成大《桂海虞衡志》下，可稱佳本。”）

3220
西湖雜記 一卷
（明）番禺黎遂球撰
清光緒十一年（1885）錢塘丁氏嘉惠堂刊《武林掌故叢編》本
浙圖

3221
嶺南風物紀 一卷
（清）吳綺撰、宋俊增補
清初鈔本
上圖
清乾隆文津閣《四庫全書》本
國圖

3222
嶺海見聞 四卷
（清）錢以塏撰
清康熙刊本
粤圖、上圖
清刊本
粤圖
（按：作者宦遊廣東八載，是為其雜録之書，但記南漢事甚略，乃載劉鋹入宋后事，皆與嶺海無關。）

3223
廣東新語 二十八卷
（清）番禺屈大均撰
清康熙木天閣刊本
中大、華農、港中文、魯圖
清康熙木天閣刊本　清郭象升題跋
晉圖
清康熙水天閣刊本
粤圖
（按：水天閣刊本為翻刊本，由于刊印人誤認“木”為“水”，故出此錯誤。）
清刊本
華師、華農
（按：此書是一本較有史料價值的廣東文獻。全書二十八卷，每卷述事物一類，如天、地、山、水、虫、魚等，凡廣東之天文地理、經濟物產、人物風俗，無所不包，可補《廣東通志》之不足。）

3224
嶺南雜記 二卷
（清）吳震方撰
稿本
國圖
清康熙刊《説鈴》本
粤圖⊗、華農
清嘉慶刊《龍威秘書》本
華農
清道光五年（1825）聚秀堂重刊《説鈴》本
粤圖
清光緒二十三年（1897）上海著易堂鉛印《小方壺齋輿地叢鈔》本
華農
（按：是編記其客遊廣東時所見所聞。上卷記山川風土，兼及時事；下卷專記物產。）

3225
連陽八排風土記 八卷
（清）李來章撰
清康熙四十七年（1708）連山書院刊本
粤圖、國圖等
（按：李來章，湖北襄城人，康熙舉人，官連山知縣。是書即其在任連山知縣時所作。八排者，瑤獠所居，以竹木為砦棚，謂之排。該書分圖繪、形勢、風俗、言語、剿撫、建置、約束、向化八門，各門為一卷。其目尚有卷九，曰雜述，然有録無書，疑未成稿。）

3226
八排風土記 一卷
（清）李來章撰
清光緒十七年（1891）上海著易堂鉛印《小方壺齋輿地叢鈔》本
華農

3227
澳門記 不分卷
（明）陳希言纂
清鈔本
法國會

3228
澳門記略 二卷 首一卷 末一卷
（清）印光任、張汝霖纂
清乾隆張氏西阪草堂刊本
皖圖

清乾隆西阪草堂刊甲、乙本
國圖
清乾隆《四庫全書》本
國圖
清嘉慶五年（1800）江寧藩署刊本
粵圖、中大等
清精鈔本
粵圖
清道光七年（1827）日本井巖氏鈔本
臺灣
清刊本
粵圖、中大、華師、澳大
清道光二十四年（1844）沈氏世楷堂刊《昭代叢書》一卷本
粵圖、中大
清同治光緒間陳坤輯刊《如不及齋彙鈔》一卷本
東洋
清光緒六年（1880）江寧藩署重刊本
粵圖、中大等
清光緒中陳坤輯刊《嶺海異聞録》一卷本
國圖、粵圖等
清光緒十年（1884）廣州萃經堂刊本
粵圖
清光緒二十三年（1897）上海著易堂鉛印《小方壺齋輿地叢鈔》一卷本
華師、華農
清鈔本
江蘇師院、浙圖、北大
民國間上海進步書局石印《筆記小説大觀》一卷本
國圖、上圖
民國四年（1915）影印嘉慶江寧藩署一卷本
粵圖、中大
（按：此書《中國地方志聯合目録》收録，但與志書體例不符，故入此目。此書版本較複雜，如清乾隆西阪草堂本，就有三種，其中國圖二種，皖圖一種，三種比較，文字部分有不同，皆與張汝霖受處分文字表述不一有關，且圖像也有畫法不同，詳見拙文《〈澳門紀略〉版本研究》（澳門《文化雜誌》2012 年第 82 期。）

3229
澳門紀略跋 一卷
（清）俞正燮撰
《清頌堂叢書》稿本
上圖

3230
澳蕃篇 一卷
（清）張汝霖撰
稿本
國圖
清光緒十七年（1891）上海著易堂鉛印《小方壺齋輿地叢鈔》本
華師、華農

3231
澳門形勢篇 一卷
（清）張汝霖撰
稿本
國圖
清光緒二十三年（1897）上海著易堂鉛印《小方壺齋輿地叢鈔補編》本
華農

3232
澳門形勢論 一卷
（清）李受彤撰
清光緒二十三年（1897）上海著易堂鉛印《小方壺齋輿地叢鈔補編》本
華農

3233
澳門形勢論 一卷
（清）張甄陶撰
清光緒二十三年（1897）上海著易堂鉛印《小方壺齋輿地叢鈔補編》本
華師、華農

3234
澳門圖説 一卷
（清）張甄陶撰
稿本
國圖
清光緒二十三年（1897）上海著易堂鉛印

《小方壺齋輿地叢鈔補編》本
華師、華農

3235
澳門新聞紙 不分卷
（清）林則徐譯輯
稿本
（《中國近代史叢刊》）社

3236
澳門雜詠 不分卷
（清）吳歷撰
稿本
國圖

3237
葡萄牙人佔據澳門考 不分卷
［日］藤畔八撰
民國二十五年（1936）上海商務印書館鉛印本
中大

3238
香港雜記 一卷
（清）陳德勛撰
清光緒二十年（1894）香港中華印務局鉛印本
港大、浸大、嶺大

3239
九龍志略 一卷 九龍開埠記 一卷
清稿本《小方壺齋輿地叢鈔三補編》
大連圖

3240
香港 不分卷
李史翼、陳湜合編
民國十九年（1930）上海華通書局鉛印本
中大
（按：此書分三編，一為前論，含沿革、人口、氣候；二為政論，含政治、社會、經濟、交通及治安；三編為餘論。）

3241
新會修志條例 一卷
（清）香山黄培芳撰

3242
肇慶修志章程 一卷
（清）番禺陳澧撰

3243
潔盦金石言 一卷
（清）番禺范公詒撰
民國二十三年（1934）鉛印本
中大

3244
嶺南叢述 六十卷
（清）東莞鄧淳輯、香山黄培芳等參訂
清道光十年（1830）刊本
粤圖、中大、華師、華農
（按：此書為嶺南掌故輯佚之作，如明人郭棐所撰《粤大記》，獨缺卷一，此書收録之，可見鄧淳用功之勤，可補嶺南著作失傳之缺。）

3245
嶺海賸 四卷
（清）南海林輝撰、番禺趙古農編
清道光四年（1824）刊本
粤圖⊗

3246
端州小紀 四卷
（清）陽春鄧元光輯
清道光十年（1830）羊城西湖街富文齋刊本
粤圖

3247
南海百詠續編 四卷
（清）樊封撰
清道光二十九年（1849）刊本
粤圖
清光緒十九（1893）學海堂刊本
中大
清末王宗彝鈔本
華農
（按：樊封，清漢軍正白旗人，廣州駐防軍人。）

3248

南越筆記　十六卷

（清）李調元撰

清乾隆綿州李氏萬卷樓刊嘉慶十四年（1809）李鼎元重校刊《函海》本

粵圖

清光緒七年至八年（1881—1882）廣漢鍾登甲樂道齋刊《函海》本

華師、華農

（按：李調元，四川綿州人，清乾隆進士，著名藏書家。）

3249

南越筆記　一卷

（清）李調元撰

清光緒十七年（1891）上海著易堂鉛印《小方壺齋輿地叢鈔》本

華農

3250

粵東筆記　十六卷

（清）李調元撰

清乾隆文畬堂刊本

粵圖

民國四年（1915）上海會文堂石印本

中大、華農

3251

粵東聞見録　二卷

（清）張渠撰

清乾隆刊本

粵圖

3252

五山志林　八卷

（清）順德羅天尺撰

清乾隆二十六年（1761）刊本

粵圖、華農

3253

楚庭稗珠録　六卷

（清）檀萃録、黄壽編

清廣州九曜山房刊本

粵圖

民國鈔本

粵圖

（按：此書稀見，作者為山西高平縣人，乾隆進士。此書記其游粵見聞録，除《黔囊》一卷外，尚有《粵囊》二卷、《粵琲》二卷和《説蠻・粵産附》一卷。1982年廣東人民出版社以楊偉群校點本出版《廣東地方文獻叢書》。）

3254

粵囊　一卷

（清）檀萃撰

清稿本《小方壺齋叢書》

國圖

清稿本《小方壺輿地叢鈔》

國圖

清光緒二十三年（1897）上海著易堂鉛印《小方壺齋輿地叢鈔補編》本

華農

3255

羊城古鈔　八卷　首一卷

（清）順德仇池石撰

清嘉慶十一年（1806）大賚堂刊本

粵圖、中大、華師、華農

3256

粵中見聞　三十五卷　附紀　一卷

（清）三水范端昂撰

清乾隆四十二年（1777）范氏刊本

國圖

清嘉慶六年（1801）五典齋刊本

粵圖、中大

［按：其自序稱：“姑蘇南來，浙中分派，吾兄呂男，世為粵人矣。所見所聞于粵最確，兄又博學強識，或得諸遊覽，或傳于故老，一一參訂以典籍，著為《粵中見聞》。”考范端昂，字呂男，廣東三水人，祖籍浙江會稽（今紹興）。所記有山川、物產、人物，而且廣及文學、哲學、民俗等方面，內容十分豐富。全書分天部、地部、人部、物部及附記，尤以物部為最，具有一定參考價值。］

3257
粤小記 四卷 附粤諧 一卷
（清）香山黄芝撰、黄培芳參訂
清道光十六年（1836）刊本
中大

3258
雷州記 一卷
（清）李廷棨撰
稿本　清馬國翰、姚椿、王獻唐跋
山師
清鈔本
魯圖

3259
海南日鈔 三十卷
（清）張眉大撰
清嘉慶元年（1796）刊本
海師

3260
海南雜著 不分卷
（清）蔡廷蘭撰
清道光十六年（1836）刊本
海師
（按：此書記清道光澎湖廪生蔡氏應試完畢，從金門東南登船返回澎湖，途中突遇颶風，在海上漂流了十晝夜，歷經艱辛，最后到達越南廣義省海岸的菜芹汛，此為其遇險回憶及南海、越南回憶録。）

3261
瓊島桃園 不分卷
清鈔本
故宫

3262
越臺雜記 一卷
（清）南海顔斯綜撰
清同治二年（1863）稿本
粤圖

3263
越臺輿頌 一卷
（清）耆英撰
清刊套印本
粤圖

3264
談浙 四卷
（清）番禺許瑤光撰
清光緒十四年（1888）刊本
浙大

3265
靈隱書藏紀事 一卷
（清）南海潘衍桐輯
清光緒十八年（1892）錢塘丁氏嘉惠堂刊《武林掌故叢編》本
浙圖

3266
嶺外雜言 一卷
（清）黄桐孫撰
清光緒十七年（1891）刊《黄氏家集初編》本
粤圖

3267
瓊州記 一卷
（清）藍鼎元撰
清光緒二十三年（1897）上海著易堂鉛印《小方壺齋輿地叢鈔補編》本
華農、粤圖、海師

3268
粤屑 四卷
（清）陽春劉世馨撰
清光緒上海申報館鉛印《申報館叢書》本
粤圖

3269
北海雜録 不分卷
（清）三水梁鴻勛撰
清光緒三十一年（1905）香港中華印務有限公司鉛印本
粤圖

3270
制馭澳夷論 二卷
（清）張甄陶撰

清光緒二十三年（1897）上海著易堂鉛印《小方壺齋輿地叢鈔補編》本
華師、華農

3271
粵東葺勝記 八卷 首二卷
（清）徐琪輯
清光緒二十五年（1899）寫刊本
粵圖、中大
清光緒二十九年（1903）刊本
遼圖

3272
嶺南實事記 二十卷 首一卷
（清）徐琪撰
清光緒二十二年（1896）刊本
粵圖、中大⊗

3273
廣東便覽 一卷
（清）化州李應珏撰
清鈔本
粵圖

3274
廣西便覽 一卷
（清）化州李應珏撰
清鈔本
粵圖

3275
浙志便覽 十卷
（清）化州李應珏撰
清光緒二十二年（1896）杭城史隱齋刊本
粵圖

3276
全粵社會實録初編 一卷
（清）番禺鄧雨生編
清宣統二年（1910）調查全粵社會處鉛印本
粵圖

3277
臺灣番社考 一卷
（清）新寧鄺其照撰
清光緒十七年（1891）上海著易堂鉛印《小方壺齋輿地叢鈔》本
華農

3278
遂溪縣采訪員第一、二次報告書 不分卷
（清）遂溪周烈亞等編
清光緒鈔本
粵圖

3279
粵滇雜記 一卷
（清）趙翼撰
清稿本《小方壺輿地叢鈔》
國圖

3280
粵滇雜記 六卷
（清）趙翼撰
清光緒十七年（1891）上海著易堂鉛印《小方壺齋輿地叢鈔》本
華師

3281
宦滇紀略 一卷 附滇南唱和詩 一卷
（清）順德伍蘭徵撰
清光緒十三年（1887）刊本
粵圖

3282
枌榆碎事 四卷
（清）興寧胡曦撰
清同治十一年（1872）刊本
粵圖

3283
瓊臺紀事録 一卷
（清）戴肇辰撰
清同治光緒間刊《丹徒戴氏叢刻》本
國圖、上圖

3284
瓊臺紀事録 一卷
（清）瓊州雲茂濟撰
清同治八年（1869）刊本
粵圖

3285
瓊臺紀事 不分卷
（清）瓊州雲茂濟撰
清同治八年（1869）刊本
日國會

3286
鳳城識小録 二卷
（清）順德龍葆誠撰、龍景愷補輯
清光緒二十八年（1902）刊本
粵圖

3287
信宜縣志摘謬 一卷
題（清）小瀛洲散人輯
清光緒刊本
華農

3288
封川紀事録 一卷
（清）封川温鳳書撰
清光緒三十一年（1905）刊本
粵圖

3289
燕京雜記 一卷
（清）順德闕名氏撰
清光緒二十三年（1897）上海著易堂鉛印《小方壺齋輿地叢鈔補編》本
華農

3290
嶺海菁華記 四卷
（清）鍾聲和輯
清同治三年（1864）刊本
粵圖

3291
黎岐紀聞 一卷
（清）張慶長撰
清康熙詒清堂刊《昭代叢書》本
上圖、暨大
清道光十三年（1833）吳江沈氏世楷堂刊《昭代叢書》本
華農
清光緒二十三年（1897）上海著易堂鉛印《小方壺齋輿地叢鈔補編》本
華農
清宣統三年（1911）刊本
粵圖

3292
治黎輯要 六卷
（清）陳坤輯
清光緒十六年（1890）刊本
粵圖

3293
蝦夷紀略 一卷
（清）番禺姚棻撰
清光緒十七年（1891）上海著易堂鉛印《小方壺齋輿地叢鈔》本
華農

3294
國地異名録 一卷
（清）香山林謙撰
清同治十年（1871）無所住齋刊本
粵圖
清光緒十七年（1891）上海著易堂鉛印《小方壺齋輿地叢鈔》本
華師

3295
牂牁故事 不分卷
（清）黎庶昌撰
稿本
貴博

3296
瓊志擷録 不分卷
稿本
上圖

3297
金遼備考 二卷
題（清）林佶撰
清順德李文田家鈔本　李文田校並跋
常熟圖

3298
吉林外紀 十卷
（清）薩英額撰
清光緒順德李氏鈔本　李文田校並跋
臺灣

3299
赤溪雜誌 一卷
（清）金武祥撰
清稿本《小方壺齋輿地叢鈔》
國圖

3300
赤溪雜誌 二卷
（清）金武祥撰
清光緒十七年（1891）刊《粟香室叢書》本
中大、華農

3301
海隅紀略 一卷
（清）新寧陳璧池撰
清光緒三十二年（1906）廣州敬元堂刊本
粵圖

3302
西陲今略 一卷
（清）梁份撰
清光緒十九年（1893）順德李文田家鈔本　李文田校並跋
國圖

3303
回疆志 八卷
（清）永貴撰
清光緒十九年（1893）李文田家鈔本　李文田校並跋
國圖

3304
輪臺雜記 二卷
（清）番禺史善長撰
清光緒刊《味根山房全集》本
湘圖

3305
虎門形勢 一卷
清稿本《小方壺齋輿地叢鈔三補編》
大連圖

3306
虎門記 一卷
（清）薛韞撰
清光緒二十三年（1897）上海著易堂鉛印《小方壺齋輿地叢鈔補編》本
華農

3307
皇朝直省地名韻語 一卷
（清）新會陳樹鏞編
清光緒十九年（1893）刊本
粵圖

3308
湖隱外史 一卷
（清）葉紹袁纂、順德鄧實校録
清光緒三十三年（1907）上海國學保存會鉛印《國粹叢書》本
華農

3309
塔爾巴哈臺沿革考 一卷
（清）番禺李光廷撰
清光緒二十三年（1897）上海著易堂鉛印《小方壺齋輿地叢鈔補編》本
華農

3310
庫爾哈喇烏蘇沿革考 一卷
（清）番禺李光廷撰
清光緒二十三年（1897）上海著易堂鉛印《小方壺齋輿地叢鈔補編》本
華農

3311
廣東考略 一卷
（清）龔柴撰
稿本
國圖

清光緒十七年（1891）上海著易堂鉛印《小方壺齋輿地叢鈔》本
華農

3312
廣東地略 一卷
（清）馬冠群撰
清光緒二十三年（1897）上海著易堂鉛印《小方壺齋輿地叢鈔再補編》本
華農

3313
龍山鄉竹枝詞 一卷
（清）順德賴振寰撰
清光緒二十五年（1899）古經閣刊本
粵圖

3314
粵西溪蠻瑣記 四卷 補篇 一卷
（清）信宜林德均輯
清光緒二十四年（1898）桂垣刊本
粵圖

3315
廣東總部彙考
（清）佚名撰
清光緒十年（1884）上海圖書集成鉛版印書局鉛印本
粵圖

3316
古香齋鑒賞袖珍春明夢餘録 七十卷
（清）孫承澤撰
清光緒九年（1883）廣州惜分陰館刊本
華農

3317
不忍雜志彙編 初集 六卷 二集 六卷
南海康有爲編
民國三年（1914）上海書局石印本
粵圖、華師

3318
藏霞集 三卷
清遠朱汝珍編
民國四年（1915）清遠隅峽山藏霞古洞刊本
中大

3319
支那省別全志 第一卷 廣東省附香港澳門
［日］東亞同文會編
日本大正六年（1917）鉛印本（日文）
粵圖

3320
廣州坊里志稿 一卷
番禺徐信符撰
稿本
粵圖

遊記類

3321
西遊録注 一卷
（元）耶律楚材撰、（清）順德李文田注、南海李宗顥補注
稿本
國圖
清光緒江氏湖南使院刊《靈鶼閣叢書》本
王國維校注
國圖

3322
西遊録注 一卷
（清）順德李文田撰
稿本
臺灣
清光緒二十三年（1897）會稽施世杰刊《鄦鄦學廬地理叢刊》本
華農

3323
西使記 一卷
（元）劉郁撰　（清）南海李宗顥注
稿本
國圖

3324
兩粵遊草 一卷
（明）陳第撰
明萬曆會山樓刊本
津圖、上圖

3325
甘泉先生嶽遊紀行録 一卷
（明）增城湛若水撰
明嘉靖二十四年（1545）羅朝岳一泉書堂刊本
國圖

3326
重遊南嶽紀行録 一卷
（明）增城湛若水撰
明嘉靖三十五年（1556）周榮朱刊本
國圖

3327
文塘子粵遊記 一卷
（明）黎允儒撰
清鈔本
加英哥大

3328
粵行小紀 三卷
（明）瞿昌文撰
清傅氏長恩閣鈔本
國圖

3329
星槎勝覽前集 一卷 後集 一卷
（明）費信撰、民國容肇祖校
民國十七年（1928）廣州國立中山大學語言歷史研究所鉛印本
粵圖

3330
使粵紀行 一卷
（清）施閏章撰
清康熙刊本　施琮校並跋
國圖

3331
粵述 一卷
（清）閔敘撰

3332
粵西偶記 一卷
（清）陸作藩撰
清鈔本
湘師

3333
粵述 十二卷
（清）閔敘撰
稿本
國圖
清光緒十七年（1891）上海著易堂鉛印《小方壺齋輿地叢鈔》本
華師、華農

3334
粵遊見聞 一卷
（明）瞿共美撰
清鈔本
粵圖

3335
廣州遊覽小志 一卷 南來志 一卷
（清）王士禛撰
清初鈔本
復旦

3336
廣州遊覽小志 一卷
（清）王士禛撰
清刊本
粵圖
康熙三十九年（1700）張氏刊《昭代叢書》本
暨大、華農
清康熙刊《王漁洋遺書》本
華農
清道光十一年（1831）六安晁氏聚珍版《學海類編》本
中大、華農、國圖

清道光十三年（1833）吳江沈氏世楷堂刊《昭代叢書》本
華農
題清悔堂老人稿本《悔堂手鈔》
魯圖
稿本
國圖
清光緒十七年（1891）上海著易堂鉛印《小方壺齋輿地叢鈔》本
華農

3337
南來志、北歸志、廣州遊覽小志　不分卷
（清）王士禛撰
清康熙二十四年（1685）刊《王漁洋遺書》本
粵圖、華農

3338
南來志　一卷
（清）王士禛撰
清光緒十七年（1891）上海著易堂鉛印《小方壺齋輿地叢鈔》本
華農

3339
北歸志　一卷
（清）王士禛撰
清康熙二十四年（1685）刊《王漁洋遺書》本
華農

3340
過嶺集　二卷　惠陽集　二卷
（清）王原撰
清康熙刊《學庵類稿》本
國圖、上圖

3341
秦楚之際遊記　二卷
（清）薛熙撰、番禺屈大均評
清康熙三十三年（1694）文翰堂刊本　葉恭綽跋
上圖

3342
粵遊紀行　一卷
（清）李定業撰
清乾隆刊本
國圖

3343
訪粵續集　一卷
（清）戴熙撰
稿本清曾國藩《戴醇士著述》
復旦

3344
伊蒿公粵遊紀略　一卷
（清）張詮撰
清鈔本　清王士禛批
魯博

3345
遊七星巖記　一卷　七星巖記　一卷　遊伏波巖記　一卷
（清）喬萊撰
清稿本《小方壺齋輿地叢鈔》
國圖

3346
遊鐵城記　一卷　遊白龍洞記　一卷　遊丹霞巖九龍洞記　一卷
（清）鄭獻甫撰
清稿本《小方壺齋輿地叢鈔》
國圖

3347
遊碧落洞記　一卷
（清）曲江廖燕撰
稿本
國圖
清光緒十七年（1891）上海著易堂鉛印《小方壺齋輿地叢鈔》本
華農

3348
遊潮水巖記　一卷
（清）曲江廖燕撰

稿本
國圖
清光緒十七年（1891）上海著易堂鉛印《小方壺齋輿地叢鈔》本
華農

3349
遊丹霞記 一卷
（清）袁枚撰
稿本
國圖
清光緒十七年（1891）上海著易堂鉛印《小方壺齋輿地叢鈔》本
華農

3350
嵩山紀遊 一卷
（清）香山何文明撰
清嘉慶二十一年（1816）刊本
國圖

3351
東還紀略 一卷
（清）番禺史善長撰
清光緒番禺史氏刊《菜根山房全集》本
粵圖

3352
廬秀録 四卷
（清）番禺張維屏撰
清道光十六年（1836）刊本
粵圖、中大

3353
遊羅浮記 一卷
（清）潘耒撰
清道光十一年（1831）六安晁氏聚珍鉛印《學海類編》本
中大、華農
清光緒十七年（1891）上海著易堂鉛印《小方壺齋輿地叢鈔》本
華農

3354
五嶽遊草 一卷
（清）順德陳體元撰
清道光十年（1830）西城稼軒刊本
粵圖、華師
清末鈔本
粵圖

3355
西樵遊覽記 十四卷
（清）順德劉子秀撰
清乾隆五十一年（1786）南畲草堂刊本
華師
清道光十二年（1832）黄亨補刊本
中大

3356
羅浮紀遊 一卷
（清）南海吳彌光撰
清刊本
粵圖

3357
遊羅浮山記 一卷
（清）惲敬撰
清光緒十七年（1891）上海著易堂鉛印《小方壺齋輿地叢鈔》本
華農

3358
經丹霞山記 一卷
（清）惲敬撰
清光緒十七年（1891）上海著易堂鉛印《小方壺齋輿地叢鈔》本
華農

3359
粵遊合筆 不分卷
（清）陳鴻壽等撰
清光緒十五年（1889）戴穗孫鈔本
吉大

3360
粵遊草 不分卷
（清）劉叙堂編

清道光十六年（1836）刊本
粵圖
（按：此書有《登佛山》、《珠江玩月》等詩歌記述作者遊覽廣州的情況。）

3361
粵遊小識 七卷
（清）張心泰撰
清光緒二十六年（1900）梅仙館刊本
大連圖

3362
元耶律楚材西遊録注 一卷 和林詩 一卷
（清）順德李文田撰
清光緒二十三年（1897）刊本
粵圖

3363
遊金粟泉記 一卷
（清）吳育撰
清光緒十七年（1891）上海著易堂鉛印《小方壺齋輿地叢鈔》本
華農

3364
訪蘇泉記 一卷
（清）吳育撰
清光緒二十三年（1897）上海著易堂鉛印《小方壺齋輿地叢鈔補編》本
華農

3365
遊峽山寺記 一卷
（清）吳育撰
清光緒十七年（1891）上海著易堂鉛印《小方壺齋輿地叢鈔》本
華農

3366
粵遊録 一卷
（清）戴燮元撰
清光緒二十三年（1897）上海著易堂鉛印《小方壺齋輿地叢鈔補編》本
華農

3367
粵遊小志 一卷
（清）張心泰撰
清光緒二十三年（1897）上海著易堂鉛印《小方壺齋輿地叢鈔補編》本
華農

3368
西湖蘇跡 一卷 題詠 一卷
（清）黃安瀾輯
清道光十年（1830）聚經堂刊本
華農

3369
南越遊記 三卷
（清）陳徽言撰
清咸豐七年（1857）章門重刊本
粵圖

3370
宦遊紀略 二卷
（清）高廷瑤撰
清嘉慶刊本
粵圖
清同治六年（1867）刊本
粵圖
（按：此書記作者在粵任職所見所聞，其中尤以廣州科場考試為詳。）

3371
粵遊小識 八卷
（清）張心泰撰
清光緒二十六年（1900）夢梅仙館刊本
粵圖

3372
遊白雲山記 一卷
（清）陸棻撰
清光緒十七年（1891）上海著易堂鉛印《小方壺齋輿地叢鈔》本
華師、華農

3373
遊白雲山記 一卷
（清）番禺陳夢照撰

清光緒十七年（1891）上海著易堂鉛印《小方壺齋輿地叢鈔》本
華農

3374
遊楊歷巖記 一卷
（清）張九鉞撰
稿本
國圖
清光緒十七年（1891）上海著易堂鉛印《小方壺齋輿地叢鈔》本
華師、華農

3375
遊欖山記 一卷
（清）姚瑩撰
清光緒十七年（1891）上海著易堂鉛印《小方壺齋輿地叢鈔》本
華師、華農

3376
青城山行記 一卷
（清）番禺江錫齡撰
清光緒十七年（1891）上海著易堂鉛印《小方壺齋輿地叢鈔》本
華農

3377
白雲山遊記 一卷
（清）崔炳炎撰
清光緒三十四年（1908）廣東學務公所印刷處鉛印本
華農

3378
仙城八景 一卷
清咸豐廣州味經書昉重刊本
粵圖

3379
紀遊西樵山紀 四卷
（清）南海梁念祖撰
清光緒十九年（1893）大良正文堂刊本
粵圖、中大

3380
遊惠州西湖記 一卷
（清）闕名氏撰
清光緒十七年（1891）上海著易堂鉛印《小方壺齋輿地叢鈔》本
華農

3381
遊爛柯山記 一卷
（清）闕名氏撰
清光緒十七年（1891）上海著易堂鉛印《小山壺齋輿地叢鈔》本
華師、華農

3382
遊歷圖記 一卷
（清）博羅李丹麟撰
清光緒三十一年（1905）福州陳良輔刊本
粵圖
清光緒三十一年（1905）廣州石經堂石印本
粵圖

3383
丙申由粵赴蘇州復遊閩中入都紀程 不分卷
（清）南海李宗顥撰
稿本
廣圖

3384
西使記注 一卷
（元）劉郁撰、（清）南海李宗顥校
稿本
粵圖

3385
出塞紀略 一卷
（清）錢良擇撰、（清）南海李宗顥校
清鈔本
上圖

3386
宦滇紀略 一卷 附滇南唱和詩 一卷
（清）順德伍蘭徵撰
清光緒十三年（1887）刊本
粵圖

3387
壯遊圖記 不分卷
（清）南海黄璟撰
清光緒二十二年（1896）點石齋石印本
粤圖

3388
羅浮遊記 一卷
（清）臺山馬駿聲撰
清宣統元年（1909）奇雅印務局鉛印本
粤圖

3389
嶺南隨筆 六卷
（清）關涵撰
清嘉慶刊本
美國會

3390
河婆風土志 不分卷
民國刊本
河婆中學

3391
香港指南 不分卷
陳公哲撰
民國二十七年（1938）刊本
日國會

3392
香江歲月 不分卷
民國刊本
河婆中學

3393
南村草堂筆記 四卷
鄔慶時撰
民國九年（1920）刊本　鄔慶時題識
吉市圖

3394
白鵝洲小志 一卷
番禺鄔慶時撰
民國刊本
吉市圖

3395
興寧竹枝雜詠 一卷
（清）興寧胡曦輯
民國二十二年（1933）鉛印本
東北師大

3396
潮汕東南沿海颶災紀略 一卷
饒平陳沅撰
民國十一年（1922）鉛印本
吉大

3397
羅浮紀遊 一卷
番禺潘飛聲撰
清光緒三十四年至宣統三年（1908—1911）國學萃編社鉛印《晨風閣叢書》本
粤圖

3398
遊羅浮記 一卷
南海譚紫英述、譚修業等注
民國十年（1921）佛山商報文業公司活字印本
華農

3399
羅浮指南 一卷
東莞陳伯陶撰
民國初刊本
廣圖

3400
羅浮小記
（清）南海李宗顥撰
稿本
廣圖

3401
閩南遊記初編 不分卷
潮安陳宗鑒撰
民國七年（1918）廣州東雅印務局鉛印本
粤圖

3402
曲阜林廟展謁記 一卷
饒平陳沅撰
民國二十三年（1934）西寧韻古樓鉛印本
粵圖、揭博

輿圖類

3403
嶺海輿圖 一卷
（明）姚虞撰
清乾隆文津閣《四庫全書》本
國圖
清道光刊《嶺海叢書》本
國圖
清道光錢熙祚刊《守山閣叢書》本
上圖

3404
皇輿全圖 一卷
（清）南海鄒伯奇繪
清同治十三年（1874）廣州萃文堂刊本
粵圖、中大

3405
皇朝輿地略 一卷
（清）南海馮焌光輯
清稿本《小方壺齋輿地叢書》
國圖

3406
皇清地理圖韻編 三卷
（清）番禺趙齊嬰等編
清光緒十六年（1890）番禺俞氏刊本
粵圖

3407
中國近世輿地圖說 二十三卷
（清）羅汝楠編纂、方新校繪
清宣統元年（1909）廣東教忠學堂石印本
港大、港中央

3408
漢西域圖考 七卷 圖一卷
（清）番禺李光廷撰
清同治八年（1869）廣州鎔經鑄史齋刊本
粵圖

3409
地球五大洲全圖 不分卷
（清）臺山鄺其照繪
清光緒元年（1875）刊本
國圖

3410
萬國輿圖 不分卷
（清）新會陳兆桐繪
清光緒十二年（1886）石印本
粵圖

3411
萬國輿地圖說 不分卷
（清）新會陳兆桐譯
清光緒石印本
科圖

3412
廣東輿圖 十二卷
（清）蔣伊、韓作棟輯，盧士、劉任繪
清康熙二十四年（1685）刊本
粵圖

3413
廣東省圖 不分卷
（清）乾隆敕製
清乾隆四年（1739）套印本
英國會

3414
廣東輿地圖說 九十二卷 首一卷
清內府鈔本
故宮

3415
廣東省地圖 一幅
清絹本彩繪
臺灣

3416
廣東省屬各州府縣地輿圖説 四十幅
清紙本彩繪
臺灣

3417
廣東全省輿圖局飭發繪圖章程 一卷
（清）廣東省輿圖局編
清末刊本
國圖

3418
廣東地圖 三卷
清同治五年（1866）刊本
粵圖

3419
廣東輿地全圖 不分卷
（清）張人駿編繪
清光緒二十三年（1897）廣州石經堂石印本
粵圖、中大、華師、華農

3420
廣東輿地全圖 不分卷
（清）廣東參謀處測繪科編繪
清宣統元年（1909）廣東參謀處測繪科製圖股石印本
粵圖、中大、華師

3421
廣東圖説 九十二卷 首一卷
（清）毛鴻賓等修、南海桂文燦纂
清同治三年（1864）刊本
粵圖、中大
清同治三年（1864）刊光緒補注本
中大

3422
廣東輿地圖説 十四卷 首一卷
（清）李瀚章修、南海廖廷相纂
清宣統元年（1909）廣東參謀處鉛印本
粵圖、中大
清鈔本
粵圖
（按：此書收載廣東省各地方位、地名、山水等地理情況，其中卷一爲廣州府，下屬包括南海、番禺、從化、增城、花縣等縣。）

3423
廣東圖 二十三卷
（清）瑞麟修、□□□繪
清同治五年（1866）廣州鎔經鑄史齋刊本
粵圖、中大

3424
粵東全省諸洋圖説 不分卷
（清）南澳黄標撰
清刊本
粵圖

3425
廣東海圖説 不分卷
（清）張之洞撰
清光緒十五年（1889）廣雅書局刊本
粵圖、中大、華師

3426
廣東全省總圖
（清）李夢松繪
清鈔本
贛圖

3427
廣東省方輿 二卷
（清）和坤編
清光緒年間石印本
粵圖
（注：此書爲《大清一統志》第338至330卷，圖文並茂地介紹了廣東各府、縣的歷史沿革、天文地理等。）

3428
廣東全省海圖總説 不分卷
清鈔本
中大

3429
大清國廣東省全圖
［日］松邑書店編製

明治三十九年（1906）石印本
粵圖

3430
廣東省地圖
英國作戰参謀部編繪
1911 石印本（英文版）
粵圖

3431
最新廣東明細大地圖
陳宏謀、陳伯平繪
民國二十五年（1936）刊本
加英哥大

3432
廣東省明細大地圖
陳宏謀等測繪
民國二十七年（1938）套印本
港大

3433
廣東分縣詳圖
中國史地圖表編撰社測繪
民國三十六年（1947）亞光地學社套印本
港大

3434
廣東省全圖
童世亨測繪
民國五年（1916）上海商務印書館印本
港大

3435
廣東輿地全圖
清光緒二十三年（1897）省城西關石經堂石印本
港大

3436
廣東圖
（清）輿地學社測繪
清光緒三十三年（1907）輿地學社印本
港大

3437
兩粵輿地全圖
（清）張人駿撰
清光緒三十三年（1907）石印本
暨大

3438
廣東省城圖
不著撰人
清光緒三十一年（1905）粵東省城輿學印局石印本
中大

3439
廣州十四屬地圖 十三幅
（清）禹之鼎繪
清康熙三十六年（1697）禹氏彩色精繪經摺本
中大
（按：廣州十四屬，即清代廣州府轄下的十四個縣，包括南海、番禺、順德、東莞、從化、龍門、增城、新會、香山、三水、新寧、清遠、新安、花縣。是書第一幅爲廣州府地圖，内畫有廣州府，南海、番禺兩縣和佛山鎮，以及白雲山、粵秀山、荔枝灣等山水名勝。地圖爲清代禹之鼎繪作，禹氏是江都人，字上吉，一字尚基，號慎齋，康熙年間官鴻臚寺序班，以善畫供奉内廷，尤工寫照，爲當代第一，一時名人小像皆出其手。）

3440
廣州市地形圖
廣東陸軍測量學校測繪
民國初年套印本
港大

3441
廣州市附近地形圖
民國十七年（1928）印本
港大

3442
廣州市街道圖
民國後期（約 1940 年後）套印本
港大

3443
廣東省廣州市海南地圖
手繪本（約 1930 年）
港大

3444
廣州市地圖
手繪本（約 1930 年）
港大

3445
廣州城市全景圖
（清）英國倫敦 Delin 繪製
清銅版套印
港大

3446
廣州珠江口地圖
（清）英國人測繪
清光緒三十三年（1907）銅版印本
港大

3447
最新廣州市區地圖
民國十三年（1924）測繪印本
港大

3448
廣州市附近圖
（日）波集團測繪
民國十九年（1930）印本
港大

3449
廣州城及珠江水道圖
（清）英國人測繪
清光緒三十三年（1907）印本
港大

3450
廣州速寫
（清）英國人繪製
清光緒九年（1883）銅版印本
港大

3451
廣東省河三口六門總巡緝私河道全圖
清刊本
國圖

3452
韓江圖
清色繪本
國圖

3453
南海縣全圖
（清）南海鄒景隆、羅照滄製
清同治九年（1870）刊本
粵圖

3454
廣肇兩府基圍總圖
（清）南海羅照滄測繪
清光緒十二年（1886）刊本
國圖

3455
廣東連州地圖　一幅
清紙本彩繪
臺灣

3456
東莞縣圖　不分卷
不著撰人
清末民初石印本
華師

3457
香港及附近島嶼地圖
清末民初英國人測繪
民國元年（1912）銅版印本
港大

3458
香港至廣州水道圖
（清）英國人測繪
清咸豐年間彩繪本
港大

3459
澳門圖說 一卷
清嘉慶十三年（1808）刊本
澳中央

3460
電白至澳門沿海地圖
（清）英國人測繪
清宣統三年（1911）銅版印本
港大

附：地理調查

3461
廣東省南雄地理調查表 不分卷
南雄劉殿臣編
民國四年至五年間（1915—1916）南雄縣府進呈本
中大

3462
廣東省海康縣地理調查表 不分卷
海康張祖栻編
民國四年至五年間（1915—1916）海康縣府進呈本
中大

3463
廣東省新興縣地理調查表 不分卷
新興向傳幹編
民國四年至五年間（1915—1916）新興縣府進呈本
中大

3464
廣東省陵水縣地理調查表 不分卷
不著編輯人
民國四年至五年間（1915—1916）陵水縣府進呈本
中大

3465
廣東省感恩縣地理調查表 不分卷
感恩黃炳煊編
民國四年至五年間（1915—1916）感恩縣府進呈本
中大

3466
廣東省鬱南縣地理調查表 不分卷
不著編輯人
民國四年至五年間（1915—1916）鬱南縣府進呈本
中大

3467
廣東省封川縣地理調查表 不分卷
封川鄒兆夔編
民國四年（1915）封川縣府進呈本
中大

3468
廣東省定安縣地理調查表 不分卷
定安沈鎔編
民國四年（1915）定安縣府進呈本
中大

3469
調查西沙群島報告書 七章
沈鵬飛編
民國十七年（1928）鉛印本
粵圖

外紀類

3470
諸蕃志 二卷
（宋）趙汝适撰
清孔氏紅櫚書屋鈔本　清孔繼涵校並跋
國圖
清嘉慶十年（1805）張氏照曠閣刊《學津討原》本　清沈曾植校注
浙博

3471
海語 三卷
（明）南海黄衷撰
清乾隆文津閣《四庫全書》本
國圖
清嘉慶張氏照曠閣刊《學津討原》本
國圖等
（按：此書為廣東第一部記載海外風物著作，所記一為風俗，二為物產，三為畏途，四為物怪。《四庫全書總目》稱其“詞致高簡，時寓勸戒，亦頗有可觀。”可補史傳之異。）

3472
嶺海異聞 一卷 續聞 一卷
（明）蔡汝賢撰
明刊本
國圖、湘師
（按：汝賢，字思齊，華亭人，明隆慶進士。明萬曆時遊海外，將東南海中諸國史、風土習俗等記之。）

3473
琉球記 一卷 中山詩集 一卷
（明）順德胡靖撰
明萬曆刊本
國圖
清嘉慶張氏照曠閣刊《學津討原》本
浙博

3474
海外紀事 六卷
（清）釋大汕撰
清康熙廣州長壽寺刊本
粵圖

3475
洋務事宜 一卷
（清）廣東巡撫部院編
清同治八年（1869）刊本
粵圖
［按：收録清同治八年（1869）四月至十月廣東巡撫部院有關粵海關與各國通商事務的通告文檄等。］

3476
中日通商行船條約續約 不分卷
（清）新會伍芳廷等校閲
清光緒二十九年（1903）活字印本
粵圖

3477
咸豐籌辦夷務始末 八十卷
（清）賈楨等纂
民國十九年（1930）故宫博物院影印本
遼圖、長圖、吉社

3478
中俄伊犁交涉始末 一卷
（清）順德羅惇曧撰
民國成都昌福公司鉛印《滿清野史》本
國圖、北師大

3479
中日兵事本末 一卷
（清）順德羅惇曧撰
民國成都昌福公司鉛印《滿清野史》本
國圖、北師大

3480
割臺記 一卷
（清）順德羅惇曧撰
民國成都昌福公司鉛印《滿清野史》本
國圖、北師大

3481
《中葡通商和好條約》御覽文本
稿本
澳中央

3482
天外歸槎録 一卷
番禺潘飛聲撰
稿本《小方壺齋輿地叢鈔》
國圖
清光緒二十三年（1897）上海著易堂鉛印《小方壺齋輿地叢鈔再補編》本
華農

3483

康熙與羅馬使節關係文書 不分卷

新會陳垣輯

民國二十一年（1932）影印本

東方

3484

中葡外交史 不分卷

周景濂撰

民國二十五年（1936）上海商務印書館鉛印本

中大

（按：此書爲葡人入粤史，全書分十五部分：葡人之東來、葡使比留斯之來中國、葡人西蒙安剌在廣東之暴行及其被逐、葡人被逐於廣東後之其他影響、葡人赴浙江通商之始末、葡人赴福建通商之始末、葡人之再至屯門之由來、葡人澳門居住區在政治及法律之地位、澳門關閘及與中國之劃境問題、青洲天主教堂焚燬事件與郭居静覬覦帝位事件、明萬曆澳門日人之被逐、明代澳門之貿易及繁榮、明季對澳門之戒備與澳門之衰頽、清代葡萄牙與中國之關係等。）

3485

海外紀事 六卷

（清）釋大汕撰

清初寶鏡堂刊本

華師

清康熙三十八年（1699）寶鏡堂刊本

國圖、華師

清康熙三十八年（1699）寶鏡堂刊本　傅增湘跋

晉文物局

［按：大汕（1632—1705），號石濂，廣州長壽寺住持。康熙三十四年（1695），大越國王阮福週聘往說法，越歲而歸，因記其國風土以及大洋往來所見所聞之事。］

3486

海録 一卷

（清）嘉應謝清高口述、楊炳南記編

清道光二十二年（1842）静觀齋刊《域外叢書》本

粤圖

清道光二十四年（1844）京都漱六軒刊本

粤圖

清咸豐元年（1851）番禺潘氏刊《海山仙館叢書》本

中大、華農

清光緒二十三年（1897）上海著易堂鉛印《小方壺齋輿地叢鈔補編》本

華農

（按：這是作者隨外國商船航行十四年經歷所述，每歲遍歷海中諸國，所至輒習其言語，記其島嶼阨塞、風俗物產，自古浮海者所未有也。后目盲，流寓澳門，囑楊炳南記之以傳。）

3487

廣謝清高海語 不分卷

（清）嘉應謝清高口述、嘉應楊炳南記

清鈔本

臺研

3488

安南志 一卷 附安南國形勢考略 一卷 廣西苗傜各族風土記 一卷

（清）梅州楊仲興撰

清鈔本

南開

3489

廣東海防要覽 一卷

（清）周廣等編

清光緒二十年（1894）上海緯文閣石印本

粤圖

3490

朝鮮策略 不分卷

（清）嘉應黃遵憲撰

鈔本

韓國

3491

日本國志 四十卷 首一卷

（清）嘉應黃遵憲編纂

清光緒二十四年（1898）上海圖書集成印書局鉛印本

粵圖、華農

清光緒二十四年（1898）匯文書局刊本

華師

清光緒二十四年（1898）浙江書局刊本

粵圖

（按：此書為我國近代第一部深入系統研究日本的著作，乃作者在任駐日大臣參贊時編撰。全書除年表外，還有國統、鄰交、天文、地理、職官、食貨、兵事、刑法、學術、禮俗、物產、工藝等十二類。被“海內奉為瑰寶。”）

3492

日本國志 四十卷 中東年表 一卷

（清）嘉應黃遵憲編纂

清光緒十六年（1890）羊城富文齋刊本

粵圖、中大

清光緒二十七年（1901）上海書局石印本

粵圖、中大

3493

日本雜事 一卷

（清）嘉應黃遵憲撰

清光緒二十三年（1897）上海著易堂鉛印《小方壺齋輿地叢鈔補編》本

華農

3494

洋務事宜 不分卷

（清）廣東巡撫部院編

清同治八年（1869）刊本

粵圖

3495

墨西哥國通商條約 不分卷

（清）新會伍廷芳等校閲

清光緒二十五年（1899）刊本

粵圖

清光緒二十六年（1900）湖南商務局刊本

粵圖

3496

中葡澳門劃界交涉文牘始末記初稿 不分卷

清光緒刊本

東研

3497

英吉利國記 不分卷

（清）順德梁廷枏撰

《近代中國史料叢刊》續編本

山大

3498

和林詩並注 一卷

（清）順德李文田撰

清光緒二十三年（1897）會稽施世杰刊《鄦鄭學廬地理叢刊》本

華農

3499

東游紀盛 一卷、日本瑣志 一卷

（清）南海張宗良撰

清稿本《小方壺齋輿地叢鈔》

國圖

3500

歐洲十九世紀史 不分卷

［美］軒利普格質頓著、（清）順德麥鼎華譯

清光緒二十八年（1902）上海廣智書局鉛印本

粵圖

3501

英國憲法史 十編

（日）松平康國撰、（清）順德麥鼎華譯

清光緒二十九年（1903）上海廣智書局鉛印本

粵圖

3502

世界近世史 二卷

［日］松平康國撰、（清）新會梁啓勛譯

清光緒二十九年（1903）上海廣智書局鉛印本

粵圖

3503

萬國淺史 不分卷

（清）新會黃用端撰

清光緒三十年（1904）日新書樓刊本
粵圖

3504
五大洲輿地户口物産表 一卷
（清）新寧鄺其照撰
清光緒十七年（1891）上海著易堂鉛印《小方壺齋輿地叢鈔》本
華農

3505
海國公餘輯録 六卷 雜著 三卷
（清）嘉應張煜南輯
清光緒二十七年（1901）廣州富文齋刊本
粵圖

3506
大洋海、大西洋海、印度海、北冰海、南冰海考 一卷
（清）大埔楊毓輝撰
清光緒二十三年（1897）上海著易堂鉛印《小方壺齋輿地叢鈔再補編》本
華農

3507
漢西域圖考 七卷 圖一卷
（清）番禺李光廷撰
清同治九年（1870）羊城富文齋刊本
粵圖、中大、華師、華農
清光緒八年（1882）陽湖越氏壽諼草堂木活字印本
中大、華農
清無竟齋刊本
港大、港中文

3508
俄羅斯史 二卷
［日］山本利喜雄撰、（清）順德麥鼎華譯
清光緒二十九年（1903）上海廣智書局鉛印本
粵圖

3509
普法戰紀 二十卷
（清）南海張宗良譯、番禺李光廷編
清光緒十二年（1886）弢園王氏刊本
國圖、華農

3510
普法戰紀輯要 四卷
（清）南海張宗良譯、番禺李光廷刪纂
清同治真州張氏刊《榕園叢書》本
粵圖

3511
俾路支沿革考 一卷
（清）番禺李光廷撰
清光緒二十年（1894）上海著易堂鉛印《小方壺齋輿地叢鈔補編》本
華農

3512
亞剌伯沿革考 一卷
（清）番禺李光廷撰
清光緒二十年（1894）上海著易堂鉛印《小方壺齋輿地叢鈔補編》本
華農

3513
波羅外紀 八卷
（清）番禺崔弼輯
清光緒八年（1882）崔氏補刊本
粵圖、中大、華師

3514
海外番夷録 不分卷
（清）梅州楊炳南輯
清道光二十四年（1844）刊本
港中央

3515
日本維新三十年史 十二編 附録 一卷
［日］東京博文館編、（清）順德羅孝高譯
清光緒二十九年（1903）上海廣智書局鉛印本
國圖

3516
倭都景物志 一卷
（清）南海譚祖綸撰

清光緒二十年（1894）刊本
粵圖

3517
日本變法由遊俠義憤考 一卷
（清）南海康同薇撰
清光緒二十四年（1898）上海大同譯書局石印本
粵圖

3518
明治政黨小史 不分卷
［日］日本新聞社編纂、（清）南海陳超譯
清光緒二十八年（1902）上海廣智書局鉛印本
粵圖

3519
東遊管見 十六章
（清）譚襄雲編
清光緒三十三年（1907）嶺南清風橋文茂印局鉛印本
粵圖

3520
中東戰紀本末 六卷
（清）東莞王炳耀輯
清光緒二十二年（1896）上海書局石印本
粵圖

3521
埃及近世史 二十六章
（清）順德麥鼎華譯
清光緒二十八年（1902）上海廣智書局鉛印本
粵圖

3522
俄土戰紀 六卷 附録 一卷
（清）番禺湯睿譯
清光緒二十三年（1897）上海大同譯書局石印本
國圖

3523
東遊紀略 一卷 詩聯一卷
（清）香山李鳳翎撰
清光緒十一年（1885）刊本
國圖

3524
扶桑景物志 一卷
（清）南海譚祖綸撰
清光緒二十年（1894）南海刊本
粵圖

3525
檀香山采風記 八卷
（清）順德梁聯芳撰
清光緒二十九年（1903）順德龍隼山館鉛印本
粵圖

3526
古巴雜記 一卷
（清）順德譚乾初撰
清光緒二十三年（1897）上海著易堂鉛印《小方壺齋輿地叢鈔補編》本
華農

3527
日本變政考 十二卷 表一卷
南海康有爲撰
清光緒二十四年（1898）稿本
故宫

3528
瑞士遊記 一卷 德國遊記 一卷
南海康有爲撰
清光緒三十四年（1908）舊金山世界日報鉛印本
港大

3529
歐洲十一國遊記 二編
南海康有爲撰
清光緒三十三年（1907）上海廣智書局鉛印本
粵圖

3530
歐洲十一國遊記 第一、二編
南海康有爲撰
清光緒三十四年（1908）刊本
臺灣、東洋

3531

新大陸遊記

新會梁啓超撰

清光緒三十年（1904）鉛印本

港大、中大

3532

亞洲史 二卷

興寧羅師楊撰

民國二十五年（1936）興寧羅氏鉛印本

中大

3533

西海紀行卷 一卷

番禺潘飛聲撰

清光緒二十三年（1897）上海著易堂鉛印《小方壺齋輿地叢鈔再補編》本

華農

3534

元西域人華化考 八卷

新會陳垣撰

民國二十三年（1934）勵耘書屋刊本

中大

六、語言、文字部

文字類

3535
説文解字 十五卷
（漢）許慎撰
清同治十二年（1873）粵東書局刊《小學彙涵》本　清許克勤校並跋
復旦

3536
説文解字 十五卷 附通檢 十四卷
（漢）許慎撰、（清）番禺黎永椿編
清同治十二年（1873）番禺陈氏刊本
港大、中大

3537
説文解字篆韻譜 五卷 附録 一卷
（南唐）徐鍇撰
清同治十二年（1873）粵東書局刊《古經解彙函》本　清李文田校注
國圖

3538
説文解字注箋 十四卷 附檢字 三卷
（清）段玉裁注、番禺徐灝箋
清光緒二十年（1894）桂林刊民國三年（1914）京師補刊本
中大

3539
字林 七卷 序例目録 一卷
（晉）吕忱撰、（清）任兆麟補正、（清）南海曾釗校增
清嘉慶二十四年（1819）南海曾氏面城樓刊本
粵圖、港中文

3540
汗簡箋正 八卷
（宋）郭忠恕撰、（清）鄭珍箋正
清光緒十五年（1889）廣州廣雅書局刊本
港大

3541
六書故 三十三卷 通釋 一卷
（宋）戴侗撰、（明）博羅張萱訂
明萬曆三十六年（1608）張萱懸塵齋刊本
粵圖

3542
復古編 二卷 校正 一卷 附録 一卷
（宋）張有撰、（清）葛鳴陽校正
清光緒十八年（1892）香山劉氏小蘇齋重刊本
港大

3543
中國官話 不分卷
清乾隆七年（1742）中西文合璧刊本
澳政署

3544
經字異同 四十八卷
（清）番禺張維屏撰
清道光十九年（1839）松心室刊本
粵圖
清光緒五年（1879）清泉精舍刊本
粵圖
清紅格鈔本
港大

3545
字體辨誤 一卷
（清）番禺陳澧撰
清刊本
粵圖

3546
陳蘭甫説文部首 一卷
（清）番禺陳澧撰
清末刊本
粵圖

3547
象形字誤附引書法 一卷
（清）番禺陳澧撰
清末廣州龍藏街意林齋刊本
中大

3548
説文聲統 十七卷
（清）番禺陳澧撰
稿本
加英哥大

3549
説文聲表 □□卷 標目 十七卷
（清）番禺陳澧撰
稿本
國圖⊗

3550
説文聲表標目 不分卷
（清）番禺陳澧撰
稿本
中大
清鈔本
港大

3551
説文聲類譜 十七卷
（清）番禺陳澧撰
稿本
粵圖

3552
引書法 一卷
（清）番禺陳澧撰
清鈔本
港大
清光緒二十四年（1898）觀雲草堂刊本
國圖

3553
漢隸字原校勘記 一卷
（清）番禺丁杰撰
清稿本 清翁方綱等批校、清陳以綱等跋
港大

3554
類字訓蒙 二卷
（清）香山林謙學撰
清同治四年（1865）翼賢堂刊本
粵圖

3555
説文通檢 十五卷
（清）番禺黎永椿輯
清同治十二年（1873）羊城陳昌治富文齋刊本 清胡元常校
鄂圖

3556
説文通檢 十四卷 首一卷 末一卷
（清）番禺黎永椿撰
清同治十二年（1873）番禺陳氏繩齋刊本
粵圖、華師
清光緒二年（1876）文昌書局刊本
粵圖
清光緒二年（1876）崇文書局刊本
華師
廣州富文齋刊本
中大
清光緒五年（1879）常桂潤刊本
港大

3557
西語譯漢入門 不分卷
［法］童保祿著

清同治八年（1869）中西文合璧刊本
澳政署

3558
字學舉隅 一卷
（清）順德龍啓瑞撰
清同治十年（1871）上海曙海樓重刊本
港中山
清同治十二年（1873）北京寶善堂刊本
港中文
清光緒二十二年（1896）廣州廣雅書局刊本
港大

3559
初學對類引端 三卷
（清）順德黄堃撰
清宣統二年（1910）佛山天寶樓鉛印本
港大

3560
字學舉隅 不分卷
（清）順德龍啓瑞撰
清光緒六年（1880）京都松竺齋刊本
佛圖

3561
臨文便覽 不分卷
（清）順德龍啓瑞撰
清光緒二年（1876）京都松竹齋刊本
佛圖

3562
説文釋例提綱 一卷
（清）番禺陳宗侃撰
稿本
中大

3563
毛傳説文異同考 不分卷
（清）番禺陳宗侃撰
稿本
中大

3564
説文本經答問 二卷
（清）鄭知同撰
清光緒末（1898—1908）廣州廣雅書局刊本
港中山

3565
金石篆隸會萃 十二卷
（清）南海葉應銓輯
清光緒九年（1883）葉應銓刊本
港中文

3566
俗音字辨幼學信札 一卷
（清）南海譚元摽、鶴山李春山同輯
清廣州古經閣刊本
粵圖

3567
漢洋合字彙 不分卷
清末澳門中西合璧本
澳中央

3568
經字正蒙 八卷
（清）吳川李文沂撰
清光緒十一年（1885）羊城萃經堂刊本
粵圖

3569
千字文説文解字附録别解 一卷
（清）東莞林荃撰
清光緒十三年（1887）粵東刊本
粵圖

3570
幼雅 八卷
（清）新會陳榮衮撰
清光緒二十三年（1897）羊城崇蘭仙館刊本
粵圖

3571
散語 四十章
清光緒三年（1877）香港聖保羅書院石印本
港中文

3572
婦孺釋詞 一卷
（清）蒙學書塾編輯

清光緒二十八年（1902）廣州刊本
港中文

3573
對類引端 二卷
（清）順德黃坤編
清光緒六年（1880）粵東澄天閣石印本
粵圖

3574
增補對類引端 三卷
題（清）硯香書屋主人編
清光緒六年（1880）佛山同文堂刊本
粵圖

3575
初學對類引端 三卷
題（清）硯香書屋主人編
清宣統元年（1909）廣州麟書閣活字印本
粵圖

3576
對料集成 四卷
（清）南海袁福溥編
清光緒十九年（1893）廣州麟書閣石印本
粵圖

3577
婦孺淺解 一卷
（清）新會陳榮衮編
清光緒二十四年（1898）經史閣刊本
粵圖、澳中央

3578
改良婦孺三字書 一卷
（清）新會陳榮衮撰
清光緒二十七年（1901）蒙學書塾石印本
粵圖

3579
改良婦孺三字書 二卷
（清）新會陳榮衮編
清光緒二十九年（1903）聚文書塾刊本
粵圖

3580
婦孺須知 一卷
（清）新會陳榮衮撰
清光緒二十六年（1900）廣州明經閣刊本
粵圖、澳中央

3581
改良婦孺須知 二卷
（清）新會陳榮衮撰
清光緒三十三年（1907）刊本
粵圖

3582
婦孺論說兩種 不分卷
（清）澳門荷蘭園蒙學書塾編
清光緒二十七年（1901）刊本
澳中央

3583
芝樵四字經 一卷
（清）羅定杜良田編
清光緒十二年（1886）怡悦齋鈔本
粵圖

3584
字義約記 二卷
（清）高明區輔臣撰
清光緒三十一年（1905）廣州石經堂書局石印本
粵圖

3585
虛字淺說 一卷
（清）番禺呂堅撰
清廣州石經堂刊本
粵圖
清光緒九年（1883）羊城海墨樓石印本
粵圖

3586
類字訓蒙 二卷
（清）香山林謙學撰
清同治四年（1865）翼賢堂刊本
粵圖

3587
字義 二卷
（清）海陽戴嘉禧增訂
清光緒九年（1883）學海堂刊本
粵圖

3588
小學修身教授法 一卷
（清）番禺詹憲慈撰
清末民初鉛印本
粵圖

3589
客話本字 一卷
（清）嘉應杨恭桓撰
清光緒三十三年（1907）石印本
粵圖

3590
增訂三字鑒注釋 一卷
（清）萬藕舲撰
清光緒二十二年（1896）羊城麟書閣昌記刊本
粵圖
清光緒二十八年（1902）佛山同義堂刊本
粵圖

3591
象形文釋 不分卷
（清）番禺徐灝撰
稿本 清陳澧批校
粵圖
民國徐信符鈔本
粵圖

3592
象形文釋 四卷
（清）番禺徐灝撰

3593
韻目 一卷
（清）王紹墉撰
稿本
國圖

3594
楷法溯原 十四卷
（清）文昌潘存輯、楊守敬編
清光緒三年（1877）楊氏刊本
中大

3595
六書辨 一卷
番禺徐紹楨撰
清光緒三十三年（1907）刊本
粵圖、中大

3596
中國文字學 不分卷
東莞容庚撰
民國燕京大學油印本
中大

3597
中國文字學形義篇 二卷
東莞容庚撰
民國二十一年（1932）燕京大學石印本
中大

3598
説文重文中所收古文録 不分卷
東莞容庚撰
民國鈔本
中大

3599
文法表解 一卷
鶴山吕冠雄撰
稿本
粵圖

音韻、訓詁類

3600
六書故 三十三卷 六書通釋 一卷
（宋）戴侗撰
明萬曆三十六年（1608）博羅張萱懸塵齋刊

本
粵圖

3601
附釋文互注禮部韻略 五卷
（宋）丁度等撰
宋寶慶、紹定年間（1225—1233）廣州刻本 清楊紹和跋
國圖

3602
成語考 二卷
（明）瓊山丘濬撰
清光緒二十二年（1896）廣州崇德堂刊本
粵圖
清末瀚文堂石印本
粵圖

3603
小學古訓 一卷
（明）香山黄佐撰
清道光三十年（1850）粵雅堂刊《嶺南遺書》本
粵圖

3604
彙雅前集 二十卷
（明）博羅張萱撰
明萬曆三十四年（1606）區大相、沈朝焕等刊本
粵圖、臺灣

3605
彙雅 三卷
（明）博羅張萱撰
清鈔本
臺大

3606
彙雅前集 二十卷 後編 二十八卷
（明）博羅張萱撰
明萬曆三十三年（1605）清真館刊本
國圖

3607
古今韻分注撮要 五卷
（明）甘雨撰、陳士元注
明萬曆二十二年（1594）廣州鎮粵堂刊本
北大

3608
龍文鞭影 二集二卷
（明）蕭良友撰、（清）番禺李暉吉、徐瓚輯
清同治七年（1868）刊本
粵圖
清光緒二十三年（1897）寶經閣刊本
粵圖

3609
三鱣堂篆韻正義 五卷
（明）嶺南楊昌文撰
明崇禎十三年（1640）自刊本
國圖、魯圖
明崇禎十三年（1640）自刊本　清丁丙跋
南圖
明崇禎十三年（1640）自刊本　清伍銓萃跋
國圖

3610
五車韻府 十卷
（清）陳藎謨撰
清康熙四十七年（1708）廣東慎思堂刊本
普葛

3611
南北官話纂編大成 不分卷
（清）東莞張玉成編
清乾嘉間刊本
粵圖

3612
韻府萃音 一卷
題（清）長洲青霏子龍柏纂
清嘉慶十五年（1810）粵東學院前心簡齋刊本
中大

3613
聲韻考 四卷
（清）戴震撰
清潮陽縣署刊本　清紀昀批並跋
閩圖

3614
古音考證 一卷
（清）番禺陳澧撰
民國鈔本
粵圖

3615
切韻考 一卷
（清）番禺陳澧撰
稿本
粵圖

3616
切韻考外編 三卷
（清）番禺陳澧撰
稿本
粵圖
清末民國初鉛印本
中大

3617
切韻考殘稿
（清）番禺陳澧撰
稿本
粵圖⊗

3618
東塾初學編 一卷
（清）番禺陳澧撰
稿本
粵圖

3619
廣韻增加字考略 一卷
（清）番禺陳澧撰
清鈔本
港大

3620
初學編、音學 一卷
（清）番禺陳澧撰
稿本
粵圖

3621
説文聲類譜 十七卷
（清）番禺陳澧撰
稿本
粵圖

3622
經韻集字析解 二卷 全韻字數 一卷 附編 一卷
（清）彭良敞撰
清道光二十三年（1843）嶺南蕭焜慎獨堂刊本
普葛

3623
二十一部古韻 二卷
（清）南海曾釗撰
稿本
粵圖

3624
硃注正音咀華 三卷 附儀略 一卷
（清）沙彝尊撰
清咸豐三年（1853）維經堂刊朱墨套印本
港大、粵圖、粵博
（按：沙彝尊，清駐廣州旗人。他用北京語與粵語對照，著成此書。）

3625
新增韻對屑玉 二卷
（清）順德歐達徹編
清咸豐十一年（1861）尚友堂刊本
粵圖⊗

3626
新增詳注韻對屑玉 二卷
（清）順德歐達徹編
清末廣州聚賢堂刊本
粵圖

3627
韻對屑玉箋注 二卷 增訂切字捷法 一卷
（清）順德歐達徹撰
清宣統二年（1910）佛山天寶樓鉛印本
粵圖

3628
增注韻對屑玉 三卷
（清）順德歐達徹編
清末萃經樓刊本
粵圖⊗

3629
韻聯詳注詩學津梁 四卷
（清）順德歐達徹纂輯、李天淇注
清末民初東莞萃英樓刊本
粵圖

3630
初學檢韻 十二卷
（清）澄海姚文登輯
清同治十二年（1873）延禧堂重刊本
粵圖

3631
初學檢韻 十二卷 附佩文詩韻 一卷
（清）澄海姚文登輯、（清）錢大昕鑑定
清同治十年（1871）拾芥園刊本
港中文

3632
初學檢韻袖珍 二卷
（清）澄海姚文登撰
民國十三年（1924）上海掃葉山房石印本
揚博

3633
四聲韻譜 九卷 首一卷
（清）順德梁僧寶撰
清光緒十六年（1890）梁氏家塾刊本
國圖

3634
切韻蒙求 一卷
（清）順德梁僧寶撰
清光緒十六年（1890）梁氏家塾刊本
國圖

3635
詩韻牽貫譜 不分卷
（清）番禺陳宗侃撰
稿本　清陳澧批評
中大

3636
增補銅板詩韻合璧 五卷
（清）湯文潞輯
清同治六年（1867）廣州福文堂刊本
港大

3637
韻府萃音 十二卷
（清）番禺龍柏撰
清嘉慶十五年（1810）廣州龍柏刊朱墨套印本
港大

3638
廣州俗話書經解義 五卷
（清）南海麥仕治撰
清光緒十九年（1893）廣州文寶閣鉛印本
粵圖、中大

3639
法文廣東北京語音指南 不分卷
清光緒二十九年（1903）鉛印本
粵圖

3640
廣東公立官話講習所講義 一卷
（清）南海孔贊廷撰
清光緒二十九年（1903）粵商自治會鉛印本
粵圖

3641
古韻通説 二十卷
（清）番禺龍啓瑞撰
清同治六年（1867）刊本
港大

3642
經傳字音考證 四卷
（清）順德馮肩撰
清光緒二年（1876）文選樓刊本
廣圖

3643
英語集全 六卷
（清）香山唐廷樞等編
清同治元年（1862）廣州緯經堂刊本
粵圖、港大、中大⊗
（按：此書為中英文合璧本。）

3644
增輯字音分韻撮要 四卷
（清）南海伍殿綸撰
清光緒十一年（1885）古鏡齋刊本
粵圖⊗
清光緒十一年（1885）廣州蒙學書局石印本
粵圖

3645
爾雅正郭 三卷
（清）南海潘衍桐撰
清光緒十七年（1891）刊本
粵圖、港學海

3646
拼音字譜 一卷
（清）東莞王炳耀撰
清光緒二十七年（1901）廣州聖教書樓刊本
粵圖

3647
科學韻語 一卷
（清）南海桂坫撰
清宣統元年（1909）廣州蒙學書局石印本
粵圖

3648
英文字母碎字 不分卷
清末中西文合璧本
澳政署

3649
俗話傾談初集 二卷
（清）嶺南邵彬儒編
清光緒二十九年（1903）鉛印本
澳中央
（按：全書為粵語。）

3650
俗話傾談 二卷
（清）嶺南邵彬儒編
清光緒二十二年（1896）番禺黄從善堂刊本
澳中央

3651
洋漢合字彙 不分卷
［葡］葡人編
1831年刊本
澳中大
（按：是書中葡文對照。）

3652
古文法綱要 上中下編
香山何家昇編
民國十二年（1923）澳門經香學舍鉛印本
中大

3653
增廣英語撮要 不分卷
清光緒二十四年（1898）申昌書室鉛印本
澳中央
（按：是書為中葡文對照。）

3654
史記文法舉例 一卷
臺山黄炳照撰
民國鉛印本
中大

3655
粵音指南 四卷
不著撰人
清宣統二年（1910）香港别發印字館鉛印本
中大、港大

3656
客方言 十二卷
興寧羅翽雲撰
民國國立中山大學鉛印《國學院叢書》本
中大

3657
潮汕方言 十六卷
潮安翁輝東撰
民國三十二年（1943）弢廬校刊鉛印本
中大

3658
番禺隱語解 不分卷
番禺鄔慶時撰
民國十一年（1922）鉛印《半驌樓叢書》本
中大、粵圖

3659
音學辨微 一卷
鈔本
港學海

3660
正音撮要 四卷
（清）南海高静亭撰
清咸豐八年（1858）連元閣刊本
日國會
清咸豐十年（1860）右文堂學華齋刊本
國會圖
清同治六年（1867）刊本
粵圖⊗
清光緒三十三年（1907）廣州福芸樓刊本
粵圖

3661
清濁聲類 五卷
（清）南海曾昆泉撰
清光緒十年（1884）詒燕書室刊本
粵圖

3662
字音通曉 一卷
（清）南海羅崧駿撰
清光緒二十二年（1896）羊城思范軒刊本
粵圖

3663
切韻述要 六卷
（清）嶺南魯昆棠輯
清光緒十一年（1885）刊本
粵圖

3664
大同天籟 一卷
（清）番禺王恩榮、博羅陳希伋、新會劉惺萬等撰
清光緒二十三年（1897）刊本
粵圖

3665
俗音字辨幼學信札 一卷
（清）南海譚元摽、鶴山李春山同輯
清廣州古經閣刊本
粵圖

3666
新增初學字辨信札撮要 二卷
（清）南海譚元摽、鶴山李春山輯
清光緒二年（1876）羊城維經堂刊本
日國會

3667
信札幼學 □卷
（清）鶴山李春山撰、［日］石橋奎點
明治九年（1876）續文社鉛印本
日國會
（按：有卷上。）

3668
拼音字譜 一卷
（清）東莞王炳耀撰
清光緒二十七年（1901）廣州聖教書樓刊本
粵圖

3669
拼音分韻
（清）東莞王炳耀撰
清光緒二十五年（1899）刻朱印本

科圖、北大
（按：書又名《粤東正音拼切分韻》。）

3670
新字啓智篇　一卷
（清）東莞王炳耀撰
清光緒二十六年（1900）刊本
科圖

3671
幼雅　八卷
（清）新會陳榮衮撰
清光緒二十三年（1897）羊城崇蘭仙館刊本
粤圖

3672
馬拉語粤音譯義　四卷
（清）順德馮兆年撰
清光緒十六年（1890）佛山芹香閣刊本
粤圖（大字本）、粤博（小字本）

3673
常字雙千編韻　不分卷
清宣統元年（1909）石印本
澳中央

3674
粤音指南　四卷
不著撰人
清宣統二年（1910）香港別發印字館鉛印本
中大

3675
韻聯詳注詩學津梁　四卷
（清）順德歐達徹纂輯、李天淇注
清末民初東莞萃英樓刊本
粤圖

3676
東語正規　三卷
（清）香山唐寶鍔、戢翼翚撰
明治三十三年（1900）刊光緒三十二年（1906）印本
東京都圖

3677
養正韻對　不分卷
南海何介禧輯
民國佛山豐勝街陳永泰刊本
佛圖

3678
讀書分月課程　不分卷
新會梁啓超撰
清末刊本
粤圖、華師

3679
韻義便考　六卷
（清）番禺徐紹楨撰、龔嘉相輯
清光緒十年（1884）刊本
國圖、科圖

3680
潮汕注音字集　一卷
澄海陳復衡編
民國十一年（1922）大潮社鉛印本
揭博

3681
潮汕檢音字表　不分卷
潮州潘載和撰
民國二十二年（1933）鉛印本
哈燕

3682
澄海縣鄉土韻言　一卷
澄海陳淜撰
民國十三年（1924）鉛印本

3683
分類通行廣東話　不分類
番禺譚季强撰
民國十九年（1930）鉛印本
哈燕

3684
廣東切音捷訣　不分卷
譚榮光撰
民國十年（1921）鉛印本
粤圖、哈燕

3685
簡體字典 不分卷
東莞容庚編
民國二十五年（1936）燕京大學影印本
中大

3686
元秘史譯音用字考 不分卷
新會陳垣撰
民國二十三年（1934）國立中央研究院歷史語言研究所刊本
中大

3687
粵音指南 四卷
清光緒二十九年（1903）刊本
哈燕

3688
客音彙編 不分卷
胡景福撰
民國二十年（1931）鉛印本
哈燕

3689
唐字調音英語 一卷
莫文暢編
清光緒三十一年（1905）香港鉛印本
港大

3690
實用速成廣東語 不分卷
［日］影山巍撰
日本昭和十七年（1942）刊本
哈燕

3691
（客話）新約聖經 不分卷
聖書公會編
民國上海聖書公會鉛印本
粵圖

3692
澄海縣鄉土韻言 一卷
澄海陳滂撰
民國十三年（1924）鉛印本
粵圖

3693
粵音 一卷
民國三年（1914）廣州松桂書局石印本
粵圖

3694
嶺南警醒粵語鐘 一卷
陳玉昆編
民國五年（1916）汕頭祺昌印務局鉛印本
粵圖

3695
粵音闡林 不分卷
鄭東湖撰
民國八年（1919）鈔本
粵圖
（按：又名《大中華新字母》。）

3696
粵音韻標 一卷
鄭東湖編
民國八年（1919）鉛印本
粵圖

3697
粵語檢字捷法 一卷
趙廣齡、林價人合編
民國九年（1920）廣州趙明選堂油印本
粵圖

3698
粵音檢字捷法 一卷
番禺趙少波編
民國九年（1920）石印本
粵圖

3699
粵話全書 一卷
題悟民氏編
民國十年（1921）上海石印書局鉛印本
粵圖

3700
粵語 一卷
題悟民氏編
民國十三年（1924）上海石印書局石印本
粵圖

3701
英語會話初編 一卷
番禺鄧廷鏗撰
民國粵東雙門底開新公司鉛印本
粵圖

3702
廣州話指南 一卷
題禪山撰
民國廣州守經堂書局鉛印本
粵圖

3703
廣州語音本字 四卷
番禺詹憲慈編
民國年間鈔本
粵圖

3704
粵話會話指南 一卷
民國鉛印本
粵圖

3705
中國官話 不分卷
［法］傅爾蒙（Stephanus Fourmont）著
民國十三年（1924）澳門聖院印本
澳聖約
（按：此書爲融普通話、粵話和英語於一體的修文本。）

3706
漢字文法 不分卷
［葡］紅沙維（Jaquim A. Goncalves）著
1829 年印本
澳政署

3707
中國廣東話教科書 不分卷
［美］裨治文（E. C. Bridqman）著
1841 年印本
澳政署

3708
粵方言和普通話常用語 不分卷
［葡］伯多禄（Pedro Nolasco da silva）著
1884 年印本
澳政署

3709
輕松學粵語 不分卷
［英］波乃耶（J. Dyer Ball）著
1904 年印本
澳政署

3710
粵方言研究介紹 不分卷
［法］Caysac，Georges 著
1926 年印本
澳利氏

3711
法漢談論廣東土話 不分卷
［法］Tallandier，I. Le 著
1927 年印本
澳利氏

3712
粵語爲人人 不分卷
［英］Wells，H. R. 著
1931 年印本
澳利氏

七、文學部

總集類

3713
文選　六十卷
（梁）蕭統輯、（明）新會何孟伦輯注

3714
諸儒議論　一卷
（元）陳仁子輯
明嘉靖刊本
上圖、津師

3715
文選　六十卷
（梁）蕭統輯、（唐）李善注
清末廣州駱浩泉翰墨園套印本
澳大

3716
蘭亭集　一卷
（晉）王羲之等撰、海豐劉萬章輯注
民國二十五年（1936）廣州紅棉社鉛印本
中大

3717
六朝文絜　四卷
（清）許槤評選
清光緒三年（1877）南海馮氏讀有用書齋刊朱墨套印本
澳大、遼圖等

3718
南北朝文鈔　二卷
（清）彭兆蓀輯
清光緒元年（1875）陳起榮廣州刊本
吉大、吉社

3719
欽定全唐文　一千卷　目録　三卷
（清）董誥等編
清光緒二十七年（1901）廣州廣雅書局重刊本
港學海

3720
唐音類選　二十四卷　拾遺　一卷
（明）順德潘光統輯

3721
古今律吕考　一卷　詩人名氏　一卷
（明）香山黄佐撰
明嘉靖四十三年（1564）刊本
上圖
清康熙四十九年（1710）刊本
中大⊗

3722
唐詩大觀　五卷
（明）揭陽郭之奇輯評
民國二十二年（1933）景東别墅鈔本
粤圖

3723
唐人選唐詩　二十三卷
（明）毛晉編
清康熙三十二年（1693）南海黄虞學稼草堂刊本
普葛

3724
李杜七古鈔　一卷
（清）香山黄培芳評
清鈔本
港大

3725

二張集 四卷

（明）高叔嗣編

明嘉靖三十三年（1554）黄榜刊本

國圖

子目：

張曲江集 二卷（唐）張九齡撰

張燕公集 二卷（唐）張悦撰

3726

三唐人集 三十七卷

（清）南海馮焌光輯

清光緒中南海馮氏讀有用書齋刊本

國圖、華師

民國二十二年（1933）寒匏宧刊本

科圖

子目：

李文公集 十八卷 补遺 一卷 附録 一卷（唐）李翺撰

清光緒元年（1875）刊本

皇甫持正文集 六卷 補遺 一卷（唐）皇甫湜撰

光緒二年（1876）刊本

孫可之文集 十卷（唐）孫樵撰

光緒二年（1876）刊本

3727

陶蘇詩合纂 八卷

（清）順德温汝能輯

清嘉慶十二年（1807）聽松閣刊本

遼圖、吉圖

子目：

陶詩彙評 四卷（晉）陶潛撰、（清）温汝能箋

東坡和陶合纂 四卷（宋）蘇軾撰、（清）温汝能箋

3728

鼎鐫黄狀元批選眉山三蘇文狐白 四卷

（明）順德黄士俊輯

明萬曆自新齋余紹崖刊本

清華、皖圖

3729

初唐四杰集 三十七卷

（清）項家達輯

清同治十二年（1873）番禺叢雅居鄒氏重刊星渚項氏本

粵圖、中大

子目：

王子安集 十六卷

楊盈川集 十卷

盧昇之集 七卷

駱丞集 四卷

3730

唐賢三昧集箋注 三卷

（清）王士禛選、吴煊、胡棠輯注，香山黄培芳評

清光緒九年（1883）翰墨園朱墨套印本

粵圖、中大

3731

唐人賦鈔 六卷

（清）番禺邱先德編、邱士超箋注

清嘉慶十八年（1813）羊城允經樓刊巾箱本

粵圖⊗

清同治七年（1868）粵東翰寶樓重刊本

中大

清光緒二十三年（1897）麟書閣刊巾箱本

粵圖

3732

李杜七古鈔 一卷

（清）香山黄培芳輯

清鈔本

港大

3733

聖宋名賢五百家播芳大全文粹 一百十卷

（宋）魏齊賢、葉棻輯

清南海孔氏嶽雪樓鈔本　傅增湘校補並跋

國圖

3734

遼文補録 一卷

南海黄任恒輯

民國二十四年（1935）廣州活字版
港學海

3735
金文最 一百二十卷
（清）張金吾輯
清光緒八年（1882）粵雅堂刊本
港學海

3736
元八百遺民詩咏 八卷
東莞張其淦撰
民國二十二年（1933）鉛印本
中大

3737
元人選元詩 五種 二十一卷
羅振玉輯
民國四年（1915）連平范氏雙魚室刊本
粵圖
子目：
河汾諸老詩集 八卷（元）房祺輯
國朝風雅七卷雜編 三卷（元）蔣易輯
大雅集 八卷（元）賴良輯、（元）楊維禎評點
郭交集 一卷（元）魏士達輯
偉觀集 一卷（元）□□輯

3738
作義要訣 一卷
（元）倪士毅撰
清光緒二十四年（1898）五羊鐵鏡山房刊本
港中央

3739
曾王二翰林存稿 十卷
（明）東莞陳璉編
清康熙六十年（1721）宋賓王蒙鈔本
上圖
子目：
翰林曾學士存稿 四卷（明）曾棨撰
王侍講存稿 六卷（明）王洪撰

3740
丘海二公文集合編 十六卷
（清）焦映漢編
清康熙四十七年（1708）刊本
粵圖、上圖等
子目：
丘文莊公集 十卷（明）瓊山丘濬撰
海忠介公集 六卷（明）瓊山海瑞撰

3741
明代名人尺牘 不分卷
東莞鄧實輯
清光緒三十四年（1908）上海國學保存會景印本
子目：
有明兩大儒（王守仁、高攀龍）手帖
明十五完人手帖
大參陳公手集同人尺牘
王文成與朱侍御三札
瞿忠宣公手札及蠟丸書
明東林八賢遺札
明賢名翰合冊

3742
明音類選 十二卷
（明）香山黄佐撰、從化黎民表輯
明嘉靖三十七年（1558）潘光統刊本
粵圖、國圖等

3743
古文類選 十八卷
（明）揭陽鄭旻輯
明隆慶刊本
臺灣

3744
名家表選 八卷
（明）陳塏輯
明嘉靖二十六年（1547）廣東崇正書院刊本
國圖、魯圖

3745
雅音會編 十二卷
（明）順德康麟編

明天順七年（1463）刊本
臺灣
明嘉靖二十四年（1545）沈藩勉學書院刊本
國圖
明萬曆二十二年（1594）沈藩刊本
國圖

3746
溟南詩選 不分卷
（明）文昌陈是集輯
清刊本
海師

3747
六藝流别 二十卷
（明）香山黄佐輯
明嘉靖四十一年（1562）歐大任刊本
粵圖、中大、港大
清康熙二十六年（1687）重刊本
華師

3748
新刊批点古文類鈔 十二卷
（明）林希元輯
明嘉靖三十年（1551）南海陳堂刊本
中大

3749
古文眉詮 七十九卷
（清）浦起龍輯
清光緒二十四年（1898）嶺南良產書屋刊本
吉圖

3750
七十家賦鈔 六卷
清光緒八年（1882）廣東載文堂刊興縣康氏印本
長圖

3751
荔枝志餘 四卷
清鈔本　清廖炳跋
上圖
子目：
妃子笑 一卷（清）吳道榮撰
荔枝吟 一卷（清）曹溶等撰
荔枝百詠 一卷（清）廖炳撰
荔枝雜著 一卷（清）廖炳撰

3752
古詩雪 一卷
（清）新會鍾啓韶編
清刊本
粵圖

3753
七絶求聲 六卷
順德何讓編輯
民國鈔本
粵圖

3754
閨詞三百首 一卷
大埔何幼端輯
民國二十三年（1934）鉛印本
中大

3755
古詩選 不分卷
海豐劉萬章選注
民國二十一年（1932）廣州鉛印本
中大

3756
選詩箋釋 一卷
豐順李滄萍撰
稿本
中大

3757
谿山聯句 不分卷
（明）增城張潮、甘爲霖撰
明嘉靖二十年（1541）刊本
天一

3758
新刻楊太史選注秦漢拔奇 八卷
（明）歸善楊起元編注
明萬曆二十二年（1594）刊本
普葛

3759
鍥古今名公詩調連腴 十六卷
（明）歸善楊起元輯
明萬曆二十九年（1601）萃慶堂刊本
南開、南圖

3760
皇明百大家文選 十七卷
（明）歸善楊起元選、朱國祚編
明萬曆刊本
臺灣

3761
清泉精舍小志 一卷
（明）從化黎民表輯
明隆慶三年（1569）刊本
北大

3762
龍惕書 一卷
（明）季木、聶豹、李默、揭陽薛侃撰
明萬曆三十一年（1603）劉毅刊本
國圖、南圖

3763
古論玄箸 八卷
（明）傅振商輯
明萬曆四十年（1612）順德國士書院刊本
首圖、南圖

3764
古今文範 四卷
（明）梅州李士淳輯
明崇禎刊本
故宮

3765
同時尚論録 十六卷
（明）蔡士順輯
清順德李文田家鈔本 清李文田校注
國圖

3766
五律英華 八卷
（清）番禺王隼編、梁佩蘭等輯
清初刊本
粵圖

3767
珠垣叢鈔 三種
（清）番禺吳應辰輯
稿本
粵圖

3768
和文昌帝君陰騭文詩 一卷
（清）龔志清撰、番禺章慶祺評
清嘉慶廣州富文齋刊本
粵圖

3769
時齋倡和詩 不分卷
（清）張允和、順德張錫麟輯
清乾隆三十三年（1768）刊本
厦圖

3770
廣三百首詩選 一卷
（清）香山黃培芳輯
清黃氏嶺海樓鈔本
粵圖

3771
律詩鈔 十二卷
（清）香山黃培芳編
清鈔本
粵圖

3772
正心格言 一卷
（清）香山關壽松輯
清道光二十六年（1846）廣州味經堂刊本
粵圖

3773
選樓集句 二卷 首一卷
（清）番禺許祥光編
清道光二十年（1840）刊本
粵圖、中大

3774
古詩流選 不分卷
（清）番禺趙古農選輯
清道光十一年（1831）文畬堂刊本
粵圖

3775
瓊雅堂駢詩 不分卷
（清）瓊州林榮光輯
清刊本
海師

3776
文苑綜雅 十八卷
（清）番禺王隼輯
清刊本
粵圖

3777
古文集宜 四卷
（清）普寧魏起泰編
清乾隆五十一年（1786）同福堂刊本
港中央
清同治廣東緯文堂刊本
粵圖

3778
訂正古文評注 十卷
（清）過珙、黄越同選評，嶺南龐雲燦、曾璜合訂
清宣統二年（1910）廣州聚文堂刊本
粵圖

3779
古賦首選 一卷
（清）順德梁夔譜選集注
清同治八年（1869）梁鏡古堂家刊本
粵圖、中大

3780
文選類聯 二卷
（清）順德馮培纂輯
清光緒四年（1878）順德進文堂刊本
粵圖

3781
文選拾遺 八卷
（清）番禺朱銘編
清光緒十八年（1892）刊本
粵圖、中大

3782
香雪齋帖體詩注 八卷 首一卷
（清）新會陳元驥撰
清光緒七年（1881）刊本
粵圖

3783
詩料類編 二十七卷
（清）花縣張保年輯
清鈔本
粵圖

3784
綴玉集 四卷
（清）東莞蔡召華編
清同治十一年（1872）刊本
粵圖

3785
駢林摘艷 五十卷
（清）南海胡又安編
清光緒十八年（1892）廣州石經堂石印本
粵圖⊗
清光緒二十年（1894）上海點石齋石印本
粵圖
清光緒二十二年（1896）上海點石齋石印本
粵圖

3786
散文鈔 一卷
（清）南海譚瑩等撰
清鈔本
粵圖

3787
搜珠初集 一卷
（清）新寧余廷舜輯
清光緒十一年（1885）粵東廣報局鉛印本
中大

3788
讀子先河 一卷
（清）東莞劉翰棻等撰
清光緒二十四年（1898）刊本
粵圖

3789
時聯選箋初集 不分卷
題（清）香港吟香社主人編
清光緒二十三年（1897）羊城五鳳吟館刊本
粵圖

3790
歷代宫闈詠事詩 四卷
（清）嘉應張芝田輯
清光緒二十二年（1896）榕蔭山房刊本
粵圖⊗

3791
全上古三代秦漢三國六朝文 七百四十六卷
（清）嚴可均輯
清光緒十九年（1894）廣州廣雅書局刊本
哈市、大慶

3792
歸來草堂尺牘 一卷
（清）吴晉錫、吴川吴兆騫撰
清末吴氏石蓮盦鈔本　吴重熹跋
上圖

3793
香奩詩泐 二卷 續五卷 補四卷 續補三卷
（清）三水范端昂輯
清刊本
哈師

3794
制義約鈔 六卷
（清）南海何文綺編
清道光二十八年（1848）粵秀書院刊本
港中央

3795
萬選青錢 一百一十八卷
題（清）見山齋主人輯
清光緒五年（1879）龍吟仙館校刊本
港中央

3796
增補律賦囊括 不分卷
題（清）五鳳樓主人輯
清光緒十二年（1886）羊城味古書局石印本
港中央

3797
詳訂古文評注 十卷
（清）過珙、黄越評選
清光緒二十三年（1897）廣州明經閣刊本
港中央

3798
經義精華 不分卷
（清）番禺范公詒輯
清光緒二十四年（1898）刊本
港中文

3799
名家經論彙編 五卷
（清）陳志光輯
清光緒二十四年（1898）廣州經學堂刊本
港中央

3800
文行集 不分卷
（清）番禺衛壯謀輯
清末映雪軒石印本
粵圖

3801
國朝詩人徵略 六十卷
（清）番禺張維屏撰
清道光十年（1830）刊本
粵圖

3802
國朝詩人徵略二編 六十四卷
（清）番禺張維屏撰
清道光二十二年（1842）超華齋刊本
粵圖、中大

3803
皇朝經世文新編 三十二卷
（清）順德麥仲華輯
清光緒二十八年（1902）上海書局石印本
粵圖、華農

3804
清詩精華 不分卷
（清）連平何琛等撰、韓矩選
清光緒刊本
粵圖

3805
桐城三家文鈔 八卷
（清）香山劉熽芬編
清光緒四年（1878）鈔本
子目：
方望溪文鈔 二卷（清）方苞撰
劉海峰文鈔 二卷（清）劉大櫆撰
姚惜抱文鈔 四卷（清）姚鼐撰
粵圖

3806
紀風七絶 二十卷
（清）順德梁九圖輯
清光緒十九年（1893）刊本
粵圖、中大

3807
新選清真二集 不分卷
（清）信宜李崇忠輯
清光緒四年（1878）佛山近文堂刊本
粵圖、佛圖
（按：收清代各地李姓八股文二十四篇，其中李崇忠五篇、李調元三篇。）

3808
甲辰典試粵東闈中即事 八卷 首一卷
（清）順德龍啓瑞撰
清道光二十四年（1844）效文堂刊本
粵圖

3809
正雅集摘鈔 一卷
（清）番禺陳澧、順德胡斯錞同輯
清咸豐九年（1859）刊本
粵圖

3810
名家經論彙編 五卷
（清）陳志光輯
清光緒二十四年（1898）廣州經學堂刊本
港中央

3811
鄺齋師友集 不分卷
（清）番禺陳曇編
清鈔本
粵圖

3812
清六家詩選鈔 不分卷
（清）不著撰人
清末民初緑絲欄鈔本
中大
（按：選鈔喬松年、孫星衍、洪良品、蔣廷恩、俞思穆、朱啓連六人詩。）

3813
張南山等人著作雜鈔 一卷
（清）番禺張維屏等撰
清鈔本
粵圖

3814
兩浙輶軒續録 五十四卷 補遺 六卷
（清）南海潘衍桐撰
清光緒十七年（1891）浙江書局刊本
粵圖、中大

3815
選詩均編 五卷
（清）南海李宗顥輯
稿本
上圖

3816
異蘭詩鈔 一卷
（清）順德郭鳳堯編
清道光二十四年（1844）刊本
粵圖

3817
翰苑分書館律分韻初編 六卷
題（清）順德春暉閣主人輯
清光緒十八年（1892）錦官堂增訂石印本
港大

3818
雨窗雜録 一卷
番禺潘飛聲編
民國潘岳襄鈔本
粵圖
（按：輯袁枚、黄培芳、謝蘭生、陳澧等人詩文信札。）

3819
蒼葭詩刊 第一、二輯
（清）廣東國民大學編
民國三十一至三十二年（1942—1943）鉛印本
中大

3820
詩詞專刊 六卷
國立中山大學中國語言文學研究會編
民國二十年（1931）國立中山大學中國文學研究會鉛印本
中大

3821
漢魏樂府風箋 十五卷 補遺 一卷 校勘表 一卷
順德黄節撰
民國十一年（1922）鉛印本
粵圖

3822
古詩歌讀本 二卷
順德黄節編
清宣統元年（1909）國學保存會鉛印本
粵圖、中大、港学海

地方藝文

3823
嶺南文獻 三十二卷
（明）張邦翼輯
明萬曆四十三年至四十四年（1615—1616）刊本
粵圖、中大⊗
清鈔本
粵圖
（按：此書爲首部粵人總集，收集從唐張九齡至明萬曆年間的315位廣東作者之詩文。雖因選輯明人文章太多，有“彌濫”之嫌，但對研究粵人詩文和廣東文學有一定參考價值。）

3824
嶺南文獻 二十九卷 補遺 六卷
（明）張邦翼編、楊瞿崍補
明萬曆刊本
臺灣

3825
嶺南文獻軌範補遺 六卷
（明）楊瞿崍輯
明刊本
粵圖、中大

3826
南滁會景編 十四卷
（明）東莞李覺斯輯
明崇禎九年（1636）刊本
南圖

3827
嶺南五朝詩選 三十七卷
（清）番禺黄登輯
清康熙三十九（1700）自刊本
中大⊗
［按：此書選輯了唐宋元明清五朝廣東人士詩歌作品，上至唐代開元（713—741），迄於清康熙年間，是現存最早的廣東詩歌總集。内容以朝代先後爲序，考輯作者姓氏爵里，並撰其小傳於前。］

3828
嶺南三大家詩選 二十四卷
（清）番禺王隼輯
清康熙三十一年（1692）自刊本

粤圖、中大、津圖、普葛
清道光十九年（1839）萬卷樓刊本
粤圖
清同治七年（1868）南海陳氏刊本
粤圖、中大、華師、華農
子目：
六瑩堂集 八卷（清）南海梁佩蘭撰
道援堂集 八卷（清）番禺屈大均撰
獨漉堂集 八卷（清）順德陳恭尹撰
［按：梁佩蘭（1630—1705），字芝五，號藥亭，南海人，生活於廣州，自幼接受儒家思想系統教育，長而通曉經史百家之學，素有才名。梁氏 29 歲中舉，60 歲才中進士，對仕途已淡泊，入翰林院不久，便乞假南歸，居廣州十四年，生活閒適恬談，曾在西郊法性寺創白蓮詩社，衆推爲長。屈大均（1630—1696），字翁山，號華夫。時值明清政權更迭時期，曾參與老師陳邦彦抗清軍事鬥争，事敗，削髮爲僧，後還俗北上，周遊中原、江南、西北等地，結交不少學者，晚年生活窮困，著述頗豐。陳恭尹（1631—1700），字元孝，晚號獨漉子。因陳邦彦兵敗被執，全家遇害，僅恭尹一人幸免。“獨漉”取自古樂府詩“獨漉獨漉，水深泥触。”意爲報父仇、雪國耻，但大勢底定，無能爲力。綜觀三家詩，屈大均雄奇高渾，慷慨超邁；陳恭尹沉鬱蒼勁，精警雋永；梁佩蘭伉爽排宕，深穩雅建；三人自具鮮明個性風格，自成一家，時人推爲“三絶”。時人王瑛爲該詩集作序。］

3829
法性禪院倡和詩 六卷 續集 六卷
（清）周大樽編
清康熙四十一年（1702）刊本
粤圖
（按：法性禪院，即法性寺，在廣州光孝寺東北廊外。是書收録清屈大均、陳恭尹、梁佩蘭、潘耒等人在法性禪院内酬唱互贈的詩文作品。）

3830
粤東懷古 二卷
（清）吳騫輯
清雍正八年（1730）刊本
粤圖
（按：是書收録歷代宦粤人士和粤籍詩人的事跡及其詩歌作品，其中有任廣州刺史、廣州都督者，又有番禺、南海縣人士。）

3831
嶺南風雅 三卷
（清）香山陳蘭芝輯
清乾隆五十年（1785）陳氏自刊本
粤圖、中大
（按：此書爲歷代廣東地方藝文總集。）

3832
嶺南群雅初集 三卷 二集 三卷 初補 二卷
（清）番禺劉彬華輯
清嘉慶十八年（1813）玉壺山房刊本
粤圖、中大、華師、华農

3833
嶺南四家詩鈔 四卷
（清）番禺劉彬華輯
清嘉慶十八年（1813）刊本
中大
子目：
逃虚閣詩鈔 一卷（清）順德張錦芳撰
鴻雪齋詩鈔 一卷（清）順德黄丹書撰
五百四峰堂詩鈔 一卷（清）順德黎簡撰
遲删集詩鈔 一卷（清）番禺吕堅撰
［按：張錦芳（1747—1792），字粲夫，號藥房，清乾隆間進士，官翰林院編修。留居北京，與名流交往，尤受翁方綱器重；黄丹書（1757—1808），字廷授，號虛舟，以詩、書、畫名世，時人譽爲“三絶”；黎簡（1747—1799），字簡民，自號西樵，其所居名爲五百四峰堂，乃取羅浮四百三十二峰与西樵七十二峰合稱之意。他亦以詩、書、畫三絶馳名於世，且擅篆刻與園林設計，可謂多才多藝；吕堅（1742—1813），字介卿，號石帆，一生居於

鄉，家貧。生性兀傲，落落寡合，爲一布衣詩人。上述四人中，以黎簡成就、名氣最大。此書爲番禺劉彬華從四人著作中各選一卷合編而成，並非原豹。如《五百四峰堂詩鈔》，原書二十五卷，《逃虚閣詩鈔》六卷、《遲删集》八卷、《鴻雪齋詩鈔》八卷等等。]

3834

國朝嶺南文鈔　十四卷

（清）新興陳在謙輯評

清道光十二年（1832）廣州七十二峰草堂刊本

中大

3835

國朝嶺南文鈔　十八卷

（清）新興陳在謙輯評

清道光學海堂刊本

粵圖、中大、華師

3836

清嶺南文鈔　十八卷

（清）新興陳在謙輯

清末廣州富文齋刊本

華師

3837

嶺南五朝詩選　二十卷

（清）番禺黄登輯

清康熙刊本

中大

3838

嶺南文選

（清）新會胡方輯、惠士奇評

清道光十九年（1839）新會紅豆齋重刊本

港大

3839

嶺南即事雜詠　七集

（清）順德何惠群等撰

清光緒二十七年（1901）禪山翰文堂刊本

中大

3840

嶺南即事雜詠　十集

（清）順德何惠群等撰

清光緒二十三（1897）粵東麟書閣刊本

粵圖

清光緒十年至二十八年（1884—1902）聚文堂石印本

華農

清光緒二十八年（1902）粵東福雲樓刊本

粵圖

3841

新增嶺南即事雜詠　不分卷

（清）順德何惠群等撰

清末廣州德文堂刊

粵圖

3842

新增嶺南即事　六集

（清）順德何惠群等撰

清光緒十三（1887）廣州守經堂刊本

粵圖

3843

後續嶺南即事　六集

不著撰人

清末石印本

華農

清末守經堂刊本

粵圖

3844

嶺南文存　一卷

（清）□□□輯

清末刊本

粵圖

3845

越臺輿頌　一卷

（清）耆英等撰

清道光刊本

吉大

（按：耆英，滿洲人。道光間官两廣總督，曾與英人訂五口通商及割讓香港之約，後又赴津議和，未成，擅回京，上賜自盡。）

3846

嶺南詩存 不分卷

（清）順德何藻翔輯

民國十四年（1925）商務印書館鉛印本

粤圖、中大

3847

嶺南鼓吹 二卷 古跡賦鈔 一卷

（清）陳堂等撰

清同治六年（1867）龍氏刊袖珍本

粤圖

（按：此書收録咏粤詩作甚詳，其中有《廣州歌》、《廣州行樂曲》、《羊城八景》等。）

3848

嶺南小雅集 三卷

臺山黄文寛編

民國二十五年（1936）廣州天南金石社鉛印《萍廬叢鈔第一種》本

中大

3849

嶺南近代四家詩 十一卷

乐昌張昭芹編

民國初樂昌張昭芹鉛印本

普葛、港中文

子目：

節庵先生遺詩 六卷 附續編 一卷 番禺梁鼎芬撰

蟄庵詩存 一卷 揭阳曾習經撰

蒹葭樓詩 二卷 顺德黄節撰

癭庵詩集 一卷 顺德羅惇曧撰

3850

廣中五先生詩集 二卷 附刻 五卷

（明）談愷輯

明嘉靖三十六年（1557）王國楨刊本

遼圖

子目：

西庵先生詩選（明）順德孫蕡撰

聽雨先生詩選（明）南海王佐撰

雪蓬先生詩選（明）番禺黄哲撰

易庵先生詩選（明）番禺李德撰

臨清先生詩選（明）番禺趙介撰

3851

廣東文集 □□卷

（清）番禺屈大均編

清康熙刊本

南圖

子目：

陳議郎集 二卷（漢）陳元撰

楊太守集 二卷（漢）楊孚撰

劉御史集 二卷（唐）劉軻撰

林光禄集 三卷（明）林培撰

譚處士集 二卷（明）譚清海撰

楊文懿集 二卷（明）楊起元撰

黎太僕集 三卷（明）黎遂球撰

（按：《廣東文集》是清人屈大均編纂的粤人詩文總集，原計劃有三百餘卷，後因篇幅過大，先成《廣東文選》四十卷並刊行。此《廣東文集》僅存十六卷，收漢陳元、楊孚、唐劉軻和明譚清海、楊起元、林培、黎遂球等人的詩文集。）

3852

廣東文選 二十三卷 賦 二卷 詩 十四卷 詞 一卷

（清）番禺屈大均輯

清康熙二十六年（1687）廣州三閭書院刊本

粤圖、中大、華師

3853

廣東文選 四十卷

（清）番禺屈大均輯

清初紅格鈔本屈向邦跋

港中文

（按：此書收自漢至明末清初的169位粤人的詩文，其中文章483篇，詩詞757題956首，廣州籍以宋李昴英、明黄佐、鄺露作品最多，它爲研究廣東的歷史、人物以及地方藝文提供了豐富的資料。）

目録：卷一敕制、诰命、卷二、三、四疏，卷五表狀頌箋、卷六議、卷七策、卷八、九序、卷十論、卷十一辯説解、卷十二、十三記、卷十四、十五傳、卷十六行狀、卷十七碑、卷十八墓志銘、卷十九墓表、卷二十書、卷二十一雜著、卷二十二跋、卷二十三贊銘箴诔、卷二十四、二十五賦、卷二十六至卷三十九詩、卷四十詞。此書卷端題：楚黄劉茂溶定、番禺屈大均選。有屈大均序。有屈向邦跋題“此是屈氏家塾傳習本，今亦不啻鳳麟之視矣。”有“屈向邦印”、“蔭堂”兩印，應爲刊本之底本。另，鄔慶時題詩云：“三年來得成歸計，相見時難别更難。每到鐘聲鳴夜半，總防趙璧不能完。山河一旦重收拾，好共堂前燕子歸。楊柳依依今往矣，不依依處也依依。丙戌花朝鄔慶時又題。”

3854

廣東文獻初集 十八卷 二集 九卷 三集 十七卷 四集 二十六卷

（清）順德羅學鵬輯

清嘉慶二十二年（1817）順德羅氏春暉堂刊本

粵圖

清同治二年（1863）順德羅氏春暉堂刊本

中大

3855

廣東詩粹 十二卷 補編 一卷

（清）順德梁善長輯

清乾隆十二年（1747）達朝堂刊本

杭圖

3856

廣東詩彙 一百五十卷

番禺鄔慶時、屈向邦合編

稿本

粵圖

（按：首列楊孚，終鄒瑤光，有小傳及詩作。）

3857

廣中四杰集 一卷

（明）俞憲輯

明嘉靖隆慶間刊《盛明百家詩》本

國圖、上圖等

子目：

孫仲衍集（明）南海孫蕡撰

王彦舉集（明）南海王佐撰

黄庸之集（明）番禺黄哲撰

李仲修集（明）番禺李德撰

3858

南園十子詩集 南園前五先生詩 五卷 南園後五先生詩 二十五卷 附刻南園花信詩 一卷

（明）葛徵奇輯 後集陳文藻輯

清同治九年（1870）南海陳次壬重刊本

港大

3859

南園前後五先生詩 三十卷 前後卷首各一卷 附刻南園花信詩 一卷

（明）番禺趙介等撰

清同治九年（1870）南海陳氏樵山草堂重刊本

粵圖、中大、華師、華農

［按：前五先生爲：（明）趙介、孫蕡、王佐、李德、黄哲。後五先生爲：（明）歐大任、梁有譽、黎民表、吴旦、李時行。］

3860

南園五先生詩選 二卷

（清）李琯朗輯

清康熙五十九年（1720）刊本

中大

（按：此書稀見。）

3861

南園五先生詩 二卷

（明）番禺趙介等撰

清乾隆十三年（1748）一簣山房刊本

粵圖

3862

南園後五先生詩集 二十四卷 附南園花信詩 一卷

（明）順德歐大任等撰

清乾隆三十年（1765）順德歐佐儒刊本

粵圖

清同治九年（1870）南海陳次壬重刊本

港中山

3863
周玉泉先生孝廉贈録 七卷
（明）潮陽周篤慶編
清光緒十一年（1885）刊本
粵圖
（按：此爲潮陽桃溪周光訓於明隆慶初舉孝廉之保舉呈文、移文、獎文及時人林大春等人所贈詩文彙編。）

3864
楊貞復六種 十六卷
（明）歸善楊起元輯
明萬曆刊本
復旦
子目：
　　四書答問 六卷（明）羅汝芳撰
　　貞復楊先生學解 一卷
　　楊先生冬日記 一卷
　　白沙先生語録 二卷（明）陈獻章撰
　　南中論學存笥稿 四卷
　　歸善楊先生證學編 二卷

3865
南粵詩草 一卷
（明）陳第撰
明萬曆二十九年（1601）刊本
臺灣
明刊本
厦大

3866
江皋小築集 二卷 江皋主人附稿 一卷
（明）东莞李元弼輯
明萬曆四十年（1612）刊本
津圖
（按：李元弼，字相所，明萬曆舉人，後辭官歸里，於江皋置别業，邀友吟詠甚富。）

3867
後南園詩課 一卷
（清）香山黄日坡輯
清宣統三年（1911）羊城墨寶樓刊朱色印本
粵圖、中大

3868
寄南園二子詩鈔 四卷
（清）番禺許應鑅輯
清同治十三年（1874）刊本
中大、上圖
子目：
　　侶樊草堂诗鈔 二卷（清）順德黎原超撰
　　看山樓詩鈔 二卷（清）番禺馮永年撰

3869
學海堂初集 十六卷
（清）阮元編

3870
二集 二十二卷
（清）嘉應吳蘭修編

3871
三集 二十四卷
（清）番禺張維屏編

3872
四集 二十八卷
（清）番禺金錫齡編
清道光四年（1824）至光緒十二年（1886）羊城簡書齋、富文齋刊本
粵圖、中大、華師、華農

3873
菊坡精舍集 二十卷
（清）番禺陳澧編、南海廖廷相重訂
清光緒二十三年（1897）
羊城富文齋刊本
粵圖、中大、華師、華農

3874
廣州四先生詩 四卷
清乾隆文津閣《四庫全書》本
國圖

3875
白沙風雅 八卷
（清）張達輯
清雍正十年（1732）雙桐軒刊本
清華、華東師大

3876
三瀧詩選 十卷
（清）順德陳華封、彭沃輯
清乾隆二十五年（1760）思燕閣刊本
國圖

3877
楚庭耆舊遺詩前集 二十一卷 後集 二十一卷 續集 三十二卷
（清）南海伍崇曜輯
清道光二十三年至三十年（1843—1850）南海伍氏刊本
粵圖、中大、華師、華農

3878
粵東黎獻集 一卷
（清）楊永斌輯
清刊本
粵圖

3879
海岳詩群 □□卷
（清）王偁輯
清道光刊本
粵圖⊗

3880
嶺南詩集 八卷
（清）李文藻編
清刊本
中大
［按：李文藻，山東益都人，進士。清乾隆三十五年（1770）任廣東恩平知縣，乾隆三十七年（1772）任潮州知府。］

3881
采風要録 九卷
不著撰人
稿本
粵圖⊗

3882
西關集 一卷
清鈔本
復旦

3883
白雲洞詩合編 不分卷
（清）番禺張維屏編
清道光二十七年（1847）刊本
粵圖
（按：白雲洞爲南海西樵山勝景之一，詩刻較多。）

3884
白雲洞詩卷 一卷
（清）新會李辰輝等撰
清末刊本
中大

3885
嶺表詩傳 十六卷
（清）順德梁九圖、吳炳南同輯
清道光二十年至二十三年（1840—1843）順德梁氏紫藤館刊本
粵圖、中大
子目：
明嶺表詩傳 六卷
國朝嶺表詩傳 十卷

3886
粵東觀海集 六卷
（清）李調元編
清乾隆刊本
粵圖

3887
粵東文海 六十六卷
（清）順德温汝能輯
清嘉慶十八年（1813）文畬堂刊本
粵圖、華師

3888
粵東詩海 一百卷 補遺 六卷
（清）順德温汝能輯
清嘉慶十八年（1813）文畬堂刊本
粵圖、中大
清同治五年（1866）順德龍山聚文堂刊本
粵圖、中大、華師

3889

粤東七子詩 六卷

（清）盛大士輯

清道光二年（1822）刊本

中大

清道光二年（1822）刊本　清潘德與批

上圖

（按：七子：一爲陽春譚敬昭（1774—1830），字子晉，一字康侯。幼時以詩賦受廣東學使曹仁虎賞識，後翁方綱爲廣東學使，亦稱贊其詩，將其與張維屏、黄培芳合稱“粤東三子”。譚氏嘉慶間中進士，官户部主事，因性廉退不争，因此耽擱十多年未得陞遷。病卒京邸。著有《聽雲樓詩鈔》，擅長樂府。二爲香山黄培芳（1779—1859），字子實，又字培芳，以字行。黄佐八世孫，家學淵厚，清嘉慶副貢，後屢試不第，乃南歸執教。道光年間，受聘學海堂學長，又受命襄辦夷務，獲内閣中書銜，著有《嶺海樓詩鈔》等數十種。三爲順德黄玉衡（1777—1820），字伯璣，號在庵。嘉慶進士，官翰林院編修，久居京官，貯書萬卷，終日不捨於手，著有《安心竟齋詩集》。四爲番禺張維屏（1780—1859），字子樹，號南山，道光進士，歷任知縣、同知、知府，後假歸不復出，喜遊，善書，通醫，著有《聽松廬詩鈔》等數十種。五爲吳川林聯桂，著有《見星廬詩集》。六爲順德吳悌（一作“梯”、“稊”），嘉慶初解元，後屢試不第，歷官山東知縣、知州。博通經史，能文善詩，著有《岱雲詩草》。七爲鎮平（今蕉嶺）黄釗（1787—1853），字香鐵，一字谷生。嘉慶舉人，官内閣中書，道光初因家鄉水災，乃南歸，晚年以教學爲生。南歸時與黄玉衡同行，玉衡病歿，黄釗獨力扶柩回粤，治喪完畢始回家，其義行一時稱頌。著《讀白華草堂詩集》等。此《粤東七子詩》，乃鎮洋盛大士所輯，他與黄玉衡交好，道光初編印出版。）

3890

粤風續 九十四卷

（清）吳淇輯

清康熙刊本

杭圖

3891

廣東詩粹 十二卷 補編 一卷

（清）順德梁善長輯

清乾隆十二年（1747）達朝堂寫刊本

粤圖、中大

3892

粤十三家集 一九一卷

（清）南海伍元薇輯

清道光二十年（1840）南海伍氏詩雪軒刊本

國圖、上圖

子目：

　　文溪集 二十卷 首一卷（宋）李昴英撰

　　秋曉先生覆瓿集 四卷 附録 一卷 末一卷（宋）趙必瑑撰

　　九峯先生集 三卷 首一卷 附録一卷（宋）區仕衡撰

　　李駕部前集 四卷 後集 二卷 青霞漫稿一卷 附録一卷（明）李時行撰

　　瑶石山人詩稿 十六卷（明）黎民表撰

　　區太史詩集 二十七卷（明）區大相撰

　　陳文忠公遺集 十一卷（明）陳子壯撰

　　蓮鬚閣集 二十六卷 首一卷（明）黎遂球撰

　　中洲草堂遺集 二十三卷 首一卷 末一卷（明）陳子升撰

　　九谷集 六卷（清）方殿元撰

　　六瑩堂初集 九卷 二集 八卷 评詞一卷 附录 一卷（清）梁佩蘭撰

　　大樗堂初集 十二卷（清）王隼撰

　　雲華閣詩畧 六卷 附録 一卷 坡亭詞鈔一卷（清）易宏撰

3893

粤東詩選 一卷

（清）姚佺輯

清初鈔本　清王士禛評點

魯博

3894
粵東雜詩 五卷
（清）李夢松輯
清嘉慶四年（1799）刊本
日内閣

3895
國朝嶺海詩鈔 二十四卷
（清）番禺凌揚藻輯評
清道光六年（1826）狎鷗亭刊本
粵圖
清道光刊《海雅堂全集》本
粵圖、華農

3896
嶺表明詩傳 六卷 國朝嶺表詩傳 十卷
（清）梁九圖、吴炳南編
清道光二十三年（1843）順德紫藤館刊本
（按：此集收録明清兩朝粵人詩作，其中有廣州籍作者孫蕡、王佐等。）

3897
粵臺徵雅録 一卷
（清）南海羅元焕輯
清乾隆刊本
粵圖
清道光三十年（1850）南海伍氏粵雅堂刊本
中大、港中山

3898
粵閨詩彙 六種六卷
南海黄任恒輯
清光緒刊本
中大
子目：
　　緑窗庭課吟卷 一卷（清）順德邱掌珠撰
　　凝香閣詩鈔 一卷（清）新會黄芝臺撰
　　静香閣詩存 一卷（清）順德黎春熙撰
　　蕉雨軒稿 一卷（清）順德龍吟蘅撰
　　飛素閣遺稿 一卷（清）南海梁靄撰
　　倚雲樓詩鈔 一卷（清）番禺劉月娟撰

3899
粵两生集 五卷
朱祖謀輯
民國十年（1921）歸安朱氏刊本
清華、上圖
子目：
　　弱盦詩 二卷 詞一卷 南海潘之博撰
　　蜕盦詩 一卷 詞一卷 順德麥孟華撰

3900
粵两生集 □卷
康有爲輯
民國刊本
港学海

3901
羊城竹枝詞 二卷
題（清）嶺南吟香閣主人輯
清光緒三年（1877）刊本
中大⊗
清光緒十四年（1888）佛山近文堂刊本
中大

3902
友聲集 一卷
（清）南海葉廷勳等撰、（清）葉應銓輯
清咸豐六年（1856）葉應銓足好吾齋刊本
港中文

3903
南海蟾溪九老會徵詩 不分卷
（清）蟾溪九老會編
民國四年（1915）鉛印本
粵圖

3904
南海蟾溪九老會徵詩 一卷
（清）蟾溪九老會編
民國十六年（1927）南邑鹽步直街藝精鉛印本
（按：蟾溪位於南海蟾步高小學校，為娱老事者。九老爲當地長者蘇嘉猷、梁剛廷、梁漢墀、梁鳳池、霍應和、王益謙、顏聯澤、周元詠、鍾尚廉，内同姓三人，同年三人，合蘇、霍、鍾三人，恰符老陽九数，故名九老會。
中大

3905
椒花繼頌 二卷
（清）番禺史悠晉等撰
清光緒三十四年（1908）史久鑑刊本
港大

3906
露波樓詩鈔 一卷
（清）番禺張耀杓輯、（清）王馥洵圖
清光緒十九年（1893）番禺張氏家刊本
港中山

3907
青南輿頌 六卷 首一卷 附青村送行圖
（清）南海匯芸香草堂諸子編輯
清咸豐八年（1858）刊本
吉圖

3908
攬芳園詩鈔 二卷
（清）順德譚楷輯
清道光二十八年（1848）順德成章堂刊本
粤圖、中大

3909
欖鄉菊會全譜 不分卷
（清）香山攬香菊會編
清同治十三年（1874）香山藝文堂刊本
粤圖

3910
香山欖山花溪詩鈔初集 不分卷
（清）香山張萬齡等撰
清道光十二年（1832）刊本
粤圖

3911
香山詩略 十二卷
（清）香山黄紹昌、劉熽芬輯
民國二十六年（1937）鉛印本
中大、華師

3912
岡州遺稿 六卷
（清）顧嗣協編
清康熙四十九年（1710）緑屏書屋刊本
粤圖、復旦
清道光二十三年（1843）松溪精舍刊本
粤圖

3913
續岡州遺稿 八卷
（清）言良鈺編
清道光二十三年（1843）松溪精舍刊本
粤圖、華師

3914
寧陽學存 一卷 雜存 二卷 詩存 一卷
（清）新寧趙天錫輯
清光緒二十六年（1900）新寧明善社刊本
粤圖

3915
瑤谿事文紀略 二卷 首一卷
（清）增城吳瑞輯
清道光六年（1826）雅洲草堂刊本
粤圖

3916
端谿文述 六卷
（清）高要黃登瀛輯
清咸豐三年（1853）刊本
粤圖

3917
端谿詩述 六卷
（清）高要黃登瀛輯
清道光二十四年（1844）六榕書屋刊本
粤圖

3918
端谿文述 六卷 詩述 六卷
（清）高要黃登瀛輯
清光緒二十六年（1900）重刊本
中大

3919
端人集 四卷
（清）高要彭泰來輯
清同治六年（1867）刊本

粵圖、華師
清末鈔本
粵圖

3920
新州竹枝詞 二卷
（清）孙福清等撰
清同治十三年（1874）刊本
粵圖
（按：新州爲今新興縣。）

3921
梅州感事彙稿 不分卷
題（清）嶺南道人編
清同治四年（1865）刊本
粵圖

3922
梅州竹枝詞 一卷
（清）嘉應張芝田撰
清光緒二十二年（1896）刊本
粵圖

3923
梅水彙靈集 八卷 首一卷
（清）興寧胡曦輯
清光緒十二年（1886）鉛印本
粵圖

3924
梅水詩傳 十卷
（清）嘉應張煜南、張鴻南輯、張芝田、劉燕勛編
清光緒二十七年（1901）刊本
粵圖、中大

3925
興寧竹枝雜詠 一卷
（清）興寧胡曦撰、胡曉琴編
民國二十二年（1933）據同治十一年胡氏藏版鉛印本
中大

3926
潮州文萃 不分卷
大埔温廷敬輯
民國鈔本
汕圖

3927
潮州詩萃 五十卷
大埔温廷敬輯
稿本
汕圖

3928
潮州名媛集 不分卷
大埔温廷敬輯
民國十一年（1922）
稿本
汕圖

3929
潮州唐宋元人吉光集 四卷
大埔温廷敬輯
民國十一年（1922）稿本
汕圖

3930
鳳山詩文鈔集 不分卷
輯者不詳
清鈔本
粵圖
（按：此書爲作者宦遊潮州詩文之作。）

3931
潮州耆舊集 二十種 三十七卷
（清）順德馮奉初輯
清道光二十七年（1847）愛吾鼎齋李氏刊本
粵圖
清光緒三十四年（1908）刊本
科圖、上圖
子目：
李宫詹文集 一卷（明）李齡撰
蕭給諫湖山集 一卷（明）蕭龍撰
蕭太史鐵峯集 一卷（明）蕭與成撰
薛御史中離集 一卷（明）薛侃撰
林殿撰東莆集 二卷（明）林大欽撰
翁襄敏東涯集 六卷（明）翁萬達撰
蕭御史同野集 二卷（明）蕭端蒙撰

王別駕半憨集　一卷（明）王天性撰
饒副使三溪集　一卷（明）饒相撰
薛孝廉拯庵文集　一卷（明）薛雍撰
陳侍郎玉簡山堂集　一卷（明）陳一松撰
林提學井丹集　四卷（明）林大春撰
唐選部醉經樓集　二卷（明）唐伯元撰
周大理明農堂集　三卷（明）周光鎬撰
林尚書城南書莊集　三卷（明）林熙春撰
謝御史文集　一卷（明）謝正蒙撰
郭忠節宛在堂集　一卷（明）郭之奇撰
羅吏部瞻六堂集　一卷（明）羅萬傑撰
謝給諫霜崖集　一卷（明）謝元汴撰
黄處士遥峯閣集　一卷（明）黄一淵撰

3932
潮州文概　四卷
潮安翁輝東輯
民國二十一年（1932）鉛印本
中大
民國三十三年（1944）弢盧鉛印本
粤圖、汕圖

3933
潮雅拾存　不分卷
（清）大埔楊天培輯
清鈔本
國圖

3934
國朝峡山寺留題詩合刻　二卷
（清）何青輯
清乾隆六十年（1795）自刊本
清華

3935
古瀛詩苑　三卷
（清）海陽陳珏輯
清鈔本
粤圖

3936
增補古瀛詩苑前集　不分卷
（清）佚名輯
稿本
粤圖

3937
仰韓録　一卷
（清）潮州楊璧堂撰
清鈔本
粤圖

3938
蓮山家言七種　七卷
（清）海陽陳士規等撰
清道光十九年（1839）鳳城鐵巷陳氏世馨堂刊本
粤圖
子目：
燕珠堂集　一卷（清）陳士規撰
亦園草　一卷（清）陳賁撰
愛園草　一卷（清）陳藝蘅撰
自怡草　一卷（清）陳周禮撰
研痕堂集　一卷（清）陳珏撰
屏山草　一卷（清）陳嶼撰
偶存草　一卷（清）陳王猷撰
（按：書又名：《潮州陳氏家集》。）

3939
古瀛詩苑　五卷
（清）海陽陳珏輯
清道光二十七年（1847）鳳城鐵巷陳氏世馨堂刊本
粤圖
（按：此書爲潮州詩總集，集詩五百餘首。）

3940
粤西叢載　三十卷
（清）汪森編
清康熙四十四年（1705）刊本
粤圖

3941
陽春縣觀風詩文選　一卷
南海孔昭度輯
民國二十年（1931）陽江同文印務局鉛印本
中大

3942
寶山桔話 不分卷
（清）化州李翰臣輯
清光緒二十年（1894）化州李氏桔香居刊本
粵圖、華農

3943
石門詩存 五卷
（清）石門修志局編
稿本
粵圖

3944
廬餘集 不分卷
（清）易順鼎撰
清光緒三十四年（1908）廣州鉛印本
粵圖

3945
蓮峰賦鈔 二卷 首一卷
（清）南海龐鈺等撰、番禺高學瀛評
清光緒二十二年（1896）南海霍履初刊本
中大

3946
文明里詩會詩 一卷
（清）順德盧福普輯、番禺張維屏評閱
清道光二十八年（1848）順德盧氏麗春堂刊本
中大

3947
春鴻集 一卷
（清）番禺陳澧等撰
稿本
中大
（按：本書爲陳澧、張瑞墀、馮焯如之試帖詩。）

3948
同門詩鈔 四種 四卷
（清）南海倪志遠等撰
清道光十六年（1836）刊本
粵圖、中大
子目：
味辛堂詩鈔 一卷（清）南海倪志遠撰
翠聲閣詩鈔 一卷（清）番禺張夔撰
鐵泉詩鈔 一卷（清）南海岑徵撰
遜敏堂詩鈔 一卷（清）南海余觀懋撰

3949
蜀秀集 九卷
（清）南海譚宗浚編
清光緒五年（1879）成都試院刊本
粵圖、中大

3950
庚申修禊集 不分卷
（清）南海李長榮、新會譚壽衢同輯
清咸豐十年（1860）廣州萃文堂刊本
粵圖、中大
（按：此書記載近代粵籍文人在廣州長壽寺、光孝寺、杏林莊、柳堂等著名寺院、園林的詩文酒會情況，並收録有關的詩歌作品。）

3951
龍泉巖遊集 十三卷 補遺 二卷
（清）海陽陳龍慶編
民國七年（1918）鉛印本
粵圖、汕圖
（按：龍泉巖在汕頭市北桑浦山東南，此集詩文兼備。）

3952
三漁集約鈔
潮州王定鎬編選
民國五年（1916）石印本
粵圖、揭博
（按：此書合楊立高父子翁媳詩集而成。如楊立高《愛吾廬吟草約鈔》、楊少山《淡如書室詩集約鈔》、盧蘊秀《吟香閣集約鈔》等。）

3953
柳堂師友詩録 一卷 問鸝山堂館詩鈔摘句圖一卷 詩鈔 一卷 詞鈔 一卷
（清）南海李長榮輯
清同治二年（1863）刊本
東北師大

3954
蔬筍廬詩略 一卷
（清）符龠撰

3955
韶石詩存 一卷
（清）順德鄧顯撰
清光緒二十六年（1900）順德邱園刊本
粵圖、中大

3956
鳳山記序 一卷
（清）澄海尹佩紳撰
清道光七年（1827）刊本
粵圖

3957
吳陽女士詩 一卷
（清）化州李氏等撰
清末刊本
中大
（按：吳陽位於吳川市西南，爲“中國歷史文化名鎮”，歷代詩風濃郁，文化底藴濃厚，也是粵西惟一狀元林召棠的家鄉，今獲“廣東省詩詞之鄉”的稱號。該集收吳陽女子詩作，可見其詩風之盛。）

3958
魯蜀文獻 二卷
（清）香山陳蘭芝輯
清乾隆五十年（1785）自刊本
粵圖
清刊本
粵圖

3959
南滁會景編 十四卷
（明）東莞李覺斯輯
明崇禎九年（1636）刊本
南圖

3960
瓊臺耆舊詩集 三十八卷
瓊山王國憲輯
民國七年（1918）瓊山饒寶華校刊本
中大

3961
瓊臺耆舊續集 不分卷
林瀛仙輯
民國印本
海師

3962
丘海二公文集合編 十六卷
（清）焦映漢輯
清康熙四十七年（1708）關中焦氏刊本
上圖
清乾隆十八年（1753）邱氏可繼堂刊嘉慶二十年（1815）桂林朱啓修補印本
粵圖
清同治十年（1871） 邱氏可繼堂刊本
粵圖
子目：
丘文莊公集 十卷 （明）丘濬撰
海忠介公集 六卷 （明）海瑞撰

3963
瓊州雜事詩 一卷
（清）程秉釗撰
清光緒十三年（1887）海口海南書局刊本
粵圖、華農
清光緒十四年（1888）元和江氏刊《靈鶼閣叢書》本
粵圖

3964
高凉耆舊遺集 五十九卷
（清）吳宣崇輯
清光緒十八年（1892）高城聯經號刊本
粵圖、中大
子目：
高凉耆舊文鈔 二十二卷（清）許汝韶輯
有明三家稿 一卷（明）黄子平等輯
四李集 一卷（明）李學曾等輯
癖草文鈔 一卷（明）陳鑑撰

雪溪集文鈔 一卷（清）李東紹撰
恒峰文鈔 一卷（清）梁聯德撰
梅溪賸稿文鈔 一卷（清）易中撰
夢庵文鈔 一卷（清）黄柱覺撰
種芝山房文鈔 一卷（清）邵詠撰
青藜閣文鈔 一卷（清）李世芳撰
緘石集文鈔 一卷（清）吳徽敘撰
三嵒山房文鈔 一卷（清）招元傅撰
萩蘭山房文鈔 一卷（清）孫大焜撰
横塘文鈔 一卷（清）吳懋清撰
心亭亭居文鈔 一卷（清）林召棠撰
見星廬文鈔 一卷（清）林聯桂撰
嶺隅文鈔 一卷（清）楊廷桂撰
怡雲山房文鈔 一卷（清）林廷式撰
本學居文鈔 一卷（清）梁汝播撰
外編業鈔 四卷（清）許汝韶輯
亂離見聞録 三卷（清）陈舜系撰
見星廬館閣詩話 二卷（清）林聯桂撰
見星廬賦話 十卷（清）林聯桂撰

3965
康梁詩鈔 三卷
民國三年（1914）上海中華圖書室石印本
遼圖
子目：
精選康南海先生詩鈔 一卷
精選梁任公先生詩鈔 一卷
附癸丑禊诗 一卷

3966
曲江淚痕 一卷
張裔唐撰
清光緒三十二年（1906）上海著易堂鉛印本
吉圖

3967
蕉嶺驪歌 一卷 鎮平雜詩 一卷
（清）朱懷新輯
清末粵東留齋刊本
東北師大

3968
詩詞專刊 六卷
國立中山大學中國語言文學研究會編
民國二十年（1931）中山大學鉛印本
遼圖等

3969
東莞三逸合稿 三卷
清宣統三年（1911）粵東編譯公司鉛印本
子目：
聽濤屋詩鈔 一卷 趙祉皆撰
祖坡吟館詩略 一卷 蘇澤東撰
不自棄齋詩草 一卷 梁湞撰

3970
續羊城竹枝詞選刊 不分卷
羊城如廬詩鐘社編
民國九年（1920）廣州南方印刷公司鉛印本
粵圖

3971
羊城鴻爪 不分卷
楊咽冰編
民國二十二年（1933）廣州鉛印本
粵圖

3972
蘿岡遊草 不分卷
張掖編
民國二十二年（1933）廣州鉛印本
粵圖
（按：該書收鄒魯、羅獻修、朱希祖、蕭冠英、蔡秋農等遊羅岡咏詩。）

3973
茶陽三家文鈔 十八卷
大埔温廷敬輯
民國十四年（1925）補讀書廬鉛印本
子目：
何如璋文鈔 三卷
林達泉文鈔 三卷
邱晉昕文鈔 十三卷
華師

3974
四先生詩存 四卷
饒平陳步墀輯
清宣統元年（1909）綉詩樓鉛印本

（按：四先生爲：饒平陳廷光、陳士鑛、陳多緣、番禺許之珽。）
中大

3975
寶安詩正續集 三卷
東莞羅嘉蓉輯
清光緒鈔本
粵圖

3976
東莞詩録總目 一卷
東莞張其淦輯
民國鈔本
粵圖

3977
東莞詩録 六十五卷
東莞張其淦輯
民國十三年（1924）東莞張氏寓園刊本
中大

3978
三朝東莞遺民詠 三卷
東莞祁正撰
民國十九年（1930）東莞鑒文樓鉛印本
中大
（按：收宋元明三朝111人，每人均有小傳。）

3979
東莞三逸合稿 三卷
黄佛頤輯
清宣統三年（1911）排印本
上圖
子目：
不自棄齋詩草 一卷 梁清撰
聽濤屋詩鈔 一卷 趙祉皆撰
祖坡吟館詩略 一卷 蘇澤東撰

3980
微尚齋叢刻 六種六卷
番禺汪兆鏞輯
清宣統至民國初番禺汪氏微尚齋刊本
吉大
子目：
桐花閣詩 一卷 補遺 一卷（清）吳蘭修撰
憶江南館詞 一卷（清）陳澧撰
誦芬録 一卷 汪兆鏞撰
微尚齋詩 二卷 汪兆鏞撰
雨屋深鐙詞 一卷 汪兆鏞撰
椶窗雜記 四卷 汪兆鏞撰

家　集

3981
唐明二翁詩集 二卷
翁輝東輯
民國十五年（1926）潮安翁氏鉛印本
上圖、南圖、浙圖
子目：
晝錦堂詩 一卷 （唐）翁承贊撰
稽愆詩 一卷 （明）翁萬達撰

3982
番禺黎氏存詩彙選 二十一種 二十一卷
（明）順德陳恭尹輯
清康熙三十三年（1694）黎延祖刊本
國圖
子目：
燕臺集 一卷（明）黎瞻撰
臺中集 一卷（明）黎貫撰
瑤石山人詩稿 一卷（明）黎民表撰
司封集 一卷（明）黎民衷撰
清居集 一卷（明）黎民褱撰
希蹤稿 一卷（明）黎民褎撰
旅中稿 一卷（明）黎邦琰撰
黎邦琛集 一卷（明）黎邦琛撰
黎邦璘集 一卷（明）黎邦璘撰
籟鳴集 一卷（明）黎密撰
鶯鳴集 一卷（明）黎崇勣撰
文水居集 一卷（明）黎崇敕撰
愧庵稿 一卷（明）黎兆鏊撰
鞟言 一卷（明）黎淳先撰
洞石集 一卷（明）黎邦瑊撰
貽清堂集 一卷（明）黎崇宣撰

蓮鬚閣集 一卷（明）黎遂球撰
雪窓集 一卷（明）黎玉書撰
芙航集 一卷（明）黎彭齡撰
瓜圃小草 一卷（明）黎延祖撰
醇曜堂集 一卷（明）黎彭祖撰

3983
番禺屈氏家集四種 十三卷
清鈔本
中大
子目：
鐵井文稿 二卷（清）屈泰士撰
介堂詩稿 一卷（清）屈嘉遠撰
浩園詩稿 四卷（清）屈江撰
醉鄉詩稿 六卷（清）屈仲師撰

3984
番禺潘氏詩略 不分卷
（清）番禺潘儀增編
清光緒二十年（1894）刊本
粤圖、中大、華師
（按：此書收入番禺潘氏家族人士的詩歌作品，共23人。集前有傳及詩話評論，爲研究廣州潘氏家族以及潘有爲、潘仕成等近代著名潘氏族人提供了材料。）

3985
馮氏家集詩 四卷
（清）番禺馮玉堅等撰
清咸豐十年（1860）馮光裕堂刊本
粤圖

3986
馮氏清芬集 三卷
（清）番禺馮詢輯
清光緒二年（1876）上海榷署重刊本
中大
子目：
水豹堂詩選 一卷（清）南海馮仕正撰
白蘭堂詩選 一卷（清）南海馮公亮撰
拙園詩選 一卷（清）南海馮賡颺撰

3987
番禺梁氏桔園遺集 五卷
（清）番禺梁俊堂編
清末刊本
粤圖

3988
秋雨梧桐齋遺稿合刻 二卷
（清）番禺姚詩翰、姚詩浩撰
民國十三年（1924）鉛印本
中大

3989
薪荷集 五種 七卷
（清）番禺謝煇圖、謝家杰撰
清道光咸豐間刊本
粤圖、中大
子目：
得寸堂稿 一卷（清）謝煇圖撰
暇吟館詩 四卷（清）謝家杰撰
南漢雜咏 一卷（清）謝家杰撰
紅樓夢詩草 一卷（清）謝家杰撰

3990
温氏詩鈔 三種 三卷
（清）順德温賢超等撰
清嘉慶二十二年（1817）刊本
粤圖
子目：
自怡草 一卷（清）温賢超撰
醇齋詩鈔 一卷（清）温士剛撰
碧池詩鈔 一卷（清）温聞源撰

3991
温誦芬堂詩存 不分卷
（清）順德温誦芬堂詩會編
民國十年（1922）廣州墨寶樓刊本
粤圖⊗

3992
見山堂全集 □種 □□卷
（清）順德温汝造等撰
清同治四年（1865）刊光緒二十五年（1899）補刊本
粤圖
子目：
印可齋詩餘 一卷（清）温汝造撰

妙香簃詩存 一卷（清）温承皋撰
津寄齋詩鈔 四卷（清）温汝進撰

3993
讀書堂叢刻 四種
順德簡朝亮撰
清光緒至民國間刊本
上圖
子目：
尚書集注 三十二卷 首一卷 末二卷 附答問一卷
論語集注補正述疏 十卷 首一卷 附答問一卷
孝經集注述疏 一卷 附答問一卷
礼記子思子言鄭注補正 四卷

3994
香山黄氏詩略 二十二卷
（清）香山黄映奎輯
稿本
粤圖

3995
香山黄氏詩略 十二卷
（清）香山黄映奎編
清光緒二十九年（1903）鈔本
粤圖

3996
欖溪何氏詩徵 九卷
（清）香山何天衢編
清道光十一年（1831）大小山房刊本
粤圖

3997
何氏詩徵 三卷
（清）香山何天衢輯
清道光二十三年（1843）刊本
粤圖

3998
方氏一家言 不分卷
（清）南海方穎編
清乾隆十二年（1747）刊本
中大

3999
朱氏傳芳集 八卷 首一卷
（清）南海朱次琦舉例、朱宗琦輯
清咸豐十一年（1861）刊本
粤圖、中大、華師、華農

4000
朱九江先生紀念堂詩文集 一卷
南海黄漢鏻輯
民國二十五年（1936）廣州中山印務局紅鉛印本
中大

4001
梅關步武圖詠 不分卷
（清）南海伍觀瑞輯
清道光十八年（1838）刊本
粤圖、華師
（按：該記南海伍氏偕同鄉畫家謝觀生畫其父子騎驢訪梅關梅花，版本傳世不多。）

4002
雙節堂詩存 四卷 首一卷
（清）南海陳霖澤、陳華澤編
清道光十七年（1837）刊本
粤圖

4003
聊閑緣軒詩鈔 一卷
（清）南海簡熊飛輯
清同治十年（1871）廣州簡氏家刊本
粤圖、中大
清同治十年至十二年（1871—1873）廣州簡氏家刊本
粤圖、中大

4004
聊閑緣軒集 一卷
（清）南海簡熊飛輯
清同治十一年（1872）刊本
粤圖

4005
因竹齋詩集 二卷
（清）南海黄鳴時、黄呈蘭撰

清刊本
中大
目次：
　　醒堂詩集一卷（清）黄鳴時撰
　　雲谷詩草一卷（清）黄呈蘭撰

4006
怙德録 一卷
南海黄任恒編
民國八年（1919）保粹堂刊本
中大

4007
君去有家歸詩冊 一卷
（清）東莞黎廷輔等撰
清光緒三十三年（1907）鉛印本
粤圖

4008
寄閑堂詩鈔前集 一卷 首一卷
（清）鶴山易瀾光撰

4009
寄閑堂詩鈔後集 十卷
（清）鶴山易其彬撰
清光緒刊本
粤圖、中大

4010
寄閑堂詩鈔附後集 不分卷
（清）鶴山易瀾光、易其彬撰
清末鈔本
粤圖

4011
鄧氏納楹書屋存稿 二十二卷
（清）新會鄧林等撰
稿本
粤圖

4012
塤篪集 三卷
三水杜燿垣等撰
民國三十二年（1943）曲江鉛印本
中大
子目：
　　懶雲簃觚賸 一卷（清）杜燿垣撰
　　劍璧樓詩集 一卷（清）杜衡撰
　　緑海棠軒吟草 一卷（清）杜之英撰

4013
詩義堂集 二卷
（清）高要彭輅撰

4014
詩義堂後集 六卷
（清）高要彭泰來撰
清咸豐十一年（1861）刊本
粤圖、中大、華師

4015
彭氏詩義堂集 五種 十九卷
（清）高要彭泰來輯
清道光彭氏家刊本
粤圖、中大
子目：
　　詩義堂集 三卷（清）彭輅撰
　　詩義堂後集 六卷 首一卷（清）彭泰來撰
　　高要金石略四卷（清）彭泰來撰
　　南雪草堂詩鈔三卷 首一卷（清）石經撰
　　彭春洲先生詩譜一卷（清）李光廷撰

4016
周黎合稿詩 二卷
（清）增江周俊彦、黎雲戀合撰
清光緒十三年（1887）刊本
粤圖
子目：
　　逸樵遺詩 一卷（清）周俊彦撰
　　莊蝶園詩草 一卷（清）黎雲戀撰

4017
温氏家集 十二卷 首一卷
（清）德慶温承恭、温颺撰
清咸豐元年（1851）刊本　番禺徐信符跋
粤圖、中大
子目：

蜀遊詩草 二卷（清）温承恭撰
莊亭文存 一卷（清）温承恭撰
宜喜堂詩鈔 四卷（清）温颺撰
繫辭説、書序辨、古本大學解、附論大學、陶舟經義 各一卷（清）温颺撰

4018
增補亦園家庭懷蔭詩續集 不分卷
曲江張日麟輯
民國十七年（1928）韶州市利民印務局鉛印本
中大

4019
二吴唱于集 五卷
（清）吴川吴懋清、吴河光撰
清光緒九年（1883）吴氏家塾刊本
粵圖
子目：
横塘詩稿 二卷（清）吴懋清撰
海蠡堂詩稿 二卷（清）吴河光撰

4020
橋梓詩林初集 八卷
（清）惠東林家浚、林廷玉撰
民國五年（1916）上海蜚英書局鉛印本
揭博
民國十四年（1925）汕頭商務書局石印本
粵圖
（按：此爲林氏父子詩作合集，各爲四卷。）

4021
文字因緣録 不分卷
澄海蔡卓勛編
民國十三年（1924）鉛印本
粵圖
（按：收編者與友朋來往書信及唱和之作。）

4022
蔡瀛壺遐齡集 四卷
吴承烜編
民國十三年（1924）鉛印本
粵圖
（按：此爲蔡卓勛六十壽辰海内外友朋祝壽之詩文。）

4023
纓溪集 不分卷
大埔郭維潮等撰　饒平郭漢鳴編
民國三十六年（1947）白雲印務局鉛印本
粵圖、中大
（按：此輯饒平桃源郭氏家族詩作。）

4024
潮陽蕭氏家集 三種 十五卷
清鈔本
清華
子目：
湖山逸叟蕭先生類稿 五卷（明）朝陽蕭龍撰
蕭太史鐵峯先生遺稿 四卷（明）朝陽蕭與成撰
同野先生文集 六卷（明）朝陽蕭端蒙撰

4025
鳳山詩文鈔别集 不分卷
清鈔本
粵圖

4026
信宜華山李氏賸馥集 一卷
（清）信宜李再榮輯
清光緒十年（1884）味道齋刊本
粵圖

4027
蓮山家言七種 七卷
（清）海陽陳士規等撰
清道光十九年（1839）鳳城鐵蒼世馨堂刊本
子目：
研痕堂集 一卷（清）陳鈺撰
屏山草 一卷（清）陳嶼撰
偶存集 一卷（清）陳玉猷撰
咽珠堂集 一卷（清）陳士規撰
亦園草 一卷（清）陳賁撰
愛園草 一卷（清）陳藝蘅撰
自怡草 一卷（清）陳周禮撰
粵圖、中大

4028
一家草 二卷 首一卷
（清）興寧胡曦輯
清光緒十一年（1885）興寧胡氏刊本
粵本

4029
松山叢集 上集文 五卷 下集詩 九卷 聯語 一卷
（清）大埔范元編
民國二十二年（1933）廣州合利鉛印本
中大

4030
椒遠堂詩鈔 三卷
（清）大埔蕭翱材等撰
民國二十三年（1934）廣州蔚興印刷場鉛印本
中大

4031
楊氏文萃 三卷
（清）大埔楊朝珍輯
民國十五年（1926）鉛印本
粵圖

唱酬題詠

4032
黃牡丹狀元故事 四卷
（明）番禺黎遂球等撰、（清）亦吾盧輯
清同治二年（1863）拜鵑草堂影鈔本
粵圖
（按：本書輯録明崇禎十三年揚州鄭元勛集天下才士於影園賦黃牡丹詩，番禺黎遂球獲第一名之事。書分四部分：影園花榜、南園花信、花榜叢談、傳贊附録。）

4033
東莞袁崇焕督道餞別圖詩 不分卷
（明）趙惇夫繪、南海陳子壯等題詩、東莞倫明輯
民國二十四年（1935）珂羅版印本
中大、華師

4034
周玉泉先生孝廉贈録 七卷
（明）潮陽周篤慶等撰
清光緒十一年（1885）南桂坊周東壁齋刊本
粵圖

4035
法性禪院倡和詩 六卷 續集 六卷
（清）周大樽編
清康熙四十一年（1702）广州法性寺刊本
粵圖
（按：書有該寺釋願光序云：自創建迄今，諸名賢相過者必有倡和贈答，積成卷帙。丁丑秋，周子冷泉至，盤桓累日，因出諸作謂之曰："盍爲我編輯，付之梨棗，以垂不朽。"考法性寺，即廣州光孝寺。）

4036
兩廣節制介春公入京總督瑞麟晉京送行詩冊 不分卷
（清）南海林慶祺等撰
稿本
粵圖

4037
枕泉仙館賦鈔詩鈔 二卷
（清）南海葉藹生輯、番禺楊黼香評
清咸豐四年（1854）夏教葉啓秀堂刊本
粵圖、中大

4038
芸香草堂雅集唱和詩 一卷
（清）南海馮樹勛編
清咸豐九年（1859）南海馮氏芸香草堂刊本
粵圖、中大

4039
銀兒墓題辭 一卷
（清）南海簡熊飛輯
清同治十二年（1873）廣州簡氏柳書堂家刊本
中大
（按："銀兒墓在南海西樵白雲洞，簡熊飛撰《聊閒緣軒詩鈔》二卷，其序云：初芙蓉主

人之遇銀兒也，以宿世之奇緣成風流之韻事，情之所鍾，感動一時，微特彼二人樂，旁觀者莫不從而樂之。……壬申秋西樵山白雲坡新塋税，歌詞輓曲題壁簡寄者，已盈數十編，因集而梓之，附之集末。”書中收有樵山銀兒墓志、墓銘、誄文、吟詩、題詞、弔文等，書前後刻印有樵山銀兒墓位置及畫像，極精細。銀兒爲清末名妓，其姓氏、里籍、生平待查，此書稀見。）

4040
從祀節孝詩 一卷
（清）南海横沙招留香堂輯
清咸豐四年（1854）羊城傳經堂刊本
粵圖

4041
步蘇唱和集 一卷
（清）佛山劉國光、順德馮守謙等撰
清光緒二十二年（1896）刊本
粵圖

4042
粵閩唱和集 一卷
（清）方濬師等撰
清同治十二年（1873）羊城富文齋刊本
中大

4043
幽阱雪鴻題詠 一卷 白雲遺跡題詠 一卷
（清）南海馮竹儒輯
清光緒森寶閣刊本
中大

4044
春遊唱和詩 一卷
（清）番禺張維屏輯
清道光二十六年（1846）番禺張氏刊本
港中山

4045
新春宴遊唱和詩 一卷
（清）番禺張維屏等撰
清道光二十六年（1846）刊本
粵圖、中大、華師

4046
詠沙溪洞王樂寺八景詩 二卷
（清）番禺張維屏輯
清咸豐八年（1858）廣州翰文堂刊本
中大

4047
白雲唱和詩 一卷
（清）香山黄培芳等撰
清道光二十年（1840）刊本
國圖

4048
浴日亭次韻詩 一卷 續編 一卷
（清）番禺金菁茅輯
清道光十八年（1838）刊本
粵圖、中大

4049
常蔭軒詩社萃雅 一卷
（清）番禺潘有爲鑒定
清嘉慶十八年（1813）古藤書屋刊本
中大

4050
珠江酬唱集 一卷
題（清）赤竹村人等撰
清光緒二十五年（1899）廣州寶珍樓刊本
（按：此乃赤竹村人謫居後偕同人宴飲之作。記昔年珠江之盛，如麓山樵人詩云：“珠江燈火遠連綿，勝地勾留亦夙緣。月下美人江上曲，最銷魂處動人憐。”）

4051
詒煒集 五卷
（清）許恩緝輯
清光緒十七年（1891）刊本
粵圖⊗

4052
詒煒集 五卷 侍香集 一卷
（清）許恩緝輯
清光緒二十三年（1897）廣州節署刊本
粵圖、中大

4053
秋浦驪歌 一卷
（清）順德蘇正學等撰
清乾隆十三年（1748）刊本
粵圖

4054
詠梅集古詩三十首 一卷
（清）順德劉杰輯
清嘉慶寫刊本
中大
清道光九年（1829）广州效文学堂刊本
粵圖

4055
荔支唱和冊 一卷
（清）豐順丁日昌、（清）何紹基撰
清光緒八年（1882）榕江丁氏絜園寫刊本
港中山

4056
藝黍堂唱和詩鈔 二卷
（清）順德黄文之輯
清光緒七年（1881）刊本
港中文

4057
草色聯吟 二卷
（清）番禺楊永衍等撰
清光緒十三年（1887）廣州楊氏古雪樓刊本
中大
清光緒十八年（1892）番禺楊氏添茆小屋刊本
港中山

4058
落花酬唱集初編 不分卷
（清）番禺沈宗畸等撰
清光緒二十四年（1898）拜鴛樓刊本
港大

4059
鶯花聯句 一卷
（清）順德龍邦儼輯
清光緒九年（1883）維經堂刊本
粵圖

4060
來鳩堂詩 二卷
（清）廣州薛炳樞輯
清乾隆二十八年（1763）自刊本
港中山

4061
竹灣題贈録 二卷
（清）東莞寧淇瀾輯
清道光七年（1827）東莞寧氏萬竹山房刊本
粵圖、中大

4062
義馬唱和詩 一卷 義馬詩 一卷
（清）東莞張璐編
清道光刊本
粵圖

4063
甘棠集 一卷
（清）嘉應葉鈞輯
清嘉慶三年（1798）刊本
中大

4064
柳堂詩鈔前集 四卷 後集 二十六卷
（清）順德温賢超等撰
清嘉慶刊本
粵圖

4065
十二石山齋叢録 八卷
（清）順德梁九圖輯
清道光二十八年（1848）梁氏十二石山齋刊本
中大

4066
靈巖八詠 一卷
（清）順德胡斯鐏等撰
清道光十四年（1834）問春亭刊本
粵圖、中大

4067
榕陰唱和集 一卷 閩中餞别詩 一卷
（清）順德梁植榮輯
清咸豐十年（1860）刊本
粤圖、中大

4068
哀蟬集 四卷
（清）順德徐清編
清咸豐十一年（1861）養晦齋寫刊本
粤圖、中大

4069
南園寄社詩草 一卷
（清）番禺馮詢鑒評、番禺許應銑等注
清同治八年（1869）刊本
中大

4070
得壽圖題詠 一卷 嘯月琴館壽言 一卷
（清）番禺陳澧等撰
清光緒十五年（1889）刊本
粤圖

4071
鬼趣圖題詠 一卷
（清）番禺潘仕成輯
清咸豐元年（1851）海山仙館精刊本
粤圖、中大、港大
［按：南海潘仕成題詠稱："聞四裔有鬼國，其人夜遊而晝藏，至如夜叉、羅刹諸鬼窟，其鬼非鬼，皆在萬里之重洋。鬼之始來，開鬼市，雜貨紛紜……噫嘻乎！邪不勝正，陰不敵陽，人間鬼局何能長，有人生爲上柱國，死作閻羅王。前得七律十首，尚有餘言未盡，擬作駡鬼，書以繼之。兹乃目擊鬼物横行，雖恥與争光，而苦無善術，因爲長篇以誌慨焉。"書中有王昶、袁枚、法式善、汪元亮、盛百二、張維屏、伊秉綬、孔繼涵、翁方綱、紀昀、蔣士銓、姚鼐、羅天池、葉志詵等人詩文。考此鬼國鬼人，似指西方洋人（特别是黑人），因粤語稱外國人爲"番鬼佬"。］

4072
絜園詩鐘 一卷
（清）番禺蔡乃煌等撰
清鈔本
粤圖
（按：收粤、閩、贛、吴、湘、鄂等地詩人詩作。）

4073
小山園題詠 一卷
（清）番禺梁綸恩輯
清咸豐刊本
粤圖

4074
黄慎之守戎羊城西關紀功録 不分卷
（清）番禺黄賢彪輯
清咸豐四年（1854）粤東楊正文堂刊本
中大

4075
露波樓詩鈔 一卷
（清）番禺張耀杓編
清光緒二十年（1894）刊本
粤圖、中大

4076
瑤谿二十四景詩 二卷
（清）番禺楊永衍編
清光緒三年（1877）刊本
粤圖、中大

4077
舊雨聯吟 一卷
（清）番禺葉衍蘭等撰
清光緒十四年（1888）秋夢盦刊本
粤圖、中大

4078
（鵬摶家塾）並蒂白蓮詩 一卷
（清）番禺陳汝楨等撰
清光緒十三年（1887）香港中華印務總局鉛印本
中大

4079
江村題襟集 三卷
（清）順德温子顥等撰
清同治四年（1865）刊本
粵圖

4080
藝黍堂唱和詩鈔 四卷
（清）順德黄文之等撰
清光緒七年（1881）順德耕畬堂刊本
中大

4081
荔枝唱和冊 不分卷
（清）豐順丁日昌、何紹基等撰
清光緒八年（1882）榕江浩園刊本
粵圖、揭博

4082
黄崗留別唱酬詩 一卷
（清）順德張殿雄等撰
清光緒十三年（1887）粵東省城富文齋刊本
中大

4083
邱園八詠 一卷
（清）順德邱誥桐輯
清光緒十九年（1893）順德邱園刊本
粵圖、中大
（按：書中潘飛聲序稱："以園林合衆人翰墨爲一書，自顧仲瑛《玉山名勝集》始，以名勝編爲八景，自李營邱《瀟湘八景圖》始。順德邱仲遲駕部，家居龍山，於其宅之南，闢爲邱園，有堂榭花竹之勝……。"園内有紫藤花館，碧漪池、涵碧亭、流春橋、淡白逕、浣風臺、絳雪樓、壁花軒等八景。）

4084
容山鵬賢詩社彙草 一卷
（清）順德陳壽清輯
清光緒二十七年（1901）省城翰章印務局鉛印本
粵圖、中大

4085
攬芳園詩鈔 二卷
（清）順德譚楷輯
清道光二十八年（1848）刊本
中大

4086
遂初樓同人集 一卷
（清）順德梁進祥輯
清光緒刊本
中大

4087
珠江送別詩 一卷
（清）順德馮兆年編
清光緒刊本
粵圖、中大

4088
樱石書屋楹帖 二卷
（清）順德吳炳南輯
清光緒七年（1881）刊本
粵圖

4089
重編寄寄林 不分卷
（清）澄海蔡卓勛輯
清光緒三十三年（1907）鉛印本
粵圖

4090
清華唱和集 一卷
（清）番禺許應鑅等撰
清光緒刊本
中大

4091
俞氏家藏圖繪題詠 一卷
（清）番禺俞文詔輯
清末民初鈔本
粵圖
（按：俞氏原安徽婺源人，寄籍番禺。）

4092
連居閣親朋唱和詩録 一卷
（清）番禺黄維傑輯
清光緒三十二年（1906）番禺黄氏刊本
中大

4093
蘿峰紀略 一卷 附遊覽各詩 一卷
（清）番禺鍾鳳編
清光緒刊本
中大

4094
杏莊題詠初集 四卷 二集 二卷 三集 六卷
（清）香山鄧大林輯
清道光至咸豐間羊城藝芳齋刊本
粵圖

4095
杏莊題詠初集 四卷 二集 二卷
（清）香山鄧大林輯
清道光刊本
中大、華農

4096
杏莊題詠五集 二十卷
（清）香山鄧大林輯
清道光至咸豐間羊城藝芳齋刊本
粵圖

4097
杏林莊修禊集 三卷 杏林莊杏花詩 一卷
（清）香山鄧大林輯
清咸豐元年（1851）羊城藝芳齋刊本
粵圖

4098
春秋佳日詩鈔 一卷
（清）香山劉嘉謨輯
清道光二十五年（1845）蘭言書室刊本
粵圖

4099
陔蘭乞言集 一卷
（清）香山李翰芬輯
清光緒刊本
粵圖

4100
圖詠遺芬 一卷
（清）香江俞伯惠編
清光緒二十一年（1895）潮城文在堂刊本
粵圖

4101
黄花晚節圖題辭 一卷 續 一卷
（清）三水黄榮康輯
清光緒二十八年（1902）黄雲礽堂刊本
中大

4102
肄城輿頌 一卷 增江輿頌 一卷
（清）三水龍泉、增城周從諫等撰
清光緒八年至十年（1882—1884）廣州森寶閣鉛印本
中大

4103
棉市春光圖題詠録 一卷
三水杜之英編
民國三十二年（1943）鉛印本
中大

4104
倚樹樓詩社卷 一卷
（清）高要彭泰來輯
清咸豐三年（1853）廣州聚錦堂刊本
粵圖

4105
羅浮山羅漢洞唱和詩 三卷
（清）新會唐金釗輯
清道光九年（1829）刊本
粵圖

4106
夢幻圖題句 一卷
（清）新會鄭績編
清同治寫刊本
中大

4107
葫溪羅竹坡先生遊草 一卷
（清）新會羅竹坡等撰
清光緒羅氏求志草廬寫刊本
中大

4108
詠張貞女詩集 一卷 詠闕貞女詩集 一卷
（清）從化蕭錦洲輯
清光緒二十八年（1902）刊本
中大
（按：张貞女者，為從化縣錦洞鄉張斌第五女也，自幼許配三多鎮村鄺維楨次子元吉為妻，未嫁而夫歿，乃守節而終。此皆封建社會之“貞女”也。）

4109
綏江偉餞集 一卷
（清）四會吳大猷編
清光緒二十二年（1896）刊本
中大

4110
漢書摘詠 二卷　詞館賦鈔 一卷
（清）嘉應宋湘等撰
清刊本
粵圖

4111
椒花繼頌詩鈔 二卷
（清）嶺南史悠晉編
清光緒三十四年（1908）刊本
粵圖

4112
龍殿撰粵闈唱和集 一卷
（清）龍啓瑞編
清刊本
粵圖

4113
五峰仙館徵聯録 一卷
梅縣朱芝秀編
民國九年（1920）廣州穗雅鉛印本
中大

4114
嶺南唱和詩 一卷
（清）嘉應楊懋建編
清同治刊本
粵圖

4115
金城唱和集 不分卷
（清）鎮平丘逢甲等撰
清光緒二十五年（1899）嶺南寶經閣刊本
粵圖

4116
大豪巖文詩録 四卷
（清）吳川劉鎮福輯
清光緒元年（1875）羊城富文齋刊本
中大

4117
菽園外集紅樓夢絶句題辭 不分卷
（清）澄海邱煒萲輯
清光緒二十六年（1900）粵東一經堂刊本
粵圖

4118
靈芝唱答集 三卷 首一卷
（清）戴肇辰等撰
清同治七年（1868）刊本
中大

4119
榕蔭亭詩草 一卷
（清）鳳貴編
清同治七年（1868）粵東省城效文堂刊本
中大

4120
壽人雅韻 一卷
（清）馮城驥等撰
清光緒三十一年（1905）鳳浦馮氏先春池館刊本
粵圖、中大

4121
海雲禪藻集 四卷
（清）番禺徐作霖、黄蠡編

民國二十四年（1935）鉛印本
中大

4122
石樓八景詩 一卷
（清）石樓陳龍韜輯
清道光二十一年（1841）行恕堂刊本
粵圖

4123
梧笙聯吟 不分卷
（清）李星沅、郭潤玉同撰
清道光刊本
粵圖

4124
清遠文木記 不分卷
（清）葉志詵編
清道光刊本
粵圖

4125
清淑齋唱和草 一卷
題（清）清淑齋主人等撰
清光緒三十二年（1906）刊本
粵圖

4126
西園酒家古木棉詩 一卷
香山黄映奎評定
民國十年（1921）粵東編譯公司鉛印本
中大

4127
梅花仙館壽言 一卷
鍾寶華等撰
民國三十三年（1944）鉛印本
中大

4128
二十四花風館詩鈔 不分卷
（清）新會陳昭常撰
清光緒家刊朱印本
澳大

4129
南山佳話 不分卷
番禺鄔慶時編
清光緒三十四年（1908）耕雲別墅刊本
粵圖、中大

4130
梅花書屋聯吟集 二卷
（清）增城黄位中編
清光緒十三年（1887）黄氏家刊本
中大

4131
流光别墅聯吟詩集 三卷
（清）增城黄鴻運等撰、黄鍾和輯
清光緒十五年（1889）增城黄氏家刊本
中大

4132
流光别墅聯吟 一卷
（清）增城黄鴻運等撰、黄位中輯
清光緒十五年（1889）增城黄氏家刊本
中大

4133
宋臺集 一卷
饒平陳步墀輯
民國初年石印本
中大

4134
桔中人語 不分卷
（清）化州賴蘊山輯
清咸豐十年（1860）化州賴家園刊本
粵圖、華師

4135
六出集 不分卷
南海馮秋雪等撰
民國二十三年（1934）鉛印本　梁彦明題識
澳大
（按：該書標示“雪社第五集同社人名錄，如：南海冯印雪、中山黄沛功、新會梁彦明、番禺劉君卉等七人。”）

4136
西湖唱和集 一卷
潮安楊光祖等撰
鈔本
汕圖

4137
杯海吟館唱酬集 一卷
南海張階平編
民國七年（1918）杯海吟館珂羅版印本
中大

4138
愛日草堂壽言 一卷 首一卷
（清）南海黄春編
民國十年（1921）廣州精華印務局鉛印本
中大

4139
松苔館花甲唱酬集 一卷 介壽集 一卷
南海伍德彝等撰、新會陳思齊編輯
民國十二年（1923）鉛印本
中大

4140
龍藏宋墨題詠 一卷
嶺南黄偉馨編
民國十四年（1925）粵東編譯公司鉛印本
中大
（按：龍藏寺古為羊城五大寺之一，入明代曾改巡按使署，清初尚藩復名並重建擴之，雄麗無比。）

4141
待鶴山人七秩唱和詩集 一卷
香山鄭官應等撰
清宣統二年（1910）上海著易堂鉛印本
中大

4142
哀思録 第一編七卷 第二編四卷 第三編四卷
孫中山先生葬事委員會輯
民國十四年（1925）鉛印本
中大

4143
杜齋七十唱和詩 二卷
香山黄映奎等撰
民國十四年（1925）香山商業印務局鉛印本
中大

4144
蔡太夫人沈夥就鈔詠物詩 一卷
東莞沈夥輯
清末民初鈔本
中大

4145
壯遊圖題詞 一卷
東莞盧爲霖繪圖、盧敏樹編輯
民國五年（1916）珂羅版印本
中大

4146
宋臺秋唱 一卷
東莞蘇澤東編
民國六年（1917）粵東編譯公司鉛印本
中大
（按：考其地爲宋季南遷之官富場村，以宋故行宫遺址得名。丙辰秋，真逸以祝宋遺民玉淵子生日，大集同志於兹臺，酒糈既設，魂招若來，有詩一章，詞一闋，和者喁喁，遂以盈帙。唱酬者有張其淦、黄佛頤、張學華、祁正、丁仁長、張雲飛、賴汝度、伍權公等數十人。陳伯陶於 1917 年刊行此書，爲香港有文獻可考的第一部雅集詩輯。）

4147
宋臺秋唱 三卷
東莞蘇澤東編
民國六年（1917）刊本
中大

4148
九老延慶詩會詩鈔 一卷
新會陳棠等撰
民國十七年（1928）廣州永成印務局鉛印本
中大

4149
蒼城驪唱集 不分卷
開平張啓琛編
民國八年（1919）廣州翰文堂鉛印本
中大

4150
春園秀色 一卷
題非園主人輯、東莞陳伯陶評
民國七年（1918）鉛印本
中大

4151
鵝洲枝隱壽言 一卷
東莞方啓華編
民國九年（1920）廣州刊本
中大

4152
鴻雪留題集 一卷
番禺劉釗等撰
清光緒三十四年（1908）羊城超華齋刊本
粤圖、中大

4153
嘯園徵輓聯集 一卷
番禺劉釗編
民國七年（1918）刊本
中大

4154
番禺徐仰山先生夫婦八秩開一壽言集 一卷
題（清）怡怡齋編
民國十一年（1922）紅色鉛印本
中大

4155
補過軒生朝唱和集 一卷
番禺梁洛書等撰
民國十六年（1927）羊城石印本
中大

4156
松荇雙慶集 一卷
番禺黄元撰等撰
民國十七年（1928）松荇瑞廬鉛印本
中大

4157
秋燈課子圖題辭 一卷
番禺黄蔭普輯
民國二十四年（1935）鉛印本
中大

4158
祁武垣周甲唱和詩 一卷
東莞祁正等撰
民國二十二年（1933）東莞城鑒文樓鉛印本
容肇祖題識
中大

4159
意園外集 一卷
東莞袁功甫編
民國三十八年（1949）油印本
中大

4160
友聲集 十卷
茂名林鶴年編
國民鉛印本
中大

4161
吴陽驪唱集 不分卷
吴川李芹光編
民國六年（1917）廣州翰文堂鉛印本
中大

4162
引玉集 一卷
信宜李卓立等撰
民國二十二年（1933）鉛印本
中大

4163
中國文學史 一卷
張德瀛編纂
清宣統元年（1909）廣東法政學院鉛印本
粤圖

4164
中國文學史 一卷
番禺黃式漁撰
民國十年（1921）廣東高等師範學校鉛印本
中大

4165
中國文學導論講義初稿 一卷
番禺陳受頤撰
民國鉛印本
中大

4166
詩學 一卷
順德黃節撰
民國八年（1919）北京大學出版部鉛印本
中大、粵圖

4167
詩律 六卷
順德黃節編
民國十四年（1925）鉛印本
粵圖

別集類

漢至元別集

4168
楚辭 十卷
（漢）王逸章句、（宋）朱熹注、（明）澄海張鳳翼纂　明末刊本
清華、南圖等
明末刊本　清莫京批校
杭圖
明末刊本　鄭振鐸跋
國圖

4169
楚辭燈 四卷
（清）林雲銘撰
清同治十一年（1872）南海孔氏嶽雪樓鈔本
清孔昭仁校並跋
南圖

4170
楚辭天問箋 一卷
（清）丁晏撰
清光緒廣雅書局刊本
粵圖

4171
屈原賦注 七卷 通釋 二卷 音義 三卷
（清）戴震撰
清光緒十七年（1891）廣州廣雅書局刊本
大连等

4172
離騷彙訂 六卷
（清）王邦采撰
清光緒二十六年（1900）廣州廣雅書局刊本
吉圖

4173
離騷經 一卷
不著撰人、（清）端州謝蕖辰擬點
清道光三十年（1850）鈔本
粵圖

4174
離騷新冤 一卷
（清）海康鄧啓南注釋
民國十一年（1922）雷城道南印務局鉛印本
中大

4175
離騷直解讀本 一卷
興寧蕭惠長批解
民國二十一年（1932）上海中華書局鉛印本
中大

4176
楊議郎著書 一卷
（漢）番禺楊孚撰、（清）南海曾釗輯
清道光同治間南海伍氏粵雅堂文字歡娛室刊《嶺南遺書》本

粵圖

［按：楊孚，字孝元，東漢南海郡番禺縣下渡頭村（今廣州市海珠區下渡村）人。漢章帝建初年間（76—83年）舉賢良對策，拜為議郎。他的著作，不僅以《南裔異物志》名聞天下，為後世所效仿。而其文則有奏疏《請均行三年喪疏》、《諫止用兵疏》，亦切合時政，為漢和帝採納。］

4177

曹子建詩注 二卷

（三國）曹植撰、順德黃節選注

民國二十二年（1933）上海商務印書館鉛印《蒹葭樓叢書》本

中大

4178

阮步兵詩注 一卷

（晉）阮籍撰、順德黃節注

民國十五年（1926）鉛印本

中大

4179

阮嗣宗詩箋稿 不分卷

（晉）阮籍撰、梅縣古直箋

民國十九年（1930）廣州播文印刷場鉛印本

中大

4180

謝康樂詩注 四卷 補遺 一卷

（晉）謝靈運撰、順德黃節注

民國十三年（1924）清華大學鉛印本

中大

民國十四年（1925）鉛印本

中大

4181

陶淵明集 八卷 首一卷 末一卷

（晉）陶潛撰

清光緒五年（1879）廣州翰墨圖刊套印本章炳麟批

南圖

4182

陶詩編年 一卷

（清）番禺陳澧撰

稿本

粵圖

4183

陶詩彙評 四卷

（晉）陶潛撰、（清）順德温汝能輯

清嘉慶十一年（1806）刊本

東北師大

4184

徐孝穆全集 六卷

（陳）徐陵撰

清光緒二年（1876）廣州翰墨園刊本

遼圖等

4185

鍾記室詩品箋 三卷 品凡 一卷 品序 一卷

（南朝梁）鍾嶸撰、梅縣古直箋

民國十七年（1928）上海聚珍仿宋印書局鉛印本

中大

4186

何水部詩注 四卷 首一卷

（南朝梁）何遜撰、大埔何融注

民國三十六年（1947）石印本

中大

4187

鮑明遠詩注 上卷

（南朝宋）鮑照撰、錢振倫注、順德黃節補注

民國鉛印本

中大

4188

新刊校定九家集注杜詩 三十六卷

（唐）杜甫撰 （宋）郭知達集注

宋寶慶元年（1225）廣東漕司刻本

静嘉

4189
門類增廣集注杜詩 二十五卷
（唐）杜甫撰
宋寶慶元年（1225）廣東刊本
臺故宫

4190
讀杜姑妄 三十六卷
（清）順德吳梯撰
清咸豐四年（1854）刊本
粵圖、中大

4191
杜工部集 二十卷 首一卷
（唐）杜甫撰
清光緒二年（1876）廣州翰墨園刊五色套印本
佛圖、澳大

4192
杜詩本義 二卷
（清）齊翀撰
清廣州文林堂刊本
清華、鄂圖

4193
杜詩矩 四卷
（清）番禺汪後來編
清刊本
粵圖

4194
杜詩鏡銓 二十卷 年譜 一卷
（清）楊倫撰
民國二年（1913）廣州登雲閣刊本
丹東圖

4195
文忠集 十六卷 附拾遺 四卷
（唐）顔真卿撰
清光緒二十五年（1899）廣雅書局刊本
吉大

4196
韩文 四十卷 外集 十卷 遺集 一卷
（唐）韩愈撰
明嘉靖三十五年（1556）新會莫如士刊本　清丁丙跋
南圖

4197
昌黎先生集 四十卷
（唐）韓愈撰
宋大觀潮州劉允刊本
国圖
［按：韓愈（768—842），字退之，河南河陽（今河南省孟縣）人。自稱郡望昌黎，故世稱“韓昌黎”。唐貞元進士，曾官刑部侍郎、吏部侍郎。以直言進諫和政見不同，被貶廣東陽山令和潮州刺史。］

4198
昌黎先生集 四十卷 遺文 一卷
（唐）韓愈撰、（宋）廖瑩中校正
清同治九年（1870）番禺侯氏述古堂刊本　清陳澧批校、黎骚題识
中大
清同治九年（1870）述古堂刊本　清朱啓連批點
粵圖

4199
柳文 四十三卷 別集二卷 外集二卷
（唐）柳宗元撰
明嘉靖三十五年（1556）新會莫如士刊本
揚圖

4200
張九齡集 六卷
（唐）曲江張九齡撰
明嘉靖十九年（1540）刊《唐百家詩》本
國圖、北大
明銅活字印《唐人集》本
國圖、北大、上圖
［按：張九齡（678—740），字子壽，一名博物，韶州曲江人。他生長在一個仕宦家庭，年輕時便才智過人，勤奮好學，能詩善文。唐長安登進士第，爲官敢直言不諱，招致宰相姚崇不滿，遂辭官歸里。他於是策劃開鑿梅關古

道，改善南北陸路交通要道，促進了粤北社會經濟的發展。後被召入京，擢集賢院學士副知院事，奉旨代撰敕文多達 114 篇，後轉工部侍郎兼集賢院學士。開元二十一年，張九齡任宰相，此爲廣東史上第一位任宰相的政治家。他革除朝政弊端，刷新吏治，在他從政二十年間，選拔了孟浩然、王維、李泌等一批賢才。同時，他堅持依法懲處敗將安祿山，但被玄宗否決，遂釀“安史之亂”。張九齡詩文俱佳、才華横溢，在唐代詩壇上，爲開啓盛唐文風的重要一員，對嶺南詩派的開創、形成和發展起了重要作用。]

4201
張曲江集 二十卷
（唐）曲江張九齡撰
明嘉靖十五（1536）增城湛若水刊本
臺灣
清乾隆文津閣《四庫全書》本
國圖

4202
張文獻公集 十二卷
（唐）曲江張九齡撰
明嘉靖二十四年（1545）李而進刊遞修本
國圖、文學所

4203
曲江集 十二卷 續刻 十卷 金鑑録 五卷
（唐）張九齡撰
清光緒十六年（1890）曲江張曉如重刊本
港中山

4204
張曲江先生詩鈔 三卷
（唐）曲江張九齡撰、（清）梁炯編
清道光七年（1827）蔗境軒刊本
港大

4205
唐丞相曲江張文獻公集 十二卷 千秋金鑒録 五卷 附録 一卷
（唐）曲江張九齡撰
清初古岡裔孫重刊本
粤圖
清雍正十三年（1735）張世緯等刊本　章鈺校並跋
國圖
清雍正十三年（1735）張世緯等刊本
粤圖、華師、華農、中大
清光緒十六年（1890）鏡英精舍刊本
粤圖、華農
清光緒十八年（1892）刊本
粤圖
民國七年（1918）羊城張孝友文堂刊本
吉圖
民國二十五年（1936）上海中華書局鉛印本
中大

4206
唐丞相曲江張文獻公集 十二卷
（唐）曲江張九齡撰
民國二十五年（1936）上海中華書局鉛印本　順德岑仲勉批注
中大⊗

4207
唐丞相曲江張文獻公集 十二卷 附録 一卷 附曲江集考證 二卷
（唐）曲江張九齡撰、（清）順德温汝适校並考證
民國三十年（1941）據清雍正十二年（1734）張氏祠堂刊本影印

4208
張子壽文集 二十卷
（唐）曲江張九齡撰
明成化九年（1473）蘇韡刊本
國圖、上圖
明成化九年（1473）蘇韡刊本　清丁丙跋
南圖

4209
張子壽文鈔 一卷
（唐）曲江張九齡撰
明末刊《八代文鈔》本
北大、魯圖

4210
唐丞相曲江張先生文集 二十卷
（唐）曲江張九齡撰
明正德嘉靖間刊本　鄧邦述跋
臺研
明嘉靖十五年（1536）湛若水刊本
粵博、南圖

4211
唐丞相曲江張先生文集 二十卷 附録 一卷
（唐）曲江張九齡撰
明刊藍印本
上圖
明刊本
北圖、南圖
日本文化二年（1805）活字印本
臺師
明萬曆十二年（1584）王民順刊萬曆四十一年（1613）李延大重修本
粵圖
明萬曆二十八年（1600）蔣傑、柳希點刊本
大連圖、滇圖
明刊本　清王韜跋
上圖
明刊本
粵圖
清順治十四年（1657）曾弘、周日燦刊本
中大、北師大
日本江户刊本活字張藩明倫堂本
日内閣
民國二十五年（1936）上海商務印書館影印本
中大

4212
唐丞相曲江張先生文集 十二卷
（唐）曲江張九齡撰
明天啓四年（1624）顧懋光刊本
上圖、南圖
明崇禎十一年（1638）張起龍刊本
粵圖
清順治十四年（1657）曾弘、周日燦刊本
中大

4213
唐張文獻公曲江集 十二卷 附録 一卷
（唐）曲江張九齡撰
明天啓四年（1624）顧懋光刊本
中大

4214
張曲江詩集 二卷
（唐）曲江張九齡撰
明嘉靖三十三年（1554）黄榜刊《二張詩集》本
國圖
明嘉靖三十三年（1554）刊本　傅增湘跋
晉文物局
明萬曆畢懋謙刊《十家唐詩》本
浙圖

4215
張曲江集 二卷
（唐）曲江張九齡撰
明刊《二張集》本
粵圖、華農

4216
曲江張文獻先生文集 十二卷 附録 一卷
（唐）曲江張九齡撰、（明）惠來謝正蒙重編
明萬曆年四十四年（1616）謝正蒙刊本
粵圖

4217
曲江集考證 二卷 附年譜 一卷
（清）順德温汝适撰
清嘉慶二十二年（1817）珍恕堂刊本
中大、華師

4218
曲江集考證 二卷
（清）順德温汝适撰
民國三十年（1941）影印《廣東叢書》本
粵圖

4219
劉希仁文集 一卷
（唐）曲江劉軻撰

清嘉慶二十五年（1820）刊本
粤圖

4220
劉希仁文集 一卷 附理學簡言 一卷
（唐）曲江劉軻撰
清道光二十五年（1845）南海伍氏粤雅堂刊《嶺南遺書》本
華師
清光緒二十六年（1900）鈔本
粤圖

4221
劉軻文鈔 一卷
（唐）曲江劉軻撰
明末刊《八代文鈔》本
北大、魯圖等

4222
劉軻詩 一卷
（唐）曲江劉軻撰
清康熙野香堂刊《唐代劉氏詩集》本
上海師大

4223
陳嵩伯詩集 一卷
（唐）嶺南陳陶撰
清康熙席氏琴川書屋刊《唐詩百名家全集》本
中大、北大等

4224
陳陶詩 一卷
（唐）嶺南陳陶撰
清康熙半畝園刊《中晚唐詩紀》本
中大、魯圖等
清康熙刊《中晚唐詩》本
國圖

4225
邵謁詩 一卷
（唐）翁源邵謁撰
清康熙野香堂刊《十三唐人詩》本
國圖、北大等
清康熙刊《中晚唐詩》本
國圖
明鈔《唐四十四家詩》本
國圖
明鈔《唐四十七家詩》本
國圖
明嘉靖十九年（1540）刊《唐百家詩》本
國圖、北大等
清康熙席氏琴川書屋刊《唐詩百名家全集》本
中大、北大等
清光緒三十三年（1907）陶氏涉園影鈔《唐十子詩》本
南圖

4226
張燕公集 二十五卷
（唐）張説撰
清光緒二十五年（1899）廣雅書局翻刊武英殿聚珍本
中大

4227
李文公集 十八卷 補遺 一卷 附録 一卷
（唐）李翺撰
清光緒元年（1875）粤東馮氏讀有書齋刊《三唐人集》本　清蕭穆批校
皖圖

4228
李義山詩集輯評 三卷
（唐）李商隱撰、（清）沈厚塽輯評
清同治九年（1870）廣州倅署刊三色套印本
廣圖
清光緒二十四年（1898）廣州竹香齋刊三色套印本
大連圖

4229
孫可之文集 十卷
（唐）孫樵撰
清光緒二年（1876）粤東馮焌光讀有用書齋刊《三唐人集》本　傅增湘校
國圖

4230
李長吉集 四卷 外集 一卷
（唐）李賀撰、（明）黄淳耀評、（清）順德黎簡批點
清光緒十八年（1892）番禺葉衍蘭寫刊朱墨套印本
粤圖、中大
清宣統元年（1909）上海掃葉山房石印本
中大

4231
昌黎先生集 四十集
（唐）韓愈撰、李漢編
清同治九年（1870）粤東述古堂刊本
哈圖
清光緒十五年（1889）廣州萃文堂刊本
粤圖

4232
昌黎先生詩集注 十一卷
（唐）韓愈撰、（清）顧嗣立删補注、（清）朱彝尊、何焯評
清光緒九年（1883）廣州翰墨園刊三色套印本
中大

4233
夢得文集 十卷 劉賓客嘉話録 一卷
（唐）劉禹錫撰、（清）香山劉爔芬重編
清光緒二十六年（1900）鈔本
粤圖

4234
劉賓客文集 三十卷 外集 十卷
（唐）劉禹錫撰
明萬曆二年（1574）從化黎民表刊本
國圖、上圖等

4235
香奩集 一卷
（唐）韓偓撰
清康熙番禺屈大均鈔本
北大

4236
蘇文忠公詩集擇粹 十八卷
（宋）蘇軾撰、（清）番禺趙古農手擇
清嘉慶二十二年（1817）刊本
粤圖、中大

4237
東坡和陶合箋 四卷
（清）順德温汝能編
清嘉慶十一年（1806）刊本
粤圖
民國八年（1919）上海掃葉山房石印本
中大

4238
東坡和陶合箋 四卷 陶詩彙評 二卷
（清）順德温汝能編
清嘉慶十一年（1806）刊本
粤圖

4239
重校宋蘇文忠公寓惠録 四卷
（宋）蘇軾撰
明嘉靖五年（1526）顧遂刊藍印本　清翁方綱、翁同龢跋
國圖
明嘉靖二十三年（1544）惠州府學佘世宗刊藍印本
中大
［按：蘇軾（1037—1101），字子瞻，號東坡居士，四川眉山人，著名文學家。宋嘉祐進士，曾任祠部員外郎、翰林學士等職。因反對王安石變法，哲宗時貶謫惠州和海南儋州。此是蘇氏官惠州和儋州時的詩作。］

4240
寓惠録 四卷 傳 一卷 附録 一卷
（宋）蘇軾撰
明萬曆三十七年（1609）蕭以裕刊本
津圖
明萬曆惠州府刊本
佛圖

4241

寓惠録 四卷 附詩文 一卷

（宋）蘇軾撰、（明）方介卿編

明萬曆三十七年（1609）刊本

日内閣

4242

寓惠録 四卷 附録 一卷

（宋）蘇軾撰

明萬曆四年（1576）歸善縣刊藍印本

臺灣

4243

東坡寓惠集注釋 四卷

（宋）蘇軾撰、（清）邵長蘅、顧嗣立補注釋

清道光十六年（1836）聚經堂刊本

華農

4244

蘇文忠先生寓惠全集 四卷

（宋）蘇軾撰

明崇禎五年（1632）黎遵指刊本

國圖等

4245

蘇文忠公寓惠集 四卷

（宋）蘇軾撰、（清）鄭欽陛輯

清順治十五年（1658）刊本

粵社

清康熙刊本

東北師大

4246

蘇公寓黄集 二卷 附録 一卷

（宋）蘇軾撰、（明）王同軌輯

明萬曆十一年（1583）刊本

北大、上圖

4247

宋蘇文忠公居儋録 五卷

（宋）蘇軾撰、（明）陳榮選輯

明萬曆二十三年（1595）陳榮選刊本

浙圖

明萬曆二十三年（1595）陳榮選刊清順治十八年（1661）王昌嗣重修本

國圖

4248

古香齋施注蘇詩 四十三卷　東坡年譜 一卷 補遺 二卷

（宋）蘇軾撰、施元之注　（清）邵長蘅補

清光緒九年（1883）廣州登雲閣刊本

大连

4249

蘇文忠公海外集 不分卷

（宋）蘇軾撰　（清）樊庶編注

民國二十三年（1934）海口海南書局景印清乾隆得樹軒刊本

海師

4250

宋丞相崔清獻公全録 十卷

（宋）增城崔與之撰、（明）崔子璲輯、（明）崔曉增輯

明嘉靖十三年（1534）刊本

國圖

［按：崔與之（1158—1239），字正子，號菊坡，增城崔屋村人。宋紹熙進士，他是嶺南由太學生考中進士的第一人。初任知縣，因軍功卓著，曾任丞相兼觀文殿大學士，他先後13次向皇帝提出辭職，宋文天祥稱其“盛德清風，跨映一代”。他常言：“官職易得，名節難全。”他的學術思想倡導經世致用之學，形成嶺南第一個學術流派——菊坡學派。他還是嶺南詞家開創者，被譽爲“粤詞之祖”。廣人對崔與之十分推崇，因張九齡謚“文獻”，崔與之謚“清獻”，故稱“兩獻”，宋淳祐曾在廣州學宫有祠祀張、崔兩人，説明他在嶺南的地位。］

4251

崔清獻公集 五卷

（宋）增城崔與之撰

4252

言行録 一卷

（宋）李肖龍撰

清道光三十年（1850）南海伍氏粤雅堂刊本　傳增湘校
國圖
清道光三十年（1850）南海伍氏粤雅堂文字歡娱室刊《嶺南遺書》本
粤圖、華師

4253
菊坡集　一卷
（宋）增城崔與之撰
清鈔《兩宋名賢小集》本
國圖、重圖

4254
菊坡集　三卷
（宋）增城崔與之撰
清范氏也趣軒鈔《宋人小集》本
臺灣

4255
武谿集　二十一卷
（宋）曲江余靖撰
明成化九年（1473）蘇韡等刊本
國圖
明成化九年（1473）蘇韡刊本　清黄丕烈跋
國圖
明嘉靖四十五年（1566）劉穩刊本　清王士禛跋
國圖
明嘉靖四十五年（1566）劉穩刊本
華師
清康熙程氏刊本
中大、華師
明隆武二年（1646）余超龍刊本　傅增湘校並跋
國圖
清乾隆文津閣《四庫全書》本
國圖
清嘉慶文林堂刊本　黄佛頤批校並跋
澳大
［按：余靖（1000—1064），字安道，號武谿，韶州曲江（今韶關市）人。宋天聖進士，時禮部員外郎范仲淹以直言觸犯權相吕夷簡，被貶饒州，他直言上諫宋仁宗保范，結果也被貶監筠州（今江西高安縣）酒税。後因西北黨項李元昊稱帝，與宋爲敵，宋帝爲防黨項，乃重新啓用范仲淹，余靖復任集賢校理。1043年，宋仁宗增設諫官，余靖、歐陽修、王素、蔡襄擢爲諫官，時稱“慶曆四諫官”，後仕途坎坷，如他三次出使遼國，又被貶吉州。1061年，余靖出任尚書左丞知廣州，兼管内勸農市舶使，廣州特産豐富，商業外貿發達。廣州再度成為外貿名城，其功不可沒。治平元年（1064），宋英宗即位，擢余靖爲工部尚書，卒於赴京途中。余靖在文史等方面有較深造詣，既是名臣，又是學者，明弘治年間，韶關特建風度樓和風采樓，紀念張九齡之風度與余靖之風采，今風采樓猶存。］

4256
武谿詩鈔　一卷
（宋）曲江余靖撰
清康熙十年（1671）吴氏鑑古堂刊《宋詩鈔初集》本
中大等
清道光七年（1827）蔗境軒刊本
港大
清光緒廣州芸香堂重刊本
粤圖
民國二十年（1931）余廉表重刊粤東編譯公司鉛印本
中大

4257
武谿集　二十卷　首一卷
（宋）曲江余靖撰
清康熙三十六年（1697）陳廷策韶州府刊本
中大

4258
武谿集　二十卷　補佚一卷　余襄公奏議　二卷
（宋）曲江余靖撰
民國三十五年（1946）商務印書館據常熟瞿氏藏明成化本影印
中大

4259

陳同甫集 三十卷

（宋）陳亮撰

清初嶺南壽經堂活字印本

津圖

（按：此書封面書名題“龍川文集”，右下題“嶺南壽經堂版”，左下題“粤東擺字校正無訛”、書名上端題“字體謹遵佩文韻府校正”。此爲嶺南迄今早期活字版之一。原天津圖著録“清初活字本，因依康熙《佩文韻府》校正，故改爲清活字本。”）

4260

李忠簡公文谿存稿 二十卷

（宋）番禺李昴英撰

明嘉靖十年（1531）李翺刊本

國圖⊗

明嘉靖十年（1531）李翺刊崇禎三年（1630）李振鷺重修本、傅增湘校

國圖⊗

［按：李昴英（1201—1257），字俊明，晚年歸隱居羊城文谿之上，因號文谿，番禺人（今廣州市）。昴英25歲赴臨安會試，本爲狀元，因宋理宋崇尚帝王之學，把臺州王會龍擢第一，昴英調至探花。寶祐初，官至龍圖閣待制、吏部左侍郎兼翰林學士，不久，因彈劾巨閹盧允升、董宋臣，上疏不報，憤而辭官歸里。後理宗想起用他，下詔除端明殿學士、僉書樞密院事，昴英推辭不赴。理宗只好御書堂匾“久遠”、里匾“文谿”、澗匾“向陽”。今廣州尚存文谿橋。］

4261

李忠簡公文谿集 四卷

（宋）番禺李昴英撰

明鈔本　清蔣石林跋、沈埏跋

上圖

4262

李忠簡公文谿集 二十卷

（宋）番禺李昴英撰

清鈔本

國圖

4263

李忠簡公文谿集 二十卷 附行狀 一卷 傳一卷 末一卷

（宋）番禺李昴英撰

清康熙七年（1668）李際明刊本

津圖

4264

文谿存稿 二十卷

（宋）番禺李昴英撰

清乾隆文津閣《四庫全書》本

國圖

清鈔本

南圖

4265

文谿集 二十卷 首一卷

（宋）番禺李昴英撰

清光緒二十三年（1897）刊本

粤圖、華師

4266

文谿集 一卷

（宋）番禺李昴英撰

清鈔《兩宋名賢小集》本

南大

清鈔《兩宋名賢小集·清孔繼涵補》本

重庆

4267

南粤舊稿 □□卷

（宋）劉克莊撰

宋刊本

臺灣⊗

（按：劉克莊，字潛夫，閩莆田人。學通古今，熟知典故，最爲真德秀賞識。曾任廣東提刑，仰崔與之，後官至工部尚書加龍圖閣學士。）

4268

誠齋先生南海集 八卷

（宋）楊萬里撰

宋端平年間初刊本

日内閣、日宫内

［按：楊萬里，字廷秀，吉水人，宋紹興進士，曾官寶謨閣學士。宋淳熙七年至九年（1180—1182），官廣東提舉常平茶鹽使及提點刑獄，此集乃此時所作，收詩三百九十二首。］

4269
南海集鈔 一卷
（宋）楊萬里撰
清康熙十年（1671）吳氏鑑古堂刊《宋詩鈔初集》本
中大等

4270
公是集 五十四卷 拾遺 一卷
（宋）劉敞撰
清光緒二十五年（1899）廣州廣雅書局刊《聚珍版叢書》本　傅增湘校補
國圖

4271
覆瓿集 六卷
（宋）東莞趙必瑑撰
清乾隆文津閣《四庫全書》本
國圖
［按：趙必瑑（1245—1294），字玉淵，號秋曉。宋太祖十世孫；祖父任粵鹽官，遂落籍東莞。他身處國變，“故其發爲詩歌，多憤懣激烈、黍離麥秀之致，詩見言外，讀之令人淒其而不能已。”（陳向廷《覆瓿集叙》）］

4272
覆瓿集 一卷
（宋）東莞趙必瑑撰
清法式善存壽堂鈔《宋元人詩集》本
國圖

4273
秋曉趙先生覆瓿集 六卷
（宋）東莞趙必瑑撰
清鈔本
國圖

4274
秋曉先生覆瓿集 四卷
（宋）東莞趙必瑑撰
清鈔本　清丁丙跋
南圖

4275
秋曉先生覆瓿集 四卷 末一卷 附录 一卷
清道光二十年（1840）南海伍元薇詩雪軒刊本　傅增湘校並跋
國圖
清道光二十年（1840）南海伍氏詩雪軒刊《粵十三家集》本
中大

4276
邕州小集 一卷
（宋）陶弼撰
清宣統元年（1909）粵東沈宗畸刊《晨風閣叢書》本　傅增湘校
國圖
（按：陶弼，字商翁，永州人。宋慶曆中討瑤事，两知邕州。）

4277
後山先生集 二十四卷
（宋）陳師道撰
清光緒十一年（1885）番禺陶福祥刊本　沈曾植校、葉景葵跋
上圖

4278
後山詩注 十二卷
（宋）陳師道撰、（宋）任淵注
清光緒二十五年（1899）廣雅書局刊《聚珍版叢書》本　傅增湘校並跋
國圖

4279
柯山集 五十卷 拾遺 十二卷
（宋）張耒撰
清光緒二十五年（1899）廣雅書局刊《聚珍版叢書》本　傅增湘校補並跋
國圖

4280
慶湖遺老詩集 四卷
（宋）賀鑄撰

清南海孔氏嶽雪樓鈔本
北大

4281
龜山先生集 四十二卷
（宋）楊時撰
明萬曆十九年（1591）海陽林熙春刊本
國圖、中大等
明萬曆十九年（1591）海陽林熙春刊本 清丁丙跋
南圖
明萬曆十九年（1591）海陽林熙春刊本 葉德輝跋
上圖
明萬曆十九年（1591）海陽林熙春刊本 傅增湘跋
國圖

4282
太倉稊米集 七十卷
（宋）周紫芝撰
清光緒南海孔氏嶽雪樓鈔本
粵圖

4283
攻媿集 一百十二卷 拾遺 一卷
（宋）樓鑰撰
清光緒二十五年（1899）廣雅書局刊《聚珍版叢書》本 傅增湘校補並跋、李盛鐸校並跋
國圖

4284
陳後山文録 一卷
（宋）陳師道撰、（清）香山劉熽芬編
清光緒三年（1877）香山劉氏鈔本並録 番禺陳澧評語
粵圖

4285
九峰先生集 三卷 首一卷 附録 一卷
（宋）南海區仕衡撰
清道光二十年（1840）南海伍氏詩雪軒刊《粵十三家集》本
中大
清鈔本
國圖

4286
見面亭遺集 一卷
（宋）番禺張鎮孫撰
清道光二十五年（1845）刊本
粵圖
[按：張鎮孫（1235—1278），字鼎卿，號粵溪，一説南海熹涌鄉（今順德市倫教區熹涌村）人，一説番禺（今廣州市人民南路狀元坊）人。他十四歲參加縣考，名列第一，有“神童”之譽。後屢試不第，直到宋咸淳七年赴臨安會試，高中狀元。他處於南宋政權危在旦夕、元軍挺入中原的戰亂時局，他曾棄婺州携雙親歸粵，被劾聞兵逃遁而被罷官。後來，元軍攻陷臨安，宋益王端宗率一班朝臣由閩入粵，召張鎮孫爲帥，並命爲龍圖閣待制、廣東制置使兼經略安撫使，時廣州已陷，他率兵攻城，元軍元帥吕師夔棄城退守，實爲等援兵合圍廣州。景炎二年元軍再攻廣州城，雙方激戰珠江江面上，鎮孫敗退入城守逾月，力竭勢窮，廣州終被元軍佔領，鎮孫被俘。次年初，他和妻子在押解途中自殺於大庾嶺。關於他“以城降”，史書有不同記載，但從他撰《廷對策》表人生志向，他是以城保免被元兵屠城之虞。廣州昔在通泰里建有“狀元坊”。牌坊毀於明末戰火，而狀元坊地名則沿用至今。原著《見面亭集》十六卷，已散佚。清道光間，其後人重輯爲一卷。]

4287
海瓊玉蟾先生文集 六卷 續集 二卷 附録 一卷
（宋）瓊州葛長庚撰
明正統七年（1442）寧藩朱權刊本 清甘鵬雲跋
國圖
（按：葛長庚，原宋閩清人，後家瓊州，號海瓊子，初至雷州，繼爲白氏子，名玉蟾。）

4288
海瓊玉蟾先生文集 六卷 續集 二卷
（宋）瓊州葛長庚撰、（明）朱權編
明萬曆十一年（1583）翁少麓刊《漢魏諸名家集》本
國圖、上圖等
明萬曆桂芳堂刊本
湘圖
明萬曆刊本
臺研、美國會
明刊本
北大、清華
明新安劉懋賢等校刊本
臺灣
明萬曆何繼高刊本
中大

4289
海瓊白真人文集 六卷
（宋）瓊州葛長庚撰、（明）朱權編
明鈔本
北大

4290
海瓊白真人全集 十卷
（宋）瓊山葛長庚撰
清同治八年（1869）刊本
粵圖、中大

4291
白真人集 十卷
（宋）瓊山葛長庚撰
清同治八年（1869）重刊本
粵圖

4292
瓊琯白玉蟾上清集 八卷
（宋）瓊州葛長庚撰
元建安余氏靜庵刊本
上圖
清鈔《修真十書》本　沈曾植跋
臺灣

4293
瓊琯白玉蟾武夷集 八卷
（宋）瓊州葛長庚撰
元建安余氏刊明修本
國圖

4294
新刻瓊琯白先生集 十一卷
（宋）瓊州葛長庚撰
明萬曆刊本
静嘉

4295
新刻瓊琯白先生集 十四卷
（宋）瓊州葛長庚撰
明劉氏安正堂刊本
國圖、上圖、北大、日内閣
明萬曆二十二年（1594）林有聲刊本
北師大、贛圖

4296
瓊山道人集 三卷
（宋）瓊州葛長庚撰
清鈔《兩宋名賢小集》本
南圖

4297
白玉蟾詩集 九卷
（宋）瓊州葛長庚撰
明萬曆四十三年（1615）新安潘氏刊《宋元詩》本
國圖、上圖

4298
白玉蟾詩集 八卷
（宋）瓊州葛長庚撰
明范氏也趣軒鈔《宋人小集》本
臺灣

4299
海瓊白先生詩集 三十九卷
（宋）瓊州葛長庚撰
日本室町鈔本
日内閣

4300
白玉蟾海瓊摘稿 十卷
（宋）瓊州葛長庚撰
明嘉靖刊本
静嘉、日内閣

4301
白玉蟾海瓊稿 十卷
（宋）瓊州葛長庚撰
明嘉靖十二年（1533）唐胄刊本
國圖、吉圖

4302
上清集 八卷
（宋）瓊山白玉蟾撰
明正統中刊續萬曆中刊《道藏》本
國圖、上圖

4303
瓊琯真人集 不分卷
（宋）瓊山白玉蟾撰
明正統中刊續萬曆中刊《道藏》本
國圖、上圖

4304
瓊琯白先生集 十卷
（宋）瓊州白玉蟾撰
明刊本
粵社、臺大

4305
新刻瓊琯白先生集 十四卷
（宋）瓊州白玉蟾撰
日本刊本
東文

4306
武夷集 不分卷
（宋）瓊山白玉蟾撰
明正統中刊續萬曆中刊《道藏》本
國圖、上圖

4307
玉蟾先生詩餘 一卷 續一卷
（宋）瓊山白玉蟾撰
民國朱氏刊《彊村叢書》本
粵圖、上圖等

4308
金液還丹印證圖詩 一卷
（宋）瓊山白玉蟾撰
明正統中刊續萬曆刊《道藏》本
國圖、上圖

4309
玉蟾集鈔 一卷
（宋）瓊山白玉蟾撰
民國四年（1915）上海商務印書館鉛印《宋詩鈔補》本
國圖、上圖等

4310
南海百詠 一卷
（宋）方信孺撰
清光緒八年（1882）廣州學海堂刊本
粵圖、中大、華師、吉圖
清鈔本
鄂圖、遼圖
清鈔本　清鮑廷博校
國圖
（按：方信孺，字孚若，閩莆田人。登進士，初爲番禺縣尉，平海盗有功，按擢肇慶通判。旋知韶州，故對粵較瞭解。是書乃其官番禺县尉時所作，取南海古跡，每一事取七言絕句一首，每首之下，各注其始末，既詩亦史。故清厲鶚評説："宫羽協諧，經緯麗密"。）

4311
登西臺慟哭記 一卷
（宋）謝翱撰、（清）南海謝蘭生輯注
清同治活字印本
東北師大、吉大

4312
小畜集 三十卷 外集 七卷
（宋）王禹偁撰
清光緒廣雅書局刊本
吉大

4313

林和靖先生集 四卷 省心録 一卷 林集詩話 一卷

（宋）林逋撰

清道光廣州葉夢龍友石齋刊本

遼圖

4314

范石湖詩集注 三卷

（宋）范成大撰、（清）沈欽韓注

清光緒十九年（1893）廣雅書局刊本

吉圖等

4315

遺山先生詩集 二十卷

（金）元好問撰

4316

考異 一卷

（清）南海黎維樅撰

清南海黎氏刊本

吉圖、吉大

4317

番禺集 一卷

（元）吕誠撰

清鈔本

南圖

（按：吕誠，字敬夫，崑山人。工吟詠，詩格清麗。）

4318

雙谿醉隱集 六卷

（元）耶律鑄撰、（清）順德李文田箋

清光緒順德李文田家鈔本　清李文田校注並跋

國圖

4319

雪樓集 三十卷

（元）程鉅夫撰

清南海孔氏嶽孔氏嶽雪樓鈔本

粤圖

清光緒十八年（1892）順德龍氏刊《知服齋叢書》朱印本

粤圖

清光緒十八年（1892）順德龍氏刻《知服齋叢書》本　傅增湘校補並跋

國圖

4320

林坡先生詩集 八卷

（明）新會黎貞撰

清光緒元年（1875）新會三賢居書屋重刊本

粤圖

4321

希吕集 一卷

（元）新會羅蒙正撰

清康熙中顧氏秀野草堂刊《元詩選》本

國圖、上圖等

清嘉慶文畬堂刊《粤東詩海》本

粤圖

［按：羅蒙正（1300？—1367？），字希吕，新會人。原《希吕集》五卷，清初已不存，後順德温汝能輯《粤東詩海》，收詩二十二首，其詩“格調頗高”，温氏評價更高，稱其詩“獨吾粤羅希吕圭臬盛唐，元氣渾然，調高字響，開南園後先生之派。”］

4322

牧庵集 三十六卷

（元）姚燧撰

4323

附録年譜 一卷

（元）劉致撰

清光緒二十五年（1899）廣雅書局刊《聚珍版叢書》本　傅增湘校補

國圖

4324

揭文安公文粹 一卷

（元）揭傒斯撰

明天順五年（1461）沈琮廣州府學刊本

中大、上圖

明天順五年（1461）沈琮廣州府學刊本　清何焯批校並跋、傅增湘跋

國圖
明天順五年（1461）沈琮廣州府學刊本　清蔣玢跋
閩圖
明天順五年（1461）沈琮廣州府學刊本　清張蓉鏡、季錫疇、王振聲跋
國圖
明天順五年（1461）沈琮廣州府學刊本　清丁丙跋
南圖

4325
龜巢稿 十卷 補遺 一卷
（元）謝應芳撰
清道光二十六年（1846）南海謝蘭生刊本　傅增湘校
國圖

4326
漁唱稿 一卷
（元）東莞黎伯元撰
民國初張氏寓國刊《東莞詩録》本
中大
（按：黎伯元，字景初，號漁唱，東莞人。歲貢生，歷連山、德慶、惠陽教諭，所至文風以振，甚受学子尊敬。張其淦贊其詩“沉鬱蒼凉，所造甚深。比諸丁鶴年諸詩，未遑多讓。”）

4327
李雲陽集 四卷
（元）李祁撰
清康熙三十八年（1699）釋大汕懷古堂刊本
清華、上圖
清康熙三十八年（1699）釋大汕懷古堂刊本　傅增湘校
國圖

明别集

4328
御製文集 二十卷
（明）太祖朱元璋撰
明嘉靖八年（1529）瓊山唐胄刊本
國圖、復旦

4329
訓行録 三卷
（明）太祖朱元璋撰、（明）歸善楊起元注釋
明萬曆刊本
國圖、上圖等

4330
西庵集 十卷
（明）南海孫蕡撰
明弘治十六年（1503）金蘭館銅活字印本　傅增湘跋
國圖
［按：孫蕡（1337—1393），字仲衍，號西庵，明洪武初進士，授翰林典籍、参編《洪武正韻》，南園五先生之一。後因事繫獄，謫戍遼東，後又因藍玉案受株連處死。孫氏才華横溢，尤以七律見長；王佐（1337—?），字彦舉，人稱聽雨先生。洪武初應徵至京師，授給事中，居官二載乞歸，他的詩名較遜孫蕡；黄哲（？—1375），字庸之，性好遊，曾官山東知縣、通判。洪武八年，以“在郡詿誤”罪名被召回山東處死，死因始終不明。他的詩以樂府和古體居多，存世很少；李德，字仲珍，人稱易庵先生，洪武初授洛陽長史，繼任濟南、西安二郡幕十餘年，晚年南歸，詩作以古體爲主；趙介（1344—1389），字伯貞，人稱臨清先生。他不樂仕途，屢薦皆不就，洪武末，因事被誣，逮赴京師，不久事白南歸，卒於途中。所撰《臨清集》，陳璉曾爲作序，惜書佚。上述五人，被稱爲“南園五先生”，結社於元末明初，開明代嶺南詩風，其流風餘韻，影響深遠，後明嘉靖年間有“南園後五先生”之稱。此書稀見。）

4331
西庵集 九卷
（明）南海孫蕡撰

明萬曆十五年（1587）葉初春刊本
粵博、國圖
清鈔本
南圖
清乾隆文津閣《四庫全書》本
國圖
清乾隆三十五年（1770）孫氏桂馥堂刊本
粵圖

4332
西庵集 八卷 首一卷
（明）南海孫蕡撰
清道光十年（1830）刊本
粵圖、中大、華師、華農
民國順德龍氏中和園鉛印本
東北師大

4333
秫坡先生詩集 八卷 首一卷 末一卷
（明）新會黎貞撰
明嘉靖二十九年（1550）刊清康熙二十五年（1686）重刊本
國圖
清刊本
澳大
［按：黎貞（1346？—1405？），字彦晦，號秫坡，新會人。曾拜孫蕡門下。洪武間，以明經薦至京吏部，推辭不就。1385 年，以事爲訟者誣，發戍遼陽十三年。該集所存詩，多記流放時的痛苦生活，其中思鄉思親之作甚多。］

4334
重刻秫坡先生文集 八卷 末一卷
（明）新會黎貞撰
清末鈔本
國圖

4335
重刻秫坡先生文集 八卷
（明）新會黎貞撰、（清）黎翼之重訂
清康熙二十五年（1686）黎翼之刊本
港大、上圖
清嘉慶二十二年（1817）都會書屋重刊本
港大
清光緒元年（1875）都會三賢居書屋刊本
港中文

4336
重刻秫坡先生詩集 四卷 首一卷
（明）新會黎貞撰
清康熙二十五年（1686）黎翼之刊本
上圖

4337
鄧退庵遺稿 五卷
（明）新會鄧林撰
清鈔本
津圖
清咸豐九年（1859）刊本
粵圖

4338
琴軒集 三十卷
（明）東莞陳璉撰
清刊本
港中央
［按：陳璉，字廷器，號琴軒。洪武舉人，歷任揚州知府、四川按察使、南京通政使及禮部侍郎等職，歷仕四朝，後致仕南歸。其詩長於寫景，平穩工緻。］

4339
琴軒集 十卷
（明）東莞陳璉撰
民國十八年（1929）東莞陳氏聚德堂刊《聚德堂叢書》本
中大

4340
蘇神童詩集 一卷
（明）海陽蘇福撰
清嘉慶十九年（1814）順德羅學鵬刊《廣東文獻》輯本
粵圖

4341
南海新聲 五卷
（明）南海歐著撰
清荔枝莊刊本
粵圖

4342
聯錦詩集 二卷
（明）海陽夏宏撰
明景泰刊本
科圖

4343
覺非集 十卷
（明）東莞羅亨信撰
清羅哲刊本
粵圖

4344
李宫詹文集 一卷
（明）潮陽李齡撰
清道光二十年（1840）刊《潮州耆舊集》本
粵圖
清光緒三十四年（1908）重刊《潮州耆舊集》本
汕圖

4345
白沙子全集 九卷 附録 一卷
（明）新會陳獻章撰
明萬曆四十年（1612）何上新刊本
中大
明萬曆四十年（1612）何上新刊本　清丁丙跋
南圖
明萬曆四十年（1612）何上新刊本　清葉景葵跋
上圖
清順治十二年（1655）
黄之正刊本
粵圖、中大
［按：陳獻章（1428—1500），字公甫，號石齋，又號白沙子、碧玉老人，新會人。明正統間入京會試，中副榜進士，後屢試不第，慕名入江西臨川縣著名學者吳與弼門下，後回白沙鄉下築陽春臺發奮讀書，歷經十年閉門苦讀，受陸九淵和佛學禪宗理論啟發，擺脱宋代以來程朱理學的束縛，形成“學貴乎自得”和“以自然為宗”的學術體系。明成化初，他先在鄉設席講學，後再赴京入國子監讀書，因與宋學者楊時對詩《此日不再得》，詩驚四座，自是名重京師。不久南歸，再赴京應試，又落第。從此對科舉斷絶念頭，回里潛心講學授徒，從學者日益增多，所傳“心學”遠播，形成白沙學派，對嶺南的學術思想具有深遠影響。他是明代傑出的思想家、教育家、文學家和書法家，在新會至今仍存有不少文物古跡。陳獻章的學生很多，最有名最有成就當數增城湛若水，被稱爲中國理學界的陳湛“廣宗”或“廣派”，兩人著述宏富。］

4346
白沙子全集 六卷 首一卷
（明）新會陳獻章撰、（清）新會何九疇編
清康熙四十九年（1710）新會何氏刊本
粵圖、中大、華師

4347
白沙子全集 十卷 首一卷 末一卷 古詩教解二卷
（明）新會陳獻章撰
清乾隆三十六年（1771）碧玉樓刊本
粵圖、中大、華師
清咸豐元年（1851）新會阮氏夢窗堂刊本
華師

4348
白沙先生全集 二十卷
（明）新會陳獻章撰
明弘治十八年（1505）羅僑刊正德二年（1507）林齊重修本
國圖、上圖

4349
白沙先生全集 二十一卷
（明）新會陳獻章撰、張羽編
明嘉靖三十年（1551）蕭世延刊本
國圖、上圖
明萬曆元年（1573）何子明刊本
尊經、臺灣
明萬曆三十二年（1604）許欽賦刊本
上圖、吉大

4350
白沙先生全集 十二卷 詩教解 十五卷
（明）新會陳獻章撰、增城湛若水輯解
明天啓元年（1621）王安舜刊本
北大
清乾隆三十六年（1771）碧玉樓刊本
粵圖、中大

4351
白沙先生全集 二十卷
（明）新會陳獻章撰
明刊本
國圖

4352
陳白沙集 一卷
（明）新會陳獻章撰
明嘉靖隆慶間刊《盛明百家詩》本
國圖、上圖
清鈔《名家制義》本
國圖

4353
白沙集 九卷
（明）新會陳獻章撰
清乾隆文津閣《四庫全書》本
國圖

4354
白沙先生文編 六卷 年譜 一卷
（明）新會陳獻章撰、澄海唐伯元輯
明萬曆十一年（1583）郭惟賢、汪應蛟等刊本
國圖、上圖

4355
白沙先生遺詩補集 六卷
（明）新會陳獻章撰、袁奎輯
明萬曆十二年（1584）袁奎刊本
武大

4356
白沙先生詩教解 十五卷
（明）新會陳獻章撰、增城湛若水輯解
明嘉靖馬崧刊本
國圖、津圖
明嘉靖馬崧刊本　明楊儀跋
國圖

4357
白沙先生詩教解 八卷
（明）新會陳獻章撰、增城湛若水輯解
明隆慶元年（1567）麗澤書院刊本　容肇祖校
中大

4358
白沙先生詩教解 十卷
（明）新會陳獻章撰、增城湛若水輯解
明隆慶元年（1567）李荷刊本
中大⊗、閩圖
明刊本
遼圖

4359
白沙子古詩教解 二卷
（明）新會陳獻章撰、增城湛若水輯解
清乾隆三十四年（1769）刊本
中大

4360
重刻白沙子古詩教解 二卷
（明）新會陳獻章撰、增城湛若水注
清乾隆三十六年（1771）陳氏裔孫重刊本
粵圖、中大

4361
白沙先生詩近稿 十卷
（明）新會陳獻章撰
明弘治九年（1496）吳廷舉刊本
湘圖、臺灣

4362
白沙子文編　六卷
（明）新會陳獻章撰、唐伯元等編
明萬曆十一年（1583）刊本
港大、東北師大
清康熙四十九年（1710）刊本
華師

4363
新刻國朝白沙陳先生詩選　六卷
（明）新會陳獻章撰、周謙山編
日本江户初寫本
日内閣

4364
陳白沙文鈔　三卷
（明）新會陳獻章撰、桑原忱編
日本文久四年（1864）刊本
日内閣

4365
白沙子　八卷
（明）新會陳獻章撰
明嘉靖十二年（1533）卞萊刊本
粵圖、國圖等
日本文久三年（1863）嵩山堂刊本
中大、華師、華農
民國二十五年（1936）上海商務印書館影印本
中大

4366
陳白沙文粹　三卷
（明）新會陳獻章撰
日本文久三年（1863）嵩山堂刊本
中大

4367
王古直集　一卷
（明）臨高王佐撰
明嘉靖隆慶間刊《盛明百家詩》本
國圖、上圖等

4368
古直存稿　四卷
（明）臨高王佐撰
明弘治十五年（1502）龐元化刊本
北大

4369
瓊臺類稿　七十卷
（明）瓊山丘濬撰
明弘治刊本
國圖

［按：丘濬（1420—1495），字仲深，號瓊臺，海南瓊州府城人。幼家貧不能入學，到處求人借書鈔錄，發奮苦讀。明景泰中進士，歷任翰林院編修，國子監祭酒，禮部右侍郎，禮部、戶部尚書，加太子太保兼文淵閣、武英殿大學士，入参機務。剛直不阿，故有“北包南丘”之譽。所撰《實録》《世臣正綱》《大學衍義補》等書，明憲宗批示稱：“卿所纂書，考據精詳，論述該博，有裨政治，朕甚嘉之。”“居官四十餘年，而身處無異韋布，産業僅能卒歲，第宅不逾齊民。在都城，市屋于蘇州巷南，規模卑陋，聊庇風雨，始終未嘗少拓，人到於今呼之‘丘閣老巷’。所得俸餘，即充官費，絕無贏餘。”（見《粵大記》）該書為詩文集，相傳他十二歲時，即以一首《題五指山》七律而馳譽遐邇，後所作詩，有濃厚學者氣質，時人評論“格律精嚴，不失矩度”，實不過譽。］

4370
瓊臺吟稿　十卷
（明）瓊山丘濬撰
明弘治五年（1492）蔣雲漢刊本
國圖、上圖、臺“國圖”

4371
瓊臺會稿　十二卷
（明）瓊山丘濬撰
明嘉靖三十二年（1553）鄭廷鵠刊本
國圖
明萬曆八年（1580）劉倬、馬千乘刊本
浙圖
明萬曆四十一年（1613）丘爾谷刊本
北大
明鈔本
祁縣

4372
瓊臺詩文會稿重編 二十四卷
（明）瓊山丘濬撰
明天啓元年（1621）丘爾谷刊本
粵圖、中大等
明天啓丘爾谷刊清康熙二十二年（1683）佟湘年重修本
魯圖、历史所
清光緒五年（1879）刊本
遼圖、華師

4373
重編瓊臺會稿 二十四卷
（明）瓊山丘濬撰
清乾隆文津閣《四庫全書》本
國圖

4374
丘仲深集 一卷
（明）瓊山丘濬撰
清鈔《名家制義》本
國圖
清康熙五經堂刊道光補刊《廣理學備考》本
國圖、上圖

4375
邱文莊公集 十卷
（明）瓊山丘濬撰
清康熙四十七年（1708）刊本
粵圖
清乾隆刊本
粵圖⊗
清同治十年（1871）瓊山丘氏可繼堂重刊本
粵圖、中大、華師

4376
重編瓊臺會稿詩文集 二十四卷 首一卷
（明）瓊山丘濬撰
清光緒五年（1879）刊本
粵圖、中大、華農

4377
瓊山會稿 二十四卷 首一卷
（明）瓊山丘濬撰
清光緒三十四年（1908）刊本
粵圖

4378
巽川祁先生文集 十六卷 附録 二卷
（明）東莞祁順撰
明嘉靖三十六年（1557）刊本
臺灣
清康熙二年（1663）在茲堂刊本
東北師大

4379
粵洲集 四卷 首一卷
（明）香山黄畿撰、（清）黄佛頤輯
清光緒三年（1877）香山黄氏刊本
港中山

4380
滄洲詩集 十卷 續集 二卷 附録 一卷
（明）順德張泰撰
明弘治三年（1490）成桂刊嘉靖十三年（1534）毛淵修補增刊本
國圖
清初鈔本
浙圖

4381
雙槐文集 四卷 首一卷
（明）香山黄瑜撰
清光緒三年（1877）黄氏寶書樓刊本
粵圖、港学海

4382
區西屏集 十卷
（明）新會區越撰
明嘉靖四十四年（1565）刊本
港大、粵圖

4383
鄉賢區西屏集 十卷
（明）新會區越撰
明萬曆刊本
首圖、中大、新會

4384
區奉政遺稿 十卷
（明）新會區元晉撰
明萬曆四年（1576）刊本
新會、中大

4385
鬱洲遺稿 十卷 首一卷
（明）順德梁儲撰、梁次攄編
明嘉靖四十五年（1566）刊本
華師、美國会
明回天閣刊本
粵社、清華
明刊本
港大
清乾隆文津閣《四庫全書》本
國圖
清光緒孔氏嶽雪樓鈔本
粵圖
（按：本書又名《梁文康公文集》。）

4386
鬱洲遺稿 十卷 補遺 一卷
（明）順德梁儲撰、梁次攄編
清嘉慶二年（1797）重刊本
國圖
民國二年（1913）順德梁氏絲綸堂刊本
粵圖、中大
（按：梁儲，字叔厚，號厚齋，又號鬱洲，順德石梗人。生有異質，識者知其不凡。明成化廷對二甲第一人，歷官翰林院學士、吏部右侍郎、文淵閣大學士加少保兼太子太傅、華蓋殿大學士兼太子太傅，為朝中重臣。明憲宗說他“張九齡忠蓋，崔與之風概，卿兼之矣。”“儲雅有文譽，一時名士多出其門。平生謙德雅量，不矜功，不伐善，不言人過，不為矯亢，在朝四十餘年，每持忠厚。”這是明郭棐對他的評價。該書由其子次攄所編，香山黃佐作序，又其孫孜從內閣錄其奏疏，補入其中。）

4387
東所先生文集 十三卷
（明）番禺張詡撰
明嘉靖三十年（1551）張希舉刊本
國圖、津圖

4388
南海雜詠 十卷
（明）番禺張詡撰
明弘治十八年（1505）袁賓刊本
粵圖、港中

4389
襪綫集 五卷
（明）潮州史傑撰
明弘治四年（1491）史誠刊本
國圖

4390
使粵草 不分卷
（明）鄭辰撰
稿本　清朱雲驤題詩、徐時棟跋
國圖
（按：鄭辰，西安人，明永樂進士，官兵部右侍郎。）

4391
香山主人遺草 一卷
（明）香山黃錀撰
清咸豐二年（1852）執敬堂刊本
粵圖

4392
南川冰蘗全集 十二卷 首一卷 末一卷
（明）東莞林光撰
清咸豐元年（1851）刊本
粵圖、中大

4393
林南川先生冰蘗全集 十二卷
（明）東莞林光撰
清咸豐元年（1851）東莞明伦堂刊本
港中央

4394
桂軒稿 十卷
（明）番禺江源撰
明弘治四年（1491）刊本
粵圖

4395
桂軒續稿 六卷
（明）番禺江源撰
明弘治刊本
上圖、粤圖

4396
李抱真先生詩録 不分卷
（明）順德李孔修撰、（清）李長榮輯
清刊本
國圖

4397
閒居百詠 一卷
（明）順德李孔修撰
清刊本
國圖

4398
湄邱集 二卷
（明）文昌邢宥撰
清道光二十一年（1841）重刊本
粤圖、中大

4399
養心閑集 一卷
（明）海陽謝紀撰、吴鴻藻輯
稿本
汕圖

4400
蕭給諫湖山集 一卷
（明）潮陽蕭龍撰
清道光二十九年（1849）刊《潮州耆舊集》本
粤圖

4401
吹劍集 十二卷
（明）順德蘇葵撰
清光緒六年（1880）蘇氏穗德堂刊本
粤圖、中大、華師

4402
泉翁大全集 十八種 八十五卷
（明）增城湛若水撰、洪垣編
明嘉靖十九年（1540）嶺南朱明書院刊萬曆二十一年（1593）修補本
國圖
［按：湛若水（1466—1560），榜名湛露，犯祖諱，改名若水，字元明，號甘泉，人稱甘泉先生。明弘治乙丑科進士，歷任翰林院編修，國子監祭酒，南京吏、禮、兵三部尚書，以年老辭官歸里。曾從陳獻章遊學，得其真傳，一生著述宏富。］

4403
湛甘泉集 一卷
（明）增城湛若水撰
明嘉靖隆慶間刊《盛明百家詩》本
國圖、上圖

4404
甘泉先生文集 内編 二十八卷 外編 十二卷
（明）增城湛若水撰
明嘉靖十五年（1536）增刊本
國圖、北大

4405
湛甘泉先生文集 三十五卷
（明）增城湛若水撰
明萬曆七年（1579）吴滄刊本
國圖、高要圖

4406
甘泉先生文録類選 二十一卷
（明）增城湛若水撰、周孚先輯
明嘉靖八年（1529）吕懷等刊本
故宫、港大

4407
甘泉先生續編大全 三十三卷
（明）增城湛若水撰
明嘉靖刊萬曆二十一年（1593）重修本
湘圖、臺灣

4408
甘泉湛子古詩選 五卷
（明）增城湛若水撰、（明）謝錫命等輯
明嘉靖三十一年（1552）自刊本
國圖、中醫院

4409
樵風 十卷
（明）增城湛若水撰
明刊本
國圖

4410
甘泉獻納編 三卷
（明）增城湛若水撰
明嘉靖十三年（1534）史際刊本
厦圖

4411
甘泉先生兩都風詠 四卷
（明）增城湛若水撰
明嘉靖十四年（1535）朱敬之刊本
粤圖

4412
空同子集 六十六卷 目録 三卷 附録 二卷
（明）李夢陽撰
明萬曆三十年（1602）東莞鄧雲霄刊本
粤圖

4413
湛甘泉先生文集 三十二卷
（明）增城湛若水撰
清康熙二十年（1681）江寧黄楷據明萬曆本重刊
粤圖、中大、華師
清同治五年（1866）資政堂刊《甘泉全集》本
粤圖、中大、華師、華農

4414
西樵遺稿 八卷
（明）南海方獻夫撰
清康熙三十五年（1696）方林鶴刊本
粤圖

4415
梧山王先生集 二十卷
（明）東莞王縝撰
明刊本
臺灣
清乾隆二十九年（1764）刊本
粤圖

4416
梧山集 二十卷
（明）東莞王縝撰
清光緒四年（1878）鳳林刊本
粤圖

4417
古愚集 四卷
（明）順德蘇仲撰
清光緒七年（1881）蘇氏穗德堂刊本
粤圖

4418
粤洲集 三卷
（明）香山黄畿撰、（清）香山黄映奎輯
清刊本
港學海
（按：原書六卷，已佚，其後裔輯為三卷本，較稀見。）

4419
周恭肅公集 十六卷 附録 一卷
（明）順德周用撰
明嘉靖二十八年（1549）周國南川上草堂刊本
國圖等
明嘉靖二十八年（1549）周國南川上草堂刊本　清丁丙跋
科圖
明嘉靖二十八年（1549）周國南川上草堂刊本天啓重修本
中大、北大

4420
周恭肅公集 二十二卷
（明）順德周用撰
明萬曆二十二年（1594）周應顧川上草堂刊本
陝圖

4421
霍文敏公全集 十卷 石頭録 八卷 首一卷
（明）南海霍韜撰
清刊本
東北師大⊗
清同治南海石頭書院刊本
中大、港學海
［按：霍韜（1487—1540），字渭先，號渭厓，人稱渭厓先生。明正德甲戌進士，曾隱居西樵，嘉靖間授兵部之事，官至太子少保、禮部尚書。］

4422
渭厓文集 十五卷 附録 一卷
（明）南海霍韜撰
明嘉靖三十一年（1552）霍氏家刊本
尊經、臺灣

4423
渭厓文集 十卷
（明）南海霍韜撰
明萬曆四年（1576）南海霍與瑕刊本
北大、上圖

4424
王青蘿先生詩集 不分卷
（明）番禺王漸逵撰
清鈔本
粵圖

4425
王青蘿先生詩文集 不分卷
（明）番禺王漸逵撰
清鈔本
粵圖

4426
李青霞集 一卷
（明）番禺李時行撰
明嘉靖隆慶間刊《盛明百家詩》本
國圖、上圖

4427
筠谿文集 三十卷
（明）瓊山鍾芳撰
明嘉靖二十七年（1548）鍾允謙刊本
北大

4428
篁莊遺稿 二卷
（明）新會歐陽建撰
清咸豐三年（1853）刊本
粵圖、中大

4429
薛中離先生全書 二十卷 首一卷
（明）揭陽薛侃撰
民國四年（1915）公昌印務公司鉛印本
中大、華師

4430
中離先生文稿 十一卷
（明）揭陽薛侃撰
清鈔本
粵圖

4431
泰泉集 十卷
（明）香山黃佐撰
明嘉靖二十一年（1542）李時行刊本
國圖、清華、科圖
明嘉靖二十一年（1542）李時行刊本　清丁丙跋
南圖
清乾隆《四庫全書》底本
國圖
［按：黃佐（1489—1566），字才伯，號泰泉，香山縣荔山（今屬珠海市）人。他出身於書香門第，幼承家風，以奇雋知名，二十一歲中鄉試解元，青年時便著述力作《廣州人物傳》，三十一歲始中進士。不求仕進，最高官位僅為廣西督學。晚年歸里後，“卜築禺山之陽”，廣收門徒，又改白雲景泰寺為泰泉書院，“南園後五先生”，歐大任、梁有譽、黎民表等均出其門下。他博通經籍，才華橫溢，家居九年，潛心治學，著作不輟，其內容涵蓋經、史、子、集諸類，據初步統計，其著作多達六十種左右，在粵人著述中，無出其右。《四庫全書總

目》稱他“故所論述，多切實際”。“在明人著述中，猶為有用之書”。“在明人之中，學問最有根柢”等等。他還在省城越井岡舊藩司左（今廣州市永漢路）建“寶書樓”，專貯皇帝所賜、個人搜集所得以及自己的著作，藏書達五萬餘卷。基於黄佐著作具有濃厚地方色彩，其藏書多為鄉邦文獻，因此，昔中山大學冼玉清教授，直稱黄佐為首位“廣東文獻學者”。該集乃其官國子監祭酒時編定，其詩吐屬沖和，頗見研練，詩風雄直奇麗，壯浪恣肆，故後人尊為“吾粵之昌黎”。]

4432
黄泰泉集 十卷
（明）香山黄佐撰
明嘉靖隆慶間刊《盛明百家詩》本
國圖、上圖

4433
泰泉集 六十卷
（明）香山黄佐撰
明萬曆元年（1573）黄在中、黄在素等刊本清丁丙跋
南圖
清康熙二十一年（1682）黄逵卿等刊本
粵圖、中大
明黄氏寶書堂刊本
港學海
清乾隆文津閣《四庫全書》本
國圖

4434
黄泰泉集 一卷
（明）香山黄佐撰
明嘉靖隆慶間刻《盛明百家詩》本
國圖、上圖等

4435
兩京賦 二卷
（明）香山黄佐撰
明刊本
國圖

4436
粵會賦 不分卷
（明）香山黄佐撰
清道光刊本
粵圖

4437
擬古樂府 二卷
（明）李東陽撰、（明）謝鐸、潘辰評點、（明）東莞陳建通考
明嘉靖十五年（1536）白賁刊本
港中文

4438
空同子集 六十六卷 目録 三卷 附録 二卷
（明）李夢陽撰
明萬曆三十年（1602）東莞鄧雲霄刊本
粵圖、華師、北大等

4439
黎文僖公集 十七卷
（明）從化黎淳撰
明嘉靖三十五年（1556）陳甘雨刊本
北大、上圖

4440
筠谿文集 三十卷
（明）瓊山鍾芳撰
明嘉靖二十七年（1548）鍾允謙刊本
北大

4441
渼陂集 十六卷 續集 三卷
（明）王九思撰
明嘉靖二十四年（1545）揭陽翁萬達刊本
重圖、中大、首圖等

4442
重刻渼陂王太史先生全集 二十七卷
（明）王九思撰
明嘉靖二十四年（1545）翁萬達刊崇禎十三年（1640）張宗孟遞修本

4443
遠遊詩鈔 十卷 首一卷
（明）澄海姚天健撰

清鈔本
粵圖

4444
翁東涯集 十七卷
（明）揭陽翁萬達撰
明嘉靖三十五年（1556）朱睦㮮刊本
粵圖

4445
翁襄敏公集 五卷
（明）揭陽翁萬達撰
明萬曆刊本
粵圖

4446
東涯集 十七卷
（明）揭陽翁萬達撰
民國二十八年（1939）潮陽郭氏據明嘉靖本重繕石印本
中大

4447
稽愆集 四卷 首一卷
（明）揭陽翁萬達撰、（清）翁輝東輯
民國二十四年（1935）弢廬校刊鉛印本
中大、華師

4448
稽愆集 一卷 補一卷
（明）揭陽翁萬達撰
明刊本　清李釗跋
上圖

4449
翁襄敏紀略 六卷
（明）揭阳翁鋭輯
明刊本
粵圖

4450
羅司勛文集 八卷 外集 一卷
（明）順德羅虞臣撰
清康熙五十年（1711）順德羅虞獻刊本
粵圖、華師

清乾隆刊本
粵圖、中大

4451
梧山王先生集 二十卷
（明）東莞王縝撰
清乾隆二十九年（1764）刊本
粵圖

4452
矩洲詩集 十卷
（明）南海黄衷撰
明嘉靖刊本
國圖、上圖

4453
竹廬詩集 一卷
（明）南海吴璉撰
明嘉靖九年（1530）南海吴氏家刊本
港大
明嘉靖九年（1530）南海吴氏家刊本　清梁鼎芬題識
中大

4454
樓山堂集 二十七卷
（明）吴應箕撰
清咸豐三年（1853）南海伍崇曜刊本
港中山

4455
海剛峰集 十卷
（明）瓊山海瑞撰
明刊本
陝圖
子目：
　備忘集 三卷 附録 一卷
　備忘續集 二卷
　淳安稿 一卷
　淳安政事 三卷

［按：海瑞（1514—1587），字汝賢，號剛峰，海南瓊山人。回族。明嘉靖中舉人。初任浙江淳安知縣，後轉任戶部主事，因上疏極諫明世宗迷信道教，被逮入獄，世宗死後獲釋，

擢應天巡撫，歷官南京吏部右侍郎和南京右僉都御史等職。海瑞剛直不阿，義正辭嚴，如他作《治安疏》一文，乃是抨擊嘉靖的“罵皇帝”的文章，幾百年流傳不衰。所著《自警詞》，是其一生做人的綱領，因此，他一生所寫的奏疏、書牘、序跋、文章，體現了他一生清廉正直的品德，故有“北包（拯）南海”之譽。]

4456
海剛峰先生集 六卷 政事 四卷
（明）瓊山海瑞撰
明萬曆二十二年（1594）阮尚賓刊本
國圖

4457
海忠介公文集 七卷
（明）瓊山海瑞撰

4458
海忠介公傳 二卷
（明）黃秉石撰
明崇禎四年（1631）黃秉石刊本
上圖、贛圖

4459
海忠介公文集 六卷 首一卷
（明）瓊山海瑞撰
清康熙刊本
粵圖
清乾隆重刊本
粵圖
清同治十年（1871）丘氏可繼堂刊《丘海二公合集》本
粵圖、中大、華師

4460
海剛峰先生文集 二卷
（明）瓊山海瑞撰
清康熙正誼堂刊本
華師

4461
海忠介先生備忘集 十卷
（明）瓊山海瑞撰、（清）王元士補遺、朱子虛輯
清康熙十九年（1680）海廷芳刊本
粵圖、中大

4462
海介公文集 八卷
（明）瓊山海瑞撰
明崇禎六年（1633）刊本
日内閣

4463
備忘集 十二卷
（明）瓊山海瑞撰
明萬曆三十年（1602）海邁刊清康熙五年（1666）海廷芳補修本
國圖

4464
備忘集 八卷 附録 一卷
（明）瓊山海瑞撰
清鈔本
國圖

4465
海忠介公文集 十卷
（明）瓊山海瑞撰
明萬曆四十六年（1618）蔡鍾有刊本
閩圖
明刊本
粵圖⊗、科圖
明末曾櫻刊本
陝圖、杭大、民院

4466
海忠介公全集 十二卷
（明）瓊山海瑞撰
明天啓五年（1625）梁子璠刊本
粵圖、上圖

4467
海忠介公備忘集 十卷 首一卷 榮哀録 一卷
（明）瓊山海瑞撰
清光緒三十年（1904）瓊山兩等小學堂刊本
粵圖

4468
備忘集 十卷
（明）瓊山海瑞撰
清乾隆文津閣《四庫全書》本
國圖

4469
備忘集 八卷
（明）瓊山海瑞撰
清鈔本
國圖

4470
海剛峰稿 一卷
（明）瓊山海瑞撰
清鈔《名家制義》本
國圖

4471
樾墩集 □卷
（明）新會陶益撰
明嘉靖四十三年（1564）王子充等刊本
國圖

4472
薛孝廉拯庵集 一卷
（明）饒平薛雍撰
清道光二十九年（1849）刊《潮州耆舊集》本
粵圖

4473
遠遊詩鈔 十卷 首一卷
（明）澄海姚天健撰
清鈔本
粵圖

4474
蘭汀存稿 八卷 附録 一卷
（明）順德梁有譽撰
明嘉靖四十四年（1565）刊萬曆增修本
臺灣
清康熙二十四年（1685）嶺南梁氏詒燕堂刊本
中大

4475
蘭汀存稿 八卷
（明）順德梁有譽撰
明嘉靖刊本
北大
清繆氏藕香簃鈔本
晉圖

4476
梁比部集 一卷
（明）順德梁有譽撰
明嘉靖隆慶間刊《盛明百家詩》本
國圖、上圖

4477
梁有譽詩 一卷
（明）順德梁有譽撰
日本元禄二年（1689）刊本
臺灣

4478
百可亭摘稿文集 七卷 詩集摘稿 二卷
（明）南海龐尚鵬撰
明萬曆二十七年（1599）龐英山刊本
中大
清道光刊本
粵圖

4479
梁中舍集 一卷
（明）順德梁孜撰
明嘉靖隆慶間刊《盛明百家詩》本
國圖、上圖

4480
黎瑤石集 一卷
（明）從化黎民表撰
明嘉靖隆慶間刊《盛明百家詩》本
國圖、上圖

4481
瑤石山人詩稿 十六卷
（明）從化黎民表撰
明萬曆十六年（1588）黎君華刊本

粵圖
清乾隆文津閣《四庫全書》本
國圖

4482
瑤石山房稿 二卷
（明）從化黎民表撰
日本江户寫本
日内閣

4483
絅齋先生文集 □□卷
（明）歸善葉春及撰
明刊本
國圖

4484
葉絅齋先生文集 十八卷 附一卷
（明）歸善葉春及撰
清康熙刊本
静嘉、東洋

4485
石洞集 十卷
（明）歸善葉春及撰
清乾隆文津閣《四庫全書》本
國圖

4486
霍勉齋集 十三卷
（明）南海霍與瑕撰
明萬曆十七年（1589）刊本
首圖

4487
霍勉齋集 二十二卷
（明）南海霍與瑕撰
清乾隆三十三年（1768）霍有光、霍世光刊本
歷史所

4488
霍勉齋集 二十二卷 首一卷
（明）南海霍與瑕撰
清道光三年（1823）刊咸豐七年（1857）補本
粵圖
清光緒十二年（1886）南海石頭書院重刊本
粵圖
清咸豐七年（1857）刊本
港中央

4489
井丹詩文集 十五卷
（明）潮陽林大春撰
明刊本
汕圖、津圖

4490
井丹先生集 十八卷 首一卷 附録 一卷
（明）潮陽林大春撰
明萬曆十九年（1591）潮陽林克鳴刊增修本
粵圖、津圖

4491
井丹林先生文集 二十卷
（明）潮陽林大春撰、潮陽郭泰棣重編
民國二十四年（1935）潮陽郭氏雙百鹿齋重刊本
中大

4492
東莆先生文集 五卷
（明）海陽林大欽撰
清康熙刊本
粵圖
清刊本
粵圖

［按：林大欽（1510—1544），字敬夫，號東莆，海陽縣東莆都山兜（今潮安縣金石鎮仙三村）人。他二十一歲中舉人，二十二歲中狀元。如他在殿試所寫《殿試第》，僅有 5000 字，卻直言不諱指責嘉靖帝臨朝十年的不是，針對時弊“三冗”（冗員、冗兵、冗費），提出均田、擇吏、去冗、省費、辟土，薄徵、通利、禁奢等意見，閣臣覺得他言辭激烈的對策，有晁錯、賈誼之風，都不敢呈皇上，只定另兩位卷呈皇批，但得御史汪鋐、大學士張孚敬極力推薦，嘉靖帝閱卷後竟破格點林大欽為第一，在士林傳為佳話。後任翰林院編修，發現自己

的主張行不通，又不願與昏政同流合污，遂以母不適北方水土為名請辭，在潮安華嚴山設壇講學，又“無心用世，優遊典籍，怡情山水”。嘉靖中，因病去世，年僅35歲。這位英年早逝的年輕狀元，不免為世人所惋惜。]

4493
東莆先生文集 六卷
（明）海陽林大欽撰
清光緒刊本
華師
清光緒十年（1884）金山書院刊本
中大

4494
東莆集 不分卷
（明）海陽林大欽撰
民國十四年（1925）廣州福芸樓重刊鉛印本
中大

4495
東莆先生文集 二卷
（明）海陽林大欽撰
清光緒十年（1884）林氏家塾刊本
粵圖

4496
半憨集 二卷
（明）澄海王天性撰
清道光二十六（1846）成式堂刊本
粵圖

4497
鄉賢王天性先生遺詩 不分卷
（明）澄海王天性撰
民國三十七年（1948）鈔本
粵圖

4498
郭循夫集 六卷
（明）海陽郭廷序撰
明天啓四年（1624）刊本
津圖
明崇禎郭守命等刊本
汕圖、上圖、津圖

4499
循夫先生集 四卷 附録 一卷
（明）海陽郭廷序撰
民國十三年（1924）重印本
汕圖

4500
歐司訓集 一卷
（明）順德歐大任撰
明嘉靖隆慶間刊《盛明百家詩》本
國圖、上圖
［按：歐大任（1516—1595），字楨伯，號侖山。嘉靖時歷任大理寺左評事，南京工部郎中，萬曆時告老還鄉。一生博涉經史，工文辭詩賦，與梁有譽、黎民表同學於黄佐，俱以詩名。］

4501
歐虞部文集 十四卷
（明）順德歐大任撰
明萬曆刊本
文登

4502
歐虞部選集 二十二卷
（明）順德歐大任撰
明萬曆十二年（1584）刊本
文登、日内閣

4503
北轅集 一卷
（明）順德歐大任撰
明隆慶六年（1572）趙用光家鈔本　明趙用光跋
國圖

4504
槐稿 一卷
（明）順德歐大任選
明萬曆刊本
臺灣

4505
秣陵集 八卷
（明）順德歐大任選

清鈔本
國圖

4506
歐虞部集 八十五卷
（明）順德歐大任撰
明隆慶萬曆間刊清印本
華師大、國圖、港中文
清刊本
華師、國圖
子目：
百越先賢志 四卷
思玄堂集 八卷
旅燕集 四卷
浮淮集 七卷
軺中稿 一卷
廣陵儲王趙朱景蔣會桑朱宗列傳 一卷
遊梁集 七卷
明隆慶六年（1572）刊
南翥集 一卷
明萬曆三年（1575）刊
北轅草 一卷
明萬曆五年（1577）刊
廱館集 四卷
明萬曆六年（1578）刊
西署集 八卷
明萬曆十一年（1583）刊
秣陵集 八卷
明萬曆十一年（1583）刊
詔歸集 一卷
蘧園集 二卷
明萬曆十八年（1590）刊
歐虞部文集 二十二卷
明萬曆二十年（1592）刊
都下贈言録 一卷（明）盧師孔輯
附：李英集 南海李英撰
李英詩 一卷
餐霞集 一卷
明萬曆三十九年（1611）刊
歷遊集 二卷
明萬曆三十五年（1607）刊
當壚集 一卷
明萬曆三十二年（1604）刊

4507
龐弼唐先生遺言 四卷 首一卷
（明）南海龐嵩撰
清龐詒燕堂刊本
港中山
清光緒十八年（1892）刊本
中大

4508
天山草堂存稿 六卷
（明）南海何維柏撰、（明）歸善葉夢熊輯
清乾隆嘉慶間沙滘何氏家藏鈔本
粵圖

4509
三溪先生文集 二卷
（明）大埔饒相撰
清乾隆二十五年（1760）刊本
粵圖

4510
李駕部集 二卷 續編詩集 一卷 續編文集 一卷 青霞漫稿 一卷
（明）番禺李時行撰
清乾隆二十八年（1763）李文炳刊本
粵圖、中大
清傅鉞刊本
澳大

4511
李駕部集 二卷 續編文集 一卷 青霞漫稿 一卷
（明）番禺李時行撰
清乾隆二十八年（1763）李文炳刊本
粵圖⊗

4512
李駕部前集 四卷 後集二卷 青霞漫稿 一卷 附録 一卷
（明）番禺李時行撰
清道光二十年（1840）南海伍氏詩雪軒刊《粵十三家集》本
粵圖

4513
玉簡山堂集 十卷
（明）海陽陳一松撰
清光緒二十二年（1896）刊《創垂堂叢書》本
粤圖

4514
太子少保王忠銘先生文集天地草重編 二十六卷
（明）定安王弘誨撰
清康熙刊本
上圖、青博

4515
寒窗感寓集 三集
（明）新會李以麟撰
明萬曆四十六年（1618）刊本
粤圖
清乾隆重刊本
臺灣

4516
謝山存稿 十卷
（明）歸善陳吾德撰
清乾隆五十四年（1789）忠直堂重刊本
粤圖
清嘉慶十八年（1813）重刊本
粤圖、中大、華師
清同治九年（1870）忠直堂據嘉慶十八年（1813）重修本
粤圖、中大

4517
勾漏集 四卷
（明）順德鄭學醇撰
明鈔本
國圖

4518
勾漏集 五卷 詠史詩 一卷
（明）順德鄭學醇撰、（清）順德鄭鳳翔、鄭時達重輯
清康熙六十一年（1722）鄭時達刊本
粤圖

4519
懸榻齋集 八卷 文集 四卷
（明）東莞陳履撰
明萬曆刊本
國圖、上圖

4520
懸榻齋詩文集 二卷
（明）東莞陳履撰
清同治九年（1870）刊本
華師

4521
懸榻齋詩文集 二卷
（明）東莞陳履撰

4522
陳獻孟遺詩 一卷 遺詩補 一卷
（清）東莞陳阿平撰
民國九年（1920）東莞陳氏刊《聚德堂叢書》本
粤圖、中大

4523
明農山堂集 三十四卷
（明）潮陽周光鎬撰
民國三年（1914）鉛印本
潮圖、潮博

4524
蘧廬稿選 十三卷 浮丘彙稿 一卷 韓孟郁雜稿選 一卷 仿騷 一卷 五惜 一卷
（明）番禺韓上桂撰
明天啓刊本
國圖、北大

4525
韓節愍公遺稿 十二卷 首一卷 末一卷
（明）番禺韓上桂撰、韓遠鵠輯
清嘉慶二十一年（1816）羊城朵雲山房刊本
粤圖、中大、華農、澳大

4526
鶴汀詩集 十卷
（明）新會李之世撰

清乾隆刊本
臺灣

4527
鶴汀詩集 九卷 附𡷊渚集 一卷
（明）新會李之世、李之標撰
清乾隆重刊明萬曆刊本
臺灣

4528
區羅陽集 一卷
（明）高明區大倫撰
清初刊本
粵圖

4529
區太史詩集 二十七卷
（明）高明區大相撰
清雍正刊本　汪宗衍跋
澳大
清道光二十年（1840）南海伍氏詩雪軒刊《粵十三家集》本
粵圖、中大、華師

4530
北燕巖集 四卷
（明）新會黄公輔撰
清咸豐八年（1858）新會杜阮萬卷樓刊本
粵圖、中大

4531
定香樓全集 四卷
（明）南海區慶雲撰
民國四年（1915）鉛印本
中大

4532
黎縝之文稿 一卷 椒花初頌贈言 一卷
（明）番禺黎密撰
明天啓五年（1625）自刊本
國圖

4533
潄玉齋文集 三卷
（明）東莞鄧雲霄撰
明崇禎刊本
國圖⊗
清乾隆十八年（1753）鄧明鏡等刊本
中大
清同治十一年（1872）鄧佐槐等重刊本
粵圖、華師

4534
潄玉齋類詩 三卷 初吟草 一卷 解弢集 一卷
（明）東莞鄧雲霄撰
明刊本
國圖
清同治十一年（1872）鄧佐槐等重刊本
粵圖

4535
鄧玄度詩選 十卷
（明）東莞鄧雲霄撰、博羅張萱輯
明崇禎八年（1635）刊本
川圖

4536
百花洲集 二卷
（明）東莞鄧雲霄撰
明萬曆三十五年（1607）陳元素刊本
北大

4537
百花洲集 二卷 京華元夕詩 一卷
（明）東莞鄧雲霄撰
明萬曆三十六年（1608）衛拱宸刊本
國圖

4538
燃桂稿 二卷 越鳥吟 一卷 秋興集 一卷
（明）東莞鄧雲霄撰
明萬曆刊本
北大

4539
空同子集 六十六卷 附録 二卷
（明）李夢陽撰、東莞鄧雲霄輯
明萬曆刊本
臺灣

4540
越鳥吟 一卷
（明）東莞鄧雲霄撰
明萬曆刊本
臺灣

4541
冷邸小言 一卷
（明）東莞鄧雲霄撰
清道光二十七年（1847）東莞鄧氏刊本
粵圖

4542
初吟草 一卷
（明）東莞鄧雲霄撰
明刊本
國圖

4543
鄧氏詩選 十卷
（明）東莞鄧雲霄撰
清初鄧氏刊本
粵圖
清道光十一年（1831）刊本
粵圖、港中央

4544
蘭省稿 □□卷
（明）南海郭棐撰
明刊本
尊經

4545
唐曙臺集 一卷
（明）澄海唐伯元撰
清康熙五經堂刊道光補刊《廣理學備考》本
國圖、上圖

4546
醉經樓集 六卷 奏疏附刻 一卷
（明）澄海唐伯元撰
清道光二十九年（1849）普寧方耀重刊本
中大
清光緒二年（1876）潮州金山書院重刊本
粵圖

4547
醉經樓集 六卷
（明）澄海唐伯元撰
清鈔本
粵圖
舊鈔本
臺研

4548
重刻楊復所先生家藏文集 八卷
（明）歸善楊起元撰
明萬曆楊氏家刊本
臺灣、日内閣
明楊見晙等刊本
國圖、清華、上圖

4549
楊貞復 六種
（明）歸善楊起元撰
明萬曆中刊本
復旦、南大
子目：
　　四書答問（明）羅汝芳撰、（明）楊起元輯
　　近谿子大學答問集 一卷
　　近谿子中庸答問集 二卷
　　近谿子論語答問集 二卷
　　近谿子孟子答問集 一卷
　　貞復楊先生學解 一卷
　　楊先生冬日記 一卷
　　白沙先生語録 二卷（明）陳獻章撰、（明）楊起元輯
　　南中論學存笥稿 四卷
　　歸善楊先生證學編 二卷

4550
楊貞復稿 一卷
（明）歸善楊起元撰
明末陳氏石雲居刊《國朝大家制義》本
國圖
清鈔《名家制義》本
國圖

4551
楊文懿公集 二卷
（明）歸善楊起元撰、（清）楊廷春編
清道光六年（1826）刊本
粵圖

4552
楊復所先生詩集 二卷
（明）歸善楊起元撰
清光緒二十一年（1895）學士天官祠重刊本
中大

4553
楊文懿公書義傳稿 不分卷
（明）歸善楊起元撰
清光緒二十一年（1895）楊氏八世孫楊雲錦等重刊本
中大

4554
西園存稿 四十三卷 附録 二卷
（明）博羅張萱撰
明末刊清康熙四年（1665）重修本
粵文館

4555
歸興詩 一卷 附一卷
（明）博羅張萱撰
明刊本
日内閣

4556
鳩兹集 十二卷 又三卷 雜著 一卷
（明）徐時進撰並修訂
明萬曆三十六年（1608）博羅張萱刊四十五年（1617）徐氏補刪本
津圖

4557
鳩兹集選 七卷
（明）徐時進撰
明萬曆博羅張萱刊本
文學所

4558
半峯集 二卷
（明）順德馮昌曆撰
明萬曆清響齋刊《三先生逸書》本
國圖、廣圖

4559
四留堂稿 三十卷
（明）南海盧龍雲撰
明萬曆刊本
國圖

4560
韓文恪公文集 二十一卷 首一卷 末一卷 詩集 九卷
（明）博羅韓日纘撰
明崇禎刊本
粵圖

4561
讀易堂遺稿 二卷
（明）順德蘇昇撰
清光緒七年（1881）順德蘇氏穗德堂刊本
粵圖

4562
歐子建集 十八卷
（明）順德歐必元撰
明末清初刊本
國圖
清刊本
粵圖、華師

4563
抱膝居存稿 二卷
（明）番禺謝與思撰
清乾隆三十五年（1770）謝敦源刊本
粵圖

4564
林忠宣公全集 二十二卷
（明）海陽林熙春撰
清康熙八年（1669）刊乾隆五十七年（1792）補刊本
粵圖

4565
城南書莊草 十五卷
（明）海陽林熙春撰
清乾隆五十七年（1792）刊本
粵圖

4566
賜還草 一卷 賜傳草一卷
（明）海陽林熙春撰
清乾隆刊本
粵圖

4567
區太史文集 十二卷
（明）高明區大相撰
清雍正刊本
澳大
清末刊本
粵圖
民國汪宗衍鈔本
港中文

4568
區太史詩集 二十七卷
（明）高明區大相撰
明萬曆刊本
日内閣
明崇禎十六年（1643）刊本
粵社
日本江户寫本
日内閣

4569
海雲禪藻集 四卷
（明）釋函昰等撰、（清）番禺徐作霖、黄蠡編
清道光同治間刊本
華農
清道光十年（1830）番禺陶克昌不如不来齋刊本
澳大、港大

4570
瞻六堂集 二卷
（明）揭陽羅萬傑撰
清乾隆三十年（1765）徐軒刊本
汕圖

4571
蠙衣生粵草 十卷
（明）郭子章撰
明萬曆十八年（1590）周應鰲刊本
粵圖⊗
（按：郭子章，字相奎，號青螺，自號蠙衣生，泰和人。明隆慶進士，累官兵部尚書、太子少保。天資卓越，著述甚富。）

4572
建霞樓詩集 二十二卷 文集 七卷
（明）香山李孫宸撰
清刊本
粵圖

4573
建霞樓詩集 二卷
（明）香山李孫宸撰
清鈔本
粵圖

4574
觳音集 一卷
（明）番禺何其偉撰
明天啓間刊本
港中文

4575
袁督師遺集 三卷 附録 一卷
（明）東莞袁崇煥撰、張伯楨輯
民國二十一年（1932）東莞張氏刊《滄海叢書》本
中大

4576
袁督師遺集 不分卷
（明）東莞袁崇煥撰
稿本
歷博

4577
慶曆稿 不分卷
（明）南海曾仕鑒撰
清康熙四十四年（1705）刊本
粵文館

4578
臨雲集 十卷
（明）香山伍瑞隆撰
明天啓四年（1624）刊本
日内閣、臺灣

4579
偶然堂遺集 三卷 附一卷 年譜 一卷
（明）順德梁元柱撰
清刊本
日内閣
清鈔本
粵圖

4580
遊羅浮集 一卷
（明）謝士章撰
明天啓刊《謝石渠先生詩集》本
國圖

4581
七星巖集 一卷
（明）謝士章撰
明天啓刊《謝石渠先生詩集》本
國圖

4582
粵闈漫集 一卷
（明）謝士章撰
明天啓刊《謝石渠先生詩集》本
國圖

4583
琅玕巢稿 四卷
（明）高明區懷瑞撰
明天啓崇禎間刊本
臺灣

4584
玉陽稿 八卷
（明）高明區懷瑞撰
明崇禎刊本
臺灣

4585
不去廬集 十四卷 附一卷
（清）順德何絳撰
民國汪宗衍鈔本
粵圖

4586
宛在堂文集 三十四卷
（明）揭陽郭之奇撰
明崇禎刊本
科圖

4587
宛在堂文集 六卷
（明）揭陽郭之奇撰
清刊本
揭陽郭氏家存

4588
宛在堂詩集 六卷
（明）揭陽郭之奇撰
清初刊本
粵圖
清鈔本
汕圖

4589
宛在堂詩 十九卷 附賦銘箴操詩餘 一卷
（明）揭陽郭之奇撰
清初刊本
粵圖⊗

4590
霜山草堂詩集 一卷
（明）澄海謝元汴撰
清鈔本
粵圖

4591
訥齋真稿 二卷
（明）澄海謝元汴撰
清刊本
潮博

4592
吳遊百吟 一卷 夏草 二卷 放言 一卷
（明）海陽陸卿撰
清精鈔本
粵圖
清刊本
粵圖

4593
回風草堂詩集 不分卷
（明）海陽陸卿撰
清刊本
粵圖

4594
夏草 二卷
（明）海陽陸卿撰
清光緒二十七年（1901）刊本
粵圖

4595
嘯樓詩集 四卷
（明）番禺李雲龍撰
民初北京榮寶齋鈔本
粵圖
（按：原題"四集"。）

4596
嘯樓詩集 十九卷
（明）番禺李雲龍撰
清鈔本
粵圖

4597
張文烈公軍中遺稿 一卷
（明）東莞張家玉撰
清鈔本
上圖
民國香港何氏至樂樓印本
港大

4598
張文烈公遺詩 一卷
（明）東莞張家玉撰
清光緒二十九年（1903）東莞寓園刊本
粵圖、港中文
清光緒三十三年（1907）國學保存會鉛印《國粹叢書》本
華農

4599
張文烈遺集 六卷 附録 一卷
（明）東莞張家玉撰
民國二十一年至二十三年（1932—1934）東莞張氏刊《滄海叢書》本
中大

4600
銘山集 四卷
（明）東莞張家玉撰
清初鈔本
港學海

4601
獨漉堂集 不分卷
（明）順德陳恭尹撰
清康熙五十七年（1718）陳氏晚成堂刊本
國圖

4602
獨漉堂詩集 十五卷 文集 十五卷
（明）順德陳恭尹撰
清康熙陳氏晚成堂刊本
國圖
清道光五年（1825）刊本
港中文
清宣統刊本
吉圖

4603
五嶺山人文集 二卷
（明）南海鄺元樂撰
明清秘閣朱絲欄鈔本
臺灣

4604
五嶺文集 二卷 附録 一卷
（明）南海鄺元樂撰
清道光鄭氏明德堂刊本
粵圖
清鈔本
歷史所

4605
陳巖野先生全集 □□卷
（明）順德陳邦彦撰
清嘉慶十年（1805）重刊本
港學海
（按：原初刊本已佚，此為重刊本，亦稀見。）

4606
禮部存稿 八卷
（明）南海陳子壯撰
明崇禎刊本
國圖
［按：陳子壯（1596—1647），字集生，號秋濤，明萬曆進士。因其父陳熙昌彈劾魏忠賢，父子同日奪職歸里。崇禎初復出，官至禮部右侍郎，以言事下獄除名，免死放歸。明亡後，桂王朱由榔於肇慶授為東閣大學士，總督四省軍務。清兵入粵，他與陳邦彦（1603—1647）、張家玉（1615—1647）起兵抗敵，兵敗被執，不屈而死，史稱“嶺南後三忠”。）

4607
練要堂集 六卷
（明）南海陳子壯撰
稿本
港中文

4608
進講録 二卷 秋痕 二卷
（明）南海陳子壯撰
明崇禎十一年（1638）刊本
津圖

4609
陳文忠遺集 十一卷
（明）南海陳子壯撰
清道光詩雪軒刊本
粵圖

4610
陳忠簡公遺集 三卷
（明）南海陳子壯撰
清道光涇縣潘氏袁江節署刊《乾坤正氣集》本
粵圖、華師

4611
中州草堂遺集 二十三卷 首一卷 末一卷
（明）南海陳子升撰
清道光二十年（1840）詩雪軒刊巾箱本
粵圖

4612
陳庶常遺集 四卷 附一卷
（明）南海陳萬言撰
明崇禎三年（1630）王起隆等刊本
國圖

4613
鈃園集 十四卷
（明）南海陳萬言撰
明末刊本
臨海博

4614
元氣堂詩集 三卷
（明）香山何吾騶撰
清嘉慶二十四年（1819）廣州聚英堂重刊本
粵圖、中大

4615
蘭軒詩草 一卷
（明）順德陳雲仙撰
清刊本
粵圖

4616
蓮鬚閣集 二十六卷
（明）番禺黎遂球撰

清康熙黎延祖刊本　李棪題识
中大
清鈔本
港中文

4617
蓮鬚閣文鈔 十八卷
（明）番禺黎遂球撰
清鈔本
粤圖

4618
黎美周詩 一卷
（明）番禺黎遂球撰
清初刊《啓禎兩朝遺詩》本
國圖

4619
蓮鬚閣集選 一卷
（明）番禺黎遂球撰
清順治澄懷閣刊《詩慰初集》本
國圖、復旦等

4620
迦陵集 一卷
（明）番禺黎遂球撰
明崇禎十七年（1644）四知堂居士鈔本
國圖

4621
玄超堂藏稿 一卷
（明）高明區懷年撰
清初刊本
粤圖
民國二十九年（1940）恩平聶崇一鈔本
澳大

4622
知鴻堂文集 不分卷
（明）順德陳詩撰
清道光三十年（1850）刊本
粤圖

4623
喻園集 四卷
（明）番禺梁朝鍾撰
清順治刊重修本
粤圖
清鈔本
國圖
民國三十五年（1946）影印本
粤圖

4624
寒木居詩鈔 一卷
（明）東莞張家珍撰
清光緒三十二年（1906）東莞寓園祖若舊廬刊本
粤圖、中大
清鈔本
粤圖

4625
寒木居詩 一卷
（明）東莞張家珍撰
清康熙刊本
上圖

4626
歐子建集 十八卷
（明）順德歐必元撰
清刊本
子目：
　　琭玉齋稿 十四卷
　　羅浮稿 二卷
　　溪上草 一卷
　　勾漏草 一卷
華師

4627
陳巖野先生集 四卷
（明）順德陳邦彦撰、（清）顺德温汝能輯
清嘉慶十年（1805）聽松閣刊本
粤圖、華師、華農

4628
耳鳴集 不分卷
（明）南海王邦畿撰
清初古厚堂刊本
粤圖

清鈔本
粤圖

4629
耳鳴集 十四卷
（明）番禺王邦畿撰
清初古厚堂刊本
國圖、粤圖

4630
耳鳴集 十七卷
（明）南海王邦畿撰
清黄梅花屋鈔本
粤圖
清末绿格鈔本　汪宗衍批校
澳大

4631
嶠雅 二卷
（明）南海鄺露撰
清初鄺氏海雪堂刊本
華師
清刊本
新会
清道光南海鄺氏海雪堂刊本
粤圖、中大、華農
清海雪堂刊本　清郭象昇跋
國圖
清道光鄺瑞重刊本
粤圖
清鈔本
臺傅
清鄺氏海雪堂重刊本
粤圖、華農
［按：鄺露《嶠雅》，清乾隆修《四庫全書》時，定為“禁書”，故其早期刊本，存世很少。今華師藏本為清初最早刊本，其他刊本，存在著作方式（如“纂”、“撰”）、著者題名（如“明”、“皕”）、卷端書名下刊有“字字離騷屈宋心”和“族來孫鄺瑞重鐫”以及版框的大小等等區別，均為重刊本，情况較複雜。］

4632
嶠雅 二卷 赤雅 三卷
（明）南海鄺露撰
清道光五年（1825）扶南海雪堂刊本
粤圖

4633
鄺海雪集箋 十二卷
（明）南海鄺露撰、（清）南海鄺廷瑤箋
清咸豐元年（1851）綺錯樓刊本
粤圖、中大、華農

4634
水閣詩鈔 一卷
（明）恩平梁維棟撰
清末恩平聖堂光華書局鉛印本
粤圖

4635
緑墅堂遺集 二卷
（明）順德吴譽聞撰、（清）順德吴文正重輯
清乾隆九年（1744）順德吴氏刊本
中大

4636
養心閑集 一卷
（明）海陽謝紀撰、吳鴻藻輯
稿本
汕圖

4637
瞻六堂集 二卷
（明）揭陽羅萬傑撰
清乾隆三十年（1765）餘轩刊本
粤圖、汕圖

4638
瞻雲詩集 不分卷
（明）揭陽郭之奇撰
清鈔本
汕圖

4639
嘯樓詩集 四卷
（明）番禺李雲龍撰

民國北京榮寶齋鈔本
粵圖
（按：李雲龍，字烟客，番禺人，少補諸生，後屢試不第，遂爲袁崇焕幕賓。崇焕死，出家爲僧，稱二嚴和尚。明亡，不知所終。）

4640
嘯樓别稿 一卷
（明）番禺李雲龍撰
民國汪宗衍鈔本
粵圖

4641
嘯樓遺稿 一卷
（明）番禺李雲龍撰
清鈔本
粵圖

4642
嘯樓後集 一卷
（明）番禺李雲龍撰
清鈔本
粵圖

4643
蓮香集 四卷 續編 一卷
（明）番禺張喬撰、番禺彭日貞輯
清乾隆三十年（1765）重刊本
（按：張喬，又名二喬，女，明崇禎廣州著名歌妓。善詩詞書畫，長於操琴，與陳子壯、黎遂球、彭日貞爲至交，是嶺南著名才女之一。十八歲亡，死後葬於白雲山麓，墓前彭日貞書“百花冢”隸書石刻，今仍存。）

4644
南枝堂稿 一卷 補一卷
（清）順德薛始亨撰
清馬氏鈔本
國圖
民國香山莫氏片玉書齋鈔本　葉恭綽跋
粵圖

4645
劍公先生集 一卷
（清）順德薛始亨撰
清鈔本
加英哥大

4646
李二何先生文存 不分卷
（明）程鄉李士淳撰
民國初汕頭志成書局刊本
港學海

4647
太乙山房文集 十五卷
（明）番禺陳際泰撰
清刊本
粵圖

4648
灌園吟 一卷
（明）順德陳詩撰
明鈔本
清華

4649
香山憶 一卷
（明）李盤撰
清刊《李小有詩紀》本
科圖

4650
夢遊全集 二十卷 附年譜 一卷
（明）岭南釋德清撰
清咸豐十年（1860）重刊本
港中央

4651
憨山老人夢遊集 五卷
（明）嶺南釋德清撰
明天啓元年（1621）釋海印刊本
北大⊗

4652
憨山老人夢遊全集 五卷
（明）嶺南釋德清撰
明末江州左春魁刊本
臺灣

4653
憨山老人夢遊集 四十卷
（明）嶺南釋德清撰
清順治十七年（1660）毛褒等刊本
無錫

4654
憨山大師夢遊全集 一卷
（明）嶺南釋德清撰
清鈔本姚瑩俊跋
津圖

4655
憨山大師夢遊集 不分卷
（明）嶺南釋德清撰
清鈔本
遼圖
清鈔本
中大

4656
憨山老人夢遊集 五十五卷
（明）嶺南釋德清撰、（清）釋通炯編
清光緒五年（1879）刊本
粵圖

4657
憨山大師夢遊全集 二十二卷 附録 二卷
（明）嶺南釋德清撰
清宣統二年（1910）端州鼎湖山重刊本
粵圖、中大

4658
憨山大師夢遊集 不分卷
（明）嶺南釋德清撰
清鈔本
中大

4659
瞎堂詩集 二十卷 首一卷
（明）番禺釋函昰撰、釋今毬编
清刊本
粵圖、中大、華師
清刊本 汪宗衍批校
澳大
［按：函昰（1608—1685），字麗中，法號天然，世稱“天然和尚”。俗姓曾，名起莘，番禺人。明崇禎舉人，於廬山削髮爲僧，得法華首空隱和尚，更名函昰。後開堂廣州光孝寺，父母姐妹妻子俱爲僧尼，爲禪宗曹洞支脈發展貢獻頗巨。］

4660
天然和尚梅花詩 一卷
（明）番禺釋函昰撰
清康熙廣州海幢寺刊本
粵圖、中大

4661
千山詩集 二十卷 首一卷 補遺 一卷
（明）博羅釋函可撰
清康熙四十二年（1703）廣州海幢寺刊本佚名跋
粵圖
清刊本
港中文
清道光刊本
粵圖
［按：函可（1611—1660），號剩人，博羅人，俗姓韓。佚名跋云：“禪師遺稿至粵，海幢阿字和尚、樂説和尚、居士韓十洲先生皆爲藏寺。康熙四十二年癸未冬，華首常住始合諸本匯集之，鏤板廣爲流通。”］

4662
千山詩集 二十卷 補遺 一卷
（明）博羅釋函可撰
清鈔本
南圖

4663
剩祖心集 一卷
（明）博羅釋函可撰
清鈔本
國圖

4664
疑雲集 四卷
（明）王彦泓撰

清光緒五年（1879）羊城登雲閣刊本
遼圖
（按：王彦泓，字次回，金壇人。喜作豔體詩。）

清別集

4665
蘭扃前集 八卷
（清）番禺梁以壯撰
清康熙六十一年（1722）刊本 鄧之誠跋
科圖

4666
不去廬集 十四卷 附一卷
（清）順德何絳撰
清末汪宗衍鈔本
中大
清鈔本
華師

4667
不去廬集 十四卷 附墓志集外文詩 一卷
（清）順德何絳撰
民國鈔本
粵圖

4668
鐵橋山人遺詩 一卷
（清）東莞張穆撰
清康熙刊本
復旦
清鈔本
粵圖

4669
海日堂集 七卷
（清）南海程可則撰
清康熙二十八年（1689）陳恭尹、程翔刊本
國圖、南開、港大
［按：程可則（1627—1676），字周量，號石臞，與薛始亨、屈大均同爲陳邦彥之徒。明亡，入海幢寺爲僧，法名今一，後還俗。順治舉人，曾官內閣中書、知府等，工詩文。］

4670
海日堂詩鈔 五卷
（清）南海程可則撰
清乾隆石洲草堂刊本
廬圖

4671
海日堂詩集 五卷 文集 二卷 補遺 一卷
（清）南海程可則撰
清道光五年（1825）一經書室重刊本
粵圖、中大、華農

4672
湟榛詩選 一卷
（清）南海程可則撰
清康熙十一年（1672）吳氏鑑古堂刊《八家詩選》本
北大、津圖

4673
珠樹堂集 一卷
（清）新會何士域撰
清順治十七年（1660）刊《九誥堂詩選元氣集》本
上圖

4674
綺園蕉桐 三卷
（清）順德梁祐逵撰
清康熙刊本
上圖

4675
青梅巢詩鈔 五卷
（清）番禺李士楨撰
清刊本
粵圖

4676
天山草堂稿 三卷
（清）順德李文爍撰
清康熙二十四年（1685）刊本
粵圖

4677
取斯堂存稿　不分卷
（清）順德梁澤撰
清乾隆二十二年（1757）刊本
上圖

4678
碧梧園鳳岡集　九卷
（清）順德李殿苞撰
清道光一簣山房刊本
粵圖

4679
蓮山詩集　十九卷　附詩餘　一卷
（清）海陽陳衍虞撰
清道光十九年（1839）鳳城世馨堂刊本
粵圖、中大
［按：陳衍虞（1604—1693），字伯宗，號園公，明崇禎舉人。他生活於朝代更換的亂世時期，雖曾出任清初平樂知縣，又與陳邦彥為同學，有一時瑜亮之稱。然兩人志向不同，其作品不時流露對仕清的愧慚。］

4680
蓮山草堂集　十卷
（清）海陽陳衍虞撰
子目：
　蔚園文稿　三卷
　昭潭雜撰　一卷
　還山文稿　二卷
　蓮山續文稿　二卷
　郡乘代言　一卷
　郡乘論　一卷
　鄂圖

4681
陳園公行狀　一卷
（清）陳士觀撰
清順治刊康熙遞修本
粵圖、華師

4682
蔚園文稿　五卷
（清）海陽陳衍虞撰
清順治十六年（1659）刊本
潮博、海陽圖
清道光二十六年（1846）鳳城陳氏世馨堂刊本
粵圖
清鈔本
粵圖

4683
蓮山詩集　十九卷
（清）海陽陳衍虞撰
清刊本
港學海

4684
蓮山續文稿　三卷
（清）海陽陳衍虞撰
清道光十九年（1839）陳氏補刊本
中大

4685
還山文稿　一卷　昭潭雜撰　一卷
（清）海陽陳衍虞撰
清道光二十六年（1846）鳳城世馨堂刊本
粵圖

4686
種墨亭啓集　一卷
（清）海陽陳衍虞撰
清初刊本
粵圖

4687
昭潭雜撰　一卷　還山文稿　一卷
（清）海陽陳衍虞撰
清康熙刊本
粵圖

4688
離六堂集　十二卷　近稿　一卷
（清）釋大汕撰
清康熙懷古樓刊本
粵圖、國圖等
［按：大汕（1632—1705），字厂翁，號石濂，廣州長壽寺住持。］

4689
離六堂二集 三卷 潮州近草 三卷
（清）釋大汕撰
清康熙刊本
國圖

4690
離六堂集 十二卷 海外紀事 六卷 首圖 一卷
（清）釋大汕撰
清康熙懷古樓刊本
上圖

4691
燕遊稿 六卷
（清）釋大汕撰
清康熙二十七年（1688）廣州長壽寺刊本
粤圖

4692
香眉堂詩集 四卷
（清）順德胡天寵撰
清光緒十九年（1893）刊本
粤圖

4693
旅草 一卷
（清）順德胡天寵撰
清康熙刊本
文学所

4694
蒯緱館十一草 一卷
（清）順德薛始亨撰
清鈔本
粤圖
清鈔本
粤圖

4695
選選樓遺詩 不分卷
（清）南海岑徵撰
清鈔本
粤圖

4696
選選樓遺詩 五卷
（清）南海岑徵撰
清道光十一年（1831）緝熙堂重刊本
粤圖

4697
簹簩山人詩集 十卷
（清）南海岑徵撰
清咸豐七年（1857）梁氏十二石山斋刊本
粤圖、中大、港大

4698
松存軒集 二卷
（清）大埔蕭翱材撰
清康熙刊本
粤圖

4699
南交好音 一卷
（清）周燦撰
清康熙刻本　鄧之誠跋
科圖

4700
回風草堂詩集 一卷
（清）陸卿撰
清刊本
粤圖

4701
渡嶺南詩 一卷
（清）曾燦撰
清初刊本
國圖
（按：曾燦，字青藜，寧都人。明亡，削髮為僧，遨遊閩、浙、兩廣間。）

4702
道援堂集 十三卷
（清）番禺屈大均撰
清康熙刊本
科圖
清康熙刊本　朱希祖跋
國圖

4703
道援堂集　十卷
（清）番禺屈大均撰、（清）沈用濟輯
清康熙刊本
晉大

4704
道援堂詩集　十二卷　詞一卷
（清）番禺屈大均撰
清道光刊本
粵圖、中大、華師、華農、港中文、澳大

4705
翁山詩　四卷
（清）番禺屈大均撰
清康熙五十四年（1715）汪氏静遠堂刊本　葉恭綽跋
上圖

4706
屈翁山詩集　八卷　詞一卷
（清）番禺屈大均撰
清康熙研露齋刊本
粵圖、華師、科圖、津圖
清康熙徐肇元刊本
港大
清乾隆徐氏刊本
港中央

4707
翁山詩略　四卷
（清）番禺屈大均撰
清康熙刊本
粵圖
清鈔本
粵圖

4708
翁山詩外　十八卷（卷十八原注嗣出）
（清）番禺屈大均撰
清康熙刊本
國圖、中大等
清康熙三十六年（1697）凌鳳翔校刊本
粵圖、中大
清康熙刊本　鄧之誠跋
科圖

4709
翁山詩外　十五卷
（清）番禺屈大均撰、東莞陳阿平編
清康熙刊本
粵圖

4710
翁山詩外　二十卷
（清）番禺屈大均撰
清宣統二年（1910）上海國學扶輪社鉛印本
粵圖、中大、華師

4711
翁山文外　二十卷
（清）番禺屈大均撰
清康熙刊本
粵圖、港大
清鈔本　番禺潘飛聲跋
國圖
清宣統二年（1910）上海國學扶輪社鉛印本
粵圖、中大、華師
民國九年（1920）吳興劉承乾刊《嘉業堂叢書》本
中大
（按：内有四卷未刊。）

4712
翁山詩外　十八卷
（清）番禺屈大均撰、屈明洪編
清康熙屈明洪刊本
粵圖
（按：屈明洪爲屈大均之子。）

4713
翁山文鈔　十卷
（清）番禺屈大均撰、（清）薛熙評
清康熙刊本
粵圖

4714
屈翁山佚文　四卷
（清）番禺屈大均撰、徐紹棨輯

民國鈔本
港大

4715
翁山佚文輯 三卷
（清）番禺屈大均撰、番禺徐信符輯
民國徐信符稿本
粵圖

4716
翁山佚文 二輯
（清）番禺屈大均撰、番禺黄蔭普輯
民國鈔本
粵圖

4717
虚堂詩集 十卷
（清）釋古奘撰
清康熙五十八年（1719）刊本
上圖
（按：古奘，字願來，新會人。俗姓湯，曾住持廣州海幢寺、海雲寺。）

4718
乳峰堂詩集 六卷
（清）南海周大樽撰
清刊本
中大

4719
葵村詩集 十一卷
（清）南海黄河澂撰
清康熙刊本
復旦
清鈔本
港大

4720
塗鴉集書問 一卷 雜録 一卷
（清）番禺釋一機撰
清初刊本
粵圖、中大
（按：一機，字圓捷，番禺李氏子，鼎湖山慶雲寺住持。）

4721
塗鴉集雜録 一卷
（清）番禺釋一機撰
清嘉慶十四年（1809）刊本
粵圖

4722
粵遊存草 一卷
（清）俞璘撰
稿本
復旦

4723
搴華堂文集 二卷
（清）楊鍾岳撰、南海梁佩蘭選
清康熙三十一年（1692）搴華堂刊本
粵圖⊗

4724
六瑩堂集初集 九卷 二集 八卷
（清）南海梁佩蘭撰
清康熙四十四年至四十七年（1705—1708）刊本
國圖、粵圖⊗
清康熙四十四年至四十七年（1705—1708）刊本　清李芝綬跋並録　清孫星衍批並跋
南圖

4725
唐風 不分卷
（清）南海梁佩蘭撰
清末鈔本
吉文

4726
六瑩堂二集 八卷
（清）南海梁佩蘭撰、方正玉編
清康熙刊本
粵圖

4727
獨漉堂稿 六卷 賦 一卷
（清）順德陳恭尹撰
清康熙十三年（1674）刊本
粵圖

4728
獨漉堂詩集 十五卷 文集 十五卷
（清）順德陳恭尹撰
清康熙陳氏晚成堂刊本
國圖⊗、濟圖⊗

4729
獨漉堂詩集 十五卷 文集 十五卷 續編 一卷
（清）順德陳恭尹撰
清道光五年（1825）刊本
華師、華農
民國八年（1919）廣州超華齋刊本
中大

4730
獨漉堂詩選 八卷
（清）順德陳恭尹撰、黎騷選
民國二十五年（1936）黄華出版社鉛印本
中大

4731
陳元孝詩 四卷
（清）順德陳恭尹撰
清鈔本
文學所

4732
獨漉堂樂府 二卷
（清）順德陳恭尹撰
清鈔本
復旦

4733
隨庵文集 不分卷
（清）番禺許遂撰
清鈔本
上圖

4734
柳盟園詩集 二卷
（清）順德胡天球撰
清道光三十年（1850）重刊本
粤圖

4735
二丸居集選 九卷 續集 一卷 外集 一卷
（清）順德黎景義撰
清光緒元年（1875）順德黎氏光澤堂重刊本
粤圖、中大、華師

4736
三巴集 一卷
（清）吳歷撰
清康熙五十八年（1719）陸道淮飛霞閣刊本
國圖、上圖等
（按：吳歷，字漁山，常熟人。好遊工畫，曾遊澳門。）

4737
墨井詩鈔 二卷 别集 一卷 外集 一卷
（清）吳歷撰
清李氏吹萬樓鈔本
粤圖

4738
使粤集 一卷
（清）喬萊撰
清康熙刊本
國圖、科國
（按：喬萊，字子静，寶應人。清康熙進士、官内閣中書。）

4739
香眉堂詩集 四卷
（清）順德胡天寵撰
清光緒刊本
粤圖
清道光刊本
港大

4740
九谷集 不分卷
（清）番禺方殿元撰
稿本
臺灣

4741
九谷集 六卷
（清）番禺方殿元撰

清刊本
日内閣
清康熙刊本
中大、國圖
清刊本　周連寬跋
中大

4742
涉需堂集　不分卷
（清）新寧陳遇夫撰
清道光二十三年（1843）刊本
粵圖

4743
涉需堂集　不分卷
（清）新寧陳遇夫撰、番禺林伯桐編
清光緒六年（1880）刊本
粵圖、中大

4744
瓦注草　一卷　課士論文　一卷
（清）海陽林世榕撰
清康熙刊本
粵圖、華師、汕圖⊗

4745
東軒詩略　一卷
（清）順德陳勵撰
清道光三十年（1850）刊本
粵圖
民國黃梅花屋鈔本
粵圖

4746
賜書堂集　不分卷
（清）嘉應李象元撰
民國二十年（1931）鉛印本
中大

4747
陳清端公文集　八卷
（清）海康陳璸撰
清乾隆三十年（1765）兼山堂刊本
粵圖、華農

4748
陳清端公文集　一卷　附家傳　一卷　紀録　一卷
（清）海康陳璸撰
清乾隆三十年（1765）兼山堂刊本
粵圖、中大等

4749
陳清端文集　十卷
（清）海康陳璸撰
清同治七年（1868）廣州富文齋刊本
粵圖、華師

4750
海康陳清端公詩集　十卷
（清）海康陳璸撰
清道光六年（1826）粵東不負齋刊本
中大

4751
硯痕堂集　不分卷
（清）海陽陳珏撰
清道光十九年（1839）鳳城世馨堂刊《蓮山家言》本
粵圖

4752
硯痕堂詩文集　不分卷
（清）海陽陳珏撰
清刊本
饒氏無㗐樓

4753
二十七松堂集　二十四卷
（清）曲江廖燕撰
清康熙刊本
粵圖⊗
清鈔本　容肇祖跋
川圖

4754
二十七松堂集　二十二卷
（清）曲江廖燕撰
清乾隆三年（1738）刊本
津圖

4755
二十七松堂集 二十卷 附柴舟别集 一卷
（清）曲江廖燕撰
清鈔本
粵圖

4756
二十七松堂集 十卷
（清）曲江廖燕撰
民國十七年（1928）韶州利民印務局鉛印本
中大

4757
二十七松堂集 十六卷
（清）曲江廖燕撰
日本文久二年（1862）東京柏悦堂刊本
粵圖、港大
日本文久二年（1862）東京柏悦堂刊本　容庚校
中大
［按：廖燕（1644—1705），原名夢醒，字人也，號柴舟，工詩善文，擅戲劇，工草書，是清初嶺南著名文士。他對仕途有自己的見解，與他個性有較大關係，他性格的獨異和對科舉弊端的認識，是他與仕途決絕的主因。因此，一生從事研究。但由於他僻處嶺南，出身低微，交遊有限，故作品内容尚嫌狹窄。］

4758
廖柴舟集 二十卷
（清）曲江廖燕撰
清乾隆鈔本
加英哥大

4759
南海集 二卷
（清）王士禛撰
清康熙刊本
中大
清乾隆刊本
粵圖
（按：王士禛，號漁洋山人，山東新城人。順治進士，曾督學廣東。）

4760
石嶽文寄 一卷 詩寄 一卷
（清）東莞林鳳岡撰
稿本
粵圖
清康熙緑格鈔本
梁基永

4761
高州詩集 二卷
（清）鄭梁撰
清康熙紫蟾山房刊《寒村詩文選》本
國圖、清華
（按：鄭梁，号禹梅，慈谿人。清康熙進士，曾官高州知府。）

4762
四牧齋詩集 一卷
（清）澄海黄華撰
清康熙四十一年（1702）黄巘刊本
粵圖

4763
蓬亭偶存詩草 十五卷 附詩餘草 一卷
（清）海陽陳王猷撰
清道光二十六年（1846）鳳城世馨堂刊本
粵圖

4764
何恃堂稿 不分卷
（清）揭陽李國選撰
稿本
揭博

4765
鴻跡猿聲集 不分卷
（清）澄海曾華蓋撰
清冷香室鈔本
粵圖

4766
征車草 一卷
（清）澄海曾華蓋撰
清康熙三十七年（1698）刊本
粵圖

4767
鷗寄堂詩 一卷
（清）澄海曾華蓋撰
清康熙三十七年（1698）刊本
粤圖

4768
徧行堂集 四十九卷 續集 十六卷
（清）釋今釋撰
清康熙刊本
臺灣
（按：今釋，字澹歸，姓金名堡，杭州仁和人。丹霞寺禪師。）

4769
徧行堂集 四十九卷 目録 二卷 續集 十六卷
（清）釋今釋撰
清乾隆五年（1740）釋繼祖募刊本
上圖、粤圖⊗

4770
徧行堂續集 十六卷
（清）釋今釋撰
清康熙刊清補刊本
津圖
清鈔本
粤圖⊗
清宣統三年（1911）上海國學扶輪社鉛印本
華師、港大

4771
徧行堂集尺牘 五卷
（清）釋今釋撰
清初刊本
國圖

4772
阿字無禪師光宣臺集 二十五卷
（清）釋今無撰
清康熙刊本
黨校
清嘉慶二十四年（1819）刊道光二十二年（1842）修補本
中大
［按：今無（1632—1705），號阿字，俗姓萬，番禺人。廣州海幢寺住持。］

4773
光宣臺集 二十五卷
（清）釋今無撰、釋古正、釋古雲编
清嘉慶刊道光二十二年（1842）補刊本
粤圖、港大、澳大

4774
咸陟堂文集初集 二十五卷 二集 八卷 賦一卷 詩集 十七卷 詩二集 六卷
（清）釋光鷲撰
清道光二十五年（1845）重刊本
粤圖、中大、華師、港大
［按：光鷲（1637—1719），又名成鷲，俗名方顓愷，番禺人，曾任慶雲寺、普濟禪寺、大通寺住持。］

4775
咸陟堂二集 三卷
（清）釋光鷲撰
清康熙刊本
國圖
港中文

4776
咸陟堂詩集 十七卷 文集 二十五卷
（清）釋光鷲撰
清康熙耕樂堂刊本
首圖、國圖⊗等
清道光刊本
澳大

4777
香山集 二卷
（清）陳鵬年撰
清道榮堂刊《陳恪勤公詩集》本
中大等
（按：陳鵬年，湘潭人。官至江寧知府、河道總督。）

4778
浮石集 七卷
（清）陳鵬年撰

清道榮堂刊《陳恪勤公詩集》本
中大等

4779
露香閣摘稿 五卷 二刻 一卷
（清）香山楊錫震撰
清康熙刊本
國圖

4780
布水臺集 二十卷
（清）釋道忞撰
清初刊本
汕圖
（按：道忞，清初高僧，潮陽林氏之子，字木陳，年二十棄諸生出家，主天童寺，世祖封弘覺禪師。）

4781
布水臺集 三十二卷
（清）釋道忞撰
清初刊《徑山藏》本
科圖、汕圖、臺灣

4782
百城集 三十卷
（清）釋道忞撰
清康熙刊本
國圖、上圖

4783
弘覺忞禪師北遊集 六卷
（清）釋道忞撰
清康熙刊本
臺灣

4784
梅嶺集 五卷
（清）嶺南釋性統撰
清康熙刊本
國圖、上圖

4785
蒨士文稿 一卷
（清）南海葉官桃撰
清鈔本
粵圖

4786
蒨士賦稿 一卷
（清）南海葉官桃撰
清鈔本
粵圖

4787
蒨士駢文 不分卷
（清）南海葉官桃撰
清鈔本
粵圖

4788
碧樹山房集 一卷
（清）南海葉官桃、葉官蘭撰
清鈔本
粵圖

4789
十畝園詩鈔 六卷
（清）番禺方還撰
稿本
國圖

4790
惠陽集 二卷
（清）王原撰
清康熙刊《學庵類稿》本
國圖、南圖
（按：王原，清青浦人。康熙進士，知茂名、惠陽，有惠政。）

4791
東谿詩選 不分卷
（清）香山劉世重撰
清康熙二十四年（1685）鈔本
粵圖
清鈔本
粵圖

4792
東谿詩選 八卷 東谿文選 一卷 東谿羅浮集一卷
（清）香山劉世重撰
清康熙二十四年（1685）刊本
中大⊗

4793
東谿羅浮集 不分卷
（清）香山劉世重撰
清鈔本
粵圖

4794
四牧齋詩集 一卷
（清）海陽黄華撰
清康熙四十一年（1702）黄巘刊本
粵圖

4795
南樵二集 十一卷
（清）番禺梁無技撰
清康熙五十七年（1718）芸秀堂刊本
中大

4796
蘭扃前集 八卷
（清）番禺梁以壯撰
清康熙六十一年（1722）刊本　鄧之誠跋
科圖

4797
粵遊草 一卷 東粵草 一卷
（清）朱戴曾撰
稿本
復旦
清鈔本
復旦

4798
五湖新詠 一卷
（清）鶴山易宏撰
清康熙易氏家刊本
粵圖
清鈔本
粵圖

4799
勺湖亭稿 一卷
（清）番禺方朝撰
清鈔本
粵圖

4800
復齋詩鈔 不分卷
（清）順德陳華封撰
清鈔本
粵圖

4801
陳獻孟遺詩 一卷
（清）東莞陳阿平撰
民國八年（1919）刊本
粵圖

4802
浮槎文集 四卷
（清）王岱撰
清鈔本
粵圖
（按：王岱，字山長，湘潭人。清康熙中薦舉博學鴻詞，工詩及書畫。）

4803
鹿洲初集 十九卷
（清）藍鼎元撰
清雍正十年（1732）刊《鹿洲全集》本
粵圖
（按：藍鼎元，字玉霖，漳浦人。清雍正以拔貢生官普寧知縣，人称斷案如神。）

4804
阮齋文鈔 四卷 詩鈔 六卷
（清）南海勞孝輿撰
清乾隆刊本
粵圖⊗

4805
鹿岡詩集 四卷
（清）番禺汪後來撰

清邵園刊本
華師、復旦
清刊本
華師

4806
蓬亭偶存詩草 十五卷 詩餘草 一卷
（清）海陽陳王猷撰
清道光二十六年（1846）鳳城世馨堂刊本
粵圖、中大

4807
蓬亭偶存四書文 一卷
（清）海陽陳王猷撰
清雍正七年（1728）刊本
粵圖

4808
茂山堂詩集 一卷 二集 一卷
（清）新會梁迪撰
清康熙刊本
國圖

4809
竹樓詩鈔 五卷
（清）瓊山王國棟撰
清乾隆三十二年（1767）刊本
國圖、南圖

4810
白侍亭詩鈔 一卷 語山堂詩鈔 一卷 嶺外吟 一卷
（清）順德佘錫純撰
清康熙雍正間刊本
復旦

4811
礙雲臺詩鈔 一卷 粵秀詩鈔 一卷 鼉江吟 一卷
（清）順德佘錫純撰
清雍正五年（1727）刊本
華農

4812
語山堂詩鈔 三種 三卷
（清）順德佘錫純撰
清乾隆刊本
華農

4813
潛虛先生文集 不分卷
（清）戴名世撰
清順德李文田家鈔本　李文田校注
國圖
（按：戴名世，字田有，桐城人。清康熙進士，官編修，後被劾，遭大難。）

4814
粵行吟稿 一卷 粵歸雜詠 一卷 粵行外稿 一卷
（清）汪森撰
清康熙刊本
國圖、上圖

4815
枕上吟草 一卷
（清）汪雲撰
清咸豐五年（1855）刊本
粵圖

4816
匊芳園詩鈔 八卷
（清）南海何夢瑤撰
清乾隆崔錕士等刊本
粵圖、中大
［按：何夢瑤（1693—1764），字報之，號硯農，雍正進士。只出任縣令，為官清廉，竟貧不具舟車，但他多才多藝，精算術、醫學，一生著述甚豐。］

4817
宦遊草 一卷 秋浦驪歌 一卷 陵陽別言 一卷
（清）順德蘇正學撰
清乾隆蒼葭堂刊本
粵圖、粵文館、港大

4818
臺山遊草 一卷
（清）沈德潛撰
清乾隆教忠堂遞刊本
粵圖、暨大

4819
嶺南遊草 一卷
（清）熊爲霖撰
清乾隆熊氏心松書局刊本
國圖、粤圖

4820
樊榭山房集 十卷 續集 十卷 文集 八卷 集外詩 三卷 又一卷 集外詞 五卷 集外曲 二卷
（清）厲鶚撰
清光緒七年（1881）嶺南述軒重刊本
港大

4821
耕心堂剩稿 一卷
（清）海陽陳鳴鶴撰
清刊本
潮博
清鈔本
潮博

4822
龍泓館詩集 一卷
（清）丁敬撰
清同治八年（1869）南海𠡠學齋刊本
港中文
（按：丁敬，字敬身，錢塘人。清乾隆初舉鴻博不就，好金石文字。）

4823
南齋集 六卷
（清）馬曰璐撰
清咸豐元年（1851）南海伍崇曜重刊本
港大

4824
鑒堂詩鈔、賜衣堂文集 不分卷
（清）順德梁善長撰
清刊本
科圖

4825
碧梧園鳳岡集 九卷
（清）順德李殿苞撰
清道光一簣山房刊本
粤圖

4826
止亭詩鈔 一卷
（清）番禺韓鵠撰
清雍正七年（1729）南塘書屋鈔本
粤圖

4827
鴻桷堂詩集 五卷 梅花四體詩 一卷 文鈔 一卷 附信天翁家訓 一卷
（清）新會胡方撰
清同治三年（1864）廣州效文堂刊本
港大

4828
鴻桷堂詩集 五卷 文鈔 一卷
（清）新會胡方撰
清同治三年（1864）𠡠學齋重刊本
粤圖、中大、華師、華農

4829
梅花四體詩 不分卷
（清）新會胡方撰、何夢瑤注
清乾隆刊本
劍英圖

4830
凉踽堂集 不分卷
（清）新會何樗撰
清雍正六年（1728）刊本
國圖

4831
鰲洲詩草 二十卷 鰲洲詩餘 一卷
（清）東莞林蒲封撰
清道光刊民國印本
吉大、港大
清末刊本
粤圖、中大

4832
鰲洲詩餘 一卷
（清）東莞林蒲封撰

清光緒刊本
中大

4833
東皋草堂文集 十卷
（清）番禺韓海撰、順德胡蓉編
清乾隆刊本
中大

4834
小樓吟稿 一卷 續一卷
（清）陽春謝方端撰
清光緒刊本
粵圖
（按：謝方端，女，字小樓，陽春人。雍正解元謝仲塤之女，貢生劉宗衍妻。）

4835
小樓吟稿 一卷
（清）陽春謝方端撰
清光緒二十六年（1900）古經閣刊本
粵圖

4836
藥房詩稿 七卷
（清）順德梁麟生撰
清雍正三年（1725）式谷堂刊本
粵圖

4837
瘦暈山房詩鈔 十卷
（清）順德羅天尺撰
清乾隆刊本
粵圖、復旦
清乾隆刊本　羅天尺批
粵圖

4838
瘦暈山房詩刪 十三卷 續編 一卷
（清）順德羅天尺撰
清乾隆二十五年（1760）石湖刊乾隆三十一年（1766）續刻本
粵圖、中大、華農
［按：羅天尺（1668—1766），字履先，號石湖，乾隆舉人，不入仕途，只在鄉中石湖别業講學終生。］

4839
安舟遺稿 不分卷
（清）順德蘇珥撰
清嘉慶十九年（1814）種德堂刊本
粵圖、中大

4840
静齋小稿 一卷
（清）順德陳廣遜撰
清乾隆刊本
粵圖

4841
粵遊偶詠 一卷
（清）魯傳德撰
清鈔本
粵圖

4842
小羅浮草堂文集 九集
（清）欽州馮敏昌撰

4843
年譜 一卷
（清）欽州馮士鑣撰
清嘉慶馮氏家刊本
港中山
清道光二十六年（1846）刊本
粵圖、中大

4844
小羅浮草堂詩鈔 四十卷
（清）欽州馮敏昌撰
清刊本
粵圖、中大、華師

4845
吞松閣集 四十卷
（清）鄭虎文撰、欽州馮敏昌編
清嘉慶十四年（1809）刊本
粵圖
（按：鄭虎文，秀水人。乾隆進士，官至左贊善。）

4846
紅藥樓集 十三卷
（清）范卜年撰
清乾隆刊本
粤圖
（按：書又名《嶺南詩鈔》。）

4847
兩當軒詩鈔 十四卷 悔存詞鈔 二卷
（清）南海黄景仁撰、（清）惠州趙希璜校
清嘉慶四年（1799）趙希璜書帶草堂刊二十二年（1817）鄭炳文補刊本
粤圖
清道光十三年（1833）廣州黎兆棠刊本
港大
清光緒二年（1876）武進黄氏家塾校刊本
港大
清宣統二年（1910）上海掃葉山房石印本
港大

4848
四百三十二峰草堂詩鈔 十四卷
（清）惠州趙希璜撰
清乾隆五十八年至嘉慶四年（1793—1799）安陽縣署刊本
粤圖、中大、華師

4849
研筱齋文集 二卷 雜記 一卷
（清）惠州趙希璜撰
清乾隆五十八年（1793）安陽縣署刊本
中大

4850
五百四峰堂詩稿 二十五卷
（清）順德黎簡撰
稿本
加英哥大
［按：黎簡（1747—1799），原名桂錦，字簡民，號二樵，又號石鼎道士，乾隆末拔貢。其居所名“五百四峰堂”，乃取羅浮四百三十二峰與西樵七十二峰合稱之意。一生遨遊兩廣間，以詩、畫名傳中原，不少著名的詩人、學者，都以未能與他謀一面爲憾。他一生過着清貧自食其力的生活，靠當塾師及賣字畫爲生。］

4851
五百四峰堂集 二十五卷
（清）順德黎簡撰
清光緒六年（1880）順德黎教忠堂刊本
粤圖

4852
五百四峰堂詩鈔 二十五卷
（清）順德黎簡撰
清乾嘉间衆香亭刊本　汪宗衍跋
澳大
清同治十三年（1874）刊本
港大、静嘉
清同治十三年（1874）南海陳氏重刊本
粤圖、中大、華師、華農

4853
五百四峰堂續集 二卷
（清）順德黎簡撰
民國十五年（1926）微尚齋刊本
中大、華師

4854
黎二樵未刻稿 一卷
（清）順德黎簡撰
稿本
復旦

4855
養方寸齋課本 不分卷
（清）番禺張燮撰
稿本
上圖

4856
遲刪集 六卷 附文 一卷
（清）番禺吕堅撰
清嘉慶刻本
北大、中大

4857
遲刪集 八卷
（清）番禺吕堅撰

清嘉慶刊本　清潘飛聲跋
中大
清滋樹堂刻本
粵圖

4858
逃虚閣詩集 六卷
（清）順德張錦芳撰
清嘉慶六年（1801）家刊本
中大
清光緒十年（1884）羊城合成齋重刊本
華師

4859
少遊集 一卷
（清）順德張錦麟撰
清刊本
粵圖

4860
竹西遺草 一卷
（清）順德岑裁斌撰
清乾隆刊本
粵圖

4861
謙山文鈔 二卷
（清）順德温汝能撰
清嘉慶九年（1804）刊本
華師
（按：清中順德溫氏眾兄弟中，以溫汝能成就最大，他不僅能詩能文，且藏書刊書，如編刊《粵東詩海》、《粵東文海》，對搜集整理嶺南地方文獻，作出了一定貢獻。）

4862
攜雪齋集文鈔 三卷 詩鈔 六卷
（清）順德温汝适撰
清道光三年（1823）廣州竹香齋刊本
粵圖、華師
清末廣州竹香齋刊本
粵圖

4863
攜雪齋詩鈔 六卷 續一卷 文鈔 三卷 首一卷
（清）順德温汝适撰
清咸豐四年（1854）刊本
中大⊗

4864
津寄齋詩鈔 四卷
（清）順德温汝進撰
清嘉慶二十四年（1819）刊本
粵圖

4865
竹堂詩鈔 二卷
（清）順德温汝遵撰
清嘉慶刊本
粵圖

4866
印可齋詩鈔 二卷
（清）順德温汝造撰
清嘉慶二十四年（1819）刊本
粵圖、中大

4867
靈淵詩鈔 二卷
（清）順德温汝驥撰
清嘉慶二十三年（1818）刊本
粵圖、中大

4868
南垞詩鈔 四卷
（清）順德温汝驤撰
清嘉慶二十年（1815）刊本
中大

4869
碧霞書屋詩鈔 二卷
（清）南海梁昌聖撰
清嘉慶十三年（1808）雲日軒刊本
粵圖

4870
賜書堂詩鈔 一卷
（清）海康陳昌齊撰

清道光李梓瑤等刊本
港中山

4871
吴學士文集 四卷 詩集 五卷
（清）吴鼒撰、（清）番禺梁肇煌编
清光緒八年（1882）南京江寧藩署刊本
港大

4872
思古堂詩鈔 四卷
（清）番禺漆璘撰
稿本
粤文馆

4873
瘦林詩鈔 五卷
（清）東莞黎瘦林撰
清道光二十七年（1847）研洲堂刊本
粤圖

4874
味根山房詩鈔 九卷 文集 一卷
（清）番禺史善長撰
清道光刊本
粤圖

4875
史氏喬梓集 不分卷
（清）番禺史善長撰
清刊本
粤圖

4876
賜書樓詩草初集 一卷 續集 一卷
（清）順德胡亦常撰
清嘉慶二十一年（1816）五山胡崇本堂刊本
粤圖、中大

4877
仰山堂遺集 三卷 首一卷
（清）香山黄紹統撰、黄培芳編
清嘉慶十九年（1814）家刊本
粤圖、中大

4878
南雪巢詩鈔 二卷
（清）番禺潘有爲撰
稿本　清陳曇校並跋
粤圖

4879
小倉山房詩集注 三十六卷
（清）袁枚撰、番禺謝有仁注
清道光二十八年（1848）刊本
粤圖

4880
蘆溪詩鈔 三卷
（清）南海杨震青撰
清乾隆三十七年（1772）抱璞堂刊本
粤圖

4881
袁文箋正 十六卷 補注 一卷
（清）袁枚撰、石韞玉編
清光緒五年（1879）刊本　陳澧批校
粤圖⊗

4882
粤東皇華集 四卷
（清）李調元撰
清乾隆綿州李氏萬卷樓刊《函海》本
粤圖
清光緒八年（1882）廣漢鍾登甲樂道齋刊《函海》本
華農

4883
嶺南集 八卷
（清）杭世駿撰
清乾隆刊本
吉圖、長圖、首圖、清華
清刊本
長圖、東北師大
清光緒七年（1881）學海堂重刊本
粤圖、中大、華農
（按：杭世駿，字大宗，仁和人。清雍正舉人，曾主講粤秀、安定兩書院。此書爲外地的粤籍人士的關於廣東風物的詩作，其中有拱北樓、光孝寺、白雲山等。）

4884
學吟集 十卷
（清）任兆麓撰
清乾隆四十八年（1783）寄螺齋寫刊本
粤圖、中大
（按：本書輯入《嶺南遊草》、《粤中懷古詩》、《海南紀事詩》、《閒居雜詠》、《贈答詩》等。）

4885
衍慶堂詩稿 十一卷
（清）連平顔檢撰
清道光閩浙督署刊本
粤圖

4886
芝房文鈔 一卷
（清）電白邵詠撰
清道光四年（1824）刊本
中大

4887
芝房文鈔 不分卷
（清）電白邵詠撰
清末廣州華寶閣鉛印本
粤圖
清鈔本
粤圖

4888
芝房詩存 二卷
（清）電白邵詠撰
清道光二十六年（1846）刊本
中大

4889
嶺南林睡廬詩選 二卷
（清）平遠林良銓撰
清乾隆二十年（1755）詠春堂刊本
粤圖
清鈔本
華師⊗

4890
詠梅軒稿 六卷
（清）南海謝蘭生撰
清同治八年（1869）活字印本
吉圖、吉大

4891
常惺惺齋詩 二卷
（清）南海謝蘭生撰
稿本
國圖

4892
常惺惺齋文集 四卷
（清）南海謝蘭生撰
稿本　徐信符跋
粤圖
（按：徐信符跋云："南海謝澧浦稿本、未刻"。）

4893
瓊州雜事詩 不分卷
（清）程秉釗撰
清蓬梗齋鈔本
安圖

4894
感遇堂文集 四卷 詩集 八卷
（清）番禺陳曇撰
清咸豐二年（1852）鄺齋刊本
粤圖

4895
海騷 四卷
（清）番禺陳曇撰
清嘉慶十六（1811）鄺齋刊本
粤圖、中大

4896
海騷集詩稿 不分卷
（清）番禺陳曇撰
清末民初鈔本
粤圖

4897
梅花書屋近體詩鈔 四卷
（清）南海葉廷勳撰
清嘉慶十六年（1811）刊本
國圖
清道光刊本
粵圖

4898
遊粵草 二卷
（清）張祖昌撰
稿本　清吳慈鶴批　佚名録　清吳翌鳳跋
黨校

4899
東里文存 不分卷
（清）潮陽鄭之僑撰、鄭克堂編
民國二十七年（1938）鉛印本
潮博

4900
會城記行詩 不分卷
（清）海陽楊長發撰
清鈔本
饒氏天嘯樓

4901
萬石堂詩文稿 四卷
清南海羅元焕撰
清鈔本
中大

4902
陳文恭公手札節要 三卷
（清）陳弘謀撰
清光緒十三年（1887）東莞鄧氏於江西糧署刊本
東北師大

4903
静齋小稿 不分卷
（清）順德陳廣遜撰
清乾隆刊本
粵圖

4904
螢照閣集 十六卷 首一卷
（清）番禺車騰芳撰
清乾隆十二年（1747）近溪山房刊本

4905
南雪巢詩鈔 二卷
（清）番禺潘有爲撰
稿本　清陳曇校正並跋
粵圖

4906
張如農稿 一卷
（清）南海張惟勤撰
稿本
粵圖

4907
楚庭偶存稿 四卷
（清）順德何邵撰
清乾隆三十三年（1768）管峰草堂刊本
粵圖、中大

4908
天章閣詩鈔 五卷 行狀 一卷
（清）順德龍應時撰
清嘉慶四年（1799）刊本
粵圖
清嘉慶十一年（1806）龍廷槐寫刊本
粵圖、中大

4909
柏香書屋詩鈔 六卷
（清）高要莫元伯撰
清嘉慶二十三年（1818）刊本
粵圖、中大

4910
海門文鈔 一卷 詩鈔 十卷
（清）合浦李符清撰
清嘉慶三年（1798）鏡古堂刊本
中大

4911
海門文選 三卷
（清）合浦李符清撰

清嘉慶刊本
粤圖、中大

4912
海門詩鈔 二卷
（清）合浦李符清撰
清嘉慶刊本
粤圖

4913
鶴墅詩鈔 四卷
（清）順德潘憲勛撰
清嘉慶十九年（1814）藜光閣刊本
中大

4914
太倉詩鈔 三卷
（清）順德潘憲勛撰
清嘉慶十九年（1814）藜光閣刊本
中大

4915
南歸詩鈔 六卷
（清）順德潘憲勛撰
清嘉慶十九年（1814）藜光閣刊本
中大

4916
轆園詩鈔 八卷
（清）順德潘憲勛撰
清嘉慶十九年（1814）藜光閣刊本
中大

4917
花隱詩集 八卷
（清）順德胡方城撰、胡貞干等編校
清嘉慶十五年（1810）馬岡梁體元寫刊本
中大

4918
西陂草堂詩鈔 二卷
（清）張汝霖撰
清道光劉氏遂初齋刊本
遼圖
（按：張汝霖，字芸墅，安徽宣城人，爲清乾隆初澳門第三任同知，曾先後官河源、陽春、香山知縣。此書記乾隆五年至十九年官粤詩作、爲嶺南地方文獻。此書罕見。）

4919
傳經堂詩鈔 四卷
（清）南海馮城撰
清嘉慶刊本
粤圖

4920
龍津草堂詩草 二卷
（清）揭陽陳雄思撰
稿本
揭博

4921
樹木堂文稿 一卷
（清）普寧方雲起撰
稿本
普圖

4922
桐陰詩集 八卷
（清）大埔饒慶捷撰
清嘉慶刊本
粤圖

4923
南石山房詩鈔 二卷
（清）歸善劉統基撰
清嘉慶刊本
粤圖

4924
荷經堂文鈔 二卷 詩鈔 二卷
（清）南海勞潼撰
清道光十七年（1837）刊本
粤圖、中大

4925
敬學軒文集 十二卷
（清）順德龍廷槐撰
清道光十四年（1834）順德龍莘田家刊本
粤圖、中大、港中山

4926
萬松山房詩鈔 五卷 首一卷
（清）番禺潘正亨撰
清道光十二年（1832）松蔭堂刊本
粵圖、中大
清道光鈔本
暨大

4927
謝庭詩草 一卷
（清）香山麥又桂撰
清道光七年（1827）留香堂刊本
粵圖
［按：麥又桂，女，字芳蘭，生於1766至1770年間，香山人，麥英桂之妹，何懷向之妻。］

4928
聽鐘樓詩鈔 四卷
（清）新會鍾啓韶撰
清道光十年（1830）刊本
粵圖

4929
留春草堂詩鈔 七卷 附録 一卷
（清）伊秉綬撰
清嘉慶十九年（1814）廣州秋水園刊本
港大、澳大

4930
雁山文集 四卷
（清）鶴山吳應逵撰
清道光十年（1830）廣州汗青齋刊本
粵圖

4931
敬亭遺文 四卷
（清）順德梁泉撰
清道光刊本
粵圖、華師

4932
淵雲墨妙山房詩鈔 二卷
（清）南海伍秉鏞撰
清道光五年（1825）刊本
粵圖、中大

4933
竹香樓詩草 一卷
（清）番禺韓懋林撰
清道光刊本
粵圖

4934
松崖詩集 四卷
（清）香山劉鶴鳴撰
清道光三十年（1850）香山劉氏重刊本
粵圖、中大

4935
櫪鳴草 一卷
（清）番禺凌驥撰
清咸豐五年（1855）刊本
中大

4936
蕙綢山莊詩集 不分卷
（清）澄海李勳撰
民國三十八年（1949）澄海蘭方居鉛印本
粵圖、揭陽博

4937
漸齋詩鈔 一卷 附行狀、家傳、墓表 一卷
（清）南海桂鴻撰
清咸豐七年（1857）刊本
粵圖、中大

4938
匏庵存稿 四卷
（清）順德陳書撰
清同治八年（1869）刊本
粵圖、中大

4939
柔存堂詩草 一卷
（清）順德陳賢撰
清刊本
粵圖
（按：陳賢，女，爲明末陳邦彦後人。）

4940
嶺南詩集 八卷
（清）李文藻撰
清乾隆家刊本
粵圖、津圖
子目：
恩平集 一卷
潮陽集 三卷
桂林集 四卷
（按：李文藻，字素伯，益都人。清乾隆進士，曾官恩平、潮陽。）

4941
嶺南集 六卷
（清）李文藻撰
清乾隆三十一年（1766）刊本
粵圖
子目：
恩平集 一卷
潮陽集 二卷
桂林集 三卷

4942
李南澗先生詩稿 三種 八卷
（清）李文藻撰
清鈔本
上圖

4943
莊滋圃中丞詩鈔 不分卷
（清）番禺莊有恭撰
清番禺修志局鈔本
粵圖

4944
梅花書屋詩鈔 一卷
（清）東莞周序鸞撰
清光緒三十一年（1905）刊本
粵圖

4945
梅花書屋詩鈔 二卷
（清）海陽陳方平撰
清光緒二十三年（1897）陔蘭精舍刊本
粵圖

4946
戰古堂集 七卷
（清）順德黄璞撰
清刊本
粵圖、中大

4947
遲删集 一卷
（清）番禺吕堅撰
清道光（1821—1850）番禺吕氏家刊本
港中山

4948
蕉鹿草堂稿 一卷
（清）東莞尹廷煦撰
清鈔本
粵圖

4949
二思齋詩鈔 六卷
（清）香山何文明撰
清光緒七年（1881）閩南節署重刊本
粵圖、中大

4950
二思齋文存 六卷
（清）香山何文明撰
清光緒七年（1881）閩南節署重刊本
粵圖、中大、華師

4951
越巢詩集 不分卷
（清）香山何鞏道撰、何其英編輯
清鈔本
粵圖

4952
求真是齋詩鈔 不分卷 詩餘 一卷
（清）連平 顔伯燾撰
清鈔本
粵圖

4953
勺湖亭稿 一卷
（清）番禺方朝撰

清鈔本
粵圖

4954
紅杏山房全集 不分卷
（清）嘉應宋湘撰
清道光刊本
粵圖
［按：宋湘（1756—1826），字煥襄，號芷灣。嘉慶四年中進士，選庶吉士，在京八年，後曾官川、貴、鄂，僅在雲南供職就有十三年，前曾任豐湖書院山長。他以詩及理論名聞於世，對嶺南詩壇產生深遠影響。］

4955
紅杏山房詩鈔 十卷
（清）嘉應宋湘撰
清嘉慶道光間刊本
粵圖、中大

4956
紅杏山房詩鈔 十二卷
（清）嘉應宋湘撰
清同治八年（1869）刊本
粵圖、中大

4957
紅杏山房時文 一卷
（清）嘉應宋湘撰
清嘉慶修禮堂刊本
粵圖

4958
宋芷灣集 不分卷
（清）嘉應宋湘撰
清嘉慶二十五年（1820）刊本
粵圖
清鈔本
粵圖

4959
宋芷灣集 六種 十三卷
（清）嘉應宋湘撰
清同治八年（1869）刊本 清宋維松跋
華農

4960
宋芷灣詩鈔 一卷
（清）嘉應宋湘撰
清鈔本
粵圖

4961
不易居齋集 一卷 豐湖漫草 一卷 續草 一卷
（清）嘉應宋湘撰
清嘉慶刊本
粵圖

4962
侯鯖集 十卷
（清）李友棠撰
清光緒六年（1880）嘉應宋湘紅杏山房刊本
港大

4963
讀白華草堂詩集 九卷
（清）大埔黃釗撰
清道光十五年（1835）刊本
港大
清道光二十八年（1848）鎮平黃氏家刊本
港中山

4964
詩義堂後集 四卷 首一卷
（清）高要彭泰來撰
清同治四年（1865）高要彭復孫等刊本
港中山

4965
著花庵集 八卷
（清）嘉應李黼平撰
清嘉慶十二年（1807）以文堂刊本
粵圖

4966
吳門集 八卷 南歸集 四卷
（清）嘉應李黼平撰
清道光刊本
華師

4967
南歸集 四卷
（清）嘉應李黼平撰
清道光七年（1827）廣州以文堂刊本
粵圖

4968
綉子先生集 二十卷
（清）嘉應李黼平撰
民國二十三年（1934）上海中華書局鉛印本
中大

4969
蠡勺編 四十卷
（清）番禺凌揚藻撰
清同治二年（1863）廣州萃文堂刊本
粵圖

4970
藥洲花農詩略 六卷
（清）番禺凌揚藻撰
清道光刊《海雅堂全集》本
粵圖、華農

4971
石雲山人詩選 一卷 附詞選 一卷
（清）南海吳榮光撰
清道光十九年（1839）南海吳氏家刊本
港中山

4972
石雲山人集詩集 二十三卷 文集 五卷 奏議 六卷
（清）南海吳榮光撰
清道光二十一年（1841）南海吳氏筠清館刊本
粵圖、中大、華師

4973
石雲山人集 不分卷
（清）南海吳榮光撰
清鈔本　鄧屺望跋
中大
稿本
中大

4974
石雲山人詩稿 二卷
（清）南海吳榮光撰
稿本　清吳彌光跋
佛圖

4975
馮孟文 二卷
（清）順德馮龍官撰
清道光十三年（1833）刊本
粵圖

4976
修本堂稿 五卷
（清）番禺林伯桐撰
清道光二十四年（1844）刊本
粵圖、中大、華師

4977
古諺箋 一卷
（清）番禺林伯桐撰
清道光十八年（1838）刊本
粵圖

4978
補讀書齋遺稿 十卷
（清）沈維鐈撰
清光緒元年（1875）沈宗濟廣州寓舍刊本
港大

4979
聽雲樓詩鈔 四卷
（清）陽春譚敬昭撰、番禺黃喬松編
清刊本
粵圖

4980
聽雲樓詩鈔 十卷 補遺 一卷
（清）陽春譚敬昭撰
清光緒六年（1880）春州文社刊本
華師、華農
清光緒十七年（1891）古經閣刊本
港大

4981
筠心堂集 十卷 詩四卷 外集 三卷
（清）定安張岳崧撰
清道光二十四年（1844）刊本
港大

4982
海天樓雜俎 一卷
（清）喻少白撰
清咸豐六年（1856）刊本
粵圖
（按：香山黃培芳爲此書作跋文。）

4983
拙園詩選 一卷
（清）番禺馮賡颺撰
清同治元年（1862）刊本
佛圖

4984
臨谿文集 四卷
（清）香山黃大幹撰、黃培芳編
清道光九年（1829）廣州富文齋刊本
粵圖、中大

4985
瑞谷山人遺集 一卷
（清）香山黃芝撰、黃培芳編
清同治十一年（1872）黃氏廣州刊本
粵圖、中大

4986
嶺海樓詩鈔 六卷
（清）香山黃培芳撰
稿本
南州

4987
詩鈔 十二卷
（清）香山黃培芳撰
清鈔本　佚名評點
粵圖

4988
嶺海樓詩鈔 十一卷
（清）香山黃培芳撰、番禺黃喬松編
清嘉慶二十年（1815）番禺黃喬松刊本
港中山
清道光二十一年（1841）刊本
中大

4989
嶺海樓詩鈔 四卷
（清）香山黃培芳撰
清孔繼昌鈔本
粵圖

4990
荔山小草 一卷
（清）香山黃培芳撰
清咸豐三年（1853）刊本
胡亦從

4991
松聲琴韻集 一卷
（清）香山黃培芳撰
民國三十七年（1948）鉛印本
廣圖

4992
粵嶽子 二卷
（清）香山黃培芳撰
清刊本
粵圖

4993
觀魚書屋雜記 一卷
（清）香山黃培芳撰
稿本
冀圖

4994
粵嶽山人稿 五種 十四卷
（清）香山黃培芳撰、番禺黃喬松編
清嘉慶羊城黃氏家刊本
中大
［按：存三種十卷：嶺海樓詩鈔（香石詩鈔）四卷、浮山小志三卷首一卷、雲泉隨札二卷附録一卷。上海古籍出版社曾據此本影印，名爲《黃氏嶺海樓家集》。］

4995
香石詩鈔 一卷
（清）香山黃培芳撰
稿本
粵圖

4996
香石詩鈔 四卷
（清）香山黃培芳撰、番禺黃喬松編
清廣州富文齋刊本
粵圖

4997
張南山詩集 不分卷
（清）番禺張維屏撰
清嘉慶刊本
粵圖
［按：张维屏（1780—1859），字子樹，號南山，嘉慶舉人，道光進士。他以詩名海內，學士翁方綱稱其為“詩壇大敵”。與林伯桐、黃培芳、黃喬松、孔繼勳等，築室於白雲山，名雲泉山館，被譽為“七子詩壇”，又與黃培芳、譚敬昭號稱“粵東三子”。）

4998
松心詩集 十集二十七卷 附集 一卷
（清）番禺張維屏撰
清道光三十年（1850）刊本
粵圖、中大、華師

4999
松心詩録 十卷
（清）番禺張維屏撰、南海李長榮、番禺沈世良編
清咸豐四年（1854）刊本
粵圖、中大、華師

5000
松心詠物詩 一卷
（清）番禺張維屏撰
清道光刊本
粵圖

5001
松心文鈔 十卷
（清）番禺張維屏撰
清咸豐七年（1857）刊《張南山全集》本
粵圖、中大、華師

5002
松心古歌謡 一卷
（清）番禺張維屏撰
清末刊本
粵圖

5003
聽松廬文鈔 四卷
（清）番禺張維屏撰
清咸豐二年（1852）羊城藝芳齋刊本
華師

5004
聽松廬駢體文鈔 四卷
（清）番禺張維屏撰
清道光二十三年（1843）刊本
粵圖、中大

5005
聽松廬詩鈔 十六卷 首一卷
（清）番禺張維屏撰
清嘉慶刊本
粵圖、中大、華師、華農

5006
聽松廬詩略 二卷
（清）番禺張維屏撰
清同治十年（1871）广州富文斋刊本
粵圖

5007
松心詩集 不分卷
（清）番禺張維屏撰
清嘉慶二十五年（1820）刊本
港學海
子目：
　　珠江集
　　羅浮集

廣濟集
匡廬集
燕臺集
洞庭集
襄陽集
桂林集
燕臺四集
黄梅集
清濠集
花地集
燕臺六集
松滋集
豫章集
草堂集
白雲集

5008
瓊臺吟史詩初稿 二十七卷
（清）劉萃奎撰
稿本
閩圖

5009
萬松山房詩 五卷
（清）番禺潘正亨撰
清道光鈔本
暨大

5010
六友堂詩鈔 一卷
（清）南海李國龍撰
清道光二十九年（1849）刊本
國圖

5011
習静山房詩鈔 一卷
（清）番禺鍾逢慶撰
清光緒十年（1884）鍾氏家塾刊本
粵圖

5012
味辛堂詩存 四卷
（清）南海倪濟遠撰
清道光五年（1825）刊本
粵圖、中大、華農

5013
無怠懈齋詩稿 一卷
（清）順德梁藹如撰、梁邦俊編
清道光二十二年（1842）梁九圖寫刊精印本
粵圖、中大
清道光三十年（1850）梁氏寫刊套印本
廣圖

5014
珍帚編詩集 十卷
（清）番禺崔弼撰
清嘉慶十五年（1810）刊本
中大、華師
清光緒八年（1882）崔其湛重刊本
粵圖、華農

5015
風佩軒遺草 一卷
（清）香山方天根撰
清嘉慶刊本
粵圖
清道光二十九年（1849）劉嘉謨刊本　黄培芳跋
中大

5016
夢香居詩鈔初集 五卷
（清）新興陳在謙撰
清嘉慶二十一年（1816）刊巾箱本
中大

5017
夢香居詩鈔初集 四卷 二集 四卷 三集 三卷 四集 四卷
（清）新興陳在謙撰
清道光二年（1822）廣州定文堂刊本
港中山
清同治十二年（1873）刊本
粵圖

5018
七十二峰堂文勺 四卷
（清）新興陳在謙撰
清同治十三年（1874）刊本
粵圖、中大、華師

5019
拙園詩選 一卷
（清）南海馮賡颺撰
清同治刊本
中大

5020
鴻雪軒詩鈔 一卷
（清）番禺馮詢撰
清鈔本
粵圖

5021
子良詩録 三卷
（清）番禺馮詢撰
清咸豐十年（1860）鴻雪軒刊本
粵圖

5022
子良詩録 二卷
（清）番禺馮詢撰
清同治二年（1863）廣州寶華坊刊本
粵圖、中大

5023
子良詩録 十卷
（清）番禺馮詢撰
清同治十一年（1872）江西刊本
中大、華師

5024
子良詩存 四卷
（清）番禺馮詢撰
清道光二十一年（1841）覺園刊本
粵圖

5025
子良詩存 二十二卷
（清）番禺馮詢撰
清同治十年（1871）刊本
中大

5026
丹霞山老人雪詩 一卷
（清）釋古翼輯
清刊本
杭圖

5027
岱雲編 三卷 續編 三卷 歸雲編 一卷 續編 一卷
（清）順德吳梯撰
清道光六年至三十年（1826—1850）刊本
粵圖、中大

5028
珠江竹枝詞 一卷
（清）林則徐撰
清鈔本
北師大

5029
吟秋館詩草 一卷
（清）順德張思齊、張思植撰
稿本
粵圖
（按：張思齊、思植爲張錦芳之子，此书未刊。）

5030
荔村吟草 三卷
（清）嘉應吳蘭修撰
民國二十三年（1934）管瀚文輯刊鉛印本
中大

5031
筠心堂文集 十卷
（清）定安張岳崧撰
清道光二十四年（1844）刊本
粵圖、中大

5032
磨甋齋文存 一卷
（清）番禺張杓撰
清同治間（1862—1874）刊本
港中山
清光緒十年（1884）刊本
粵圖、中大

5033

勺園詩鈔 四卷　附松谿詩鈔 一卷

（清）香山李遐齡撰　（清）香山李靄元撰

清嘉慶十九年（1814）刊光緒三十四年（1908）輯補本

粵圖、中大

清光緒三十四年（1908）香山李贊辰重刊本

港中山

5034

菊水詩鈔 二卷

（清）香山李遐齡撰、林謙谷等編

清咸豐五年（1855）刊本

粵圖

5035

毋自欺齋詩集 一卷

（清）三水梁元撰

清道光十五年（1835）刊本

中大

5036

毋自欺齋詩略 一卷

（清）三水梁元撰

清同治七年（1868）刊本

粵圖、中大

5037

聽秋草堂詩鈔 一卷

（清）南海顏斯總撰

清道光刊本

粵圖

5038

古人今我齋詩 八卷

（清）順德吳維彰撰、梁廷枏編校

清藤花亭刊本

粵圖、中大、華師

清道光五年（1825）刊本

粵圖

5039

昨夢齋文集 四卷

（清）高要彭泰來撰

清同治四年（1865）刊本

粵圖、華師

5040

玉尺樓賦選 不分卷

（清）番禺趙鳳儀撰

清嘉慶七年（1802）番禺趙氏玉尺樓刊本

粵圖

5041

自怡堂詩草 三卷

（清）南海招健升撰

清嘉慶刊本

粵圖

5042

自怡堂小草續集 三卷

（清）南海招健升撰

清道光二十年（1840）刊本

粵圖

5043

濂渚詩鈔 二卷

（清）順德温丕謨撰

清嘉慶刊本

粵圖

5044

留春草堂詩鈔 七卷

（清）伊秉綬撰

清嘉慶七年（1802）廣州秋水園刊本

澳大

（按：伊秉綬，字組似，寧化人，清乾隆進士，曾官惠州。）

5045

瑯環仙館詩稿 六卷

（清）南海招衡玉撰

稿本

粵圖

5046

求真是齋詩鈔 一卷　附詩餘

（清）連平顏伯燾撰

稿本

粵圖
（按：顔伯燾，連平州人，清嘉慶進士，授編修，官至閩浙總督，因英兵犯閩，厦門失陷，被罷職。）

5047
粵遊草 一卷
（清）向盛世撰
清嘉慶十六年（1811）汲古堂刊本
粵圖
（按：向盛世，一作向盛山。）

5048
紅棉館詩鈔 四卷
（清）東莞賴洪禧撰
清道光刊本
粵圖

5049
紅棉館詩鈔賸 二卷
（清）東莞賴洪禧撰
清咸豐十年（1860）東莞自得樓刊本
粵圖

5050
丁晙山詩集 二卷
（清）番禺丁晸撰
清嘉慶十七年（1812）刊本
粵圖

5051
左右修竹軒吟本 一卷
（清）番禺丁晸撰
清鈔本
粵圖

5052
飲虹閣詩鈔 二卷
（清）順德何惠群撰
清道光二十年（1840）順德飲虹閣刊本
粵圖、中大

5053
漁石初稿 二卷
（清）東莞張璐撰
清道光刊本
中大

5054
玉峰詩鈔 十八卷
（清）順德張琳撰
清嘉慶二十三年（1818）刊本
粵圖

5055
玉峰詩鈔 六卷
（清）順德張琳撰
清道光間（1821—1850）刊本
港中山

5056
覺不覺軒詩鈔 十二卷
（清）順德簡鈞培撰
清道光十八年（1838）刊本
中大

5057
春暉堂稿初刻 一卷
（清）番禺謝聖軥撰
清嘉慶刊本
中大

5058
鄂城表忠詩 一卷
（清）南海勞光泰撰
清咸豐三年（1853）錦城刊本
南圖

5059
羅夢邨文稿 一卷 附行述
（清）羅文俊撰、羅崇禧編
稿本
中大

5060
愛吾廬詩鈔 一卷
（清）東莞蔡召華撰
清道光刊本
無圖

5061
螺涌集 一卷 竹窗稿 一卷 歸吾廬吟草 一卷
（清）番禺梁信芳撰
清道光二十九年（1849）桐花書屋刊本
粤圖、中大
（按：曾國藩爲本書作序。）

5062
搶榆小閣詩略 五卷
（清）順德吳繩澤撰
清道光五年（1825）刊本
中大

5063
敝帚齋詩鈔 四卷 文鈔 二卷
（清）順德廖卓然撰
清咸豐五年（1855）順德廖氏敝帚齋刊本
粤圖
清光緒二年（1876）順德廖氏敝帚齋重刊本
粤圖

5064
燕滇雪跡集 六卷
（清）博羅何南鈺撰
清嘉慶十八年（1813）刊本
粤圖、中大

5065
緑窗庭課吟卷 一卷
（清）順德邱掌珠撰
清光緒二十二年（1896）龍山邱園刊本
粤圖、中大
（按：邱掌珠，順德人。邱士超之女，陳虹之妻。）

5066
桐花館詩鈔 十卷
（清）番禺梁信芳撰
清咸豐十一年（1861）詒經堂刊本
粤圖

5067
小南山堂文集 二卷 詩集 五卷
（清）和平徐延翰撰
清嘉慶刊本
中大

5068
橫塘詩稿 二卷 首一卷 附録 一卷
（清）吳川吳懋清撰
清光緒九年（1883）吳氏家塾刊本
粤圖

5069
華平山人詩鈔 一卷
（清）南海李可蕃撰
清光緒二年（1876）佛山李仲培寫刊本
港中山
清光緒二年（1876）影鈔本
粤圖

5070
鳳園詩鈔 一卷
（清）高明潘鳴岐撰
清嘉慶十九年（1814）藜光閣刊本
中大

5071
維心亨室文集 一卷
（清）番禺陸殿邦撰
清光緒十四年（1888）刊本
中大

5072
南塘漁父詩鈔 二卷
（清）香山何栻撰、何其英編
清嘉慶二十四年（1819）刊本
粤圖⊗

5073
晚香吟館詩集 一卷
（清）南海廖甡撰
清同治三年（1864）刊本
粤圖

5074
挹瓮齋詩草 三卷
（清）番禺蔡蕙清撰
清咸豐元年（1851）刊本
粤圖、中大

5075
粵東雜詩 不分卷
（清）李夢松撰
清嘉慶七年（1802）刊本
粵圖

5076
重遊粵東雜詩稿 四卷
（清）李夢松撰
清嘉慶六年（1801）刊本
粵圖

5077
嶺南集 六卷
（清）程含章撰
清道光元年（1820）刊本
粵圖
清鈔本
粵圖
［按：程含章，雲南景東人，清乾隆舉人。嘉慶年間任職廣東，道光二年（1822）任廣東巡撫。該書中多記廣東各地風物。］

5078
嶺南續集 一卷
（清）程含章撰
清道光刊本
中大

5079
嶺南集鈔 不分卷
（清）程含章撰
清咸豐十一年（1861）廣州萃文堂刊本
粵圖、中大

5080
訪粵集 一卷 續編 一卷
（清）戴熙撰
清道光二十年（1840）羊城正文堂刊本
粵圖
［按：戴熙，字醇士，自號鹿牀，浙江錢塘人。清道光十二年（1832）進士，授編修，官至兵部右侍郎，嘗督學廣東。此集爲其訪粵詩文集，内有遊歷廣州、南海等地的詩作，反映了清道光年間的廣州乃至廣東的社會狀況。］

5081
粵東遊草 不分卷 附粵東雜詠
（清）歐陽厚均撰
清道光十六年（1836）刊本
粵圖
［按：此爲作者來粵撰寫的詩文，其中有《登越秀山》、《遊五羊觀》等。書前有清道光十六年（1836）吳榮光《序》。］

5082
羊城感事詩 三卷
（清）佚名編
清道光咸豐年間鈔本
粵圖

5083
冬榮館遺稿 六卷
（清）番禺許玉彬撰
清咸豐十一年（1861）刊本
粵圖、港大

5084
春雨樓稿 四卷
（清）南海李鳴盛撰
清嘉慶二十二年（1817）羊城信古齋刊本
粵圖

5085
緘石集 六卷 後編 四卷
（清）茂名吳徽叙撰
清同治三年（1864）高州富文樓刊本
粵圖

5086
小謨觴館集 十八卷
（清）彭兆蓀撰
清嘉慶十一年（1806）韓江寓舍刊本
中大

5087
嶽雪樓詩存 四卷
（清）南海孔繼勛撰
清咸豐十年（1860）刊本
粵圖、中大

5088
九畹堂詩文集 不分卷
（清）順德潘蘭皋撰
清嘉庆元年（1796）刊本
粤圖

5089
登雲山房文稿 四卷
（清）長樂温訓撰、番禺潘正理編
清道光三年（1823）刊本
粤圖、中大

5090
梧谿石屋詩鈔 六卷
（清）長樂温訓撰
清道光十二年（1832）刊本
粤圖、中大、華師

5091
吟香館詩草 一卷
（清）揭陽孫俊撰
清鈔本
漁湖京岡鳳岡書院

5092
有益詩詞 一卷
（清）澄海許瑤輯
清咸豐二年（1852）澄海冠山西園書樓刊本
粤圖

5093
寸知堂遺草 一卷
（清）順德梁翰撰、梁九圖編
清道光二十六年（1846）十二石山齋刊本
粤圖、中大

5094
明史雜詠箋注 四卷
（清）嚴遂成撰、嚴兆元注
清道光七年（1827）順德何太青刊本
粤圖、中大

5095
選樓集句 二卷 首一卷
（清）番禺許祥光輯
清道光二十年（1840）刊本
港中文

5096
片雲行草 一卷
（清）釋純謙撰
清道光二十七年（1847）曹廣文堂刊本
粤圖、中大、華農
［按：純謙（1792—1858），俗姓郭，高要人，海幢寺僧。］

5097
慧海小草 一卷
（清）釋契生撰
清道光八年（1828）廣州海幢寺刊本
粤圖
（按：契生，字隱禪，南海人，俗姓關，海幢寺僧。）
清道光十一年（1831）刊《柳堂師友詩録初編》本
中大

5098
七十老翁詩一百首 一卷 附椒花第頌 一卷
（清）番禺史澄撰
清光緒九年（1883）刊本
粤圖

5099
退思軒詩存 十卷
（清）番禺史澄撰
清鈔本
粤圖

5100
海雲閣詩鈔 一卷
（清）番禺葉衍蘭撰
民國十七年（1928）刊本
粤圖、中大

5101
亦園草 一卷
（清）海陽陳賁撰
清道光世馨堂刊本
粤圖

5102
竹畦詩鈔 二卷
（清）順德胡斯球撰
清道光刊本
粵圖

5103
眠琴館詩鈔 四卷
（清）順德胡斯錞撰
清道光十四年（1834）胡氏家刊本
粵圖、中大

5104
攬翠山房詩草 六卷
（清）番禺何玉成撰
清咸豐八年（1858）重刊本
中大

5105
愛園草 一卷
（清）海陽陳藝蘅撰
清道光世馨堂刊本
粵圖

5106
鐵畫樓詩續鈔 二卷
（清）南海張蔭桓撰
清光緒二十三年（1897）刊本
粵圖、華師
清光緒二十八年（1902）觀復齋刊本
粵圖、中大、華農
［按：張蔭桓（1837—1900），字樵野，又字皓巒。先後入山東巡撫閻敬銘、丁寶楨幕府，後歷官山東鹽運使、安徽按察使、太僕寺卿、禮部右侍郎、戶部左侍郎等職。光緒中出使美、日、秘、英等國。戊戌政變後被革職，流戍新疆，1900 年被殺害。］

5107
鐵畫樓詩鈔 五卷
（清）南海張蔭桓撰
稿本
王貴忱
初印校樣稿本
王貴忱

5108
鐵畫樓詩續鈔 二卷
（清）南海張蔭桓撰
清光緒二十八年（1902）刊本
王貴忱
（按：此書又名《荷戈集》。）

5109
駢體正宗初稿 二編
（清）南海張蔭桓撰
稿本
王贵忱

5110
鐵畫樓駢文 二卷
（清）南海張蔭桓撰
清光緒二十三年（1897）京都刊本
華師

5111
咽珠堂集 一卷
（清）海陽陳士規撰
清道光世馨堂刊本
粵圖

5112
研痕堂集 一卷
（清）海陽陳珏撰
清道光世馨堂刊本
粵圖

5113
仿舫詩鈔 八卷
（清）番禺劉熊撰
清道光元年（1821）刊本
中大

5114
仿舫詩鈔 十卷
（清）番禺劉熊撰
清道光三年（1823）刊本
粵圖

5115
江上萬峰樓詩鈔 四卷
（清）高要何元撰

清道光六年（1826）家刊本
粤圖、中大

5116
五雲詩鈔 不分卷
（清）順德尤步星撰
清道光二年（1822）刊本
粤圖

5117
三十六洞天草堂詩存 二卷
（清）高要何彬撰
清道光八年（1828）高要何榮祖家刊本
粤圖、中大、港中山、澳大

5118
聞香館學吟 四卷
（清）新會伍有庸撰
清道光七年（1827）羊城藝芳齋刊本
粤圖、中大

5119
聞香館續吟 三卷
（清）新會伍有庸撰
清道光十七年（1837）羊城藝芳齋刊本
中大

5120
知非堂詩稿 二卷
（清）南海招廣濤撰
稿本
粤圖

5121
攖寧山房遺稿 一卷
（清）南海王亮撰、潘鰲編
清道光寫刊本
粤圖、中大

5122
懷古田舍詩鈔 不分卷
（清）徐榮撰
稿本
粤圖
［按：徐榮（1792—1855），先世湖北人，家遼東，隸漢軍正黄旗，久駐防廣州，清道光進士。］

5123
懷古田舍詩鈔 六卷
（清）徐榮撰
清同治三年（1864）四川錦城刊本
粤圖、中大
清光緒十四年（1888）刊本
華農

5124
懷古田舍詩節鈔 三十二卷
（清）徐榮撰
清刊本
粤圖、華師

5125
實事求是齋文鈔 一卷 留香小閣詩詞鈔 一卷 實事求是齋雜存 一卷
（清）嘉應楊懋建撰
稿本
粤圖

5126
留香小閣詩 一卷 詞一卷 文 不分卷
（清）嘉應楊懋建撰
清光緒鈔本　佚名録長盛批注
中大

5127
留香小閣詩詞鈔 二卷
（清）嘉應楊懋建撰
民國十一年（1922）梅縣楊氏還讀書堂鉛印本
粤圖、中大

5128
擲餘堂吟草 不分卷
（清）番禺江仲瑜撰
稿本
暨大
（按：此書記粤、湘風土較詳，内有《平城竹枝詞》四十四首、《珠江雜詠》十四首及《武陵古跡》一百六十首、《武陵竹枝詞》二十四首等，未刊印，罕見。）

5129
清溪詠草 二卷 首一卷
（清）南海陳汪撰
清道光十年（1830）刊本
粵圖

5130
芙蓉書屋近體詩鈔 四卷
（清）南海葉廷樞撰
清道光十年（1830）羊城博文齋刊本
粵圖⊗

5131
三十六村草堂詩鈔 三卷
（清）番禺潘定桂撰
清道光刊本
粵圖

5132
睫巢文薈 一卷
（清）番禺潘定桂撰
清光緒末年鈔本
粵圖

5133
芝亭詩草 一卷
（清）新會阮紹南撰
清道光十五年（1835）阮寬然鈔本
粵圖

5134
百尺樓吟草 一卷
（清）番禺陳廷選撰
清道光十三年（1833）番禺陳氏百尺樓刊本
中大

5135
鶴柴小草 一卷
（清）香山李航撰
清道光十四年（1834）李氏允中堂鈔本
粵圖

5136
龍岡遺稿 不分卷
（清）高要周振升撰
清道光十九年（1839）刊本
粵圖

5137
茗香室詩略 一卷
（清）香山李如蕙撰
清道光十五年（1835）刊本
國圖、浙圖
（按：李如蕙，女，字桂泉，自號桂泉女史，三水梁元妻。）

5138
琴籟閣詩 十七卷
（清）嘉應王利亨撰
清道光十二年（1832）刊本
粵圖

5139
蟬吟小草 七卷
（清）南海岑宗遠撰
清道光刊本
粵圖

5140
石泉小草 一卷
（清）新會莫兆瓊撰
清道光十五年（1835）刊本
粵圖

5141
寸嶽樓吟草 一卷
（清）番禺謝光國撰
清道光十六年（1836）刊本
粵圖

5142
安所遇軒僑西稿 四卷 首一卷
（清）南海何世文撰
清道光十八年（1838）何淮刊本
粵圖、中大

5143
安所遇軒西遊草 三卷 首一卷
（清）南海何世文撰
清同治三年（1864）梁氏萃古精舍刊本
粵圖、中大、華師

5144
嶽麓堂詠史 一卷
（清）嘉應黄昌麟撰
清鈔本 鐵華批評
中大⊗

5145
羅蘿邨文稿 一卷
（清）南海羅文俊撰
稿本
中大
（按：羅文俊，字泰瞻，號蘿邨，爲宋代南雄珠玑巷南迁羅貴之二十一世孫。）

5146
龍田集稿 一卷
（清）南海張惟勤撰
稿本
粤圖
（按：佚名氏題："張惟勤，字如農，南海人。此集未刻，因有'听颿樓'印章，牟利者遂僞稱明人墨跡。篇中多與招桐坡唱和，余從桐坡《橘天園集》查出其真姓名。"左題："明代詞人墨跡"，卷端有馮銓題辞。）

5147
蟄廬遺集 一卷
（清）俞文詔（僑寓廣州）撰
清光緒二十年（1894）刊本
粤圖

5148
鋤月軒詩鈔 四卷
（清）新會李實撰
清道光十九年（1839）刊本
中大

5149
橘天園詩鈔 四卷
（清）南海招茂章撰
清道光刊本
粤圖、中大

5150
舊雨來齋詩草 二卷
（清）高要蘇維熙撰
清道光二十年（1840）刊本
粤圖

5151
惜陰軒吟草 二卷 續集 一卷
（清）南海黄廷彪撰
清道光二十一年（1841）紅棉書屋刊本
粤圖

5152
遊瓊草 一卷
（清）番禺吴家懋撰
清道光刊本
粤圖、中大

5153
欣所遇齋詩存 不分卷
（清）番禺吴家懋撰
清道光二十九年（1849）刊本
粤圖

5154
湔紅閣詩集 二卷 詞一卷
（清）梅州黄平甫撰
清道光二十三年（1843）刊本
粤圖

5155
松雲吟草續鈔 一卷
（清）封川陳松雲撰
清道光二十三年（1843）刊本
粤圖

5156
遊吴集 三卷
（清）順德胡夢齡撰
清道光二十四年（1844）刊本
粤圖

5157
香生吟草 一卷
（清）澄海陳兆蘭撰

清道光二十五年（1845）刊本
粤圖

5158
香生吟草 二卷
（清）澄海陳兆蘭撰
民國紹聞書室刊本
粤圖、揭博

5159
蘭樵遺集 一卷
（清）南海陳湘撰
清道光二十五年（1845）增城單小泉刊本
粤圖

5160
樵湖詩鈔 一卷
（清）南海陳瑩達撰
清道光二十五年（1845）刊本
粤圖、中大

5161
賞寄軒集 五卷
（清）陽春劉裔炫撰
清道光二十四年（1844）聚錦堂刊本
粤圖

5162
秋蟬吟偶存 一卷
題（清）松陵帶髮僧撰
清道光二十七年（1847）寫刊本
粤圖

5163
臥雪山房詩鈔 不分卷
（清）寶安袁必達撰
清道光刊本
粤圖

5164
謀野詩鈔 五卷
（清）東莞黎瘦林撰
清道光二十七年（1847）研洲堂刊本
粤圖

5165
枕葄樓各體文存稿 四卷 附詩鈔 一卷
（清）番禺陳際清撰
清道光三十年（1850）樓西别墅刊本
粤圖

5166
芝隱室詩存 七卷 附存 一卷 續存 一卷
（清）長善撰
清同治十年（1871）廣州將軍節署刊本
遼圖、大連
（按：長善，爲駐粤旗軍。）

5167
蓮谿詩鈔六卷
（清）番禺宋秀升撰
清道光二十八年（1848）介壽堂刊本
粤圖、中大

5168
愧齋遺詩 一卷
（清）順德梁詩拔撰
清道光二十六年（1846）寫刊本
粤圖

5169
聽春樓詩鈔 四卷
（清）香山劉嘉謨撰
清道光二十九年（1849）刊本
粤圖
清道光刊本　清黄培芳批校
加英哥大

5170
竹石山房賦鈔 一卷
（清）嘉應陳士荃撰
清道光二十九年（1849）刊本
粤圖

5171
鶴琴書航詩鈔 一卷
（清）鶴山馮植森撰
清道光二十九年（1849）廣州陳紹經堂刊本
粤圖

5172
馮香崖詩 一卷
（清）鶴山馮植森撰
清咸豐四年（1854）刊本
粤圖

5173
飲蘭露館詩鈔 六卷 詞鈔 一卷 試帖 一卷
（清）南海吴林光撰
清道光二十九年（1849）南海吴氏飲蘭露館刊本
粤圖、中大⊗

5174
玉輝堂詩草 二卷
（清）封開孔昭爔撰
清鈔本
粤圖

5175
侶石山房詩草 四卷
（清）番禺蘇鴻撰
清道光二十八年（1848）廣州藝芳齋刊本
粤圖

5176
刻燭吟館詩鈔 四卷
（清）海陽吕玉璜撰
清道光二十九年（1849）環翠精舍刊本
粤圖

5177
小蓬亭詩草 六卷
（清）海陽陳學典撰
清道光二十九年（1849）陳氏刊本
粤圖

5178
秘圖山館詩鈔 六卷
（清）南海伍觀瀾撰
清道光二十四年（1844）廣州刊本
粤圖、中大

5179
緑蘿書屋遺集 四卷
（清）南海羅文俊撰
清光緒八年（1882）刊本
佛圖

5180
洛川詩略 二卷
（清）番禺杜游撰
稿本　清张维屏序　陈曇、梁國琮題辞
清道光三十年（1850）西堂梁栻刊本
華師、華農
清咸豐元年（1851）刊本
粤圖⊗
清鈔本
粤圖
［按：杜游（1794—1853），字洛川，號悔遲老人，世居羊城南關，人稱城南杜，工詩畫。］

5181
梅花集古詩 二卷
（清）番禺潘恕撰
清咸豐三年（1853）刊光緒七年（1881）印本
粤圖
清咸豐三年（1853）雙桐圃刊本
港大
清末廣州廣文堂刊本
粤圖
清鈔本
中大

5182
李文誠公遺詩 一卷
（清）順德李文田撰
民國十四年（1925）杭州徐氏鉛印《心園叢刻一集》本
粤圖

5183
二知軒詩鈔 十四卷
（清）方濬頤撰
清同治四年（1865）刊本
粤圖、中大
（按：方濬頤，字子箴，定遠人。清道光進士。陳澧爲此書作序。）

5184
二知軒文存 三十四卷
（清）方濬頤撰
清光緒四年（1878）刊本
粵圖

5185
瓿膡吟草 一卷
（清）香山袁杲撰
稿本　盧子樞題識
粵圖

5186
海桐吟館詩集 二卷
（清）南海龐霖撰
清道光刊本　清張維屏批校　周連寬跋
中大

5187
鐵樹堂詩鈔 一卷
（清）嘉應李光昭撰
稿本
粵圖
清鈔本
粵圖

5188
鐵樹堂詩鈔 四卷
（清）嘉應李光昭撰
清羊城富文齋刊本
粵圖
清鈔本
粵圖

5189
隱軒詩稿 二卷
（清）順德胡景泰撰
清道光三十年（1850）刊本
粵圖

5190
古香閣集 二卷
（清）嘉應葉璧華撰
清光緒二十九年（1903）嘉應奇珍閣刊本
粵圖
（按：葉璧華，女，字婉仙，嘉應人，葉曦初女，李蓉舫妻。）

5191
闡道堂遺稿 十二卷
（清）文昌雲茂琦撰
清咸豐元年（1851）刊本
粵圖

5192
心字香館文鈔甲集 二卷 詩鈔 十卷
（清）新會黄仲畬撰
清同治六年（1867）刊本
東洋

5193
心字香館文鈔甲卷 二卷
（清）新會黄仲畬撰
清末刊本
粵圖

5194
泛香齋詩鈔 四卷
（清）順德温承悌撰
清咸豐五年（1855）刊本
粵圖

5195
足吾好齋詩鈔 六卷 凝香集 一卷
（清）南海葉應銓撰
清咸豐六年（1856）廣州正文堂刊本
粵圖

5196
采庸館詩存 一卷
（清）番禺許應騋撰
清咸豐九年（1859）刊本
粵圖

5197
有不爲齋詩存 四卷
（清）南海招廣濤撰
清咸豐九年（1859）羊城正文堂刊本
中大

5198
穊守堂詩文稿 八卷
（清）番禺孔繼宣撰
清咸豐知守齋刊本
粤圖

5199
吳顧賦稿合刻詳注 一卷
（清）吳錫麟、顧元熙撰，順德黄蟾桂注
清咸豐十年（1860）刊本
粤圖

5200
寸心草堂詩集 六卷 集外詩 二卷 補遺 一卷
（清）南海李欣榮撰
清光緒十六年（1890）海幢經坊刊本
粤圖、中大

5201
陶邨别集 二卷
（清）南海李欣榮撰
清光緒刊本
粤圖

5202
小潛樓文集 四卷
（清）高要袁梓貴撰
清光緒元年（1875）南海孔氏刊本
粤圖、中大
清光緒十一年（1885）端州怡園梁氏刊本
粤圖、華師、華農

5203
小潛樓詩文集 八卷
（清）高要袁梓貴撰
清光緒十一年（1885）端州怡園梁氏刊本
粤圖

5204
静山詩草 一卷
（清）毓壽撰、南海李長榮評
清同治十三年（1874）刊本
中大

5205
暈碧軒偶存 二卷
（清）羅瀚隆撰、嘉應李諏、南海吳迺材校
清同治刊本
粤圖

5206
芙蓉館遺稿 一卷
（清）番禺史印玉撰
清同治十三年（1874）石炳樞刊本
粤圖、中大
［按：史印玉（？—1873），女，又名史玉印，番禺人。史善長孫女、石永康妻。］

5207
凝香閣詩鈔 一卷
（清）新會黄芝臺撰
清同治三年（1864）凝香閣刊本
粤圖、中大
（按：黄芝臺，女，黄爲邦之女，鶴山人，年九十卒。）

5208
茗香室詩略 一卷
（清）香山李如蕙撰
清同治七年（1868）刊本
粤圖
（按：李如蕙，女，字桂泉，香山人。父李異凡，三水梁元妻。）

5209
紫墟詩鈔 一卷
（清）南海顔薰撰
清光緒二年（1876）羊城富文齋刊本
粤圖、中大、華師

5210
雲根老屋詩鈔 十二卷
（清）東莞羅嘉蓉撰
清光緒十四年（1888）狎山閣刊本
粤圖、中大、港大

5211
月波樓詩鈔 八卷
（清）南海伍元葵撰

清道光三十年（1850）刊本
港中文

5212
月波樓詩鈔 四卷
（清）南海伍元葵撰
清同治八年（1869）萬松園刊本
粤圖

5213
蝶花吟館詩鈔 一卷
（清）孫耘撰、南海李長榮輯
清同治二年（1863）刊《柳堂師友詩録初編》本
中大

5214
鋤月山房文鈔 二卷
（清）東莞何仁山撰
清光緒十六年（1890）豫章臬署刊本
粤圖、中大

5215
草草草堂詩草 二卷
（清）東莞何仁山撰
清光緒十一年（1885）刊本
粤圖、中大
清光緒十六年（1890）豫章臬署刊本
港大

5216
張仙根稿 不分卷
（清）嘉應張芝田撰
清光緒二十二年（1896）榕蔭山房刊本
粤圖

5217
榕蔭山房詩賦鈔 一卷
（清）嘉應張芝田撰
清光緒二十二年（1896）榕蔭山房刊本
粤圖

5218
學海堂全集初集 十六卷 二集 二十卷 三集 二十四卷
（清）阮元輯
清刊本
粤圖

5219
妙香簃詩存 一卷 词存 一卷
（清）順德温承皋撰
清光緒二十五年（1899）温子森等重印同治四年（1865）温氏刊《見山堂全集》本
港大

5220
春華集 二卷
（清）順德龍元任撰
清光緒十九年（1893）龍令憲刊本
粤圖、中大、港大

5221
銘心書屋詩鈔 四卷
（清）香山蔡顯源撰
清同治自刊本
粤圖、港中山

5222
耕餘吟草 一卷
（清）番禺李承宗撰
清同治二年（1863）羊城富文齋刊本
中大

5223
止齋文鈔 二卷
（清）順德馬福安撰
清同治七年（1868）刊本
粤圖、中大
清光緒刊《啓秀山房叢書》本
粤圖

5224
壽蘇集初編 一卷
（清）南海李長榮撰
清光緒元年（1875）羊城富文齋刊本
粤圖、中大

5225
蘭樵遺集 三卷
（清）南海陳湘撰

清同治刊本
中大

5226
肄雅堂遺集文鈔 一卷 詩鈔 八卷 補録試帖一卷 雜著 一卷 附年譜 一卷
（清）鶴山葉覲光撰
清光緒三十四年（1908）佛山葉世昌堂刊本
粵圖、中大

5227
四益友樓文鈔 五卷 附易氏前譜考證 一卷
（清）鶴山易其霈撰
清光緒八年（1882）刊本
粵圖、中大、華師

5228
守恕堂詩鈔 四卷
（清）鶴山易其渷撰
稿本　黄任恒題識
粵圖

5229
守恕堂詩鈔初編 二卷
（清）鶴山易其渷撰
清光緒鈔本
粵圖

5230
黄蓉石先生詩集 三卷
（清）番禺黄玉階撰
清光緒三十三年（1907）南海譚氏刊本
粵圖、港中山

5231
鉛刀集 四卷 首一卷
（清）南海徐臺英撰
清光緒十年（1884）刊本
粵圖、中大

5232
劍光樓詩鈔 四卷 文鈔 一卷 詞一卷
（清）番禺儀克中撰
清光緒八年（1882）學海堂刊本
粵圖、中大

5233
小泉詩草 四卷
（清）增城單子廉撰
清同治九年（1870）刊本
粵圖

5234
古今風雨樓詩鈔 四卷
（清）順德談子粲撰
清道光二十一年（1841）刊本
大阪府圖

5235
選樓集句 二卷
（清）番禺許祥光撰
清道光二十年（1840）自刊本
國圖

5236
攬翠山房詩輯 六卷
（清）番禺何玉成撰
清咸豐八年（1858）重刊本
中大

5237
世貽堂詩鈔 一卷
（清）香山何瑞齡撰
清李氏允中堂鈔本
粵圖

5238
嘯臺詩鈔 十四卷
（清）德慶李雲鸞撰
清道光間（1821—1850）德慶李雲鴻刊本
港中山

5239
月巖詩鈔 二卷
（清）順德吴昭良撰
清光緒十一年（1885）刊本
上圖

5240
今雨軒詩 一卷
（清）廣東黄虎拜撰

清光緒四年（1878）刊本
國圖

5241
小金華山房詩鈔 二卷
（清）新會黄伯馨撰
清道光十年（1830）羊城汗青齋刊本
粵圖

5242
北谿吟草 二卷
（清）釋展宏撰
清道光三十年（1850）順德梁廷珊刊本
粵圖
（按：展宏，號北谿野衲，順德慧雲寺僧。）

5243
四百齋詩稿 二卷
（清）番禺朱銘撰
清光緒三年（1877）刊本
南圖
清光緒八年（1882）刊本
粵圖

5244
花南溪館詩鈔 四卷
（清）順德黎應祺撰
清道光十七年（1837）茹香書屋刊本
粵圖

5245
蛾術齋詩草 七卷
（清）番禺丁杰撰
清光緒二十六年（1900）廣州刊本
粵圖、中大、華農

5246
詠花書屋賦鈔 一卷
（清）嘉應張其翰撰
清光緒二年（1876）刊本
粵圖

5247
斜月杏花屋詩鈔 四卷
（清）番禺葉英華撰
民國二十五年（1936）番禺葉氏鉛印《遐庵叢書》本
中大

5248
緑蘿書屋遺集 四卷 附録 一卷
（清）南海羅文俊撰
清光緒二十三年（1897）自刊本
粵圖、中大

5249
東岸草堂詩鈔 一卷 文鈔 一卷
（清）順德廖亮祖撰
清光緒三年（1877）順德廖氏東岸草堂刊本
粵圖、中大

5250
誦芬堂詩草 一卷
（清）南海羅廷琛撰
清光緒二十三年（1897）廣州刊本
粵圖、中大

5251
連居閣吟草 四卷
（清）番禺黄禧撰
清光緒八年（1882）番禺化龍鄉黄采漁別墅刊本
粵圖、中大

5252
聽春樓詩文存 二卷
（清）南海黄昭融撰
民國二十五年（1936）廣州大中鉛印本
中大

5253
红豆山房詩集 一卷 词集 一卷 文集 一卷
（清）番禺何振撰
清光绪六年（1880）刊本
粵圖、中大

5254
仙航山館詩稿 一卷 續草 一卷
（清）南海何世麟撰
清宣統二年（1910）羊城翰藻齋刊本
粵圖

5255
瑯環仙館詩稿 六卷
（清）南海招衡玉撰
稿本
粵圖

5256
讀白華草堂詩集初集 九卷 二集 十二卷 苜蓿集 八卷
（清）鎮平黃釗撰
清光緒十五年（1889）刊本
粵圖、中大、華師

5257
慎餘堂詩稿 四卷
（清）澄海陳名儀撰
清嘉慶十九年（1814）刊本
粵圖

5258
顏紫墟詩鈔 一卷
（清）南海顏薰撰
清光緒二年（1876）鐵嶺陳良玉等廣州刊本
港中山

5259
四餘偶録文集 二卷
（清）嘉應楊仲興撰
清光緒十八年（1892）嘉應同文閣刊本
粵圖
清宣統二年（1910）嘉應楊應氏矩園刊本
中大、華師

5260
雲鶴山人詩鈔 八卷
（清）林慶銓撰
清同治五年（1866）廣州刊本
港大

5261
雲鶴山房詩續集 一卷 三集 一卷 四集 一卷 五集 一卷
（清）林慶銓撰
清光緒二十六年（1900）廣州刊本
港大

5262
紫藤館詩鈔 一卷
（清）順德梁九圖撰
清道光二十四年（1844）順德梁九圖寫梁思問精印本
粵圖、中大

5263
桂遊草 一卷
（清）番禺黃位清撰
清道光十九年（1839）刊本
粵圖

5264
仰山樓詩草 六卷
（清）香山黃承謙撰
清道光二十四年（1844）刊本
中大

5265
龍津草堂詩草 二卷
（清）揭陽陳雄思撰
稿本
揭博

5266
藤花亭詩集 四卷
（清）順德梁廷枏撰
清道光刊本
粵圖、中大

5267
學海堂詩學 三種 三卷
（清）南海曾釗撰
清道光五年（1825）啓秀山房刊本
佛圖

5268
面城樓集鈔 四卷
（清）南海曾釗撰
清光緒刊《啓秀山房叢書》本
粵圖

5269
委懷書舫遺草 二卷
（清）南海李保孺撰

清同治九年（1870）刊本
粵圖

5270
清芬小草 一卷 附席月山房詞鈔 一卷
（清）南海桂文燿撰
清光緒桂鳴球鈔本
上圖

5271
曇花閣詩鈔 不分卷
（清）香山劉慧娟撰
清光緒六年（1880）梁氏鏡古堂寫刊本
國圖
（按：劉慧娟，字湘舲，晚號幻花女史，進士梁榮熙之母，夫爲順德舉人梁有成，工詩詞，精術數。）

5272
心亭亭居文存 不分卷
（清）吳川林召棠撰
清鈔本
粵圖

5273
心亭亭居詩存 不分卷
（清）吳川林召棠撰
清鈔本
粵圖

5274
見星廬詩稿八集 十卷
（清）吳川林聯桂撰
清嘉慶十九年（1814）羊城行遠堂刊本
粵圖、中大
清鈔本
粵圖

5275
見星廬古文稿 三卷 續一卷
（清）吳川林聯桂撰
清道光九年（1829）刊本
中大

5276
見星廬駢體文稿 二卷
（清）吳川林聯桂撰
清道光九年（1829）綏寧縣署刊本
粵圖、中大

5277
寶鴻閣賦稿 二卷 翡翠巢文稿 □□卷
（清）番禺史善長撰
稿本
魯圖

5278
典三雜著 一卷
（清）順德周寅清撰
清咸豐三年（1853）刊本
中大

5279
典三賸稿 十二卷
（清）順德周寅清撰
清咸豐七年（1857）崇禮堂刊本
粵圖、中大

5280
典三賸稿 二卷 典三詩存 一卷 典三雜著 一卷
（清）順德周寅清撰
清同治十年（1871）廣州萃文堂刊本
粵圖

5281
存誠齋文集 十四卷
（清）香山何曰愈撰
清同治五年（1866）皖江藩署刊本
粵圖、中大、華師

5282
餘甘軒詩鈔 十三卷 首一卷
（清）香山何曰愈撰
清光緒七年（1881）閩南節署刊本
粵圖、中大

5283
梅州雜事詩 一卷 附竹枝詞 一卷
（清）梅州張芝田撰

清光緒二十二年（1896）刊本
港大

5284
嶽麓堂詠史 一卷
（清）嘉應黄昌麟撰
清鈔本　顧鐵華批
中大

5285
粤遊草 不分卷
（清）劉秉彝撰
清道光刊本
粤圖
［按：劉秉彝（1843—1910），字肅倫，羅陽赤砂人。］

5286
陳禮部文集 一卷
（清）番禺陳其錕撰
清同治十一年（1872）陳氏家刊本

5287
陳禮部詩稿 十九卷
（清）番禺陳其錕撰
清咸豐二年（1852）刊本
中大、華農
子目：
含香集 四卷
循陔集 八卷
載酒集 四卷
月波樓琴言 三卷

5288
含香集 四卷
（清）番禺陳其錕撰
清咸豐二年（1852）自刊本
普葛

5289
循陔集 八卷
（清）番禺陳其錕撰
清光緒刊本
中大

5290
載酒集 四卷
（清）番禺陳其錕撰
清刊本
粤圖

5291
選選樓遺詩 五卷
（清）南海岑徵撰
清道光十一年（1831）緝熙堂刊本
粤圖

5292
知稼軒詩鈔 九卷
（清）番禺黄子高撰
清道光二十八年（1848）刊本
粤圖

5293
橘天園詩鈔 四卷
（清）南海招茂章撰
清道光元年（1821）南海招銘山家刊本

5294
羅浮遊草 一卷
（清）香山鮑俊撰
清道光十九年（1839）寫刊本
中大

5295
榕堂吟館詩鈔 一卷
（清）香山鮑俊撰
清咸豐二年（1852）恭壽堂刊本
粤圖

5296
樂志堂詩集 十二卷 文集 十八卷 文續集 二卷
（清）南海譚瑩撰
清咸豐十一年（1861）吏隱園刊本
粤圖、中大、華師

5297
樂志堂文略 四卷 附録 一卷
（清）南海譚瑩撰

清光緒元年（1875）刊本
中大、華師、華農

5298
樂志堂詩略 二卷
（清）南海譚瑩撰
清光緒元年（1875）刊本
中大

5299
守柔齋詩鈔 四卷
（清）高要蘇廷魁撰
清道光刊本
粵圖

5300
守柔齋詩鈔初集 四卷 續集 四卷
（清）高要蘇廷魁撰
清同治三年（1864）刊本
中大、華師

5301
守柔齋行河草 二卷 守柔齋詩鈔初集 四卷 續集 四卷
（清）高要蘇廷魁撰
清光緒刊本
粵圖

5302
海陀華館文集 一卷
（清）番禺何若瑤撰
清同治光緒間刊本
吉大

5303
海陀華館初集 三卷
（清）番禺何若瑤撰
清光緒八年（1882）番禺何少石刊本
港中山

5304
海陀華館詩草 一卷
（清）番禺何若瑤撰
稿本
粵圖
清鈔本
粵圖

5305
聽秋閣詩鈔 十六卷
（清）羅定黎耀宗撰
清同治刊巾箱本
粵圖

5306
聽秋閣外集 八卷
（清）羅定黎耀宗撰
清道光刊本
粵圖

5307
十悔齋詩鈔 四卷
（清）順德吴炳南撰
清光緒四年（1878）順德吴應璘監刊本
港中山

5308
東塾遺稿 五十三卷
（清）番禺陳澧撰
清鈔本
中大

5308
陳蘭甫先生未刊稿 不分卷
（清）番禺陳澧撰
民國葉恭綽鈔本
粵圖

5310
東塾集 六卷 附申范 一卷
（清）番禺陳澧撰
清光緒十八年（1892）菊坡精舍刊本
粵圖、中大、華師

5311
舊時文 不分卷
（清）番禺陳澧撰
稿本
中大

5312
陳東塾遺詩 不分卷
（清）番禺陳澧撰
清末刊本
廣圖
清鈔本
粵圖

5313
陳東塾先生遺詩 一卷
（清）番禺陳澧撰
民國二十年（1931）微尚齋刊本
中大

5314
東塾先生詩鈔别本 一卷
（清）番禺陳澧撰
民國二十三年（1934）萬卷書樓鉛印本
中大

5315
東塾集餘稿 不分卷
（清）番禺陳澧撰
清紅格鈔本
港大
（按：該稿起“復楊柳岑公”，訖“祭溫伊初文”，南州書樓舊藏。）

5316
湝生詩草 不分卷
（清）金武祥撰
稿本
臺灣

5317
芙蓉江上草堂詩稿 十卷
（清）金武祥撰
稿本
臺灣

5318
朱子襄先生講義 一卷
（清）南海朱次琦述、香山劉熽芬校録
清光緒十一年（1885）鈔本　劉熽芬跋
粵圖
［按：朱次琦（1807—1881），字子襄，號稚圭，人稱“九江先生”。道光進士，與巡撫不協，辭官歸，居鄉專事講學著述二十餘載，門生衆多，影響深廣。］

5319
律賦精選 一卷
（清）南海朱次琦等撰
清鈔本　佚名評點
粵圖

5320
朱子襄先生雜稿 不分卷
（清）南海朱次琦撰
清鈔本
加英哥大

5321
朱九江先生集 十卷 首一卷
（清）南海朱次琦撰
清光緒二十三年（1897）順德簡氏讀書堂刊本
粵圖、中大、華師、華農

5322
朱九江先生集注 不分卷
（清）南海朱次琦撰、開平張啓煌注
民國十九年（1930）刊本
中大

5323
是汝師齋遺詩 一卷
（清）南海朱次琦撰
清光緒十一年（1885）意林齋刊本
港大
清光緒刊《啓秀山房叢書》本
粵圖

5324
朱次琦手稿 不分卷
（清）南海朱次琦撰
清光緒鈔本
粵圖

5325
劬書室遺集 十六卷
（清）番禺金錫齡撰
清光緒二十一年（1895）刊本
粤圖、中大、華師

5326
劬書室遺集 十六卷 附理學庸言 一卷
（清）番禺金錫齡撰
清末家刊本
港學海

5327
今夕盦詩鈔 一卷
（清）番禺居巢撰
清光緒二十六年（1900）刊本
粤圖

5328
庚子刼餘草 一卷
（清）番禺居巢撰
清光緒鉛印本
上圖、南圖

5329
潛心堂集 一卷
（清）南海桂文燦撰
清咸豐至光緒間刊南海桂氏《經學叢書》本
粤圖

5330
羅文恪公遺集謝恩摺 一卷 奏疏 二卷 考題 一卷 試律 一卷
（清）順德羅惇衍撰
清光緒刊本
粤圖、中大、華師

5331
集義軒詠史詩鈔 六十卷
（清）順德羅惇衍撰
清光緒周福清鈔本
上圖
清光緒羅氏集義軒刊本
粤圖、中大、華師

5332
瓊臺紀事詩 不分卷
（清）瓊州雲茂濟撰
清同治八年（1869）刊本
日國會

5333
木筆花館詩鈔 四卷
（清）南海曹爲霖撰
清光緒十一年（1885）木筆花館刊本
粤圖、中大

5334
廣雅堂詩集 四卷
（清）張之洞撰
清光緒順德龍鳳鑣刊本
粤圖、中大、華農

5335
廣雅堂詩集 一卷
（清）張之洞撰
清刊本
粤圖

5336
廣雅碎金 四卷 附録 一卷
（清）張之洞撰
清光緒三十三年（1907）刊本
粤圖
（按：此書内容大致與《廣雅堂詩集》同。）

5337
廣雅碎金 四卷
（清）張之洞撰
清光緒二十三年（1897）水明樓刊本
遼圖

5338
憶嶺南草木詩 一卷
（清）張之洞撰
清末刊本
粤圖

5339
小袛陀盦詩鈔 四卷
（清）番禺沈世良撰

清同治二年（1863）刊本
中大、華師、澳大

5340
添茅小屋詩草 一卷
（清）番禺楊永衍撰
清光緒十八年（1892）番禺楊氏家刊本
港中山

5341
崇志堂詩草 一卷
（清）番禺陳超群撰
清咸豐元年（1851）番禺石樓陳氏自刊本
粵圖

5342
照中樓文集 一卷
（清）順德何焱撰
清光緒刊本
中大

5343
王文成公雜詠 二卷
（清）順德何焱撰
清咸豐元年（1851）刊本
粵圖

5344
焚隱堂集 不分卷
（清）釋祖觀撰
清光緒八年（1882）番禺凌霞鈔本
南開

5345
暖姝軒詩選 四卷
（清）順德温子顥撰
清刊本
粵圖

5346
蟫紅集 二卷 帆南集 一卷
（清）樊封撰
清鈔本
遼圖
［按：樊封（1789—1876），字昆吾，廣州駐漢軍正白旗人，曾任學海堂學長。］

5347
蟫紅集 二卷
（清）樊封撰
清鈔本
粵圖

5348
壯懷堂第三集 十四卷
（清）林直撰
清光緒三十一年（1905）羊城刊本
粵圖
（按：書又名《嶺海詩存》。）

5349
梅窩詩鈔 三卷 詞鈔 一卷 遺稿 一卷 詩補遺 一卷
（清）陳良玉撰
清光緒南海黄劬學齋刊本
粵圖、中大
（按：陳良玉，字朗山，號梅窩，廣州漢軍鑲白旗人，道光舉人。）

5350
二思齋詩鈔 六卷
（清）香山何文明撰
清咸豐二年（1852）刊本
粵圖、中大

5351
師竹山房詩鈔 四卷 續集 一卷
（清）新會陳紀撰
清同治四年（1865）自刊本
中大

5352
師竹山房詩鈔 一卷 賦鈔 一卷
（清）新會陳紀撰
清同治八年（1869）刊本
中大

5353
詅癡子集 十卷
（清）番禺凌香蘅撰
清咸豐六年（1856）番禺凌有雲家刊本
粵圖、中大、港中山

5354
天隱堂文録雜著 二卷
（清）番禺凌霞撰
清鈔本
港大

5355
寸知室略存稿 不分卷
（清）南海黎維樅撰
稿本
粵圖

5356
安事一室吟草 四卷
（清）南海譚瑀撰
清咸豐十一年（1861）廣州富文齋刊本
粵圖
清同治刊本
粵圖⊗

5357
九十九峰草堂試吟 一卷
（清）大埔邱晉昕撰
稿本
粵圖

5358
黃花集 十二卷
（清）博羅韓榮光撰
清咸豐三年（1853）羊城正文堂刊本
粵圖、中大

5359
居少楠先生遺稿 三卷
（清）番禺居溥撰
民國三年（1914）石印本
華師
（按：居溥，又名居樟華，後更名居鍠，字少楠，博涉經史，工駢體文。）

5360
養真草廬詩集 二卷
（清）南海孔繼芬撰
民國八年（1919）廣州超華齋刊本
粵圖、中大

5361
南雪草堂詩鈔 三卷
（清）高要石經撰
清咸豐二年（1852）刊本
粵圖、中大、華師

5362
清修閣稿 八卷 續編 一卷 題詞 一卷
（清）南海張品楨撰
清光緒宣統間刊本
粵圖、中大

5363
瀧水吟 二卷
（清）順德何仁鏡撰
清咸豐刊本
粵圖

5364
洛如花廨詩冊 八卷
（清）順德何仁鏡撰
清同治元年（1862）刊本
粵圖⊗

5365
荆花書屋詩鈔 一卷 餘編 一卷
（清）南海蔡士堯撰
清咸豐三年（1853）刊本
粵圖

5366
目耕軒詩存 一卷
（清）南海李采中撰
清咸豐二年（1852）刊本
粵圖

5367
心遠小榭文集 三卷 詩集 二卷
（清）番禺梁松年撰
清光緒十一年（1885）鳳浦梁氏刊本
粵圖、中大

5368
觀自養齋詩鈔 八卷
（清）香山黃承謙撰

清咸豐二年（1852）翠筠別墅刊本
粵圖、中大

5369
尺岡草堂詩 八卷 文 四卷
（清）番禺陳璞撰
清光緒十五年（1889）息廬刊本
粵圖、中大

5370
竹潭詩鈔 四卷
（清）新會阮榕齡撰
清同治四年（1865）刊本
中大

5371
暇吟館詩殘存 二卷
（清）番禺謝家杰撰
清咸豐四年（1854）刊本
粵圖⊗

5372
冰底蟲吟 一卷
題（清）冷道人撰
清咸豐五年（1855）廣州東莞蔡氏家刊本
港中山

5373
鄧和簡公墨寶 六卷
（清）順德鄧華熙撰
稿本　鄧又同題簽　清杨榮緒等人批評
粵圖

5374
楊黼香先生遺稿 一卷
（清）番禺楊榮緒撰

5375
補編　一卷
（清）吳道鎔補輯
清鈔本　汪兆鏞校並跋
粵圖
（按：版心下刊“濠堂校鈔，未經刊本”。）

5376
吳學士文集 五卷
（清）吳鼎撰、番禺梁肇煌等編
清光緒八年（1882）刊本
粵圖

5377
耕雲別墅詩集 一卷
（清）番禺鄔啓祚撰
清宣統三年（1911）刊《鄔家初集》本
粵圖、中大

5378
仰蘧書屋詩稿 一卷
（清）南海岑灼文撰
清同治八年（1869）羊城富文齋刊本
粵圖、中大

5379
養和堂詩鈔 一卷
（清）順德蔡球撰
清咸豐五年（1885）刊本
粵圖、中大

5380
夢鯉山房詩鈔 七卷
（清）新會李有祺撰
清同治元年（1862）二崖書屋刊本
中大

5381
仰高軒詩草 五卷
（清）南海黃亨撰
清咸豐五年（1855）聚賢堂刊本
粵圖、中大

5382
仰高軒詩草 二卷
（清）南海黃亨撰
清鈔本
粵圖

5383
三十六磚吟館文鈔 一卷
（清）番禺許應鑅撰
清末刊本
南圖

5384
雙桐圃詩鈔 四卷
（清）番禺潘恕撰
清同治三年（1864）粵東廣文堂刊本
中大
清道光二十七年（1847）刊本
粵圖
清道光二十七年（1847）刊本 潘飛聲校
粵圖
清光緒七年（1881）刊本
粵圖

5385
雙桐圃詩鈔 不分卷
（清）番禺潘恕撰
稿本
臺“國圖”
清道光二十七年（1847）刊本
粵圖
清咸豐間家鈔本
暨大
清光緒十年（1884）刊本
粵圖
清鈔本
中大

5386
甘泉北軒詩鈔 一卷
（清）順德蔡雲緗撰
清咸豐五年（1855）刊本
粵圖、中大

5387
欲寡過齋詩集 二卷
（清）馮健撰
清咸豐六年（1856）廣州刊本
粵圖

5388
味鐙閣詩鈔 二卷
（清）東莞羅珊撰
清同治十年（1871）味鐙閣刊本
中大

5389
味鐙閣懷人詩 一卷
（清）東莞羅珊撰
清同治二年（1863）刊本
粵圖

5390
味鐙閣詠史 一卷
（清）東莞羅珊撰
清咸豐八年（1858）味鐙閣刊本
粵圖、中大

5391
可園遺稿 一卷
（清）東莞張敬修撰
清宣統二年（1910）東莞益智印務局鉛印本
粵圖
［按：張敬修（1824—1864），字德圃。清道光間曾任柳州、梧州同知。後辟建可園，内貯典籍，外種花木，成廣東四大名園之一。］

5392
嘯碧池館詩草 六卷
（清）順德翁清撰
清咸豐七年（1857）刊本
中大

5393
緑珊軒詩草 二卷
（清）劉士忠撰
清咸豐九年（1859）刊本
粵圖
（按：劉士忠，廣東駐防漢軍鑲黄旗人，道光舉人。）

5394
滋茂堂盆瓴詩鈔 九卷
（清）平遠劉璣撰
清咸豐光緒間刊本
中大

5395
寸蓮齋散體文集 六卷 附駢體文 三卷
（清）順德陳勤勝撰

清咸豐八年（1858）刊本
粵圖

5396
紅樹山莊詩草 二卷
（清）番禺李景元撰
清咸豐十年（1860）刊本
粵圖

5397
度嶺草 不分卷
（清）許振禕撰
清光緒二十三年（1897）廣州節署刊本
粵圖
［按：許振禕（1827—1899），字仙屏，江西奉新人。曾官廣東巡撫。］

5398
霖龕遺稿 二卷
（清）南海潘衍鋆撰
清光緒十五年（1889）刊本
粵圖

5399
一角亭詩草 二卷
（清）順德陳璧光撰
清咸豐十年（1860）刊本
粵圖、中大

5400
海鶴巢詩草 五卷
（清）順德歐陽溟撰
清咸豐十一年（1861）歐陽尚友堂刊本
中大

5401
海客詩文雜存 五卷 首一卷
（清）遂溪陳喬森撰
民國九年（1920）雷城印務局鉛印本
中大
民國二十三年（1934）廣州灣赤坎華文印務局鉛印本
中大

5402
蒲桔山房詩集 不分卷
（清）香山黄國培撰
清咸豐十年（1860）刊本
粵圖、中大

5403
紅樓夢詩鈔 一卷
（清）番禺謝家杰撰
清咸豐間（1851—1861）刊本
港中山

5404
知不足齋詩草 十卷
（清）南海鄧翔撰
清咸豐十年（1860）羊城富文齋刊本
中大

5405
寸草山房詩鈔 四卷 續 一卷 試帖附 一卷
（清）順德潘鳴球撰
清咸豐十一年（1861）潘寶儉堂刊本
粵圖

5406
心遠論餘 十二卷
（清）番禺梁松年撰
稿本
臺灣

5407
三餘詩草 五卷
（清）海陽鍾聲和撰
清咸豐九年（1859）刊本
潮博

5408
百蘭山館詩集 五卷 詞鈔 一卷
（清）豐順丁日昌撰
清末鈔本
港中文

5409
百蘭山館古今體詩 五卷
（清）豐順丁日昌撰

民國鉛印本
粵圖

5410
養直草廬詩集 一卷
（清）南海孔繼芬撰
民國八年（1919）廣州超華齋刊本
佛圖

5411
袖海樓文稿 不分卷
（清）大埔何如璋撰
清鈔本
粵文館

5412
瓊州雜事詩 不分卷
（清）程秉釗撰
清蓬梗齋鈔本
皖圖

5413
林國賡手稿 不分卷
（清）番禺林國賡撰
稿本
粵社

5414
棗香書屋詩鈔 一卷
（清）順德黃樂之撰、張維屏等鑒評
清同治元年（1862）順德黃氏棗香書屋刊本
粵圖、中大
清光緒二十九年（1903）順德黃建湘南刊本
港中文

5415
希古堂文集甲集 二卷 乙集 六卷
（清）南海譚宗浚撰
清光緒十六年（1890）羊城刊本
粵圖、中大、華師

5416
荔村草堂詩鈔 十卷
（清）南海譚宗浚撰
清光緒十八年（1892）羊城刊本
中大、華師

5417
荔村草堂詩續鈔 一卷
（清）南海譚宗浚撰
清宣統二年（1910）北京刊本
粵圖、中大、港中文

5418
芸潔齋賦草 四卷 試帖 四卷
（清）南海譚宗浚撰
清光緒二十一年（1895）羊城刊本
粵圖

5419
鑒海賦 一卷
（清）南海譚宗浚撰
清光緒十四年（1888）小鸥波館刊本
大连

5420
紫荊吟館試帖 二卷
（清）番禺曹秉哲撰
清光緒二十五年（1899）刊本
首圖

5421
壺園賦鈔 一卷
（清）興寧胡曦撰
清光緒七年（1881）刊本
粵圖

5422
湛此心齋詩集 四卷
（清）興寧胡曦撰
民國鈔本
粵圖

5423
拙園詩選 一卷
（清）南海馮賡颺撰
清同治元年（1862）南海馮氏寫刊本
中大

5424
梅廬吟卷 一卷
（清）香山黃鯨文撰

清光緒鈔本
粵圖

5425
予杼軒詩集 四卷
（清）連平顏其庶撰
清同治十一年（1872）刊本
粵圖

5426
子青詩鈔 六卷
（清）新會莫芝雲撰
清同治十二年（1873）莫氏購石居刊本　潘飛聲題識
中大

5427
誦芬堂詩草 一卷
（清）東莞鄧蓉鏡撰
清同治十三年（1874）東莞鄧氏誦芬堂刊本
中大

5428
誦芬堂文存 一卷
（清）東莞鄧蓉鏡撰
清同治十三年（1874）東莞鄧氏誦芬堂刊本
粵圖、中大

5429
宛湄書屋文鈔 十一卷
（清）番禺李光廷撰
清光緒四年（1878）端溪書院刊本
粵圖、中大、華師

5430
宛湄書屋遺詩前集 二卷 後集 二卷 續録 二卷
（清）番禺李光廷撰
清光緒八年（1882）刊本
粵圖

5431
訥友山房詩鈔 一卷
（清）番禺馮之基撰
清同治二年（1863）刊本
粵圖、華農

5432
静香閣詩存 一卷
（清）順德黎春熙撰
稿本　南海黄任恒跋
中大
清光緒二十四年（1898）順德龍氏螺樹山房刊朱印本
粵圖、中大
（按：黎春熙，女，字文綺，順德人。黎兆棠之女，龍澤鋆妻。）

5433
軍中草 一卷
（清）歸善黄振成撰
清同治三年（1864）豫章乙正齋刊本
中大、華師

5434
軍中草 一卷 宦遊草 一卷
（清）歸善黄振成撰
清同治十一年（1872）刊本
粵圖

5435
北遊草 一卷
（清）歸善黄振成撰
清同治九年（1870）刊本
粵圖

5436
晚香樓吟草 三卷
（清）番禺韓廷杰撰
清同治四年（1865）刊本
中大

5437
袖海樓文稿 不分卷
（清）大埔何如璋撰
清鈔本
粵文史館

5438
使東雜詠 一卷
（清）大埔何如璋撰

清光緒二十四年（1898）刊本
粵圖

5439
養真齋詩集 八卷
（清）嘉應張其翻撰
清同治五年（1866）鈔本
粵圖

5440
養真齋詩集 不分卷
（清）嘉應張其翻撰
清鈔本
粵圖

5441
辮貞亮室賦草 一卷
（清）嘉應張其翻撰
清同治三年（1864）學海堂刊本
粵圖

5442
辮貞亮室文鈔 四卷 首一卷
（清）嘉應張其翻撰
清光緒二十九年（1903）刊本
粵圖

5443
辮貞亮室集 十卷
（清）嘉應張其翻撰
清光緒二十九年（1903）刊本
粵圖
目次：
　　文鈔 四卷 首一卷
　　賦草 一卷
　　三統春秋朔閏表 二卷
　　長曆三統校勘表 一卷
　　長曆三統校勘記 一卷

5444
自然堂遺詩 三卷
（清）番禺黄寬撰
清同治五年（1866）刊本
粵圖

5445
抱珍子道行原始詩集 一卷
（清）番禺陳秀瓊撰
清光緒十三年（1887）刊本
粵圖
（按：陳秀瓊，女，番禺人。）

5446
吉羊溪館詩鈔 三卷
（清）南海熊景星撰
清同治五年（1866）羊城萃文堂刊本
粵圖、中大
清同治鈔本
加英哥大

5447
西神山人詩鈔 一卷
（清）丁玉藻撰
清同治五年（1866）刊本
粵圖

5448
硯耕緒録 十六卷
（清）林昌彝撰、番禺陳起榮校記
清同治五年（1866）廣州刊本
粵圖、華農

5449
蓼莪吟館詩集 一卷
（清）南海馮源撰
稿本
中大

5450
邵子京詩 二卷
（清）電白邵子京撰
清鈔本
粵圖⊗

5451
紅藕花館詩集 □卷
（清）番禺徐維森撰
清鈔本
粵圖⊗

5452
譚風月軒詩鈔 一卷
（清）徐同善撰
稿本
粤圖
（按：徐同善，字公可，漢軍旗人，駐防廣州。）

5453
痴夢齋詞草 二卷
（清）順德黄玉堂撰
民國四年（1915）羊城關東雅石印本
中大

5454
緑綺閣詩鈔 一卷
（清）順德李珮珍撰
清光緒二十六年（1900）蔡竹生甘泉北軒刊本
中大
［按：李珮珍，女，字瓊仙，順德人，蔡竹生妻。］

5455
巢蚊睫齋詩稿 二卷
（清）南海陳謙撰
清同治六年（1867）鶴塘書屋刊本
粤圖、中大
清同治羊城富文齋刊本
粤圖

5456
化柔堂集 二十六卷
（清）順德陳淦撰
清同治六年（1867）順德陳氏化柔堂刊本
粤圖、中大

5457
虚舟詩草 四卷
（清）順德賴學海撰
清光緒二十一年（1895）邱園刊本
粤圖、中大

5458
吴城竹枝詞 一卷
（清）順德賴學海撰
清末鈔本
粤圖

5459
蔗尾吟草 二卷
（清）澄海楊世勛撰
清同治六年（1867）刊本
粤圖

5460
紫荆吟館詩集 四卷
（清）番禺曹秉哲撰
清光緒二十五年（1899）刊本
粤圖、中大、華師

5461
紫荆吟館賦略 一卷
（清）番禺曹秉哲撰
清光緒刊本
粤圖

5462
凌虚閣詩草 一卷
（清）南海馮熾宗撰
清同治六年（1867）廣州聚昇堂刊本
粤圖、中大

5463
六太居士遺稿 一卷
（清）南海康國熺撰
清同治六年（1867）瑞圃書室刊本
中大

5464
六太居士集 五卷
（清）南海康國熺撰
清光緒十一年（1885）刊本
粤圖

5465
識桐軒詩鈔 四卷
（清）順德蔡鍔鋑撰
清同治六年（1867）順邑少有山房刊本
中大

5466
洛如花廨詩冊 七種
（清）順德何仁鏡撰
清同治元年（1862）順德何氏家刊本
港中山

5467
在山草堂燼餘詩 十四卷
（清）南海黄紹憲撰
清宣統三年（1911）鉛印本
粤圖、中大

5468
聊閑緣軒詩 不分卷
（清）順德譚玉撰
清同治十二年（1873）廣州梁氏學文堂刊本
粤圖

5469
飂伯稿 不分卷
（清）番禺林國賡撰
稿本
粤社

5470
嘯葉軒初稿 □卷
（清）新會何朝昌撰
清刊本
粤圖⊗

5471
嘯葉軒文鈔 二卷
（清）新會何朝昌撰
清同治十二年（1873）春藻棠刊本
粤圖

5472
嘉穀山房詩草 四卷
（清）英德張君玉撰
清同治十二年（1873）刊本
粤圖

5473
敬業堂集 六卷
（清）鶴山馮鉞撰
清同治十三年（1874）刊本
粤圖

5474
小搭清真 一卷
（清）信宜李崇忠撰
清同治十三年（1874）刊本
粤圖

5475
小輞川詩集 五卷
（清）澄海王景仁撰
清宣統元年（1909）鉛印本
粤圖

5476
毋自欺齋外集 六卷
（清）興寧陳其藻撰
清同治七年（1868）刊本
粤圖

5477
評琴書屋詩草 二卷
（清）番禺潘名熊撰
清同治四年（1865）刊本
港大
清同治七年（1868）刊本
粤圖

5478
所託山房詩集 四卷 首一卷
（清）順德周遐桃撰
清光緒刊本
粤圖、中大

5479
寄榆盦詩鈔續集 一卷
（清）順德黄建笎撰
清光緒二十九年（1903）刊本
粤圖

5480
經德堂文内集 四卷 外集 二卷 別集 二卷 浣月山房詩 五卷 經籍舉要 一卷
（清）順德龍啓瑞撰

清光緒間（1875—1908）刊本
港中文

5481
經德堂文内集 四卷 外集 二卷
（清）順德龍啓瑞撰
清光緒四年（1878）京師刊本
港中文

5482
三樵山房詩鈔 五卷
（清）番禺周瑞生撰
清同治七年（1868）深柳堂刊本
粤圖

5483
詩詞遺草 二卷
（清）番禺周岐山撰
清同治九年（1870）刊本
粤圖

5484
竹筠書屋吟草 二卷
（清）南海陳華澤撰
清同治九年（1870）刊本
粤圖

5485
伯芷遺詩 一卷
（清）順德梁朝澧撰
清光緒元年（1875）刊本
粤圖、中大

5486
求是軒遺稿 二卷
（清）番禺吳灝撰
清同治八年（1869）刊本
粤圖、中大

5487
小泉詩草 四卷
（清）增城單子廉撰
清同治九年（1870）刊本
粤圖、中大

5488
委懷書舫遺草 二卷
（清）南海李保孺撰
清同治九年（1870）刊本
粤圖、中大

5489
菉竹山房詩稿 一卷
（清）興寧張鴻書撰
清同治刊本
中大

5490
榕屋詩鈔 十卷 附瓊南百詠 一卷
（清）嘉應李閎中撰
清同治九年（1870）刊本
粤圖

5491
湛華堂佚稿 四卷
（清）順德廖赤麟撰
清同治九年（1870）順德黄蓮松石山房重刊本
粤圖

5492
鰲山存真集詩鈔 不分卷
（清）三水鄧章撰
清同治十年（1871）鴻文堂刊本
粤圖

5493
倚松閣詩鈔 十五卷
（清）南海馮錫鏞撰

5494
附録凌虚阁詩草 一卷 凌虚閣試帖 一卷
（清）南海馮熾宗撰
清同治九年（1870）刊本
粤圖、中大

5495
希古外集 二卷
（清）順德周鈞鏊撰
清光緒十年（1884）刊本
粤圖、中大

5496
蓮西詩存 二卷
（清）釋寶筏撰
清光緒十九年（1893）廣州海幢寺刊本
粵圖
［按：寶筏（1838—1891），字蓮西，别署蓮西道人，廣州海幢寺僧。］

5497
張工部遺文 二卷
（清）番禺張嘉樹撰
清光緒十二年（1886）修梅書屋刊本
粵圖

5498
蘊香山房詩鈔 一卷
（清）南海梁綺石撰
清光緒六年（1880）刊本
粵圖

5499
題畫詩稿 一卷
（清）新會鄭績撰
清同治刊本
粵圖

5500
夢幻圖題畫詩 二卷
（清）新會鄭績撰
清同治四年（1865）廣州聚賢堂寫刊本
粵圖

5501
味蘇齋集 四卷 附日記 一卷
（清）番禺曹秉濬撰
民國十年（1921）廣州刊本
中大

5502
一得山房詩鈔 四卷
（清）英德張景陽撰
清同治十一年（1872）刊本
粵圖、中大

5503
梅廬吟卷 二卷
（清）香山黄鯨文撰
稿本　清何瑞、陳簡書、羅汝球、楊榮、羅嘉蓉、陳壎、張士輝、林鶴年等人跋
中大
清光緒五年（1879）門人譚湘等刊本
粵圖

5504
怡雲山館賦稿 一卷 附録 一卷
（清）南海梁紹獻撰
清同治十一年（1872）廣州藏修堂刊本
粵圖

5505
小南海詩鈔 二卷
（清）南海徐同善撰
清同治刊本
粵圖

5506
小南海遺文 一卷 附抗吟社詩鈔 一卷
（清）南海徐同善撰
清光緒二十五年（1899）刊本
粵圖

5507
臥遊吟草 四卷
（清）順德李獻能撰
清同治刊本
粵圖

5508
看山樓詩鈔 二卷
（清）番禺馮永年撰
清同治十三年（1874）許應鑅刊《南園二子詩鈔本》
上圖

5509
隨山館叢稿 十卷 續稿 二卷
（清）番禺汪瑔撰
清光緒七年（1881）刊本
港中山

5510
隨山館詩丙稿 一卷
（清）番禺汪瑔撰
清鈔本
粤圖

5511
隨山館詩簡編 四卷
（清）番禺汪瑔撰
清光緒刊本
粤圖、中大、華師

5512
隨山館全集 三十二卷
（清）番禺汪瑔撰
清光緒中刊本
國圖、中大
子目：
隨山館猥稿 十卷 續稿 二卷
隨山館詞稿 一卷 續稿 一卷
隨山館叢稿 四卷
無聞子 一卷
松煙小録 六卷
旅譚 五卷
隨山館尺牘 二卷

5513
浣香齋詩鈔 一卷
（清）陽春敖雍鳴撰
清光緒元年（1875）刊本
粤圖

5514
藹儔詩鈔 一卷
（清）南海梁玉森撰
清光緒二年（1876）羊城富文齋刊本
粤圖、中大

5515
笛聲樓詩集 二卷
（清）蕉嶺邱起雲撰
清光緒二年（1876）蕉嶺吳聚生堂刊本
粤圖

5516
調琴飼鶴齋詩存 二卷
（清）鶴山吕鑒煌撰
清光緒三年（1877）刊本
粤圖、中大

5517
四百三十二峰草堂詩 不分卷
（清）南海黄環撰
清光绪三年（1877）羊城鸿文堂刊本
中大、華師
清光緒十三年（1887）寫刊本
粤圖、中大
子目：
歸粤草 三卷
黎陽集 一卷

5518
鐵石齋紀事詩 一卷
（清）南海黄璟撰
清光緒二十三年（1897）刊本
北大、東北師大

5519
召南續集 一卷
（清）南海黄璟撰
清宣統元年（1909）刊本
國圖

5520
人境廬詩草 十一卷
（清）嘉應黄遵憲撰
清宣統三年（1911）日本鉛印本
中大、華師
民國二十年（1931）上海商務印書館鉛印本
中大

5521
人境廬詩草箋 十一卷 年譜 一卷 詩話 二卷
（清）嘉應黄遵憲撰、錢萼孫箋注
民國二十五年（1936）上海商務印書館鉛印本
中大

5522
日本雜事詩 二卷
（清）嘉應黄遵憲撰
清光緒五年（1879）同文館刊本
粤圖
日本明治十三年（1880）刊本
日内閣
清光緒二十四年（1898）長沙富文堂刊本
粤圖

5523
黄公度先生詩箋 三卷
（清）嘉應黄遵憲撰、古直箋
民國十六年（1927）上海聚珍仿宋印書局鉛印本
吉林、吉大

5524
潘資政公遺稿 一卷
（清）南海潘進撰
清光緒六年（1880）刊本
粤圖

5525
色香俱古之室詩鈔 七卷
（清）順德賴瀛撰
清光緒七年（1881）刊本
粤圖、中大

5526
遺園詩集 十六卷
（清）番禺徐樾撰
清光緒刊本
南開

5527
庚園詩草 二卷
（清）南海何秀棣撰
清光緒九年（1883）羊城萃文堂刊本　謝山跋
中大

5528
拾葉山房詩鈔 一卷
（清）番禺崔必鈺撰
清光緒八年（1882）刊本
粤圖、中大、華師

5529
海蠡堂詩稿 三卷 附録 一卷
（清）吳川吳河先撰
清光緒八年（1882）刊本
粤圖、中大

5530
東南樵草堂詩鈔 四卷
（清）增城單玉騏撰
清光緒八年（1882）刊本
粤圖

5531
侶樊草堂詩鈔 六卷
（清）順德黎原超撰
清光緒十年（1884）刊本
粤圖

5532
一匏居詩鈔 二卷
（清）高要伍士楷撰
清光緒十年（1884）刊本
粤圖、中大、華師

5533
椒生詩草 六卷 續草 三卷
（清）王之春撰
清光緒刊本
廣圖
［按：王之春（1842—1906），字爵棠，號椒生，湘南清泉人。曾任廣東按察使。］

5534
森玉堂詩草 十卷
（清）信宜李增榮撰
清光緒刊本
粤圖

5535
味道齋文鈔 六卷
（清）信宜李再榮撰
清光緒十年（1884）刊本
粤圖

5536
粟香室文稿 不分卷
（清）金武祥撰
清光緒十七年（1891）活字印本
吉圖

5537
灕江遊草 一卷
（清）金武祥撰
清光緒二十三年（1897）粟香室刊本
遼圖

5538
陶廬續詠 一卷
（清）金武祥撰
清光緒二十四年（1898）刊本
吉圖、吉大

5539
陶廬雜記卷續詠 一卷 續憶 一卷
（清）金武祥撰
清末民初廣州刊本
遼大

5540
居安堂詩鈔 二卷
（清）香山楊大玉撰
清光緒十二年（1886）高州聯經號刊本
粵圖

5541
昶園積逋齋詩集 八卷
（清）順德梁喬岳撰
清光緒十二年（1886）順邑梁氏昶園刊本
粵圖

5542
眺松閣詩鈔 一卷
（清）順德蔡愷撰
清光緒十四年（1888）刊本
粵圖

5543
迂齋詩鈔 八卷 外集（詞） 一卷
（清）香山梁煦南撰
清光緒九年（1883）刊本
港大
清光緒十四卷（1888）廣雅堂刊本
粵圖

5544
崔翰林遺集 二卷
（清）南海崔舜球撰
清光緒十四年（1888）刊本
粵圖、中大

5545
小草堂詩集 二卷
（清）海陽謝錫勛撰
民國鉛印本
汕圖

5546
芥軒吟草 二卷
（清）海豐林光政撰
清光緒十四年（1888）刊本
粵圖

5547
務滋書屋遺稿 一卷
（清）順德陳琪撰
清光緒十四年（1888）刊本
粵圖

5548
抗古堂詩集 十卷
（清）蕉嶺陳展雲撰
清光緒十四年（1888）刊本
粵圖

5549
粵歸草 二卷
（清）沈用霖撰
清光緒十五年（1889）羊城刊本
粵圖

5550
硯秋館吟草 二卷
（清）萬州陳瑄孚撰
清光緒十五年（1889）刊本
粵圖

5551
踽莽律賦 二卷
（清）南海潘衍桐撰
清光緒十五年（1889）刊本
粤圖、中大

5552
漉雲齋詩存 一卷
（清）海康李晉熙撰
清光緒十五年（1889）鈔本
粤圖

5553
漉雲齋集句 十一卷
（清）海康李晉熙撰
民國十年（1921）雷城道南印務局鉛印本
中大

5554
拙齋詩鈔 二卷
（清）澄海陳經邦撰、陳溥霖輯
民國二十二年（1933）鉛印本
揭博

5555
語冰吟草續集 一卷
（清）澄海陳燕如撰
民國初印本
庵埠文化站
（按：其初集二卷，已失傳。）

5556
百懷詩集 一卷
（清）海陽陳龍慶撰
民國三年（1914）潮城林文在樓刊本
粤圖

5557
蟄庵詩録 不分卷
（清）揭陽曾習經撰
稿本　清羅惇曧補鈔詩五首
粤圖

5558
耕書堂詩草 三卷
（清）嘉應楊鴻舉撰
清光緒十六年（1890）刊本
粤圖、中大

5559
鳴泉集 二卷
（清）南海伍會同撰
清光緒十六年（1890）羊城富文齋刊本
粤圖

5560
棣華小廬詩鈔 四卷
（清）鶴山馮昭文撰
清光緒十六年（1890）廣州陳業文堂刊本
粤圖

5561
煮葵堂詩鈔 一卷 詞鈔 一卷
（清）南海顔師孔撰
清光緒十七年（1891）琴止齋刊本
中大

5562
師竹山房文集 二卷
（清）三水歐陽鍇撰
清光緒十七年（1891）刊本
粤圖、中大

5563
有真意齋詩 一卷
（清）陶文鼎撰
清光緒十八年（1892）廣州刊本
粤圖

5564
寫趣軒吟稿舊稿 三卷 別編 一卷 近稿 二卷
（清）新會譚國恩撰
清光緒十九年（1893）鉛印本
粤圖、中大

5565
樵山集 一卷
（清）南海潘譽恩撰
清光緒十九年（1893）瓶守堂刊本
中大

5566
清芬集 二卷
（清）南海潘譽徵撰
清宣統三年（1911）廣州刊本
中大、華師

5567
奎文志喜詩 一卷 外八種 八卷
（清）徐琪撰
清光緒十九年（1893）刊本
東北師大
子目：
選香三瑞詩 一卷
連州鐘乳歌 一卷
授經石歌 一卷
韓雲晶瑞歌 一卷
韓江赤鯉歌 一卷
鷹山從祀詩 一卷
韓江雜詩 一卷
梅州一律 一卷
[按：徐琪（1849—1918），字玉可，杭州人。清光緒進士，官至兵部侍郎。]

5568
嶺南實事記 二十卷
（清）徐琪撰
清光緒二十年（1894）刊《香海盦叢書》本
遼圖
清光緒二十二年（1896）刊本
大连

5569
徐花農宦粤歌詩 不分卷
（清）徐琪撰
清光緒二十年（1894）刊本
中大

5570
連州鐘乳歌 一卷
（清）徐琪撰
清光緒二十年（1894）刊本
粤圖

5571
粤軺集 四卷
（清）徐琪撰
清光緒二十年（1894）刊本
粤圖

5572
海日廬詩草 六卷
（清）南海馮栻宗撰
清光緒二十年（1894）刊本
中大、佛圖

5573
醒省齋零草 一卷
（清）番禺李碧泉撰
清光緒二十一年（1895）羊城補過書屋刊本
粤圖、中大、港中文

5574
補山山人詩草 四卷 首一卷
（清）新寧陳燮疇撰
清光緒二十二年（1896）廣州瑞元堂刊本
粤圖

5575
晉磚宋瓦室類稿 五卷
（清）南海桂坫撰
清光緒二十四年（1898）刊本
粤圖

5576
晦木軒稿 一卷
（清）南海桂坫撰
稿本　香山黄佛頤跋
中大
清光緒二十三年（1897）家刊本
粤圖、港中山

5577
養和山館詩草 六卷
（清）海陽楊淞撰
清光緒二十三年（1897）潮城存文樓刊本
粤圖、汕圖

5578
夢中夢樓全集 不分卷
（清）揭陽黃甲儒撰
稿本
揭博

5579
櫟園詩鐘 一卷
（清）揭陽周易撰
稿本
揭博

5580
周芷園聯詩 一卷
（清）揭陽周易撰
稿本
揭博

5581
味菘園詩鈔 五卷
（清）揭陽周易撰
清光緒二十三年（1897）刊本
粤圖
民國鉛印本
粤圖、揭博

5582
何淡如孝廉文鈔 一卷
（清）南海何又雄撰
清光緒二十三年（1897）鈔本
粤圖

5583
問鸝山館詩鈔 三集
（清）恩平楊炳勛撰
清光緒二十四年（1898）刊本
粤圖

5584
羅浮山房詩存 八卷
（清）博羅張雋撰
清光緒二十四年（1898）刊本
粤圖

5585
蜀遊草 一卷
（清）南海廖廷相撰
清光緒二十四年（1898）刊本
粤圖

5586
緑筠堂詩草 一卷
（清）釋石夔撰
清光緒二十四年（1898）粤東潤經堂刊本
粤圖、華師

5587
海嶽遊客集 一卷
（清）南海勞伯言撰
清光緒二十七年（1901）南海勞維垣家刊本
港中山

5588
陳慶笙文稿 四卷
（清）新會陳樹鏞撰
清鈔本
北大

5589
陳慶笙文集 四卷
（清）新會陳樹鏞撰
清宣統元年（1909）刊本
港中山

5590
羅浮待鶴山房談玄詩草 一卷
（清）香山鄭觀應撰
清光緒二十四年（1898）刊本
粤圖
［按：鄭觀應（1842—1922），又名官應，字正翔，號陶齋、杞憂生、羅浮待鶴山人等。光緒初捐補道員，曾任上海招商局、漢陽鐵廠、粤漢鐵路總辦等職。辛亥革命後，寓居上海。其著作《盛世危言》最有盛名。］

5591
羅浮待鶴山人詩草 二卷
（清）香山鄭觀應撰

清光緒二十四年（1898）香山鄭氏待鶴書屋刊本
粵圖、中大

5592
羅浮待山人詩草寓意吟 二卷 外集談玄 一卷
（清）香山鄭觀應撰
清宣統元年（1909）上海著易堂鉛印本
粵圖、中大

5593
懷清閣詩鈔 二卷
（清）南海陳如龍撰
稿本　清袁孟譚、阮叔度跋
粵圖

5594
嶽麓草堂詩集 二卷
（清）南海陳如龍撰
稿本
粵圖

5595
味雪樓步吟草 一卷
（清）順德黎敬荃撰
清光緒二十五年（1899）刊本
粵圖

5596
木蘭館詩鈔 不分卷
（清）廣東陳徵文撰
清光緒二十五年（1899）刊本
粵圖

5597
素心蘭室詩鈔 二卷
（清）番禺陸應暄撰
清光緒二十五年（1899）刊本
粵圖、中大

5598
素心蘭室詩鈔 四卷 外集 三卷
（清）番禺陸應暄撰
清光緒二十六年（1900）刊本
粵圖、中大

5599
夢醒芙蓉集 三卷
（清）東莞蘇澤東撰
清光緒二十六年（1900）東莞蘇氏祖坡吟館刊本
粵圖

5600
曼陀羅花室詩 三卷 詞一卷
（清）吳翊寅撰
清光緒二十年（1894）廣雅書局刊本
吉圖

5601
曼陀羅花室文 三卷
（清）吳翊寅撰
清光緒十七年（1891）廣雅書局刊本
吉大

5602
慎誠堂集 不分卷
（清）南海鄧士憲撰
稿本　容肇祖題簽並跋
中大

5603
紫璲山房遺集 不分卷
（清）香山陳子瑞撰
稿本　清朱念慈、汪兆鏞跋
粵圖

5604
東亞一粟初稿 二卷
（清）興寧馬杏春撰
清光緒二十六年（1900）刊本
粵圖

5605
韶石詩存 一卷
（清）順德鄧顯撰
清光緒二十六年（1900）順德刊本
粵圖

5606
寫趣軒續稿 二卷 附録 一卷
（清）新會譚國恩撰

清光緒二十六年（1900）刊本
粵圖

5607
港澳旅遊草 一卷
（清）順德梁喬漢撰
清光緒二十六年（1900）廣州藏經閣刊本
粵圖

5608
小雅樓詩集 八卷 遺文 二卷 首一卷
（清）順德鄧方撰
清光緒二十六年（1900）廣州刊本
粵圖、中大

5609
證真畫齋詩鈔 一卷
（清）香山陳子清撰
清光緒二十六卷（1900）寶宋書樓刊本
粵圖、中大

5610
龍佩荃詩集 不分卷
（清）順德龍祝齡撰
稿本
粵圖

5611
棣垞集 四卷 外集 三卷 首一卷
（清）番禺朱啓連撰
清光緒二十六年（1900）汪氏微尚齋刊本
粵圖、中大、華師
民國三十三年（1944）澤存書庫重刊紅印本
中大

5612
百懷詩集 一卷
（清）海陽陳龍慶撰
民國三年（1914）文在樓刊本
粵圖

5613
倚劍樓詩草 七卷
（清）番禺許炳雲撰
清光緒二十七年（1901）刊本
粵圖

5614
求實用齋詩存 一卷
（清）南海勞伯言撰
清光緒二十七年（1901）廣州超華齋刊本
粵圖、中大

5615
梁文忠公文鈔 一卷
（清）番禺梁鼎芬撰
民國楊履瑞鈔本
臺灣
［按：梁鼎芬（1859—1919），字星海，號節庵，光緒初進士，授翰林院編修，因彈劾李鴻章受挫，回粵任豐湖書院、端溪書院、廣雅書院山長，後隨張之洞幕府，曾官湖北布政使。辛亥革命後，清帝遜位，任溥儀教師，任二品銜毓慶宮行走，后卒於京。其詩獨樹一幟，在近代詩壇中占有一席之地。］

5616
梁鼎芬手翰 不分卷
（清）番禺梁鼎芬撰
稿本
魯圖

5617
葵霜閣遺詩 一卷
（清）番禺梁鼎芬撰
清末種萱堂鈔本
粵圖

5618
節庵集 五卷
（清）番禺梁鼎芬撰
清光緒刊《知服齋叢書》本
粵圖

5619
節庵先生遺詩 六卷
（清）番禺梁鼎芬撰
民國十二年（1923）沔陽盧氏慎始齋刊本
粵圖、中大、華師

5620
節庵先生遺詩續編 一卷
（清）番禺梁鼎芬撰、葉恭綽輯
民國三十二年（1943）鉛印本
中大

5621
瀛海論箋 九卷
（清）番禺凌鶴書撰
清光緒二十七年（1901）廣州文寶石印本
粵圖

5622
庚辛南遊詩記 一卷
（清）嘉應王恩翔撰
清光緒二十七年（1901）刊本
粵圖

5623
秋室吟社詩録 □□卷
稿本
粵圖

5624
倚劍樓詩草 五卷
（清）新寧黄景棠撰
清光緒二十七年（1901）刊本
粵圖

5625
肄雅堂詩鈔 四卷
（清）鶴山葉雲葆撰
稿本　清陳永題簽、清吴沛森題詩　□□題跋
中大
［按：葉雲葆，字覲光，鶴山人。久居佛山及廣州，後任雷州教諭及西寧（今鬱南）、從化訓導，工詩。该書有光緒刊本，但此稿本其子刊遺詩時，尚不知有此原稿，後被刊入《儀清室叢書》。］

5626
南遊賸稿 一卷
（清）順德張槐撰
清光緒二十八年（1902）龍江張氏刊本
粵圖、中大

5627
菊潭驪唱 二卷
（清）番禺史悠履撰
清光緒二十八年（1902）刊本
粵圖

5628
留有餘齋詩草 一卷
（清）南海李廣綬撰
清光緒二十九年（1903）羊城森寶閣鉛印本
粵圖

5629
涉趣園詩鈔 二卷
（清）嘉應彭煒瑛撰
清光緒二十九年（1903）刊本
粵圖

5630
懺盦詩鈔 二卷 詞鈔 一卷
（清）番禺沈澤棠撰
清光緒二十九年（1903）刊本
粵圖、中大、港大
民國十八年（1929）刊本
粵圖、中大

5631
清暉閣詩鈔 六卷
（清）恩平吴松撰
清宣統重刊本
粵圖、中大

5632
存庵文集 四卷
（清）高要梁子瑜撰
清宣統二年（1910）刊本
粵圖

5633
慧觀詩集 三卷 附課餘吟草 一卷
（清）澄海許扫芬撰
清宣統二年（1910）石印本
粵圖

5634
澄江一人 一卷
（清）澄海陳伯良撰
清宣統二年（1910）石印本
粵圖

5635
鶴山新會知縣信稿 不分卷
（清）楊介康撰
稿本
粵圖

5636
倉海君庚戌羅浮遊草 一卷
（清）鎮平丘逢甲撰
清宣統二年（1910）鉛印本
粵圖

5637
倉海先生丘公逢甲詩選 不分卷
（清）鎮平丘逢甲撰、丘琮選編
民國二十四年（1935）上海商務印書馆鉛印本
粵圖

5638
丘倉海先生遺稿 一卷
（清）鎮平丘逢甲撰
民國三十年（1941）鉛印本
粵圖

5639
嶺雲海日樓詩鈔 十三卷 選外集 一卷
（清）鎮平丘逢甲撰
民國二十六年（1937）國立中山大學出版部鉛印本
中大
民國三十年（1941）鉛印本
粵圖

5640
嶺雲海日樓詩鈔 不分卷
（清）鎮平丘逢甲撰
民國鈔本
華師

5641
百尺樓百首詩鈔 一卷
（清）南海陳次壬撰
清宣統三年（1911）刊本
粵圖、中大

5642
味蘇齋集 四卷 附味蘇齋日記一卷
（清）番禺曹秉濬撰
清末刊本
港學海

5643
海漚集 一卷
（清）海南劉慶嵩撰
清宣統三年（1911）石印本
粵圖

5644
碧羅仙館吟草 一卷
（清）順德何祖濂撰
清宣統三年（1911）鈔本
粵圖

5645
碧羅仙館文编 二卷
（清）順德何祖濂撰
清末鈔本
粵圖

5646
頣巢類稿 詩三卷 文一卷
（清）番禺陶邵學撰
清宣統三年（1911）粵東省城翰元樓刊本
粵圖、中大、華師

5647
頣巢類稿 三卷 附行狀
（清）番禺陶邵學撰
清末刊本
港學海

5648
巢南詩鈔 一卷
（清）番禺葉西撰、葉恭綽編校

5649
蓬隱詩鈔 一卷
番禺任世熙撰
民國三十七年（1948）鉛印本
中大

5650
東南樵草堂詩鈔 四卷
（清）增城單玉騏撰
清光緒八年（1882）番禺化龍鄉黄采漁别墅刊本
港大

5651
浣雪山房詩鈔 不分卷
（清）瓊山陳之修撰
清鈔本
粵圖

5652
陶廬雜憶 二卷
（清）金武祥撰
清光緒三十一年（1905）江陰金氏廣州刊本
港中文

5653
芝畦遊草 一卷
（清）南海黄春撰
清光緒三十年（1904）自刊本
港中文

5654
惜分陰齋詩稿 一卷
（清）番禺陶廣榮撰
民國二年（1913）廣州刊本
中大

5655
夢梅先生詩文集 三卷
（清）新會陳子彦撰
民國三年（1914）文明印刷廠鉛印本
中大

5656
俟園詩草 不分卷
（清）順德蘇逢聖撰
民國三年（1914）大良昌興印務館鉛印本
中大

5657
棗香書屋遺稿 一卷
（清）順德蘇逢聖撰
民國九年（1920）大良昌興印務局鉛印本
中大

5658
趙魯庵先生集 九卷 首一卷
（清）新寧趙天錫撰
民國五年（1916）浮石淡志書屋刊本
中大

5659
睫闇詩鈔 十卷
（清）裴景福撰、南海金保福書寫
民國七年（1918）上海商務印書館石印本
中大

5660
梯雲館詩鈔 一卷
（清）東莞張端撰
民國七年（1918）寓園刊本
中大

5661
匠麹别墅詩集 二卷
（清）河源蕭涵棻撰
民國八年（1919）粵東編譯公司鉛印本
中大

5662
擊蒲詩集 九卷
（清）嘉應葉應魁撰
民國十年（1921）嘉應奇珍閣刊本
中大

5663
善木山房存稿 四卷
（清）番禺陶炳熙撰
民國十年（1921）廣州宏發印刷所鉛印本
中大

5664
缺齋遺稿 三卷
（清）番禺傅維森撰
民國十一年（1922）北京鉛印本
中大

5665
謝鷴塵先生詩集 一卷
（清）海陽謝錫勛撰
民國華洋印務館鉛印本
汕圖

5666
小草堂詩集 四卷
（清）海陽謝錫勛撰
民國十三年（1924）華洋印務書館鉛印本
中大

5667
萬事好廬詩鈔 一卷
（清）嘉應黃基撰
民國十三年（1924）羅香林鈔本　羅香林跋
中大

5668
用晦草堂駢文 二卷
（清）南海李樹恭撰
清末鈔本
粵圖

5669
用晦草堂詩 不分卷
（清）南海李樹恭撰
清末鈔本
粵圖

5670
詩蹟小鈔 二卷
（清）南海馮日初撰
清末廣州富文齋刊本
粵圖

5671
清芬閣詩集 四卷
（清）順德張青選撰
清末刊本
粵圖

5672
秦瓦硯齋詩鈔 七卷
（清）東莞簡士良撰
清光緒廣州聚升堂刊本
中大

5673
猬夏堂詩集 四卷 首一卷
（清）李仕良撰
民國十四年（1925）刊本
中大

5674
一壺吟稿 一卷
（清）大埔何文涵撰
清末鈔本
粵圖
清末鈔本
粵圖

5675
叢桂山房集 二卷
（清）順德楊增暉撰
清末刊本
粵圖

5676
淡香吟館詩鈔 四卷
（清）順德楊康撰
清光緒刊本
粵圖

5677
古嘯齋駢體文鈔 二卷
（清）新會李兆槐撰
清末刊本
粵圖

5678
入夢紀詩集 四卷
（清）南海勞仰之撰
清末刊本
粵圖

5679
嶺南陳元孝先生詩鈔 一卷
（清）廣東陳恭尹撰
清末鈔本
魯圖

5680
蓮塘詩鈔 四卷
（清）番禺陳世熙撰
清末刊本
粵圖

5681
細字吟 六卷
（清）東莞蔡召華撰
清末刊本
粵圖

5682
心字香館文鈔甲集 二卷
（清）新會黄仲畲撰
清末刊本
粵圖

5683
菽園著書 三種 十六卷
（清）澄海邱煒萲撰
清光緒二十三年（1897）香港中華印務局鉛印本
粵圖
子目：
菽園談贅 十四卷
庚寅偶存 一卷
壬辰冬興 一卷

5684
五百石洞天揮麈 十二卷
（清）澄海邱煒萲撰
清光緒二十五年（1899）羊城富文齋刊本
粵圖

5685
佩弦齋文存 二卷 首一卷 駢文存 一卷 詩存一卷 試帖存 一卷 律賦存 一卷 雜存 二卷
（清）朱一新撰
清光緒二十二年（1896）順德龍氏葆德堂刊本
港中央
（按：書又名《拙盦叢稿》。朱一新，字鼎甫，義烏人。清光緒進士，掌教廣雅書院。）

5686
寫趣軒吟稿 六卷
（清）新會譚國恩撰
清光緒十九年（1893）新會譚氏横濱官廨鉛印本
港中山

5687
秋曉庵詩稿 一卷
（清）番禺潘儀增撰
清光緒鈔本
粵圖

5688
懷清閣詩鈔 二卷
（清）南海陳如龍撰
清光緒鈔本
粵圖

5689
四山吟草 一卷
（清）順德陳國棟撰
清光緒鈔本
粵圖

5690
嗣農遺詩 一卷
（清）南海何如銓撰
清光緒鈔本　黄任恒跋
粵圖

5691
養和山館課餘草 六卷
（清）海陽楊淞撰
清光緒二十三年（1897）潮陽存文樓刊本
粵圖、汕圖

5692
繞緑書莊詩稿内集 不分卷
（清）揭陽林長暉撰
清光緒十六年（1890）刊本
揭博

5693
紅藥吟館詩鈔 不分卷
（清）揭陽謝煉撰
清鈔本
粵圖
民國二十年（1931）汕頭《汕報》社鉛印本
揭博

5694
焉用齋遺集 三卷
（清）潮州王定鎬撰
民國三十四年（1945）鉛印本
粵圖、汕大

5695
綉詩樓詩 五卷
（清）饒平陳步墀撰
清宣統元年（1909）羊城鉛印本
粵圖

5696
倚雲樓詩鈔 一卷
（清）番禺劉月娟撰
清末民初鈔本
粵圖
民國元年（1912）刊本
中大
（按：劉月娟，女，字瑤仙，番禺人，劉釗之女。）

5697
且食蛤利齋詩稿 十五卷
（清）番禺沈福田撰
清宣統鉛印本
粵圖

5698
智因閣詩集 一卷
（清）番禺鄔寶珍撰
清宣統元年（1909）刊《鄔家初集》本
粵圖、中大
民國九年（1920）刊本
瀋圖

5699
鄔道源先生遺書 一卷
（清）番禺鄔寶珍撰
清宣統二年（1910）番禺鄔氏耕雲别墅刊本
粵圖

5700
文壽閣詩鈔 一卷
（清）南海羅慧卿撰
清宣統元年（1909）刊本
粵圖
（按：羅慧卿，女，字春生，南海人。）

5701
玉露堂詩集 四卷
（清）遂溪羅鼎撰
清宣統元年（1909）刊本
粵圖

5702
小輞川詩集 五卷
（清）澄海王景仁撰
清宣統元年（1909）鉛印《綉詩樓叢書》本
粵圖、中大

5703
味莊騷齋吟稿 一卷
（清）長樂吴紹東撰
清宣統二年（1910）鈔本
粵圖

5704
味靈華館詩 六卷
（清）番禺商廷焕撰
清宣統二年（1910）刊本
粵圖

5705
東遊紀詩 一卷
（清）南海金保權撰

清光緒三十一年（1905）刊本
科圖

5706
紫藤花館詩 一卷
（清）南海黃璇撰
清光緒四年（1878）刊本
國圖
（按：黃璇，女，字韻桐，黃璟妹，爲徐啓之妻。）

5707
羅度詩草 一卷
（清）南海羅度撰
清末鈔本
國圖

5708
意園詩草 一卷
（清）南海羅度撰
清末鈔本
科圖

5709
兢生遺稿 二卷
（清）南海黃乾瑋撰
清光緒二十七年（1901）刊本
無圖

5710
兢生遺稿 一卷
南海黃乾瑋撰
民國十一年（1922）鉛印本
中大

5711
丁叔雅詩 一卷
（清）豐順丁惠康撰
民國刊《匏存室詩鈔》本
粵圖
民國刊《古今文藝叢書》本
粵圖

5712
匏存室詩鈔 一卷
（清）豐順丁乃潛撰
民國十二年（1923）上海書局石印本
粵圖、揭博

5713
匏存詩集 一卷
（清）豐順丁乃潛撰
稿本
揭博

5714
佛岡官轍詩 一卷
（清）朱寯瀛撰
清光緒三十年（1904）刊本
粵圖

5715
素馨田花農吟草 一卷
（清）南海蘇耀慈撰
清鈔本
粵圖

5716
逢吉堂焚餘稿 一卷
（清）南海黃錫深撰
清光緒二十八年（1902）刊本
中大

5717
逢吉堂焚餘稿 一卷 附題詞 一卷
（清）南海黃錫深撰、黃春輯
清光緒三十年（1904）刊本
粵圖、中大

5718
懺花盦詩存 十一卷
（清）宋澤元撰
清光緒三十二年（1906）羊城成文堂刊本
粵圖

5719
樸學齋文鈔 四卷
（清）番禺沈宗畸撰
清光緒三十四年（1908）鉛印本
南圖

5720
退庵詩集 二卷
（清）香山何福海撰
清宣統元年（1909）鉛印本
復旦

5721
夢痕仙館詩鈔 十卷
（清）東莞張其淦撰
清光緒三十二年（1906）刊本
粤圖、中大

5722
五代詠史詩鈔 七卷
（清）東莞張其淦撰
民國七年（1918）寓園刊本
中大

5723
穿珠集 二卷
題（清）端州鼎湖獻純幻人撰
清光緒三十三年（1907）端州鼎湖經坊刊本
粤圖

5724
五山草堂初編 二卷
（清）順德龍令憲撰
清光緒三十四年（1908）家刊本
粤圖、中大

5725
梅雪軒全集 □卷
（清）香山張寶雲撰
清光緒三十四年（1908）鉛印本
粤圖⊗
［按：張寶雲（1847—1908），女，號縵如，香山人。拔貢張兆鼎長女。通史工詩，許配同里何棣橋，何未婚而殁，張氏孀居四十餘年而赴水殁。］

5726
蕉雨軒稿 一卷
（清）順德龍吟薌撰
清光緒三十四年（1908）刊本
粤圖、中大
［按：龍吟薌（1868—1904），順德人，順德清暉園龍家四小姐，龍廷槐曾孫女，龍景燦女，工詩。］

5727
雙珠吟草 一卷
（清）雲浮梁樹勛撰
清光緒三十四年（1908）肇慶福元棧鉛印本
粤圖

5728
濂墨軒文集 不分卷
（清）崔炳炎撰
清光緒三十四年（1908）廣東學務公所印刷處鉛印本
華農

5729
寧陽詩存 六卷 附外編 一卷
（清）新寧趙天錫撰
清光緒二十一年（1895）刊本
哈燕

5730
香草齋文鈔初編 十一卷 續編 十卷
（清）番禺李邁庯撰
稿本　容肇祖跋　青城跋
中大
（按：李邁庯，字旌渠，番禺人。李光廷之子，光緒歲貢。自序言：光緒癸巳，經與笣兄刪存舊稿，編爲一集，因再録此副本，以免遺失，凡有改削，正副本均同，旌渠記。）

5731
香草齋文集 一卷
（清）番禺李邁庯撰
稿本 容肇祖跋
粤圖

5732
馮山人遺詩 一卷
（清）南海馮雍撰
清光緒刊本
粤圖

5733
淵源集 一卷
（清）番禺許介珊撰
清光緒刊《綉詩樓叢書》本
粵圖

5734
悟徹草堂文鈔 一卷
（清）番禺莫迺縉撰
清光緒刊本
粵圖

5735
廿四花風館詩鈔 不分卷
（清）新會陳昭常撰
清光緒末家刊硃印本
澳大

5736
廿四花風館詩詞鈔 二卷
（清）新會陳昭常撰
民國十九年（1930）刊硃印本
中大、澳大

5737
張珠垣詩文集 二卷
（清）張桂星撰
稿本
中大
（按：封裏有庚申秋壽春跋云："此家伯珠垣詩文稿也……收輯乏人，散失殆盡，獨此完全兩冊，乃其司鐸鶴山時所著爲多，余從其家書笈内檢出，珍重藏之已歷年所，方謀校訂付梓，事未果……殘片爲吉光，尤足珍也。"）

5738
不似園詩鈔 一卷
（清）番禺孫禧撰
清光緒森寶閣鉛印本
粵圖、中大

5739
富文書舍宦遊草 一卷
（清）嶺南李鳳翎撰
清光緒刊本
中大

5740
焦琴小築詩鈔 二卷
（清）嘉應楊鑫撰
清光緒刊本
粵圖

5741
東谿詩集 四卷
（清）嘉應陳崧撰
清光緒刊本
粵圖

5742
嶺南雜事詩鈔 八卷
（清）陳坤撰
清光緒羊城藝苑樓刊《如不及齋叢書》本
粵圖、中大
（按：陳坤，大興人，清光緒初任澳門同知，在粵居官二十多年。）

5743
自然堂遺詩 三卷
（清）番禺黄寬撰
民國十五年（1926）京師黄文藻重校刊本
中大、華師

5744
渭南紅杏軒駢體序 一卷
（清）廣州吕元勛撰
清光緒二年（1876）廣州裕文堂刊本
粵圖

5745
求在我齋集 七卷
（清）嘉應温仲和撰
民國十七年（1928）鉛印本
中大

5746
瘿庵詩集 一卷 集外詩 一卷
（清）順德羅惇曧撰
民國十七年（1928）刊本
中大

5747
周勛臣先生詩存 一卷
（清）嘉應周勛臣撰
民國十九年（1930）鉛印本
中大

5748
桂墀遺稿 一卷
（清）東莞李肇榜撰
民國十九年（1930）廣州明星印刷局鉛印本
中大

5749
一鶴堂詩文集 四卷
（清）英德楊錫福撰
民國二十年（1931）廣州鉛印本
中大

5750
雪松軒詩鈔 一卷
（清）香山楊彤英撰
民國二十一年（1932）上海福興印務局鉛印本
中大

5751
聊自娱齋遺稿 一卷
（清）東莞容作恭撰
民國容庚鈔本
中大
民國二十一年（1932）文嵐簃印書局鉛印本
容庚、容肇祖跋
中大

5752
江孝通先生遺集 十九卷
（清）歸善江逢辰撰
民國二十三年（1934）鉛印本
中大

5753
覺庵叢稿 一卷
（清）揭陽姚梓芳撰
民國北京京華書局鉛印本
粤圖

5754
尺蠖齋詩文集 五卷
（清）開平許奇雋撰
民國粤東編譯公司鉛印本
子目：
　　撿舊集 一卷
　　紅葉奚囊 一卷
　　尺蠖齋吟草 二卷
　　鄉園夢志 一卷
中大

5755
廣東俗話七律詩 不分卷
題（清）懺綺盦主人編
清末刊本
吉圖

5756
廣東俗話七律 讀漢書人物雜詠 一卷
題（清）懺綺盦主人撰
民國十三年（1924）刊本
瀋陽音樂學院

5757
小樊川詩鈔 二卷
（清）杜雋撰
清光緒七年（1881）番禺汪氏隨山館刻本
港中文

5758
聽鶴山房詩集 四卷
（清）高要黎翔鳳撰
清光緒九年（1883）高要黎瑀峰家刊本
港中山

5759
顯志堂文鈔 不分卷
（清）高要馮譽驪撰
清宣統三年（1911）上海同文書局鉛印本
港中山

5760
緑伽楠館詩存 一卷
（清）高要馮譽驪撰

清宣統三年（1911）上海同文書局鉛印本
港中山

5761
猨齋叢鈔 四卷
（清）南海馮願撰
稿本
粵圖

5762
張其淦詩稿 一卷
（清）東莞張其淦撰
稿本　陳伯陶序
粵圖

5763
桂樓詩集 一卷
（清）順德楊廷科撰
清冠蓬山房刊本
粵圖

5764
勞儒門詩鈔 二卷
（清）南海勞重勛撰
清刊本
粵圖

5765
蘭石山房賦鈔 一卷
（清）新會李兆槐撰
清刊本
粵圖

5766
讀我書軒時文 一卷
（清）嘉應黃祖培撰
清刊本
粵圖

5767
松存軒集 二卷
（清）潮陽蕭翺材撰
清刊本
粵圖

5768
綉詩樓詩 五卷
（清）饒平陳步墀撰
清宣統元年（1909）羊城鉛印本
粵圖

5769
倚嘯閣詩鈔 二卷
（清）南海李鱗撰
清刊本
粵圖

5770
青梅巢詩鈔 五卷
（清）番禺李士楨撰
清刊本
粵圖

5771
槐庭古體詩鈔 □卷
（清）大埔邱植撰
清刊本
粵圖⊗

5772
槐庭文前集 一卷
（清）大埔邱植撰
清刊本
粵圖

5773
味菘園雜作 一卷
（清）揭陽周易撰
稿本
揭博

5774
求真是齋詩鈔 一卷 附詩餘
（清）連平顔伯燾撰
清鈔本
粵圖

5775
舫樓詩草 四卷
（清）南海唐大經撰

稿本
粵圖

5776
省齋詩存 一卷 補遺 一卷
（清）番禺汪瑔撰
清宣統三年（1911）刊本
港大

5777
閟翠山房吟草 不分卷
（清）順德邱誥桐撰
稿本
粵圖

5778
蕭齋餘事約刊 三卷
（清）南海蕭頲常撰
稿本
粵圖
清光緒二十八年（1902）刊本
中大

5779
蕭伯瑤先生遺稿 不分卷
（清）南海蕭頲常撰
清光緒石印本
粵圖

5780
鶴禪集 一卷
（清）順德岑光樾撰
稿本
港中央

5781
龍佩荃詩集 一卷
（清）順德龍佩荃撰
稿本
粵圖

5782
梅花書屋詩鈔 二卷
（清）海陽陳方平撰
清光緒二十三年（1897）潮城存文樓刊本
粵圖

5783
荔莊書屋詩鈔 一卷
（清）東莞陳銘珪撰
稿本　陳伯陶跋
粵圖

5784
荔莊詩存 一卷
（清）東莞陳銘珪撰
清鈔本
粵圖

5785
歸粵草 三卷
（清）佚名撰
清光緒四年（1878）羊城鴻文堂木活字本
粵圖

5786
黄炳堃先生遺稿 不分卷
（清）新會黄炳堃撰
稿本
中大
（按：内含：稟群稿、套稟稿、批答稿、批解稿、書啟稿、啟事錄存、致坐省信稿、老迂寓言、詩詞彙存等。）

5787
荔灣漁笛 二卷
（清）新會黄炳堃撰
稿本
粵圖

5788
希古堂駢文 二卷 文存 八卷 詞存 二卷 尺牘 二卷 詩存 十卷
（清）新會黄炳堃撰
民國二十年（1931）刊本
中大

5789
希古堂稿 八卷
（清）新會黄炳堃撰
稿本
粵圖

5790
希古堂詩存 九卷
（清）新會黃炳堃撰
稿本
粵圖

5791
張如農稿 不分卷
（清）南海張惟勤撰
稿本　徐信符題跋
粵圖

5792
澳門雜詩 一卷
（清）番禺汪兆鏞撰
民國七年（1918）鉛印本
吉大

5793
所託山房詩集 四卷
（清）順德周遐桃撰
清末刊本
港中文

5794
嶺南吟稿 二卷
（清）方澍撰
清金陵聚珍書局活字本
粵圖
［按：此書爲清光緒十八年（1892）至次年作者遊歷廣東的詩作，其中有《廣州懷古》、《珠江花舫曲》、《朝漢臺遺址》等近十題，反映廣州情況。］

5795
粵臺秋唱 一卷
（清）倉海君等撰
清光緒三十二年（1906）鉛印本
粵圖

5796
古紅梅閣未定稿 不分卷
（清）香山劉履芬撰
稿本
港大

5797
古紅梅閣遺集 八卷
（清）香山劉履芬撰
清光緒六年（1880）番禺許應鑅蘇州刊本
港大

5798
式洪室遺稿 一卷
（清）番禺梁慶桂撰
清末刊本
港學海

5799
文壽閣詩鈔 一卷
（清）南海羅慧卿撰
清宣統元年（1909）南海羅氏家刊本
港中山
（按：羅慧卿，女，字春生，隨父宦遊西湖。南歸後，參加蓮社佳遊。）

5800
紅藕花館詩集 □卷
（清）番禺徐維森撰
清鈔本
粵圖⊗

5801
香雪堂詩稿 不分卷
（清）番禺徐鑄撰
清鈔本　葉恭綽題識
粵圖

5802
梅江草 一卷
（清）嘉應徐友白撰
清鈔本
粵圖

5803
東江草 一卷
（清）嘉應徐友白撰
清鈔本
粵圖

5804
四益堂文稿 一卷 詩草 一卷
（清）連平葉樹蕃撰
清鈔本
中大

5805
養騷蘭館詩存 不分卷
（清）南海邱長浚撰
清鈔本
粤圖

5806
劍嘯草堂詩 一卷
（清）高要梁鍔撰
清鈔本
粤圖

5807
問樵詩草 不分卷
（清）豐順丁韻初撰
稿本
揭博

5808
飯顆山房文鈔 □卷
（清）番禺郭紹康撰
清鈔本
粤圖⊗

5809
浣雪山房詩鈔 一卷
（清）瓊山陳之修撰
清鈔本
粤圖

5810
玉輝堂詩草 二卷
（清）封川孔昭爌撰
清鈔本
粤圖

5811
續刻心喜集 三卷
（清）番禺衛藹倫撰
清鈔本
粤圖⊗

5812
玉壺書屋存稿 一卷
（清）鶴山宋大鵬撰
稿本
粤圖

5813
梅花館吟卷 一卷
（清）林象鑾撰、番禺譚耀垣輯
清鈔本
粤圖

5814
吟秋館詩草 不分卷
（清）順德張思齊、張思植撰
清鈔本
粤圖

5815
寄寰宇齋吟草 一卷
（清）順德張炳垣撰
清鈔本
粤圖

5816
睫巢吟草 一卷
（清）南海廖松撰
清鈔本
粤圖

5817
半村草堂文鈔 一卷
（清）順德黎如瑋撰
清鈔本
粤圖

民國别集

5818
康有爲文集 八卷
南海康有爲撰
民國四年（1915）上海群學社石印本

中大、華農、東研

［按：康有為（1858—1927），原名祖詒，字廣廈，號長素，别署西樵山人，世稱“康南海”、“南海先生”。早年受知朱次琦，重經世致用之學，光绪中上書“變法”，未遂。後中進士，授工部主事，未赴職，在京組織強學會，進行維新變法活動。變法失敗後逃亡國外，組建保皇會。民國初，由日本回國。後參與張勳復辟，失敗後避居美國使館。其著述多與政治有關。］

5819

康南海文集 不分卷

南海康有爲撰

民國三年（1914）上海共和編譯局石印本

粤圖

5820

康南海文鈔 不分卷

南海康有爲撰

民國三年（1914）上海共和編譯局石印本

粤圖、中大

5821

康南海文鈔 四卷

南海康有爲撰

民國十五年（1926）上海商務印書館鉛印《當代八大家文鈔》本

粤圖、華師

5822

南海先生詩稿 不分卷

南海康有爲撰

稿本

津圖

5823

南海先生詩集 四卷

南海康有爲撰

清光緒三十四年（1908）上海廣智書局石印梁啓超寫本

港大

清宣統三年（1911）珂羅版印本

粤圖、中大、華師

清宣統三年（1911）日本影印梁啓超寫本

粤圖、華農

5824

南海先生遺稿 一卷

南海康有爲撰

民國上海有正書局石印本

粤圖、中大

5825

南海先生遺墨 一卷 附録 一卷

南海康有爲撰

民國影印本

中大

5826

康南海先生戊戌遺稿 不分卷

南海康有爲撰

民國初年影印本

中大

5827

康南海先生自寫開歲忽六十篇詩 一卷

南海康有爲撰並書

民國石印本

中大

5828

康南海先生講演録 一卷

南海康有爲撰

民國教育圖書社鉛印本

粤圖

5829

南海康先生口説 二卷

南海康有爲口述、黎祖健記

稿本

粤圖

5830

康南海書一天園詩稿 不分卷

南海康有爲書

民國十四年（1925）上海有正書局石印本

佛圖

5831
飲冰室全集 不分卷
新會梁啓超撰
民國五年（1916）中華書局鉛印本
中大
［按：梁啟超（1873—1929），字卓如，號任公，别署飲冰室主人。初入學海堂讀書，後退出投奔康門，為“長興里十大弟子”之一，與師康有為發動“公車上書”。戊戌變法失敗後，逃亡日本，堅持立憲保皇，宣傳改良主義。辛亥革命後，歷任司法总長、兩廣護國軍都司令部總參謀、段祺瑞内閣財政總長及京師圖書館館長等職。他提出“文學革命”主張，如詩界革命、文界革命和小說界革命等，但都偏重政治，有一定局限性。］

5832
（縮本）飲冰室全集 不分卷
新會梁啓超撰
民國七年（1918）中華書局鉛印本
中大

5833
飲冰室合集 不分卷
新會梁啓超撰
民國三十年（1941）中華書局鉛印本
華農⊗

5834
飲冰室文集全編 二十卷
新會梁啓超撰
清光緒二十八年至二十九年（1902—1903）上海廣益書局石印本
中大、華師、港中文
民國上海新民書局鉛印本
華農

5835
飲冰室文集 十六卷 附補遺 二卷
新會梁啓超撰
清光緒二十八年（1902）刊本
東洋

5836
飲冰室文集 不分卷
新會梁啓超撰
清光緒三十一年（1905）上海廣智書局鉛印本
港中文
清宣統元年（1909）普新瑞記書局石印本
中大

5837
飲冰室文選 不分卷
新會梁啓超撰
清末刊本
沈師

5838
飲冰室文集類編 不分卷
新會梁啓超撰
日本明治三十七年（1904）刊本
東洋

5839
飲冰室癸卯文集 四卷
新會梁啓超撰
清光緒二十九年（1903）上海錦章圖書局石印本
港大

5840
梁任公文鈔 三卷
新會梁啓超撰
民國十五年（1926）上海商務印書館鉛印《當代八家文鈔》本
華師

5841
説劍堂集 不分卷
番禺潘飛聲撰
清光緒二十四年（1898）番禺梁氏刻本
港中山
［按：潘飛聲（1858—1934），字公次，號蘭史，一號劍士，潘恕之孫。官國子監典籍，光緒中遊學歐洲。晚年僑居上海。一生雅好詩詞書畫，尤喜畫梅。］

5842
說劍堂詩集 三卷 詞集 一卷
番禺潘飛聲撰
民國二十三年（1934）譚敬鉛印本
中大

5843
飛素閣遺稿 一卷
（清）南海梁靄撰
清光緒二十六年（1900）刊本
中大
（按：梁靄，女，字佩瓊，南海人。潘飛聲之妻。）

5844
微尚齋雜文 六卷
番禺汪兆鏞撰
民國三十一年（1942）鉛印本
中大、港中文

5845
微尚齋詩 二卷
番禺汪兆鏞撰
清宣統三年（1911）刊本
粵圖、中大、華師

5846
微尚齋詩 二卷 雨屋深鐙詞 一卷
番禺汪兆鏞撰
清宣統三年（1911）刊本
中大、華農

5847
微尚齋詩續稿 一卷
番禺汪兆鏞撰
民國三十一年（1942）鉛印本
中大

5848
澳門雜詩 一卷
番禺汪兆鏞撰
民國七年（1918）鉛印本
粵圖、中大、華農

5849
己巳紀遊草 一卷
番禺汪兆鏞撰
民國十九年（1930）汪宗衍刊本
港大

5850
雙照樓詩詞稿 二卷
番禺汪兆銘撰
民國十九年（1930）民信公司鉛印本
遼圖等

5851
惺默齋集 四卷 詞一卷
番禺汪兆銓撰
民國八年（1919）廣州西湖路超華齋刊本
港中文、吉圖

5852
惺默齋詩 一卷 萇楚軒詩集 一卷
番禺汪兆銓撰
清宣統刊本
南圖
民國十二年（1923）刊本
港中文

5853
澹盦詩存 一卷
番禺吳道鎔撰
民國二十六年（1937）刊本
中大

5854
澹盦文存 二卷
番禺吳道鎔撰
民國二十六年（1937）鉛印本
粵圖、中大

5855
澹盦太史聯語彙鈔 一卷
番禺吳道鎔撰
民國鈔本
粵圖

5856
吴道鎔遺文 一卷
番禺吴道鎔撰

5857
吴履泰遺文 一卷
揭陽吴履泰撰
稿本
中大

5858
禺生三唱 三卷
劉成禺輯
民國鉛印本
遼圖⊗
存目：
洪憲紀事詩 一卷 劉成禺撰
廣州雜詠 一卷 張瑞機撰
和張衡玉廣州雜詠 一卷 劉成禺撰
（按：本書内有《廣州雜詠》，内容多涉及廣州歷史文化、風土人情。）

5859
讀書堂集 十三卷 首一卷 附注 三卷
順德簡朝亮撰、新會梁應揚注
民國十九年（1930）讀書堂刊本
中大、華師

5860
國父全集
香山孫文撰
民國十九年（1930）鉛印本
美國會、加英哥大

5861
蒹葭樓詩稿 不分卷
順德黄節撰、豐順李滄萍集録
稿本、鈔本、鉛印、油印合爲一本
中大
［按：黄節（1879—1935），初名晦聞，字玉昆，號純熙、蒹葭樓主等，簡朝亮弟子。1902年與鄧實在上海創辦《政藝通報》和國學保存會。辛亥革命後，曾任廣東高等師範學堂監督、北京大學教授及廣東省政府委員兼教育廳長。能詩善書，人稱“南國詩人”、“詩人廳長”等，又與梁鼎芬、曾習經、羅復堪並稱“嶺南四家”。］

5862
蒹葭樓詩 二卷
順德黄節撰
民國二年（1913）鉛印本
粵圖
民國二十三年（1934）鉛印本
中大

5863
蒹葭樓詩選 一卷
順德黄節撰
民國鈔本
粵圖

5864
三十六荷花院詩草 一卷
番禺陳道華撰
民國初年鉛印本
中大

5865
夢句樓弱冠草 一卷
南海何鑄撰
清宣統元年（1909）刊本
中大

5866
趣園詩鈔初集 二卷
（清）嘉應彭煒瑛撰
民國十二年（1923）鉛印本
中大

5867
綉詩樓詩 五卷
饒平陳步墀撰
清宣統元年（1909）廣州陳步墀鉛印本
港大

5868
式洪室詩文 一卷
番禺梁慶桂撰

民國二十年（1931）鉛印本
中大

5869
羅浮集 不分卷
博羅曾焕章撰
民國初年鉛印本
中大

5870
澄廬詩集 十二卷
大埔鄒魯撰
民國二十八年（1939）鉛印本
中大

5871
道言初編 一卷
花縣黄鏐撰
民國初年羊城墨寶樓刊本
中大

5872
蓬江文稿 二卷
新會李瑞霖撰
民國二十年（1931）江門通商鉛印本
中大

5873
三山石上 一卷
香港胡禮垣撰、邵浦源輯
民國四年（1915）天津大公報鉛印本
中大

5874
自强書屋吟草 一卷
番禺黄輝庭撰
民國八年（1919）廣州東雅印務有限公司鉛印本
中大

5875
廖仲愷先生自書詩詞稿 一卷
惠陽廖仲愷撰
民國十九年（1930）民智書局影印本
中大

5876
朱執信集 不分卷
番禺朱執信撰
民國十年（1921）鉛印本
東洋、美國會

5877
朱執信先生自書詩遺墨 一卷
番禺朱執信撰
民國十九年（1930）影印本
中大

5878
隅樓集 六卷
嘉應古直撰
民國十六年（1927）上海聚珍仿宋印書局鉛印《隅樓叢書》本
中大

5879
青蘿蟄存室吟草 四卷
番禺何其幹撰
民國十七（1928）廣州蔚興印刷廠鉛印本
中大

5880
青瑞先生遺稿 二卷
番禺胡衍鶚撰
民國二十年（1931）鉛印本
中大

5881
蟄庵詩存 一卷
揭陽曾習經撰
民國十六年（1927）番禺葉恭綽據原稿影印本
中大

5882
量今詩存 一卷
開平張鼎勛撰
民國十五年（1926）刊本
中大

5883
甲子北遊紀事詩初稿 一卷
新會盧子駿撰
民國十四年（1925）刊本
中大、港大
民國十四年（1925）油印本
中大

5884
花雨樓詩草 一卷
東莞劉翰棻撰
民國十六年（1927）東莞劉氏榮香簃刊本
中大

5885
勤補拙軒詩鈔 二卷
順德何鍾瀛撰
民國十四年（1925）廣州光東印務公司鉛印本
中大

5886
刼餘近草 二卷
新會黎昀撰
民國九年（1920）會城文明鉛印本
中大

5887
容韓女士詩鈔 一卷
博羅韓綺如撰
民國十六年（1927）鉛印本
中大
（按：韓綺如，為道光舉人韓榮光之女。）

5888
寒緑吟草 一卷
番禺陳樹人撰
民國十八年（1929）上海和平社鉛印本
中大

5889
南華今夢集 一卷
澄海蔡卓勛撰
民國七年（1928）石印本
吉圖、澄海圖

5890
小瀛壺文鈔 一卷 詩鈔 一卷
澄海蔡卓勛撰
民國十二年（1923）鉛印本
粤圖、吉圖、吉大

5891
小瀛壺別集 三卷
澄海蔡卓勛撰
民國十二年（1923）鉛印本
東北師大

5892
寄寄林 一卷
澄海蔡卓勛撰
清光緒三十三年（1907）鉛印本
粤圖
民國嶺東蔡氏鉛印本
粤圖

5893
小瀛壺仙館叢刊 三卷
澄海蔡卓勛撰
民國十四年（1925）鉛印本
東北師大

5894
小瀛壺仙館文府 四卷 樂府 三卷
澄海蔡卓勛撰
民國十七年（1928）上海著易堂鉛印本
大連圖

5895
壺史 三卷
澄海蔡卓勛撰
民國十八年（1929）鉛印本
粤圖、遼圖等

5896
閑閑録 一卷
澄海蔡卓勛撰
民國十二年（1923）鉛印本
大连

5897
橋梓詩林初集 八卷
惠來林家浚撰

5898
續集 七卷
惠來林廷玉撰
民國十四年（1925）汕頭文明商務書局石印本
中大

5899
南歸草 三卷
番禺徐紹楨撰
民國十二年（1923）廣州刊本
中大

5900
徐紹楨詩集 一卷
番禺徐紹楨撰
清末鈔本
湘圖

5901
閑忙詩草 四卷
梅縣黄炳樞撰
民國十年（1921）鉛印本
中大⊗

5902
聽雨樓隨筆 四卷
番禺鄔慶時撰
民國十六年（1927）刊本
中大

5903
仙溪雜俎初集 十卷
惠來林廷玉撰
民國十七年（1928）鉛印本
中大

5904
佩華遺集 二卷
澄海余玖如撰
民國十二年（1923）影印本
中大

5905
聽泉山館詩鈔初集 一卷
番禺鄒浚明撰
民國十六年（1927）鉛印本
中大

5906
雲溪文存 一卷
香山鄧文瑤撰
民國天津文嵐簃印書局鉛印本
中大

5907
西園詩草 二卷
新會區達名撰
民國十三年（1924）鉛印本
中大

5908
丁潛客先生遺詩 一卷 首一卷
番禺丁仁長撰
民國十八年（1929）廣州翰元樓刊本
中大、華師

5909
三香山館詩集 不分卷
梅縣廖道傳撰
稿本
粤圖

5910
三香山館詩集 三卷
梅縣廖道傳撰
民國十九年（1930）袖珍鉛印本
中大

5911
三香片習集 一卷
梅縣廖道傳撰
民國十五年（1926）廣州三香學社鉛印本
中大

5912
梅峰文存 □卷
梅縣廖道傳撰

稿本
粤圖

5913
梅州竹枝詞 不分卷
（清）嘉應張芝田撰
清光緒二十二年（1896）刊本
梅州劍英圖

5914
興寧竹枝詞雜詠 不分卷
（清）兴宁胡曦撰
民國二十二年（1933）鉛印本
梅州劍英圖

5915
聽曉山房續集
順德梁子鍥撰
民國刊本
順圖

5916
一廬存稿甲集 二卷 乙集 二卷
東莞劉乃勛撰
民國十三年（1924）香港商務印書館鉛印本
中大

5917
文澤堂詩集 一卷
英德楊模撰
民國十五年（1926）鉛印本
中大

5918
泉石留言 一卷
陳煜騆撰
民國二十三年（1934）潮安黃仲琴鉛印本
中大

5919
樂昌詩草 一卷
樂昌丘慎吾撰
民國二十二年（1933）鉛印本
中大

5920
何禹笙先生文集 一卷
嶺南何禹笙撰
民國二十六年（1937）鉛印本
中大

5921
弱冠集 一卷
梅縣鍾應梅撰
民國二十一年（1932）鉛印本
中大

5922
孫雄先生遺詩 一卷
香山孫雄撰
民國二十五年（1936）鉛印本
中大

5923
天嘯樓集 五卷
潮安饒鍔撰
民國二十三年（1934）鉛印本
中大

5924
粵遊詩草 三卷
蕭治震撰
民國二十二年（1933）廣州藍曬本
中大

5925
靡騁集甲稿 一卷
平遠吴三立撰
民國二十八年（1939）石印本
中大

5926
字山草堂文稿 十卷 附録 一卷
合浦林朱贊撰
民國二十二年（1933）廣州蔚興鉛印本
中大

5927
寒瓊遺稿 二卷
順德蔡守撰

民國三十二年（1943）鉛印本
中大

5928
晦鳴齋詩集 一卷
揭陽陈暑木撰
民國三十二年（1943）揭陽文化印刷所鉛印本
中大

5929
海天樓詩草 二十卷
興寧羅震恒撰
民國二十四年（1935）新興印務公司鉛印本
中大

5930
遐庵彙稿 第一集三編
番禺葉恭綽撰
民國十九年（1930）鉛印本
中大

5931
初日樓詩 一卷 駐夢詞 一卷
四會嚴既澄撰
民國二十一年（1932）北平人文書店鉛印本
中大

5932
清史百詠 一卷
潮安李鈞鰲撰
民國二十四年（1935）上海鴻泥樓鉛印本
中大

5933
瓠廬詩鈔 二卷
大埔張龍雲撰
民國二十四年（1935）廣州登雲閣鉛印本
中大

5934
古勷勤先生手書遺稿 不分卷
番禺古應芬撰
民國二十一年（1932）廣州登雲閣影印本
中大

5935
葡國魂詩集本事（Sumario dos Luziadas）
［葡］施多尼（António Maria da Silva）撰、徐佩之譯
民國二十六年（1937）澳門官印刷局鉛印本
澳大
（按：此書爲中葡雙語合璧本。）

5936
李健兒文稿 一卷
三水李應偉撰
民國二十一年（1932）鉛印本
中大

5937
留都集 一卷 吾土集 一卷
南海關賡麟撰
民國二十三年（1934）南京仿古印書局鉛印本
中大

5938
凹園詩鈔 二卷 詞鈔 一卷
三水黄榮康撰
民國十年（1921）刊本
中大

5939
凹園詩鈔 二卷 續鈔 三卷 清宫本事 一卷 擊劍詞鈔 一卷
三水黄榮康撰
民國二十三年（1934）刊本
中大

5940
無赫齋詩草 一卷
興寧何天炯撰、何承天輯
民國二十六年（1937）鉛印本
中大

5941
曾傳軺遺稿 一卷
新會曾傳軺撰
民國二十五年（1936）廣州天南社影印本
中大、華師

5942
養鶴樓詩草 一卷
五華古開文撰
民國二十四年（1935）鉛印本
中大

5943
椠園文鈔 二卷 駢體文鈔 一卷
番禺張錫麟撰
民國二十一年（1932）刊本
中大

5944
村居雜話 一卷
順德廖平子撰
民國十年（1921）廣州西關拱日東華刊本
佛圖

5945
敝帚集 一卷
海陽謝倬撰
民國二十一年（1932）鉛印本
中大

5946
自怡室詩鈔乙集
順德廖平子撰
民國二十年（1931）刊本
港中文

5947
葵誠草 一卷
東莞陳伯陶撰
稿本
粤圖

5948
瓜廬詩賸 二卷 瓜廬文賸 四卷 外編 一卷
東莞陳伯陶撰
民國二十一年（1932）鉛印本
中大、港學海

5949
負暄山館六十紀事詩鈔 一卷
順德黄棣華撰
民國二十一年（1932）香港永發印務有限公司鉛印本
中大

5950
負暄山館遊詩草 一卷
順德黄棣華撰
民國十六年（1927）香港永发印务有限公司鉛印本
港中文、中大

5951
保闇詩選 一卷
東莞崔斯哲撰
稿本
粤圖

5952
保闇詩集 二卷
東莞崔斯哲撰
稿本
粤圖
民國二十七年（1938）鉛印本
中大

5953
畫荻吟草 一卷
順德馬雅文撰
民國二十四年（1935）廣州登雲閣鉛印本
中大

5954
東皋山房詩鈔 四卷
開平司徒枚撰
民國二十年（1931）陶園鉛印本
中大

5955
悦庵集 二卷 附録 一卷
順德麥孟華撰
民國二十五年（1936）鉛印本
中大

5956
花雨濤琴集 二卷
佛山霍潔塵撰

民國二十三年（1934）塵影鉛印《芳心塵影齋叢刊》本
中大

5957
求慊齋駢文 四卷
三水黄榮康撰
民國二十三年（1934）鉛印本
中大

5958
茝庵遺翰 一卷
南海余肇湘撰、余祖明輯
民國二十六年（1937）廣州登雲閣影印本
中大

5959
致知草堂文稿 六卷
新會李榕階撰
民國十九年（1930）編譯書館鉛印本
中大

5960
岑學吕詩略山外集 一卷 憶得集 一卷
順德岑學吕撰
民國三十七年（1948）順德耀昌鉛印本
中大

5961
紫藤軒詩選 一卷
東莞尹振雄撰
民國三十六年（1947）鉛印本
中大

5962
偕隱簃亂離吟 二種 二卷
順德胡熊鍔撰
民國三十五年（1946）鉛印本
中大
子目：
　　亂稿 一卷
　　噫稿 一卷

5963
秀萍室詩稿 一卷
臺山李錫楨撰
民國三十六年（1947）廣州中國印務書局鉛印本
中大

5964
乙堂文存 一卷
興寧羅香林撰
民國三十五年（1946）希山書藏鉛印本
中大

5965
珠峰詩集 五卷
臺山余觀光撰
民國三十八年（1949）臺城同文公司鉛印本
中大

5966
琴軒詩存 一卷
新會何琴樵撰
民國三十五年（1946）新會城文明書局鉛印本
中大

5967
不繫舟詩鈔 十卷
蕉嶺楊寄塵撰
民國三十六年（1947）鉛印本
中大

5968
浣碧齋詩稿 一卷
東莞葉天一撰
民國三十五年（1946）鉛印本
中大

5969
寧水雜詩百首 一卷
興寧張警鏞撰
民國三十七年（1948）梅縣震旦鉛印本
中大

5970
豁廬詩鈔 三卷
梅縣黎貫撰
民國三十四年（1945）鉛印本
中大

5971
竹口碎玉 一卷
梅縣黄文博撰
民國二十九年（1940）廣梅印務局鉛印本
中大

5972
恬園詩草 二卷
臺山黄拜言撰
民國二十九年（1940）鉛印本
中大

5973
丁潛客先生遺詩
番禺丁仁長撰
稿本
港大

5974
醉白樓詩草 六卷
題新會牛渚居士撰
民國二十七年（1938）鉛印本
港大⊗

5975
江霞公太史詩稿 一卷
南海江孔殷撰
稿本
港大

5976
蘭齋詩詞存 五卷
南海江孔殷撰
民國鉛印本
粤圖

5977
愚廬文緣前集 一卷 後集 一卷
臺山伍于瀚撰
民國二十六年（1937）鉛印本
港大

5978
始奏集 一卷
李家煌撰
民國十七年（1928）刊本
上圖
（按：作者原爲安徽合肥人，晚年定居香港。）

5979
披雲樓詩草 一卷
南海李景康撰
稿本
港中文

5980
海角吟 一卷
羅定吴笑生撰
民國二十九年（1940）鉛印本
港中文

5981
吕碧城集 五卷
吕碧城撰
民國十八年（1929）刊本
港中文
（按：作者原爲安徽人，民初定居香港。）

5982
櫻花集 一卷
順德何恭第撰
稿本
港中文

5983
青山禪院大觀 一卷
瓊山林大魁輯
民國十六年（1927）刊本
港大

5984
麗白樓自選詩 一卷
林庚白撰
民國三十五年（1946）香港開明書店刊本
港中文
（按：作者爲閩侯人，抗日戰爭时定居香港。）

5985
胡翼南先生全集 六十卷
三水胡禮垣撰
民國九年（1920）刊本
港中文

5986
北郛類稿 一卷
南海崔師貫撰
民國二十二年（1933）鉛印本
港中文

5987
丹霞遊草 一卷
南海崔師貫撰
民國二十三年（1934）鉛印本
港大

5988
羅浮遊草 一卷
南海崔師貫撰
民國刊本
港大

5989
筌蹄詩草 六卷
張梨雲撰
民國二十一年（1932）刊本
港大
（按：作者漳州人，晚年定居香港。）

5990
粵海潮音集 一卷
番禺張學華撰
民國十一年（1922）山東商務印刷印刊本
上圖

5991
寒緑吟草 一卷
番禺陳樹人撰
民國十八年（1929）刊本
港中文

5992
摭薈遺稿 一卷
南海陳應科撰、陳孟紈輯
民國二十八年（1939）刊本
港中文

5993
愛竹齋詩鈔 一卷
臺山陳鵬超撰
民國鉛印本
港大

5994
克念堂詩稿 三卷
寶安陳競堂撰
民國四年（1915）刊本
港大

5995
貸粟軒稿 二卷
寶安陳競堂撰
民國十三年（1924）刊本
港中文

5996
六出集詩鈔 一卷
南海馮印雪撰
民國二十三年（1934）鉛印本
澳大

5997
涵負樓詩 一卷
曾克耑撰
民國二十五年（1936）鉛印本
上圖
（按：作者原爲閩侯人，晚年定居香港。）

5998
黃冷觀先生紀念冊 四卷
中山黃冷觀撰
稿本
港大

5999
橫江樓詩稿 一卷
臺山黃伯軒撰
民國二十九年（1940）鈔本
港大

6000
莊諧集 一卷
黄密弓撰
民國二十五年（1936）刊本
中大、港大

6001
壁山閣存稿
黄華表撰
民國二十四年（1935）鉛印本
港中文
（按：作者爲廣西藤縣人，晚年在香港任教。）

6002
知稼穡齋五十壽文詩彙 一卷
順德黄棣華撰
民國十年（1921）刊本
上圖

6003
葉次周詩文稿 三卷
番禺葉佩瑜撰
稿本
港大

6004
江山萬里樓詩詞鈔 十七卷
楊圻撰
民國十五年（1926）上海中華書局鉛印本
港中文
（按：作者爲常熟人，後移居香港。）

6005
聽泉山館詩鈔初集 不分卷
番禺鄒浚明撰
民國十六年（1927）刊本
港中文

6006
趙少昂自寫詩 一卷
番禺趙少昂撰
據稿本影印
港中文

6007
水心樓詩草 一卷
香山鄭水心撰
民國二十六年（1937）印本
粤圖

6008
寒瓊詩 一卷 詞一卷
順德蔡守撰
民國三十一年（1942）鉛印本
港中文

6009
一廬存稿 一卷
東莞劉乃勛撰
民國十三年（1924）香港商務印書館鉛印本
港中文

6010
草衣詩鈔 一卷
番禺劉君卉撰
民國二十九年（1940）鉛印本
港中文

6011
桂遊鴻雪 一卷
新會盧湘父撰
民國二十三年（1934）廣州基督教青年會鉛印本
粤圖

6012
緑水紅蕖軒詩鈔 一卷
東莞袁功甫撰
民國三十四年（1945）意園書屋鉛印本
中大

6013
魚尾集 三卷
懷集陳寂撰
稿本
中大

6014
嘯濠集 一卷
鶴山易麟閣撰

民國三十四年（1945）澳門鉛印本
中大

6015
明善堂初集 甲乙編
靈山楊志英撰
民國三十六年（1947）廣州新夏出版社鉛印本
中大

6016
静庵詩稿 一卷
番禺傅斆撰
民國三十年（1941）鉛印本
中大

6017
唯曠齋詩草 一卷
大埔郭漢鳴撰
民國三十五年（1946）廣州大中鉛印本
中大

6018
黄梅花屋詩稿 一卷
（清）番禺陳融撰
民國三十七年（1948）鉛印本
中大

6019
黄葉詩鈔 一卷
梅縣黄海章撰
民國三十四年（1945）鉛印本
中大

6020
澄宇齋詩存 一卷
番禺金曾澄撰
民國三十七年（1948）廣州蔚興鉛印本
中大

6021
嶺南吟百二首 一卷 附嶺上榕枝、梅嶺詩債、雜詠 一卷
劉大同撰
民國九年（1920）廣州亞洲印務局鉛印本
中大

6022
嶺南吟百二首 一卷
劉大同撰
民國八年（1919）廣州華寶閣鉛印本
中大

6023
嶺南吟 一卷
劉大同撰
民國八年（1919）鉛印本
粤圖
（按：本書序稱：戊午護法軍興，作者“間關來粤，熟考粤中山川人物、風俗政教，感而爲嶺南吟百二十首，皆針世砭俗之作”。）

6024
江上晚晴樓詩稿 四卷
胡焕撰
民國二十五年（1936）葉恭綽鉛印《遐庵叢書》本
中大

6025
嵩園詩集 一卷
潮安黄嵩年撰
民國十九年（1930）鉛印本
汕圖、揭博

6026
愚隱齋詩草 三十三卷
潮州王皞撰
民國二十五年（1936）鉛印本
汕圖、揭博

6027
愚隱齋詩草續録 一卷
潮州王皞撰
民國鉛印本
汕圖

6028
隨天廬詩鈔 四卷
澄海侯節撰
民國十二年（1923）鈔本
粤圖

6029
南溟詩鈔 不分卷
澄海侯節撰
民國十五年（1926）鉛印本
粤圖

6030
澤庵詩集 一卷
揭陽吳沛霖撰
民國二十三年（1934）汕頭五洲印務公司鉛印本
粤圖、榕城區圖

6031
湖邊文存 一卷
潮安黄仲琴撰
民國二十三年（1934）鉛印本
粤圖

6032
韭香齋詩集 一卷
潮安王師愈撰
民國油印本
汕圖

6033
璞山集 二卷
揭陽林清揚撰
民國汕頭仁昌鉛印本
揭博

6034
古泉文集覽 一卷
揭陽林召南編
稿本
粤圖

6035
不匱室詩鈔 八卷
番禺胡漢民撰
民國二十一年（1932）刊本
廣圖

6036
不匱室詩鈔 四卷
番禺胡漢民撰
民國二十五年（1936）國葬典禮委員會影印本
中大

6037
羊城鴻爪 一卷
楊咽冰編
民國二十二年（1933）鉛印本
粤圖

6038
蘿岡遊草 一卷
張掖編
民國二十二年（1933）鉛印本
粤圖
（按：1932 年底和 1933 年初，鄒魯、羅獻修、温丹銘、朱希祖、蕭冠英、蔡秋農等遊廣州東北郊蘿岡。本書收載他們所作的詠蘿岡詩歌。）

詩文評類

6039
誠齋詩話 一卷
（宋）楊萬里撰
清光緒南海孔氏嶽雪樓鈔本
粤圖

6040
瓊臺先生詩話 二卷
（明）琼山丘濬撰、蔣冕輯
明萬曆二十六年（1598）許自昌刊本
吳縣、美國會

6041
瓊臺詩話 二卷
（明）琼山丘濬撰、蔣冕輯
明崇禎十一年（1638）愛吾廬刊本
遼圖、臨猗
清光緒八年（1882）雁峰書院重刊本
華農

6042
唐音類選 二十四卷
（明）香山黄佐輯
清康熙四十九年（1710）黄銘重刊本
粵圖、中大⊗

6043
春秋詩話 五卷
（清）南海勞孝輿撰
清乾隆十六年（1751）張汝霖刊本
清華

6044
春霆集注釋 五卷
（清）李鳴謙選、南海潘炳綱注釋
清乾隆四十三年（1778）奎璧堂刊本
齊市

6045
和陽子證道歌詩論説 二卷
（清）普寧鄭清撰
清光緒二十三年（1897）香港《循環日報》館鉛印本
粵圖、普寧

6046
詩法舉要 四卷 首一卷 文附 一卷
（清）香山黄培芳撰
清咸豐四年（1854）嶺海樓刊本
粵圖

6047
詩法舉要 不分卷
（清）香山黄培芳撰
稿本　佚名批注
粵圖

6048
香石詩話 四卷
（清）香山黄培芳撰
清嘉慶十五年（1810）嶺海樓刊本
國圖、粵圖、中大

6049
香石詩話 一卷
（清）香山黄培芳撰
清宣统二年（1910）羊城墨寶樓刊朱墨套印本
中大
民國四年（1915）求在我軒朱墨套印本
粵圖、中大

6050
粵嶽草堂詩話 二卷
（清）香山黄培芳撰、饒平陳步墀編
清宣統二年（1910）鉛印《綉詩樓叢書》本
中大、華師

6051
筠石山房詩話鈔 六卷
（清）楊霈撰
清道光二十七年（1847）粵東糧道署刊本
遼圖等

6052
印可齋詩餘 一卷
（清）順德温承皋撰
清光緒二十五年（1899）温子森等重印本
港大

6053
射鷹樓詩話 二十四卷
（清）林昌彝撰
清咸豐年間刊本
粵圖
（按：“鷹”，是“英”的諧音，取射擊英國侵略者之意。書中多爲鴉片戰争前後兩廣人士的詩歌作品，如林則徐、魏源、張維屏等，反映了鴉片戰爭時期的中國狀況，對研究英國入侵廣州和當地人民反英鬥争的歷史有參考價值。）

6054
陶詩彙評 四卷
（清）順德温汝能撰
民國八年（1919）掃葉山房石印本
粵圖、中大

6055
讀杜韓筆記 二卷
（清）嘉應李黼平撰

民國二十三年（1934）上海中華書局鉛印本
粵圖、中大、華師

6056
聽松廬詩話 一卷
（清）番禺張維屏撰
清咸豐二年（1852）羊城藝芳齋刊本
粵圖、中大

6057
藝談録 二卷
（清）番禺張維屏撰
清咸豐番禺張氏刊本
中大

6058
見星廬賦話 十卷
（清）吳川林聯桂撰
清光緒十八年（1892）高城聯經號刊《高凉耆舊遺集》本
粵圖

6059
見星廬館閣詩話 三卷 首一卷 附録 一卷
（清）吳川林聯桂撰
清光緒十八年（1892）高城聯經號刊《高凉耆舊遺集》本
粵圖

6060
課餘詩鈔 二卷
（清）揭陽王秉之撰
稿本
汕頭愛緑堂

6061
十二石山齋詩話 十卷 十二石山齋叢録 九卷 摘句圖 一卷
（清）順德梁九圖撰
清道光二十八年（1848）梁氏十二石山齋刊本
粵圖

6062
十二石齋詩話 四卷
（清）順德梁九圖撰
清同治五年（1866）刊本
港中山

6063
十二石山齋詩話 八卷
（清）順德梁九圖撰
清末黄梅花屋校鈔本
粵圖

6064
退庵詩話 十二卷
（清）香山何曰愈撰
清光緒九年（1883）刊本
粵圖、中大

6065
小匡説詩 八卷
（清）順德梁邦俊撰
清道光刊本
粵圖

6066
椽坪詩話 一卷
（清）番禺方恒泰撰
清刊本
粵圖

6067
椽坪詩話 十卷
（清）番禺方恒泰撰
清道光刊本
粵圖

6068
茅洲詩話 一卷
（清）廣東李茅洲撰
清道光十二年（1832）刊本
粵圖

6069
試帖仙樣集裁詩十法 二卷
題（清）星沙麓峰居士輯評
清同治十三年（1874）佛山鎮天寶樓刊本
中大

6070
緝雅堂詩話 二卷
（清）南海潘衍桐撰
清光緒十七年（1891）杭州浙江書局刊本
中大、華農

6071
海山詩屋詩話 十卷
（清）吳川李文泰編
清光緒四年（1878）羊城森寶閣鉛印本
粵圖、中大

6072
鄔氏三詩話 五卷
（清）番禺鄔啓祚等撰
清宣統三年（1911）刊本
粵圖

6073
立德堂詩話 一卷
（清）番禺鄔以謙撰
清宣統二年（1910）刊《鄔家初集》本
粵圖、中大

6074
耕雲別墅詩話 一卷
（清）番禺鄔啓祚撰
清宣統二年（1910）刊《鄔家初集》本
中大

6075
詩學要言 一卷
（清）番禺鄔啓祚撰
清宣統二年（1910）刊《鄔家初集》本
粵圖、中大

6076
詩比興箋 三卷
（清）陳沆撰
清光緒番禺吳道鎔鈔本
粵圖

6077
在山泉詩話 四卷
番禺潘飛聲撰
民國初年鉛印本
中大

6078
飲冰室詩話 五卷
新會梁啓超撰
清宣統二年（1910）鉛印本
哈燕

6079
讀書草堂明詩 四卷
順德簡朝亮撰
民國十八年（1929）上海中華書局鉛印本
中大

6080
粵東詩話 四卷
番禺屈向邦撰
民國三十七年（1948）誦清芬室鉛印本
中大

6081
顒庵詩話 不分卷
（清）番禺陳融撰
稿本
粵圖

词　類

6082
文溪詞 一卷
（宋）番禺李昴英撰
明鈔本
臺灣
（按：李昴英是南宋名臣，性耿直敢諫，被皇帝譽為“南人無黨”。他的詞繼承了崔與之的“雅健”風格，在廣州生活期間，寫了不少與廣州風景名勝有關的詞，如《登越臺》、《遊景泰小景》、《避暑白雲寺》等。明代毛晉輯印《宋六十名家詞》，嶺南僅收《文溪詞》，可見他在詞壇上的地位。）

6083
覆瓿詞 一卷
（宋）東莞趙必瑑撰
清光緒十四年（1888）臨桂王氏家塾刊《四印齋所刻詞》本
國圖、北大

6084
稼軒詞疏證 六卷
（宋）辛棄疾撰、新會梁啓超、梁啓勛疏證
稿本
文學所

6085
稼軒長短句 十二卷
（宋）辛棄疾撰
元大德三年（1299）廣信書院刊本　清黄丕烈跋　清顧廣圻鈔補並跋
國圖

6086
海瓊子詞 一卷
（宋）瓊山葛長庚撰
明鈔本
國圖

6087
白玉蟾詞 一卷
（宋）瓊山葛長庚撰
清光緒鈔《汲古閣未刻詞》本　清江標跋
上圖

6088
天啓宫中詞 一卷 附擬故宫詞
（明）陳悰撰
清光緒順德龍鳳鑣刊朱印本
吉大

6089
揖花詞稿 二卷 附一卷
（清）東莞李繼燕撰
清康熙刊套印本
國圖

6090
秦淮八艷圖詠 一卷
（清）番禺葉衍蘭等撰
清光緒十八年（1892）羊城越華書院刊本
粵圖、中大
［按：秦淮八艷爲：馬守真（湘蘭）、卞賽（玉京）、李香（香君）、柳是（如是）、董白（小宛）、顧媚（横波）、寇湄（白門）、陳沅（圓圓）等。］

6091
粵遊詞 一卷
（清）吳之登撰
清康熙緑蔭堂刊《百名家詞鈔》本
國圖

6092
戰古堂詩餘 一卷
（清）順德黄璞撰
清乾隆間寫刻本
國圖、上圖

6093
樂府標源 二卷 附樂府遺聲 一卷
（清）番禺汪汲撰
清嘉慶古愚山房刊本
錦州師大

6094
求真是齋詩餘 一卷
（清）連平顔伯燾撰
清末鈔本
粵圖

6095
聽松廬詞鈔 四卷
（清）番禺張維屏撰
清嘉慶刊本
中大
（按：清代嶺南詞家不乏其人，但大多散佚其作品，如陳衍虞《蓮山詩餘》、易弘《坡亭詞鈔》、鮑俊《倚霞閣詞鈔》等等。張維屏是清代中期嶺南詞壇的佼佼者，以詩入詞，無纖靡之態，氣格自是不凡。）

6096
聽雨樓詞 二卷
（清）孫雲鶴撰
清嘉慶十九年（1814）嘉應吳蘭修桐花閣刊本
國圖

6097
詞苑叢談 十二卷
（清）徐釚撰
清道光二十七年（1847）番禺潘仕成刊本
港中山

6098
粤東詞鈔 不分卷
（清）番禺許玉彬、沈世良輯

6099
二編
（清）番禺楊永衍輯

6100
三編
番禺潘飛聲輯
清道光二十九年至光緒十九年（1849—1893）刊本
粤圖、中大、華師
（按：此書收録自漢代至清朝粤人詞作，對研究歷代廣東詞人及其作品有參考價值。）

6101
粤東三家詞鈔 三卷
（清）番禺葉衍蘭輯
清光緒二十一年（1895）刊本
國圖、上圖、遼圖、吉圖
子目：
　　楞華室詞 一卷（清）沈世良撰
　　隨山館詞 一卷（清）汪瑔撰
　　秋夢盦詞 一卷（清）葉衍蘭撰

6102
竹眠詞鈔 不分卷
（清）黄景仁撰
清道光嘉應吳蘭修校鈔本　汪宗衍跋
澳大

6103
桐花閣詞 一卷 附守經堂集 一卷
（清）嘉應吳蘭修撰
清道光八年（1828）刊本
中大

6104
桐花閣詞鈔 一卷
（清）嘉應吳蘭修撰
清光緒刊《啓秀山房叢書》本
粤圖

6105
桐花閣詞 一卷 補遺 一卷
（清）嘉應吳蘭修撰
清宣統三年（1911）汪兆鏞重刊本
粤圖

6106
桐花閣詞鈔 一卷 集外詞 一卷
（清）嘉應吳蘭修撰
民國三年（1914）汕頭印務鑄造字局鉛印本
中大

6107
無怠懈齋詞稿 一卷
（清）順德梁藹如撰
清道光二十二年（1842）順德梁邦俊寫刊本
港中山

6108
白香詞譜箋 四卷
（清）舒夢蘭撰、南海謝朝徵箋
清光緒十一年（1885）刊本
粤圖

6109
白香詞譜箋 一卷
（清）舒夢蘭輯、南海謝朝徵箋
清宣統二年（1910）掃葉山房石印本
粤圖

6110
曲律通論 一卷
（清）廣州許之衡撰
民國鉛印本
粤圖

6111
榮勝詞 一卷
（清）番禺許玉彬撰
清刊本
北師大

6112
秋夢盦詞鈔 二卷 續一卷 再續 一卷
（清）番禺葉衍蘭撰
清光緒十六年（1890）羊城刊本
粤圖、中大

6113
今夕庵煙語詞 不分卷
（清）番禺居巢撰
稿本
广藝博
（按：此稿爲居巢後裔居玉華捐贈給廣州藝術博物館的珍本。陳恒寛先生爲之作注，題名爲《十香園今夕庵詞注》，由雲南美術出版社於2010年出版。）

6114
古紅梅閣詞録 三種 三卷
（清）香山劉履芬編
稿本
上圖
洮瓊館詞一卷　清袁棠撰
蘅夢詞一卷　清郭麐撰
浮眉樓詞一卷　清郭麐撰

6115
今夕庵煙語詞 一卷
（清）番禺居巢撰
清咸豐四年（1854）刊本
中大

6116
花影吹笙詞鈔 二卷 小遊仙詞 一卷
（清）番禺葉英華撰
清光緒三年（1877）廣州刊本
粤圖、中大、華師

6117
月波樓琴言 三卷
（清）番禺陳其錕撰
清咸豐六年（1856）刊本
中大

6118
東籬詞稿 一卷
（清）連平顔琬撰
清鈔本
粤圖

6119
東陂漁夫詞 二卷
（清）連平顔琬撰
清道光二十四年（1844）刊本
上海師大

6120
席月山房詞 一卷
（清）南海桂文燿撰
清鈔本　陳澧、葉恭綽、汪兆銘校並跋
中大
民國鈔本
粤圖

6121
清芬小草 一卷　附席月山房詞鈔 一卷
（清）南海桂文燿撰
清光緒桂鳴球鈔本
上圖

6122
劍光樓詞 一卷
（清）番禺儀克中撰
清咸豐十年（1860）半畊草堂刊本
粤圖、中大

6123
憶江南館詞 一卷
（清）番禺陳澧撰
民國三年（1914）番禺微尚齋刊《微尚齋叢刻》本
中大、華師

民國十五年（1926）陳氏石印本
中大

6124
梅窩詞鈔 一卷
（清）陳良玉撰
清光緒元年（1875）南海孔昭仁刊本
中大
清光緒十九年（1893）南海黃氏劬學齋刻本
港中文

6125
荔香詞鈔 一卷
（清）陳良玉撰
清鈔本
首圖

6126
虞苑東齋詞鈔 一卷
（清）陳良玉撰
清同治十一年（1872）順德伍氏刊本
粵圖、中大
（按：陳良玉，字朗山，號梅窩，廣州駐軍鑲白旗人，道光舉人。）

6127
寫韻樓詞 一卷
（清）南海吳尚熹撰
稿本
臺灣
（按：吳尚熹，女，字禄卿，一字小荷，吳榮光之女，葉應祺妻。）

6128
寫韻樓詩餘 不分卷
（清）南海吳尚熹撰
清鈔本
加英哥大

6129
浙江迎鑾詞 二卷
（清）順德梁廷枏撰
清鈔本
臺灣

6130
絮香閣詞鈔 一卷
（清）新會趙泰來撰
清鈔本
上圖

6131
看山樓詞 二卷
（清）番禺馮永年撰
清光緒六年（1880）刊本
華東師大

6132
燈影詞 一卷　燈影詩餘 一卷
（清）番禺潘恕撰
清咸豐九年（1859）刊本
南京師大

6133
雙桐圃詞鈔 一卷 詩鈔 一卷　燈影詞 一卷
（清）番禺潘恕撰
清咸豐九年（1859）刊本
南京師大

6134
見星廬詞稿 一卷
（清）吳川林聯桂撰
清道光四年（1824）刊本
粵圖

6135
静娱室題畫詞 一卷
（清）東莞張嘉謨撰
民國十九年（1930）鉛印本
南圖

6136
小摩圍閣詞鈔 二卷
（清）番禺沈世良撰
民國崇文書店影印稿本
哈佛

6137
词选 不分卷
（清）徐榮輯

清徐氏懷古山舍鈔本
粵圖

6138
樗華室詞鈔 二卷
（清）番禺沈世良撰
清咸豐四年（1854）刊本
中大、華農

6139
雪廬詩話 一卷
（清）順德賴學海撰
清光緒十八年（1892）順德邱誥桐校刊本
粵圖、中大

6140
攓雲閣詞 一卷
（清）番禺徐灝撰
清同治四年（1865）番禺徐氏北京刊朱印本
港中文
清宣統三年（1911）刊朱印本
粵圖

6141
隨山館詞稿 一卷 續稿 一卷
（清）番禺汪瑔撰
清同治七年（1868）刊本
中大

6142
百蘭山館詞 一卷
（清）豐順丁日昌撰
清光緒鉛印本
中大

6143
唾絨餘草 一卷
（清）瓊山吳小姑撰、珠浦羅伯瓊編
清同治二年（1863）羊城富文齋刊本
中大
［按：吳小姑（1825—1852），女，號海山仙人，瓊州瓊山人。］

6144
海山仙人詞 一卷
（清）瓊山吳小姑撰、（清）羅伯瓊輯
清同治二年（1863）珠浦羅氏刊本
港中文

6145
絀齋詞選 二十卷
（清）番禺徐紹桓輯
稿本
粵圖

6146
熙朝樂府 十四卷
（清）順德周鈞鏊撰
清光緒六年（1880）刊本
粵圖

6147
愁思集悼亡詞 一卷
（清）東莞張伯楨撰
清光緒刊本
粵圖

6148
馮詠蒨昆仲詩詞 一卷
（清）高要馮詠蒨撰
民國十年（1921）鉛印本
國圖
（按：該書附於詠蒨子邵峻所輯三世家稿《清芬集》内。）

6149
小媚秋堂詞 一卷
（清）南海馬慶餘撰
民國鉛印本
粵圖

6150
看山樓詞 二卷
（清）番禺馮永年撰
清光緒六年（1880）刊本
上師

6151
丁叔雅遺集 二卷
（清）豐順丁惠康撰
民國十二年（1923）上海書局石印本
南圖

6152
白月詞 一卷
（清）南海崔師貫撰
民國二十二年（1933）鉛印本
國圖

6153
誠默齋詩詞稿 一卷
（清）高要陳焕章撰
1966年影印稿本
臺大

6154
闇齋詞 一卷
（清）番禺張學華撰
民國鉛印本
粤圖

6155
綯春詞 一卷
（清）番禺石德芬撰
民國間鉛印本
國圖

6156
聊園詞 一卷
（清）南海譚祖壬撰
稿本
國圖

6157
倚銅琶館詞鈔 一卷
（清）順德温子顥撰
稿本
加英哥大

6158
雙照樓詩詞稿 四卷
（清）番禺汪兆銘撰
民國三十四年（1945）中華日報鉛印本
南圖

6159
惺默齋詞 一卷
（清）番禺汪兆銓撰
民國十二年（1923）廣州超華齋刊本
南圖

6160
三洲漁笛譜 一卷
（清）香山梁煦南撰
清光緒十四年（1888）刊本
中大
（按：本書又名《迂齋外集》。）

6161
花笑樓詞 四種 四卷
（清）番禺楊其光撰、饒平陳步墀選
清宣統元年（1909）刊本
中大
子目：
　　花笑詞 一卷
　　歸夢醒餘 一卷
　　華月词 一卷
　　錦瑟哀辭 一卷

6162
碧琳腴館詞鈔 一卷
（清）番禺鄭權撰
清光緒二十六年（1900）刊本
粤圖

6163
雨屋深鐙詞 一卷 續一卷 三編 一卷
（清）番禺汪兆鏞撰
清宣統三年（1911）澳門刊本
粤圖、澳大

6164
雨屋深鐙詞 一卷
（清）番禺汪兆鏞撰
民國元年（1912）刊本　汪兆鏞校
中大
民國十七年（1928）鉛印本
中大

6165
金霞仙館詞録 一卷
（清）鶴山吕鑒煌撰
清光緒二十一年（1895）刊本
粤圖、中大

6166
款紅樓詞 一卷
（清）番禺梁鼎芬撰
清末刊本
粤圖
（按：近代嶺南詞家，在中國詞壇中較為活躍，如梁鼎芬、張學華、石德芬、丁日昌、曾習經、汪兆鏞、潘飛聲、麥孟華、梁啟超、陳洵、葉恭綽等等。）

6167
竹林詞鈔 二卷
（清）鶴山吕洪、吕鑒煌撰
清光緒十九年（1893）刊本
粤圖、中大

6168
飲瓊漿館詞 一卷
（清）番禺潘飛聲撰
清宣統元年（1909）豐源印書局鉛印《晨風閣叢書》本
粤圖、中大

6169
醒花軒詞稿 一卷
（清）番禺姚詩雅撰
稿本
豫圖

6170
景石齋詞略 一卷
（清）番禺姚詩雅撰
清光緒七年（1881）刊《學海堂叢刊》本
粤圖、中大
清光緒七年（1881）番禺姚樫甫刊本
港中山
清光緒刊《啓秀山房叢書》本
粤圖

6171
守白詞甲 一卷 乙一卷 詞選及作法 不分卷
（清）廣州許之衡撰
民國北京大學鉛印本
南圖

6172
今詞綜 四卷
番禺沈宗畸輯
清光緒三十四年至宣統三年（1908—1911）國學萃編社鉛印《晨風閣叢書》本
中大

6173
今詞綜 四卷 繁霜詞 一卷
（清）番禺沈宗畸撰
民國五年（1916）國民印書馆鉛印本
南圖

6174
蟄庵詞録 一卷
（清）揭陽曾習經撰
稿本　朱孝臧、龍沐勛批校
中大
民國二十二年（1933）刊本
粤圖

6175
樽酒銷寒詞 二卷 續録 一卷
（清）方楷等輯
清光緒十一年（1885）粤東刊本
吉大

6176
三十六天消夏詞 一卷
（清）長樂吴紹東撰
清宣統二年（1910）刊本
國圖

6177
遐庵詞甲稿 一卷
番禺葉恭綽撰
民國三十一年（1942）鉛印本
中大

6178
百尺樓詞集 一卷
（清）番禺陳慶森撰
清鈔本
施蟄存

6179
耕煙詞 一卷
（清）番禺張德瀛撰
清末鈔本　番禺汪兆銓批並跋
臺灣

6180
耕煙詞 五卷
番禺張德瀛撰
民國十年（1921）刊本
中大

6181
耐庵詩鈔 一卷
（清）高要馮詠芝撰
民國十年（1921）鉛印本
國圖

6182
鬘天影事譜 四卷
（清）南海易順鼎撰
民國三年（1914）成都昌福公司鉛印本
吉大

6183
廣篋中詞 四卷
番禺葉恭綽編
民國二十四年（1935）鉛印本
中大

6184
詞徵 六卷
番禺張德瀛撰
民國十年（1921）刊本
粵圖、中大、華師

6185
希古堂詞稿 三卷
新會黃炳堃撰
稿本
粵圖⊗

6186
希古堂詞存 二卷
新會黃炳堃撰
民國二十年（1931）刊本
中大

6187
抱香室詞 一卷
香山楊鐵夫撰
清光緒鉛印本
粵圖

6188
雙樹居詞 一卷 清真詞選箋釋 一卷　桑榆老屋詞鈔 一卷　五厄詞 一卷
香山楊鐵夫撰
民國初鉛印本
湘社科
民國二十一年（1932）油印本
中大

6189
改正夢窗詞選箋釋 二卷
香山楊鐵夫撰
民國二十二年（1933）上海人文印書館鉛印本
中大

6190
吴夢窗詞正集箋釋 四卷 吴夢窗事跡考 一卷
香山楊鐵夫撰
民國二十五年（1936）抱香室鉛印本
中大

6191
擊劍詞 一卷
三水黃榮康撰
清末羊城粵華興印務局鉛印本
中大

6192
雙溪詞 三卷
饒平陳步墀撰
清宣統元年（1909）羊城鉛印本
粵圖
民國元年（1912）石印本
港中文、中大

6193
十萬金鈴館詞 二卷
饒平陳步墀撰
民國元年（1912）石印本
中大

6194
懺盦詞話 一卷
番禺沈澤棠撰
清宣統三年（1911）刊本
粵圖、中大

6195
詞林書目 一卷
潮陽陳運彰輯
稿本
廣圖

6196
長明詞 一卷
番禺梁廣照撰
民國四年（1915）鉛印本
中大

6197
柳齋詞選 一卷
番禺梁廣照撰
民國刊本
南圖

6198
雙樹居詞 二卷
香山楊玉銜撰
民國二十九年（1940）刊本
港中文

6199
海綃詞 二卷
新會陳洵撰
稿本
中大
稿本　張孟劬批注　龍沐勛跋
中大

6200
海綃詞 一卷
新會陳洵撰
民國初年印本　朱孝臧校、龍沐勛跋
中大

6201
海綃詞 二卷 海綃説詞 一卷
新會陳洵撰
民國十二年（1923）刊本
中大

6202
海綃詞續集 一卷
新會陳洵撰
民國二十八年（1939）鈔本
中大

6203
秫音集 一卷
新會陳洵、黎國廉撰
民國二十八年（1939）鉛印本
粵圖

6204
詞學 二卷
新會梁啓勛撰
民國二十一年（1932）北平京城印書局鉛印本
粵圖

6205
海波詞 四卷
新會梁啓勛撰
民國鉛印本
湘社科

6206
守白詞 一卷
番禺許之衡撰、長洲藥庵居士評
民國十八年（1929）北平刊本
中大

6207
藝蘅館詞選 五卷
新會梁令嫻撰

清光緒三十四年（1908）刊本
港中文
［按：梁令嫻（1893—1966），梁啓超之女。］

6208
雙清詞草 一卷
惠陽廖仲愷撰
民國十七年（1928）開明書店影印本
中大

6209
弱盦詞 一卷
南海潘之博撰

6210
蜕庵詞 一卷
順德麥孟華撰
民國十年（1921）歸安朱氏刊本
中大

6211
心影詞 一卷
番禺劉景堂撰
民國九年（1920）石印《綉詩樓叢書》本
中大

6212
棨園詞鈔 一卷
番禺張錫麟撰
民國十七年（1928）刊本
中大

6213
花雨樓詞草 一卷
東莞劉翰棻撰
民國十九年（1930）東莞劉氏棻香簃刊本
中大

6214
渌水餘音 一卷
香山徐禮輔撰
民國十九年（1930）香山徐氏小紅雨樓刊本
中大

6215
筆花草堂詞 三卷
番禺張逸撰
民國二十一年（1932）鉛印本
中大

6216
聽松廬詩話 一卷
（清）番禺張維屏
民國初鉛印本
胡亦從

6217
草間詞 不分卷
歸善李綺青撰
民國七年（1918）鉛印本
中大

6218
聽風聽水詞 一卷
歸善李綺青撰
民國八年（1919）鉛印本
中大

6219
无盦詞 一卷
饒平詹安泰撰
民國二十六年（1937）鉛印本
中大⊗

6220
分春館詞 一卷
新會朱奂撰
民國三十七年（1948）鉛印本
中大

6221
捫蝨談室詞 一卷 集外詞 一卷 影樹亭和詞摘存 一卷
惠陽廖恩燾撰
民國三十八年（1949）廣州蔚興印刷廠鉛印本
中大

6222
懺盦詞 八卷
惠陽廖恩燾撰
民國二十年（1931）刊本
港大、中大

6223
半舫齋詩餘 一卷
惠陽廖恩燾撰
民國二十八年（1939）鉛印本
南圖

6224
維心亨齋詞集 四卷
番禺陸殿邦撰
民國二十五年（1936）鉛印本
國圖

6225
玉蕊樓詞鈔 五卷
順德黎國廉撰
民國三十八年（1949）廣州蔚興印刷廠鉛印本
中大

6226
大厂詞稿 不分卷
鶴山易孺撰
民國二十四年（1935）刊本
普葛

小説類

6227
西京雜記 六卷
題（晉）葛洪撰
明沈與文野竹齋刊本
國圖、上圖
明沈與文野竹齋刊本　黄棠跋
國圖
明嘉靖三十一年（1552）孔天胤刊本　葉德辉、葉啓勛跋
北京文物局
明嘉靖三十一年（1552）孔天胤刊本
湘圖
明萬曆三十年（1602）陝西布政使司刊《秦汉圖記》本
國圖、北大
明萬曆三十年（1602）陝西布政使司刊《秦汉圖記》本　清黄丕烈校並跋
國圖
明萬曆三十年（1602）陝西布政使司刊《秦汉圖記》本　清丁丙跋
南圖
明萬曆梁义卿刊本
閩圖
明刊本　清吳志忠校並跋
魯博
明刊本
北大
明活字印本
上圖
明鈔本　清盧文弨校
上圖
（按：該書所記多為西漢統治者與文人雅士的遺聞軼事，並參雜民間流傳怪誕傳説。）

6228
牛羊日曆 一卷
（唐）曲江劉軻撰
清初毛氏汲古閣鈔本
國圖
清光緒宣統间刊《藕香零拾》本
華農
［按：此是嶺南已知最早的小説。作者通過比喻，把“牛”比作牛僧孺、“羊”（楊）比作楊虞卿、楊漢公兄弟，描述他們謀奪李願寵妓真珠的經過，諷刺他們的卑劣伎倆為“太牢（牛）筆，少牢（羊）口，南北東西何處走”，反映唐文宗“牛李黨爭”的傳奇經過。］

6229
新刻音釋旁訓評林演義三國志傳 二十卷
（明）廣州朱鼎臣撰
明刊本
英博

6230
鼎鍥全相唐三藏西遊傳 十卷
（明）廣州朱鼎臣撰
明萬曆書林劉蓮臺刊本
臺灣

6231
全像觀音出身南遊記傳 不分卷
（明）廣州朱鼎臣撰
明刊本
英博

6232
拾珥樓新鐫綉像小説一枕奇 二卷八回
題（明）華陽散人輯
清粵東坊刊本
大連

6233
綉像殘唐五代全傳
清乾隆四十七年（1782）佛山刊本
英博

6234
新刻全像海剛峰先生居官公案 四卷七十一回
（明）李春芳撰
明萬曆三十四年（1606）金陵萬卷樓刊本
國圖等
明萬曆三十四年（1606）金陵萬卷樓刊本焕文堂重修本
歷博
明萬曆三十四年（1606）金陵萬卷樓刊本郁文堂重修本
上圖

6235
花底拾遺 一卷
（明）番禺黎遂球撰
清康熙三十六年（1697）刊《昭代叢書》本
華師
清道光二十九年（1849）吳江沈氏世楷堂刊《昭代叢書》本
華農
清管庭芬鈔本《一瓻筆存》
津圖

6236
二百家（評注）國史成績論斷大全 十二卷
（明）張位撰、（清）臺山葉向高纂評
清末碧梧山莊石印本
粵圖

6237
粵觚 二卷
（清）鈕琇輯
清康熙三十九年至四十一年（1700—1702）臨野堂刊本
粵圖
［按：鈕琇（？—1704），江蘇吳江人。清康熙中曾官廣東高明知縣，卒於任內。其所作《觚賸》八卷，按其所官地區分作《吳觚》、《豫觚》、《秦觚》等各一卷，惟《粵觚》為二卷。由於作者好為儷偶之詞，文筆清雅，显得“幽豔凄動”，娓娓動人，有唐人遺風。］

6238
新刻按鑑編纂開闢衍繹通俗志傳 六卷八十回
（明）周游撰
清同治八年（1869）粵東丹桂堂刊本
吉大

6239
新鐫重訂出像注釋通俗演義東西兩晉志傳 十二卷 首一卷
（明）陳氏尺蠖齋評釋
清佛山鎮近文堂刊本
大连

6240
胭脂紀事 一卷
（明）香山伍瑞隆撰
清康熙詒清堂刊《昭代叢書》本
上圖、暨大
清道光二十九年（1849）吳江沈氏世楷堂刊《昭代叢書》本
華師
清然松書屋鈔本《賜硯堂叢書未刻稿》
上圖
清香山劉履芬鈔本《古紅梅閣叢鈔》
國圖

6241
聊齋志異評注 十六卷
（清）蒲松齡撰、何守奇譯
清道光三年（1823）南海經綸堂刊本
國圖

6242
聊齋志異新評 十六卷
（清）蒲松齡撰、王士禛評
清同治八年（1869）羊城青雲樓刊朱墨套印本
遼圖等

6243
聊斋志異繪圖 十二卷
（清）蒲松齡撰
清光緒廣州廣百宋齋石印本
鲁圖

6244
閲微草堂筆記 二十四卷
（清）紀昀撰
清道光十五年（1835）羊城紀樹馥刊本
遼圖等

6245
咫聞録 十二卷
（清）順德温汝适撰
清嘉慶二十二年（1817）刊本
遼圖
清道光刊本
吉大
民國上海進步書局石印本
遼圖

6246
咫聞録 二卷
（清）順德温汝适撰
清道光粤東省城簡書齋刊本
吉大

6247
龍圖剛峰公案合編 十二卷
題（清）雪崖主人編
清嘉慶十四年（1809）刊本
復旦
子目：
龍圖公案 六卷
剛峰公案 六卷

6248
警富新書 四十回
題（清）安和先生撰
清嘉慶十四年（1809）廣東刊本
英博
清光緒三十一年（1905）廣州通藝局石印本
粵圖
（按：作者真名為鍾鐵橋，番禺人。）

6249
靄樓剩鑒 四卷
（清）東莞歐蘇撰
清嘉慶五年（1800）刊本
國圖
清咸豐九年（1859）來盛堂刊本
科圖

6250
靄樓逸志 六卷
（清）東莞歐蘇撰
清乾隆五十九年（1794）刊本
粵圖

6251
梁太師江南訪主傳 不分卷
（清）南海何夢梅撰
清道光二十九年（1849）刊本
英博

6252
大明正德皇遊江南傳 七卷四十五回
（清）南海何夢梅撰
清道光二十二年（1842）刊本
英博

6253
遊江南傳 四卷
（清）順德何夢梅撰
清末石印本
粵圖

6254

嶺南逸史 十卷二十八回

（清）嘉應黃巖編

清嘉慶十四年（1809）刊本

粵圖

清咸豐七年（1857）刊本

中大

清刊巾箱本

粵圖

［按：此是時隔唐劉軻小說近千年的小說作品，作者黃巖（1751—1830），字耐庵，號花溪居士，嘉應桃源堡（今梅州堯鎮）人。他是當地名醫，曾在廣州開業，有著作行世，後感功名無望，遂搜集瑤區傳聞佚事，托諸稗官，小說情節曲折離奇，意有"闡微顯幽，褒貶予奪，以垂不朽"。］

6255

鞠部叢談校補 一卷

（清）順德羅惇曧撰

民國十五年（1926）刊紅印本

中大

6256

蜃樓志 八卷二十四回

題（清）庾嶺勞人撰

清嘉慶九年（1804）刊本

法國會、英皇亞

清嘉慶十二年（1807）刊本

遼圖

清咸豐八年（1858）刊本

北大

［按："庾嶺勞人"，一題"禺山老子"，卷首有"羅浮居士"序，說明作者及序者與嶺南有關，且小說從來不具真名，故此書作者待考。該小說以廣州十三行商總蘇萬魁之子蘇吉士（乳名笑官）為貫穿全書的中心人物，描寫海關監督赫廣大向蘇家敲詐三十萬銀兩而展開爭鬥，反映清乾嘉時期官場黑暗與腐敗。鄭振鐸先生盛贊此書"欣悅無已"，感歎"名作之顯晦，真是也有幸與不幸之分的"。］

6257

潮嘉風月 一卷

（清）俞蛟撰

清道光八年（1828）敬藝堂刊《夢厂雜著》本

華農

清道光二十九年（1849）吳江沈氏世楷堂刊《昭代叢書》本

華農

6258

桃花女陰陽鬥傳 不分卷

清道光二十八年（1848）廣州刊本

英博

6259

綉像五虎平南後傳 六卷

清道光二年（1822）佛山刊本

英博

6260

綉像鬼神終須報 不分卷

清咸豐九年（1859）廣州刊本

英博

6261

綉像瓦崗寨演義傳 不分卷

（清）香山梁朗川撰

清咸豐十年（1860）廣州刊本

英博

6262

萬花樓楊包狄演義 十四卷

（清）鶴山李雨堂撰

清咸豐八年（1858）禪城福文堂刊本

粵圖

清羊城長慶堂刊本

國圖

（按：本書又名《萬花樓演義》。）

6263

邇言 十卷 補一卷

（清）順德馮秉芸輯

清同治三年（1864）刊本

粵圖

6264
綉像宋太祖三下南唐 不分卷
清同治十三年（1874）佛山英文堂刊本
英博

6265
三春夢 三十三回
（清）不著撰人
清刊本
國圖
［按：作品記敘清康熙十三年（1674）四月至十六年（1677）六月，潮州總兵劉進忠起兵抗清及失敗的經過。三年過後，一切依舊，故名“三春夢”。小説描寫清軍派駐潮州續順公手下旗人兵將姦污虜掠，大肆屠戮漢人，百姓泣血呼天，總兵劉進忠乘勢起兵反清復明，以一隅之地聚集英雄豪傑，戈揮落日，誅奸佞、報血仇，浴血抗清三年，終因寡不敵眾，自殺就義。此書情節動人，語言清新流暢，人物形象生動，記述一些鮮為人知的故事。］

6266
耳食録初編 十二卷 二編 八卷
（清）樂鈞撰
清同治七年（1868）羊城藏修堂刊本
遼圖

6267
吉祥花 六卷
（清）邵紀棠編
清同治九年（1870）佛山天禄閣刊本
粤圖
清末廣州丹桂堂刊本
粤圖
清末永成堂重刊本
粤圖

6268
俗話傾談 二卷四集
（清）岭南邵彬儒輯評
清光绪二十九年（1903）刊本
粤圖、英博

6269
入冥記 二卷
（清）嘉應梁綸恩撰
清末鉛印本
粤圖
清光緒二十二年（1896）嘉應集文堂刊本
粤圖

6270
洪秀全演義 二十九回
（清）番禺黄世仲撰
清光緒三十四年（1908）香港《中國日報》鉛印本
港大

6271
洪秀全結拜全書 一卷
清光緒鈔本
魯圖

6272
羊石園演義 七卷
題（清）頑叟撰
清光緒二十六年（1900）廣州鉛印本
英博

6273
新編仇合三奇記 五卷
（清）□□□撰
清光緒十三年（1887）東莞萃英樓刊本
粤圖

6274
試場異聞録 五種二十二卷
（清）新會吕相燮輯
清同治九年（1870）廣東味經堂刊本
遼圖
子目：
　國朝科場異聞録 九卷
　前明科場異聞録 二卷
　唐宋科場異聞録 三卷
　直省科場異聞録 四卷
　小試異聞録 一卷
　附：科名佳話 一卷

梓里紀闻 一卷
教學微言 一卷

6275
我佛山人滑稽談 不分卷
（清）佛山吳趼人撰
民國上海掃葉山房石印本
吉大、吉杜

6276
鄺齋雜記 四卷
（清）番禺陳曇撰
清光緒十年（1884）廣雅堂刊本
吉大

6277
音釋坐花志果 八卷
（清）汪道鼎撰、鷲峰樵者音釋
民國二十五（1936）潮城文在堂刊本
大连

6278
荷花大少 二十二章
題（清）他佛山人撰
清光緒三十年（1904）上海新民譯印書局鉛印本
吉大

6279
聖諭十六條宣講集粹 不分卷
（清）廣州調元善社編
清光緒十四年（1888）粵東省城學院前合成齋刊本
粵圖⊗

6280
花富盧奇案 十四回
題（清）晴嵐山人譯意、鐵血國民潤文
清光緒三十一年（1905）《香港華字日報》鉛印本
港大
（按：書又名《澳斯科奇案》。）

6281
托氏宗教小説 一卷
［俄］托爾斯泰撰、葉道勝譯、麥梅生述
清光緒三十三年（1907）香港 Rhenish Missionary Society 鉛印本
港大

6282
我佛山人札記小説 四卷
（清）佛山吳沃堯撰
民國四年（1915）瑞華書局石印本
粵圖⊗
［按：吳沃堯（1866—1910），原名寶震，字小允，號茧人，後改趼人，以號行。因里籍佛山，故又號“我佛山人”，筆名甚多。他出身於清代封疆大臣吳榮光的世家，但他生不逢時，生活在歷史大動蕩、大變革的轉折時期，一生經歷了中法、中日戰爭和戊戌變法、八國聯軍入侵等重大事件，目睹吏治腐敗、內亂四起、外患不絕的嚴峻現實，激發了他要求改革、進步的思維。受通俗小説的影響，致力於小説創作，成為清末作品多產的作家。在他去世前的七八年間，先後創作刊行了《二十年目睹之怪現狀》、《九命奇冤》、《恨海》、《糊塗世界》、《發財秘訣》等十多篇長短篇小説，揭露當時社會黑暗、腐敗、醜陋的現象，折射了那個時代的負面，也反映了廣大群眾的憤怒和訴求。］

6283
九命奇冤 三卷三十六回
（清）佛山吳沃堯撰
清光緒三十二年（1906）刊本
中大
［按：故事發生於清雍正年間，番禺財主淩貴興因迷信風水，對小業主梁天來多方滋事挑釁，梁氏爲人忠厚，步步退讓，淩家恃財逞惡，得寸進尺，結盜縱火燒死梁家八口，梁天來不斷向縣、府、臬司、撫院告狀，均因淩貴興到處行賄而不得申雪。官府還將仗義作證的乞丐張鳳活活夾死，造成九命奇冤的慘案。梁天來申冤無門，憂憤成疾幾乎喪命。而淩貴興及兇徒逍遥法外，終日尋歡作樂。梁天來歷盡艱辛，避過淩貴興一伙追殺，上京告御狀成功，使沉冤得到伸雪。此命案在歷史上確有此事，據乾

隆五十九年（1794）東莞歐蘇所作《靄樓逸志》記載，案起雍正五年（1727），至雍正九年（1731）始得昭雪；後番禺“安和先生”所作《警富新書》，也作了描述。因上述兩書筆法拙劣，結構混亂，因此，吳沃堯改編成《九命奇冤》，得以流行。此事在珠三角一帶民間廣為流傳，並以戲劇演出加以傳播。]

6284

糊塗世界 十二卷十二回

（清）佛山吳沃堯撰

清光緒三十二年（1906）刊本

中大

6285

二十年目睹之怪現狀 八卷一百零八回

（清）佛山吳沃堯撰

清光緒三十二年至宣統二年（1906—1910）刊本

中大

（按：該書為揭露、譴責社會現實的小說，它與李寶嘉《官場現形記》爲同一類型。作者以主人公“九死一生”的經歷為主綫，反映自1884年中法戰爭到1904年這二十多年間的社會現象，從中反映了他對社會現實極大憤慨與不滿。作為維系封建統治的官僚機構，腐敗如同朽木糞土，貪污、欺詐、盜竊已是大小官吏的本能。為了升官發財，不惜出賣舊友故交，誣陷僚屬，甚至把自己的女兒、媳婦恭奉給上司。作者通過親身經歷和耳聞目睹，把社會人群分為三種類型，即蛇蟲鼠蟻、豺狼虎豹和魑魅魍魎。這些人麇集官場，充斥商界、洋行、以及社會各個角落，造成了烏煙瘴氣的“怪現象”。這種入骨三分揭露社會醜陋現象的笔法，加深了人民群眾對封建社會的認識與憎恨。）

6286

發財秘訣 不分卷

（清）佛山吳沃堯撰

清光緒三十三年（1907）刊本

中大

6287

曾芳四奇傳 不分卷

（清）佛山吳沃堯撰

清光緒三十三年（1907）《月月小說》刊本

粵圖

6288

剖心記 不分卷

（清）佛山吳沃堯撰

清光緒三十三年（1907）刊本

粵圖

6289

新石頭記 四十回

（清）佛山吳沃堯撰

清光緒三十四年（1908）刊本

中大

6290

四大金剛傳 不分卷

（清）佛山吳沃堯撰

清光緒石印本

粵圖

6291

兩晉演義 二十三回

（清）佛山吳沃堯撰

清宣統二年（1910）群學社刊本

粵圖

（按：此是吳沃堯所作歷史小說，他自述創作的目的有二：一是借古鑒今，寓教育於閒談；二是普及歷史知識，要求不失歷史之真相。）

6292

最近社會齷齪史 二十回

（清）佛山吳沃堯撰

清宣統二年（1910）刊本

中大

6293

恨海 十回

（清）佛山吳沃堯撰

清光緒三十二年（1906）上海廣智書局鉛印本

粵圖、中大

6294
情變 十回
（清）佛山吳沃堯撰
清宣統二年（1910）刊本
中大

6295
電術奇談 二十四回
［日］菊池幽芳原著、方慶周譯述、佛山我佛山人（吳趼人）衍義
清《新小説》第8至18號（1903—1904年）抽印合訂本
港大
（按：書又名《催眠術》。《恨海》、《情變》、《電術奇談》三部，均為吳沃堯的寫情小説，但均宣揚封建道德倫理觀念，這是他的時代局限性。）

6296
新刻陰陽寶扇全本 四集十卷
題（清）順德幽閒主人撰
清光緒佛山近文堂刊本
粵圖

6297
新鐫綉像宋太祖三下南唐被困壽州城 八卷五十三回
題（清）好古主人撰
清同治四年（1865）粵東丹桂堂刊本
吉大

6298
綉像鏡花緣 二十卷一百回
（清）李汝珍撰
清道光二十二年（1842）粵東英德堂刊本
遼大、錦圖

6299
征西説唐三傳 十卷九十回
題（清）中都逸叟撰
清咸豐五年（1855）廣州丹桂堂刊本
大连

6300
新刻天花藏批評玉嬌梨 四卷二十回
題（清）荻岸散人撰
清佛山翰寶樓刊本
黑圖

6301
廿載繁華夢 四十回
（清）黄世仲撰
清光緒三十三年（1907）廣州《時事畫報》石印本
港大

6302
新刻濟顛大師醉菩提全傳 四卷二十回
（清）題天花藏主人撰
清佛山鎮連元閣刊本
吉大

6303
西番棋子 四卷 後續 四卷
題（清）守拙主人撰、（清）閒情居士訂
清光緒二十一年（1895）廣州芹香閣刊本
港大

6304
空即色 不分卷
（清）三水歐博明撰
清光緒刊本
粵圖

6305
新刻大唐平貴全傳 四卷
（清）順德馬學恩編
清佛山文光樓刊本
粵圖

6306
綉像捉拿康梁演義 四卷
（清）□□□撰
清末石印本
粵圖

6307
楊貴妃傳 三卷
［日］宮崎繁吉撰、（清）番禺詹憲慈譯

清光緒三十年（1904）文藝書局石印本
粤圖
清光緒二十九年（1903）安雅書局鉛印本
粤圖

6308
劍俠傳 四卷 續四卷
（清）佚名氏撰、香山鄭觀應校
清光緒五年（1879）刊本
粤圖、中大

6309
續劍俠傳 四卷
（清）香山鄭觀應輯
清光緒五年（1879）精刊複印本
粤圖

6310
羊石園演義 不分卷
題（清）頑叟訂定、笑翁撰述
清光緒二十五年（1899）廣州東華報館鉛印本
粤圖
（按：此書據七弦河上釣叟《英吉利廣东入城始末》原本修訂，以演義小説形式記述近代廣東事件，其中包括第二次鴉片戰爭期間英法軍隊進攻廣州史事。書中人物、地點多用代名，如番禺縣作“番薯縣”，葉名琛爲“大冬葉”等。）

6311
俗話傾談初集 二卷
（清）四會邵彬儒編
清末鉛印本
粤圖
（按：此書用廣州方言寫成，其内容爲記述傳聞逸事，俗稱“講古”，是一部廣州方言通俗讀物。）

6312
（新選）金絲蝴蝶 十卷
題（清）抱璞樓主人撰
清光緒二十三年（1897）廣州以文堂刊本
粤圖

6313
拈花微笑續編 六卷
（清）方功惠撰
清光緒三十三年（1907）廣州總商會報鉛印本
粤圖

6314
易水餞荆卿 一卷
題廣東新小武撰
清光緒三十四年（1908）刊本
英目

6315
廣東新兒女雜劇 不分卷
題（清）玉橋撰
清光緒二十九年（1903）刊本
英目

6316
蔭堂筆記 一卷
番禺屈向邦撰
稿本
粤圖

6317
宦海潮 三十二回
番禺黄小配撰
清光緒三十四年（1908）香港刊本
英博

6318
大馬扁 十六回
番禺黄小配撰
清光緒元年（1875）刊本
英目

6319
鏡中影 四十回
番禺黄小配撰
清宣統香港《循環日報》鉛印本
英博

6320
綉像洪秀全演義 十集
番禺黄小配撰

民國三年（1914）刊本
日國會

6321
繡像洪秀全演義 四集八卷五十四回
番禺黄小配撰
民國石印本
日國會

6322
説倭傳 三十三回
清末香港鉛印本
英博

6323
廣州亂事記 十回
清宣統三年（1911）刊本
粤圖

6324
廣州謎語第一集
劉萬章撰
民國十七年（1928）鉛印本
東文、加英哥大

6325
廣州民間故事 不分卷
劉萬章撰
民國十八年（1929）鉛印本
東文

6326
潮州七賢故事集 不分卷
林培廬撰
民國二十五年（1936）刊本
東研

6327
五桂堂書局小説叢刊 八十四種
民國香港五桂堂書局彩印本
澳中央
（按：書名自擬。）
子目：
今古奇觀全集
西晉演義
東晉演義
五代史演義
前後七國志
大明英烈傳
三國志演義：綉像仿宋足本
東周列國志：綉像仿宋足本
石頭人招親：通俗小説
正德遊江南
三戲白牡丹
七世夫妻
鍾馗傳
三生姻緣
今古奇觀全集
十三妹大鬧能仁寺
續小五義：綉像紡宋完整本
小五義：綉像仿宋完整本
蕩寇志：綉像绘圖通俗小説
乾隆遊江南
萬年青：綉像仿宋完整本
後列國志：綉像古本通俗小説
七俠五義：綉像仿宋完整本
東漢演義：綉像仿宋完整本
明珠緣：綉像仿宋完整本
五虎平西：綉像仿宋完整本
五虎平南：綉像仿宋完整本
孟麗君：綉像仿宋完整本
包公奇案
五代殘唐：綉像仿宋完整本
木蘭从軍：綉像仿宋完整本
九命奇冤：綉像仿宋完整本
桃花女鬥法
正德白牡丹：綉像仿宋本
唐史演義
南宋飛龍傳：綉像繪圖通俗小説
九義十八俠：綉像仿宋本
北宋楊家將：綉像仿宋完整本
海公大紅袍：綉像仿宋完整本
宏碧緣：綉像仿宋完整本
清宫四大奇案：綉像完整本
宋太祖征南唐：綉像仿宋完整本
仁貴征東

梁天來：綉像仿宋完整本
所羅門王寶藏
撒克遜劫後英雄傳
慈雲走國：綉像仿宋完整本
古本紅樓夢
聊齋志異
水滸傳演義
七劍十三俠
三合明珠寶劍
正續兒女英雄傳
張勇打擂臺
鏡花緣演義
説唐小英雄
英雄天寶圖
英雄地寶圖
四大美人
風月傳
施公清烈傳
六月雪
四才子平山冷燕
龍鳳再生緣
四遊記：通俗小説
觀音得道
花月痕
隋煬艷史
古本金瓶梅
文素臣：歷史奇情香艷小説
薛剛反唐
文素臣：歷史奇情香艷小説
説唐全傳
丁山征西
三笑姻緣九美圖
三笑姻緣金如意
换空箱
順治過江
紅鬃烈馬
楊乃武
續今古奇觀

八、藝術部

書畫類

6328
梅花喜神譜 二卷
（宋）宋伯仁撰、（宋）葉紹翁校
清咸豐五年（1855）廣州兩廣督署刊本
港大

6329
新刻格古論要 五卷
（明）曹昭撰、（明）南海王佐補
明万曆刊《秘冊彙函》本
上圖、魯圖
明黃正位刊清淑躬堂重修本
港中文

6330
陳白沙先生真蹟 不分卷
（明）新會陳獻章撰
清拓本
粵圖

6331
書學會編 四卷
（明）黃瑜編
明天順元年（1457）黃氏肇慶刊本
子目：
　　法帖釋文 一卷（宋）劉次莊撰
　　法帖刊誤 一卷（宋）黃伯思撰
　　書史 一卷（宋）米芾撰
　　法帖譜系 一卷（宋）曹士冕撰
臺灣、重圖
明刊本
湘圖
明刊本清汪鋆跋
湘圖

6332
郁氏書畫題跋記 十二卷
（明）郁逢慶輯
清宣統三年（1911）順德鄧氏鉛印本
港大

6333
水滸全圖 一卷
（明）杜菫繪圖
清光緒八年（1882）粵東劉晚榮修堂刊本
港大

6334
水滸圖讚 一卷
（明）杜菫繪圖
清光緒八年（1882）粵東劉晚榮刊本
港大

6335
三家翰墨 不分卷
民國綉詩樓石印本
廣圖
（按：此爲嶺南清初三大家翰墨，即梁佩蘭、屈大均、陳恭尹。）

6336
畫羅漢頌 一卷
（清）曲江廖燕撰
清康熙詒堂刊《昭代叢書》本
暨大、上圖
清道光十三年（1833）吳江沈氏世楷堂刊《昭代叢書》本
華農

6337
蘇珥書離騷 一卷
（清）順德蘇珥書
清同治四年（1865）拓印本
粵圖

6338
繪事隨筆 不分卷
（清）香山黄培芳撰
稿本
粵圖

6339
常惺惺齋書畫題跋 二卷 遊羅浮日記 一卷
（清）南海謝蘭生撰
清同治鬱州謝氏刊本
上圖
清鈔本
粵圖

6340
風滿樓書畫録 四卷
（清）南海葉夢龍撰
民國鈔本
粵圖

6341
聽颿樓書畫記 五卷 續編 二卷
（清）番禺潘正煒撰
清道光三年（1823）刊本
港大
清道光二十九年（1849）刊本
粵圖

6342
聽颿樓續刻書畫記 不分卷
（清）番禺潘正煒撰
清鈔本
粵圖

6343
聽颿樓書畫記 五卷
（清）番禺潘正煒撰
清道光二十三年（1843）刊本
東北師大

6344
辛丑銷夏記 五卷
（清）南海吴榮光撰
清顧文彬鈔本
蘇圖
清道光二十一年（1841）南海吴氏刊本
粵圖、華師

6345
吴荷屋手札集冊 不分卷
（清）南海吴榮光撰
稿本
南海圖

6346
摘句圖 一卷
（清）順德梁九圖選
清刊本
國圖

6347
朱九江遺墨 一卷
（清）南海朱次琦書
稿本
加英哥大

6348
李文田書韜樓 一卷
（清）順德李文田書
民國上海尚古山房石印本
中大

6349
李文田六朝書法 一卷
（清）順德李文田書
民國上海尚古山房石印本
中大

6350
李躍門百蝶圖 四卷
（清）南海李國龍繪
清道光五年（1825）刊本
粵圖
清道光十七年（1837）刊本

粵圖
（按：書又名《仙姿壽相》。）

6351
碧琳琅館墨課　五種　不分卷
（清）方功惠書
稿本
北大

6352
懷古田舍梅統　十三卷
（清）徐榮撰
稿本
粵圖
清同治四年（1865）錦城刊本
粵圖

6353
陳澧、陳璞等手札　不分卷
（清）番禺陳澧等書
稿本
粵圖

6354
丁日昌、朱文煒手札合冊
（清）豐順丁日昌、朱文煒書
稿本
揭博

6355
鄧和簡公墨寶　六卷
（清）順德鄧華熙撰
稿本
粵圖

6356
嶽雪樓書畫録　五卷
（清）南海孔廣鏞、孔廣陶同編
清光緒十五年（1889）三十有三萬卷堂刊本
華師

6357
嶽雪樓法書録　不分卷
（清）南海孔廣陶書
清同治間南海孔氏緑格鈔本
山大

6358
國朝畫徵録　三卷　續録　二卷
（清）張庚撰
清同治八年（1869）廣州翰墨園刊本
港理大

6359
六藝之一録　四百六卷　目録　十卷　續編　十二卷
（清）倪濤撰
清南海孔氏嶽雪樓鈔本　清孔廣陶跋
上圖

6360
花果同珍圖　一卷
（清）楊璧堂編、龍川許世馥繪
稿本
粵圖

6361
絳帖題跋　不分卷
（清）南海康更甡輯
民國十年（1921）刊本
佛圖

6362
無聞子　不分卷
（清）番禺汪瑔撰
清光緒三年（1877）刊本
吉圖

6363
止庵筆語　一卷
（清）南海譚宗浚撰
民國十一年（1922）北京刊本
吉大

6364
藝苑八仙圖　一卷
題（清）嶺南鰲峰老人繪
稿本
粵圖

6365
棣華書屋試帖　一卷
（清）東莞鄧蓉鏡撰

清光緒十六年（1890）刊本
粤圖

6366
二十四孝圖序 一卷
（清）蔣蓮繪、南海熊景星書
清同治元年（1862）廣州三元宫朱色石印本
粤圖

6367
息柯雜著 五卷
（清）楊翰撰
清同治十二年（1873）廣州九曜山房刊《息柯居士全集》本
港大

6368
百孝圖 四卷
（清）俞葆真編、（清）新會鄭績繪
清同治十二年（1873）河間俞氏刊本
國圖

6369
夢幻居畫學簡明 一卷
（清）新會鄭績撰
清同治三年（1864）廣州聚賢堂刊本
粤圖

6370
夢幻居 八種 十一卷
（清）新會鄭績編撰
清同治刊本
日國會、东洋
清光緒刊本
東洋
子目：
畫學簡明 五卷（清）鄭績撰
題畫詩稿 一卷（清）鄭績撰
題句 一卷（清）鄭績編
雲泉高踞 一卷（清）鄭績編
貧雄先生傳 一卷（清）梁有章撰
夢窩 一卷（清）樊封撰
雜録 一卷（清）譚澧撰
夢香園題詠 一卷（清）鄭績編

6371
夢幻居畫學簡明 五卷 首一卷
（清）新會鄭績撰
清同治間刊本
國圖

6372
夢幻居畫學簡明 五卷 續五卷 又一卷
（清）新會鄭績撰
清同治三年（1864）夢幻居刊本
南圖

6373
江村銷夏録 三卷
（清）高士奇撰
清宣統二年（1910）順德鄧氏鉛印朗潤堂本
港大

6374
草訣歌 一卷
（清）广东尹谿石書
清光緒二十二年（1896）刊本
廣圖

6375
幽穿雪鴻 不分卷
（清）南海馮焌光輯
清光緒石印本
廣圖
（按：此爲南海馮焌光集其父遺畫，請著名詩人墨客題詩，凡數十家。）

6376
梁節庵遺墨及手簡録存 一卷
（清）番禺梁鼎芬撰
民國鈔本
中大

6377
張樵野觀察贈書 不分卷
（清）南海張蔭桓撰
稿本
國圖

6378
磊園語泉 一卷
（清）南海李宗顥撰
稿本
粵圖

6379
貽令堂雜俎 一卷 首一卷
（清）番禺黄保康撰
清光緒三十二年（1906）刊本
吉圖

6380
適庵臨松禪墨本 一卷
（清）揭陽林枚摹寫
民國三年（1914）臨摹本
揭博
（按：此摹本係臨翁松禪手蹟。）

6381
鮮庵先生廣藝舟雙楫評語 六卷
南海康有爲撰　黄紹箕評
鈔本
上圖

6382
南海先生戊戌絶筆書跋 一卷
南海康有爲撰
清光緒二十四年（1898）石印本
粵圖

6383
廣藝舟雙楫 六卷
南海康有爲撰
清光緒十九年（1893）康氏萬木草堂刊本清黄紹箕批
温圖
清末鈔本
粵圖
清光緒十九年（1893）南海康氏萬木草堂刊本
粵圖
清光緒二十八年（1902）刊本
粵圖、中大

6384
康南海先生墨蹟 不分卷
南海康有爲撰書
民國二十年（1931）環球書局影印本
中大

6385
康南海行書 一卷
南海康有爲撰
民國石印本
粵圖

6386
康南海一天園詩稿 一卷（十章）
南海康有爲撰並書
民國六年（1917）上海有正書局珂羅版印本
中大

6387
梁任公臨王聖教序枯樹賦 不分卷
新會梁啓超書
民國五年（1916）上海商務印書館影印本
中大

6388
廣書譜 不分卷
番禺謝熙撰
民國三十一年（1942）鉛印本
中大

6389
古今書法彙通 不分卷
番禺麥華三編
民國二十六年（1937）廣州奇文印務公司鉛印本
中大

6390
潘飛聲墨蹟 不分卷
番禺潘飛聲書
稿本
粵圖

6391
嶺南畫徵略 十二卷 補遺 一卷
番禺汪兆鏞撰

民國鉛印本
華師

6392
挈園詩鐘 一卷
番禺蔡乃煌輯
清宣統二年（1910）鉛印本
吉圖

6393
史騰畫賸 一卷
潮安黄經撰
民國十四年（1925）汕頭廣益公司石印本
揭博

篆刻類

6394
朱未央印略 不分卷
（明）南海朱光夜篆
明天啓崇禎間刊本
廣圖
（按：朱光夜，字未央，約為明萬曆至崇禎間人。此譜凡三十葉，每葉二印或四印，分上下葉，共一百五十一印。其名印有“陳子壯印”、“何吾騶印”、“黎邦瑊印”、“歐必元印”等。卷端題：“五羊朱光夜未央篆”。）

6395
述古印説 不分卷
（清）香山何桂撰並篆
清乾隆四十二年（1777）鈐印本
國圖

6396
續纂印説 不分卷
（清）香山何桂鐫
清乾隆四十二年（1777）嘉顯堂刊《圖書會要》本
國圖

6397
嘉顯堂圖書會要 二卷
（清）香山何桂鐫纂
清乾隆四十二年（1777）刊本
粤圖、廣圖
（按：何桂，字劍湖，號濟川，又號處禪道人，香山小欖人，何吾騶玄孫。此書卷一為“述古印説”，含印學、章法、挪讓法、增減法、筆法、刀法等，為篆刻論著之作。卷二為印目。其印目乃摹倣各種印體，自龍書以迄外國胡書，共為五十七體。譜後附有“劍湖四不刻”，即：非文人墨士不刻，店名市語不刻，粗礪腐石不刻，冒名誆騙不刻等。）

6398
雲隱印彙 不分卷
（清）南海謝景卿篆刻
清謝氏紫石山房鈐印本
粤圖

6399
壽竹齋印譜 不分卷
（清）順德老廷光篆刻
清道光鈐印本
廣圖
（按：老廷光，字青田，清嘉慶、道光间順德人。鴉片戰爭期間，英夷肆擾，乃閉門誦讀佛經，得“心無罣礙”、“無有恐怖”兩句啟發，心之窒渙然冰釋，遂將心經刻於石上。數月之間，頓成三百顆，分為六冊。依次蓋印，非得乎篆刻之秘訣，亦聊以自娛。）

6400
秦漢三十體印證 不分卷
（清）順德李陽篆刻
清道光年間鈐印本
廣圖
（按：李陽，字藥洲，清嘉庆、道光間人。為粤中篆刻高手，曾摹倣漢銅玉印千餘方，為行家所稱頌。譜中選秦漢玉銅印三十體，每體下鈐數印，以正其名，便於參考。書中每葉二印，間有三、四印者，上鈐印，下釋文，版心刻有“寶籀齋藏”。）

6401
秦漢三十體印證 二卷
（清）順德李陽輯並撰
清道光二十年（1840）寶籀齋刊本
廣圖、國圖

6402
樂石齋印譜 四卷
（清）高要何昆玉篆刻
清同治五年（1866）自鈐印本
粵圖、廣圖
（按：何昆玉，字伯瑜，清道光、同治間人。自幼師承潘萱坪、余曼庵、孟蒲生及陳澧，篆刻、文字之法日進，與吳中李錦鴻並稱於時。1872年客山東濰縣陳介祺（金石篆刻名家）家，賞奇析疑，見聞日廣，鑒別尤精。此譜有陳澧、王拯序，每葉一印或二印，各式俱有。刻文秀潤，板框鏤花墨刷，版心刻“楮葉山房印稿”六字。）

6403
端州何昆玉印稿 不分卷
（清）高要何昆玉篆刻
清咸豐同治間鈐印本
粵圖
清同治五年（1866）鈐印本
粵圖

6404
里木山房印存 不分卷
（清）南海柯有榛等篆刻
清同治初鈐印本　清柯有榛批校
廣圖
清光緒七年（1881）鈐印本
粵圖
（按：柯氏字雲墟，號里木山人，工畫，尤擅摹古，主南海伍氏粵雅堂有年，此印存爲柯氏及其子柯鐵生、管生等人所刻。）

6405
銘雀硯齋印存 不分卷
（清）海陽黃霖澤集印
清光緒二十一年（1895）鈐印本
粵圖、廣圖
清光緒二十八年（1902）鈐印本
廣圖
［按：黃霖澤（1851—1923），字笠薌，經商，喜收藏。生前得銅雀臺瓦二，故號其居為“銘雀硯齋。”此书收其藏印三百枚，每葉一、二印，銅、石各種均有。中有極佳者，亦有不佳者。其中，“部曲將軍”、“假司馬”、“楊烈將軍”為佼佼者。黃氏歿後，以五百元將印售之楓溪柯氏及饒氏自怡悅齋，抗日戰爭勝利後亦散失。］

6406
星堂印存 一卷
（清）三水梁垣光篆刻
清光緒二十一年（1895）鈐印本
粵圖
（按：梁垣光，字星堂，又號翰墨清談館主，擅刻小印。道光時，徐琪視學粵東，命梁在玉印六分四上，刻字一百四十二，完成後甚得徐琪贊賞，因此印是徐向俞樾祝壽之用，一時名聲大噪。）

6407
藤花庵印存
（清）三水黃恩銘篆刻
清光緒二十五年（1899）鈐印本　黃恩銘跋
廣圖
（按：黃恩銘，字褒領，少有逸才，稍長研經史，好詞賦，書法得力於顏真卿，印章尤精力所萃，生平抉擇最苛，稍不合意，即磨去再刻。譜中拓出，十不二、三，其精品也。）

6408
師古堂仿古印章 一卷 附發明仿古印學記 一卷
（清）新會莫善元篆刻
清末鈐印本
粵圖

6409
秋曉庵印存 不分卷
（清）番禺潘儀增集印
清光緒二十六（1900）鈐印本

廣圖

（按：潘儀增，字伯澂，潘飛聲之從兄。此印存乃從看篆樓藏印輯出二百餘石，彙為一編，並錄看篆樓原序於簡端。另後得居氏今夕庵印編附後，版心刻有“秋曉庵古銅印譜”七字，每葉印一枚。）

6410

蘭亭硯齋印譜 不分卷

（清）番禺潘儀增篆

清光緒二十九年（1903）刊本

粵圖

6411

鳳山樓印志 六卷

（清）番禺宋岐篆輯

清光緒年間鈐印本

粵圖

6412

蔬笋館印存 不分卷

（清）符翕篆刻

清光緒年間鈐印本

廣圖

［按：符翕，字子琴，號石叟，湖南衡陽人，《廣印人傳》稱他官粵最久，以書畫篆刻名重一時。他曾在廣東魚雷局任職（即張之洞所開洋務海防機構），該局設在今海幢寺附近，故與河南（今海珠區）文人居巢、潘飛聲等交往最密，其篆刻也爲張之洞所贊賞。］

6413

璽齋印存 不分卷

李尹桑篆刻

民國初鈐印本

廣圖

［按：李尹桑（1880—1945），原籍江蘇吳縣，生於番禺，原名茗柯，號璽齋。1918 年與易大厂等同創辦“濠上印學社”，是我國近代早期印社之一。印存有“孫文”、“逸仙”等。］

6414

濠上印學社印稿 不分卷

李步昌等篆刻

民國八年（1919）鈐印本

廣圖

（按：濠上印學社，設於廣州清水濠（即今中山四路南長塘街），故名。清水濠爲廣州望族盛氏所在地，李步昌爲李尹桑之子，他與盛鵬運、江鈩等均爲年輕一代印人，這是他們集體創作的作品。）

6415

鄧齋印存 不分卷

東莞鄧爾疋篆刻

民國初鈐印本

廣圖

［按：鄧爾疋（1884—1954），廣東東莞人，字季雨。爲近代著名篆刻家、書畫家，有《鄧齋印拓》等作品。］

6416

夢園印存 不分卷

南海區夢良篆刻

民國初鈐印本

廣圖

6417

黄牧甫印譜 不分卷

黄牧甫篆刻

民國二十六年（1937）鈐印本

廣圖

［按：黄士陵，號牧甫，爲近代印學宗師之一，雖籍他省而在嶺南開派，其印爲馮康侯收藏，僅拓一部。他一生曾爲南海大瀝鍾家（鍾錫瑛）、廣州清水濠盛家（盛景璇）等刻印，頗有名氣。］

6418

琴齋印影 不分卷

番禺簡經綸篆刻

民國鈐印本

廣圖

［按：簡經綸（1888—1950），字琴石，號琴齋，別署千石樓主。一生精研書法、篆刻四十多年，爲張大千、徐悲鴻等畫家推崇。生前杭州西泠印社曾出版其《琴齋印存》正續編。］

6419
大章印存 不分卷
順德葉大章篆刻
民國初鈐印本
廣圖

6420
隋齋印存 不分卷
番禺胡毅篆刻
民國鈐印本
廣圖
［按：胡毅（1883—1957），字毅生，號隋齋，胡漢民弟。］

6421
隋齋藏印 不分卷
番禺胡毅輯
民國初鈐印本
廣圖

6422
孺齋自刻印存 不分卷
（清末民初）鶴山易大厂篆刻
民國鈐印本
廣圖
［按：易大厂（1874—1941），原名廷熹，易名孺，號季复，與“二居”（居巢、居廉）友善。］

6423
曉清樓主人刻印 不分卷
南海鍾毅弘篆刻
民國鈐印本
廣圖

印譜類

6424
看篆樓古銅印譜 不分卷
（清）番禺潘有爲輯
清嘉慶二十二年（1817）鈐印本
廣圖、南開、川圖
清道光十二年（1832）鈐印本
港大
［按：潘有爲，字卓臣、號毅堂，清乾隆進士，曾官内閣中書。其父潘啓爲廣州十三行之同文堂行商兼十三行商總，資財富甲一方，好收藏，僅各朝古印就有數千方。此古銅印譜有八冊、六冊、二冊之分，每半頁一印。］

6425
選集漢印分韻 不分卷
（清）袁日省原本、（清）南海謝景卿摹録
清嘉慶二年（1797）漱藝堂刊本
粵圖、中大
（按：謝景卿，字殿揚，名玉綸，號雲隱，南海麻奢人。此書原書韻有譌舛，官私印參錯互署，作者悉為釐定，命子雲生摹録成帙，香山劉南隅乃剞劂之。）

6426
選集漢印分韻 二卷 續集 二卷
（清）袁日省原本、（清）南海謝景卿輯
清嘉慶二年至八年（1797—1803）漱藝堂刊本
中大、國圖、故宫
清嘉慶二年（1797）原刊本
山師
民國十三年（1924）上海掃葉山房石印本
佛圖

6427
選集漢印分韻 五卷 續集漢印分韻 五卷
（清）袁日省原編、（清）南海謝景卿釐訂
清嘉慶二年至八年（1797—1803）漱藝堂刊本
北大

6428
續集漢印分韻 二卷
（清）南海謝景卿纂摹
清嘉慶八年（1803）漱藝堂刊本
廣圖、國圖、北大
清嘉慶八年（1803）六書齋刊本
粵圖

6429

印文輯略 五卷

（清）南海劉紹藜輯

清嘉慶間寫刊本

馬國權

6430

師古堂印譜 三卷 印文輯略 二卷 附印人姓氏及漢隸辨異歌

（清）南海劉紹藜篆刻

清嘉慶二十四年（1819）南海劉氏萬花閣鈐印本

北大

6431

師古堂印譜 二卷 印文輯略 二卷

（清）南海劉紹藜刻並輯

清嘉慶二十四年（1819）南海劉氏萬花閣鈐印本

浙圖、國圖

6432

風滿樓古銅印譜 不分卷

（清）南海葉夢龍輯

清道光鈐印本

廣圖⊗

（按：原譜爲四冊，今存三冊）

6433

聽颿樓古銅印譜 三卷

（清）潘正煒輯

清道光十二年（1832）鈐印本

廣圖

（按：潘正煒，字季彤，潘啓之孫，潘有爲之姪，納貢爲分部郎中，好收藏。此譜原名《古銅印彙》，冼玉清題爲《聽颿樓古銅印譜》，前者爲道光宛平楊振麟序，冼譜爲光緒番禺陳君慶跋，疑爲兩種不同印譜。）

6434

古銅印彙 三卷

（清）番禺潘正煒輯

清道光十二年（1832）潘氏聽颿樓鈐印本

川圖

6435

古銅印彙 不分卷

（清）番禺潘正煒藏並編

拓本

歷博

6436

寶琴齋古銅印譜 四卷

（清）番禺潘仕成輯

清道光鈐印本

廣圖

（按：潘仕成，字德畬，清道光貢生，任刑部郎中。好收藏和經營，爲粤著名鹽商和藏書家，刻有《海山仙館叢書》等。）

6437

吉金齋古銅印譜 六卷 續一卷

（清）高要何昆玉輯

清同治八年（1869）鈐印本

粤圖

清光緒間鈐印本

廣圖

6438

漢銅印原 十六卷

（清）順德李陽輯

清道光十六年（1836）鈐印補配本

廣圖

（按：原十六卷，其中四卷為原本，餘為近補配本。）

6439

百舉齋印譜 不分卷

（清）高要何昆玉篆刻

清光緒二十一年（1895）何氏鈐印本

港大

6440

文印樓印存 不分卷

（清）三水蘇展驥輯

清鈐印本

廣圖

6441
添茅小屋古銅印譜 一卷
（清）番禺居巢輯
清同治十一年（1872）鈐印本
廣圖
（按：“添茅小屋”爲番禺楊永衍室名，他與居巢爲好友。印譜或爲轉讓、或爲居巢後收得。此譜有兩種：一爲兩冊本，每頁鈐印兩方，共八十五方；一爲一冊本，每頁四方，共八十四方。）

6442
今夕庵印存
（清）番禺居巢輯
清光緒間鈐印本
廣圖

6443
今夕庵古印藏真 一卷
（清）番禺居巢輯
清光緒五年（1879）鈐印本　潘飛聲跋
加英哥大
清光緒二十六年（1900）鈐印本
馬國權

6444
綠杉軒印譜 不分卷
（清）南海伍德彝輯
清光緒間鈐印本
廣圖
（按：伍氏爲著名行商“怡和洋行”伍崇曜後裔。此譜採伍氏自用、居廉、可園張氏及符子琴等多家印彙輯而成。）

6445
陝州衙齋二十一詠印章 讀六詠印章 不分卷
（清）南海黄璟編
清光緒二十二年（1896）點石齋石印本
國圖

6446
四百三十二峰草堂印章、浚縣衙齋二十四詠印章、陝州衙齋二十一詠印章 不分卷
（清）南海黄璟編撰
清光緒二十二年（1896）上海點石齋石印本
北大

6447
味古堂印存 一卷
（清）順德馮兆年輯
清光緒十四年（1888）鈐印本
粵圖

6448
秋曉庵古銅印譜 不分卷
（清）番禺潘儀增輯
清光緒二十年（1894）鈐印本
國圖、港大

6449
二十二子彙雋 二卷
（清）南海李宗顥輯
稿本
粵圖

6450
連珠彙鈔 不分卷
（清）南海李宗顥輯
稿本
廣圖

6451
周鈞印存 不分卷
（清）番禺周鈞輯
清光緒間鈐印本
廣圖

6452
綠硯堂所用印譜 不分卷
東莞鄧寄芳輯
民國鈐印本
廣圖

6453
證常印藏 不分卷
潮陽陳運彰輯
民國三十二年（1943）鈐印本
廣圖

6454
紫藤香館印譜 一卷
三水黄恩銘輯
民國鈐印本
廣圖

6455
就山堂印草 不分卷
番禺李壽庵輯
民國鈐印本
廣圖

6456
牧甫印存 不分卷
東莞容庚輯
民國鈐印本
中大

6457
蟲書印集 不分卷
東莞容庚輯
民國十六年（1927）鈐印本
中大

6458
契齋古印 不分卷
番禺商承祚輯
民國二十五年（1936）鈐印本
中大

法帖類

6459
貞隱園法帖 十卷
（明）郭秉詹臨、（清）南海葉夢龍等摹勒
清嘉慶十八年（1813）拓本
北大

6460
淇泉摹古録 一卷
（清）惠州趙希璜撰
道光十三年（1833）吴江沈氏世楷堂刊《昭代叢書》本
華農
民國二十一年（1932）黄慈博鈔本
粤圖

6461
筠清館法帖 不分卷
（清）南海吴榮光輯
清道光拓印本
廣圖

6462
風滿樓集帖 六卷
（清）南海葉夢龍輯、（清）陳和兆摹勒
清道光十年（1830）拓印本
港大

6463
寒香館藏真帖 六卷 附寒香館法帖 一卷
（清）南海梁九章集
清道光十六年（1836）摹刻本
港大

6464
南雪齋藏真 十二卷
（清）南海伍元蕙輯
清道光二十一年至咸豐二年（1841—1852）拓印本
港大、港中山

6465
海山仙館藏真 十六卷
（清）番禺潘仕成輯
清道光二十七年（1847）拓印本
港大

6466
海山仙館藏真續刻 十六卷
（清）番禺潘仕成輯
清道光二十九年（1849）刊本
港大⊗

6467
海山仙館藏真三刻 十六卷
（清）番禺潘仕成輯

清同治三年（1864）拓印本
港大
（按：書又題《尺素遺芬》。）

6468
海山仙館摹古帖　八卷
（清）番禺潘仕成輯
清咸豐三年（1853）拓本
國圖

6469
海山仙館藏真尺素遺芬　四卷
（清）番禺潘仕成等摹
清咸豐七年（1857）海山仙館勒石拓本
晉圖

6470
聽颿樓集帖　不分卷
（清）番禺潘正煒編
清道光二十八年（1848）拓印本
港大
清末石印本
粵圖

6471
嶽雪樓鑑真法帖　十二卷
（清）南海孔廣陶輯
清同治拓本
粵圖
清光緒六年（1880）南海孔氏拓印本
港大

6472
李文田臨唐碑　一卷
（清）順德李文田書
清光緒五年（1879）石印本
粵圖

6473
李仲約手寫説文部目　不分卷
（清）順德李文田書
清光緒十三年（1887）石印本
國圖

6474
榕石園記　一卷
（清）番禺吳道鎔撰
清光緒二年（1876）拓印本
粵園

樂譜類

6475
蓼懷堂琴譜　不分卷
（清）文昌雲志高輯
清康熙刊本
粵圖、上圖、湘圖

6476
古琴譜　不分卷
（清）新會莫韻石撰
清咸豐四年（1854）新會蔗湖鈔本
新會

6477
悟雪山房琴譜　四卷
（清）新會黄景星撰
清道光二十二年（1842）順德胡鏡誦刊本
粵圖

6478
琴律譜　一卷
（清）番禺陳澧撰
稿本
中大
清番禺陳氏鈔本
中大
清咸豐番禺陳氏刊本
中大

6479
琴瑟合譜　二卷
（清）慶瑞撰
清同治十二年（1873）刊本
國圖

6480
琴律一得 二卷
（清）南海劉沃森撰
清光緒二十三年（1897）刊本
粵圖

6481
鄂公祠琴説 一卷
（清）番禺朱啓連撰
清鈔本　汪宗衍跋
粵圖
民國東方學報抽印本　汪宗衍
粵圖

6482
高等音樂要領問答 不分卷
［日］古矢弘政著、（清）秦鍾駿譯
清宣統二年（1910）兩廣教練處鉛印本
粵圖

曲　類

6483
西厢記 十六出
（元）王實甫撰、（清）嘉應吳蘭修校
清道光二年（1822）羊城簡書齋刊本
中大

6484
繪像第六才子書 一卷
（元）王德信撰、（清）金聖嘆評
清光緒十年（1884）廣州登雲閣朱墨套印本
東研、關西

6485
班超投筆記 二卷
（明）瓊山丘濬撰
明萬曆刊本
臺大

6486
重校投筆記 四卷
（明）瓊山丘濬撰、羅懋登注釋
明文林閣刊本
臺灣
明據文林閣刊《綉刻演劇》本
國圖

6487
重校投筆記 二卷
（明）瓊山丘濬撰、羅懋登注釋
明刊清重修本
浙圖

6488
新刻魏仲雪先生批評投筆記 二卷
（明）瓊山丘濬撰、魏浣初評、李裔藩注
明書林存誠堂刊本
國圖
據明存誠堂影印《古本戲曲叢刊初集》本
粵圖、中大

6489
重校班仲昇投筆記 二卷
（明）瓊山丘濬撰
明陳氏繼志齋刊本
國圖

6490
新刊重訂附釋標注出相伍倫全備忠孝記 四卷
（明）瓊山丘濬撰
清唐氏世德堂刊本
臺灣
據清世德堂影印《古本戲曲叢刊初集》本
粵圖、中大

6491
舉鼎記傳奇 二卷
（明）瓊山丘濬撰
據鈔本景印《古本戲曲叢刊初集》本
中大、粵圖等

6492
凌雲記 不分卷
（明）番禺韓上桂撰
民國二十一年（1932）鈔本
港大

6493

劉希必金釵記　不分卷

明鈔本

汕文局

6494

明本潮州戲文　五種

明嘉靖四十五年（1566）建陽余新安堂刊本

潮博

子目：

　　劉希必金釵記

　　蔡伯皆

　　荔鏡記

　　荔枝記

　　金花女大全

（按：此五種戲曲皆爲二十世紀五、六十年代出土文獻。）

6495

明本潮州戲文　五種　十一卷

明刊本

子目：

　　新編全相南北插科忠孝正字劉希必金釵記　二卷

　　明宣德鈔本

　　潮博

　　蔡伯皆　二卷

　　明嘉靖鈔本

　　粵博⊗

　　重刊五色潮泉插科增入詩詞北曲勾欄荔鏡記戲文全集　一卷

　　明嘉靖刊本

　　牛津、天理

　　新刻增補全像鄉談荔枝記　四卷

　　明萬曆九年（1581）朱氏與畊堂刊本

　　潮博

　　重补摘錦潮調金花女大全　二卷

　　明萬曆刊本

　　潮博

（按：據王貴忱《可居叢稿》。）

6496

柴舟別集　四種

（清）曲江廖燕撰

據舊鈔景印《清人雜劇二集》本

國圖、上圖等

（按：四種爲醉畫圖、拆琵琶、續拆琵琶、鏡花亭。）

6497

粵風　四種　四卷

（清）李調元輯

清乾隆中錦州李氏萬卷樓刊嘉慶十四年（1809）李鼎元重印《函海》本

子目：

　　粵歌　一卷（清）修和輯

　　瑤歌　一卷（清）趙文龍輯

　　苗歌　一卷（清）吳代輯

　　壯歌　一卷（清）黄道輯

粵圖

清光緒八年（1882）廣漢鍾登甲樂道齋刊《函海》本

華師、華農

清刊本

文藝院

6498

粵風續　九十五卷　首一卷　附百粵蠻風詩　一卷

（清）吳淇輯

清康熙二年（1663）刊本

杭圖

6499

芙蓉亭樂府　二卷

（清）順德黎簡撰

清鈔本

粵圖

6500

南北詞名宫調彙録　二卷　院本名録　一卷　雜劇待考　一卷　琴曲萃覽　一卷

（清）海陽汪汲撰

清乾隆嘉慶間古愚山房刊《古愚老人消夏録》本

粵圖

6501
曲話 四卷
（清）順德梁廷枏撰
清光緒刊本
粤圖

6502
園香夢雜劇 一卷
（清）順德梁廷枏撰
清道光四年（1824）刊《藤花亭十七種》本
粤圖、中大

6503
藤花亭四夢 四卷
（清）順德梁廷枏撰
清鈔本
子目：
曇花夢 四折
江梅夢 四折
斷緣夢 四折
園香夢 四折
中大

6504
小四夢四種 四卷
（清）順德梁廷枏撰
清道光刊本
國圖
子目：
江梅夢雜劇 一卷
園香夢雜劇 一卷
曇花夢雜劇 一卷
斷緣夢雜劇 一卷

6505
斷緣夢雜劇 一卷 江梅夢雜劇 一卷 曇花夢雜劇 一卷
（清）順德梁廷枏撰
清刊本
國圖

6506
園香夢 一卷 江梅夢 一卷
（清）順德梁廷枏撰
清姚燮《復在今樂府選》稿本
國圖、浙圖

6507
曇花夢雜劇 一卷
（清）順德梁廷枏撰
清道光刊《藤花亭十七種》本
粤圖、中大

6508
斷緣夢雜劇 一卷
（清）順德梁廷枏撰
清道光刊《藤花亭十七種》本
粤圖、中大

6509
明史彈詞 一卷
（清）番禺龍柏撰
清鈔本
復旦
清鈔本
豫圖

6510
班本 七十六種
民國廣州五桂堂刊巾箱本
中大
（按：班本，是指粤劇戲文、劇本，其内容包括戲文、唱腔、道白等，是民國年間的粤劇祖本，個别刊本上標演員名字，如白駒榮、薛覺先等。正如現代廣東著名作家歐陽山在《苦鬥·六兒》中所説："姑娘們唱的多半是龍舟、木魚、南音、嘆情；爺兒們唱的却多半是班本、粤謳、山歌、水歌，内容不同，腔調也差得遠。"今把中大圖書館所藏整理歸類，原藏三册合訂本，今只存一、三册，第二册目録附後。）

6511
十三妹大鬧能仁寺 三卷
安公子八千里贖父 一卷
安學海義結鄧九公 一卷
雪父仇安跨鳳團圓 一卷

6512
山東響馬 五卷
閨閣憐貧 一卷
男裝尋父 一卷
遊湖遇擄 一卷
生擒和尚 一卷
興兵滅寺 一卷

6513
父女山東爲響馬 六卷
猛虎下西山 一卷
雪中頻送炭 一卷
邂逅决雌雄 一卷
三策定婚姻 一卷
水底按明月 一卷
閨閣共争夫 一卷

6514
可憐女 五卷
兩小無猜 一卷
鬻妹殮親 一卷
别母求名 一卷
拯美招尤 一卷
上訴鳴冤 一卷

6515
再生緣 五卷
延師診脈 一卷
上林苑題詩 一卷
天香館留宿 一卷
金鑾殿輕生 一卷
萬壽宫訴恨 一卷

6516
安重根行刺伊藤侯 五卷
伊騰侯 一卷
長亭餞别 一卷
醉酒當歌 一卷
追夫獻劍 一卷
演説同胞 一卷

6517
打雀遇鬼 五卷
土地廟遇難 一卷
何家莊産子 一卷
幻夢姻緣 一卷
法壇釋妖 一卷
兄妹團圓 一卷

6518
殺子奉姑 一卷

6519
碧玉離生 四卷
花蕊含春 一卷
荆潮迭湧 一卷
鏡臺明净 一卷
佛法傳尼 一卷

6520
鴻雁寄書 三卷
平貴别窰 一卷
偷令出關 一卷
番女追夫 一卷

6521
平貴别窰 七卷
花園求藥 一卷
王府祝壽 一卷
彩樓招親 一卷
伏紅鬃烈馬 一卷
父子擊掌 一卷
平貴回窰 一卷
夫妻團圓 一卷

6522
金絲蛺蝶 六卷
書雲賣字 一卷
花園發誓 一卷
禁子還恩 一卷
途中結拜 一卷
攔婚截嫁 一卷
判案團圓 一卷

6523
定軍山 六卷
智取瓦口 一卷
良醫殉國 一卷
縊殺董妃 一卷

門祚株連 一卷
釵分復合 一卷
奏凱回營 一卷

6524
鳳嬌投水 一卷

6525
星橋祭奠 二卷
别人爲介 一卷
陶府訴情 一卷

6526
士林祭塔 五卷
邂逅姻嫁 一卷
問苑驚夢蝶 一卷
淹浸金山寺 一卷
文曲星降世 一卷
孝子會雙親 一卷

6527
殺子有報 四卷
殺子報 一卷
慾海凶潮 一卷
疑案招非 一卷
改裝偵探 一卷

6528
烈女報夫仇 六卷
翰墨姻缘 一卷
青錢入選 一卷
憐難通財 一卷
刺奸全節 一卷
鐵案成枯 一卷
案結團圓 一卷

6529
文明結婚 五卷
偷影摹形 一卷
慾海惹情天 一卷
假海毒英雄 一卷
攜琴聞俗幻 一卷
西裝擒浪蝶 一卷

6530
金蓮戲叔 五卷
武松投店 一卷
武大郎賣餅 一卷
武大郎娶親 一卷
潘金蓮戲叔 一卷
大鬧獅子樓 一卷

6531
西河會 五卷
假酒渡嬌娥 一卷
家庭遭惡劇 一卷
師長詰奸徒 一卷
英雄拯内助 一卷
御校場比武 一卷

6532
石上七星梅 六卷
偷梅存孝道 一卷
宴會激鴻儒 一卷
烈女存貞節 一卷
宫主試文章 一卷
狀元招駙馬 一卷
金殿判團圓 一卷

6533
龜山起禍 五卷
魚艇結姻緣 一卷
江夏縣鳴冤 一卷
騙父釋兄仇 一卷
駁案怒都督 一卷
秉公同判案 一卷

6534
三氣過其祖 二卷

6535
假参巡按院 四卷

6536
中玉賦好逑 六卷（存五、六卷）

6537
醉打金枝 一卷

6538

山伯訪友 三卷

英臺問米 一卷

英臺祭奠 一卷

還陽配合 一卷

6539

奶媽附薦 一卷

6540

井裏藏兒 一卷

6541

百里奚會妻 三卷

6542

閨留學廣 四卷

錯點鴛鴦 二卷

梅府祝壽 一卷

途抱情牽 一卷

6543

牡丹亭 三卷

麗娘寫真 一卷

罵羅訪美 一卷

賜壽諧婚 一卷

6544

桃花送藥 四卷

粧樓哭別 二卷

金華訪友 一卷

雙美團圓 一卷

6545

杏苑藏梅 六卷

有意栽花 一卷

梅開二度 一卷

重臺分別 一卷

投崖遇救 一卷

李元憶釵 一卷

玉堂歸娶 一卷

6546

美人聯婚 二卷

龍王問卜 一卷

夢斬老龍 一卷

6547

劉金進瓜 一卷

附：第二冊目次

拉車被辱

激死親爹

酒醉酒解

怒破烟槍

柴房擊掌

演説驚夫

欲河浸女

情海波瀾

偷祭佳人

好夢重圓

碧月收棋

何文秀附薦

王母祝壽

夜送京娘

風流鬼出世

花場行酒令

餘燼吊香魂

病脱夢中緣

豬仔客自嘆

仙鳳訪情人

巾幗流香

母子談婚

應奇落難

殺奸團圓

粉妝樓

程伯木招親

柏玉霜自縊

胡奎賣人頭

鷄爪山大會

桑園試妻

法海回航

翻刣附馬

酒樓戲鳳

戲騎坭馬

艷質遭兇

龍緣鳳偶

三打韓通

大鬧勾欄
萍叙蓮溪
擲戟封侯
新歡舊愛
祭奠團圓
佛祖尋母
爲婿誅姦
母子相逢
三藏出世
進奇花班
白帝城托孤
蒙正祭竈

6548
亞爛賣猪 一卷
（清）丹山鳳班編
清同治八年（1869）廣州丹桂堂刊本
復旦

6549
寒宮取笑 二卷
（清）普開樂班編
清同治六年（1867）廣州丹桂堂刊本
復旦

6550
滿堂春隔帳紗 二卷
民國羊城以文堂鉛印本
華師

6551
三哭桃園 不分卷
民國廣州三元堂刊本
上圖
（按：書又名《劉備哭靈五更思嘆》。）

6552
新刻平貴別窰全套戲本 不分卷
民國廣州富桂堂刊本
粤圖

6553
俗曲
民國廣州五桂堂刊本
中大

（按：該書題名《俗曲》，經查看，其内容實爲“戲文”。包括唱、白等段，劇目很多，均有封面標示，但劇目文字不多，一般只有十頁左右一卷，少部有二卷、三卷、四卷。刻印粗糙，本子又少，全爲五桂堂刊本。

目次：

新戲橋青樓訪妹 二卷
夜困曹府 一卷
唐明皇鑾輿西狩 一卷
轅門斬子 一卷
新出木瓜 一卷
談自由弟婦盗珠 一卷
柴房相會 一卷
四季蓮花 一卷
周公賣卦 一卷
桃花女鬥法 一卷
彭剪求壽 一卷
蘇武牧羊 四卷
慈悲點化 一卷
再世還恩 一卷
陰魂雪恨 一卷
三鳳鸞班 一卷
程敬思借兵 一卷
沙陀國宴會 一卷
擲庚誤會 一卷
慕富離婚 一卷
物歸原主 一卷
輕財重義 一卷
仗義還妻 一卷
引蝶剪蜂針 一卷
大破五陰陣 一卷
私探營房 一卷
雙鎖山招親 一卷
劉金定灌藥 一卷
高懷德回營 一卷
蛇公禮判案 一卷
荷池映美 一卷
脱專制愛姑逃生 一卷
達世情馬遴囑别 一卷
賓繩祖割愛還鄉 一卷
二續燕山外史 一卷

離恨天訴苦 一卷
洪武看牛 二卷
寶黛埋花 一卷
寶玉哭靈 一卷
晴雯補裘 一卷
綉像金葉菊 一卷
周淑英聞耗 一卷
碧桃錦帕 一卷
梅花澗被害 一卷
窮番遇故知 一卷
海底針 一卷
琵琶抱恨 一卷
狡娘疴竊相 一卷
寒鴉憎採鳳 一卷
偷影摸形 一卷
私探晴雯 一卷
夜訪怡紅 一卷
黛玉葬花 一卷
黛玉歸西 一卷
再續紅樓 一卷
西厢待月 一卷
長亭餞別 一卷
離恨天訴恨 一卷
草橋驚夢 一卷
三聘孔明 一卷
孔明借箭 一卷
劉備過江招親 一卷
孔明祭周瑜 一卷
禰衡擊鼓罵曹 一卷
司馬懿困城 一卷
吕布轅門射戟 一卷
甘露寺訴情 一卷
周瑜歸天 一卷
陸遜被困八陣圖 一卷
張松獻蜀圖 一卷
孔明求壽 一卷
招子庸夜吊秋喜 一卷
風流天子 一卷
演説驚人 一卷
海盜名流 一卷
失珠奇案 一卷
僞命褫官 一卷
千里駒蕩舟 一卷
何小姐迫寫分書 一卷
伦文叙街前賣菜 一卷
菱仙荡舟 一卷
林夢仙問米 一卷
李龍賣字 一卷
瑞蘭許願 二卷
銀嬌荼靡記班 一卷
周氏反嫁 一卷
雪中送炭 一卷
再世姻緣 二卷
正德下江南 一卷
中狀元雙美團圓 一卷
石鬼仔出世 一卷
弄假成真 一卷
夜探蓮香 一卷
卓文君賣酒 一卷
酒樓戲鳳 一卷
愛極疑生 一卷
碧桃錦帕 二卷
李龍賣字 二卷
婚婭團圓 一卷
迫妓諧婚 一卷
三鳳鸞班 一卷
巧串環釵 一卷
因禍得福 一卷
當娼仗義 一卷
蝶情花義 一卷
悲中逢樂 一卷
借荆祝嘏 一卷
缺月團圓 一卷
牡丹亭 一卷
狡婦疴鞋 一卷
山東響馬 一卷
剃頭三借妻 一卷
烈女報夫仇 一卷
風流鬼出世 一卷
萍叙蓮溪 一卷
巾幗流香 一卷
金蓮戲叔 一卷

私探營房 一卷
石鬼仔出世 一卷
梁可賢駁案鳴冤 一卷
亞家妹賣馬蹄 一卷
佛祖尋母 一卷
清廉判案 一卷
猪仔客自嘆 一卷
途抱情牽 一卷
殺子有報 一卷
巧合姻緣 一卷
女扮男裝 一卷
擲庚誤會 一卷
慕富離婚 一卷
物歸原主 一卷
仗義還妻 一卷
引蝶剪蜂針 一卷
大破女陰陣 一卷
蛇公禮判案 一卷
脱專制愛姑逃生 一卷
達世情馬遴囑别 一卷
賓繩祖割愛還鄉 一卷
二續燕山外史 一卷
洪武看牛 一卷
殺奸妃團圓 一卷
施炸彈粉身圖報 一卷
柳絲琴全 一卷
番國憐才 一卷
神針害命 一卷
太守訪察 一卷
菱仙蕩舟 一卷
酒樓戲鳳 一卷
司馬迫宫 一卷
小青吊影 一卷
柴桑弔孝 一卷
孔明歸天 一卷
白帝城托孤 一卷
流沙井 一卷
狡婦痾鞋 二卷
賣生菓 一卷
烟槍作反 一卷
忠臣賞月 一卷
仙花法游園 一卷
曹福登仙 一卷
伍員夜出昭關 一卷
浣沙溪訪美 一卷
鄭莊公掘地見母 一卷
漁父辭别 一卷
易水送荆軻 一卷
蘇秦歸家認嫂 一卷
姑蘇臺宴樂 一卷
百里奚認妻 一卷
蹇叔哭師 一卷
晏娥兒踰墻殉節 一卷
碧月收棋 一卷
困南陽 一卷
師兄妹談情 一卷
雄拳折法 一卷
五郎救弟 一卷
倫文聚（叙）出口成文十窮十富歌 一卷
傭工穩慎 一卷
迷津莫渡 一卷
大閙老舉 一卷
勸妓從良 一卷
换骨金丹 一卷
戒之在色 一卷
修福良圖 一卷
求兒妙法 一卷
禮儀正論 一卷
援溺牢籠 一卷
醒世良規初集 一卷
新刻精選笑刺肚 一卷 題散閑主人選、清咸豐癸丑刊本
新刻精選笑攣腸 一卷 題散悶主人選
張果老勸世言 一卷
獨出心裁喊書 一卷
百家姓法帖 一卷
真好唱初集四集 二卷
冤騰疑案 三卷
佳偶重緣 四卷
李愛姑毁容遇救 一卷
桃李奪楊梅 一卷

僞昆崘冒醫煽騙　一卷
借騙哫香　一卷
湖中得美　三卷
王彦章撑渡　一卷
文福齊誤娶節婦　一卷
香潮惡感　一卷
駁案驚奇　一卷
平地起風波　一卷
梁可賢駁案鳴冤　一卷
落花潭鴛鴦驚魄　一卷
馮義俠感情師弟　一卷
長春店美人賣酒　一卷
俠婢紅淚　一卷
閨秀求乞　一卷
蛇公禮跎地　一卷
拯難憐才　一卷
鳴琴抱恨　一卷
粉裝代嫁　一卷
亂神經借鬼破案　一卷
待月瘋冤　一卷
扮道士偷影摸形　一卷
金定斬四門　二卷
長生殿重會佳人　一卷
戲偵探載寶旋歸　一卷
盲仔中狀元　一卷
琵琶抱恨　四卷
柳絲琴全　四卷
合浦還珠　一卷
吟詩得美　一卷
荷池映美　二卷
寒儒戲宰　一卷
菱仙蕩舟　二卷
酒樓戲鳳　二卷
燕山外史初集　二卷
司馬逼宫　一卷
梅開二度　一卷（亦名《二度梅》。）

附目：

學算命法　一卷
秤命法　一卷
解夢全書　一卷
笑絶氣　一卷
廣西全省水陸路程　一卷
十送情歌全本　一卷
一見開心　二卷（又名《一見笑開心》）
廣東名人故事（内附各府土産）一卷

（按：内列廣東會元、狀元、榜眼、探花、内閣、尚書、進士、解元等。）

俗曲類

木魚書

［按：木魚書是木魚歌的唱本，以粵語創作，屬於彈詞系統。木魚歌又稱“摸魚歌”、“沐浴歌”，後衍生出龍舟、南音，唱時多用三弦伴奏，多由盲人演唱，故俗稱“盲佬歌”。木魚歌最早於明代晚期出現於廣州及珠三角地區，唱詞基本爲七言韻文體，以四句爲一組，單數句多爲仄聲，雙數句則用平聲，反復循環至終結。唱腔簡樸流暢，富有地方鄉土氣息，宜於叙事及抒情，也有把唱腔分爲婦女腔和盲公腔。其代表作爲《花箋記》和《二荷花史》，受到國内外學界高度評價。從明末到民國年間，廣東出版木魚書的書肆多達五十餘家，其中以廣州、佛山、東莞爲最多，其餘遍及開平、臺山、雷州和香港等地。其刊印本的收藏除廣州、佛山、東莞、順德等外，還遠播北京、天津、上海、東北、香港、澳門、臺灣以及日本、歐洲、美洲、東南亞等地區和國家。因目前對木魚書的統計認定不一，有説五百餘種、三百餘種、二百餘種及一百餘種。爲此，今僅摘録公認的較舊本一百餘種，其餘可參考《佛山藏木魚書目録與研究》（2009 年版）、《廣州大典·集部曲類書目》（初稿）及《廣東説唱文學研究木魚書目録》（日人稻葉明子等編、日本東京好文出版社出版）等文獻。］

6554
第八才子書花箋記　六卷五十九回
（明）佚名氏撰
清康熙五十二年（1713）静净齋刊本

法國會
清乾隆三十六年（1771）廣城勝源堂刊本
（待查）
清乾隆莞城明秀堂刊本
（待查）
清道光二十年（1840）閒情閣刊本
法國會
清咸豐六年（1856）廣州考文堂刊本
英不博
清咸豐廣州文畬堂刊本
英皇亞
清佛山福文堂刊本
英牛津
清佛山翰經堂刊本
法國會
清佛山文光樓刊本
佛圖（二卷本，以下同。）
清佛山連遠閣刊本
佛博
清粤東壁經堂刊本
上圖
清末民初廣州崇德堂刊本
佛博
清末民初廣州五桂堂刊本
粤圖、上圖
民國廣州大成書局印本
佛博
民國廣州以文堂印本
佛博、復旦、上圖
民國廣州民智書局鉛印本
佛圖、佛博
民初廣州華興書局鉛印本
佛圖、佛博
民國廣州醉經書局刊本
佛博、順博
民國省港五桂書局鉛印本
佛博

（按：《第八才子書花箋記》，簡稱《花箋記》，是明末清初廣東彈詞木魚歌作品，爲粤調説唱文學唱本中的佼佼者，在海内外粤籍華人中廣爲流傳，今八十歲以上長者大多耳熟能詳。它由鄉間走向城鎮，從民間傳唱走上粤劇舞臺，從中國走向世界，三百多年來傳唱不絶，在國際的流傳和影響，也是在木魚歌中首屈一指。我國著名文學家鄭振鐸給予高度評價，稱“廣東最流行的是木魚書”，“其中久負盛名的爲《花箋記》”，“自誕生至今已有數百年歷史，在國内外刊行不衰，足見其强大的生命力”。《花箋記》原作者不詳，但在國内寶卷、彈詞、子弟書等説唱文學中，未見與之相同的故事情節，可認定爲創作的作品。《花箋記》爲學者所認知，得力於鄭振鐸、馮至和翻譯家温晉韓及德國漢學家衛禮賢等人的推介，故有德文、英文、俄文、法文、荷蘭文、丹麥文、印尼文、日文、韓文、越文等本子，在海内外享有盛譽。）

6555
高文舉 一卷
民國臺山光明印務局鉛印本
佛博
鈔本
佛博

6556
新刻奕朋種花 四卷二十四回
民國廣州五桂堂刊本
臺傅
民國廣州以文堂刊本
日本

6557
龍頭金鈪金釵記 四卷
民國廣州五桂堂刊本
臺傅

6558
二度梅 四卷
清道光廣州以文堂刊本
（待考）
清末廣州醉經堂刊本
東研
清末粤東富貴堂刊本
（待考）

民國廣州五桂堂刊本
中大
民國香港五桂堂刊本
粵圖、佛博

6559
二下南唐 一卷
清末刊本
臺傅

6560
二荷發誓 一卷
清道光廣州以文堂刊本
臺傅

6561
二荷花史九才子書 一卷
清道光東莞萃英堂刊本
粵圖、馬來大
清道光廣州以文堂刊本
港大
清末廣州五桂堂刊本
港大

6562
二美懷丹 一卷
清末廣州五樓堂刊本
天理、東研
清末廣州廣文堂刊本
德國

6563
二棄梨花 四卷
清末廣州五桂堂刊本
佛圖
清末廣州崇德堂刊本
佛博

6564
三棄梨花 四卷
清末廣州崇德堂刊本
佛博
清末廣州五桂堂刊本
粵圖、中大、佛圖
清末廣州醉經堂刊本
粵圖
清光緒東莞翰文堂刊本
粵圖、中大、臺傅

6565
三娘汲水 四卷
題南邑程氏梅莊逸史編輯
民初廣州五桂堂刊本
臺傅
民國香港五桂分局機器版
中大

6566
三姑回門 二卷
題五桂堂主人杏花氏重編
民初廣州五桂堂刊本
中大

6567
新刻三國志三集 四卷六十回
清末廣州醉經堂刊本
港大
清廣州壁經堂刊本
港大

6568
新刻三合明珠方倫 四卷
題（清）閒情居士訂
民國香港五桂分局刊本
港大、佛圖
清末廣州以文堂刊本
佛博

6569
新刻三合明珠寶劍全傳初集 四卷四十二回
清光緒廣州醉經堂刊本
中大、臺傅
民初廣州五桂堂機器版
佛博、澳中央

6570
五虎平西五集 二十卷
題閒情居士訂
民國省港五桂堂刊本
佛博、澳中央

6571
五虎平南四集 十六卷
清廣州丹桂堂刊本
佛博、澳中央、吉大
民國廣州五桂堂刊本
佛博

6572
五子登科 六卷
民國廣州醉經書局刊本
中大

6573
新選五色神旗四集 十六卷
題漳江閒情居士訂
民國廣州醒經堂刊本
中大、東研

6574
五色荷花 六卷
清光緒二十九年（1903）廣州翰文堂刊本
中大

6575
玉葵寶扇 四卷
民國廣州五桂堂機器板
佛圖、佛博
民國四年（1915）廣州以文堂刊本
佛圖
民國廣州啓德書局鉛印本
佛博、順博
民國廣州民智書局鉛印本
佛博
民國廣州華興書局鉛印本
佛博、順博
民國廣州醉經堂刊本
佛博

6576
玉簫琴初集 四卷 續集 四卷
清末佛山文光樓刊本
佛博
民國香港五桂書局印本
佛博

6577
王寶釧彩樓招贅 十二卷十二回
民國廣州醉經堂刊本
鄭振鐸

6578
兩搜碧桃莊 四卷
民國東莞萃英棲刊本
中大、台傅

6579
重订再生缘 二卷
民國廣州醉經堂刊本
港大

6580
再生缘摘錦 二卷
民國省港五桂堂刊本
港大

6581
再造天四集 十六卷十六回
清同治六年（1867）廣州醉經堂刊本
港大、台傅

6582
石出香蓮記 六卷
民國省港五桂堂刊本
佛圖

6583
新刻天賜花裙全本 四卷
（清）程梅莊編選
民國廣州丹桂堂刊本
吉圖

6584
雷峰塔白蛇傳 四卷
民國廣州五桂堂刊本
港大

6585
天賜花裙 四卷
題南邑程氏梅莊逸史編
民國廣州五桂堂刊本
臺傅

6586
仁貴征西 四卷
民國廣州五桂堂刊本
中大

6587
後續仁貴征東丁山射雁 四卷
清光緒廣州醉經書局機器版
神户
民國香港五桂分局印本
東京大學

6588
何惠群嘆五更 一卷
民國廣州五桂堂刊本
臺傅
民國廣州以文堂刊本
天理
（按：何惠群，字和光，又字介峰，順德人。清嘉慶甲子科解元、己巳科進士，任新昌知縣，借母逝南歸，不復出，長居廣州設帳講學，對俗曲頗有研究。）

6589
番寶海棠記 四卷
民國東莞萃英樓刊本
臺傅

6590
雙鳳裙 五卷
民國香港五桂堂刊本
佛博

6591
紅樓夢 四卷
民國廣州以文堂機器板
佛圖

6592
背解紅羅前集 六卷 後集 六卷
清廣州明德堂刊本
佛博
清末廣州五桂堂刊本
佛圖、佛博
清末廣州以文堂刊本
佛博、順博
清末廣州崇德堂刊本
佛博
民國廣州醉經書局機器板
佛博
（按：此是木魚書名曲之一。）

6593
牡丹亭前集 四卷 後集 四卷
（清）程秋泉輯
清末廣州五桂堂刊本
佛博
（按：書又名《還魂記》。）

6594
紫霞杯 四卷
民國香港五桂堂刊本
港大

6595
生祭李彦貴 二卷
題閒情居士訂
民國廣州五桂堂刊本
港大

6596
盤龍寶扇 二卷
民國廣州以文堂機器版
佛博

6597
宋太祖下南唐四集 十六卷
民國省港五桂堂機器板
港大、東洋

6598
清凉救駕 四卷
清東莞萃英樓刊本
佛博
清末廣州五桂堂刊本
中大、佛博
（按：封面書名題《新刻十一續金刀清凉救駕全本》。）

6599
十二寡婦征西五集　六卷九十回
題閒情居士訂
清末廣州五桂堂刊本
佛博

6600
十二寡婦征西六集　六卷九十回
清末廣州五桂堂刊本
佛博

6601
十二寡婦征西七集　六卷九十回
清末廣州五桂堂刊本
佛博

6602
十二寡婦征西八集　六卷九十回
清末廣州五桂堂刊本
佛博

6603
十二寡婦征西九集　六卷九十回
（清）順德馬學愚居士訂
清末廣州五桂堂刊本
佛博

6604
十五貫金環記　二卷二十七回
清道光廣州以文堂刊本
臺傅
清同治廣州丹桂堂刊本
國圖、臺傅

6605
大破天門陣　全集
民初廣州五桂堂刊本
中大

6606
新刻大破天門陣四集　二十四卷
題（清）閒情居士訂
清末廣州丹桂堂刊本
臺傅

6607
大宋高文舉珍珠記　四卷
題杏花氏訂
清光緒廣州醉經堂機器版
波多野
民國六年（1917）廣州以文堂機器板
佛博
民國七年（1918）廣州五桂堂機器板
佛博、港大

6608
大封楊家將　四卷
清東莞萃英樓刊本
港大

6609
大陰陽扇玉龍太子走國八集　八十卷
清光緒三十三年（1907）佛山芹香閣刊本
中大
清光緒佛山近文堂刊本
中大

6610
太子下漁舟初集　四卷四十九回
題蝶人編寫
民國廣州五桂堂鉛印本
臺傅

6611
七才子蔡伯喈琵琶記　不分卷
清末粵東刊本
臺傅

6612
七國孫臏　四卷
清光緒佛山芹香閣刊本
中大
民國初佛山文光樓刊本
粵圖、國圖

6613
前續荊釵記　四卷
題閒情居士訂
民國香港五桂堂刊本
佛博

6614
後續荆釵記 四卷
題閒情居士訂
民國香港五桂堂刊本
佛博

6615
葵花記 四卷
民初佛山芹香閣電版
佛圖
（按：書又名《孟日紅賣綫》。）

6616
萬花樓五虎解征衣 五卷
清末廣州以文堂刊本
佛博

6617
萬花樓玉鴛鴦 不分卷
民國廣州以文堂刊本
臺傅

6618
萬花樓包公築烏臺 五卷
清末廣州五桂堂刊本
佛博

6619
萬花樓狄青出身 五卷七十八回
民國廣州丹桂堂刊本
俗目

6620
老糠記 一卷
民國廣州醉經堂刊本
馬來大

6621
蘇英娘娘走國四集 二十四卷
題閒情居士訂
清末廣州醉經堂刊本
佛博

6622
荼薇記銀嬌全本 三卷
清末廣州以文堂刊本
佛圖
民國香港五桂堂機器板
佛博

6623
觀音出世 二卷
清末民初廣州醉經書局刊本
佛博
民國廣州五桂堂機器板
佛博
民國廣州華興書局鉛印本
佛圖
（按：書又名《紫竹林中記》。）

6624
朝上鶯歌記 四卷
清末廣州五桂堂刊本
佛博
民初廣州醉經書局印本
佛博

6625
柳絲琴 一卷
民國廣州五桂堂刊本
中大

6626
新選柳陸煙容 四卷
民國省港五桂堂刊本
佛博

6627
新編趣致木魚怀春憶夫全集
余瑞珊編
民國廣州華興書局鉛印本
粵圖

6628
梅李争花 四卷
民國省港五桂堂刊本
東京大學

6629
狄青比武 二卷
民國省港五桂堂刊本
臺傅、天理

6630
車龍公子花燈記 二卷
民國廣州五桂堂刊本
港大

6631
新刻拗碎靈芝 四卷
清乾道間佛山文光樓刊本
佛博
民國廣州五桂堂機器板
佛博
民國廣州以文堂刊本
佛博、順博

6632
新刻井底結釵 六卷
民國東莞萃樓刊本
港大

6633
蟾蜍王 三卷
清末廣州五桂堂刊本
佛博

6634
訂輯新編日邊洪秀全本 六卷
民國香港五桂書局印本
大阪大學
民國廣州丹桂堂印本
波多野

6635
四下南唐 一卷
民國廣州丹桂堂刊本
東京大學
民國佛山芹香閣刊本
中大
民國東莞萃英樓刊本
日本

6636
呼家後代初集 五卷 後集 五卷
民國廣州五桂堂刊本
臺傅
民國廣州丹桂堂刊本
日本

6637
單陽血鏡 四卷
民國東莞萃英樓刊本
中大

6638
哪咤收妲己 二卷
題静觀主人訂
民國廣州廣文堂刊本
港大

6639
雁翎扇墜 四卷
清末廣州五桂堂刊本
佛博
清廣州壁經堂刊本
佛博
清佛山文光樓刊本
佛博
清佛山芹香閣刊本
佛圖

6640
關倫賣妹 四卷四十回
民國廣州五桂堂刊本
東京大學
民國廣州醉經書局機器板
東洋
民國廣州富桂堂印本
京都

6641
劉晨採藥仙凡記初集 四卷 二集 四卷
題南海西堠居士訂
民國廣州五桂堂刊本
佛博
民國省城丹桂堂刊本
佛博

6642
劉全進瓜 二卷
民國省港五桂堂書局機器板
佛博

6643
陰陽寶扇八集 八十卷
題南溪幽閒主人訂
民國佛山近文堂刊本
順圖
民國佛山芹香閣刊本
波多野

6644
陰陽扇 三卷
清同治八年（1869）廣州明德堂刊本
佛博
清光緒廣州五桂堂刊本
佛圖、佛博

6645
陳世美五弄琵琶 一卷
民國省港五桂堂機器板
佛博

6646
新選群英傑初集 四卷 二集 四卷
題少巖半醒居士訂
民國廣州五桂堂刊本
東研

6647
金山記兩搜碧桃莊 四卷
清東莞萃英樓刊本
佛博

6648
金刀記復鎮三關 四卷
清東莞萃英樓刊本
佛博

6649
金山記金刀歸宋 四卷
民國東莞萃英樓刊本
港大

6650
金絲蝴蝶全本 五卷
題抱璞樓主人編
清廣州德文堂刊本
佛博
民國廣州五桂堂刊本
佛博
民國廣州以文堂機器板
佛博

6651
續金絲蝴蝶 四卷
民國廣州醉經堂機器板
順博

6652
金山婆自嘆 一卷
民國廣州大成書局鉛印本
佛博
民國廣州華興書局鉛印本
佛博
民國廣州醉經堂刊本
臺傅

6653
金生挑盒 二卷
民國佛山芹香閣刊本
佛博
民國廣州五桂堂刊本
佛博
民國廣州以文堂刊本
順博

6654
金葉菊 四卷
清末佛山芹香閣刊本
佛博
民國廣州五桂堂刊本
佛博、順博
民國廣州以文堂機器板
佛圖
民國廣州醉經書局機器板
佛博

6655
金刀記西楚芙蓉帕 四卷
清道光二十九年（1849）東莞富文堂刊本
佛圖

6656
金香囊全本 四卷
民國東莞萃英樓刊本
俗目

6657
金刀記祁文斗出身 四卷
民國東莞萃英樓刊本
港大

6658
金刀記清凉救駕 四卷
清東莞萃英樓刊本
佛博

6659
新刻第十才子金鎖鴛鴦 四卷
民國廣州以文堂刊本
東北師大

6660
慈雲太子走國 五集三十卷
題閒情居士訂
清末廣州五桂堂刊本
佛博
清廣州丹桂堂刊本
佛博
清佛山芹香閣刊本
佛博
民國省港五桂堂機器板
佛博、澳中央

6661
鍾無艷娘娘 五集五十卷 六集十四卷
題守拙主人訂
清末廣州五桂堂刊本
佛博
民國廣州華興書局鉛印本
佛博
民國廣州醉經書局鉛印本
順博、佛圖
（按：書又名《鍾國母》。）

6662
銀合太子走國 五集五十卷
題漳江閒情居士訂
民國佛山文光樓刊本
臺傅

6663
錦綉食齋 三卷
民國廣州華興書局鉛印本
粵圖

龍舟歌

（按：龍舟歌，又稱“乞兒歌”、“盲妹歌”，是流行於珠三角地區的一種曲藝形式。它産生於明末清初，盛行於清代中葉以降。這類民間藝人，生活貧苦，地位低下，他們手持木雕龍頭，穿街過巷，沿門賣唱，以微薄收入维持生活，故被人稱爲“斯文乞兒”。且這種民間藝人又多爲雙目失明的女子（盲妹），她們唱着“龍舟舟，出街遊，封封利是責（壓）船頭。姐妹行埋莫打鬥，龍頭龍尾多福壽，老少平安到白頭。”龍舟歌行腔樸素，不受節拍限制，唱詞可靈活變動，易於掌握，故便於流行。其代表作爲《客途秋恨》，全曲1500餘字，文詞绮麗，情調纏綿。其次爲《何惠群嘆五更》、《蒙正祭竈》，爲龍舟佳作。龍舟歌數量説法不一，有説126首，一説150餘首，也有説近200首，今從各種文獻中，輯得舊本190餘種，供人們參考。）

6664
瘋佬自嘆 一卷
清末廣州醉經堂刊本
順博、粵圖
民國佛山芹香閣刊本
佛博

6665
廣州禁賭 三卷
清宣統三年（1911）廣州五桂堂刊本
佛圖⊗

6666
新刻廣東李舉人 一卷
民國廣州五桂堂刊本
粤圖

6667
鸞英招親 二卷
民國廣州五桂堂刊本
中大

6668
盲佬打釘 一卷
民初廣州五桂堂刊本
國圖

6669
六姐洗衣 一卷
民國廣州五桂堂刊本
中大

6670
龍舟歌三聘孔明 一卷
民國廣州五桂堂刊本
粤圖
民國廣州醉經堂刊本
佛博

6671
三戲宣王 二卷
民國省港五桂堂刊本
中大、佛博
民國廣州醉經書局刊本
粤圖

6672
三姑遊地獄 一卷
民國廣州醉經書局鉛印本
粤圖
民國廣州華興書局鉛印本
粤圖、佛圖
民國開平新開培記書局鉛印本
佛博
民國廣州以文堂機器板
佛博

6673
三婦談情 一卷
民國佛山芹香閣刊本
佛博
民國廣州醉經書局刊本
粤圖
民國廣州五桂堂刊本
粤圖

6674
三春投水 二卷
民國廣州五桂堂機器板
佛博

6675
三別徐庶 二卷
民初廣州五桂堂刊本
中大

6676
新出五更苦怨 一卷
民國廣州五桂堂刊本
粤圖

6677
五弄琵琶 一卷
民國廣州三元堂刊本
粤圖
民國廣州五桂堂刊本
佛博、中大

6678
五諫刁妻 三卷
清乾隆道光間佛山文光樓刊本
佛博
民初廣州五桂堂刊本
中大、佛博⊗
民國省港五桂書局刊本
佛圖、佛博
民國廣州成文堂刊本
國圖、粤圖

6679
新串五諫洋煙 二卷
民國廣州成文堂刊本
粤圖

6680
五諫才郎 二卷
民初廣州五桂堂刊本
中大

6681
五諫妻房 一卷
民國廣州成文堂刊本
粵圖

6682
玉碎珠沉 一卷
民國廣州五桂堂刊本
粵圖

6683
玉簫琴 二卷
民國廣州五桂堂刊本
中大

6684
玉嬋嘆五更 一卷
民國廣州以文堂刊本
粵圖

6685
新出玉蟬問覡
民初廣州五桂堂刊本
國圖
民初廣州醉經堂刊本
粵圖

6686
王允獻貂嬋 一卷
清末民初廣州錦文堂刊本
佛博

6687
五想同心 一卷
民國廣州以文堂刊本
台傅

6688
百里奚會妻 一卷
民國廣州五桂堂刊本
天理
民國廣州以文堂刊本
臺傅
民國廣州丹桂堂刊本
日澤田

6689
丁山射雁 二卷
民國廣州醉經堂刊本
粵圖、中大、佛博
民國廣州五桂堂機器板
佛博
民國廣州以文堂機器板
佛博

6690
重訂西蓬擊掌 一卷
民國廣州醉經堂刊本
佛博、粵圖
民國廣州悦觀堂刊本
復旦

6691
石女嘆五更 一卷
題風流主人撰
民國廣州五桂堂刊本
粵圖

6692
麗英哭母 一卷
民國廣州華興書局鉛印本
粵圖

6693
雲英問病 一卷
題第七甫明德主人考
民國廣州德文堂刊本
粵圖
民國廣州以文堂刊本
佛博

6694
麗荷種花 一卷
民國廣州五桂堂刊本
佛博
民國廣州醉經書局鉛印本
粵圖

6695
麗春吹簫 一卷
民國佛山芹香閣刊本
佛博
民國廣州五桂堂刊本
粵圖

6696
再生緣 一卷
民國廣州五桂堂刊本
粵圖
民國廣州以文堂刊本
臺傅
民國廣州醉經堂刊本
神户

6697
平貴伏紅鬃馬 一卷
民國廣州以文堂刊本
粵圖

6698
平貴別窰 五卷
民國廣州五桂堂刊本
華師、粵圖

6699
孔明掃琴 一卷
民國廣州以文堂刊本
粵圖

6700
瑤仙拜月 一卷
民國刊本
粵圖

6701
孫夫人投江 一卷
民國廣州五桂堂刊本
粵圖

6702
瑞蘭許願 一卷
清末廣州三元堂刊本
粵圖

民國廣州富桂堂印本
京都

6703
新串山歌拆蔗寮 二卷
民初廣州以文堂刊本
中大

6704
山歌拆蔗寮 二卷
民國廣州五桂堂刊本
中大

6705
琳英嘆五更 一卷
民國廣州成文堂刊本
粵圖

6706
朱洪武遊太廟 一卷
清末廣州醉經堂刊本
中大

6707
朱洪武遊太廟 二卷
民國廣州五桂堂刊本
中大

6708
碧容拜月 一卷
民國廣州以文堂刊本
粵圖

6709
碧容祭監 二卷
題（清）龍舟珠訂
民國佛山芹香閣刊本
佛博
清末民初廣州成文堂刊本
國圖
民國廣州五桂堂刊本
中大、佛博
民國廣州華興書局鉛印本
佛圖
民國廣州醉經書局鉛印本

佛博、順博
民國廣州守經堂刊本
粵圖

6710
碧月收棋 一卷
民國廣州以文堂刊本
粵圖

6711
碧桃錦帕 一卷
題順邑程韻軒選
清廣州聖經堂刊本
佛博
民國廣州五桂堂機器板
粵圖、順博
民國廣州以文堂刊本
粵圖

6712
碧蘭割股 一卷
民國廣州以文堂刊本
粵圖

6713
改良洋煙自嘆 一卷
民國廣州以文堂刊本
粵圖

6714
白絲蘭問米 二卷
清末廣州以文堂刊本
中大
民國省港五桂堂書局刊本
中大

6715
朱賣（買）臣分妻 二卷
民國廣州五桂堂刊本
佛博
民國廣州醉經堂刊本
佛博

6716
白沙訪友 一卷
民國廣州醉經堂刊本
粵圖

6717
自由女許有嘆五更 二卷
題羅地記訂
民國鉛印本
粵圖

6718
皇姨考問 一卷
民國廣州以文堂刊本
粵圖

6719
鬼馬元什才 一卷
清末廣州壁經堂刊本
佛博
民國香港五桂書局鉛印本
佛博

6720
鬼附自嘆 一卷
民國廣州五桂堂刊本
粵圖

6721
貂嬋拜月 一卷
題龍舟珠訂
民國廣州五桂堂刊本
粵圖

6722
怨夫立妾嘆五更 一卷
清末佛山近文堂刊本
復旦
清末廣州三元堂刊本
佛博、粵圖
民國廣州以文堂刊本
上圖

6723
解攜蘭 二卷
民初廣州五桂堂刊本
中大
民初廣州以文堂刊本
粵圖

6724
包公訪友 二卷
民國印本
復旦
民國廣州醉經堂刊本
佛圖

6725
包公訪狄青 一卷
民國鉛印本
粵圖

6726
徐庶歸家 二卷
民國五桂堂刊本
粵圖、中大

6727
秋江送別 一卷
民國廣州醉經書局刊本
粵圖

6728
灑金橋問卦 二卷
清廣州三元堂刊本
佛博
民初廣州五桂堂機器板
佛博
清末廣州以文堂刊本
粵圖、佛博
民初佛山芹香閣機器板
佛圖

6729
寡婦訴冤 二卷
民初廣州五桂堂刊本
粵圖、中大

6730
客途秋恨 一卷
（清）繆蓮仙撰
民國廣州五桂堂刊本
佛圖、粵圖
民國香港五桂書局刊本
佛圖、佛博
民國廣州以文堂書局刊本
佛博、上圖
民國羊城五桂堂鉛印本
華師

6731
新選潛龍太子走國全本 四卷
民初廣州五桂堂刊本
中大

6732
活捉三郎 一卷
民國廣州以文堂刊本
粵圖

6733
淚濕青衫 一卷
民國廣州五桂堂刊本
粵圖

6734
淑英燒衣 一卷
民初廣州以文堂刊本
中大

6735
梁山伯訪友 一卷
民國廣州以文堂機器板
佛博

6736
梁婆求媳 一卷
民國廣州五桂堂刊本
粵圖

6737
禪院追鸞 一卷
民國廣州醉經書局刊本
粵圖

6738
洋煙自嘆 一卷
清末民初廣州成文堂刊本
國圖
清末民初佛山芹香閣刊本

佛博
清末民初刊本
佛圖
民國香港五桂書局鉛印本
佛博

6739
十二時辰　一卷
民國廣州以文堂刊本
粵圖

6740
龍舟歌十思起解　一卷
民國富桂堂刊本
粵圖

6741
改良狡婦痾鞋　三卷
民國廣州五桂堂刊本
中大、上圖
民國廣州以文堂刊本
上圖
民國省城德文堂鉛印本
上圖
民國廣州醉經書局印本
中大

6742
李龍尋妻　一卷
清末廣州三元堂刊本
佛博
民國廣州醉經書局刊本
粵圖

6743
李龍鬧酒　二卷
民國廣州五桂堂鉛印本
中大

6744
女嘆五更　一卷
民國廣州華興書局鉛印本
粵圖

6745
杏元投崖　二卷
民國廣州五桂堂刊本
中大

6746
七夕賛花　二卷
民國廣州五桂堂刊本
中大、粵圖、佛博

6747
痴人乞食　一卷
民國廣州以文堂刊本
粵圖

6748
大沙頭祭奠金嬌　一卷
民國廣州五桂堂刊本
粵圖

6749
新刻大宋萬花樓玉鴛鴦全本　二十卷
民初廣州五桂堂刊本
中大

6750
正字龍舟大鬧鴉片佬　一卷
民國廣州五桂堂刊本
粵圖

6751
大鬧煙公　一卷
民國廣州以文堂刊本
粵圖

6752
桃花送藥　一卷
民國廣州成文堂刊本
粵圖

6753
蒙正祭竈　一卷
民國廣州五桂堂刊本
粵圖、佛博

6754
窮極賣老婆 一卷
民國廣州以文堂刊本
佛博
民國省港五桂堂刊本
中大

6755
蒙正賞月 一卷
民國廣州成文堂刊本
粵圖

6756
十教女娘 一卷
民國省港五桂書局刊本
天理

6757
杏元憶釵 一卷
民國廣州五桂堂刊本
粵圖

6758
考世系 一卷
民國廣州五桂堂刊本
神户
民國廣州以文堂刊本
臺傅

6759
花園擲戟 二卷
清末廣州五桂堂刊本
中大

6760
花眉嘆五更 一卷
民國臺山華文書局鉛印本
佛博
油印本
粵圖

6761
英臺祭莫 二卷
清末廣州五桂堂刊本
佛博

6762
英臺回鄉 一卷
民國廣州五桂堂刊本
佛博
民國香港五桂書局鉛印本
佛博
民國廣州以文堂刊本
佛博
民國廣州醉經書局刊本
順博、粵圖

6763
英雄出現 一卷
民國廣州以文堂刊本
粵圖

6764
萼蘭憶友 二卷
清省城三元堂刊本
國圖
民國廣州五桂堂刊本
中大
民國廣州以文堂刊本
佛博
清末佛山同文堂刊本
佛博
民國臺山會文閣鉛印本
佛博
鈔本
清末廣州成文堂刊本
中大

6765
節女守清 一卷
民國廣州以文堂刊本
粵圖

6766
猪籠浸女 一卷
民國廣州醉經書局鉛印本
順博
民初廣州五桂堂刊本
中大

6767
燕樓吊影 一卷
民國鈔本
粵圖

6768
萬惡化爲良 一卷
民國鉛印本
粵圖
（按：書又名《醜婦遊十殿》。）

6769
新選萬宿梁蕭全部 四卷
清末廣州成文堂刊本
中大

6770
萬壽宫訴恨 一卷
清末廣州丹桂堂刊本
復旦

6771
樊梨花招親 二卷
民初廣州五桂堂刊本
中大

6772
樊梨花嘆五更 一卷
民國廣州以文堂刊本
粵圖

6773
蘇娘寫血書 一卷
民國廣州五桂堂刊本
佛博、順博
民國廣州以文堂刊本
佛博
民國廣州醉經堂刊本
佛博
清末廣州載經堂刊本
粵圖

6774
蘇娘嘆五更 一卷
清末廣州五桂堂刊本
佛博
民國香港五桂書局鉛印本
佛博
民國廣州以文堂刊本
佛博
民國廣州醉經書局鉛印本
佛博
民國廣州醉經堂刊本
粵圖
民國廣州成文堂刊本
粵圖

6775
蘇小妹憶母嘆五更 一卷
民國廣州五桂堂刊本
佛博

6776
老女反嫁 一卷
民國廣州五桂堂刊本
佛博

6777
老女嘆五更怨嫁遲 一卷
民國廣州華興書局鉛印本
佛博
民國廣州大成書局鉛印本
佛博

6778
老舉問米 二卷
民國廣州五桂堂刊本
粵圖、中大

6779
老鼠告狀 一卷
民國廣州以文堂刊本
粵圖

6780
薛平貴全本 一卷
民國刊本
粵圖

6781
重訂杜十娘怒沉八寶箱 三卷
民國廣州醉經堂鉛印本
北師大
民初廣州三元堂刊本
佛博⊗
民初廣州五桂堂刊本
粵圖

6782
柏玉霜自縊 二卷
清廣州三元堂刊本
佛博
清光緒宣統間佛山芹香閣刊本
佛博
民國廣州五桂堂機器本
粵圖、中大
民國廣州醉經書局鉛印本
粵圖

6783
正字觀音化銀全本 二卷
民國廣州五桂堂刊本
粵圖、中大

6784
觀音十勸 一卷
民國廣州以文堂刊本
上圖
民國新加坡永成書莊刊本
佛博

6785
姐妹拜七夕 三卷
民國廣州丹桂堂刊本
粵圖

6786
起解李旦 一卷
清末廣州五桂堂刊本
復旦

6787
新刻林招得黃玉英全本 四卷
民初廣州五桂堂鉛印本
中大

6788
散錦歌 一卷
民國廣州華興書局鉛印本
粵圖

6789
趙匡胤算命 三卷
民國廣州成文堂刊本
粵圖、佛博
民國廣州五桂堂刊本
中大

6790
摘錦解心弔秋喜 一卷
民國廣州五桂堂刊本
上圖、佛博

6791
青蘭附薦 一卷
民國廣州五桂堂鉛印本
粵圖

6792
重訂青蘭附薦 一卷
民初廣州醉經堂鉛印本
圖圖
民國廣州五桂堂鉛印本
佛博
民國廣州以文堂刊本
佛博

6793
鮫人泣珠 一卷
民國廣州五桂堂鉛印本
粵圖

6794
蠢子成新 一卷
民國廣州以文堂刊本
粵圖

6795
打爛老婆櫃 一卷
民國廣州以文堂刊本
粵圖、復旦

民國省港五桂堂刊本
中大

6796
抱主傷懷　一卷
清末廣州丹桂堂刊本
復旦

6797
轅門斬子大破天門陣　一卷
民初廣州五桂堂刊本
中大

6798
蛛絲琴初集　二卷
民初廣州以文堂刊本
中大

6799
拆外母屋　一卷
民國廣州五桂堂刊本
天理

6800
攔江截鬥　一卷
民國香港五桂分局刊本
佛博⊗

6801
日夜時辰　二卷
民國廣州五桂堂鉛印本
上圖

6802
四季蓮花　一卷
民國廣州醉經堂刊本
粵圖

6803
弔百花墳　一卷
民國省港五桂堂刊本
粵圖

6804
男燒衣祭奠情人　一卷
民國廣州五桂堂鉛印本
粵圖、佛博

6805
母諫心田　二卷
清末佛山芹香閣刊本
佛博⊗
民國廣州醉經堂刊本
佛博
民國廣州以文堂刊本
粵圖、順博
民國廣州丹桂堂刊本
復旦
清末廣州三元堂刊本
粵圖

6806
重訂呆佬拜壽　三卷
民國廣州五桂堂刊本
粵圖、中大
民國廣州以文堂刊本
佛博

6807
羅卜挑經　二卷
民初廣州五桂堂刊本
中大

6808
賭仔新發財　二卷
民國廣州五桂堂刊本
中大

6809
吹蕭憶友　一卷
民國廣州以文堂刊本
粵圖

6810
囑媳送衣　一卷
民國富桂堂刊本
粵圖
民國香港五桂書局鉛印本
佛博

6811
長亭餞別　一卷
民國廣州五桂堂刊本
粵圖

6812
長生殿 一卷
民國廣州丹桂堂刊本
粵圖

6813
歷朝故事考世系 二卷
民國廣州五桂堂鉛印本
粵圖

6814
劉金定灌藥 一卷
民國廣州五桂堂刊本
佛博
民國香港五桂書局鉛印本
佛博

6815
新出附薦何文秀全套 二卷
清同治三年（1864）廣州五桂堂刊本
國圖

6816
新出陳琳英嘆五更全本 一卷
清末廣州成文堂刊本
復旦
清光緒宣统間廣州以文堂刊本
佛博

6817
陳世美五弄琵琶 一卷
民國廣州以文堂刊本
粵圖

6818
陳敬岳行刺李準 三卷
民國刊本
北大

6819
同姓不婚 一卷
民國廣州以文堂鉛印本
粵圖

6820
重訂周氏反嫁 三卷
民國廣州五桂堂機器本
粵圖、中大
民初廣州以文堂刊本
佛博
民國廣州醉經書局鉛印本
粵圖

6821
周年快活 一卷
民初佛山芹香閣刊本
佛博

6822
鳳珍守節 一卷
民國廣州以文堂刊本
粵圖

6823
重訂鳳儀亭訴苦 二卷
民國廣州五桂堂刊本
粵圖、中大、上圖、佛博

6824
風流佳話 一卷
民初廣州五桂堂刊本
中大

6825
陰魂雪恨 三卷
民國廣州以文堂刊本
粵圖、中大

6826
重訂陰魂雪恨 三卷
民國廣州五桂堂機器板
中大、佛博

6827
鑒貌辨色 一卷
清末廣州以文堂刊本
中大
民國廣州五桂堂刊本
中大

6828
匡胤算命 三卷
民初廣州五桂堂刊本
中大

6829
金鑾殿輕生 一卷
清末廣州丹桂堂刊本
復旦
民國廣州以文堂刊本
佛博⊗
清刊本
國圖

6830
金生拜廟 一卷
清末民初廣州五桂堂刊本
國圖
民國廣州富經堂刊本
上圖
民國廣州五桂堂刊本
粵圖

6831
金生解果 一卷
民國廣州五桂堂刊本
粵圖

6832
金蘭祭奠 一卷
民國廣州華興書局鉛印本
粵圖

6833
金樹開花 二卷
清末廣州五桂堂刊本
中大

6834
金星戲竇兒 一卷
民國廣州醉經堂刊本
上圖
清末廣州五桂堂刊本
佛博
民國廣州以文堂刊本
粵圖、佛博
清末佛山芹香閣鈔本
佛博
舊鈔本
佛博

6835
乞米養家婆 一卷
民國廣州以文堂刊本
粵圖

6836
剃頭佬嘆五更 一卷
民國廣州三元堂鉛印本
上圖
民初廣州以文堂機器版
佛博
民國廣州五桂堂機器板
佛博

6837
小青弔影 一卷
民國廣州五桂堂刊本
粵圖

6838
小王和琴 一卷
民國廣州五桂堂刊本
粵圖
民國廣州以文堂刊本
中大、臺傅

6839
新選粉粧樓羅家後代全本 二十四卷
民初廣州載經堂刊本
中大

6840
炸鳳山姨太祭奠 三卷
民初廣州以文堂鉛印本
北大

6841
燒衣何文秀 一卷
民初廣州五桂堂刊本
中大

6842
南音三籟　四卷
題（明）即空觀主人評訂、（清）袁于令重正
清康熙七年（1668）刊本
粵圖

南音一百六十五種
（含中山大學所藏新本短篇《南音》）

（按：南音，又稱南曲、南管、南樂等。它是在木魚、龍舟的基礎上，吸收揚州彈詞等樂調，經過加工、提高而發展形成的曲種，也是粵劇、粵曲常用的曲牌。南音行腔婉轉、旋律、悠揚優美動聽，善於表達各種不同思想情緒。其伴奏樂器主要有揚琴、椰胡、三弦、洞簫、琵琶等，可彈唱、清唱、説唱，它的音樂性比木魚、龍舟高雅，故可在舞臺上演唱，也有把它作爲“下里巴人化”在市井中傳唱。因此，與木魚、龍舟形成交叉混淆的現象。南音名爲雅閒人士吟風弄月、消遣酬唱之作，較著名的有《客途秋恨》等。）

6843
新刻奕朋種花全本　四卷二十四回
民國廣州五桂堂刊本
粵圖

6844
新刻全本謀夫害子劏仔記　二卷
民初廣州五桂堂刊本
中大

6845
新訂二度梅全本　四卷三十七回
題抱芳樓憐香居士編輯
清道光二十二年（1842）廣州以文堂刊本
粵圖、中大、國圖、上圖、復旦
民國廣州五桂堂刊本
佛博、粵圖

6846
新刻評點第九才子二荷花史　四卷六十七回
（清）鍾映雪評訂
清廣州丹桂堂刊本
粵圖
清光緒十八年（1892）東莞萃英樓刊本
中大、粵圖
民初廣州醉經堂刊本
復旦

6847
新刻三國志全書初集　四卷六十一回
民國東莞富文堂刊本
粵圖、中大⊗

6848
新刻三國志全書三集　四卷六十四
民國東莞富文堂刊本
粵圖

6849
新選三娘汲水智遠全傳　四卷四十回
題南邑程氏梅莊逸史編輯
民國廣州醉經書局鉛印本
粵圖、中大

6850
新刻三合明珠方倫全本　四卷四十回
民國廣州丹桂堂刊本
粵圖

6851
新刻正字三合明珠劍全本　二十卷
清末廣州五桂堂刊本
中大

6852
新選全本五虎平西　四卷六十四回
題（清）漳江閒情居士訂
清道光二十八年（1848）廣州壁經堂刊本
粵圖、中大
清光緒二十七年（1901）佛山芹香閣刊本
粵圖

6853
新選全本五虎平西二集　四卷六十四回
題（清）漳江閒情居士訂

清光緒二十七年（1901）佛山芹香閣刊本
粵圖

6854
新選四集五色神旗　四卷六十三回
題（清）閒情居士訂
民國廣州丹桂堂刊本
粵圖、中大

6855
新選五色荷花全本　六卷一百零一回
清乾隆咸豐間東莞華翰堂刊本
佛博
清光緒二十九年（1903）翰文堂刊本
粵圖、復旦
民國廣州五桂堂刊本
吉大

6856
新選初集五色神旗全本　四卷六十二回
題（清）閒情居士訂
民國廣州丹桂堂刊本
粵圖

6857
新選二集五色神旗全本　四卷六十四回
題（清）閒情居士訂
民國廣州丹桂堂刊本
粵圖

6858
新選三集五色神旗　四卷六十二回
題（清）閒情居士訂
民國廣州丹桂堂刊本
粵圖

6859
正字五鼠鬧東京　二卷
民國廣州五桂堂刊本
佛博

6860
王寶釧彩樓招贅　十三回
民國廣州醉經堂刊本
粵圖

6861
新選玉蕭琴全本初集　四卷四十回
題（清）南邑程氏梅莊逸史修輯
清同治八年（1869）右經堂刊本
京都
清末廣州五桂堂刊本
粵圖、中大

6862
新選玉蕭琴全本二集　四卷四十回
題（清）南邑程氏梅莊逸史輯
民國廣州五桂堂刊本
粵圖

6863
新選玉葵寶扇　四卷四十回
民國廣州以文堂
粵圖、中大

6864
新出玉石琵琶　不分卷
民國廣州成文堂刊本
國圖

6865
接續再生緣新選再造天南音全本四集　十六卷十六回
民國廣州丹桂堂刊本
粵圖、中大

6866
新刻元紀天錫花裙全本　四卷四十回
題（清）南邑程氏梅莊逸史編選
民國廣州丹桂堂刊本
粵圖

6867
綉像再生緣全傳　二十卷八十回
（清）陳端生撰
清同治十一年（1872）廣州石經堂刊本
北師大

6868
重訂再生緣　二卷六回
民國廣州醉經書局刊本
粵圖、中大

6869
新刻全本西番碧玉帶 四卷五十二回
民國廣州以文堂刊本
粵圖

6870
新刻綉像西厢第六才子全本 二卷二十五回
民國廣州以文堂刊本
粵圖、中大

6871
新刻時興雷峰塔古跡白蛇記全本 四卷三十回
民國廣州以文堂刊本
粵圖、中大

6872
新選石出香蓮記 六卷一百另二回
民國廣州五桂堂刊本
粵圖

6873
張古董兩重花燭世間奇 四卷
民初廣州五桂堂刊本
中大

6874
新選瑞英屏桃花送藥 四卷六十回
民國廣州五桂堂刊本
粵圖、中大

6875
琥珀蘭簪 □卷
民國崇德堂印本
粵圖⊗

6876
新刻琥珀鳳釵柳希雲全本 六卷八十六回
民國廣州醉經書局刊本
中大、粵圖、吉圖

6877
新刻後續琥珀鳳釵柳希雲全本 六卷八十二回
民國廣州五桂堂刊本
粵圖、中大（十二卷本）

6878
醒世良規 二卷
民國廣州醉經書局鉛印本
佛博

6879
新選飛龍傳匡胤出身全本 四卷
民初廣州以文堂刊本
中大

6880
新刻全本碧桃仙帕 四卷四十八回
題漳江閒情居士訂
民國廣州以文堂刊本
粵圖、中大

6881
新本秀容掃琴 一卷
民國廣州丹桂堂刊本
復旦
民國廣州以文堂刊本
中大、復旦

6882
華林寺秀容附薦 二卷
清廣州德文堂刊本
佛博

6883
新編訂選番寶香囊 四卷八十四回
民國東莞萃英樓刊本
粵圖

6884
新刻番寶名琴 三卷
清末東莞萃英樓刊本
中大

6885
新選番寶海棠全本 四卷五十回
民國東莞萃英堂刊本
粵圖、中大

6886
新編全本雙鳳裙 五卷八十七回
民國廣州五桂堂刊本
粵圖

6887
新選丹亭還魂記前集 四卷 後集 四卷
程秋泉編輯
民國粵東五桂堂刊本
東北師大

6888
全本梁山伯牡丹記 二卷三十二回
民國佛山聖文堂刊本
粵圖、中大

6889
新刻五才子書水滸 五卷七十六回
清道光五年（1825）刊本
粵圖

6890
紅樓夢 四卷二十四回
民國廣州五桂堂刊本
粵圖、東北師大
民國廣州以文堂機器板
佛圖
民國省城丹桂堂刊本
東北師大

6891
新刻仁貴征東大紅衣記全本 四卷六十二回
民國廣州醉經堂刊本
粵圖
民國廣州五桂堂刊本
吉圖

6892
後續仁貴征東丁山射雁全本 四卷六十一回
民國廣州醉經書局刊本
粵圖、中大

6893
新刻紫霞杯南音 四卷七十三回
清末廣州以文堂刊本
粵圖、中大
民國廣州守經堂鉛印本
佛博
民國佛山芹香閣刊本
佛博

6894
新選正字初集背解紅羅初集 六卷 後續 六卷
清末廣州五桂堂刊本
佛博
清末廣州以文堂刊本
順博
民初廣州醉經書局刊本
粵圖、佛博
民國廣州華興書局刊本
佛博
清末民初廣州崇德堂刊本
佛博
民國香港五桂堂機器板
佛博

6895
新選群英傑全本南音四集 十六卷
題（清）半醒居士訂
民國佛山進文堂刊本
吉圖

6896
新刻牡丹亭還魂記初集 四卷 二集 四卷
（清）程秋泉輯
清末廣州五桂堂刊本
粵圖、國圖

6897
崔文瑞張四姐 二卷
民國廣州丹桂堂刊本
臺傅

6898
新選全本生祭李彦貴 二卷三十回
題（清）閒情居士撰
民國廣州以文堂刊本
粵圖、中大

6899
全本盤龍寶扇記 二卷二十五回
民國廣州以文堂刊本
粵圖、中大

6900
新刻御結茶縻全本 六卷
民初廣州五桂堂刊本
中大

6901
魚蝦嫁女 一卷
民國鉛印本
粵圖、復旦

6902
解攜蘭 不分卷
民國廣州以文堂刊本
中大

6903
包公審郭槐 二卷
題（清）西墢居士訂
民國廣州五桂堂刊本
佛博
（按：書又名《龙鬚帕記》二卷。）

6904
新刻正字清新擇錦 二卷
民國廣州五桂堂刊本
中大、佛博

6905
新選連成金玉記 四卷
清末廣州五桂堂刊本
佛博⊗

6906
全套賽韓湘趙昂九嫂看燈龍頭金釵記 四卷七十三回
民國廣州近文堂刊本
粵圖

6907
新選正字宋太祖下南唐二集 四卷
民國廣州五桂堂刊本
粵圖、中大

6908
陰陽寶扇 不分卷
民國廣州醉經書局刊本
中大

6909
正字梁山伯祝英臺全本 二卷
民國廣州以文堂刊本
粵圖

6910
新選沉香太子全本 四卷七十八回
清末廣州丹桂堂刊本
粵圖
清末廣州醉經堂刊本
佛博

6911
七曲琴 一卷
民國廣州五桂堂刊本
粵圖

6912
七嫁才郎 一卷
民國廣州五桂堂機器版
粵圖

6913
新刻十二寡婦征西五集 六卷九十回
題（清）閒情居士訂
民國廣州丹桂堂刊本
粵圖

6914
新刻十二寡婦征西六集 六卷九十回
題閒情居士訂
民國廣州丹桂堂刊本
粵圖

6915
新刻十二寡婦征西七集 六卷九十回
題閒情居士訂
民國廣州丹桂堂刊本
粵圖

6916
新刻十二寡婦征西八集 六卷九十回
題閒情居士訂
民國廣州丹桂堂刊本
粵圖

6917
新刻十二寡婦征西九集 六卷九十回
題順邑後學馬學愚居士訂
民國廣州丹桂堂刊本
粵圖

6918
十二時辰 一卷
民國廣州五桂堂機器版
粵圖

6919
新刻十五貫金環記全本 二卷二十七回
民國廣州丹桂堂刊本
粵圖

6920
平貴别窰 六卷
民國廣州以文堂刊本
復旦

6921
新輯七國孫臏全本 四卷
（清）佚名輯
清末佛山芹香閣刊本
復旦
清刊本
國圖
民國佛山文光樓刊本
粵圖
（按：書又名《七國孫臏三下天台》。）

6922
新選大宋二下南唐全本 四卷六十五回
民國廣州丹桂堂刊本
粵圖

6923
後續大唐三棄梨花全本 四卷五十二回
民國廣州醉經書局刊本
粵圖

6924
新刻大破天門陣全本二集 六卷九十一回
題閒情居士訂
民國廣州丹桂堂刊本
粵圖

6925
新刻大破天門陣三集 六卷九十二回
題閒情居士訂
民國廣州丹桂堂刊本
粵圖

6926
新刻大破天門陣四集 六卷九十一回
題閒情居士訂
民國廣州丹桂堂刊本
粵圖

6927
新刻正字大唐仁貴征西全本 四卷九十一回
題閒情居士訂
民國廣州以文堂刊本
粵圖

6928
大百八中 四卷
民國廣州五桂堂刊本
中大

6929
接續大唐征西二棄梨花記全本 四卷
民國廣州五桂堂機器板
粵圖、中大

6930
新出大宋高文舉珍珠記 四卷
題杏花氏訂
民初廣州五桂堂刊本
中大
民初廣州以文堂刊本
佛博
民國廣州華興書局鉛印本
佛博
民國廣州醉經書局鉛印本
佛圖
民國香港五桂堂鉛印本
佛博

6931
新選大宋群英杰記奸奴反主王文英遇救范仲淹訪察楊府女將破陣全本 四卷 二集 四卷 三集 四卷 四集 四卷四十四回
題少巖半醒居士訂
民國佛山近文堂刊本
粵圖、中大、復旦
民國東莞近文堂刊本
莞圖
民國佛山文光樓刊本
北師大、粵圖
民國廣州以文堂刊本
中大

6932
新刻大宋七續金刀記祁文斗出身全本 四卷五十四回
民國東莞翰文堂刊本
粵圖

6933
新刻大宋鴛鴦壺初集全本 四卷 二刻北宋楊八妹取金刀全書 四卷 三續金刀記鳳尾駁龍鬚全本 四卷
民國莞城萃英樓刊本
吉大

6934
初集太子下漁舟 四卷四十九回
民國廣州五桂堂刊本
粵圖、中大

6935
二集太子下漁舟 四卷三十七回
民國廣州五桂堂刊本
粵圖、中大

6936
三集太子下漁舟 四卷三十八回
民國廣州五桂堂刊本
粵圖、中大

6937
四集太子下漁舟 四卷三十八回
民國廣州五桂堂刊本
粵圖、中大

6938
五集太子下漁舟 四卷三十七回
民國廣州五桂堂刊本
粵圖、中大

6939
新出真言拆外母屋南音 一卷
民國廣州以文堂刊本
粵圖

6940
奪標錦 二卷
民初廣州五桂堂刊本
中大

6941
新刻董永全套仲舒尋母 三卷
民初廣州五桂堂刊本
中大

6942
董永賣身 三卷
（清）順德馬學愚編
民國廣州五桂堂刊本
佛博

6943
新刻正字八才子花箋記 二卷六十回
清同治宣統間佛山連元閣刊本
佛博
清末粵東壁經堂刊本
上圖
民國廣州以文堂刊本
粵圖、復旦、佛博
清末廣州五桂堂鉛印本
北師大
民國廣州大成書局刊本
佛博
民國廣州民智書局刊本
佛圖、佛博
民國廣州華興書局刊本
佛圖、佛博
民初廣州崇德堂刊本
佛博

民國廣州醉經堂鉛印本
順博
民初佛山文光樓刊本
佛圖

6944
新選二續萬花樓全本　五卷七十六回
民國廣州丹桂堂刊本
粵圖

6945
老鼠告狀　一卷
清末佛山芹香閣刊本
順博

6946
范仲淹訪察楊家女將破陣全本　八卷
清末廣州咸文堂刊本
中大

6947
三續萬花樓狄青破西戎全本　五卷八十回
民國廣州丹桂堂刊本
粵圖

6948
新選萬花樓狄青出身全本　五卷七十八回
民國廣州丹桂堂刊本
粵圖

6949
四續萬花樓傳築烏臺記全本　五卷七十三回
民國廣州丹桂堂刊本
粵圖

6950
新選全本蘇英娘娘走國　六卷九十五回
題漳江閒情居士訂
民國廣州丹桂堂刊本
粵圖、中大
民國廣州醉經堂刊本
中大

6951
新刻蘇英娘娘走國二集　六卷八十六回
題漳江閒情居士訂
民國廣州丹桂堂刊本
粵圖、中大
民國廣州醉經堂刊本
中大

6952
蘇英娘娘走國　三集六卷九十一回
題漳江閒情居士訂
民國廣州丹桂堂刊本
粵圖、中大
民國廣州醉經堂刊本
中大

6953
新刻蘇英娘娘走國　四集六卷九十回
題漳江閒情居士訂
民國廣州丹桂堂刊本
粵圖、中大

6954
新串蘇映雪墜樓　三卷
清末廣州五桂堂刊本
中大

6955
新選前續荆釵記　四卷六十四回
題漳江閒情居士訂
民國廣州丹桂堂刊本
粵圖

6956
新選後續荆釵記　四卷六十四回
題（清）漳江閒情居士訂
民國廣州丹桂堂刊本
粵圖

6957
新刻全本葵花記　四卷六十四回
題漳江閒情居士訂
民國廣州五桂堂刊本
粵圖
清末佛山芹香閣刊本
復旦、佛圖

6958
新刻桂枝寫狀柳絲琴 二卷二十五回
民國廣州五桂堂機器板
粵圖、中大、佛博

6959
新編節義傳芳雪梅記 □卷
民國廣州五桂堂刊本
粵圖

6960
新刻節孝荼薇記全本 三卷四十三回
民國廣州五桂堂刊本
粵圖

6961
新選第七才子蔡伯喈琵琶記全本 四卷五十五回
民國廣州以文堂刊本
中大

6962
新刻正字觀音出世全本 二卷三十回
民國廣州醉經書局刊本
粵圖、中大

6963
新刻楊家大破天門陣全本 六卷九十五回
題閒情居士訂
民國廣州丹桂堂刊本
粵圖

6964
姊妹拜七夕 二卷
（清）萃香堂選
清末廣州丹桂堂刊本
復旦

6965
新選全本朝上鶯歌記 四卷九十八回
民國廣州醉經書局刊本
粵圖

6966
正字南音超群摘錦全本 不分卷
民國香港五桂書局印本
粵圖、中大

6967
新選柳陸煙容全本 四卷
民國廣州五桂堂刊本
粵圖

6968
新選梅李争花全本 四卷六十九回
民國廣州五桂堂刊本
粵圖、中大、吉大

6969
新刻正字車龍花燈記 二卷十二回
民國廣州華興書局鉛印本
粵圖、中大

6970
狄青比武 二卷
民國廣州醉經書局刊本
粵圖、中大、復旦

6971
新刻忠孝節義竇韜記 六卷九十六回
民國廣州丹桂堂刊本
粵圖

6972
挑經救母目蓮全本 四卷
清末廣州五桂堂刊本
國圖
（按：書又名《羅卜挑經救母》。）

6973
重訂正字拗碎靈芝 四卷九十三回
民國廣州五桂堂刊本
粵圖、中大
民國廣州以文堂刊本
吉大

6974
新刻井底結釵 六卷四十一回
民國廣州載經堂刊本
粵圖
民國東莞萃英樓刊本
中大

6975
新刻蟾蜍王全本　三卷三十七回
民國廣州丹桂堂刊本
粵圖

6976
訂輯新編日邊紅杏全本　六卷一百十九回
民國廣州五桂堂刊本
國圖、粵圖、復旦
民國廣州以文堂刊本
吉大

6977
新訂四季蓮花全本　四卷
民初廣州丹桂堂刊本
中大

6978
新編曠野奇逢全本　四卷
民國廣州五桂堂機器版
粵圖

6979
新刻呼家後代全本南音　五卷六十一回
民國廣州丹桂堂刊本
粵圖

6980
新刻後續呼家後代全本南音　三卷四十回
民國廣州丹桂堂刊本
粵圖

6981
新編全本時興送嫁歌女　二卷
民初廣州以文堂刊本
中大

6982
新刻南音全本哪吒收妲己　二卷十回
民國廣州丹桂堂刊本
粵圖

6983
吹簫憶友　一卷
民初香港五桂書局刊本
佛博

6984
新刻雁翎扇墜節義奇緣　四卷四十六回
清末廣州五桂堂刊本
佛博⊗
清末佛山文光樓刊本
佛博
民國廣州丹桂堂刊本
粵圖、中大

6985
新刻正字反唐女媧鏡全本　四卷六十三回
民國廣州醉經堂刊本
粵圖、中大

6986
新選全本劉秀太子走國　六卷
題（清）株守山房訂
民初廣州醉經堂鉛印本
中大

6987
新刻全本劉晨采藥仙丸記初集　四卷五十六回
題南海西堠居士訂
民國廣州丹桂堂刊本
粵圖

6988
新續全本劉晨采藥仙丸記二集　四卷五十七回
題南海西堠居士訂
民國廣州丹桂堂刊本
粵圖、中大

6989
新刻正字劉全進瓜全本　二卷八回
民國廣州五桂堂刊本
粵圖、中大、復旦
民國廣州壁經堂刊本
吉大

6990
新選正字陳姑追舟全本　四卷
民初廣州五桂堂鉛印本
中大

6991
新刻陳世美三官堂琵琶記全本 四卷四十八回
民國廣州五桂堂刊本
粵圖、中大

6992
陶府訴情 一卷
清末民初刊本
佛博

6993
新刻正字陰陽扇全本 四卷四十八回
題（清）南海梁紹仁撰
民國廣州五桂堂刊本
粵圖、中大

6994
新刻陰陽寶扇初集全本 十卷一百十一回
題漳江閒情居士訂
清佛山近文堂刊本
粵圖

6995
新刻陰陽寶扇二集 十卷一百二十八回
題民國佛山近文堂刊本
粵圖、中大

6996
新刻陰陽寶扇三集全本 十卷一百二十八回
題順邑南溪幽閒主人訂
民國佛山近文堂刊本
粵圖、中大

6997
新刻陰陽寶扇全本四集 十卷一百十九回
題順邑南溪幽閒主人訂
民國佛山近文堂刊本
粵圖、中大

6998
新刻陰陽寶扇五集全本 十卷一百三十七回
民國佛山近文堂刊本
粵圖、中大
民國佛山芹香閣刊本
中大

6999
新刻陰陽寶扇六集全本 十卷一百四十六回
佛山近文堂刊本
粵圖、中大

7000
新刻陰陽寶扇七集全本 十卷一百三十七回
民國佛山近文堂刊本
粵圖、中大

7001
新刻陰陽寶扇八集全本 十卷一百二十回
民國佛山近文堂刊本
粵圖、中大

7002
玉龍太子走國陰陽扇 八集八十卷
題（清）閒情居士訂
民國佛山天寶樓刊本
吉圖

7003
新刻正字關倫賣妹全本 四卷四十回
民國廣州醉經書局刊本
粵圖
清末廣州以文堂機器版
粵圖

7004
新編關公出世 三卷
南海馮庸撰
民國香港五桂堂印本
佛博、天理

7005
新刻金生全本 二卷二十四回
民國廣州以文堂刊本
粵圖

7006
新刻第十才子金鎖鴛鴦 四卷六十八回
鍾璧蒼校訂
清刊本
粵圖

7007
新刻正字金絲蛱蝶全本 五卷七十三回
民國廣州五桂堂刊本
粤圖、吉圖

7008
接續金絲蛱蝶全本 五卷七十五回
民國廣州以文堂刊本
粤圖

7009
新刻再定全本金葉菊初集 四卷 二集 四卷
題南海西堠居士訂
清末佛山芹香閣刊本
佛博

7010
新刻正字金葉菊 四卷七十八回
民國廣州醉經堂刊本
粤圖

7011
新刻再訂全本金葉菊初集 四卷五十六回
題南海西堠居士訂
民國廣州五桂堂刊本
粤圖

7012
新刻再訂全本金葉菊二集 四卷五十六回
題南海西堠居士訂
民國廣州壁經堂刊本
粤圖
民國廣州三益堂刊本
復旦

7013
新選全本後續金葉菊二集 四卷
清末廣州丹桂堂刊本
國圖

7014
八續金刀記單陽血鏡全本 四卷□□回
民國東莞翰文堂刊本
粤圖

7015
九續金刀記兩搜碧桃莊全本 四卷五十四回
民國廣州聚元堂刊本
粤圖

7016
十續金刀記金刀歸宋全本 四卷六十回
民國東莞會源堂刊本
粤圖

7017
十一續金刀記清凉救駕全本 四卷五十九回
民國東莞會源堂刊本
粤圖

7018
十二續金刀記復鎮三關全本 四卷五十五回
民國東莞富文堂刊本
粤圖

7019
十三續金刀記大封楊家將全本 四卷六十回
清道光二十四年（1844）刊本
粤圖

7020
十四續金刀記西楚芙蓉帕全本 四卷五十五回
民國東莞翰文堂刊本
粤圖

7021
正字南音金生挑盒 二卷
民國香港五桂堂機器板
佛圖、佛博

7022
新選全本金戒指 五卷
題漳江閒情居士訂
民國廣州醉經堂刊本
中大

7023
新刻鍾無艷娘娘全本 六集六十卷
題守拙主人訂
民國廣州五桂堂刊本
吉大、東北師大

7024
初集鍾無艷娘娘 十卷一百五十六回
題守拙主人訂
民國廣州生興印務局鉛印本
粵圖、中大
民國廣州五桂堂刊本
中大
（按：書又名《鍾母》。）

7025
二集鍾無艷娘娘 十卷一百五十九回
民國廣州生興印務局鉛印本
粵圖、中大

7026
三集鍾無艷娘娘 十卷一百六十回
民國廣州生興印務局鉛印本
粵圖、中大

7027
四集鍾無艷娘娘 十卷一百五十七回
民國廣州生興印務局鉛印本
粵圖、中大

7028
五集鍾無艷娘娘 十卷一百六十回
民國廣州生興印務局鉛印本
粵圖、中大

7029
六集鍾無艷娘娘 十四卷二百二十四回
民國廣州生興印務局鉛印本
粵圖、中大

7030
新出南音錦綉食齋全套 二卷
清末佛山芹香閣刊本
佛博
民國廣州華興書局鉛印本
佛博
民國廣州以文堂機器版
佛博

7031
錦秀食齋 二十卷
民國廣州五桂堂刊本
粵劇博

7032
新刻錦雲扇胡生哭別全本 二卷
民國廣州醉經書局刊本
中大

7033
缸瓦欄孫家殺妻 □卷
民國印本
天理

7034
新選全本銀合太子走國 十卷一百六十回
題漳江閒情居士订
民國佛山近文堂刊本
粵圖、中大

7035
二集銀合太子走國 十卷一百六十回
題漳江閒情居士订
民國佛山近文堂刊本
粵圖、中大

7036
三集銀合太子走國 十卷一百六十回
題漳江閒情居士订
民國佛山近文堂刊本
粵圖、中大

7037
四集銀合太子走國 十卷一百六十回
題漳江閒情居士訂
民國佛山近文堂刊本
粵圖、中大

7038
五集銀合太子走國 十卷一百六十回
題漳江閒情居士訂

7039
善惡分明 □卷
民國廣州五桂堂刊本
中大

7040
新選慈銀太子走國全本 四集四十卷
題漳江閒情居士訂

民國廣州五桂堂刊本
中大
民國廣州載經堂刊本
粵圖

7041
新選粉粧樓羅家後代全本 五集二十卷
民國廣州五桂堂刊本
中大

7042
粵謳 一卷
（清）南海招子庸編
清道光八年（1828）廣州登雲閣刊本
中大、文藝院
清道光八年（1828）劬學齊刊本
港大、港中文
清光緒十七年（1891）廣州石經堂書局石印本
粵圖
清光緒二十九年（1903）廣州守經堂書局印本
吉大、國圖
清光緒佛山翰文堂石印局石印本
華師
清末廣州五桂堂刊本
吉大
清末廣州通藝局石印本
粵圖
清末刊本
粵圖、中大
清宣統二年（1910）廣州麟書閣刊本
粵圖
民國十年（1921）鉛印本
粵圖
民國廣州以文堂印本
佛博
目次：
解心事
諫心
唔好死
聽春鶯
思想起
花花世界
緣慳
離筵
訴恨
辯痴
心
嗟怨薄命
真正攞命
花本一樣
薄命多情
難忍泪
瀟湘雁
同心草
花貌好
心點忿
累世
花本快活
春果有恨
多情月
無情月
天邊月
樓頭月
孤飛雁
傳書雁
多情雁
楊花
鏡花
花有泪
烟花地
容乜易
水會退
花易落
月難圓
蝴蝶夢
想前因
自悔
義女情男
唔好熱
留客
心把定

奴等你
吊秋喜
傷春
花心蝶
燈蛾
長發夢
唔好發夢
相思索
相思樹
相思結
分別泪
無情語
無情眼
無情曲
三生債
桄榔樹
無了賴
對垂楊
聽哀鴻
生得咁俏
唔係乜靚
乜得咁瘦
心肝
真正惡做
人實首惡做
辛苦半世
無可奈
寄遠
春花秋月
鴛鴦
扇
烟花地
銷魂柳
情一個字
多情柳
愁到冇解
愁到極地
點算好
唔怕命蹇
嗟怨命少
身只一個
吹不斷
結絲蘿
船頭浪
桃花扇
相思纜
相思病
對孤燈
聽烏啼

［按：《粤謳》，是一種廣州方言吟唱的民間音樂曲藝，其内容主要反映珠三角地區男女愛情和青樓妓女的生活怨嘆。它在龍舟、木魚的基礎上，融合北方民間説唱子弟書和南詞之長而創製，受到近現代文學家許地山、鄭振鐸先生的好評。《粤謳》原收作品 120 多首，不但在廣東有深遠影響，而且還遠播港澳及歐美各地，成爲廣東近代説唱文學的代表作。

招子庸（1789—1846），名功，字子庸，號明珊居士，以字行。南海縣横沙鄉人。清嘉慶舉人，曾任山東濰縣、朝城知縣，頗有政績，後因遣用逃犯與西人溝通，被指控落職。回鄉後放浪珠江，飲酒賦詩作樂。他精於音律，創作了不少名曲，也善繪畫，在當時頗有名氣。］

7043
再粤謳 不分卷
題（清）香迷子輯
清咸豐二年（1852）廣州丹桂堂刊本
文藝院
清光緒三十三年（1907）粤東成文堂刊本
文藝院

7044
改良最新粤謳 不分卷
清宣统二年（1910）刊本
文藝院⊗

7045
新粤謳 不分卷
清宣統二年（1910）刊本
中大

7046
新粤謳解心 三卷
惠陽廖恩燾撰

民國十三年（1924）刊本
中大

7047
粵曲 不分卷
剪貼本
粵圖
（按：該書彙集李少芳等在廣州金漢酒家、愛群酒家等所演唱的粵曲唱詞。）

7048
蛋歌 五十二首
海豐鍾敬文輯
民國印本
粵圖
［按：鍾敬文（1903—2002），原名鍾譚宗，海豐客家人。畢生致力民間文學、民俗學創作與研究，1927年在中山大學中文系任教，與顧頡剛等人首創“民俗學會”。編印《民俗》、《民間文藝》及《民俗學叢書》，影響深遠。著述頗豐，爲我國民俗學創始人之一。］

7049
蛋歌——廣東歌謠集
陳序經輯
民國鈔本
粵圖

7050
咸水歌 二卷
民國鉛印本
粵圖
［按：咸水歌，又稱“白話漁歌”，流行於廣州市及珠三角地區的蛋家漁歌。它既是蛋民閑時娛樂的船歌，又是蛋家迎娶習俗、慶賀中秋的一種藝術形式。咸水歌至少有600年的歷史，至今發現最早記載有蛋家漁歌者爲明初汪廣洋《斗南樓詩》二首（斗南樓原址在廣州府治後城上）中的“碧樹藏蠻邏，清歌發蛋舟”。咸水歌在明清兩代十分興盛，不少古籍及詩句都有提及。特別是在清代，蛋家漁歌被賦予“咸水歌”這一稱謂，並被普通沿用。清代後期，由於商業經濟的發展及蛋民生活方式的變化，曾出現了衰退現象。咸水歌詞多爲即興性創作，多以口語、俗語等入歌，口語化色彩濃厚，主要是男女對唱愛情生活爲主，歌詞一般爲上下句結構，每句字數較自由。其曲調多屬六聲徵調式，分“高堂調”、“姑妹腔”、“擔傘調”、“大繒歌”等調式。］

7051
嶺東情歌集 不分卷
陳穆如輯
民國十八年（1929）刊本
東研

7052
廣州兒童歌甲集 不分卷
劉萬章輯
民國十八年（1929）刊本
東文、東研

7053
廣州童謡釋 不分卷
詹憲慈編
民國十五年（1926）鈔本
粵圖

7054
臺山歌謡集 不分卷
陳元柱輯
民國十八年（1929）刊本
東研

7055
梅縣童歌 不分卷
張乾昌輯
民國十八年（1929）刊本
東研

7056
潮州民歌 三十一種四百六十三卷
民國潮州李萬利刊本
杭大

7057
粵東鑼鼓樂譜 不分卷
譚榮光編

民國十年（1921）廣州及幼齋刊本
粵圖

7058
客家情歌 不分卷
海豐鍾敬文輯
民國鉛印本
粵圖

7059
客家平民山歌 不分卷
民國廣州五桂堂刊本
粵圖

7060
客家平民山歌
管又新編
民國廣州興華書局鉛印本
粵圖
（按：該書收：笑絶氣、十送情歌、一見開心、廣東名人故事等。）

7061
琅僮情歌
海豐鍾敬文輯
民國十六年（1927）印本
粵圖

7062
廣東名伶秘曲（1－5 期）
民國廣州大新書局鉛印本
粵圖

7063
粵劇初集
關德興、吳欽堯編
民國三十年（1941）曲江鉛印本
粵圖

7064
夢裏西施
廖俠懷編
民國三十七年（1948）廣州大利年劇團鉛印本
粵圖

7065
刁蠻女
粵劇研究社編
民國鉛印本
粵圖

7066
三審玉堂春
粵劇研究社編
民國廣州鉛印本
粵圖

7067
天堂地獄水晶宫
新中華劇團編
民國佛山芹香閣鉛印本
粵圖

7068
玉如意
覺先聲班編
民國廣州華興書局鉛印本
粵圖

7069
胡不歸
馮志芬著
民國廣州鉛印本
粵圖

7070
皇姑嫁何人
日月星班編
民國廣州大新書局鉛印本
粵圖

7071
斷雨殘雲
費公俠編
民國廣州鉛印本
粵圖

7072
銷魂宫裏月
孔雀屏劇團編

民國廣州華興書局鉛印本
粤圖

7073
潮州舊歌冊
清末民初潮州李萬利等刊本
粤圖、潮汕地區各圖書館及天津、東北地區圖書館

7074
新造廣東案警富新書 十六卷
民國潮州李春記書坊刊本
潮圖、津圖

7075
新選方提臺大人歌 十八卷
民國潮州義安路李萬利刊本
粤圖、潮圖

7076
新造度三娘 三卷
民國潮州李萬利刊本
粤圖、潮圖

7077
新造龐卓花 十一卷
民國潮州李萬利刊本
粤圖、潮圖

7078
新造六奇陣 十二卷 六奇陣下棚 六卷
民國潮州義安路李萬利刊本
粤圖、潮圖

7079
新造龍井渡頭殘瓦記 四卷
民國潮州李萬利刊本
粤圖、潮圖

7080
新造龍圖公陰陽判 六卷
民國潮州李萬利刊本
粤圖、潮圖

7081
古板麒麟圖全歌 上集 十卷 下集 七卷
民國潮州李萬利刊本
潮博、津圖、粤圖

7082
古板説唱全歌
潮州李萬利編
民國潮城瑞文堂刊本
吉大

7083
新造王麒麟雙狀元 五卷
民國潮州義安路李萬利刊本
粤圖、潮圖

7084
新造玉環記 六卷
民國潮州李萬利刊本
粤圖、潮圖

7085
新造玉鴛鴦 十二卷
民國潮州義安路李萬利刊本
粤圖、潮圖

7086
新造玉鴛鴦珠衫記 六卷
民國潮州李萬利刊本
粤圖、潮圖

7087
新造玉沙蝛全歌 四卷
民國潮州義安路李萬利刊本
潮博、津圖

7088
新造玉花瓶全歌 二卷
民國潮州義安路李萬利刊本
粤圖、潮圖

7089
新造玉樓春 十四卷
民國潮州義安路李萬利刊本
粤圖、潮圖

7090
新造玉如意下棚 六卷
民國潮州李春記書坊刊本
哈师

7091
新造玉盒仙琴金寶扇 八卷
民國潮州義安路李萬利刊本
潮博、津圖

7092
新造玉釧緣 十卷
民國潮州義安路李萬利刊本
粵圖、潮博

7093
新撰玉釧環再生緣 初集 十卷 二續再生緣 十卷 三續再生緣 十卷
民國潮州義安路李萬利刊本
粵圖、潮圖

7094
玉釧緣謝玉輝平金番 三十三卷
民國潮州義安路李萬利刊本
粵圖、潮博

7095
新造玉針記 六卷
民國潮州義安路李萬利刊本
粵圖、潮圖

7096
古板二歲夫全歌 九卷
民國潮州義安路李萬利刊本
哈師

7097
新造三國劉皇叔招親下棚全歌 十三卷
民國潮州義安路李萬利刊本
哈師

7098
新造三國劉皇叔招親全歌 四卷
民國潮州李萬利刊本
粵圖、潮圖

7099
新造三國劉皇叔招親下全歌 十三卷
題鳳城逸士柯眪庭造
民國潮州李萬利刊本
潮圖、潮博

7100
新造三國劉皇叔取東川全歌 八卷
民國潮州李萬利刊本
粵圖、湘博

7101
新造三合奇 四卷
民國潮州李萬利刊本
粵圖、潮圖

7102
三義女 不分卷
民國潮州李萬利刊本
潮博

7103
新造五虎征北大破群仙陣 六卷
民國潮州李萬利刊本
粵圖、津圖

7104
五義女全歌 不分卷
民國潮州李萬利刊本
粵圖、潮圖

7105
新造五虎 六卷二十二回
民國潮州李萬利刊本
遼圖、吉圖、東北師大

7106
新造五虎平南 十六卷四十二回
民國潮州李萬利刊本
粵圖、潮圖

7107
新造五虎平西珍珠旗 二十七卷
民國潮州李萬利刊本
粵圖、潮圖

7108
新刊五鳳朝陽 十卷
民國潮州李萬利刊本
潮圖、潮博

7109
新造五星圖　八卷
民國潮州李萬利刊本
潮圖、潮博

7110
新造五美緣　十四卷　新造五美緣下棚　十四卷
民國潮州義安路李萬利刊本
潮圖、潮博

7111
新造正德君遊江南　六卷
民國潮州李萬利刊本
粵圖、潮圖

7112
新選原本西番棋子　八卷
題（清）守拙主人編
清德文堂刊本
吉圖

7113
新造百鳥名全歌　不分卷
民國潮州李萬利刊本
粵圖

7114
新造西番珊瑚枕　五卷
民國潮州李萬利刊本
粵圖、潮圖

7115
新鈔兩度梅蟹針記　九卷
民國潮州李萬利刊本
粵圖、潮圖

7116
新造再合鴛鴦　二卷
民國潮州李萬利刊本
粵圖、潮圖

7117
新造張古動全歌　一卷
民國潮州李萬利刊本
粵圖、潮圖

7118
張翼鵬王秀珍男貞女烈香球記　二卷
民國潮州義安路李萬利刊本
粵圖、潮圖

7119
新造烈女配　九卷
民國潮州李萬利刊本
津圖

7120
新造瓊花圖歌　四卷
民國潮州義安路李萬利刊本
粵圖、潮圖

7121
新造碧玉魚仔全歌　十六卷
民國潮州李萬利刊本
粵圖、潮博

7122
新造珊瑚寶　十卷
民國潮州李萬利刊本
粵圖、潮圖

7123
最新改良新中華革命軍緣起全歌　九卷九回
民國刊本
粵圖、潮圖

7124
新造辟邪枕　五卷
民國潮州李萬利刊本
哈師、東北師大

7125
新造雙玉鳳　十五卷
民國潮州李萬利刊本
粵圖、潮圖

7126
新造雙玉鐲　二十六卷
民國潮州義安路李萬利刊本
粵圖、潮圖

7127
新造雙玉魚佩　六卷
民國潮州義安路李萬利刊本
粵圖、潮圖

7128
雙噩魚全歌　十卷
清潮城萬利生記刊本
吉圖

7129
新造雙白燕　二十六卷
民國潮州李萬利刊本
粵圖、潮圖

7130
新造雙狀元全歌　不分卷
民國潮州李萬利刊本
粵圖、潮圖

7131
新造雙狀元英臺仔　十卷
民國刊本
粵圖、潮圖

7132
雙退婚鸞鳳圖　十一卷
清潮州瑞文堂刊本
吉圖

7133
新造雙退婚鸞鳳圖　二十二卷三十二回
民國潮州義安路李萬利刊本
粵圖、潮圖

7134
新造雙退婚下棚紫荊亭　八卷
民國潮州李萬利刊本
粵圖、潮圖

7135
新造雙太子下棚禹龍山　八卷
民國潮州李萬利刊本
哈師、大连

7136
新選雙太子紅羅衣　二十卷
民國潮州李萬利刊本
粵圖、潮圖

7137
新選雙太子下棚禹龍山　八卷
民國潮州李萬利刊本
粵圖、潮圖

7138
雙太子全歌　二十卷
清潮城萬利春記刊本
吉圖

7139
新造雙奇緣　三卷
民國潮州李萬利刊本
粵圖、潮圖

7140
新造雙如意　六卷
民國潮州義安路李萬利刊本
潮圖、潮博

7141
新造雙鸚鵡　五十卷
民國潮安友芝堂刊本
粵圖、潮圖

7142
新造雙駙馬　六卷
民國潮州義安路李萬利刊本
粵圖、潮圖

7143
新造雙鳳釵　四卷
民國潮州義安路李萬利刊本
粵圖、潮圖

7144
新造雙金龍　六卷
民國潮州李萬利刊本
粵圖、潮圖

7145
新造雙錯誤奇中奇歌 五卷五回
民國潮州李萬利刊本
粵圖、潮圖

7146
新造行樂圖 二卷
民國潮州李萬利刊本
粵圖、潮圖

7147
新造雌雄寶盞 十九卷
民國潮州義安路李萬利刊本
潮圖、津圖

7148
新造番葛仔 六卷
民國潮州李萬利刊本
粵圖、潮圖

7149
新造上海殺子報 三卷
民國潮州李萬利刊本
粵圖、潮圖

7150
新造水蛙記 二卷
民國潮州義安路李萬利刊本
潮博、津圖

7151
新造崔鳴鳳薦佛衣 六卷
民國潮州李萬利刊本
粵圖、潮圖

7152
新造崔鳴鳳仔 十五卷
民國潮州李萬利刊本
粵圖、潮圖

7153
新造背解紅羅 二十八卷
民國潮州李萬利刊本
粵圖、潮圖

7154
新造伯皆子香羅帕記 四卷
民國潮州李萬利刊本
粵圖、潮圖

7155
新造吳忠恕 八卷
民國潮州義安路李萬利刊本
粵圖、潮圖

7156
古板梨花征西全歌上棚 十四卷 下棚 十四卷
民國潮州李萬利刊本
哈師、東北師大

7157
新造紙容記 九卷
民國潮州義安路李萬利刊本
粵圖、潮圖

7158
新選升仙圖 五卷
民國潮州李萬利刊本
粵圖、潮圖

7159
新造朱買臣全歌 不分卷
民國潮州李萬利刊本
粵圖

7160
新造白綾像 四卷
民國潮州李萬利刊本
粵圖、潮圖

7161
新造白扇記 三卷
民國潮州義安路李萬利刊本
潮博

7162
新造白狗精 二卷
民國潮州義安路李萬利刊本
粵圖、潮圖

7163
新造吳芝記蝴蝶引 七卷
民國潮州李萬利刊本
粵圖、潮圖

7164
新造白蓮花仙 八卷
民國潮州李萬利刊本
北師大、東北師大

7165
新造綠牡丹 二十八卷
民國潮州義安路李萬利刊本
粵圖、潮圖

7166
新造再合鴛鴦 二卷
民國潮州李萬利刊本
哈師、東北師大

7167
新編移花接木竹箭誤 五卷
民國李春記書坊刊本
粵圖、潮圖

7168
新造宋帝昺走國 十卷
民國潮州李萬利刊本
粵圖、津圖

7169
新造宋朝賣油郎全歌 五卷五回
民國潮州李萬利刊本
津圖

7170
新造宋朝明珠記全歌 五卷
民國潮州義安路李萬利刊本
粵圖、潮圖

7171
新造潘葛子 六卷
民國潮州義安路李萬利刊本
哈師

7172
新造梁山伯祝英臺節義全歌 不分卷
民國潮州李萬利刊本
粵圖、潮圖

7173
新造漢劉秀歌 十二卷
民國潮州李萬利刊本
粵圖、潮圖

7174
最新潮州柳知府全歌 五卷
民國潮安王生記刊本
粵圖、潮圖

7175
新造潮陽案 二卷
民國潮州財利堂刊本
粵圖

7176
新造海門案 五卷
民國潮州李萬利刊本
粵圖、潮圖

7177
新造温凉寶盞 五卷
民國潮州李萬利刊本
粵圖、潮圖

7178
新造馮長春 四卷
民國潮州李萬利刊本
粵圖、潮圖

7179
新造十二寡婦征西 四卷
民國潮州李萬利刊本
粵圖、潮圖

7180
新造木廷仙雙玉魚 十集四十九卷
民國潮州李萬利刊本
潮圖、潮博

7181
新造李九我相爺全歌 三卷
民國潮州李萬利刊本
粤圖、潮圖

7182
新造李春鳳 十八卷
民國潮州義安路李萬利刊本
粤圖、潮圖

7183
新造李旦仔 八卷
民國潮州義安馬路王生記刊本
哈師、粤圖、潮圖

7184
新造蕭光祖下棚寶魚蘭全歌 十二卷
民國潮州李萬利刊本
粤圖、潮圖

7185
桃花過渡歌 一卷
民國潮州李萬利刊本
粤圖

7186
薛仁貴征東全歌 二十四卷
清潮州王生記刊本
吉圖

7187
新造薛仁貴征東 十二卷
民國潮州李萬利刊本
粤圖、潮圖

7188
新造梨花征西 十四卷
民國潮州李萬利刊本
粤圖、潮圖

7189
新造梨花征西下棚 十四卷
民國潮州李萬利刊本
粤圖、潮博

7190
新造花會圖歌全本 六卷
民國潮州刊本
粤圖、潮圖

7191
新造蔣興哥重會珍珠衫 四卷
民國潮州義安路李萬利刊本
粤圖、潮圖、潮博

7192
新造萬花樓下棚 一卷
清潮城王生記刊本
粤圖、潮圖

7193
新造萬花樓玉鴛鴦 十二卷
民國潮州李萬利刊本
粤圖、潮圖

7194
新造孝順孟日紅割股救姑 四卷
民國潮州李萬利刊本
粤圖、潮圖

7195
新選孝順孟日紅割股救姑 四卷
民國潮州李萬利刊本
粤圖

7196
新造黄雙孝瓊記 六卷
民國潮州李萬利刊本
粤圖、潮圖

7197
新造楊文廣南閩十八洞 三十八卷
民國潮州義安路李萬利刊本
粤圖、潮圖

7198
楊令婆辯十本 不分卷
民國潮州李萬利刊本
粤圖

7199
新造老醜歌 不分卷
民國潮州李萬利刊本
粵圖

7200
新造轘龍鏡韓廷美 三十三卷
民國潮州李萬利刊本
粵圖、潮圖

7201
新造轘龍鏡下棚紅書寶劍 十卷
民國潮州李萬利刊本
粵圖、潮圖

7202
最新潮州柳知府全歌 十一卷
清潮州王生記刊本
吉圖

7203
新造潮陽案 二卷
民國潮州李萬利刊本
粵圖

7204
新造柳世清雙噩魚全歌 十卷十回
題鳳城逸士柯昞庭作
民國潮州李春記書坊刊本
粵圖、潮圖

7205
新造柳樹春八美圖 十八卷三十六回
民國潮州義安路李萬利刊本
粵圖、潮圖

7206
新造乾隆君遊石蓮寺全歌 十三卷
民國潮州李萬利刊本
粵圖、潮圖

7207
新造乾隆君遊山東 五卷
民國潮州李萬利刊本
粵圖、潮圖

7208
乾隆君遊江南全歌 十卷
清潮州王生記刊本
粵圖、津圖

7209
新造乾隆君遊蘇州 不分卷
民國潮州李萬利刊本
粵圖、潮圖

7210
新造梅良玉下棚兩度星 十四卷
民國潮州義安路李萬利刊本
潮博、津圖

7211
新造狄龍狄虎下棚平北 二十九卷
民國潮州李萬利刊本
粵圖、潮圖

7212
新造狄清上棚包公出世 十二卷
民國潮州李萬利刊本
粵圖、潮圖

7213
新造趙匡胤下南唐收余鴻 十八卷三十六回
民國潮州李萬利刊本
粵圖、潮圖

7214
新造本朝一世報全歌 五卷
民國潮州義安路李萬利刊本
粵圖、潮圖

7215
新造忠義節 七卷
民國潮州義安路李萬利刊本
粵圖、潮圖

7216
新造秦雪梅歌 八卷
民國潮州李萬利刊本
粵圖、潮圖

7217
新造秦世美 六卷
清潮安王生記刊本
粤圖、潮圖

7218
新造秦雪梅全歌 十三卷
民國潮州李萬利刊本
粤圖、潮圖

7219
新造秦鳳蘭忠義亭 十卷
民國潮州李萬利刊本
粤圖、潮圖

7220
振醜二十四孝雙玉魚 不分卷
題新加坡振醜唱
民國潮州李萬利刊本
粤圖、潮圖

7221
新造挽面案歌 六卷
民國潮州李萬利刊本
粤圖、潮圖

7222
新造轅龍鏡下棚紅書劍 十卷
民國潮州義安路李萬利刊本
哈師、大连

7223
新造轅龍鏡韓廷美 三十三卷
民國潮州義安路李萬利刊本
哈師

7224
新造蜘蛛記 二卷
民國潮州李萬利刊本
潮博、津圖

7225
新造四美圖 九卷
民國潮州義安路李萬利刊本
粤圖、潮圖

7226
新造升仙圖 五卷
民國潮州義安路李萬利刊本
哈師

7227
新造賜緑袍 八卷
民國潮州李萬利刊本
粤圖、潮圖

7228
新造反唐開墳 十九卷
民國潮州義安路李萬利刊本
潮圖、潮博

7229
新造劉元普雙生貴子 三卷
民國潮州李萬利刊本
粤圖、潮圖

7230
劉進忠 不分卷
民國潮州李萬利刊本
潮博、粤圖

7231
新造劉龍圖騎竹馬全歌 十二卷
民國潮州李萬利刊本
粤圖、潮圖

7232
新造劉成美忠節全歌 二十卷二十回
柯眄庭撰
民國潮州李萬利刊本
粤圖、潮圖

7233
古板劉明珠全歌 二十一卷
民國潮州李萬利刊本
粤圖、潮圖

7234
新造隋唐演義古調彈詞 七十四卷
民國潮州李萬利刊本
粤圖、潮圖

7235
周阿奇新歌 不分卷
民國潮州李萬利刊本
粵圖、潮博

7236
新造同年朱柑記全歌 不分卷
民國潮州李萬利刊本
粵圖、潮圖

7237
新造尼姑案 五卷
民國潮州義安路李萬利刊本
粵圖、潮圖

7238
新造鬧嚴府打破玉花瓶 二卷
清潮州李春記書坊刊本
吉大

7239
新造陰陽會合鐵扇記 六卷
民國潮州李萬利刊本
粵圖、潮圖

7240
新造陰陽雙寶扇 十卷
民國潮州李春記書坊刊本
粵圖、潮圖

7241
臨江樓上棚 六卷 下棚 六卷
清潮州王生記刊本
粵圖、潮圖

7242
新造八仙圖 十卷
民國潮州李萬利刊本
粵圖、潮圖、潮博

7243
新造八寶金鐘 八卷
民國潮州李春記書坊刊本
粵圖、潮圖

7244
新造八寶金鐘下全歌 十卷
題鳳城逸士撰
民國潮州李萬利刊本
粵圖、潮圖

7245
金燕（按：一作媒）全歌 十二卷
清潮州王生记刊本
粵圖、潮圖

7246
新造金燕媒下觀花 八卷
清潮州王生記刊本
粵圖、潮圖

7247
新刻金狗精 十六卷
民國潮州李萬利刊本
粵圖、潮圖

7248
新造金釵羅帕記 三卷
民國潮州義安路李萬利刊本
潮博、津圖

7249
最新翁萬達全歌 十一卷
民國清潮州李春記書坊刊本
粵圖、潮圖

7250
新造義女蓮花仙 八卷
民國潮州義安路李萬利刊本
粵圖、潮圖

7251
最新饒安案太師全歌 八卷
民國潮州李春記書坊刊本
潮博、津圖

7252
錦香亭綾帕記 四卷十二回
民國潮州義安路李萬利刊本
粵圖、潮圖

7253
新造錦鴛鴦全歌　三卷
民國潮州義安路李萬利刊本
粵圖、潮圖

7254
新造鐵扇記下棚　五卷
民國潮州李萬利刊本
粵圖、潮圖

7255
竹釵記　十二卷
民國潮州李萬利刊本
粵圖、潮圖

7256
竹箭悞全歌　五卷
清潮州王生記刊本
吉圖

7257
小紅袍黃元豹全歌　四卷
民國潮州義安路李萬利刊本
粵圖、潮博

7258
新造小英雄征北　四卷
民國潮州義安路李萬利刊本
粵圖、潮圖、哈師

7259
新造省城滴水記　四卷
民國潮州義安路李萬利刊本
粵圖、潮博

7260
新造燭心記全歌　不分卷
民國潮州義安路李萬利刊本
粵圖

7261
新造粉妝樓　五十三卷
民國潮州李萬利刊本
粵圖、潮圖

7262
古本潮州歌　一五九種
民國潮州李萬利刊本
吉圖、東北師大、哈師等
子目：
賓魚蘭全歌
白蓮花全歌
滴水記全歌
八寶金鐘全歌
□□□全歌
八仙圖全歌
崔文瑞全歌
金魚記全歌
紅書劍轅龍記全歌
取利全歌
雙玉魚仔全歌
白扇記全歌
富翠娥全歌
東漢劉秀全歌
白綾像全歌
雌雄寶盞全歌
反唐開墳全歌
錦鴛鴦全歌
李春鳳全歌
臨江樓全歌
瓊花圃全歌
黃雙孝全歌
靈芝記全歌
陸鳳陽全歌
綠牡丹全歌
平金番全歌
大紅袍全歌
海門案全歌
錦香亭全歌
香羅帕全歌　四卷
狄青平西（五虎平西）二十七卷
辟邪枕全歌　五卷
雙白燕全歌　二十六卷
香球記全歌　二卷
雙奇緣全歌　三卷

陰陽判龍圖公案全歌 六卷
廣東案全歌 十六卷
玉釧緣全歌 十卷
潘葛仔全歌 六卷
玉麒麟全歌 五卷
竹釵記全歌 十二卷
五虎平南全歌 十六卷
寶魚蘭全歌 十二卷
紹十洲玉樓春全歌 十四卷
英臺仔全歌 十卷
孟日紅全歌 四卷
禹龍山全歌 八卷
雙玉鳳全歌 十五卷
秦鳳蘭全歌 十卷
麒麟圖下集全歌 七卷
鐵扇記全歌上集 六卷
鐵扇記全歌下集 五卷
白綾像全歌 四卷
十二寡婦征西番 全歌
李旦仔全歌 八卷
雙貴子全歌 三卷
白蓮花全歌 八卷
蜘蛛記全歌 一卷
五虎平北全歌 六卷
玉針記全歌 六卷
再合鴛鴦全歌 二卷
萬花樓全歌 十二卷
四美圖全歌 八卷
賜緑袍全歌 八卷
竹箭悞全歌 五卷
陰陽雙賓扇全歌（大紅袍）二卷
巧奇緣全歌 三卷
雙鸚鵡全歌 五十卷
張紅梅全歌 六卷
行樂圖全歌 二卷
金狗精全歌 八卷
二度梅全歌 九卷
蘇三娘全歌 三卷
碧玉魚仔全歌 十六卷
秦雪梅全歌 八卷
臨江樓上棚全歌 六卷
臨江樓下棚全歌 六卷
雙玉魚全歌 十卷
滴水記全歌 四卷
龍井渡全歌 四卷
包公出世全歌（狄青上棚）十二卷
奇中奇全歌 五卷
玉如意全歌 六卷
兩度星全歌 十四卷
挽面案全歌 六卷
李春鳳全歌 十八卷
秦世美全歌 六卷
崔鳴鳳全歌 六卷
劉成美全歌 二十卷
雙退婚全歌 十二卷
六奇陣下全歌 六卷
崔鳴鳳仔全歌 十五卷
梅牡丹全歌 二十卷
龐卓花全歌 十一卷
玉沙蛾全歌 四卷
薛仁貴征東全歌 十四卷
金燕梅全歌 八卷
遊石蓮全歌 十三卷
宋帝昺全歌 十卷
秦雪梅仔全歌 十三卷
取西川全歌 十三卷
潮州柳知府全歌 五卷
六奇陣全歌 十二卷
賣油郎全歌 五卷
麒麟圖全歌 十卷
遊山東全歌 五卷
射錦袍孟麗君一集 十卷
射錦袍孟麗君二集 十卷
射錦袍孟麗君三集 十卷
梃仙雙玉魚一至九集 各五卷 十集 四卷
柳樹春八美圖全歌 十九卷
劉明珠全歌 二十一卷
龍井渡全歌
孟麗君全歌
尼姑案全歌
金燕媒全歌
碧玉魚全歌

雙金龍全歌
水蛙記全歌
取西川全歌
珊瑚寶全歌
雙玉鐲全歌
五鳳朝陽全歌
金針記全歌
龍圖公案全歌
羅通掃北全歌
珍珠衫全歌
粉妝樓全歌
梨花征西全歌
雙鳳釵全歌
雙貴子全歌
玉沙蠔全歌
蕭光祖全歌
行樂圖全歌
五美緣全歌
雙駙馬全歌
香球記全歌
一世報全歌
上海案全歌
遊古蓮全歌
十不全全歌
下南唐全歌
玉環記全歌
遊江南全歌
紙容記全歌
挽面案全歌
五諫刁妻
瑞蘭許願
秀瓊起寺
貴妃醉酒
重臺分別
店中分別
閨諫瑞蘭
鳳嬌投水
劉生嘆五更
男燒衣
英臺拜月
老女反嫁

寶卷類

7263
孟姜仙女寶卷 不分卷
題（清）雲山風月主人編輯、琅琊松堂氏評定
民國三年（1914）粵東榮華街文魁閣印本
粵圖

7264
呂祖師度何仙姑因果卷 二卷
民國初廣州河南洪德七街談文在茲堂印本
粵圖

7265
妙英寶卷 不分卷
民國三年（1914）廣州東門外榮華街文魁閣重印本
粵圖
民國初省城河南洪德街談文在茲堂印本
粵圖

7266
梁皇寶卷 二卷
清光緒三十年（1904）粵東河南□□□刊本
粵圖

7267
梁皇寶卷全集 二卷
民國三年（1914）廣州東門外榮華街文魁閣刊本
粵圖

7268
目蓮三世寶卷 三卷
清光緒三十二年（1906）省城東門外榮華街文魁閣重刊本
粵圖

7269
五祖黃梅寶卷 二卷
清光緒三十年（1904）省城河南□□□刊本
粵圖

7270

太華山紫金鎮兩世修行刘香寶卷全集 不分卷

民國初粤東省城文魁閣刊本

粤圖

雜技類

7271

運掌經 一卷

（明）番禺黎遂球撰

清順治三年（1646）李際期宛委山房刊《説郛續》本

中大、華農

7272

桐階副墨 一卷

（明）番禺黎遂球撰

清康熙三十六年（1697）新安張氏霞舉堂刊《檀几叢書》本

華農

7273

楹帖採腴 二卷

（清）南海羅昌基撰

清同治五年（1866）翰寶樓刊本

粤圖

清道光二十一年（1841）刊本

上圖

九、自然科學部

算術類

7274

周髀算經述 一卷

（清）南海馮經撰

清道光十年（1830）刊本

静嘉

7275

算迪 八卷

（清）南海何夢瑤撰

清道光二十五年（1845）南海伍氏粤雅堂刊《嶺南遺書》本

粤圖、華師

7276

陳寶興算法 三卷

（清）番禺陳寶興撰

稿本

中大

7277

三統術詳説 四卷

（清）番禺陳澧撰

清光緒十六年（1890）刊本

港中文

清光緒廣雅書局刊民國九年（1920）徐紹棨重印本

粤圖、中大

7278

弧三角平視法 不分卷

（清）番禺陳澧撰

清咸豐七年（1857）刊本

港中文

7279

緝古算經考注 二卷

（清）李潢撰

清道光十二年（1832）吳蘭修刊本

國圖、清華

7280

李氏遺書 十一種 十八卷

（清）李鋭撰

清道光三年（1823）阮元廣州刊本

國圖、上圖

7281

方程考 不分卷

（清）嘉應吳蘭修撰

清鈔本

上圖

7282

粟布演草 二卷 補一卷

（清）鄒伯奇撰、（清）吳嘉善等演

清同治十三年（1874）刊《白芙堂算學叢書》本

北大

7283

割圜八綫綴術 四卷

（清）徐有壬撰、（清）吳嘉善述草

清同治十二年（1873）荷池精舍刊《白芙堂算學叢書》本

北大

7284

鄒徵君遺書 十七卷

（清）南海鄒伯奇撰

清同治十二年（1873）鄒達泉拾芥園刊本

國圖、北大

子目：

學計一得 二卷

補小爾雅釋度量衡 一卷

格術補 一卷

對數尺記 一卷

乘方捷算 三卷

鄒徵君存稿 一卷

輿地全圖

赤道南北心恆星圖

附：

夏氏算學四種 （清）夏鸞翔撰

少廣縋鑿 一卷

洞方術圖解 二卷

致曲術 一卷

致曲圖解 一卷

徐氏算學三種 （清）徐有壬撰

造各表簡法 一卷

截球解義 一卷

橢圓求周術 一卷

7285

學計一得 二卷

（清）南海鄒伯奇撰

清道光二十年（1840）刊本

東北師大

7286

陳啓沅算學 十三卷 首一卷

（清）南海陳啓沅撰

清光緒十五年（1889）惜陰草堂刊本

粵圖

7287

東溪算學 八種 二十一卷

（清）嘉應陳崧撰

清宣統二年（1910）刊本

粵圖

（按：本書又名《東溪叢書》。）

子目：

弧角平儀簡法 三卷

橢圓盈縮簡法 二卷

截垛發微 三卷

引鑷録 三卷

垛積比類後記 一卷

數學九章後記 一卷

借根代數會通 五卷

玉鑒垛題闡幽 三卷

7288

增修歐氏幾何 不分卷

（清）番禺曹汝英編

清光緒二十年（1894）數學研究社鉛印本

粵圖

（按：本書又名《最新平面幾何學講義》。）

7289

數學上編 十卷

（清）番禺曹汝英編

清光緒三十年（1904）上海新書局石印本

粵圖

7290

數學上編 十三卷 附二卷

（清）番禺曹汝英撰

清光緒二十九年（1903）廣州刊本

粵圖

7291

算學雜識 十卷

（清）番禺曹汝英撰

清光緒刊本

粵圖

7292

經心書院算學課程 不分卷

（清）番禺曹汝川撰

清末朱印本

粵圖

7293

經算雜説 一卷

（清）番禺潘應祺撰

清光緒二十四年（1898）廣州刊本
粵圖

7294
算術駕説 十一卷
（清）番禺潘應祺撰
清光緒三十三年（1907）番禺潘氏扈離館刊本
粵圖

7295
幾何贅説 六卷
（清）番禺潘應祺撰
清光緒三十二年（1906）番禺潘氏扈離館刊本
粵圖

7296
數學啓蒙 二卷
［英］偉烈亞力撰
清光緒二十六年（1900）廣州廣雅書局刊本
港大

7297
中西算學講義 四卷
（清）順德蔡綬彩撰
清光緒刊本
粵圖

7298
幾何舉隅 六卷
［英］托成都輯、（清）吳航等譯、花縣湯金鑄校繪
清光緒二十五年（1899）江夏董家埻刊本
粵圖

7299
平面卓記 一卷
（清）花縣湯金鑄撰
清光緒二十七年（1901）朱墨套印本
上圖

7300
算學課程 二卷 附卷 附表 一卷
（清）花縣湯金鑄撰
清光緒二十六年（1900）兩湖書院刊本
加大伯

7301
兩湖書院算學課程 二卷 附卷 一卷 附表 一卷
不題撰人
清末刻本
科圖

7302
三角公式輯要 一卷
（清）花縣湯金鑄撰
清光緒二十六年（1900）長沙兩湖書院正學堂刊朱印本
粵圖

7303
志陶軒筆述 一卷
（清）高要黎佩蘭撰
清光緒二十二年（1896）廣州梁維記刊本
粵圖

7304
凌百硯齋算稿 八種 四卷
（清）番禺凌步芳撰
清光緒三十二年（1906）番禺靈山凌百硯齋刊本
粵圖

7305
凌百硯齋算稿 四卷
（清）番禺凌步芳撰
清光緒二十八年（1902）番禺靈山凌百硯齋刊本
東北師大
子目：
林程美割圓捷法原本 二卷
衍粟布衍草 一卷
算学答問 一卷

7306
幾何畫法 一卷
（清）順德黃桂芬編
清光緒三十二年（1906）刊本
粵圖

7307
化學初階 四卷
（清）番禺何瞭然撰
清同治九年（1870）羊城博濟醫局刊本
粵圖

7308
理學鈎玄 三卷
（日）中江篤介撰、（清）南海陳鵬譯
清光緒二十八年（1902）上海廣智書局鉛印本
粵圖

7309
勾股通義 三卷
（清）番禺徐紹楨撰
清光緒十七年（1891）刊《學壽堂叢書》本
粵圖

7310
學一齋算課草 四卷
（清）番禺徐紹楨撰
清光緒十七年（1891）刊《學壽堂叢書》本
粵圖

7311
學一齋勾股代數草 二卷
（清）番禺徐紹楨撰
清光緒十七年（1891）刊《學壽堂叢書》本
粵圖

7312
學一齋算學問答 一卷
（清）番禺徐紹楨撰
清光緒十七年（1891）刊《學壽堂叢書》本
粵圖

7313
算學報 二卷
（清）番禺徐紹楨撰
清光緒十七年（1891）刊《學壽堂叢書》本
粵圖

7314
廣東高等學堂預科算術課本 不分卷
（清）廣東高等學堂編
清光緒三十二年（1906）番禺潘氏拾扈籬館刊本
粵圖

7315
七政弧角圖算 六卷（又名弧七政圖算）
（清）順德蔡綬彩撰
清光緒二十一年（1895）順邑龍江真步堂刊本
粵圖
清光緒二十五年（1899）真步堂刊本
上圖

天文類

7316
月令廣義 二十四卷 首圖説 一卷 附録 一卷
（明）番禺馮應京撰、戴任增釋
明萬曆刊本
山大

7317
測天約術 一卷
（清）海康陳昌齊撰
清鈔本　陳澧批校
粵圖

7318
後漢書朔閏考 五卷
（清）番禺徐紹楨撰
清光緒十七年（1891）刊《學壽堂叢書》本
粵圖

7319
宋遼金元朔閏考 二卷
（清）錢大昕撰
清光緒十七年（1891）廣雅書局刊本
港中文
（按：書又名《四史朔閏考》。）

7320
廣東月令 一卷
（清）鈕琇撰
清康熙三十四年（1695）新安張氏霞舉堂刊

《檀几叢書》本
粤圖、華農
清宣統二年（1910）上海國學扶輪社鉛印《古今説部》本
華農

7321
日食 不分卷
（清）香山陳書撰
清乾隆鈔本
晉文物局

7322
圜天圖説 三卷 續編 二卷
（清）番禺李明徹撰
清嘉慶二十四年（1819）番禺李氏松梅軒刊本
普葛
清道光元年（1821）松梅軒刊本
粤圖、華師
（按：番禺李明徹，爲廣州市漱珠崗純陽觀道士，青來爲其道號。）

7323
中西四千年紀曆 一卷
（清）南海孔昭焱撰
清光緒二十三年（1897）廣州成文堂刊本
粤圖

7324
詠梅軒仰觀録 四卷
（清）南海謝蘭生撰
清咸豐七年（1857）刊本
東北師大

7325
偏緯較表 一卷
（清）廣東西湖書院編
清光緒二十五年（1899）刊本
吉大

7326
廣州府太陽高弧表 一卷
（清）順德左蘭舫編
清光緒四年（1878）廣州刊本
中大

7327
廣東測時經緯表 一卷
（清）順德左蘭舫撰
清光緒四年（1878）刊本
東北師大

7328
星學初階 一卷
（清）番禺鍾瑞彪撰
清光緒十八年（1892）刊本
國圖、佛圖

7329
春秋天文考 一卷
（清）順德蔡綏彩撰
清光緒二十五年（1899）羊城多文堂刊本
國圖

7330
中西回史日曆 不分卷
新會陳垣撰
民國十四年（1925）國立北京大學研究所鉛印本
粤圖

7331
天文學講義 一卷
花縣徐甘棠編
民國國立廣東大學鉛印本
中大

農業類

7332
南方草木狀 三卷
（晉）嵇含撰
宋刊《百刊學海》本
國圖
明弘治十四年（1501）華珵刊《百川學海》本
國圖
明嘉靖十五年（1536）莆田鄭氏刊《百川學海》本

國圖
明鈔《百川學海》本
國圖
清乾隆文津閣《四庫全書》本
國圖

7333
農桑輯要 七卷
（元）司農司撰
清光緒二十五年（1899）廣雅書局刊《聚珍版叢書》本 傅增湘校並跋
國圖

7334
農桑易知録 三卷
（清）潮陽鄭之僑撰
清乾隆二十五年（1760）潮陽鄭氏刊《鄭氏叢刊》本
華東師大

7335
木棉譜 一卷
（清）褚華撰
清康熙詒清堂刊《昭代叢書》本
上圖、暨大
清乾隆刊《藝海珠塵》本
國圖

7336
蠶桑合編 一卷
（清）何石安、魏默琛輯
清同治十年（1871）高廉道許重刊本
日本

7337
蠶桑摘要 一卷
（清）羊復禮撰
清光緒十八年（1892）廣東刊本
京都大學

7338
廣東蠶桑譜 不分卷
（清）陳啓沅編
清光緒十二年（1886）廣州奇和堂刊本
粵圖
（按：此書詳細記載廣東養蠶、種蠶，以及放蛾、泡水等蠶桑業生産技術，其中還有機器單車等機械設備圖。）

7339
桑園圍歲修志 十四卷 首一卷
（清）南海盧維球輯
清同治九年（1870）刊本
粵圖
（按：記録廣東南海地方修建桑園堤圍及大壩防止西江水患的情况，這是研究古代廣東修築水利和農業的重要歷史文獻之一。）

7340
嶺南蠶桑要則 不分卷
（清）鮑逸甫撰
清宣統三年（1911）佛山同文堂刊本
粵圖
（按：此書介紹清代嶺南地方種桑、養蠶、治繭和抽絲等方法。）

7341
粵東飼八蠶法 不分卷
（清）朱祖榮編
清光緒二十三年（1897）石印本
粵圖
（按：此書記載廣東南海、順德、香山等縣養蠶、種桑情况甚詳。）

7342
農學雜俎 不分卷
（清）羅振玉輯
清光緒三十年（1904）石印本
粵圖
（按：此書内容有南海西樵塘魚調查問答、南海縣蠶絲業調查報告等。）

7343
粵中蠶桑芻言 一卷
（清）順德盧燮宸輯
清光緒十九年（1893）番禺黃從善堂刊本
華農

7344
蠶桑譜 二卷
（清）南海陳啓沅撰
清光緒刊本
粤圖、華農

7345
嶺南蠶桑要則 不分卷
（清）賴新儂撰、羅定陳經彙輯
清宣統三年（1911）羅定瀧陽蠶桑義學刊本
華農

7346
嶺南荔枝譜 六卷
（清）鶴山吴應逵撰
清道光同治間南海伍氏粤雅堂刊《嶺南遺書》本
粤圖

7347
龍眼譜 一卷
（清）番禺趙古農撰
清道光九年（1829）廣州厂廣山房刊本
華農

7348
檳榔譜 一卷
（清）番禺趙古農撰
清道光九年（1829）廣州厂廣山房刊本
華農

7349
菸經 二卷 附鴉片 一卷
（清）番禺趙古農撰
清道光九年（1829）廣州厂廣山房刊本
華農

7350
嶺海蘭言録 二卷
（清）番禺區金策撰
清天華書莊鈔本
華農

7351
棉業叢書彙譯新編 六卷
（清）大埔張振勛編
清宣統元年（1909）廣州翰華閣鉛印本
粤圖

7352
棉業改良發明書 六卷
（清）南海趙志松、張振勛輯
清宣統元年（1909）廣州總商會報鉛印本
華農

7353
茶務僉載 一卷
（清）嶺南胡秉樞撰
日本明治十年（1877）刊本
日本山梨縣公文書館

7354
廣東農事試驗場第一年報告書 不分卷
（清）陳望曾編
清宣統二年（1910）廣州澄天閣石印本
粤圖

7355
廣東全省農林試驗場第二年報告書 不分類
（清）陳望曾編
清宣統三年（1911）廣州澄天閣石印本
粤圖

7356
廣東省農林試驗場第一年、第二年報告書 不分卷
（清）廣東省農林試驗場編輯
清宣統二年至三年（1910—1911）廣州石印本
華農

7357
言禽録 一卷
（清）番禺梁松年撰
稿本
中大
（按：此書輯錄《海錄碎事》、《風俗通》、《本草釋名》、《禽經》、《格物論》、《樓海禽志》等書。有關嶺南禽鳥如報春鳥、鷼鷳、鷓鴣、伯勞、雞、鶫哥、畫眉、烏鳳、厭油鳥、麒麟、澤獸等。）

7358
猫苑 二卷
（清）番禺丁杰訂、黄漢輯
清咸豐三年（1853）甕曇草堂刊本
粤圖

7359
整頓潮州苗圃計劃書 不分卷
王顯智撰
民國十五年（1926）潮州鉛印本
粤圖

7360
副熱帶特產作物學 不分卷
茂名丁穎撰
民國國立廣東大學農科農藝系鉛印本
中大

7361
廣東各縣物産誌 一卷
順德岑仲勉輯
稿本
中大

7362
農學雜俎 十四種
羅振玉輯
清光緒三十年（1904）石印本
中大

7363
農學叢書
羅振玉編
清光緒間江南總農會石印本
華農⊗
存目：
初集
①蒲葵栽制法 （清）劉敦焕述（作者曾客居新會）
②粤東飼八蠶法
第六集
①廣東實業調查概略 署理廣州府通判祥林報告
②調查廣州府新寧縣實業情形報告 新寧趙天錫撰
③南海縣西樵塘魚調查問答 羅振玉、南海陳敬彭答
④南海縣蠶業調查報告 署南海縣知縣姚紹書
第七集
①香港鴉片煙制度

醫藥類

7364
唐王燾先生外臺秘要 四十卷
（唐）王燾撰、（宋）林億校注
清同治十三年（1874）廣州翰墨園刊本
港大

7365
樂只堂醫書彙函 三種 二十六卷
（清）南海何夢瑤撰
清乾隆自刊本
豫圖
子目：
醫碥 七卷
傷寒論近言 七卷
三科輯要 六卷
嬰科輯要 一卷
諸方 一卷
痘科輯要 一卷
諸方 一卷
婦科輯要 一卷
諸方 一卷

7366
樂只堂人須知韻語 四種 四卷
（清）南海何夢瑤撰
清光緒十一年（1885）佛山華文書局刊本
廣中醫
子目：
四診韻語 一卷
湯頭歌訣 一卷
本草韻語 一卷
診脈譜 一卷

7367

頤身集　五種　五卷

（清）葉志詵編

清咸豐三年（1853）廣東撫署刊本

醫科院

子目：

攝生消息論　一卷（金）邱處機撰

修齡要指　一卷（明）冷謙撰

勿藥元詮　一卷（清）汪昂輯

壽人經　一卷（清）汪晸輯

延年九轉法　一卷（清）方開輯

7368

觀身集　四種

（清）葉志詵編

清咸豐三年（1853）兩廣督署刊本

中醫院

子目：

全身百穴歌　（明）陳會撰

十二經脈絡　（清）沈紱撰

脈象統類　（清）沈金鰲撰

釋骨　（清）沈彤輯

7369

六醴齋醫書　十種　五十五卷

（清）程永培輯

清光緒十七年（1891）廣州儒雅堂刊本

科圖、上圖等

子目：

褚氏遺書　一卷　（南齊）褚澄撰

葛仙翁肘後備急方　八卷　（晉）葛洪撰

元和紀用經　一卷　（唐）王冰撰

蘇沈内翰良方　十卷　（宋）蘇軾、（宋）沈括撰

十藥神書　一卷　（元）葛乾孫撰

加減靈秘十八方　一卷　（明）胡嗣廉輯

韓氏醫通　二卷　（明）韓懋撰

痘疹傳心錄　十八卷　附種痘　一卷　（明）朱惠明撰　附（清）朱純嘏輯

折肱漫録　七卷　（明）黄承昊撰

慎柔五書　五卷　（明）釋住想撰

7370

潘刻醫書　四種　十卷

（清）番禺潘仕成輯

清光緒九年（1883）山西濬交書局刊本

科圖

子目：

咽喉秘集　二卷

痧症全書　三卷　（明）林森撰、（清）王凱輯

異授眼科　一卷

外科證治傳生集　四卷　（清）王維德撰

7371

鐵如意軒醫書　四種　十二卷

（清）徐延祚輯

清光緒二十二年（1896）羊城鐵如意軒重刊本

遼圖

子目：

醫粹精言　四卷　補遺　一卷

醫意　二卷

醫意内景圖説　二卷

醫醫瑣言　二卷　續一卷

7372

文氏醫方　十種　彙編　十一卷

（清）文晟撰

清道光三十年（1850）嘉應州署刊本

叢廣

子目：

内科摘錄　一卷

外科摘錄　一卷

急救便方　一卷

慈幼便覽　一卷

痘疹摘錄　一卷

增廣達生篇　一卷

婦科雜證　一卷

藥性摘錄　一卷

食物本草　一卷

常用藥性　一卷

偏方補遺　一卷

7373
濟衆録　二種
（清）南海勞守慎編
清光緒二十九年（1903）南海勞禮安堂刊本
廣中醫
清光緒三十二年（1906）刊本
遼圖
子目：
　　惡核良方釋疑
　　蠱脹脚氣經驗良方

7374
霄鵬先生遺著　八卷
（清）南海黄保康撰
清宣統三年（1911）南海黄氏刊本
國圖、上圖等
子目：
醫學三書：
　　醫林獵要　一卷
　　吳鞠通方歌　一卷　首一卷　黄任恆注
　　陳修園方歌　一卷　首一卷　黄任恆注
　　貽令堂雜俎　一卷　首一卷
　　與壻遺言　一卷

7375
脈如　二卷
（清）南海郭元峰撰
清道光刊本
粤圖、廣圖

7376
辨脈指南　不分卷
（清）南海郭元峰撰
民國二十年（1931）上海中醫書局石印本
廣中醫

7377
銅人穴絡圖注　一卷
（清）南海何汝流撰
民國七年（1918）鈔本
廣圖

7378
葉案括要　八卷
（清）番禺潘名熊編
清同治十三年（1874）刊本
粤圖

7379
醫學實在易　八卷
（清）陳念祖撰
清道光二十四年（1844）佛鎮文華閣刊本

7380
醫林改錯　二卷
（清）王清任撰
清道光二十九年（1849）羊城五經樓刊本
廣中醫

7381
醫學纂要　六卷
（清）惠陽劉淵輯
清咸豐七年（1857）福文堂刊本
廣中醫
清翰寶樓刊本
粤圖、廣中醫

7382
醫學四要　四種　十八卷
（清）蔡貽績編
清嘉慶道光間廣州翰墨園刻本
叢廣
子目：
　　醫學指要　六卷
　　傷寒瘟疫抉要　五卷
　　内傷集要　六卷
　　醫會元要　一卷

7383
詒令堂醫學三書　四卷
（清）南海黄保康輯
清道光二十五年（1845）廣州省城自刻本
叢廣
子目：
　　志傳　一卷
　　醫林獵要　一卷

吴鞠通方歌 一卷
陳修園方歌 一卷

7384
評琴書屋醫略 三卷 附詩草 二卷
（清）番禺潘名熊撰
清同治七年（1868）刊本
粵圖、廣中醫

7385
增補食物本草備考 二卷
（清）番禺何其言輯
清廣州守經堂刊本
粵圖
清光緒十三年（1887）佛山文光樓刊本
粵圖

7386
衛生寶圖説 一卷
（清）卓鳳翔輯
清光緒三十三年（1907）廣東中華印務有限公司鉛印本
港大

7387
病理撮要 □卷
（清）東莞尹端模譯
清光緒十八年（1892）廣州博濟醫局刊本
港大

7388
醫學由是 四卷
（清）歐陽焗燿集注
清光緒二十五年（1899）廣東韶郡積善堂醫局鈔本
浸大

7389
采艾編 不分卷
（清）新興葉廣祚撰
清康熙七年（1668）刊本
上海醫大

7390
采艾編翼 三卷
（清）葉茶山輯
清嘉慶十年（1805）六芳堂刊本
廣圖
清鈔本
廣圖

7391
割症全書 七卷
［美］嘉約翰編
清光緒十五年（1889）省城博濟醫局刊本
粵圖

7392
增訂花柳指述 一卷
［美］嘉約翰輯譯
清光緒十五年（1889）省城博濟醫局刊本
粵圖
清光緒石印本
國圖

7393
慢驚條辨 一卷
（清）黄仲賢撰
清光緒三十三年（1907）廣州麟書閣刊本
廣中醫
（按：本書又名《保赤慢驚條辨》。）

7394
附圖鍼灸纂要 一卷
（清）順德吴羲如撰
民國二十二年（1933）吴尚德堂鉛印本
廣中醫

7395
全圖易筋經 一卷
西竺達摩撰、（清）高要梁士賢編
清宣統三年（1911）廣州大文堂刊本
粵圖

7396
延壽新法 不分卷
新會伍廷芳撰
民國四年（1915）上海商務印書館鉛印本
中大

7397
脈理藥性忠恕集 不分卷
（清）謝濟安撰
清光緒佛山丹桂堂刊本
廣圖

7398
增廣大生要旨 五卷 附良方輯要 一卷
（清）唐千頃撰
清光緒二十六年（1900）廣州天寶店刊本
粵圖

7399
大生要旨 五卷
（清）唐千頃撰
清光緒二年（1876）羊城合璧齋刊本
廣中醫

7400
脈藥聯珠 一卷
（清）番禺龍柏輯、（清）潘霨增輯
清鈔本　清潘霨跋
蘇圖

7401
研思堂家傳醫宗心法全書 二卷
（清）潮陽馬應麟撰
清鈔本
廣中醫

7402
中外衛生要旨 五卷
（清）香山鄭觀應編輯
清光緒二十一年（1895）刊本
粵圖

7403
華洋臟象約纂 三卷 首一卷
（清）南海朱沛文撰
清光緒十九年（1893）佛山刊本
廣中醫

7404
辨證求真 一卷
（清）南海梁龍章撰
清光緒三十一年（1905）廣州維新印務局鉛印本
粵圖

7405
本草求原 二十七卷 附奇病症治 一卷
（清）新會趙其光輯
清道光二十八年（1848）遠安堂刊本
廣中醫、廣圖

7406
增補藥性雷公炮製 十卷
（清）順德張光斗撰
清嘉慶十四年（1809）刊本
粵圖

7407
增補藥性雷公炮製 八卷 藥性賦 二卷
（清）順德張光斗撰
清同治四年（1865）連元閣刊本
粵圖

7408
活人鑑 一卷
（清）謝德仁輯
清光緒二十八年（1902）廣州廣濟醫院刊本
廣圖

7409
湯頭歌括 四種
（清）順德吳炳耀撰
清鈔本
廣圖

7410
瘋門全書 二卷
（清）蕭曉亭撰
清道光二十五年（1845）廣州敬業堂刊本
浸大

7411
病理撮要 一卷
（清）嶺南尹端模譯
清光緒十八年（1892）羊城博濟醫局刊本
粵圖

7412
醫綱總樞 五卷
（清）新會陳珍閣撰
清光緒十八年（1892）醉經樓刊本
粵圖

7413
醫學芻言 一卷
（清）花縣黃熾華撰
清宣統元年（1909）刊本
粵圖

7414
醫學求益社課卷 第三冊 一卷
（清）順德梁懋孫等撰
清宣統元年（1909）羊城懷遠驛關東雅石印本
粵圖

7415
醫學求益社課本 不分卷
（清）廣東醫學求益社編
清宣統元年（1909）廣東醫學求益社石印本
浸大

7416
醫學求益社同人録 一卷
佚名編
清末民國初羊城懷遠驛關東雅石印本
粵圖

7417
中西醫學全書 十二種 三十二卷
不著撰人
清宣統三年（1911）羊城醫學會石印本
廣中醫

7418
馮氏錦囊秘録 八種 四十八卷
（清）馮兆張撰輯
清咸豐八年（1858）嘉應翼經堂刊本
廣中醫

7419
學校衛生學 一卷
［日］三島通良撰、（清）番禺周起鳳譯
清光緒二十九年（1903）上海廣智書局鉛印
粵圖

7420
脩安集初編 一卷
（清）南海馮元英輯
清光緒八年（1882）羊城酌雅齋刊本
廣圖

7421
傷寒類證活人書 二十二卷
（宋）朱肱撰
清光緒十年（1884）廣州拾芥園重刊本
廣中醫

7422
傷寒論 一卷
（清）南海郭元峰撰
清道光七年（1827）刊本
粵圖、廣中醫

7423
傷寒論近言 七卷
（清）南海何夢瑤撰
清乾隆三十四年（1769）刊本
廣圖

7424
傷寒論本旨 九卷
（清）章楠撰
清道光十六年（1836）羊城俩山書屋刊本
廣中醫

7425
寒温條辨治疫彙編 一卷
（清）楊玉衡撰、南海李石樵輯
清光緒二十年（1894）廣州經史閣刊本
粵圖

7426
傷寒温疫條辨 六卷
（清）楊璿撰
清光緒十八年（1892）廣州壁經堂昌記刊本
廣中醫
（按：本書又名《寒温條辨》。）

7427
溫熱經緯 五卷
（清）王士雄撰
清光緒十八年（1892）廣州壁經堂昌記刊本
粵圖、港中文

7428
傷寒法眼 二卷
（清）香山麥乃求撰
清光緒元年（1875）廣州登雲閣刊本
粵圖、廣中醫

7429
傷寒貫珠集 八卷
（清）尤怡撰
清嘉慶十五年（1810）廣州惠濟倉木活字印本
港中央
清末廣州惠濟倉刊本
廣中醫

7430
傷寒論崇正篇 八卷
順德黎天祐撰
民國十四年（1925）粵東編譯公司鉛印本
粵圖

7431
仲景歸真 七卷
（清）東莞陳煥堂撰
清道光光華堂刊本
廣中醫、廣圖

7432
陰虛論法 三卷
（清）順德羅佐廷撰
清鈔本　蘇任之跋
廣圖

7433
奇症略述 不分卷
［美］嘉約翰撰
清光緒十二年（1886）羊城博濟醫局刊本
國圖

7434
廣嗣金丹 三卷
（清）南海何守愚輯
清光緒十二年（1886）青湘閣書坊刊本
廣中醫

7435
廣嗣金丹要言録 □卷
（清）南海何守愚輯
清光緒二十二年（1896）刊本
粵圖⊗

7436
歷臟篇 一卷 鼠瘟疫病情驗方 一卷
題（清）羅浮山人撰
清鈔本
廣中醫

7437
鼠疫非疫六經條辨 一卷
（清）廣州黄仲賢撰
清宣統元年（1909）黄氏致和堂刊本
廣圖

7438
鼠疫彙編 一卷
（清）廉江羅汝蘭編
清光緒二十三年（1897）上海高州會館刊本
粵圖

7439
鼠疫約編 一卷
（清）羅宜崇撰、廉江羅汝蘭增輯
清光緒二十四年（1898）翰海樓刊本
廣中醫

7440
鼠疫方釋疑 一卷
（清）高要黎佩蘭撰
清光緒二十七年（1901）肇城景福局刊本
粵圖

7441
時疫辨 四卷
（清）林慶銓撰

清光緒二十六年（1900）羊城十九洞筱龍閣刊本
廣中醫
清光緒三十一年（1905）高城聚文堂刊本
國圖

7442
時疫核標蛇症治法 不分卷
（清）順德高卓樵編
清宣統元年（1909）羊城澄天閣石印本
粵圖

7443
松峰説疫 六卷
（清）劉奎撰
民國元年（1912）廣州老威大藥房刊本
廣中醫

7444
奉天萬國鼠疫研究會始末 不分卷
新會陳垣編
清宣統三年（1911）廣州光華醫社鉛印本
中大

7445
咽喉秘集 二卷
（清）羊城海山仙館編
清同治刊本
粵圖

7446
喉牙口舌各科秘書旨 一卷
（清）廣東藩署編
清光緒五年（1879）刊本
南圖

7447
裹扎新法 一卷
［美］嘉約翰口譯
清光緒元年（1875）省城博濟醫局刊本
上圖

7448
皮膚新編 一卷
［美］嘉約翰口譯
清光緒十三年（1887）省城博濟醫局刊本
上圖

7449
炎症論略 一卷
［美］嘉約翰譯
清光緒刊本
北大

7450
異授眼科 一卷
（清）南海江灝勤等校
清光緒二十七年（1901）佛山寶華閣刊本
粵圖

7451
西醫眼科撮要 一卷
（清）羊城博濟醫院編
清光緒六年（1880）刊本
粵圖、國圖

7452
眼科啓明 二卷
（清）南海鄧雄勛撰
稿本
粵圖
清光緒十一年（1885）鈔本
粵圖

7453
脚氣芻言 一卷
（清）南海曾超然撰
清光緒十三年（1887）羊城聚珍堂刊本
粵圖

7454
幼幼新書 四十卷
（宋）海陽劉昉撰
宋紹興二十年（1150）刊本
日内閣⊗
明萬曆十四年（1586）陳端履刊本
國圖、上圖、南圖
明藍格鈔本
上圖
日本寬政三年（1791）影鈔本

日内閣
日本文政四年（1821）鈔本
日内閣

7455
鼎鍥幼幼集成 六卷
（清）博羅陳復正輯
清廣州翰墨園刊本
粤圖
清乾隆十六年（1751）廣州登雲閣刊本
粤圖、廣中醫

7456
女科仙方保坤金丹合編 四卷
（清）傅山撰
清光緒十六年（1890）羊城翼化堂刊本
廣圖

7457
娠婦須知 一卷 附秘傳戒煙捷法 一卷
題（清）梅城黄求（求我齋主人）撰
清刊本
廣中醫

7458
婦科精蘊圖説 一卷
［美］妥瑪撰
清光緒十五年（1884）省城博濟醫局刊本
粤圖

7459
婦科精蘊 不分卷
清光緒末廣州博濟醫院刊本
廣圖

7460
達生遂生福幼合編 三卷
（清）莊一夔撰
清光緒十六年（1890）廣州守經堂重刊本
港中文

7461
西醫胎産舉要 二卷
［美］阿庶頓輯
清光緒十九年（1893）省城博濟醫局刊本
粤圖、上圖

7462
産科學 不分卷
［美］阿庶頓、伊戴維撰、東莞尹端模譯
清光緒三十四年（1908）上海美華書局鉛印本
國圖

7463
胎産心法 三卷
（清）閻純璽撰
清道光二十八年（1848）廣州大文堂書坊刊本
廣中醫、浸大
（按：書又名《胎產新法》。）

7464
痘症備方 二卷
（清）廣州任壽昌編
清光緒五年（1879）廣州藏珍閣刊本
粤圖

7465
痘疹心法歌訣 二卷
題（清）必良齋主人撰
清光緒五年（1879）順德潭村松竹梅軒刊本
粤圖

7466
痘疹秘要 一卷
（清）南海陳楚瑜校編
清鈔本
上海醫大

7467
兒科秘要 一卷
（清）程康圃撰
清光緒十九年（1893）羊城麟書閣石印本
粤圖

7468
秘本兒科大全 不分卷
（清）鶴山易佩琨撰
清咸豐間（1851—1861）陳氏鈔本
港大

7469
痘疹輯要 三卷
（清）南海何夢瑤、劉鼎合纂
清乾隆四十年（1775）桂東黄體端刊本
中醫院

7470
保赤新編 二卷 補遺 一卷
（清）新會任贊撰
清光緒十年（1884）新會伍氏安懷堂刊本
北大
清光緒十八年（1892）廣州寶經閣刊本
粤圖、廣中醫
清光緒二十七年（1901）廣州天寶鈕店重刊本
粤圖

7471
保赤存真 十卷
（清）寓穗余含棻撰
清光緒二年（1876）婺源余氏慎德堂刊本
中醫院

7472
兒科撮要 二卷
（清）東莞尹端模譯
清光緒十八年（1892）羊城博濟醫局刊本
粤圖

7473
牛痘新編 一卷
（清）鶴山胡仕梁、新會伍學幹輯
清光緒十六年（1890）新會伍氏安懷堂刊本
粤圖

7474
增補痘疹金鏡録 二卷 首一卷
（清）高州翁仲仁輯
清光緒二十二年（1896）澳門曹氏存善堂刊本
廣圖

7475
痘疹定論 三卷
（清）朱純嘏撰
清光緒十八年（1892）粤東儒雅堂刊本
港中央

7476
引種牛痘方書 一卷
（清）南海邱熺撰
清光緒三十年（1904）山東廣仁局刊本
粤圖、廣中醫
（按：本書又名《引痘略》、《引痘新法》。）

7477
痘法要録 一卷
（清）南海邱熺撰
清光緒三十年（1904）鈔本
粤圖

7478
中西痘科合璧 十二卷
（清）南海邱熺撰
清光緒二十二年（1896）石印本
粤圖⊗

7479
重刻引痘新書 不分卷
（清）南海邱熺撰
清光緒十八年（1892）刊本
廣中醫

7480
引痘秘書 不分卷
（清）南海邱熺輯
清光緒二年（1876）皖省痘局重刊本
廣中醫

7481
引痘略 一卷
（清）南海邱熺輯
清同治元年（1862）廣州邱大宅心耕堂刊本
廣圖

7482
西洋種痘秘訣 不分卷
（清）南海邱熺撰
清光緒歸安吴氏尚古堂刊本
廣中醫

7483
牛痘新書濟世 不分卷
（清）南海邱熺撰、王新吾增補
清光緒十三年（1887）允文堂刊本
廣中醫

7484
小兒産婦鐵打雜症内外科藥方 不分卷
清末順德大良筆街玉洞心簡齋潘翥雲刊本
廣圖

7485
跌打新書 一卷
（清）南海鄒勤俊撰
清光緒十六年（1890）刊本
廣圖

7486
天花精言 一卷
（清）郭鐵崖撰
清光緒二十九年（1903）順德雲路麥爲善堂校刊本
浸大

7487
葛仙翁肘後備急方 八卷
（晉）葛洪撰、（梁）陶弘景增補
明萬曆二年（1574）李栻刊本
國圖
清乾隆二十二年（1757）刊本
中山醫

7488
肘後備急方 八卷
（晉）葛洪撰
清乾隆文津閣《四庫全書》本
國圖
清乾隆五十七年（1792）敬修堂刊本
中醫院

7489
葛仙翁肘後備急方 八卷
（晉）葛洪撰
清鈔本　清李文田批
臺灣

7490
重訂肘後百一方 八卷
（晉）葛洪撰、（梁）陶弘景補
日本寶曆七年（1757）刊本
日内閣

7491
太平聖惠方 一百卷
（宋）南海陳昭遇等撰
清鈔本　楊守敬跋
川圖
清鈔本
國圖
日本鈔本
北大

7492
嶺南衛生方 三卷 附一卷
（元）釋繼洪撰
明萬曆四年（1576）刊本
日内閣
日本江户寫本
日内閣、北大

7493
澹寮集驗秘方 十五卷
（元）釋繼洪編
日本藍川慎鈔本
中醫院⊗

7494
群書鈔方 一卷
（明）瓊山丘濬輯
明刊本
國圖、北文局
日本鈔本
臺宫
日本天保十年（1840）寫本
日内閣

7495
單方選要 □□卷
（明）南雄趙鳳翔撰

清初鈔本
粵圖

7496
不內外因家藏妙方 六卷
（清）連陽杜茂英撰
清同治三年（1864）鈔本
粵圖

7497
東塾藥方 一卷
（清）番禺陳澧撰
稿本
粵圖

7498
痘症備方 二卷
（清）廣州任壽昌編
清光緒五年（1879）廣州藏珍閣刊本
粵圖

7499
醫方不求人 一卷
（清）順德陳羲撰
清光緒三年（1877）香港嶺南書局鉛印本
粵圖

7500
不知醫必要 四卷
（清）鬱南梁廉夫撰
清光緒七年（1881）粵東翰文堂書局刊本
粵圖

7501
新增經驗良方 六卷
（清）南海符霽光輯
清光緒三十年（1904）粵東善書局刊本
廣中醫

7502
符樂善堂經驗良方 六卷
（清）南海符霽光輯
清光緒二十年（1894）廣州翼化堂刊本
粵圖⊗

7503
符樂善堂經驗良方 六卷 補遺 一卷
（清）南海符霽光輯
清光緒三十年（1904）南海蔡忠善堂刊本
粵圖

7504
醫方全書
（清）何夢瑤撰
民國七年（1918）廣東兩廣圖書局排印本
上圖、南圖
子目：
　　神效脚氣秘方 四卷
　　追癆仙方 二卷
　　婦科良方 不分卷
　　幼科良方 不分卷
　　痘疹良方 不分卷
　　何氏醫碥 七卷

7505
經驗方 一卷 續一卷
（清）盧蔭長撰
清道光十年（1830）粵東撫署刊本
廣圖

7506
群方便覽續編 一卷
（清）順德周維新撰
清道光二十二年（1842）龍山周氏自刊本
廣圖

7507
經驗良方 一卷
（清）南海勞守慎撰
稿本
中醫院

7508
萬應經驗良方 一卷
（清）南海吕獻堂評選
清宣統三年（1911）鉛印本
國圖

7509
急救應驗良方 一卷
（清）費友棠輯
清光緒十三年（1887）儀孟園刊本
粵圖

7510
彙選驗方 二卷
（清）香山潘裔昌輯
清光緒十五年（1889）省城悦觀堂刊本
廣圖

7511
生草藥性備要 二卷
（清）何諫撰
民國初羊城守經堂刊本
廣圖

7512
療飢良方 一卷
清光緒二十三年（1897）廣州遊藝書屋刊本
廣圖

7513
驗方新編 十六卷
（清）鮑相璈輯
清道光二十九年（1849）粵東海山仙館刊本
港大

7514
六州鐵鑄齋醫帚稿 一卷
（清）順德鄧二呆撰
稿本
粵圖

7515
廣東致中和丸散彙編 不分卷
（清）致中和堂編
清光緒十九年（1893）刊本
粵圖
（按：此書開列廣州致中和藥肆的各種藥丸、藥散、藥膏、藥酒的名稱、價錢以及功效等。）

7516
名家醫方歌訣 不分卷
（清）南海林樹紅輯
清光緒二十一年（1895）廣州守經堂刊本
粵圖、廣圖
（按：此書根據嶺南地方特點，按風症、寒症、暑症、濕症、燥症、火症、和解、雜病、瀉實、補虚、婦科、幼科等門收録各種名醫藥方，每方註明醫生的姓名或藥方的出處。）

7517
廣東貴寧堂馬百良散膏丹藥酒目録 不分卷
（清）馬百良編
清末佛山敬慎堂刊本
粵圖
（按：貴寧堂，是佛山著名藥鋪，鋪主爲馬百良。其祖鋪在佛山鎮豆豉巷大街西向，另一鋪在廣州大南門雙門底下街東向。是書記述佛山貴寧堂馬百良丸散、膏丹、藥酒的功效和價格等，後又載有一些治病雜方，以及消災求神之法。書耑題：馬百良藥撮善録。）

7518
粵東鹿芝館藥丸總彙編 不分卷
（清）鹿芝館編
清光緒年間刊本
粵圖
（按：此書詳細開列廣東藥肆鹿芝館的各種蠟丸小丸、内外科丸散膏丹、參茸、藥酒、藥水、藥膠補料等，並介紹其功效和價錢。）

7519
驗方備用方 一卷
（清）南海黄德仁編
清光緒二十八年（1902）廣州刊本
粵圖、廣中醫

7520
惡核良方釋疑 一卷
（清）南海勞守慎撰
清光緒三十二年（1906）廣州翼化堂重刊本
粵圖

7521
經驗雜方 一卷
（清）饒平劉心愧撰
清宣統二年（1910）饒平同文善堂刊本
粵圖、廣中醫

7522
醫方簡易新編 六卷
（清）龔自璋、順德黄統合編
清咸豐元年（1851）刊本
廣中醫

7523
增訂醫方易簡 十卷
（清）龔自璋、順德黄統合編
清光緒九年（1883）廣東重刊巾箱本
廣中醫

7524
良方便用 二卷
（清）新會陳定泰撰
清道光刊本
廣中醫

7525
内外十三科驗方 十卷
（清）順德黄伯垂撰、王孟英續編
清咸豐刊本
廣中醫

7526
備急驗方 二卷
（清）香山鄭觀應編
清光緒十五年（1889）刊本
廣中醫

7527
濟人良方 不分卷
不著撰人
清光緒五年（1879）佛山天禄閣刊本
廣中醫

7528
葉案括要 八卷
（清）番禺潘名熊撰
清同治十三年（1874）刊本
粵圖

7529
經驗醫案 一卷
（清）蔣希曾撰
清末廣州瑞元堂刊本
廣中醫

7530
鄭福蘭堂集 一卷
清光緒五年（1879）刊本
廣圖
（按：此爲廣州西關著名藥店鄭氏福蘭堂目録。）

7531
粵東鹿芝堂集 不分卷
清光緒十七年（1891）刊本
廣圖
（按：此爲廣州西關藥店鹿芝堂藥丸總彙目録。）

7532
粵東人和堂藥目 不分卷
清光緒刊本
廣圖

7533
庚子（廣州）通書大成 不分卷
清光緒末廣州石印本
廣圖

7534
（廣州）同春堂集 一卷
清光緒刊本
廣圖
（按：此爲同春堂藥行成藥目録。）

7535
濟世奇方 十六卷
（清）漳州培蘭社編、（清）魏景文增訂
清光緒二十八年（1902）香港中華印務有限公司鉛印本
港中文

7536
增訂驗方新編縮本 十八卷
（清）鮑相璈輯
清宣統元年（1909）香港東華醫院鉛印本
港中文

7537
養生食鑒 不分卷
（清）番禺何其言編
清光緒石印本
上圖

7538
衛生要旨 不分卷
［美］嘉約翰口述
清光緒九年（1883）上海益智書會刊本
國圖、上圖

7539
醫談傳真 四卷
（清）新會陳定泰撰
清光緒元年（1875）綠雲洞天刊本
中研院

7540
博物新編圖説 不分卷
（清）南海陳修堂撰
清光緒二十四年（1898）藏經史館石印本
國圖

7541
西醫内科全書 六卷
（清）孔慶高譯
清光緒九年（1883）羊城同文學館刊本
粤圖
清光緒九年（1883）廣州博濟醫局刊本
國圖

7542
醫理略述 二卷
（清）嶺南尹端模譯
清光緒十八年（1892）羊城博濟醫局刊本
粤圖
清光緒十九年（1893）刊本
國圖

7543
内科學 四卷
［美］嘉約翰撰
清光緒三十四年（1908）羊城博濟醫局鉛印本
國圖

7544
西藥略釋 四卷 總論 一卷
（清）孔繼良撰譯
清光緒十二年（1886）廣州博濟醫局刊本
國圖

7545
新增西藥略釋 不分卷
（清）孔繼良譯
清光緒十二年（1886）廣州博濟醫局刊本
上圖

7546
内科闡微 不分卷
［美］嘉約翰譯
清同治十二年（1873）羊城博濟醫局刊本
國圖
清光緒十五年（1889）羊城博濟醫局刊本
上圖

7547
西醫入粤記 不分卷
梁乾初撰
稿本
港大

工程、手工業類

7548
端溪硯譜 一卷
（宋）范纂撰
宋刊《百川學海》本
國圖
明弘治十四年（1501）華珵刊本
粤圖等
明鈕氏世學樓鈔《説郛》本

國圖
明鈔《説郛》本
上圖
清順治李氏宛委山堂刊《説郛》本
粤圖、中大
清乾隆文津閣《四庫全書》本
國圖
清乾隆草草巢刊《硯北偶鈔》本
國圖

7549
端溪硯史彙參 三卷
（清）黄欽阿撰
清乾隆五十七年（1792）刊本
鄂圖

7550
端溪硯譜記 一卷
（清）袁樹撰
清康熙詒清堂刊《昭代叢書》本
上圖、暨大

7551
端溪硯譜記 一卷
（清）袁樹撰、楊復吉編
稿本
科圖

7552
端溪硯志 三卷 首一卷
（清）吴繩年輯
清乾隆刊本
國圖、津圖
清王耤稿本《藝苑叢鈔》
津圖

7553
端溪硯坑記 一卷
（清）李兆洛撰
清光緒十年（1884）趙氏能居鈔本　清趙烈文跋
南圖
清管庭芬稿本《花近樓叢書》
國圖

7554
端溪硯石考 一卷
（清）高兆撰
清康熙三十四年（1695）新安張氏霞舉堂刊《檀几叢書》本
華農

7555
端溪硯史 三卷
（清）嘉應吴蘭修撰
清道光刊本
中大
清道光三十年（1850）南海伍氏粤雅堂刊《嶺南遺書》本
粤圖、中大
清光緒十五年（1889）刊《榆園叢刻》本
華農
民國二十五年（1936）點峰齋鉛印本
中大

7556
端溪硯考 二卷
（清）曾興仁撰
清道光十七年（1837）湖南瓣香書屋刊本
粤圖

7557
端石擬 三卷
（清）陳齡撰
清同治十二年（1873）刊本
粤圖

7558
寶硯堂硯辨 一卷
（清）高要何傳瑶撰
清鈔本
臺灣

7559
寶硯堂硯辨 一卷
（清）高要何傳瑶撰、黄培芳圖
清道光十七年（1837）高鴻刊本
國圖、吉大、港大
清道光十七年（1837）高鴻刊本　清徐圻跋

豫圖
清道光肇城馮積儒堂刊本
粵圖

7560
端溪硯坑考 一卷 石隱硯談 一卷 墨餘贅稿 一卷
（清）計楠撰
清嘉慶刊《一隅草堂稿》本
南圖
民國十三年（1924）秀水金氏梅花草堂鉛印本
中大

7561
端硯記 一卷
（清）江藩撰
清阮氏文選樓鈔《炳燭齋雜著》本
上圖

7562
端溪硯集説 一卷
［日］古河倍造撰
日本昭和八年（1933）神户白馬堂鉛印本
大連圖

7563
英石硯山圖記 一卷
（清）黄錫蕃輯
清嘉慶十五年（1810）黄氏醉經樓刊本
國圖

7564
硯林小品 不分卷
（清）張崇鈞編
清乾隆四十年（1775）留春堂刊本
粵圖

7565
藤花亭鏡譜 八卷
（清）順德梁廷枏撰
清道光二十五年（1845）刊本
粵圖
清道光刊本
國圖
清鈔本
粵圖

7566
水雷圖説 一卷
（清）番禺潘仕成撰
清道光二十三年（1843）海山仙館刊本
國圖、歷博、日内閣

7567
砲録 十二卷 砲録後編 一卷 軍火雜録 一卷
（清）豐順丁日昌輯
清鈔本
哈佛

7568
開平煤礦紀事 一卷
（清）廣州唐廷樞撰
清光緒三年（1877）鉛印本
東北師大

7569
開平煤鐵礦調查 一卷
（清）廣州唐廷樞撰
清光緒刊本
遼圖

7570
新增銀論 二卷
（清）南邑蘇富源撰
清同治十三年（1874）廣東省城刊本
粵圖

7571
新鐫銀洋精論發秘 三卷
（清）順德梁思澤撰
清光緒七年（1881）刊本
中大

7572
銀論精詳 三卷
（清）南海蘇澤財等撰
清光緒刊本
粵圖

7573
飲流齋説瓷 二卷
（清）廣州許之衡撰
民國十三年（1924）上海朝記書莊鉛印本
粤圖

7574
廣東省城大沙頭工程局章程 不分卷
廣州大沙頭工程局編
民國三年（1914）廣州鉛印本
中大

7575
製火藥法 三卷
［英］利稼孫華得斯撰、（清）嶺南張福謙繪圖、（清）番禺丁樹棠譯
清末刊本
粤圖

7576
格物補 一卷
（清）南海鄒伯奇撰
清末刊本
粤圖

7577
攝影之器記 一卷
（清）南海鄒伯奇撰
清末刊本
粤圖

7578
中國鐵路指南 一卷
（清）廣州胡棟朝撰
清光緒三十一年（1905）上海廣智書局印本
粤圖

7579
水雷撮要 不分卷
（清）廣東陸汝成撰
清鈔本
南圖

7580
宣統二年改訂戰術筆記 三卷
清宣統二年（1910）廣東陸軍速成學校鉛印本
上圖

7581
孫子白話演義 不分卷
（清）廣東將弁學堂編述
清末鉛印本
粤圖、國圖

7582
演砲圖説輯要 四卷
（清）丁拱辰撰
清末鈔本
國圖

7583
增補則克録 三卷 附增補讀則克記略 一卷 附演砲摘要 一卷
（明）西洋湯若望授、（明）焦勗述、（清）丁拱辰撰增補
朝鮮據清咸豐元年（1851）晉江丁氏重刊本活字印
臺灣“國圖”
（按：即《火攻挈要》。）

7584
火器略説 不分卷
（清）粤東黄達權譯
清光緒六年（1880）鉛印本
上圖、國圖

7585
西洋火器略説 一卷
（清）粤東黄達權譯
清末（1851—1911）鈔本
國圖

7586
魚雷圖説
（清）南海黎晉賢繪纂
清光緒十六年（1890）天津石印本
國圖

7587
魚雷圖説問答 不分卷
（清）南海黎晉賢輯

清光緒十六年（1890）石印本
北大、上圖

7588
潘氏泉譜 不分卷
（清）嶺南佚名輯
稿本
粵圖

7589
大同古建築調查報告 不分卷
新會梁思成、劉敦楨撰
民國二十二年（1933）刊本
東研

7590
雲岡石窟中所表現的北魏建築 不分卷
新會梁思成等撰
民國二十二年（1933）刊本
東文

7591
煤業概論 不分卷
東莞王寵佑撰
民國十八年（1929）鉛印本
日國會

7592
廣州區第一蔗糖營造場 不分卷
民國二十四年（1935）刊本
東研

7593
番禺末業志 四卷
番禺鄔慶時編
民國刊本
中大
［按：此書記清末民初番禺（今廣州）手工業、工業狀況，包括紡織、陶瓷、錢幣鑄造、軍火、造船等行業。］

7594
四家藏墨圖録 不分卷
番禺葉恭綽編
民國影印本
中大

十、綜　合　部

目録類

7595
補後漢書藝文志 四卷
（清）番禺侯康撰
清光緒十七年（1891）廣州廣雅書局刊本
港大

7596
補三國藝文志 四卷
（清）番禺侯康撰
清光緒十三年（1887）廣州廣雅書局刊本
港大

7597
補遼金元藝文志 一卷
（清）倪燦撰、（清）盧文弨録
清光緒十七年（1891）廣州廣雅書局刊本
港大

7598
補三史藝文志 一卷
（清）金門詔撰
清光緒十七年（1891）廣州廣雅書局刊本
港大

7599
内閣藏書目録 八卷
（明）博羅張萱等編
清乾隆鈔本
湘圖
清東武劉氏味經書屋鈔本
國圖
清鈔本　清唐翰跋
國圖⊗
清末繆氏藕香簃鈔本　繆荃孫校
上圖
清鈔本　清丁丙跋
南圖
清鈔本　清沈復粲跋
復旦
清遲雲樓鈔本
國圖
清虞山述古堂鈔本
臺灣
清鈔本
上圖、國圖
日本江户寫本
日内閣

7600
欽定四庫全書總目 二百卷 首四卷
（清）紀昀等撰
清同治七年（1868）廣東書局刊本　清順德李文田注
國圖

7601
嶺海樓書目 一卷
（清）香山黄培芳編
清刊本
粵圖

7602
古輸廖山館藏書目録 不分卷
（清）南海曾釗編
清道光刊本
粵圖

7603
樂志堂書目 不分卷
（清）南海譚瑩編
清刊本
粵圖

7604
曾詁訓堂藏書總目 不分卷
（清）曾釗藏並編
清末緑格鈔本
國圖

7605
嶽雪樓藏書初稿 一卷
稿本
加英哥大

7606
寶禮堂宋本書録 不分卷
（清）南海潘宗周編
民國鉛印本
中國、粵圖

7607
寶禮堂宋元本書錄 四卷 附一卷
張元濟編
民國二十八年（1939）南海潘氏鉛印本
粵圖

7608
三十有三萬卷堂書目略 四卷
（清）南海孔廣陶編
清鈔本
科圖
［按：孔廣陶（1832—1890），字少唐，南海人。以鹽業起家，喜收藏及刻刊書籍。是書爲其藏書樓位於廣州南關太平沙。徐信符稱其目録皆通常閱覽之書，其精槧猶未列入。清光緒三十四年（1908），孔氏家道中落，其藏書大部分被康有爲購去。］

7609
三十有三萬卷樓書目略 十卷
（清）孔氏嶽雪樓編
稿本
加英哥大

7610
碧琳琅館珍藏書目 四卷
（清）方功惠編
清陳毅闕慎室鈔本
湘圖

7611
碧琳琅館金石碑版目録 不分卷
（清）方功惠編
稿本
國圖

7612
持静齋書目 四卷 續增 一卷 附藏書紀要 二卷
（清）豐順丁日昌編
清同治九年（1870）刊本
華師、静嘉
清光緒二十一年（1895）元和江標靈鶼閣刊本
國圖
民國七年（1918）廣州萃英書局刊本
粵圖

7613
持靜齋藏書紀要 二卷
莫友芝編
民國鉛印本
粵圖

7614
丁氏持静齋宋元刊本書目 四卷
揭陽林德侯輯
稿本
喬林吟樓

7615
鐵函齋書跋 四卷
（清）楊賓編
清道光二十七年（1847）粵東糧道署校刊本
港大

7616
各省咨查禁毀書籍目録 不分卷
清光緒二十一年（1895）順德李文田家鈔本

李文田校並跋
國圖

7617
軍機處奏准全毀書目 一卷 抽毀書目 一卷
清順德李文田鈔本 李文田校
國圖

7618
禁毀書目韻編 五卷 附録 一卷
（清）南海李宗顥撰
稿本
廣圖

7619
禁書目録 四卷
（清）順德鄧實輯
清光緒三十三年（1907）排印本
國圖

7620
經籍舉要 一卷 附録 一卷
（清）順德龍啓瑞撰
清光緒十九年（1893）中江講院刊本
港中文

7621
廣雅書院藏書目録 七卷 附書籍目録 一卷
（清）南海廖廷相編
清光緒二十七年（1901）廣雅書局刊本
粵圖
清光緒二十七年（1901）廣雅書局刊朱印本
華師
（按：廣雅書院，清光緒十四年（1888）創辦，地址在廣州城西（今廣雅中學）。）

7622
廣雅書院藏書目録補遺 不分卷
（清）廣雅書院編
清鈔本
粵圖

7623
廣雅書局擬刻史學叢書目定本 一卷
（清）王秉恩編
稿本
臺灣

7624
廣雅書局史學叢書目録 不分卷
（清）吳翊寅編
清光緒間刊本
國圖

7625
廣東廣雅書局書目 一卷
（清）廣雅書局編
清光緒間刊本
湘圖

7626
梁祠圖書館章程 不分卷
（清）梁鼎芬編
清宣統三年（1911）廣州粵東編譯公司刊本
（按：梁祠圖書館，近代廣州第一間對外開放的私人圖書館。清宣統三年（1911）梁鼎芬創辦，地址在廣州大東門內榨粉街九十三號梁氏祠堂內。）

7627
鎔經鑄史齋印行書目 不分卷
（清）鎔經鑄史齋編
清光緒十七年（1891）廣州鎔經鑄史齋書坊木活字印本
湘圖

7628
萬木草堂書目 不分卷
南海康有爲編
稿本
魯圖
清光緒十八年（1892）上海長興書局影印本
沈圖、吉大

7629
康氏藏善本書目 不分卷
南海康有爲藏並編
民國鈔本
粵圖

7630
日本書目志 十五卷
南海康有爲輯
清光緒間上海大同譯書局石印本
國圖

7631
梁氏飲冰室藏書目録 不分卷
北平圖書館編
民國二十二年（1933）鉛印本
華師

7632
西學書目表 四卷 附西學書法 一卷
新會梁啓超編撰
清光緒二十二年（1896）刊本
粤圖

7633
五十萬卷樓群書跋文 七卷
東莞莫伯驥輯
民國三十六年（1947）廣州文光館鉛印本
港學海

7634
五十萬卷樓書目初編 二十二卷
東莞莫伯驥輯
民國鉛印本
中大

7635
學海書院圖書館書目 第一集
民國二十五年（1936）鉛印本
東文、美國會

7636
番禺葉氏遐庵藏書目録 不分卷
番禺葉恭綽編
民國鉛印本
中大

7637
南州書樓書目 不分卷
番禺冼玉清編
民國三十七年（1948）鈔本
粤圖

7638
南州書樓存港書簡目 不分卷
番禺徐信符編
民國鈔本
粤圖

7639
抱殘樓藏書跋尾 一卷
大埔温廷敬撰
民國鈔本
汕圖

7640
東西南沙群島資料目録 不分卷
南海杜定友編
民國三十七年（1948）西南沙志編委會刊本
粤圖

7641
學海書樓藏廣東文獻書籍目録 不分卷
順德鄧又同編
近印本
港學海

類書類

7642
北堂書鈔 一百六十卷
（唐）虞世南撰、（清）南海孔廣陶校注
清光緒十四年（1888）南海孔氏刊本
港大、華師、遼圖等

7643
北堂書鈔續校記 不分卷
（清）番禺林國賡撰
稿本
粤圖

7644
龍筋鳳髓判 四卷
（唐）張鷟撰
清道光二十六年（1846）南海潘氏海山仙館

刊本
港大、錦師

7645
李氏蒙求補注 六卷
（後晉）李瀚撰、（清）金三俊補注
清道光二十八年（1848）粵東雅齋刊本
吉大

7646
續李氏蒙求 四卷
（清）順德何仁鏡撰
清道光十一年（1831）刊本
粵圖、東北師大

7647
事類賦 三十卷
（宋）吳淑撰並注
明嘉靖十一年（1532）廣州崇正書院刊本
國圖、北大、魯圖等
明嘉靖十一年（1532）廣州崇正書院刊本清丁丙跋
南圖

7648
太平御覽 一千卷 目録 十五卷
（宋）李昉等撰
清南海李氏刊光緒十八年（1892）廣東學海堂印本
遼圖等

7649
王先生十七史蒙求 十六卷
（宋）王令輯
清光緒五年（1879）粵東文雅齋刊本
哈市

7650
海録碎事 二十二卷
（宋）葉廷珪輯
明卓顯卿刊本
大連圖
明萬曆二十六年（1598）劉鳳刊本
東北師大

7651
廣博物志 五十卷
（明）董斯張輯
清光緒五年（1879）粵東學海堂刊本
遼圖等

7652
新增幼學故事瓊林 四卷 首一卷
（明）程登吉撰
清光緒二十五年（1899）廣州石經堂刊本
吉師

7653
性理群書集覽大全 七十卷
題（明）瓊山玉峰道人輯
明正德六年（1511）宗德書堂刊本
津圖

7654
新刻丘瓊山故事雕龍 二卷
（明）瓊山丘濬撰
日本享保十年（1726）刊本
日内閣

7655
校正幼學須知成語考 二卷
（明）瓊山丘濬撰
明翰文堂校刊本
粵圖

7656
新鐫詳解丘瓊山故事必讀成語考 二卷
（明）瓊山丘濬撰
日本天和刊本
静嘉

7657
明丘瓊山故事必讀成語考集注 二卷
（明）瓊山丘濬撰、［日］三宅德則注
日本寛政三年（1791）京都三宅子常刊本
港中文

7658
四六鴛鴦譜 十二卷 新集 十二卷
（明）陰化陽、蘇太初彙輯

明崇禎七年（1634）刊本
粵圖

7659
佩文韻府 一百六卷
（清）張玉書等纂
清番禺海山仙館刊本
遼圖等

7660
韻府拾遺 一百六卷
（清）張廷玉等輯
清番禺潘氏海山仙館刊本
遼圖等

7661
事物異名録 四十卷
（清）厲荃輯
清乾隆五十三年（1788）粵東刊本
大連圖

7662
校補策學總纂大全正續編 不分卷
（清）趙宗建撰
清光緒十四年（1888）廣東百城書局石印本
遼圖

7663
益智録 六卷
清粵東常惺惺室稿本
遼圖

7664
藝苑零珠 六卷 附經史總論 二卷
（清）李象梓輯
清光緒十五年（1889）廣州刊本
吉林、吉大

7665
策府統宗 六十五卷 目録 一卷
（清）番禺劉昌齡輯
清光緒十五年（1889）上海同文書局石印本
國圖、上圖

7666
選詩均編 五卷
（清）南海李宗顥輯
稿本
上圖

7667
水經注拾唾 一卷
（清）南海李宗顥輯
清刊本
廣圖

7668
駢林摘艷 五十卷
（清）南海胡又安輯
清光緒十八年（1892）廣州石經堂石印本
港中文⊗

7669
對料集成 四卷
（清）南海袁福溥輯
清光緒十九年（1893）廣州麟書閣刊本
港大

7670
對類引端 三卷
（清）順德黃堃輯
清光緒十一年（1885）廣州文苑樓刊本

叢書類

叢　編

7671
粵雅堂叢書 三十集 一千三百二十一卷
（清）南海伍崇曜輯
清道光光緒間南海伍氏刊本
粵圖、中大
子目：
初編
第一集
　　南部新書 十卷 （宋）錢易撰
　　道光三十年（1850）刊
　　中吳紀聞 六卷 （宋）龔明之撰
　　道光三十年（1850）刊

志雅堂雜鈔 二卷 （宋）周密撰
道光三十年（1850）刊
焦氏筆乘 六卷 續 八卷 （明）焦竑撰
道光三十年（1850）刊
東城雜記 二卷 （清）厲鶚撰
道光三十年（1850）刊
第二集
奉天録 四卷 （唐）趙元一撰
咸豐二年（1852）刊
咸淳遺事 二卷 （宋）□□撰
道光三十年（1850）刊
昭忠録 一卷 （宋）□□撰
道光三十年（1850）刊
月泉吟社 一卷 （宋）吳渭輯
咸豐元年（1851）刊
谷音 二卷 （元）杜本輯
咸豐元年（1851）刊
河汾諸老詩集 八卷 （元）房祺輯
咸豐二年（1852）刊
揭文安公文粹 二卷 （元）揭傒斯撰
咸豐元年（1851）刊
玉笥集 十卷 （元）張憲撰
咸豐元年（1851）刊
潞水客談 一卷 附録 一卷 （明）徐貞明撰
咸豐元年（1851）刊
陶庵夢憶 八卷 （清）張岱撰
咸豐二年（1852）刊
天香閣隨筆 二卷 （清）李介撰
咸豐二年（1852）刊
天香閣集 一卷 （清）李介撰
咸豐二年（1852）刊
第三集
刍蕘奥論 二卷 （宋）張方平撰
咸豐元年（1851）刊
唐史論斷 三卷 （宋）孫甫撰
咸豐元年（1851）刊
叔苴子内篇 六卷 外篇 二卷 （明）莊元臣撰
咸豐元年（1851）刊
西洋朝貢典録 三卷 （明）黄省曾撰
道光三十年（1850）刊
五代詩話 十卷 （清）王士禛輯、（清）鄭方坤删補
咸豐元年（1851）刊
第四集
易圖明辨 十卷 （清）胡渭撰
咸豐二年（1852）刊
四書逸箋 六卷 （清）程大中撰
道光三十年（1850）刊
古韻標準 四卷 詩韻舉例 一卷 （清）江永撰、（清）戴震參定
咸豐二年（1852）刊
四聲切韻表 一卷 凡例 一卷 （清）江永撰
咸豐二年（1852）刊
緒言 三卷 （清）戴震撰
道光三十年（1850）刊
聲類 四卷 （清）錢大昕撰
道光二十九年（1849）刊
宋遼金元四史朔閏考 二卷 （清）錢大昕撰、（清）錢侗增補
咸豐二年（1852）刊
第五集
國史經籍志 五卷 附録 一卷 （明）焦竑撰
咸豐元年（1851）刊
文史通義 八卷 （清）章學誠撰
咸豐元年（1851）刊
校讎通義 三卷 （清）章學誠撰
咸豐元年（1851）刊
第六集
經義考補正 十二卷 （清）翁方綱撰
道光三十年（1850）刊
小石帆亭五言詩續鈔 八卷 首一卷 （清）翁方綱輯
道光三十年（1850）刊
蘇詩補注 八卷 （清）翁方綱撰
咸豐元年（1851）刊
附：志道集 一卷 （宋）顧禧撰
石洲詩話 八卷 （清）翁方綱撰
咸豐元年（1851）刊

北江詩話 六卷 （清）洪亮吉撰
咸豐四年（1854）刊
玉山草堂續集 六卷 （清）錢林撰
道光二十九年（1849）刊
第七集
虎鈐經 二十卷 （宋）許洞撰
咸豐二年（1852）刊
打馬圖經 一卷 （宋）李清照撰
咸豐元年（1851）刊
敘古千文 一卷 （宋）胡寅撰、（宋）黄灝注
道光三十年（1850）刊
草廬經略 十二卷 （明）□□撰
道光三十年（1850）刊
字觸 六卷 （清）櫟下老人（周亮工）撰
咸豐元年（1851）刊
今世説 八卷 （清）王晫撰
咸豐二年（1852）刊
飲水詩集 一卷 詞集 一卷 （清）納蘭性德撰
咸豐元年（1851）刊
第八集
雙溪集 十五卷 附遺言 一卷 （宋）蘇籀撰
咸豐元年（1851）刊
日湖漁唱 一卷 補遺 一卷 續補遺 一卷 （宋）陳允平撰
咸豐元年（1851）刊
瑟譜 六卷 （元）熊朋來撰
咸豐二年（1852）刊
秋笳集 八卷 附録 一卷 （清）吳兆騫撰
咸豐二年（1852 刊）
燕樂考原 六卷 （清）凌廷堪撰
咸豐元年（1851）刊
第九集
絳雲樓書目 四卷 （清）錢謙益撰、（清）陳景雲注
道光三十年（1850）刊
述古堂藏書目 四卷 宋板書目 一卷 （清）錢曾撰
道光三十年（1850）刊
石柱記箋釋 五卷 （清）鄭元慶撰
道光三十年（1850）刊
林屋唱酬録 一卷 （清）馬曰琯等輯
道光三十年（1850）刊
焦山紀游集 一卷 （清）馬曰琯等輯
道光三十年（1850）刊
沙河逸老小稿 六卷 嶰谷詞 一卷 （清）馬曰琯撰
咸豐元年（1851）刊
南齋集 六卷 詞 二卷 （清）馬曰璐撰
咸豐元年（1851）刊
第十集
九國志 十二卷 （宋）路振撰、（宋）張唐英補
道光三十年（1850）刊
胡子知言六卷疑義 一卷 附録 一卷 （宋）胡宏撰
道光三十年（1850）刊
蒿庵閒話 二卷 （清）張爾岐撰
道光三十年（1850）刊
後漢書補注 二十四卷 （清）惠棟撰
咸豐元年（1851）刊
後漢書補表 八卷 （清）錢大昭撰
咸豐二年（1852）刊
二編
第十一集
詩書古訓 六卷 （清）阮元撰
咸豐五年（1855）刊
十三經音略 十三卷 附録 一卷 （清）周春撰
咸豐四年（1854）刊
説文聲系 十四卷 （清）姚文田撰
咸豐五年（1855）刊
第十二集
鄭志 三卷 附録 一卷 （漢）鄭玄撰、（魏）鄭小同編、（清）錢東垣、（清）錢繹、錢侗按
咸豐三年（1853）刊
文館詞林 殘 四卷 （唐）許敬宗等輯
咸豐三年（1853）刊

兩京新記（殘）一卷（存卷三）（唐）章述撰
咸豐三年（1853）刊
新譯大方廣佛華嚴經音義 四卷 （唐）釋慧苑撰
咸豐四年（1854）刊
道德真經注 四卷 （元）吳澄撰
咸豐五年（1855）刊
太上感應篇注 二卷 （清）惠棟撰
咸豐五年（1855）刊
歷代帝王年表 三卷 （清）齊召南撰、（清）阮福續編
咸豐五年（1855）刊
紀元編 三卷 末一卷 （清）李兆洛撰、（清）六承如録
咸豐五年（1855）刊

第十三集

中興禦侮録 二卷 （宋）□□撰
咸豐四年（1854）刊
襄陽守城録 一卷 （宋）趙萬年撰
咸豐四年（1854）刊
宋季三朝政要 五卷 附録 一卷 （宋）□□撰
咸豐三年（1853）刊
詞源 二卷 （宋）張炎撰
咸豐三年（1853）刊
精選名儒草堂詩餘 三卷 （元）鳳林書院輯
咸豐三年（1853）刊
樓山堂集 二十七卷 （明）吳應箕撰
咸豐三年（1853）刊

第十四集

朱子（熹）年譜 四卷 考異 四卷 （清）王懋竑撰
咸豐三年（1853）刊

附

朱子論學切要語 二卷 （清）王懋竑輯
韓柳年譜 八卷 （清）馬曰璐輯
咸豐五年（1855）刊
韓文（愈）類譜 七卷 （宋）魏仲舉輯
韓吏部文公集年譜 一卷 （宋）吕大防撰
韓文公歷官記 一卷 （宋）程俱撰
韓子年譜 五卷 （宋）洪興祖撰
柳先生（宗元）年譜 一卷 （宋）文安禮撰
疑年録 四卷 （清）錢大昕撰
咸豐四年（1854）刊
續疑年録 四卷 （清）吳修撰
咸豐五年（1855）刊
米海岳（芾）年譜 一卷 （清）翁方綱撰
咸豐五年（1855）刊
元遺山先生（好問）年譜 三卷 附墓圖記略 一卷 （清）翁方綱撰
咸豐五年（1855）刊

第十五集

崇文總目 五卷 補遺 一卷 附録 一卷（宋）王堯臣等撰、（清）錢東垣等輯釋補遺附録
（清）錢侗輯
咸豐三年（1853）刊
菉竹堂書目六卷 （明）葉盛撰
咸豐四年（1854）刊
菉竹堂碑目 六卷 （明）葉盛撰
咸豐四年（1854）刊
寒山堂金石林時地考 二卷 （明）趙均撰
咸豐三年（1853）刊
勝飲編 十八卷 （清）郎廷極撰
咸豐三年（1853）刊
採硫日記 三卷 （清）郁永河撰
咸豐三年（1853）刊
嵩洛訪碑日記 一卷 （清）黄易撰
咸豐四年（1854）刊
通志堂經解目録 一卷 （清）翁方綱輯
咸豐三年（1853）刊
蘇米齋蘭亭考 八卷 （清）翁方綱撰
咸豐三年（1853）刊
石渠隨筆 八卷 （清）阮元撰
咸豐四年（1854）刊

第十六集

周官新義 十六卷 附考工記解 二卷（宋）王安石撰
咸豐三年（1853）刊

爾雅新義 二十卷 附叙録 一卷 （宋）陸佃撰、（清）宋大樽校並輯叙録
咸豐三年（1853）刊
孫氏周易集解 十卷 （清）孫星衍撰
咸豐五年（1855）刊
春秋穀梁傳時月日書法釋例 四卷 （清）許桂林撰
咸豐四年（1854）刊
第十七集
群經音辨 七卷 （宋）賈昌朝撰
咸豐四年（1854）刊
相臺書塾刊正九經三傳沿革例 一卷 （宋）岳珂撰
咸豐四年（1854）刊
九經補韻 一卷 附録 一卷 （宋）楊伯嵒撰、（清）錢侗考證
咸豐三年（1853）刊
詞林韻釋 二卷 （宋）□□撰
咸豐四年（1854）刊
漢書地理志稽疑 六卷 （清）全祖望撰
咸豐三年（1853）刊
國策地名考 二十卷 首一卷 （清）程恩澤撰、（清）狄子奇箋
咸豐三年（1853）刊
第十八集
儀禮石經校勘記 四卷 （清）阮元撰
咸豐四年（1854）刊
隸經文 四卷 （清）江藩撰
咸豐四年（1854）刊
樂縣考 二卷 （清）江藩撰
咸豐四年（1854）刊
國朝漢學師承記 八卷 （清）江藩撰
附
國朝經師經義目録 一卷 （清）江藩撰
咸豐四年（1854）刊
國朝宋學淵源記 二卷 附記 一卷 （清）江藩撰
咸豐四年（1854）刊
顧亭林先生（炎武）年譜四卷附録 一卷 （清）張穆撰
咸豐三年（1853）刊
閻潛邱先生（若璩）年譜 四卷 （清）張穆撰
咸豐三年（1853）刊
第十九集
秋園雜佩 一卷 （清）陳貞慧撰
咸豐四年（1854）刊
倪文正公（元璐）年譜 四卷 （清）倪會鼎撰
咸豐四年（1854）刊
南雷文定前集 十一卷 後集 四卷 三集 三卷 詩歷 四卷 世譜 一卷 附録 一卷 （清）黄宗羲撰
咸豐三年（1853）刊
程侍郎遺集 十卷 附録 一卷 （清）程恩澤撰
咸豐五年（1855）刊
第二十集
李元賓文集文編 三卷 外編 二卷 續編 一卷 （唐）李觀撰、文編（唐）陸希聲輯、外編（宋）趙昂輯、續編（清）秦恩復輯
咸豐四年（1854）刊
吕衡州集 十卷 附考證 一卷 （唐）吕温撰 考證 （清）顧廣圻撰
咸豐四年（1854）刊
西崑酬倡集 二卷 （宋）楊億輯
咸豐四年（1854）刊
羅鄂州小集 六卷 （宋）羅願撰
咸豐三年（1853）刊
附
羅郢州遺文 一卷 （宋）羅頌撰
樂府雅詞 六卷 拾遺 二卷 （宋）曾慥輯
咸豐三年（1853）刊
陽春白雪 八卷 外集 一卷 （宋）趙聞禮輯
咸豐三年（1853）刊
揅經室詩録 五卷 （清）阮元撰
咸豐五年（1855）刊
三編
第二十一集

孟子音義 二卷 （宋）孫奭撰
咸豐十年（1860）刊
兩漢博聞 十二卷 （宋）楊侃撰
咸豐十年（1860）刊
春秋五禮例宗 十卷（原缺卷四至六）（宋）張大亨撰
咸豐十一年（1861）刊
倪易外儀 十五卷 （明）倪元璐撰
咸豐十一年（1861）刊
春秋國都爵姓考 一卷 附補 一卷 （清）陳鵬撰 補 （清）曾釗撰
咸豐十一年（1861）刊
儀禮管見 三卷 附録 一卷 （清）褚寅亮撰
咸豐十一年（1861）刊
孝經今文音義 一卷 （唐）陸德明撰
咸豐十年（1860）刊

第二十二集

孝肅包公奏議 十卷 （宋）包拯撰
同治元年（1862）刊
續世説 十二卷 （宋）孔平仲撰
咸豐十年（1860）刊
寶刻類編 八卷 （宋）□□撰
咸豐十一年（1861）刊
書義主意 六卷 （元）王充耘撰
咸豐十一年（1861）刊
群英書義 二卷 （明）張泰撰、（明）劉建文編選
焦氏類林 八卷 （明）焦竑撰
同治元年（1862）刊
西域釋地 一卷 西陲要略 四卷 （清）祁韻士撰
同治元年（1862）刊

第二十三集

續談助 五卷 （宋）晁載之輯
同治十三年（1874）刊
卷一
十洲記 （漢）東方朔撰
洞冥記 （漢）郭憲撰
琵琶録 （唐）段安節撰
卷二
北道刊誤志 （宋）王瓘撰
卷三
乘軺録 （宋）路振撰
文武兩朝獻替記 （唐）李德裕撰
牛羊日曆 （唐）劉軻撰
聖宋掇遺 （宋）□□撰
沂公筆録 （宋）王曾撰
竹譜 （晉）戴凱之撰
筍譜 （宋）釋贊寧撰
硯録 （宋）唐詢撰
三水小牘 （唐）皇甫枚撰
漢武故事 （漢）班固撰
卷四
漢孝武内傳 （漢）班固撰
殷芸小説 （梁）殷芸撰
大業雜記 （唐）杜寶撰
卷五
營造法式 （宋）李誡撰
緑珠傳 （宋）樂史撰
膳夫經手録 （唐）楊曄撰
益齋亂稿 十卷 拾遺 一卷 附集志 一卷 （高麗）李齊賢撰
同治元年（1862）刊
静齋至正直記 四卷 （元）孔齊撰
同治元年（1862）刊
鳳氏經説 三卷 （清）鳳應韶撰
同治元年（1862）刊
比雅 十九卷 （清）洪亮吉撰
咸豐十年（1860）刊
廣釋名 二卷 首一卷 （清）張金吾撰
咸豐十年（1860）刊
求表捷術 九卷 （清）戴煦撰
同治二年（1863）刊
對數簡法 二卷
續對數簡法 一卷
外切密率 四卷
假數測圓 二卷

第二十四集

乾道臨安志 十五卷（原缺卷四至卷十五） （宋）周淙撰
光緒元年（1875）刊

京口耆舊傳 九卷 （宋）□□撰
光緒元年（1875）刊
輿地碑記目 四卷 （宋）王象之撰
咸豐十年（1860）刊
紹興題名録 一卷
光緒元年（1875）刊
寶祐登科録 一卷
光緒元年（1875）刊
河朔訪古記 三卷 （元）納新（迺賢）撰
光緒元年（1875）刊
長物志 十二卷 （明）文震亨撰
同治十三年（1874）刊
墨志 一卷 （明）麻三衡撰
同治十三年（1874）刊
唐昭陵石跡考略 五卷 （清）林侗撰
同治十三年（1874）刊
瘞鶴銘考 一卷 （清）汪士鋐撰
同治十三年（1874）刊
小山畫譜 二卷 （清）鄒一桂撰
光緒元年（1875）刊
雲中紀程 二卷 （清）高懋功撰
同治元年（1862）刊
太清神鑒 六卷
同治十三年（1874）刊

第二十五集

漢唐事箋前集 十二卷 後集 八卷 （元）朱禮撰
光緒元年（1875）刊
馭交記 十二卷 （明）張鏡心撰、（明）冒起宗訂
光緒元年（1875）刊
西域釋地 一卷 （清）祁韻士撰
三國志補注 六卷 （清）杭世駿撰
光緒元年（1875）刊
述學内篇 三卷 外篇 一卷 補遺 一卷 別録 一卷 （清）汪中撰
光緒元年（1875）刊
黔書 四卷 （清）田雯撰
光緒元年（1875）刊
續黔書 八卷 （清）張澍撰
光緒元年（1875）刊
烟霞萬古樓文集 六卷 詩選 二卷 仲瞿詩録 一卷 （清）王曇撰
光緒元年（1875）刊
梅邊吹笛譜 二卷 補録 一卷 （清）凌廷堪撰
光緒元年（1875）刊

第二十六集

帝範 二卷 唐太宗撰、（□）□□注
咸豐六年（1856）刊
臣軌 二卷 唐武后撰、（唐）□□注
咸豐六年（1856）刊
群書治要 五十卷（原缺卷四、卷十三、卷二十） （唐）魏徵等輯
咸豐七年（1857）刊
四聲等子 一卷
咸豐十一年（1861）刊

第二十七集

周易新講義 十卷 （宋）龔原撰
咸豐十一年（1861）刊
泰軒易傳 六卷 （宋）李中正撰
同治元年（1862）刊
崔舍人玉堂類稿 二十卷 西垣類稿 二卷 附録 一卷 （宋）崔敦詩撰
同治元年（1862）刊

第二十八集

唐才子傳 十卷 （元）辛文房撰
同治元年（1862）刊
樂經律吕通解 五卷 （清）汪烜（紱）撰
同治元年（1862）刊
六書轉注録 十卷 （清）洪亮吉撰
咸豐七年（1857）刊
延令宋板書目（一名季滄葦藏書目）一卷 （清）季振宜撰
光緒元年（1875）刊
墨緣彙觀録 四卷 （清）松泉居士（安岐）録
光緒元年（1875）刊

第二十九集

兒易内儀以 六卷 （明）倪元璐撰
光緒十一年（1885）刊
蜀中名勝記 三十卷 （明）曹學佺撰

光緒元年（1875）刊
補宋書刑法志 一卷 （清）郝懿行撰
光緒元年（1875）刊
補宋書食貨志 一卷 （清）郝懿行撰
光緒元年（1875）刊
晉宋書故 一卷 （清）郝懿行撰
光緒元年（1875）刊
第三十集
姑溪居士文集 五十卷 後集 二十卷 （宋）李之儀撰
光緒元年（1875）刊
授堂文鈔 八卷 （清）武億撰
光緒元年（1875）刊
南北朝文鈔 二卷 （清）彭兆蓀輯
光緒元年（1875）刊

7672

嶺海樓叢書 十二種 三十九卷

（清）香山黄培芳編
清嘉慶二十年（1815）羊城富文齋刊本
叢廣
儒林録約刻 四卷 （清）張恒輯、（清）黄銘訂
嶺海樓詩鈔 十一卷（一名香石詩鈔）（清）黄培芳撰
粤嶽子 二卷 （清）黄培芳撰
虎坊雜志 四卷 （清）黄培芳撰
雲泉隨札 二卷 附錄 一卷 （清）黄培芳撰
浮山小志 三卷 （清）黄培芳撰
史傳事略 一卷 （清）黄培芳輯
仰山堂遺集 三卷 補遺 一卷 （清）黄紹統撰、黄培芳輯
香石詩文選 二卷 （清）黄培芳撰、（清）盛大士輯
香石詩話 四卷 （清）黄培芳撰
粤嶽草堂詩話 □卷 （清）黄培芳撰
嶺海樓時文 一卷 （清）黄培芳撰
（按：《香石詩文選》二卷即《粤東七子詩》卷五十一和《國朝嶺南文鈔》卷十三。黄氏另刊有《縹緗雜錄》一卷，清道光三十年刻；《藤蔭小記》一卷，與《縹緗雜錄》合刊；《詩法舉要》四卷，清咸豐四年嶺海樓刻；《黄氏家乘》六卷首一卷，清道光二十七年純淵堂刻。）

7673

海山仙館叢書 五十六種

（清）番禺潘仕成輯
清道光咸豐間番禺潘氏刊光緒中補刊本
粤圖、中大
子目：
遂初堂書目 一卷 （宋）尤袤撰
道光二十六年（1846）刊
易大義 一卷 （清）惠棟撰
道光二十七年（1847）刊
讀書敏求記 四卷 （清）錢曾撰
道光二十七年（1847）刊
尚書注考 一卷 （明）陳泰交撰
道光二十七年（1847）刊
讀詩拙言 一卷 （明）陳第撰
道光二十七年（1847）刊
四書逸箋 六卷 （清）程大中撰
道光二十六年（1846）刊
一切經音義 二十五卷 （唐）釋玄應撰、（清）莊炘、（清）錢坫、（清）孫星衍校
道光二十五年（1845）刊
古史輯要 六卷 首一卷 （清）□□撰
道光二十五年（1845）刊
史記短長説 二卷 （明）凌迪知、（明）凌稚隆撰
道光二十七年（1847）刊
順宗實録 五卷 （唐）韓愈撰
道光二十六年（1846）刊
九國志 十二卷 （宋）路振撰、（宋）張唐英補
道光二十七年（1847）刊
靖康傳信録 三卷 （宋）李綱撰
道光二十六年（1846）刊
庚申外史 二卷 （明）權衡撰
道光二十七年（1847）刊
二十二史感應録 二卷 （清）彭希涑撰

道光二十九年（1849）刊
洛陽名園記 一卷 （宋）李格非撰
道光二十六年（1846）刊
廣名將傳 二十卷 （明）黄道周注斷
道光二十九年（1849）刊
高僧傳 十三卷 （樑）釋慧皎撰
道光二十七年（1847）刊
酌中志 二十四卷 （明）劉若愚撰
道光二十五年（1845）
火攻挈要 三卷 圖一卷 （清西洋）湯若望授、（清）焦勗述
道光二十七年（1847）刊
慎守要録 九卷 （明）韓霖撰
道光二十九年（1849）刊
明夷待訪録 一卷 （清）黄宗羲撰
道光二十七年（1847）刊
考古質疑 六卷 （宋）葉大慶撰
光緒十一年（1885）刊
隱居通儀 三十一卷 （元）劉壎撰
道光二十九年（1849）刊
洞天清禄集 一卷 （宋）趙希鵠撰
道光二十九年（1849）刊
調燮類編 四卷
道光二十七年（1847）刊
菰中隨筆 一卷 （清）顧炎武撰
道光二十五年（1845）刊
雲谷雜紀 四卷 首一卷 末一卷 （宋）張淏撰
道光二十九年（1849）刊
龍筋鳳髓判 四卷 （唐）張鷟撰、（明）劉允鵬注、（清）陳春補正
道光二十六年（1846）刊
桂苑筆耕集 二十卷 （唐）崔致遠撰
道光二十七年（1847）刊
敬齋古今黈 八卷 （元）李冶撰
道光二十九年（1849）刊
晁具茨先生詩集 十五卷 （宋）晁冲之撰、（清）□□注
道光二十七年（1847）刊
揭曼碩詩 三卷 （元）揭傒斯撰
道光二十七年（1847）刊
青藤書屋文集 三十卷 補遺 一卷 （明）徐渭撰
道光二十六（1846）刊
婦人集 一卷 附補 一卷 （清）陳維崧撰、（清）冒褒注 補（清）冒丹書撰
道光二十六年（1846）刊
漁隱叢話 六十卷 後集 四十卷 （宋）胡仔撰
道光二十六年（1846）刊
四溟詩話 四卷 （明）謝榛撰
道光二十五年（1845）刊
宋四六話 十二卷 （清）彭元瑞撰
道光二十六年（1846）刊
詞苑叢談 十二卷 （清）徐釚撰
道光二十七年（1847）刊
竹雲題跋 四卷 （清）王澍撰
道光二十七年（1847）刊
讀書録 四卷 （清）周亮工撰
道光二十七年（1847）刊
續三十五舉 一卷 （清）桂馥撰
道光二十七年（1847）刊
茶董補 二卷 （明）陳繼儒輯
道光二十七年（1847）刊
酒顛補 三卷 （明）陳繼儒輯
道光二十七年（1847）刊
尺牘新鈔 十二卷 （清）周亮工輯
道光二十七年（1847）刊
顔氏家藏尺牘 四卷 姓氏考 一卷 （清）顔光敏輯
道光二十七年（1847）刊
幾何原本 六卷 （明西洋）利瑪竇口譯、（明）徐光啓筆受
道光二十七年（1847）刊
同文算指前編 二卷 通編 八卷 （明西洋）利瑪竇授、（明）李之藻演
道光二十九年（1849）刊
圜容較義 一卷 （明西洋）利瑪竇授、（明）李之藻演
道光二十七年（1847）刊
測量法義 一卷 （明西洋）利瑪竇口譯、（明）徐光啓筆授

道光二十七年（1847）刊
測量異同 一卷 （明）徐光啓撰
道光二十七年（1847）刊
句股義 一卷 （明）徐光啓撰
道光二十七年（1847）刊
翼梅 八卷 （清）江永撰
道光二十七年（1847）刊
曆學補論 一卷
歲實消長辯 一卷
恒氣注曆辯 一卷
冬至權度 一卷
七政衍 一卷
金水發微 一卷
中西合法擬草 一卷
算賸 一卷
女科 二卷 産後編 二卷 （清）傅山撰
道光二十七年（1847）刊
海録 一卷 （清）楊炳南撰
咸豐元年（1851）刊
新釋地理備考全書 十卷 ［西洋］瑪吉士撰
道光二十七年（1847）刊
全體新論 十卷 ［西洋］合信氏撰
咸豐元年（1851）刊

7674

勝朝遺事 二編 十四卷

（清）南海吴彌光輯、（清）宋澤元重訂
清道光二十二年（1842）楚香山屋刊本
粵圖、華農
清光緒九年（1883）山陰宋澤元懺華盦刊本
粵圖
子目：
初編 六卷
洪武聖政記 （明）宋濂撰
明初禮賢録 （明）□□撰
天潢玉牒 （明）解縉撰
龍興慈記 （明）王文禄撰
翦勝野聞 （明）徐禎卿撰
平漢録 （明）宋濂（一題童承叙）撰
平吳録 （明）吳寬撰
以上合一卷
北平録 （明）□□撰
平夏録 （明）黃標撰
平胡録 （明）陸深撰
靖難功臣録 （明）朱當㴐撰
備遺録 （明）張芹撰
平定交南録 （明）丘濬撰
北征録 （明）金幼孜撰
北征後録 （明）金幼孜撰
北征記 （明）楊榮撰
以上合一卷
宣爐注 （清）冒襄撰
否泰録 （明）劉定之撰
正統北狩事跡 （明）□□撰
北使録 （明）李實撰
天順日録 （明）李賢撰
聖駕臨雍録 （明）周洪謨撰
武宗外紀 （清）毛奇齡撰
以上合一卷
辨定嘉靖大禮議 （清）毛奇齡撰
諭對録 （明）張孚敬撰
倭變事略 （明）采九德撰
以上合一卷
靖海紀略 （明）鄭茂撰
病榻遺言 （明）高拱撰
星變志 題（明）抱甓外史撰
鈐山堂書畫記 （明）文嘉撰
以上合一卷
碧血録 （明）黃煜輯
甲申傳信録 （明）錢□撰
以上合一卷
二編 八卷
三朝聖諭録 （明）楊士奇撰
瀛涯勝覽 （明）馬歡撰
彭文憲公筆記 （明）彭時撰
以上合一卷
閑中今古録 （明）黃溥撰
病逸漫記 （明）陸釴撰
琅琊漫鈔 （明）文林撰
水東日記 （明）葉盛撰
近峰記略 （明）皇甫庸撰

留青日札 （明）田藝蘅撰
以上合一卷
今言類編 二卷 （明）鄭曉撰
錦衣志 （明）王世貞撰
觚不觚録 （明）王世貞撰
鳳洲筆記 （明）王世貞撰
以上合一卷
奇聞類記 （明）施顯卿撰
幸存録 （明）夏允彝撰
以上合一卷
復社紀事 （清）吴偉業撰
彤史拾遺記 （清）毛奇齡撰
以上合一卷
後鑒録 一卷 （明）毛奇齡撰

7675
紀事本末彙刻 八種 七百五十卷
（清）廣雅書局輯
清光緒中廣雅書局刊本
粵圖、中大
子目：
左傳紀事本末 五十三卷 （清）高士奇撰 光緒二十六年（1900）刊
通鑑紀事本末 二百三十九卷 （宋）袁樞撰、（明）張溥論正
光緒十三年（1887）刊
通鑑長編紀事本末 一百五十卷（原缺卷五至卷七、卷一百十四至卷一百十九） （宋）楊仲良撰
光緒十九年（1893）刊
宋史紀事本末 一百九卷 （明）馮琦撰、（明）陳邦瞻增訂、（明）張溥論正
光緒十三年（1887）刊
遼史紀事本末 四十卷 （清）李有棠撰
光緒二十六年（1900）刊
金史紀事本末 五十二卷 （清）李有棠撰
光緒二十七年（1901）刊
元史紀事本末 二十七卷 （明）陳邦瞻撰、（明）張溥論正
光緒十三年（1887）刊
明史紀事本末 八十卷 （清）谷應泰撰
光緒十三年（1887）刊

7676
兩湖書院重校史論叢編 四種 十一卷
（清）劉□輯
清光緒二十六年（1900）粵雅堂刊本
國圖
子目：
唐史論斷 三卷 （宋）孫甫撰
三國雜事 二卷 （宋）唐庚撰
唐書直筆 四卷 （宋）呂夏卿撰
涉史隨筆 一卷 附録 一卷 （宋）葛洪撰
（按：一名《江夏劉氏史部叢書第一編》。）

7677
清代學術叢書二集 五種 五十一卷
香山黄寶熙輯
民國十四年（1925）香山黄氏古愚室據刊本影印
國圖、南國等
子目：
第一集
論語通釋 一卷 （清）焦循撰
顔氏學記 十卷 （清）戴望撰
管子校正 二十卷 （清）戴望撰
第二集
巢經巢文集 六卷 詩集 九卷 後集 四卷 遺詩 一卷 附録 一卷 （清）鄭珍撰
屈廬詩稿 四卷 （清）鄭知同撰

7678
古經解彙函 二百八十三卷
（清）鍾謙鈞等輯
清同治十二年（1873）粵東書局刊本
國圖等
清光緒十四年（1888）上海蜚英館石印本
北大、粵圖
清光緒十五年（1889）湘南書局刊本
復旦、粵圖
子目：
鄭氏周易注 三卷 補遺 一卷 （漢）鄭玄撰、（宋）王應麟撰、（清）惠棟增補、（清）孫堂重校並輯補遺

陸氏周易述 一卷 （吴）陸績撰、（明）姚士麟輯、（清）孫堂增補
周易口訣義 六卷 （唐）史徵撰
易緯八種 （漢）鄭玄注
易緯乾坤鑿度 二卷
易緯乾鑿度 二卷
易緯稽覽圖 二卷
易緯辨終備 一卷
易緯通卦驗 二卷
易緯乾元序制記 一卷
易緯是類謀 一卷
易緯坤靈圖 一卷
尚書大傳 三卷 附序録 一卷 辨僞 一卷 （漢）伏勝撰、（漢）鄭玄注、（清）陳壽祺輯校並撰序録辨僞
韓詩外傳 十卷 附校注拾遺 一卷 （漢）韓嬰撰、（清）周廷寀校注
校注拾遺 （清）周宗杬撰
毛詩草木鳥獸蟲魚疏 二卷 （吴）陸璣撰、（清）丁晏校正
春秋繁露 十七卷 附録 一卷 （漢）董仲舒撰、（清）盧文弨校
春秋釋例 十五卷 （晉）杜預撰 （清）莊述祖、（清）孫星衍校
春秋啖趙集傳纂例 十卷 （唐）陸淳撰
春秋微旨 三卷 （唐）陸淳撰
春秋啖趙二先生集傳辨疑 十卷 （唐）陸淳撰
論語集解義疏 十卷 （魏）何晏集解、（梁）皇侃義疏
論語筆解 二卷 （唐）韓愈、（唐）李翺撰
鄭志 三卷 補遺 一卷 （漢）鄭玄撰、（魏）鄭小同編、（清）王復輯、（清）武億校
小學彙函
輶軒使者絶代語釋別國方言 十三卷 校正補遺 一卷 （漢）揚雄撰、（晉）郭璞注、（清）盧文弨校
釋名 八卷 （漢）劉熙撰、（清）吴志忠校
廣雅 十卷 （魏）張揖撰、（隋）曹憲音
匡謬正俗 八卷 （唐）顔師古撰
急就篇 四卷 （漢）史游撰、（唐）顔師古注、（宋）王應麟補注
説文解字 十卷 （卷）許慎撰、（宋）徐鉉等校定
説文解字繫傳 四十卷 附校勘記 三卷 （南唐）徐鍇撰
校勘記 （清）祁寯藻撰
説文解字篆韻譜 五卷 附録 一卷 （南唐）徐鍇撰

7679

歷代地理志彙編 十四編 五十五種

（清）羅汝楠輯
清光緒二十四年（1898）廣東集古書屋刊本
國圖、南大
甲編
漢書地理志 二卷 附考證 （漢）班固撰、（唐）顔師古注
附
漢書地理志稽疑 六卷 （清）全祖望撰
十七史商榷 八卷（漢書） （清）王鳴盛撰
廿二史攷異 一卷（漢書） （清）錢大昕撰
漢書辨疑 二卷（地理志） （清）錢大昭撰
新斠注地里志 十六卷 （清）錢坫撰
漢志水道疏證 四卷 （清）洪頤煊撰
漢書地理志校本 二卷 （清）汪遠孫撰
漢書地理志水道圖説 七卷 （清）陳澧撰
漢書注校補 二卷（地理志） （清）周壽昌撰
乙編
後漢書郡國志 五卷 附考證 （晉）司馬彪撰 （梁）劉昭注
附
續漢志補 二卷 （清）惠棟撰
十七史商榷 二卷（續漢書） （清）王鳴盛撰

廿二史攷異 一卷（續漢書） （清）錢大昕撰
續漢書辨疑 五卷（郡國志） （清）錢大昭撰
丙編
補三國疆域志 二卷 （清）洪亮吉撰
丁編
晉書地理志 二卷 附考證
唐太宗撰
附
十七史商榷 一卷（晉書） （清）王鳴盛撰
廿二史攷異 一卷（晉書） （清）錢大昕撰
晉書地理志新補正 五卷 （清）畢沅撰
東晉疆域志 四卷 （清）洪亮吉撰
晉書校勘記 一卷 （清）勞格撰
新校晉書地理志 一卷 （清）方愷撰
戊編
宋書州郡志 四卷 附考證 （梁）沈約撰
附
十七史商榷 一卷（宋書） （清）王鳴盛撰
廿二史攷異 一卷（宋書） （清）錢大昕撰
宋州郡志校勘記 一卷 （清）成孺（蓉鏡）撰
己編
南齊書州郡志 二卷 附考證 （梁）蕭子顯撰
附
十七史商榷 一卷（南齊書） （清）王鳴盛撰
廿二史攷異 一卷（南齊書） （清）錢大昕撰
庚編
補梁疆域志 四卷 （清）洪齮孫撰
辛編
魏書地形志 三卷 附考證 （北齊）魏收撰
附
十七史商榷 一卷（魏書） （清）王鳴盛撰
廿二史攷異 一卷（魏書） （清）錢大昕撰
壬編
隋書地理志 三卷 附考證 （唐）魏徵（唐）長孫無忌等撰
附
十七史商榷 一卷（隋書） （清）王鳴盛撰
廿二史攷異 一卷（隋書） （清）錢大昕撰
癸編
舊唐書地理志 四卷 附考證 （後晉）劉昫撰
唐書地理志 七卷 附考證 （宋）歐陽修 （宋）宋祁等撰
附
十七史商榷 二卷（新舊唐書） （清）王鳴盛撰
廿二史攷異 一卷（舊唐書） （清）錢大昕撰
子編
舊五代史郡縣志 一卷 附考證 （宋）薛居正等撰
五代史職方考 一卷 附考證 （宋）歐陽修撰
附
十七史商榷 一卷（五代史） （清）王鳴盛撰
廿二史攷異 一卷（五代史） （清）錢大昕撰
丑編
宋史地理志 六卷 附考證 （元）脱脱等撰
附
廿二史攷異 一卷（宋史） （清）錢大昕撰
寅編
遼史地理志 五卷 （元）脱脱等撰

附
廿二史攷異 一卷（遼史）（清）錢大昕撰
金史地理志 三卷 （元）脱脱等撰
附
廿二史攷異 一卷（金史）（清）錢大昕撰
金史詳校 三卷（地理志）（清）施國祁撰
元史地理志 六卷 （明）宋濂、（明）王禕等撰
附
廿二史攷異 一卷（元史）（清）錢大昕撰
卯編
明史地理志 六卷 （清）張廷玉等撰

7680
清代燕都梨園史料 三十八種
東莞張江裁輯
民國二十三年（1934）北平邃雅齋排印本
北大、上圖等
子目：
燕蘭小譜 五卷 （清）西湖安樂山樵（吳長元）撰
日下看花記 四卷 （清）小鐵箋道人撰
片羽集 一卷 （清）來青閣主人輯
聽春新詠 三卷 題（清）留春閣小史輯
鶯花小譜 一卷 （清）半標子撰
金臺殘淚記 三卷 （清）華胥大夫（張際亮）
燕臺鴻爪集 一卷 題（清）粟海庵居士撰
辛壬癸甲録 一卷 （清）蘂珠舊史（楊懋建）撰
長安看花記 一卷 （清）蘂珠舊史（楊懋建）撰
丁年玉筍志 一卷 （清）蘂珠舊史（楊懋建）撰
夢華瑣簿 一卷 （清）蘂珠舊史（楊懋建）撰
曇波 一卷 題（清）四不頭陀撰
法嬰秘笈 一卷 題（清）雙影盦生撰
明僮小録 一卷 續録 一卷 題（清）余不釣徒撰 （清）殿春生續
增補菊部群英（一名群芳小集）一卷 （清）麋月樓主（譚獻）撰
評花新譜 一卷 （清）藝蘭生撰
菊部群英 一卷 題（清）邗江小遊仙客撰
群英續集（一名群芳小集續集）一卷 （清）麋月樓主（譚獻）撰
宣南雜俎 一卷 （清）藝蘭生輯
擷華小録 一卷 （清）沅浦癡漁（余嵩慶）撰
燕臺花事録 三卷 （清）蜀西樵也（王增祺）撰
鳳城品花記 一卷 題（清）香溪漁隱撰
清賦艷詞人 （清）藝蘭生注
懷芳記 一卷 題（清）蘿摩庵老人撰、題（清）麋月樓主（譚獻）注
側帽餘譚 一卷 （清）藝蘭生撰
菊臺集秀録 一卷 （清）□□撰
新刊鞠臺集秀録 一卷 （清）□□撰
瑶臺小録 一卷 （清）王韜撰
情天外史正冊 一卷 續冊 一卷 （清）□□撰
越縵堂菊話 一卷 （清）李慈銘撰
異伶傳 一卷 （清）陳淡然撰
哭庵賞菊詩 一卷 附録 一卷 （民國）易順鼎撰
鞠部叢譚 一卷 （民國）羅惇曧撰
宣南零夢録 一卷 （清）沈宗畸撰
梨園舊話 一卷 （清）倦遊逸叟（吳燾）撰
梨園軼聞 一卷 （民國）許九埜撰
舊劇叢談 一卷 （民國）陳彦衡撰
北京梨園掌故長編 一卷 張江裁輯
北京梨園金石文字録 一卷 張江裁輯

7681

清代燕都梨園史料續編 十三種 十三卷

東莞張江裁輯

民國二十六年（1937）北平松筠閣書店排印本

上圖、國圖等

子目：

雲郎小史 一卷 冒廣生撰

九青圖詠 一卷 張江裁輯

消寒新詠 一卷 題（清）鐵橋山人（清）問津漁者（清）石坪居士撰

衆香國 一卷 題（清）衆香主人撰

燕臺集豔 二十四卷 花品 一卷 題（清）播花居士輯

燕臺花史 一卷 題（清）蜃橋逸客（清）兜率宮侍者（清）寄齋寄生撰

檀青引 一卷 （民國）楊圻撰

鞠部明僮選勝録 一卷 （清）李毓如撰

杏林擷秀 一卷 （民國）謝素聲撰

聞歌述憶 一卷 題（民國）鳴晦廬主人撰

北平梨園竹枝詞薈編 一卷 張江裁輯

燕都名伶傳 一卷 張江裁撰

燕歸來簃隨筆 一卷 張江裁撰

7682

藝術叢書 五類

（民國）□□輯

民國五年（1916）南海黄任恒保粹堂據清光緒中翠琅玕館版重編印本

國圖、上圖、南圖等

子目：

書學

書苑菁華 二十卷 （宋）陳思撰

張氏書畫四表 四卷 （明）張丑撰

法書名畫見聞表 一卷

南陽名畫表 一卷

南陽法書表 一卷

清河秘篋書畫表 一卷

顔書編年録 四卷 （清）黄本驥撰

藝舟雙楫 六卷 （清）包世臣撰

玉臺書史 一卷 （清）厲鶚撰

畫學

苦瓜和尚畫語録 一卷 （清）釋道濟撰

畫訣 一卷 （清）龔賢撰

雨窗漫筆 一卷 （清）王原祁撰

東莊論畫 一卷 （清）王昱撰

浦山論畫 一卷 （清）張庚撰

山南論畫 一卷 （清）王學浩撰

石村畫訣 一卷 （清）孔衍栻撰

寫竹雜記 一卷 （清）蔣和撰

繪事津梁 一卷 （清）秦祖永撰

二十四畫品 一卷 （清）黄鉞撰

畫筌析覽 一卷 （清）湯貽汾撰

廣川畫跋 六卷 （宋）董逌撰

惲南田畫跋 四卷 （清）惲格撰

板橋題畫 一卷 （清）鄭燮撰

冬心畫題記 五卷 （清）金農撰

冬心先生畫竹題記 一卷

冬心畫梅題記 一卷

冬心畫馬題記 一卷

冬心畫佛題記 一卷

冬心自寫真題記 一卷

小山畫譜 二卷 （清）鄒一桂撰

無聲詩史 七卷 （清）姜紹書撰

玉臺畫史 五卷 別録 一卷 （清）湯漱玉輯

雜技

周櫟園印人傳 三卷 （清）周亮工撰

飛鴻堂印人傳 八卷 （清）汪啓淑撰

摹印傳燈 二卷 （清）葉爾寬撰

紅术軒紫泥法定本 一卷 （清）汪鎬京撰

琴學八則 一卷 （清）程雄撰

裝潢志 一卷 （清）周嘉胄撰

桐堦副墨 一卷 （明）黎遂球撰

南村觴政 一卷 （清）張惣撰

物譜

錢譜 一卷 （宋）董逌撰

墨表 一卷 （清）萬壽祺撰

雪堂墨品 一卷 （清）張仁熙撰

漫堂墨品 一卷 （清）宋犖撰

觀石録 一卷 （清）高兆撰

水坑石記 一卷 （清）錢朝鼎撰

陶説 六卷 （清）朱琰撰
陽羨茗壺系 一卷 （明）周高起撰
獸經 一卷 （明）黄省曾撰
虎苑 二卷 （明）王穉登撰
洞山岕茶系 一卷 （明）周高起撰
雜品
幽夢影 二卷 （清）張潮撰
藏書紀要 一卷 （清）孫從添撰
清秘藏 二卷 （明）張應文撰

7683

美術叢書 四集

順德鄧實輯
民國二十五年（1936）上海神州國光社鉛印本
粤圖、中大
子目：
初集
第一輯
書筏 一卷 （清）笪重光撰
畫筌 一卷 （清）笪重光撰、（清）王翬、（清）惲格評
龔安節先生畫訣 一卷 （清）龔賢撰
苦瓜和尚畫語録 一卷 （清）釋道濟撰
賜硯齋題畫偶録 一卷 （清）戴熙撰
草心樓讀畫集 一卷 （清）黄崇惺撰
摹印述 一卷 （清）陳澧撰
墨經 一卷 （宋）晁貫之撰
琴學八則 一卷 （清）程雄撰
觀石録 一卷 （清）高兆撰
藝蘭記 一卷 （清）劉文淇撰
履園畫學 一卷 （清）錢泳撰
七頌堂詞繹 一卷 （清）劉體仁撰
七頌堂識小録 一卷 （清）劉體仁撰
第二輯
初月樓論書隨筆 一卷 （清）吴德旋撰
雨窗漫筆 一卷 （清）王原祁撰
麓臺題畫稿 一卷 （清）王原祁撰
東莊論畫 一卷 （清）王昱撰
裝潢志 一卷 （清）周嘉胄撰
端溪硯坑記 一卷 （清）李兆洛撰
玉紀 一卷 （清）陳性撰
玉紀補 一卷 （清）劉心寶撰
金粟詞話 一卷 （清）彭孫遹撰
製曲枝語 一卷 （清）黄周星撰
前塵夢影録 二卷 （清）徐康撰
第三輯
書法約言 一卷 （清）宋曹撰
畫眼 一卷 （明）董其昌撰
畫訣 一卷 （清）孔衍栻撰
冬心畫竹題記 一卷 （清）金農撰
冬心畫梅題記 一卷 （清）金農撰
冬心畫馬題記 一卷 （清）金農撰
冬心畫佛題記 一卷 （清）金農撰
冬心自寫真題記 一卷 （清）金農撰
陽羨名陶録 二卷 （清）吴騫撰
窰器説 一卷 （清）程哲撰
後觀石録 一卷 （清）毛奇齡撰
勇盧閑詰 一卷 （清）趙之謙撰
士那補釋 一卷 （清）張義澍撰
負暄野録 二卷 （宋）陳槱撰
第四輯
鈍吟書要 一卷 （清）馮班撰
畫引 一卷 （清）顧凝遠撰
二十四畫品 一卷 （清）黄鉞撰
畫友録 一卷 （清）黄鉞撰
賴古堂書畫跋 一卷 （清）周亮工撰
小松園閣書畫跋 一卷 附硯銘雜器銘 一卷 （清）程庭鷺撰
秋水園印説 一卷 （清）陳鍊撰
墨志 一卷 （明）麻三衡撰
荀勗笛律圖注 一卷 （清）徐養原撰
書影擇録 一卷 （清）周亮工撰
第五輯
頻羅庵論書 一卷 （清）梁同書撰
繪事發微 一卷 （清）唐岱撰
論畫絶句 一卷 （清）宋犖原唱、（清）朱彝尊和
漫堂書畫跋 一卷 （清）宋犖撰
頻羅庵書畫跋 一卷 （清）梁同書撰
古銅瓷器考 二卷 （清）梁同書撰
古銅器考 一卷

古窯器考 一卷
怪石贊 一卷 （清）宋犖撰
雪堂墨品 一卷 （清）張仁熙撰
漫堂墨品 一卷 （清）宋犖撰
筆史 一卷 （清）梁同書撰
秋園雜佩 一卷 （清）陳貞慧撰
第六輯
臨池管見 一卷 （清）周星蓮撰
畫麈 一卷 （明）沈顥撰
繪事津梁 一卷 （清）秦祖永撰
徐電發楓江漁父小像題詠 一卷 （清）徐釚輯
書箋 一卷 （明）屠隆撰
帖箋 一卷 （明）屠隆撰
畫箋 一卷 （明）屠隆撰
琴箋 一卷 （明）屠隆撰
摹印傳燈 二卷 （清）葉爾寬撰
石譜 一卷 （清）諸九鼎撰
硯録 一卷 （清）曹溶撰
瓶史 二卷 （明）袁宏道撰
天壤閣雜記 一卷 （清）王懿榮撰
第七輯
臨池心解 一卷 （清）朱和羹撰
學書淺説 一卷 （清）王槩撰
學古編 一卷 附三十五舉校勘記 一卷 （元）吾丘衍撰、校勘記 （清）姚覲元撰
續三十五舉 一卷 （清）桂馥撰
再續三十五舉 一卷 （清）姚晏撰
續三十五舉 一卷 （清）黄子高撰
端溪硯石考 一卷 （清）高兆撰
享金簿 一卷 （清）孔尚任撰
第八輯
海岳名言 一卷 （宋）米芾撰
寶章待訪録 一卷 （宋）米芾撰
指頭畫説 一卷 （清）高秉撰
玉几山房畫外録 二卷 （清）陳撰撰
印章集説 一卷 （明）甘暘撰
清秘藏 二卷 （明）張應文撰
第九輯
安吳論書 一卷 （清）包世臣撰
小山畫譜 二卷 （清）鄒一桂撰
曝書亭書畫跋 一卷 （清）朱彝尊撰
説硯 一卷 （清）朱彝尊撰
賞延素心録 一卷 （清）周二學撰
琉璃志 一卷 （清）孫廷銓撰
石友贊 一卷 （清）王璋撰
洞天清録集 一卷 （宋）趙希鵠撰
第十輯
天際烏雲帖考 二卷 （清）翁方綱撰
評書帖 一卷 （清）梁巘撰
眉公書畫史 一卷 （明）陳繼儒撰
書畫金湯 一卷 （明）陳繼儒撰
西湖臥遊圖題跋 一卷 （明）李流芳撰
三萬六千頃湖中畫船録 一卷 （清）迮朗撰
妮古録 四卷 （明）陳繼儒撰
二集
第一輯
書史 一卷 （宋）米芾撰
汪氏珊瑚網畫繼 一卷 畫據 一卷 畫法 一卷 （明）汪砢玉撰
印説 一卷 （清）萬壽祺撰
論墨 一卷 （清）萬壽祺撰
硯林拾遺 一卷 （清）施閏章撰
寓意編 一卷 （明）都穆撰
第二輯
雲烟過眼録 二卷 （宋）周密撰
雲烟過眼録續集 一卷 （元）湯允謨撰
國朝吳郡丹青志 一卷 （明）王穉登撰
竹嬾畫賸 一卷 續畫賸 一卷 附録 一卷 （明）李日華撰
竹嬾君題語 一卷 （明）李日華撰
醉鷗墨君題語 一卷 （明）李肇亨撰
評紙帖 一卷 （宋）米芾撰
墨表 二卷 古今墨論 一卷 （清）萬壽祺撰
傳古别録 一卷 （清）陳介祺撰
第三輯
貞觀公私畫史 一卷 （唐）裴孝源撰
玉雨堂書畫記 四卷 （清）韓泰華撰
今夕盦讀畫絶句 一卷 （清）居巢撰

今夕盦題畫詩 一卷 （清）居巢撰
七家印跋 不分卷 （清）秦祖永撰
第四輯
書法雅言 一卷 （明）項穆撰
須静齋雲烟過眼録 一卷 （清）潘世璜撰、（清）潘遵祁録
宣德鼎彝譜 八卷 （明）吕震等撰
宣爐博論 一卷 （明）項元汴撰
宣爐歌注 一卷 （清）冒襄撰
非煙香法 一卷 （明）董説撰
第五輯
寒山帚談 二卷 附録 二卷 （明）趙宧光撰
竹譜 一卷 （元）李衎撰
墨竹記 一卷 （□）張退公撰
華光梅譜 一卷 （宋）釋仲仁撰
畫梅題跋 一卷 （清）查禮撰
竹人録 二卷 （清）金元鈺撰
第六輯
唐朝名畫録 一卷 （唐）朱景玄撰
鈐山堂書畫記 一卷 （明）文嘉撰
朱臥庵藏書畫目 一卷 （明）朱之赤撰
金粟箋説 一卷 （清）張燕昌撰
墨法集要 一卷 （明）沈繼孫撰
青霞館論畫絶句 一卷 （清）吳修撰
第七輯
林泉高致 一卷 （宋）郭熙撰
傳神秘要 一卷 （清）蔣驥撰
陶説 六卷 （清）朱琰撰
繡譜 一卷 （清）丁佩撰
談石 一卷 （清）梁九圖撰
第八輯
字學憶參 一卷 （清）姚孟起撰
山水純全集 一卷 （宋）韓拙撰
景德鎮陶録 十卷 （清）藍浦撰、（清）鄭廷桂補輯
杖扇新録 一卷 （清）王廷鼎撰
骨董十三説 一卷 （明）董其昌撰
第九輯
畫史 一卷 （宋）米芾撰
六如居士畫譜 三卷 （明）唐寅輯
紙墨筆硯箋 一卷 （明）屠隆撰
香箋 一卷 （明）屠隆撰
茶箋 一卷 （明）屠隆撰
山齋清供箋 一卷 （明）屠隆撰
起居器服箋 一卷 （明）屠隆撰
文房器具箋 一卷 （明）屠隆撰
遊具箋 一卷 （明）屠隆撰
論印絶句 一卷 （清）吳騫輯
第十輯
書法粹言 一卷 （明）汪挺撰
中麓畫品 一卷 （明）李開先撰
硯史 一卷 （宋）米芾撰
歙州硯譜 一卷 （宋）唐積撰
端溪硯譜 一卷 （宋）□□撰
瓶花譜 一卷 （明）張丑撰
硃砂魚譜 一卷 （明）張丑撰
茶經 一卷 （明）張丑撰
野服考 一卷 （宋）方鳳撰
紅术軒紫泥法定本 一卷 （清）汪鎬京撰
韻石齋筆談 二卷 （清）姜紹書撰
三集
第一輯
篆學指南 一卷 （明）趙宧光撰
硯林印款 一卷 （清）丁敬撰
米庵鑒古百一詩 一卷 （明）張丑撰
谿山臥遊録 四卷 （清）盛大士撰
冬心先生雜畫題記 一卷 補遺 一卷 （清）金農撰
冬心先生隨筆 一卷 （清）金農撰
竹里畫者詩 一卷 （清）張廷濟撰
清儀閣雜詠 一卷 （清）張廷濟撰
第二輯
書學緒聞 一卷 （清）魏錫曾撰
古今畫鑒 一卷 （元）湯垕撰
圖畫精意識 一卷 畫論 一卷 （清）張庚撰
我川寓賞編 一卷 （清）□□撰
我川書畫記 一卷 附録 一卷 （清）□□撰
墨記 一卷 （宋）何薳撰
績語堂論印彙録 一卷 （清）魏錫曾撰

第三輯
四友齋書論 一卷 畫論 一卷 （明）何良俊撰
歙硯説 一卷 辨歙石説 一卷 （宋）□□撰
茗壺圖録 一卷 ［日本］奥玄寶撰
論畫雜詩 一卷 （清）金農撰
山静居畫論 一卷 （清）方薰撰
志雅堂雜鈔 一卷 （宋）周密撰
第四輯
論書法 一卷 （清）王宗炎撰
文湖州竹派 一卷 （元）吳鎮撰
梅道人遺墨 一卷 （元）吳鎮撰
松壺畫憶 二卷 （清）錢杜撰
海虞畫苑略 一卷 補遺 一卷 （清）魚翼撰
曼盦壺廬銘 一卷 （清）葉金壽撰 （清）郭傳璞注
第五輯
翰林要訣 一卷 （元）陳繹曾撰
越畫見聞 三卷 （清）陶元藻撰
冬花庵題畫絶句 一卷 （清）奚岡撰
松壺畫贅 二卷 （清）錢杜撰
蜀箋譜 一卷 （元）費著撰
蜀錦譜 一卷 （元）費著撰
頤堂先生糖霜譜 一卷 （宋）王灼撰
第六輯
書訣 一卷 （明）豐坊撰
古畫品録 一卷 （南齊）謝赫撰
續畫品 一卷 （陳）姚最撰
續畫品録 一卷 （唐）李嗣真撰
後畫録 一卷 （唐）釋彦悰撰
飲流齋説瓷 一卷 （民國）許之衡撰
第七輯
畫論 一卷 （元）湯垕撰
明畫録 一卷 （清）徐沁撰
端溪硯坑考 一卷 （清）計楠撰
石隱硯談 一卷 （清）計楠撰
墨餘贅稿 一卷 （清）計楠撰
第八輯
宣和論畫雜評 一卷 （宋）趙佶撰
好古堂家藏書畫記 二卷 續收書畫奇物記 一卷 （清）姚際恒撰
嘯月樓印賞 一卷 （清）戴啓偉撰
武英殿聚珍版程式 一卷 （清）金簡撰
金玉瑣碎 二卷 （清）謝堃撰
第九輯
玉燕樓畫法 一卷 （清）魯一貞、（清）張廷相撰
梁元帝山水松石格 一卷 （梁）元帝撰
畫山水訣 一卷 （宋）李澄叟撰
雲林石譜 三卷 （宋）杜綰撰
長物志 十二卷 （明）文震亨撰
第十輯
大滌子題畫詩跋 四卷 （清）釋道濟撰
畫説 一卷 （清）華翼綸撰
燕閑清賞箋 一卷 （明）高濂撰
談藝録 一卷 （民國）鄧實輯
四集
第一輯
清内府藏刻絲書域録 七卷 朱啓鈐撰
畫説 一卷 （明）莫是龍撰
南窗筆記 一卷 （清）张九鉞撰
紀硯 一卷 （清）程瑤田撰
第二輯
述書賦 一卷 （唐）竇臮撰、（唐）竇蒙注
續書法論 一卷 （清）蔣驥撰
畫録廣遺 一卷 （宋）張澂撰
畫禪 一卷 （明）釋蓮儒撰
湛園題跋 一卷 （清）姜宸英撰
板橋題畫 一卷 （清）鄭燮撰
絲綉筆記 二卷 朱啓鈐撰
第三輯
玉臺書史 一卷 （清）厲鶚撰
玉臺畫史 五卷 別録 一卷 （清）湯漱玉撰
拙存堂題跋 一卷 （清）蔣衡撰
鼎録 一卷 （梁）虞荔撰
硯史 一卷 （宋）米芾撰
皺水軒詞筌 一卷 （清）賀裳撰

第四輯
南宋院畫録 八卷 （清）厲鶚撰
茗笈 二卷 品藻 一卷 （明）屠本畯撰
刀劍録 一卷 （梁）陶弘景撰
翼譜叢談 一卷 （清）莊繼光撰
第五輯
蘇米齋蘭亭考 八卷 （清）翁方綱撰
書品 一卷 （宋）李薦撰
宋中興館閣儲藏圖書記 一卷 （宋）楊王休輯
南宋院畫録補遺 一卷 （清）厲鶚撰
女紅傳徵略 一卷 朱啓鈐輯
第六輯
書勢 一卷 （清）程瑤田撰
筆法記 一卷 （後梁）荆浩撰
書畫目録 一卷 （元）王惲撰
南田畫跋 四卷 （清）惲格撰
銅仙傳 四卷 （清）徐元潤撰
水坑石記 一卷 （清）錢朝鼎撰
刺綉書畫録 七卷 （民國）紫江輯
第七輯
聽颿樓書畫記 五卷 續刻 二卷 （清）潘正煒撰
第八輯
湘管齋寓賞編 六卷 （清）陳焯撰
第九輯
書小史 十卷 （宋）陳思撰
衍極 五卷 （元）鄭杓撰
右軍（王羲之）年譜 一卷 （清）魯一同撰
第十輯
書畫所見録 一卷 （清）謝堃撰
天瓶齋書畫題跋 二卷 （清）張照撰
畫録廣遺 一卷 （宋）張澂撰
趙蘭坡所藏書畫目録 一卷 （宋）□□撰
山水純全集 五卷 （宋）韓拙撰
悦生所藏書畫別録 一卷 （宋）□□撰
畫禪 一卷 （明）釋蓮儒撰
竹園陶説 一卷 （民國）劉子芬撰
古玉考 一卷 （民國）劉子芬撰
香國 二卷 （明）毛晉撰
羅鍾齋蘭譜 一卷 （明）張應文撰

7684

香豔小品 五種 十一卷

（清）番禺沈宗畸輯
清宣統元年（1909）番禺沈氏石印本
國圖、上圖、港大
子目：
板橋雜記 一卷 附録 一卷 （清）余懷撰
影梅庵憶語 一卷 附録 一卷 （清）冒襄撰
海鷗小譜 一卷 附録 一卷 （清）趙執信撰
欠愁集 一卷 （清）史震林撰
冒氏小品四種 （清）冒襄撰
寒碧孤吟 一卷
集美人名詩 一卷
蘭言 一卷
岕茶彙鈔 一卷

7685

方壺外史 十四種 八卷

（明）陸西星撰
民國四年（1915）香山鄭觀應等排印本
上圖、浙圖
子目：
卷一
無上玉皇心印妙經測疏
黄帝陰符經測疏
卷二
老子道德經玄覽
卷三
周易參同契測疏
卷四
參同契口義
卷五
崔公入藥鏡測疏
卷六
純陽呂公百字碑測疏
卷七
紫陽真人金丹四百字測疏
龍眉子金丹印證詩測疏

邱長春真人青天歌測疏
卷八
玄膚論
金丹就正篇
金丹大旨圖
七破論

7686
塵談拾雅 十種 十一卷
（清）新會劉節卿輯
清同治八年（1869）新會劉氏藏修書屋刊本
北圖、上圖
子目：
小易 一卷 （南宋）邵桂子等撰
筆花軒 一卷 （□）宇文材等撰
錢木草 一卷 （唐）張説撰
元寶公案 一卷 （□）謝開寵撰
酒鑒 一卷 （明）屠本畯撰
遊戲三味 一卷 （□）石杰撰
粥飯緣 二卷
粥經 一卷 （明）張應文撰
飯頌 一卷 （清）張英撰
憨子 一卷 （□）懶道人撰
江花品藻 一卷 （明）楊慎撰
妬律 一卷 （清）廣野居士（陳元龍）撰

7687
徐氏醫書 八種 十八卷
（清）徐大椿撰
清咸豐七年（1857）廣州登雲閣刊本
港中文
子目：
難經經釋 二卷
醫學源流論 二卷
神農本草經百種録 一卷
醫貫砭 一卷
傷寒論類方 一卷
蘭臺軌範 八卷
洄溪醫案 一卷
慎疾芻言 一卷

7688
三通 七百四十八卷
清同治中廣州學海堂刊本
鄂圖、上圖
子目：
通典 二百卷 （唐）杜佑撰
通志 二百卷 （宋）鄭樵撰
文獻通考 三百四十八卷 （元）馬端臨撰

7689
兩漢紀 六十三卷
（宋）王銍輯
清光緒二年（1876）廣州學海堂刊本
上圖、魯圖
子目：
前漢紀 三十卷 （漢）荀悦撰
後漢紀 三十卷 （晉）袁宏撰
附：
兩漢紀字句異同考 一卷 （清）蔣國祚撰
兩漢紀校記 二卷 （清）陳璞撰

7690
古香齋袖珍 十種 九百零三卷
（清）康熙乾隆間敕輯
清同治光緒間南海孔氏刊本
上圖、津圖
子目：
資治通鑑綱目三編 二十卷 清乾隆十一年敕撰
淵鑑類函 四百五十卷 清康熙四十九年敕編
御選古文淵鑑 六十四卷 （清）聖祖選、（清）徐乾學等輯注
五經八卷
周易 一卷
尚書 一卷
毛詩 二卷
禮記 三卷
春秋 一卷
四書 十九卷
史記 一百三十卷 （漢）司馬遷撰、（劉宋）裴駰集解、（唐）司馬貞索隱、

（唐）張守節正義
御纂朱子全書 六十六卷 （宋）朱熹撰、（清）聖祖定
初學記 三十卷 （唐）徐堅等撰
施注蘇詩 四十二卷 王注正譌 一卷 續補遺 二卷 （宋）蘇軾撰、（宋）施元之注、（清）顧嗣立、（清）邵長蘅、（清）宋至删補正注正譌 （清）邵長蘅撰 續補遺 （清）馮景補注
附：東坡先生（蘇軾）年譜 一卷 （宋）王宗稷撰、（清）邵長蘅訂
春明夢餘録 七十卷 （清）孫承澤撰

7691

西學富强叢書 六十六種

（清）南海張蔭桓編

清光緒二十二年（1896）上海鴻文書局石印本

港大

子目：

甲集算學
勾股六術 一卷 （清）項名達撰
九數外録 一卷 （清）顧觀光撰
算式集要 四卷 （英）哈司韋輯、（英）傅蘭雅口譯、（清）江衡筆述
衍元要義 一卷 （清）謝家禾撰
弧田問率 一卷 （清）謝家禾撰
直積回求 一卷 （清）謝家禾撰
割圜連比例術圖解 三卷 （清）董祐誠撰
橢圜求周術 一卷 （清）董祐誠撰
斜弧三邊求角補術 一卷 （清）董祐誠撰
堆垛求積術 一卷 （清）董祐誠撰
三統術衍補 一卷 （清）董祐誠撰
器象顯真 四卷 圖一卷 ［英］白力蓋輯、［英］傅蘭雅口譯、（清）徐建寅删述

乙集電學
電學綱目 一卷 ［英］田大里撰、（清）周郇筆述
電學 十卷 首一卷 ［英］瑙埃德撰、（清）徐建寅筆述

丙集化學
金石識别 十二卷 表一卷 ［美］代那撰、［美］瑪高温口譯、（清）華蘅芳筆述
化學求數 十五卷 附表 一卷 ［德］富里西尼烏司撰、［英］傅蘭雅口譯、（清）徐壽筆述

丁集天文學
談天 十八卷 附表 一卷 ［英］侯先勒撰、［英］偉烈亞力口譯、（清）李善蘭删述、（清）徐建寅續述
測候叢談 四卷 ［美］金楷理口譯、（清）華蘅芳筆述

戊集地理學
地學淺釋 三十八卷 ［英］雷俠兒撰、［美］瑪高温口譯、（清）華蘅芳筆述

己集史學
萬國總説 三卷 （清）朱克敬譯並撰
列國歲計政要 十二卷 ［英］麥丁富得力撰、［美］林樂知口譯、（清）鄭昌棪筆述
俄史輯譯 四卷 （清）徐景羅譯

庚集公法學
公法總論 一卷 ［英］羅柏村撰、［英］傅蘭雅、（清）汪振聲同譯
各國交涉公法論 十六卷 校勘記 一卷
中西紀年 一卷 ［英］費利摩羅巴德撰、［英］傅蘭雅口譯、（清）俞世爵筆述、（清）汪振聲校正、（清）錢國祥覆校
佐治芻言 一卷 闕名撰、［英］傅蘭雅口譯、（清）趙元益筆述

辛集礦學
冶金錄 三卷 ［英］阿發蹋撰
銀礦指南 一卷 圖一卷 ［美］亞倫撰
鍊鋼要言 一卷 附録 一卷 附圖 一卷 （清）徐家寶譯述
開煤要法 十二卷 ［英］士密德輯、［英］傅蘭雅口譯、（清）王德均筆述
井礦工程 三卷 ［英］白爾捺輯、［英］傅蘭雅口譯、（清）趙元益筆述

壬上集汽機學
汽機必以 十二卷 首一卷 附一卷 ［英］蒲而捺撰、［英］傅蘭雅口譯、

（清）徐建寅筆述
兵船汽機 六卷 附一卷 ［英］息尼德撰、［英］傅蘭雅口譯、（清）華備鈺筆述
壬下集工藝學
工程致富論略 十三卷 圖一卷 ［英］瑪體生撰、［英］傅蘭雅、（清）鍾天緯同譯
海塘輯要 十卷 附釋 一卷 ［英］韋更斯撰、［英］傅蘭雅口譯、（清）趙元益筆述、［英］馬日德撰釋
行軍鐵路行程 二卷 圖一卷 （英國武備工程課則）［英］傅蘭雅、（清）汪振聲同譯
鍊石編 三卷 圖一卷 ［英］亨利黎特撰、（清）舒高第、鄭昌棪同譯
匠誨與規 三卷 ［英］諾格德撰、［英］傅蘭雅口譯、（清）徐壽筆述
造管之法 一卷 ［英］傅蘭雅口譯、（清）徐壽筆述
色相留真 一卷 ［英］傅蘭雅口譯、（清）徐壽筆述
造硫强水法 一卷 ［英］傅蘭雅口譯、（清）徐壽筆述
回熱爐法 一卷 ［英］傅蘭雅口譯、（清）徐壽筆述
製肥皂法 二卷 ［美］林樂知口譯、（清）鄭昌棪筆述
製油燭法 一卷 ［美］林樂知口譯、（清）鄭昌棪筆述
機動圖説 一卷 ［英］傅蘭雅口譯、（清）徐壽筆述
鎔金類罐 一卷（西藝知新卷六） 闕名撰
鍍金 四卷 ［英］金楷理口譯、（清）徐華封筆述
電氣鍍金略法 一卷 ［英］華特撰、［英］傅蘭雅口譯、（清）周郇筆述
電氣鍍鎳 一卷 ［英］傅蘭雅口譯、（清）徐華封筆述
癸上集兵政學
列國陸軍制 九卷 ［美］歐潑登撰 ［美］林樂知、（清）瞿昂來同譯
英國水師考 一卷 ［英］巴那比、［美］克理同撰 ［英］傅蘭雅、（清）鍾天緯同譯
法國水師考 一卷 ［美］杜默能撰 ［美］羅亨利 （清）瞿昂來同譯 （清）鍾天緯參校
美國水師考 一卷 ［英］巴那比、［美］克理同撰 ［英］傅蘭雅、（清）鍾天緯同譯
臨陣管見 九卷 布斯拉弗司撰、布金楷理口譯 （清）趙元益筆述
前敵須知 四卷 圖一卷 ［英］克利賴撰、（清）舒高第、鄭昌棪同譯
營城揭要 二卷 附圖 一卷 ［英］儲意比撰、［英］傅蘭雅口譯、（清）徐壽筆述
海軍調度要言 三卷 附圖 一卷 ［英］拏核甫撰、（清）舒高第、鄭昌棪同譯
南北花旗戰紀 十八卷 布希理哈撰、［英］傅蘭雅口譯、（清）華蘅芳筆述
輪船布陣 十二卷 首一卷 圖一卷 ［英］裴路撰、［英］傅蘭雅口譯、（清）徐建寅筆述、［英］賈密倫撰
癸下集槍砲學
西藝知新卷第四十一卷（即回特活德鋼砲） ［英］傅蘭雅口譯、（清）徐壽筆述
兵船砲法 六卷 ［美］水師書院撰、［美］金楷理口譯、（清）朱恩錫筆述、（清）李鳳苞删潤
克虜伯砲準心法 一卷 圖一卷 布軍政局撰、［美］金楷理口譯、（清）李鳳苞筆述
克虜伯砲説 四卷 布軍政局撰、［美］金楷理口譯、（清）李鳳苞筆述
克虜伯砲操法 四卷 布軍政局撰、［美］金楷理口譯、（清）李鳳苞筆述
克虜伯砲表 八卷 布軍政局撰、［美］金楷理口譯、（清）李鳳苞筆述
製火藥法 三卷 ［英］利稼孫、華得

斯同輯、[英] 傅蘭雅口譯、(清) 丁樹棠筆述
船塢論略 一卷 圖一卷 [英] 傅蘭雅口譯、(清) 鍾天緯筆述

7692

中西學門徑書 七種 十二卷

新會梁啟超編

清光緒二十四年 (1898) 上海大同譯書局石印本

叢廣

子目:

長興學記 一卷 康有為撰
輶軒今語 一卷 徐仁鑄撰
時務學堂學約 一卷 時務學堂功課詳細章程 一卷 附讀書分月課程表 梁啟超撰
讀春秋界說上 一卷 梁啟超撰
讀孟子界說 一卷 梁啟超撰
幼學通議 一卷 梁啟超撰
讀西學書法 一卷 西學書目表 三卷 附一卷 梁啟超撰

7693

牧令全書 八種 二十七卷

(清) 豐順丁日昌輯

清同治七年 (1868) 江蘇書局刊本

北圖、南圖

清同治十二年 (1873) 羊城書局刊本

子目:

牧令書輯要 十卷 (清) 徐棟輯、(清) 丁日昌重編
保甲書輯要四卷 (清) 徐棟原輯
牧民忠告 二卷 (元) 張養浩撰
劉簾舫先生吏治三書 (清) 劉衡撰、宋葆淳輯
教稼書 一卷 (清) 孫宅揆撰
區田編 一卷 (清) 帥念祖撰
加庶編 一卷 (清) 拙政老人 (許嘉猷) 撰
豐豫莊本書 一卷 (清) 潘曾沂撰
附
國脈民天 一卷 (明) 耿蔭樓撰
樹桑養蠶要略 一卷 附樹藝要略 一卷 (清) □□撰
光緒十四年 (1888) 蓮池書局刊

7694

四家奏議合鈔 八卷 首一卷

(清) 番禺汪瑔輯

清光緒九年 (1883) 隨山館刊本

國圖、北大

子目:

林文忠公政書 二卷 (清) 林則徐撰
駱文忠公奏議 二卷 (清) 駱秉章撰
胡文忠公遺集 二卷 (清) 胡林翼撰
曾文忠公奏議 二卷 (清) 曾國藩撰

7695

中國史蹟風土叢書 十三種 十三卷

東莞張江裁輯

民國三十二年 (1943) 東莞張氏拜袁堂排印本

北大、上圖

子目:

北京庚戌橋史考 一卷
北京天橋志 一卷
北京廟宇徵存録 一卷
燕城勝蹟志 一卷
燕城花木志 一卷
北京歲時志 一卷
北京禮俗小志 一卷
燕市商標孴録 一卷
燕市賈販瑣録 一卷
津門小令 一卷
雨花石子記 一卷
江南好詞 一卷
金陵山水街道叢考 一卷

7696

北平史蹟叢書 二種 二卷

東莞張江裁輯

民國二十六年 (1937) 國立北平研究院史學研究會排印本

上圖

子目:

帝京歲時紀勝 一卷 (清) 潘榮陛撰
京師五城坊巷衚衕集 一卷 (明) 張爵撰

7697

京津風土叢書 十七種 十七卷

東莞張江裁輯

民國二十七年（1938）雙肇樓排印本

國圖、上圖等

子目：

北京形勢大略 一卷 （清）楊從清撰

燕都名勝志稿 一卷 （明）曹學佺撰

舊京遺事 一卷 （明）史玄撰

燕京訪古録 一卷 張江裁輯

琉璃廠書肆記 一卷 （清）李文藻撰

北京崇效寺訓雞圖志 一卷 張江裁撰

大興歲時志稿 一卷 （清）張茂節、（清）李開泰輯

宛平歲時志稿 一卷 （清）王養濂、（清）李開泰輯

春明歲時瑣記 一卷 讓廉撰

燕市貨聲 一卷 （民國）閑園鞠農（蔡繩格）撰

燕市負販瑣記 一卷 燕歸來簃主人（張江裁）輯

燕市百怪歌 一卷

津門百詠 一卷 （清）崔旭撰

天津楊柳青小志 一卷 張江裁撰

東莞袁督師後裔考 一卷 張江裁撰

興化李審言先生與東莞張次溪論文書 一卷 （民國）李詳撰

燕居修史圖志 一卷 張江裁輯

7698

燕都風土叢書（一名雙肇樓叢書）四種 四卷

東莞張江裁輯

民國二十八年（1939）燕歸來簃鉛印本

國圖、上圖等

子目：

燕京記 一卷 （清）顧森撰

燕都雜詠 一卷 （清）樊彬撰

舊京秋詞 一卷 （民國）夏仁虎撰

東莞袁督師遺事 一卷 張江裁輯

民國二十七年（1938）排印

7699

廣雅書局叢書 一百五十九種 二千二百四十二卷

（清）廣雅書局輯

清光緒中廣雅書局刊民國九年（1920）番禺徐紹棨匯編重印本

粵圖、中大

子目：

經類

周易解故 一卷 （清）丁晏撰

光緒十九年（1893）刊

易釋 四卷 （清）黄式三撰

易緯略義三卷 （清）張惠言撰

象數論 六卷 （清）黄宗羲撰

易林釋文 二卷 （清）丁晏撰

光緒十六年（1890）刊

尚書伸孔篇 一卷 （清）焦廷琥撰

光緒十四年（1888）刊

禹貢班義述 三卷 附漢糜水入尚龍谿考 一卷 （清）成蓉鏡撰

光緒十四年（1888）刊

書蔡傳附釋 一卷 （清）丁晏撰

光緒二十年（1894）刊

詩集傳附釋 一卷 （清）丁晏撰

光緒二十年（1894）刊

毛詩傳箋通釋 三十二卷 （清）馬瑞辰撰

光緒十四年（1888）刊

毛詩後箋 三十卷 （清）胡承珙撰、（清）陳奐補

光緒十六年（1890）刊

毛詩天文考 一卷 （清）洪亮吉撰

光緒十七年（1891）刊

禮書綱目 八十五卷 首三卷 （清）江永撰

光緒二十一年（1895）刊

儀禮古今文異同疏證 五卷 （清）徐養原撰

光緒十七年（1891）刊

儀禮私箋 八卷 （清）鄭珍撰

光緒十七年（1891）刊

輪輿私箋 二卷 附圖 一卷 （清）鄭珍

撰　圖、（清）鄭知同繪
光緒十七年（1891）刊
大戴禮記解詁　十三卷　（清）王聘珍撰
光緒十三年（1887）刊
禮記天算釋　一卷　（清）孔廣牧撰
光緒十五年（1889）刊
春秋規過考信　三卷　（清）陳熙晉撰
光緒十五年（1889）刊
春秋述義拾遺　八卷　附河間劉氏書目考一卷　（清）陳熙晉撰
光緒十七年（1891）刊
春秋公羊注疏質疑　二卷　（清）何若瑤撰
光緒二十年（1894）刊
孟子趙注補正　六卷　（清）宋翔鳳撰
光緒十七年（1891）刊
孟子劉注　一卷　（漢）劉熙撰、（清）宋翔鳳輯
爾雅匡名　二十卷　（清）嚴元照撰
光緒十六年（1890）刊
爾雅補注殘本　一卷　（清）劉玉麐撰
光緒十四年（1888）刊
爾雅注疏本正誤　五卷　（清）張宗泰撰
光緒二十六年（1900）刊

小學

說文引經證例　二十四卷　（清）承培元撰
光緒二十一年（1895）刊
潛揅堂説文答問疏證　六卷　（清）薛傳均撰
廣潛研堂説文答問疏證　八卷　（清）承培元撰
説文本經答問　二卷　（清）鄭知同撰
光緒十六年（1890）刊
小爾雅訓纂　六卷　（清）宋翔鳳撰
光緒十六年（1890）刊
輶軒使者絶代語釋别國方言箋疏　十三卷　附校勘記　一卷　（清）錢繹撰　校勘記（清）何翰章撰
光緒十六年（1890）刊
釋名疏證　八卷　續釋名　一卷　補遺　一卷　附校議　一卷　（清）畢沅撰　校議（清）吳翊寅撰

光緒二十年（1894）刊
釋穀　四卷　（清）劉寶楠撰
光緒十四年（1888）刊
急就章考異　一卷　（清）莊世驥撰
光緒十七年（1891）刊
汗簡　七卷　（後周）郭忠恕撰、（清）鄭珍箋正
漢碑徵經　一卷　（清）朱百度撰
光緒十五年（1889）刊

雜著

吳氏遺著　五卷　附録　一卷　（清）吳夌雲撰　附録（清）王宗涑撰
光緒十七年（1891）刊
　經説　三卷
　小學説　一卷
　廣韻説　一卷
句溪雜著　六卷　（清）陳立撰
光緒十四年（1888）刊
劉氏遺書　八卷　（清）劉臺拱撰
光緒十五年（1889）刊
　論語駢枝　一卷
　經傳小記　一卷
　國語補校　一卷
　荀子補注　一卷
　淮南子補校　一卷
　方言補校　一卷
　漢學拾遺　一卷
　文集　一卷
愈思録　六卷　（清）劉寶楠撰
光緒十五年（1889）刊
學詁齋文集　二卷　（清）薛壽撰
光緒十五年（1889）刊
廣經室文鈔　一卷　（清）劉恭冕撰
光緒十五年（1889）刊
幼學堂文稿　一卷　（清）沈欽韓撰
白田草堂存稿　八卷　（清）王懋竑撰
光緒二十年（1894）刊
陳司業遺書　三卷　（清）陳祖范撰
光緒十七年（1891）刊
　掌録　二卷
　經咫　一卷

東塾遺書 （清）陳澧撰
水經注西南諸水考 三卷
弧三角平視法 一卷
摹印述 一卷
三統術詳説 四卷
無邪堂答問 五卷 （清）朱一新撰
光緒二十一年（1895）刊
親屬記 二卷 （清）鄭珍撰
光緒十八年（1892）刊
先聖生卒年月日考 二卷 （清）孔廣牧撰
光緒十五年（1889）刊
朱子語類日鈔 五卷 （清）陳澧輯
光緒二十六年（1900）刊
人範 六卷 （清）蔣元輯
光緒二十七年（1901）刊
小學集解 六卷 （清）張伯行輯
光緒二十七年（1901）刊
少室山房集 六十四卷 （明）胡應麟撰
光緒二十二年（1896）刊
少室山房筆叢 四十八卷 （明）胡應麟撰
經籍會通 四卷
丹鉛新録 八卷
史書佔畢 六卷
藝林學山 八卷
九流緒論 三卷
四部正訛 三卷
三墳補逸 二卷
二酉綴遺 三卷
華陽博議 二卷
莊嶽委談 二卷
玉壺遐覽 四卷
雙樹幻鈔 三卷
詩藪内編 六卷 外編 四卷 雜編 六卷

史學

史記索隱 三十卷 （唐）司馬貞撰
光緒十九年（1893）刊
史記志疑 三十六卷 附録 三卷 （清）梁玉繩撰
光緒十三年（1887）刊
史記三書正訛 三卷 （清）王元啓撰
光緒十六年（1890）刊
史記月表正訛 一卷 （清）王元啓撰
光緒十六年（1890）刊
史表功比説 一卷 （清）張錫瑜撰
光緒十四年（1888）刊
史記注補正 一卷 （清）方苞撰
光緒二十年（1894）刊
史記毛本正誤 一卷 （清）丁晏撰
光緒十八年（1892）刊
史漢駢枝 一卷 （清）成孺（蓉鏡）撰
光緒十四年（1888）刊
漢書辨疑 二十二卷 （清）錢大昭撰
光緒十三年（1887）刊
漢書注校補 五十六卷 （清）周壽昌撰
光緒十七年（1891）刊
漢志水道疏證 四卷 （清）洪頤煊撰
光緒十八年（1892）刊
漢書西域傳補注 二卷 （清）徐松撰
光緒二十年（1894）刊
人表考 九卷 補一卷 附録 一卷 （清）梁玉繩撰
光緒十四年（1888）刊
漢書人表考校補 一卷 （清）蔡雲撰
後漢書補注 二十四卷 （清）惠棟撰
光緒二十年（1894）刊
後漢書辨疑 十一卷 （清）錢大昭撰
光緒十四年（1888）刊
續漢書辨疑 九卷 （清）錢大昭撰
光緒十四年（1888）刊
後漢書注補正 八卷 （清）周壽昌撰
光緒十七年（1891）刊
後漢書注又補 一卷 （清）沈銘彝撰
光緒十四年（1888）刊
後漢書補注續 一卷 （清）侯康撰
光緒十七年（1891）刊
前漢書注考證 一卷 （清）何若瑤撰
光緒二十年（1894）刊
後漢書注考證 一卷 （清）何若瑤撰
後漢郡國令長考 一卷 （清）錢大昭撰
光緒十七年（1891）刊
三國志辨疑 三卷 （清）錢大昭撰
光緒十五年（1889）刊

三國志考證 八卷 （清）潘眉撰
光緒十五年（1889）刊
三國志旁證 三十卷 （清）梁章鉅撰
光緒十六年（1890）刊
三國志補注續 一卷 （清）侯康撰
光緒十七年（1891）刊
三國志注證遺 四卷 補四卷 （清）周壽昌撰
光緒十七年（1891）刊
晉書地理志新補正 五卷 （清）畢沅撰
光緒二十年（1894）刊
新校晉書地理志 一卷 （清）方愷撰
光緒二十一年（1895）刊
晉書校勘記 三卷 （清）周家禄撰
光緒十四年（1888）刊
晉書校勘記 三卷 （清）勞格撰
光緒十八年（1892）刊
晉宋書故 一卷 （清）郝懿行撰
光緒十七年（1891）刊
宋州郡志校勘記 一卷 （清）成孺（蓉鏡）撰
光緒十四年（1888）刊
魏書校勘記 一卷 （民國）王先謙輯
光緒十七年（1891）刊
新舊唐書互證 二十卷 （清）趙紹祖撰
光緒十七年（1891）刊
宋遼金元四史朔閏考 二卷 （清）錢大昕撰、（清）錢侗增補
光緒十七年（1891）刊
遼史拾遺 二十四卷 （清）厲鶚撰
光緒二十六年（1900）刊
附
遼史拾遺補 五卷 （清）楊復吉撰
光緒二十六年（1900）刊
金史詳校 十卷 末一卷 （清）施國祁撰
光緒二十年（1894）刊
元史譯文證補 三十卷
（原缺卷七至八、卷十三、卷十六至十七、卷十九至二十一、卷二十五、卷二十八） （清）洪鈞撰
光緒二十六年（1900）刊
史記天官書補目 一卷 （清）孫星衍撰
光緒十三年（1887）刊
楚漢諸侯疆域志 三卷 （清）劉文淇撰
光緒十五年（1889）刊
後漢書補表 八卷 （清）錢大昭撰
光緒十七年（1891）刊
後漢書三公年表 一卷 （清）華湛恩撰
光緒十七年（1891）刊
補後漢書藝文志 四卷 （清）侯康撰
光緒十七年（1891）刊
補續漢書藝文志 一卷 （清）錢大昭撰
光緒十四年（1888）刊
補三國藝文志 四卷 （清）侯康撰
光緒十七年（1891）刊
補三國疆域志 二卷 （清）洪亮吉撰
光緒十七年（1891）刊
三國職官表 三卷 （清）洪飴孫撰
光緒十七年（1891）刊
三國紀年表 一卷 （清）周嘉猷撰
光緒十七年（1891）刊
補晉兵志 一卷 （清）錢儀吉撰
光緒十七年（1891）刊
補晉書藝文志 四卷 補遺 一卷 附録 一卷 附刊誤 一卷 （民國）丁國鈞撰、（民國）丁辰注並撰刊誤
東晉疆域志四卷 （清）洪亮吉撰
光緒十七年（1891）刊
十六國疆域志 十六卷 （清）洪亮吉撰
光緒十七年（1891）刊
東晉南北朝輿地表 二十八卷 （清）徐文範撰
光緒二十四年（1898）刊
補梁疆域志 四卷 （清）洪齮孫撰
光緒十七年（1891）刊
補宋書刑法志 一卷 （清）郝懿行撰
光緒十七年（1891）刊
補宋書食貨志 一卷 （清）郝懿行撰
光緒十七年（1891）刊
南北史年表 一卷 （清）周嘉猷撰
光緒十八年（1892）刊
南北史世系表 五卷 （清）周嘉猷撰

光緒十八年（1892）刊
南北史帝王世系表 一卷 （清）周嘉猷撰
光緒十八年（1892）刊
五代紀年表 一卷 （清）周嘉猷撰
光緒十七年（1891）刊
補五代史藝文志 一卷 （清）顧懷三撰
光緒十七年（1891）刊
宋史藝文志補 一卷 （清）黄虞稷 （清）倪燦撰 （清）盧文弨録
光緒十七年（1891）刊
補遼金元藝文志 一卷 （清）倪燦撰 （清）盧文弨録
光緒十七年（1891）刊
補三史藝文志 一卷 （清）金門詔撰
光緒十七年（1891）刊
補元史藝文志 四卷 （清）錢大昕撰
光緒十九年（1893）刊
元史氏族表 三卷 （清）錢大昕撰
光緒二十年（1894）刊
十七史商榷 一百卷 （清）王鳴盛撰
光緒十九年（1893）刊
廿二史考異 一百卷 （清）錢大昕撰
光緒二十年（1894）刊
廿二史札記 三十六卷 補遺 一卷 （清）趙翼撰
光緒二十年（1894）刊
諸史考異 十八卷 （清）洪頤煊撰
光緒十五年（1889）刊
附
讀書叢録 七卷 （清）洪頤煊撰
歷代史表 五十九卷 （清）萬斯同撰
光緒十五年（1889）刊
欽定歷代職官表 七十二卷 清乾隆四十五年敕撰 （清）紀昀等編
光緒二十二年（1896）刊
歷代地理沿革表 四十七卷 （清）陳芳績撰
光緒二十一年（1895）刊
廿一史四譜 五十四卷 （清）沈炳震撰
光緒二十二年（1896）刊
九史同姓名略 七十二卷 補遺 四卷 （清）汪輝祖撰
光緒二十三年（1897）刊
三史同名録 四十卷 （清）汪輝祖輯 （清）汪繼培補
西魏書 二十四卷 附録 一卷 （清）謝啓昆撰
續唐書 七十卷 （清）陳鱣撰
光緒二十一年（1895）刊
晉書輯本 （清）湯球輯
　晉書 十七卷 補遺 一卷 （南齊）臧榮緒撰
　晉書 十一卷 （晉）王隱撰
　晉書 一卷 （晉）虞預撰
　晉書 一卷 （晉）朱鳳撰
　晉書 一卷 （劉宋）謝靈運撰
　晉書 一卷 （梁）蕭子雲撰
　晉史草 一卷 （梁）蕭子顯撰
　晉書 一卷 （梁）沈約撰
　中興書 七卷 （劉宋）何法盛撰
　晉諸公別傳 一卷
晉紀輯本 （清）湯球輯
　晉紀 一卷 （晉）干寶撰
　晉紀 一卷 （晉）陸機撰
　惠帝起居注 一卷 （晉）陸機撰
　晉紀 一卷 （清）曹嘉之撰
　晉紀 一卷 （晉）鄧粲撰
　晉紀 一卷 （劉宋）劉謙之撰
　晉紀 一卷 （劉宋）裴松之撰
晉陽秋輯本 （清）湯球輯
　晉陽秋 三卷 （晉）孫盛撰
　續晉陽秋 二卷 （劉宋）檀道鸞撰
漢晉春秋輯本 （清）湯球輯
　漢晉春秋 三卷 （晉）習鑿齒撰
　晉春秋 一卷 （唐）杜延業撰
三十國春秋輯本 （清）湯球輯
　三十國春秋 一卷 （梁）蕭方等撰
　三十國春秋 一卷 （劉宋）武敏之撰
　蜀李書 一卷 （晉）常璩撰
　漢趙記 一卷 （前趙）和苞撰
　趙書 一卷 （□燕）田融撰

趙書 一卷 （□）吳篤撰
二石傳 一卷 （晉）王度撰
燕書 一卷 （□燕）范亨撰
秦書 一卷 （前秦）車頻撰
南燕書 一卷 （□燕）王景暉撰
秦記 一卷 （劉宋）裴景仁撰
後秦記 一卷 （後魏）姚和都撰
涼記 一卷 （□燕）張咨撰
西河記 一卷 （晉）喻歸撰
涼記 一卷 （北涼）段龜龍撰
敦煌實録 一卷 （後魏）劉昞撰
南燕書 一卷 （□燕）張詮撰
燕志 一卷 （後魏）高閭撰
晉書地道記 一卷 （晉）王隱撰 （清）畢沅輯
光緒二十年（1894）刊
晉太康三年地記 一卷 （晉）□□撰 （清）畢沅輯
光緒二十一年（1895）刊
十六國春秋輯補 一百卷 年表 一卷 （清）湯球輯
光緒二十一年（1895）刊
十六國春秋纂録校本 十卷 附校勘記 一卷 （後魏）崔鴻撰 （清）湯球輯 校勘記 （清）吳翊寅撰
光緒二十年（1894）刊
太常因革禮 一百卷（原缺卷五十一至六十七）附校識 二卷 （宋）歐陽修等撰 （清）廖廷相撰校識
大金集禮 四十卷 附校刊識語 一卷 校勘記 一卷 （金）張瑋等撰 （清）廖廷相撰 校勘記 （民國）繆荃孫撰
光緒二十一年（1895）刊
中興小記 四十卷 （宋）熊克撰
光緒十七年（1891）刊
建炎以來繫年要録 二百卷 （宋）李心傳撰
光緒二十六年（1900）刊
國語翼解 六卷 （清）陳瑑撰
戰國策釋地 二卷 （清）張琦撰
光緒二十六年（1900）刊
吉林外記 十卷 （清）薩英額撰
光緒二十六年（1900）刊
黑龍江外記 八卷 （清）西清撰
光緒二十六年（1900）刊

集部

屈子離騷彙訂 三卷 雜文箋略 二卷 首一卷 （清）王邦采撰
光緒二十六年（1900）刊
屈原賦注 七卷 通釋 二卷 附音義 三卷 （清）戴震撰 （清）汪梧鳳音義
光緒十七年（1891）刊
楚辭天問箋 一卷 （清）丁晏撰
韓集補注 一卷 （清）沈欽韓撰、（清）胡承珙訂
光緒十七年（1891）刊
蘇詩查注補正 四卷 （清）沈欽韓撰
光緒二十年（1894）刊
范石湖詩集注 三卷 （清）沈欽韓撰
光緒十九年（1893）刊

7700

端溪叢書 四集

番禺梁鼎芬等輯
清光緒二十五年（1899）番禺端溪書院刊
北大、上圖
子目：

一集

孟子字義疏證 三卷 （清）戴震撰
孝經 一卷 （明）楊起元注
弟子職集解 一卷 （清）莊述祖撰
説文疊韻 二卷 古韻大恉 一卷 末一卷 （清）劉熙載 （清）袁康撰

二集

漢官答問 五卷 （清）陳樹鏞撰
招捕總録 一卷 （元）□□撰
練勇芻言 五卷 （清）王鑫撰

三集

墨子刊誤 二卷 （清）蘇時學撰
司馬氏書儀 十卷 （宋）司馬光撰
近思録 十四卷 （宋）朱熹、（宋）呂祖謙輯

天算捷表 一卷 （清）蔡家駒撰

四集

亭林文集 六卷 餘集 一卷 （清）顧炎武撰

嘉定錢氏藝文志略 二卷 （清）錢師璟撰

附

先德述聞 一卷 （清）錢師璟撰

怡志堂文鈔 一卷 （清）朱琦撰

全謝山先生遺詩 一卷 （清）全祖望撰

天問閣外集 一卷 （清）彭泰來撰

嘯劍山房詩鈔 四卷 （清）文星瑞撰

虛白山房詩集 四卷 （清）朱鳳毛撰

7701

守約篇叢書 七十八種

（清）番禺李光廷輯

清同治十三年（1874）廣州富文齋刊本

港中央

（按：書又題《榕園叢書》。）

子目：

甲集

易略例 一卷 （魏）王弼撰、（唐）邢璹注

易説 六卷 （宋）司馬光撰

易象意言 一卷 （宋）蔡淵撰

尚書大傳 三卷 補遺 一卷 續補遺 一卷 （漢）伏勝撰、（漢）鄭玄注、（清）盧文弨輯補遺續補遺

敷文書説 一卷 （宋）鄭伯熊撰

禹貢指南 四卷 （宋）毛晃撰

洪範統一 一卷 （宋）趙善湘撰

詩譜 一卷 （漢）趙玄撰、（清）李光廷輯

絜齋毛詩經筵講義 四卷 （宋）袁燮撰

書繹 一卷 （清）廖翱撰

詩繹 二卷 （清）廖翱撰

箴膏肓起廢疾發墨守 一卷 （漢）鄭玄撰、（清）王復輯

春秋傳説例 一卷 （宋）劉敞撰

春秋金鎖匙 一卷 （元）趙汸撰

左傳義法舉要 一卷 （清）方苞述、（清）王兆符録、（清）程崟録

儀禮釋宮 一卷 （宋）李如圭撰

古本大學解 二卷 （清）温颺撰

爾雅古義 十二卷 （清）黄奭輯

爾雅犍爲文學注 一卷 （漢）佚名撰

爾雅注 一卷 （漢）樊光撰

爾雅注 （漢）李巡輯

爾雅注（以上合一卷） （漢）劉歆撰

爾雅音注 一卷 （魏）孫炎撰

爾雅音義 一卷 （晉）郭璞撰

爾雅圖讚 一卷 （晉）郭璞撰

爾雅集注 一卷 （晉）沈旋撰

爾雅音注 一卷 （南朝陳）施乾撰

爾雅音注 一卷 （南朝陳）謝嶠撰

爾雅音注 一卷 （南朝梁）顧野王撰

爾雅衆家注 二卷

孝經 一卷 （漢）孔安國傳、［日］太宰純音

孝經鄭注 一卷 （漢）鄭玄撰、［日］岡田挺之輯

孝經刊誤 一卷 （宋）朱熹撰

駁五經異義 一卷 補遺 一卷 （漢）鄭玄撰、（清）王復案

乙集

兩漢刊誤補遺 十卷 附録 一卷 （宋）吳仁傑撰

鄴中記 一卷 （晉）陸翽撰

釣磯立談 一卷 （宋）史□撰

燕翼貽謀録 五卷 （宋）王林撰

漢官舊儀 二卷 補遺 一卷 （漢）衛宏撰

翰林志 一卷 （唐）李肇撰

續翰林志 二卷 （宋）蘇易簡撰

麟臺故事 五卷 （宋）程俱撰

翰苑遺事 一卷 （宋）洪遵撰

嶺表録異 三卷 （唐）劉恂撰

吳郡圖經續記 三卷 （宋）朱長文撰

長春真人西遊記 一卷 附録 一卷 （元）李志常撰

西使記 一卷 （元）劉郁撰

西藏賦 一卷 （清）和寧撰

普法戰紀輯要 四卷 （清）張宗良譯、（清）王韜撰、（清）李光廷輯
舊聞證誤 四卷 （宋）李心傳撰

丙集

鶡冠子 三卷 （宋）陸佃注
治要節鈔 五卷 附録 一卷 （唐）魏徵等輯 （清）李光廷節鈔
意林 五卷 （唐）馬總輯
化書 六卷 （南）唐譚峭撰
公是先生弟子記 四卷 （宋）劉敞撰
郁離子 二卷 （明）劉基撰
元包經傳 五卷 （北周）衛元嵩撰、（唐）蘇源明傳、（唐）李江注、（宋）韋漢卿音釋

附

元包數總義 二卷 （宋）張行成撰
述書賦 二卷 （唐）竇臮撰、（唐）竇蒙注
圖畫寶鑑 五卷 補遺 一卷 （元）夏文彦撰
刊誤 二卷 （唐）李涪撰
蘇氏演義 二卷 （唐）蘇鶚撰
金華子 二卷 （南唐）劉崇遠撰
王文正筆録 一卷 （宋）王曾撰
宋景文筆記 三卷 （宋）宋祁撰
春明退朝録 三卷 （宋）宋敏求撰
師友談記 一卷 （宋）李廌撰
珍席放談 二卷 （宋）高晦叟撰
卻掃編 三卷 （宋）徐度撰
朝野類要 五卷 （宋）趙昇撰
澄懷録 二卷 （宋）周密撰
離騷經注 一卷 九歌注 一卷 （清）李光地撰
離騷草木疏 四卷 （宋）吴仁傑撰
樂府古題要解 二卷 （唐）吴兢撰
主客圖 一卷 （唐）張爲撰

續刻

揚州足徵録 二十七卷 （清）焦循輯
儒林傳稿 四卷 （清）阮元撰
陽宅闢謬 一卷 （清）姚文田撰

7702

反約篇 六十五種 一百八十三卷

（清）番禺李光廷輯
清同治中番禺李氏鈔本
閩圖、師大
子目：

易緯乾坤鑿度 二卷 （漢）鄭玄注
易緯乾鑿度 二卷 （漢）鄭玄注
易緯稽覽圖 二卷 （漢）鄭玄注
易緯是類謀 一卷 （漢）鄭玄注
易略例 一卷 （晉）王弼撰、（唐）邢璹注
易説 六卷 （宋）司馬光撰
易象意言 一卷 （宋）蔡淵撰
尚書大傳 三卷 補遺 一卷 續補遺 一卷 （漢）伏勝撰、（漢）鄭玄注補遺續補遺（清）盧文弨輯
敷文書説 一卷 （宋）鄭伯熊撰
禹貢指南 四卷 （宋）毛晃撰
洪範統一 一卷 （宋）趙善湘撰
絜齋毛詩經筵講義 四卷 （宋）袁燮撰
詩譜 一卷 （漢）鄭玄撰
箴膏肓起廢疾發墨守 一卷 （漢）鄭玄撰、（清）王復輯
春秋傳説例 一卷 （宋）劉敞撰
春秋金鎖匙 一卷 （元）趙汸撰
儀禮釋宫 一卷 （宋）李如圭撰
古本大學解 二卷 （清）温颺撰
孝經 一卷 （漢）孔安國撰
孝經鄭注 一卷 （漢）鄭玄撰
孝經刊誤 一卷 （宋）朱熹撰
駁五經異議 一卷 補遺 一卷 （漢）鄭玄撰、（清）王復案
急就篇 四卷 （漢）史游撰
兩漢刊誤補遺 十卷 附録 一卷 （宋）吴仁傑撰
鄴中記 一卷 （晉）陸翽撰
釣磯立談 一卷 （宋）史□撰
匡謬正俗 八卷 （唐）顔師古注
燕翼詒謀録 五卷 （宋）王栐撰

漢官舊儀 二卷 補遺 一卷 （漢）衛宏撰
翰林志 一卷 （唐）李肇撰
續翰林志 二卷 （宋）蘇易簡撰
麟臺故事 五卷 （宋）程俱撰
翰苑遺事 一卷 （宋）洪遵撰
嶺表録異 三卷 （唐）劉恂撰
吳郡圖經續記 三卷 （宋）朱長文撰
長春真人西遊記 一卷 附録 一卷 （元）李志常撰
西使記 一卷 （元）劉郁撰
西藏賦 一卷 （清）和寧撰
普法戰紀輯要 四卷 （清）張宗良譯、（清）王韜撰、（清）李光廷輯
舊聞證誤 四卷 （宋）李心傳撰
鶡冠子 三卷 （宋）陸佃注
治要節鈔 五卷 附録 一卷 （唐）魏徵等輯、（清）李光廷節鈔
傅子 一卷 補遺 一卷 （晉）傅玄撰
意林 五卷 （唐）馬總輯
化書 六卷 （南唐）譚峭撰
公是先生弟子記 四卷 （宋）劉敞撰
郁離子 二卷 （明）劉基撰
元包經傳 五卷 （北周）衛元嵩撰、（唐）蘇源明傳、（唐）李江注、（宋）韋漢卿釋
元包數總義 二卷 （宋）張行成撰
述書賦 二卷 （唐）竇臮撰、（唐）竇蒙注
圖畫寶鑑 五卷 （元）夏文彦撰
刊誤 二卷 （唐）李涪撰
蘇氏演義 二卷 （唐）蘇鶚撰
金華子 二卷 （南唐）劉崇遠撰
王文正筆録 一卷 （宋）王曾撰
宋景文筆記 三卷 （宋）宋祁撰
春明退朝録 三卷 （宋）宋敏求撰
師友談記 一卷 （宋）李廌撰
珍席放談 二卷 （宋）高晦叟撰
卻掃篇 三卷 （宋）徐度撰
朝野類要 五卷 （宋）趙昇撰
離騷草木疏 四卷 （宋）吳仁傑撰
樂府古題要解 二卷 （唐）吳兢撰
主客圖 一卷 （唐）張爲撰
金石例 十卷 （元）潘昂霄撰

7703

述古叢鈔 四集 一百九十六卷

（清）新會劉晚榮輯
清同治光緒間古岡劉氏藏修書屋刊本
粵圖
子目：
第一集 清同治九年（1870）刊
藏書紀要 一卷 （清）孫從添撰
裝潢志 一卷 （清）周嘉胄撰
畫筌析覽 一卷 （清）湯貽汾撰
清秘藏 二卷 （明）張應文撰
南陽法書表 一卷 （明）張丑撰
南陽名畫表 一卷 （明）張丑撰
法書名畫見聞表 一卷 （明）張丑撰
清河秘篋書畫表 一卷 （明）張丑撰
傷寒百證歌 五卷 （宋）許叔微撰
經絡歌訣 一卷 （清）汪昂撰
傷寒六經定法 一卷 問答 一卷 （清）舒詔撰
藥症忌宜 一卷 （清）陳澈撰
昭代名人尺牘小傳 二十四卷 （清）吳修撰
靈棋經 二卷 （漢）東方朔撰、（晉）顔幼明、（劉宋）何承天注、（元）陳師凱、（明）劉基解
獸經 一卷 （明）黄省曾撰
虎苑 二卷 （明）王穉登撰
第二集 同治十三年（1874）刊
書苑菁華 二十卷 （宋）陳思撰
遼詩話 二卷 （清）周春撰
無聲詩史 七卷 （清）姜紹書輯
第三集 光緒五年（1879）刊
南唐書合刻 四十八卷
南唐書 三十卷 （宋）馬令撰
南唐書 十八卷 音釋 一卷 （宋）陸游撰（元）戚光音釋
玉臺書史 一卷 （清）厲鶚撰

玉臺畫史 五卷 別録 一卷 （清）湯漱玉輯
第四集　光緒五年（1879）刊
詒晉齋集 八卷 （清）永瑆撰
芳堅館題跋 四卷 （清）郭尚先撰
太乙照神經 三卷 神相證驗百條 二卷 （清）劉學誠輯
月波洞中記 一卷 （吳）張仲遠傳本

7704
如不及齋叢書 十四種
（清）陳坤輯
清同治光緒間錢塘陳氏粵東刊本
上圖、南圖
子目：
爲政忠告 四卷 （元）張養浩撰　同治三年（1864）刊
牧民忠告 二卷
風憲忠告 一卷
廟堂忠告 一卷
澳門記略 一卷 （清）印光任、張汝霖撰
日省録 三卷 （清）梁文科撰
大學日程 一卷 （明）陳瑚撰
幼訓 一卷 （清）崔學古撰
虚字考 一卷 （清）張文炳撰
鰐渚回瀾記 八卷 （清）陳坤撰
治潮芻言 一卷 （清）陳坤撰
粵東剿匪記略 五卷 （清）陳坤撰
如不及齋詩鈔 一卷 （清）陳坤撰
如不及齋詠史詩評 一卷 （清）陳坤撰
寒碧軒詩存 一卷 （清）陳鉦撰
古井遺忠集 一卷 （清）陳坤輯
嶺南雜事詩鈔 八卷 （清）陳坤撰

7705
南海孔氏嶽雪樓叢鈔
（清）南海孔廣陶輯
清光緒年間南海孔氏嶽雪樓鈔本
粵圖等
（按：南海孔氏爲聖裔四十一代孔昌弼之後，時唐末，朱温造篡，北方大亂，孔氏乃入粵首寓南雄平林村，創建孔林書院。至宋太平興國間始由南雄再遷廣州彩虹橋居焉。至四十八代，後裔分居番禺小龍和南海羅格等地。後六十八代孫孔傳顔在廣州濠畔街建有“濠上觀魚軒”，藏書四萬餘卷，數傳至清代孔廣陶、孔廣鏞，以鹽業致富，乃廣徵博采，藏書達到鼎盛時期，遂改樓名爲“三十有三萬卷堂”，躋身粵東藏書家之列。並據文瀾閣《四庫全書》、《永樂大典》等請人鈔寫，據説鈔本達千種以上。後因晚清鹽法改制，遂家道中落，藏書漸次星散，主要散落於廣東、京津、江浙及海外等地。現粵圖藏500多種，其餘分藏各地。）
子目：
經部
朱子五經語類 八十卷 （清）程川撰
易學辨惑 一卷 （宋）邵伯溫撰
了齋易説 一卷 （宋）陳瓘撰
周易窺餘 十五卷 （宋）鄭剛中撰
易變體義 十二卷 （宋）都絜撰
周易經傳集解 三十六卷 （宋）林栗撰
楊氏易傳 二十卷 （宋）楊簡撰
厚齋易學 五十卷 附録 二卷 （宋）馮椅撰
周易總義 二十卷 （宋）易祓撰
周易詳解 十六卷 （宋）李杞撰
淙山讀周易 二十一卷 首一卷 （宋）方寔孫撰
讀易舉要 四卷 （宋）俞琰撰
易象義 十六卷 統論 一卷 （宋）丁易東撰
易筮通變 三卷 （宋）雷思齊撰
易纂言外翼 八卷 （元）吳澄撰
周易原旨 八卷 （元）寶巴撰
讀易考原 一卷 （元）蕭漢中撰
易精藴大義 十二卷 （元）解蒙撰
易學變通 六卷 （元）曾貫撰
周易爻變義藴 四卷 首一卷 （元）陳應潤撰
讀易餘言 五卷 （明）崔銑撰
易學啓蒙意見 五卷 （明）韓邦奇傳
讀易述 十七卷 （明）潘士藻撰

像象管見 九卷 （明）錢一本撰
周易劄記 三卷 （明）逯中立撰
周易孔義 三卷 （明）高攀龍撰
易義古象通 八卷 首一卷 （明）魏濬撰
周易像象述 十卷 首一卷 （明）吳桂森撰
易原就正 十二卷 首一卷 （清）包儀撰
周易淺釋 四卷 （清）潘思榘撰
周易洗心 七卷 首二卷 （清）任啓運撰
尚書講義 二十卷 （宋）史浩撰
五誥解 四卷 （宋）楊簡撰
書傳會選 六卷 （明）劉三吾等撰
尚書疑義 五卷 （明）馬明衡撰
尚書疏衍 四卷 （明）陳第撰
尚書埤傳 十五卷 書經 首一卷 補 二卷 末 一卷 考異 一卷 （清）朱鶴齡撰
書經衷論 四卷 （清）張英撰
禹貢後論 一卷 （宋）程大昌撰
禹貢山川地理圖 二卷 （宋）程大昌撰
禹貢長箋 十二卷 （清）朱鶴齡撰
穎濱先生詩集傳 十九卷 （宋）蘇轍撰
毛詩講義 十二卷 （宋）林岊撰
詩童子問 十卷 （宋）輔廣撰
慈湖詩傳 二十卷 （宋）楊簡撰
詩經疏義會通 二十卷 綱領 一卷 圖 一卷 （元）朱公遷撰、（明）王逢輯録、（明）何英增釋
詩傳旁通 十五卷 類目 一卷 （元）梁益撰
詩纘緒 十八卷 （元）劉玉汝撰
詩説解頤總論 二卷 正釋 三十卷 字義 八卷 （明）季本撰
重訂詩經疑問 十二卷 （明）姚舜牧撰
詩故 十卷 （明）朱謀□撰
讀詩略記 六卷 （明）朱朝瑛撰
詩經通義 十二卷 （清）朱鶴齡撰
詩經劄記 一卷 （清）楊名時撰
讀詩質疑 三十一卷 首十五卷 （清）嚴虞撰
詩傳名物集覽 十二卷 （清）陳大章撰
詩識名解 十五卷 （清）姚炳撰
周官總義 三十卷 （宋）易祓撰
周禮傳 十卷 翼傳 二卷 （明）王應電撰
内外服制通釋 七卷 （宋）車垓撰
檀弓疑問 一卷 （清）邵泰衢撰
月令解 十二卷 （宋）張虙撰
深衣考 一卷 （清）黃宗羲撰
律吕成書 二卷 （元）劉瑾撰
春秋左傳讞 二十二卷 （宋）葉夢得撰
春秋左氏傳續説 十二卷 （宋）吕祖謙撰
春秋左傳屬事 二十卷 （明）傅遜撰
左氏釋 二卷 （明）馮時可撰
春秋經解 二十卷 （宋）崔子方撰
春秋通訓 六卷 （宋）張大亨撰
沈先生春秋比事 二十卷 （宋）沈棐撰
春秋講義 八卷 （宋）戴溪撰
春秋集義 五十卷 綱領 三卷 （宋）李明復撰
春秋説 三十卷 （宋）洪咨夔撰
春秋纂言 十二卷 總例 二卷 （元）吳澄撰
春秋讞義 十二卷 （元）王元傑撰
春秋胡氏傳纂疏 三十卷 （元）汪克寬撰
春秋胡氏傳辨疑 二卷 （明）陸粲撰
春秋明志録 十二卷 （明）熊過撰
春秋億 六卷 （明）徐學謨撰
春秋孔義 十二卷 （明）高攀龍撰
讀春秋略記 十卷 （明）朱朝瑛撰
春秋平義 十二卷 （清）俞汝言撰
春秋四傳糾正 一卷 （清）俞汝言撰
春秋管窺 十二卷 （清）徐庭垣撰
左傳折諸 二十八卷 首二卷 公羊折諸 六卷 首一卷 穀梁折諸 六卷 首一卷 （清）張尚瑗撰
春秋究遺 十六卷 （清）葉酉撰
矩庵集 十五卷 附録 一卷 （元）同恕撰
孝經注疏 三卷 （唐）玄宗李隆基注、（唐）陸德明音義、（宋）邢昺疏
孝經述注 一卷 （明）項霦撰
御纂孝經集注 一卷 （清）世宗胤禛撰
論語拾遺 一卷 （宋）蘇轍撰
論語全解 十卷 （宋）陳祥道撰

孟子解 一卷 （宋）蘇轍撰
孟子傳 二十九卷 （宋）張九成撰
蒙齋中庸講義 四卷 （宋）袁甫撰
學庸正説 三卷 （明）趙南星撰
四書經疑貫通 八卷 （元）王充耘撰
四書留書 六卷 （明）章世純撰
四如講稿 六卷 （宋）黄仲元撰
泉齋簡端録 十二卷 （明）邵寶撰
經稗 十二卷 （清）鄭方坤撰
經咫 一卷 （清）陳祖范撰
篆隸考異 八卷 （清）周靖撰

史部

史記疑問 三卷 （清）邵泰衢撰
讀史記十表 十卷 （清）汪越撰、（清）徐克範補
後漢書補逸 二十一卷 （清）姚之駰撰
綱目續麟彙覽 三卷 （明）張自勳撰
大事記續編 七十七卷 （明）王禕撰
通鑒續編 二十四卷 （明）陳桱撰
欽定平定金川方略 三十二卷 （清）來保等撰
十六國春秋 不分卷 （魏）崔鴻撰
孝肅包公奏議 十卷 （宋）包拯撰
關中奏議鈔 十二卷 （明）楊一清撰
王李書簡 一卷 （明）楊一清撰
訥谿奏疏 一卷 （明）周怡撰
譚襄敏奏議 十卷 （明）譚綸撰
廉吏傳 二卷 （宋）費樞撰
閩中理學淵源考 九十二卷 （清）李清馥撰
寧海將軍固山貝子功績録 一卷 （□）□□撰
朝邑志 二卷 （明）韓邦靖撰、（清）李松林校、（清）汪能肅重校
閩政會要 不分卷 （清）孫平叔輯
營平二州地名記 一卷 （清）顧炎武撰
異域録 一卷 （清）圖理琛撰
赤松山志 一卷 （宋）倪守約撰
直隸河渠志 一卷 （清）陳儀撰
坤輿圖説 不分卷 佚名撰
明謚記彙編 二十五卷 （明）郭良翰撰
十七史纂古今通要 十七卷 （元）胡一桂撰
史纂通要後集 三卷 （元）董鼎撰
學史 十三卷 （明）邵寶撰
顧氏詩史 十四卷 （明）顧正誼撰
史糾 六卷 （明）朱明鎬撰

子部

儒志編 一卷 （宋）王開祖撰
準齋雜説 二卷 （宋）吴如愚撰
朱子讀書法 四卷 （宋）張洪齊輯
麗澤論説集録 十卷 （宋）吕祖儉輯
心經 一卷 （宋）真德秀撰
慈溪黄氏日鈔分類古今紀要 十九卷 （宋）黄震撰
性理群書句解 二十三卷 （宋）熊節撰
治世龜鑒 一卷 （元）蘇天爵撰
理學類編 八卷 （明）張九韶撰
士翼 四卷 （明）崔銑撰
呻吟語摘 二卷 （明）吕坤撰
呻吟語 四卷 （明）吕坤撰、（明）楊廷筠編
曆體略 三卷 （明）王英明撰
中星譜 一卷 （清）胡亶撰
全史日至源流 三十二卷 （清）許伯政撰
測圓海鏡分類釋術 十卷 首一卷 （明）顧應祥撰
新法算書 一百卷 附録 十四卷 （明）徐光啓撰
表度説 一卷 （意）熊三拔撰
數度衍 二十三卷 首一卷 （清）方中通撰
數學鑰 六卷 （清）杜知耕撰
少廣補遺 一卷 （清）陳世仁撰
幾何論約 七卷 （清）杜知耕撰
莊氏算學 八卷 （清）莊亨陽撰
大衍索隱 三卷 （宋）丁易東撰
皇極經世書解 十二卷 首二卷 （清）王植撰
皇極經世觀物外篇衍義 九卷 （宋）張行成撰
天元玉曆祥異賦圖解 不分卷 （□）

佚名撰
易通變 四十卷 （宋）張行成撰
玉照定真經 一卷 題（晉）郭璞撰、（晉）張顒注
法書名畫見聞表 一卷 南陽法書表 一卷 南陽名書畫表 一卷 清水河秘篋書畫表 一卷 （明）張丑撰
香乘 二十八卷 （明）周嘉胄撰
東園叢説 二卷 （宋）李如篪撰
書齋夜話 四卷 （宋）俞德鄰撰
本語 六卷 （明）高拱撰
名義考 十二卷 （明）周祈撰
義府 二卷 （清）黄生撰
經外雜鈔 二卷 （宋）魏了翁撰
臺灣外志 十二卷 （清）江日昇撰
北堂書鈔 一百六十卷 （唐）虞世南輯
元和姓纂 十卷 （唐）林寶撰
小字録 一卷 （宋）陳思輯
全芳備祖前集 二十七卷 後集 三十一卷 （宋）陳景沂輯
名賢氏族言行類稿 六十卷 （宋）章定撰
純正蒙求 三卷 （元）胡炳文撰
同姓名録 十二卷 （明）余寅撰、（明）周應賓撰 補一卷
別號録 九卷 （清）葛萬里輯
老子翼 三卷 老子考異 一卷 （明）焦竑撰
老子説略 二卷 （清）張爾岐撰
道德寶章 一卷 （宋）葛長庚注
周易參同契解 三卷 （宋）陳顯微撰
周易參同契發揮 三卷 釋疑 一卷 （宋）俞琰撰
亢倉子注 九卷 （宋）何粲注、（明）黄諫音釋
易外別傳 一卷 （宋）俞琰撰
山帶閣注楚辭餘論 二卷 楚辭説韻 一卷 首 一卷 （清）蔣驥撰

集部

王子安集 十六卷 （唐）王勃撰
王司馬集 八卷 （唐）王建撰
文泉子集 一卷 （唐）劉蛻撰
廣成集 十二卷 （前蜀）杜光庭撰
咸平集 三十卷 （宋）田錫撰
晏元獻遺文 一卷 （宋）晏殊撰
古靈集 二十五卷 （宋）陳襄撰
鄖谿集 二十八卷 （宋）鄭獬撰
太史范公文集 五十五卷 （宋）范祖禹撰
南陽集 三十卷 （宋）韓維撰
節孝語録 一卷 （宋）徐積撰
樂圃餘稿 十卷 附録 一卷 （宋）朱長文撰
龍雲集 三十二卷 （宋）劉弇撰
雲谿居士集 三十卷 附録 一卷 （宋）華鎮撰
樂靜集 三十卷 （宋）李昭玘撰
浮谿文粹 十五卷 （宋）汪藻撰
灌園集 二十卷 （宋）呂南公撰
筠谿集 二十四卷 （宋）李彌遜撰
華陽集 四十卷 （宋）張綱撰
苕谿集 五十五卷 （宋）劉一止撰
相山集 三十卷 （宋）王之道撰
大隱集 十卷 （宋）李正民卷
初寮集 八卷 （宋）王安中撰
丹陽集 二十四卷 （宋）葛勝仲撰
忠惠集 十卷 附録 一卷 （宋）翟汝文撰
淡齋集 十八卷 （宋）李流謙撰
盧谿集 五十卷 （宋）王庭珪撰
北海集 四十六卷 （宋）綦崇禮撰
崧庵集 六卷 （宋）李處權撰
鄱陽集 四卷 （宋）洪皓撰
東萊詩集 二十卷 附録 一卷 （宋）呂本中撰
五峰集 五卷 （宋）胡宏撰
斐然集 三十卷 （宋）胡寅撰
默堂集 二十二卷 （宋）陳淵撰
唯室集 四卷 （宋）陳長方撰
漢濱集 十六卷 （宋）王之望撰
拙齋文集 二十卷 拾遺 一卷 附録 一卷 （宋）林之奇撰
太倉稊米集 七十卷 （宋）周紫芝撰
鄮峯真隱漫録 五十卷 （宋）史浩撰
海陵集 二十三卷 外集 一卷 （宋）周

麟之撰
竹洲文集 二十卷 （宋）吴儆撰
棣華雜著 一卷 附録 一卷 （宋）吴俯撰
高峯文集 十二卷 （宋）廖剛撰
方舟集 二十四卷 （宋）李石撰
香山集 十六卷 （宋）喻良能撰
蒙隱集 二卷 （宋）陳棣撰
樂軒集 八卷 （宋）陳藻撰
澹軒集 八卷 （宋）李吕撰
尊白堂集 六卷 （宋）虞儔撰
慈湖遺書 十八卷 （宋）楊簡撰
雲莊集 二十卷 （宋）劉爚撰
定齋集 二十卷 （宋）蔡戡撰
誠齋集 一百三十二卷 附録 一卷 （宋）楊萬里撰
放翁詩選前集 十卷 （宋）陸游撰、（宋）羅椅輯 後集 八卷 （宋）陸游撰、（宋）劉辰翁輯 别集 一卷
東塘集 二十卷 （宋）袁説友撰
客亭類稿 十四卷 （宋）楊冠卿撰
蓮峯集 十卷 （宋）史堯弼撰
山房集 九卷 （宋）周南撰
後樂集 二十卷 （宋）衛涇撰
梅山續稿 十七卷 （宋）姜特立撰
信天巢遺稿 一卷 （宋）高翥撰、（清）高士奇輯
林湖遺稿 一卷 （宋）高鵬飛撰
江村遺稿 一卷 （宋）高選撰、高邁等撰、（清）高士奇輯
疏寮小集 一卷 （宋）高似孫撰
漫塘文集 三十六卷 （宋）劉宰撰
洺水集 三十卷 （宋）程珌撰
重校鶴山先生大全集 一百十卷 （宋）魏了翁撰
康範集 一卷 附録 三卷 （宋）汪晫撰
鶴林集 四十卷 （宋）吴泳撰
東澗集 十四卷 （宋）許應龍撰
浣川集 十卷 （宋）戴栩撰
鐵庵集 三十七卷 （宋）方大琮撰
默齋遺稿 二卷 （宋）游九言撰
臞軒集 十六卷 （宋）王邁撰
敝帚稿畧 八卷 （宋）包恢撰
清正存稿 六卷 附録 一卷 （宋）徐鹿卿撰
可齋雜稿 三十四卷 續稿 八卷 續后稿 十二卷 （宋）李曾伯撰
矩山存稿 五卷 （宋）徐經孫撰
雪窗集 二卷 附録 一卷 （宋）孫夢觀撰
楳埜集 十二卷 （宋）徐元杰撰
靈巖集 十卷 （宋）唐士恥撰
唐僧弘秀集 十卷 （宋）李龏撰
雪坡姚舍人文集 五十卷 （宋）姚勉撰
陳本堂先生文集 九十四卷 （宋）陳著撰
竹谿鬳齋 十一卷 續集 三十卷 （宋）林希逸撰
蘭皐集 三卷 （宋）吴錫疇撰
碧梧玩芳集 二十四卷 （宋）馬廷鸞撰
牟氏陵陽集 二十四卷 （宋）牟巘撰
潛齋集 十一卷 （宋）何夢桂撰
鐵牛翁遺稿 一卷 （宋）何景福撰
存潛齋集 十一卷 佚名撰
梅巖集 十卷 （宋）胡次焱撰
四如集 四卷 附録 一卷 （宋）黄仲元撰
佩韋齋集 十六卷 （宋）俞德鄰撰
則堂集 六卷 （宋）家鉉翁撰
存雅堂遺稿 五卷 （宋）方鳳撰
九華詩集 一卷 （宋）陳巖撰
葦航漫遊稿 四卷 （宋）胡仲弓撰
東山詩集 二卷 （宋）葛紹體撰
燕堂詩稿 一卷 （宋）趙公豫撰
滄洲塵缶編 十四卷 （宋）程公許撰
在軒集 一卷 （宋）黄公紹撰
涉齋集 十八卷 （宋）許綸撰
東窗集 十六卷 （宋）張擴撰
秋聲集 六卷 （宋）衛宗武撰
定庵類稿 四卷 （宋）衛博撰
華亭百詠 一卷 （宋）許尚撰
潛山集 十二卷 （宋）釋文珦撰
雲莊集 五卷 （宋）曾協撰
松隱文集 三十四卷 （宋）曹勛撰
稼村類稿 三十卷 （元）王義山撰
養蒙集 十卷 （元）張伯淳撰

墻東類稿 二十卷 （元）陸文圭撰
青山集 八卷 （元）趙文撰
桂隱詩集 四卷 附録 一卷 （元）劉詵撰
桂隱文集 四卷 （元）劉詵撰
巴西文集 一卷 （元）鄧文原撰
玉斗山人集 三卷 （元）王奕撰
谷響集 三卷 （元）釋善住撰
東庵集 四卷 （元）滕安上撰
青崖集 五卷 （元）魏初撰
畏齋集 六卷 （元）程端禮撰
默庵集 五卷 （元）安熙撰
雲峯集 十卷 （元）胡炳文撰
曹文貞公詩集 十卷 （元）曹伯啓撰
芳谷集 二卷 （元）徐明善撰
蘭軒集 十六卷 （元）王旭撰
霞外詩集 十卷 （元）馬臻撰
西巖集 二十卷 （元）張之翰撰
蒲室集 十五卷 （元）釋大欣撰
弁山小隱吟録 二卷 （元）黄玠撰
定宇集 十六卷 附録 一卷 （元）陳櫟撰
艮齋詩集 十四卷 （元）侯克中撰
雲林集 六卷 （元）貢奎撰
中庵集 二十卷 （元）劉敏中撰
惟實集 八卷 附録 二卷 （元）劉鶚撰
勤齋集 八卷 （元）蕭𣂏撰
榘庵集 十五卷 附録 一卷 （元）同恕撰
伊濱集 二十四卷 （元）王沂撰
閒居叢稿 二十六卷 （元）蒲道源撰
燕石集 十五卷 （元）宋褧撰
安雅堂集 十三卷 （元）陳旅撰
瓢泉吟稿 五卷 （元）朱晞顔撰
俟庵集 三十卷 （元）李存撰
青陽集 四卷 （元）余闕撰
圭峯集 二卷 （元）盧琦撰
五峯集 六卷 （元）李孝光撰
夢觀集 五卷 （元）釋大圭撰
子淵詩集 六卷 （元）張仲深撰
午谿集 十卷 （元）陳鎰撰
羽庭集 十卷 （元）劉仁本撰
不繫舟漁集 十五卷 附録 一卷 （元）陳高撰

居竹軒集 四卷 （元）成廷珪撰
傲軒吟稿 一卷 （元）胡天游撰
師山文集 八卷 遺文 五卷 （元）鄭玉撰
北郭詩集 六卷 補遺 一卷 （元）許恕撰
山窗餘稿 一卷 （元）甘復撰
吾吾類稿 三卷 （元）吳皐撰
雲陽集 十卷 （元）李祁撰
佩玉齋類稿 十卷 （元）楊翮撰
雲松巢集 三卷 （元）朱希晦撰
樗隱集 六卷 （元）胡行簡撰
庸庵集 十四卷 （元）宋禧撰
可閑老人集 四卷 （元）張昱撰
小亨集 六卷 （元）楊弘道撰
麟原後集 十二卷 （元）王禮撰
學言稿 六卷 （元）吳當撰
知非堂稿 六卷 （元）何中撰
壺山四六 一卷 （元）□□撰
桐山老農 四卷 （元）魯貞撰
石門集 七卷 （明）梁寅撰
密庵集 八卷 （明）謝肅撰
白雲稿 十一卷 （明）朱右撰
始豐稿 十四卷 （明）徐一夔撰
滄螺集 六卷 （明）孫作撰
春草齋集 十卷 附録 一卷 （明）烏斯道撰
望雲集 五卷 （明）郭奎撰
竹齋集 三卷 續集 一卷 附録 一卷 （元）王冕撰
蚓竅集 十卷 （明）管時敏撰
西郊笑端集 二卷 （明）董紀撰
頤庵文選 二卷 （明）胡儼撰
抑庵文前集 十三卷 後集 三十七卷 （明）王直撰
于忠肅集 十三卷 （明）于謙撰
倪文僖集 三十二卷 （明）倪謙撰
竹巖集 二卷 （明）柯潛撰
清風亭稿 八卷 （明）童軒撰
東園文集 十三卷 附録 一卷 （明）鄭紀撰
鬱洲遺稿 十卷 首一卷 （明）梁儲撰
顧華玉集 三十九卷 （明）顧璘撰

竹澗集 十二卷 （明）潘希曾撰
小鳴稿 十卷 （明）朱誠泳撰
正楊集 四卷 （明）陳耀文撰
夢澤集 二十三卷 （明）王廷陳撰
小山類稿 二十卷 （明）張岳撰
天馬山房遺集 八卷 （明）朱浻撰
方麓居士集 十三卷 （明）王樵撰
穀城山館詩集 二十卷 文集 四十二卷 （明）于慎行撰
璿璣圖詩讀法 一卷 （明）康萬民撰
沙谿集 二十三卷 （明）孫緒撰
滎陽外史集 一百卷 （明）鄭真撰
南宋群賢小集 一百二十九卷 （宋）陳起輯
巽齋小集 一卷 （宋）危稹撰
雪坡小稿 二卷 （宋）羅與之撰
菊磵小集 一卷 （宋）高翥撰
北牕詩稿 一卷 （宋）余觀復撰
歐渚微吟 一卷 （宋）趙崇鉘撰
學吟 一卷 （宋）朱南杰撰
雅林小稿 一卷 （宋）王琮撰
菊潭詩集 一卷 （宋）吳惟信撰
庸齋小集 一卷 （宋）沈説撰
學詩初稿 一卷 （宋）王同祖撰
西麓詩稿 一卷 （宋）陳允平撰
橘潭詩稿 一卷 （宋）何應龍撰
吾竹小稿 一卷 （宋）毛珝撰
皇荂曲 一卷 （宋）鄧林撰
梅屋詩稿 一卷 融春小綴 一卷 梅屋三稿 一卷 梅屋四稿 一卷 （宋）許棐撰
竹莊小稿 一卷 （宋）胡仲參撰
東齋小集 一卷 （宋）陳鑒之撰
芸隱横舟稿 一卷 倦遊稿 一卷 （宋）施樞撰
竹所吟稿 一卷 （宋）徐集孫撰
雲臥詩集 一卷 （宋）吳汝弌撰
適安藏拙餘稿 一卷 乙稿 一卷 （宋）武衍撰
疏寮小集 一卷 （宋）高似孫撰
靖逸小集 一卷 （宋）葉紹翁撰
秋江煙草 一卷 （宋）張弋撰
雪林刪餘 一卷 （宋）張至龍撰
癖齋小集 一卷 （宋）杜旃撰
招山小集 一卷 （宋）劉仙倫撰
看雲小集 一卷 （宋）黃文雷撰
抱拙小稿卷 （宋）趙希櫓撰
檜庭吟稿 一卷 （宋）葛起耕撰
骳稿 一卷 （宋）利登撰
雲泉詩 一卷 （宋）薛嵎撰
無懷小集 一卷 （宋）葛天民撰
漁谿詩稿 一卷 乙稿 一卷 （宋）俞桂撰
小山集 一卷 （宋）劉翰撰
雪牕小集 一卷 （宋）張良臣撰
臞翁詩集 一卷 （宋）敖陶孫撰
静佳乙稿 一卷 静佳龍尋稿 一卷 （宋）朱繼芳撰
斗野稿支卷 一卷 （宋）張蘊撰
露香拾稿 一卷 （宋）黃大受撰
竹谿十一稿詩選 一卷 （宋）林希逸撰
山居存稿 一卷 （宋）陳必復撰
端隱吟稿 一卷 （宋）林尚仁撰
雪蓬稿 一卷 （宋）姚鏞撰
心遊摘稿 一卷 （宋）劉翼撰
雪巖吟草 一卷 （宋）宋伯仁撰
石屏續集 四卷 （宋）戴復古撰
龍洲集 一卷 （宋）劉過撰
白石道人詩 一卷 詩説 一卷 （宋）姜夔撰
孝詩 一卷 （宋）林同撰
蒙泉詩稿 一卷 （宋）李濤撰
方泉先生詩集 三卷 （宋）周文璞撰
瓜廬詩集 三卷 （宋）薛師石撰
野穀詩集 六卷 （宋）趙汝鐩撰
端平詩集 四卷 （宋）周弼撰
梅花衲 一卷 （宋）李龏撰
剪綃集 二卷 （宋）李龏撰
亞愚江浙紀行集句詩 七卷 （宋）釋紹嵩撰
采芝集 一卷 （宋）釋斯植

采芝續集 一卷 （宋）佚名撰
雲泉詩集 一卷 （宋）釋永頤撰
芸居乙稿 一卷 （宋）陳起撰
增廣高僧詩選前集 一卷 後集 三卷 續集 一卷 （宋）陳起編
前賢小集拾遺 五卷 （宋）陳起編
雪磯叢稿 五卷 （宋）樂雷發撰
退庵先生遺集 二卷 （宋）吳淵撰
葦碧軒集 一卷 （宋）翁卷撰
清苑齋集 一卷 （宋）趙師秀撰
芳蘭軒集 一卷 （宋）徐照撰
二薇亭集 一卷 （宋）徐璣撰
中興群公吟稿戊集 七卷 （宋）陳起撰
群賢小集補遺 □卷 （宋）鮑廷博輯
江湖後集 二十四卷 （宋）陳起編
唐宋元名表 四卷 （明）胡松編
會稽懷古詩 一卷 （明）唐之淳撰
唐愚士詩 四卷 （明）唐之淳撰
中興間氣集 二卷 附遺 二卷 （唐）高仲武撰
南嶽唱酬集 一卷 附録 一卷 （宋）朱熹撰
三國志文類 六十卷 佚名輯
誠齋詩話 一卷 （宋）楊萬里撰
修辭鑑衡 二卷 （元）王構撰
（按：以上為粵圖收藏。）
周易 四卷 （元）董中行撰
喬氏易俟 十八卷 卷首 一卷 （清）喬萊撰
周官集傳 十六卷 （元）毛應龍撰
皇明實録 （明）胡廣等修
天玉經内傳 三卷 外編 一卷 （唐）楊筠松撰
繪事備考 八卷 （清）王毓賢撰
營造法式 三十四卷 卷首 一卷 （宋）李誡撰
竹友集 十卷 （宋）謝邁撰
宋忠肅陳了齋四明尊堯集 十一卷 （宋）陳瓘撰
（按：以上為國圖所藏。）
皇朝仕學規範 四十卷 （宋）張鎡撰
天臺前集 三卷 前集别編 一卷 續集 三卷 續集别編 六卷 （宋）李庚輯、（宋）林師蒧增輯
野趣有聲畫 二卷 （元）楊公遠撰
（按：以上為北大所藏。）
滇略 十卷 （明）謝肇淛撰
六藝之一録 四百六卷 目録 十卷 續編 十二卷 （清）倪濤撰
校注橘山四六 二十卷 （宋）李廷忠撰、（明）孫雲翼注
（按：以上為上圖所載。）
春秋事義全考 十六卷 （明）姜寶撰
春秋分紀 九十卷 （宋）程公説撰
汴京遺蹟志 二十四卷 （明）李濂撰
黄御史集 十卷 附錄 一卷 （唐）黄滔撰
（按：以上為臺灣“國圖”所藏。）
李義山四六選本 不分卷 （唐）李商隱撰
韓集舉正 一卷 外集舉正 一卷 （宋）方崧卿撰
西渡集 二卷 補遺 一卷 （宋）洪炎撰
莊簡集 十八卷 （宋）李光撰
（按：以上為科圖所藏。）
楚辭燈 四卷 （清）林云銘撰、（清）孔昭仁校並跋
（按：此為南圖所藏。）
三禮圖 四卷 （明）劉績撰
明太宗實錄 一百三十卷 （明）張輔等纂修
雪樓集 三十卷 附錄 一卷 （元）程鉅夫撰
（按：以上為遼圖所藏。）
皇朝實錄稿 一百六十卷 （清）巴泰等奉敕輯
（按：以上為日本東京大學所藏。）
明儒言行錄 □□卷 （清）沈佳撰
（按：以上美國國圖所藏。）
昭明太子集 六卷 （梁）蕭統撰
劉子 十卷 （北齊）劉晝撰
東皋子集 三卷 （唐）王績撰
杼山集 十卷 （唐）釋皎然撰
詠史詩 二卷 （唐）胡曾撰
古文龍虎經注疏 三卷 （宋）王道撰
石門文字禪 三十卷 （宋）釋覺範撰

眾妙集 一卷 （宋）趙師秀撰
荆谿林下偶談 四卷 （宋）吴子良撰
皇朝太平治跡統類 三十卷 （宋）彭百川撰
密齋筆記 五卷 續一卷 （宋）謝采伯撰
吾汶稿十卷 （宋）王炎午撰
張平叔悟真篇集注 五卷 （宋）張伯端撰
南湖集七集 （元）貢性之撰
革象新書 五卷 （元）趙友欽撰
韶舞九成樂補 一卷 （元）余載撰
還山遺稿 二卷 附錄 一卷 （元）楊奐撰
震澤長語 二卷 （明）王鏊撰
頤山詩話 二卷 （明）安磐撰
諸葛忠武書 十卷 （明）楊時偉輯
拾遺錄 一卷 （明）胡爌撰
今獻備遺 四十二卷 （明）項篤壽撰
吳興備志 三十二卷 （明）董斯張撰
格古要論 三卷 （明）曹昭撰
讀史方輿紀要 二百卷 （清）顧祖禹撰
律呂闡微 十卷 首 一卷 （清）江永撰
龍沙紀略 一卷 （清）方式濟撰
欽定外藩蒙古回部王公功績表傳 一百二十卷 （清）國史館撰
勾股矩測解原 二卷 （清）黄百家撰
粵閩巡視紀略 六卷 （清）杜臻撰
圖學辨惑 一卷 （清）黄宗炎撰
（按：以上為瞿冕良先生《中國古籍版刻辭典》所載。）
大金集禮 四十卷 （金）張暐等撰
（按：此為國內文物拍賣市場之一種。中山大學藏八種、華師藏一種。）

7706
藏修堂叢書 六集三十六種 二百二十五卷
（清）新會劉晚榮輯
清光緒十六年（1890）新會劉氏藏修書屋刊本
粵圖、國圖
子目：
第一集
李氏易解賸義 三卷 （清）李富孫撰
尚書蔡注考誤 一卷 （明）袁仁撰
詩經葉音辨訛 八卷 （清）劉維謙撰
春秋金鎖匙 三卷 （元）趙汸撰
春秋胡傳考誤 一卷 （明）袁仁撰
春秋左傳服注存 二卷 續一卷 補遺 一卷 （清）沈豫撰
論語異文考證 十卷 （清）馮登府撰
第二集
通鑒綱目釋地糾繆 六卷 （清）張庚撰
通鑒綱目釋地補注 六卷 （清）張庚撰
南唐書合刻 四十八卷
南唐書 三十卷 （宋）馬令撰
南唐書 十八卷 附音釋 一卷
（宋）陸游撰 （元）戚光音釋
第三集
御覽書苑菁華 二十卷 （宋）陳思撰
昭代名人尺牘小傳 二十四卷 （清）吳修撰
清秘藏 二卷 （明）張應文撰
玉臺書史 一卷 （清）厲鶚撰
第四集
藏書紀要 一卷 （清）孫從添撰
裝潢志 一卷 （清）周嘉胄撰
書箋析覽 一卷 （清）湯貽汾撰
廣川畫跋 六卷 （宋）董逌撰
廣川書跋校勘記 六卷 （清）劉晚榮撰
金石文字跋尾 六卷 （清）朱彝尊撰
芳堅館題跋 四卷 （清）郭尚先撰
無聲詩史 七卷 （清）姜紹書撰
玉臺畫史 五卷 别録 一卷 （清）湯漱玉輯
張氏四種 （明）張丑撰
法書名畫見聞表 一卷
南陽名畫表 一卷
南陽法書表 一卷
清河秘篋書畫表 一卷
墨表 四卷 （清）萬壽祺撰
第五集
張仲景注解傷寒百證歌 五卷 （宋）許叔微撰
壽親養老新書 四卷 （宋）陳直撰（元）鄒鉉續
藥症忌宜 一卷 （明）陳澈撰

經絡歌訣 一卷 （清）汪昂撰
傷寒六經定法 一卷 問答 一卷 （清）舒詔撰
靈棋經 二卷 （漢）東方朔撰、（晉）顏幼明、（劉宋）何承天注、（元）陳師凱、（明）劉基解
月波洞中記 一卷 （吳）張仲遠傳本
少廣正負術內篇 三卷 外篇 三卷 （清）孔廣森撰
第六集
詒晉齋集 八卷 後集 一卷 隨筆 一卷 （清）永瑆撰
寶綸堂集 八卷 （清）齊召南撰
遼詩話 二卷 （清）周春撰

7707

碧琳琅館叢書 四部

（清）方功惠輯

清光緒十年（1884）序巴陵方氏廣東刊宣統元年（1909）印本

粵圖、中大

子目：

甲部
易經解 不分卷 （宋）朱長文撰
金氏尚書注 十二卷 （宋）金履祥撰
尚書注考 一卷 （明）陳泰交撰
詩深 二十六卷 首二卷 （清）許伯政撰
詩經通義 十二卷 首一卷 （清）朱鶴齡撰
禮經奧旨 一卷 （宋）鄭樵撰
月令七十二候集解 一卷 （元）吳澄撰
古文論語鄭氏注輯 二卷 附録 一卷 （漢）鄭玄注、（宋）王應麟輯
新集古文四聲韻 五卷 （宋）夏竦撰
光緒八年（1882）刊
新編經史正音切韻指南 一卷 （元）劉鑑撰
輪輿私箋 二卷 坿圖 一卷 （清）鄭珍撰 圖（清）鄭知同撰
春秋會義 十二卷 （宋）杜諤撰
乙部
兩漢朔閏表 二卷 漢太初以前朔閏表 一卷 （清）張其翻撰
全史日至源流 三十卷 首三卷 （清）許伯政撰
穆天子傳注疏 六卷 首一卷 末一卷 （晉）郭璞注、（清）檀萃疏
靖炎兩朝見聞録 二卷 （宋）陳東撰
宋朝南渡十將傳 十卷 （宋）章穎撰
使金録 一卷 （宋）程卓撰
大金德運圖説 一卷 （金）貞祐中官撰
岳陽風土記 一卷 （宋）范致明撰
辛巳泣蘄録 一卷 附録 一卷 （宋）趙與褣撰
平宋録 三卷 （元）劉敏中撰
今言 四卷 （明）鄭曉撰
石渠紀餘 六卷 （清）王慶雲撰
歷代宅京記 二十卷 （清）顧炎武撰
岳陽紀勝彙編 四卷 （清）梅淳輯
茗香堂史論 四卷 （清）彭孫貽撰
丙部
養蒙大訓 一卷 （元）熊大年輯
樗庵日録 一卷 （明）王燁撰
羅氏識遺 十卷 （宋）羅璧撰
過庭記餘 三卷 （清）陶樾撰
光緒七年（1881）刊
素問入式運氣論奧 三卷 （宋）劉溫舒撰
黃帝內經素問遺篇 一卷 （宋）劉溫舒撰
天文精義賦 四卷 （元）岳熙載撰
名畫獵精録 三卷 （唐）張彥遠撰
童學書程 一卷 （明）豐坊撰
膳夫經手録 一卷 （唐）楊曄撰
雲林堂飲食制度集 一卷 （元）倪瓚撰
徐氏筆精 八卷 （明）徐𤊹撰
光緒七年（1881）刊
同書 四卷 （清）周亮工撰
明語林 十四卷 補遺 一卷 （清）吳肅公撰
醉翁談録 八卷 （宋）金盈之撰
丁部
文選紀聞 三十卷 （清）余蕭客撰
堯山堂偶雋 七卷 （明）蔣一葵撰
文選編珠 二卷 （清）石蘊玉撰

7708

翠琅玕館叢書 四集五十一種 一百三十七卷

（清）廣州馮兆年輯

清光緒中羊城馮氏刊本

國圖、北大

子目：

第一集

飛鴻堂印人傳 八卷 （清）汪啓淑撰

南漢金石志 二卷 （清）吳蘭修撰

光緒十一年（1885）刊

九曜石刻録 一卷 （清）周中孚撰

光緒十六年（1890）刊

錢譜 一卷 （宋）董逌（一題明董遹）撰 光緒十四年（1888）刊

漫堂墨品 一卷 （清）宋犖撰

水坑石記 一卷 （清）錢朝鼎撰

琴學八則 一卷 （清）程雄撰

觀石録 一卷 （清）高兆撰

紅术軒紫泥法定本 一卷 （清）汪鎬京撰

陽羨茗壺系 一卷 （明）周高起撰

光緒十六年（1890）刊

洞山岕茶系 一卷 （明）周高起撰

南村觴政 一卷 （清）張惣撰

光緒十年（1884）刊

桐堦副墨（一名運掌經） 一卷 （明）黎遂球撰

陶説 六卷 （清）朱琰撰

光緒十年（1884）刊

小山畫譜 二卷 （清）鄒一桂撰

光緒十一年（1885）刊

苦瓜和尚畫語録 一卷 （清）釋道濟撰

冬心畫題記 五種 （清）金農撰

冬心先生畫竹題記 一卷

冬心畫梅題記 一卷

冬心畫馬題記 一卷

冬心畫佛題記 一卷

冬心自寫真題記 一卷

幽夢影 二卷 （清）張潮撰

獸經 一卷 （明）黄省曾撰

虎苑 二卷 （明）王穉登撰

第二集

夏小正傳 二卷 （漢）戴德撰、（清）孫星衍校

大誓答問 一卷 （清）龔自珍撰

小學鉤沈 十九卷 （清）任大椿輯、（清）王念孫校正

倉頡篇 二卷 附倉頡訓詁倉頡解詁

三倉 二卷 附三倉訓詁三倉解詁

凡將篇 （漢）司馬相如撰

古文官書 附古文奇字郭訓古文奇字 （漢）衛宏撰 附（□）□□撰

勸學篇 （漢）蔡邕撰

聖皇篇 （漢）蔡邕撰

（以上合 一卷）

通俗文 二卷 （漢）服虔撰

埤倉 二卷 （魏）張揖撰

古今字詁 （魏）張揖撰

雜字 （魏）張揖撰

（以上合 一卷）

聲類 一卷 （魏）李登撰

辨釋名 （吳）韋昭撰

韻集 （晉）吕静撰

（以上合 一卷）

雜字解詁 （魏）周成撰

周成難字 （魏）周成撰

小學篇 （晉）王義撰

字苑 （晉）葛洪撰

字指 （晉）李彤撰

音譜 （劉宋）李槩撰

（以上合 一卷）

纂文 一卷 （劉宋）何承天撰

纂要 梁世祖撰

文字集略 （梁）阮孝緒撰

字略 （後魏）宋世良撰

廣蒼 （魏）樊恭撰

（以上合 一卷）

字統 （後魏）楊承慶撰

韻略 （北齊）陽休之撰

證俗音 （北齊）顔之推撰

文字指歸 （隋）曹憲撰

切韻 （隋）陸法言撰

(以上合 一卷)
字書 二卷
字體
異字苑
字類
字諟
古今字音
聲譜
證俗文
異字音
(以上合 一卷)
歷代世系紀年編 一卷 (清)沈炳震撰
光緒十四年(1888)刊
顔書編年録 四卷 (清)黄本驥撰
南海百詠續編 四卷 (清)樊封撰
光緒十四年(1888)刊
藝舟雙楫 六卷 (清)包世臣撰
光緒十年(1884)刊
第三集
説文管見 三卷 (清)胡秉虔撰
説文辨疑 一卷 條記 一卷 (清)顧廣圻撰
説文釋例 二卷 (清)江沅撰
光緒十六年(1890)刊
周櫟園印人傳 三卷 (清)周亮工撰
丹谿朱氏脈因證治 二卷 (元)朱震亨撰
惲南田畫跋 四卷 (清)惲格撰
光緒十七年(1891)刊
雨窗漫筆 一卷 (清)王原祁撰
東莊論畫 一卷 (清)王昱撰
二十四畫品 一卷 (清)黄鉞撰
浦山論畫 一卷 (清)張庚撰
繪事津梁 一卷 (清)秦祖永撰
摹印傳燈 二卷 (清)葉爾寬撰
第四集
詩氏族考 六卷 (清)李超孫撰
兩漢刊誤補遺 十卷 (宋)吴仁杰撰
曉庵新法 六卷 (清)王錫闡撰
脈藥聯珠 四卷 (清)龍柏撰
脈藥聯珠古方考 四卷 (清)龍柏撰
雪堂墨品 一卷 (清)張仁熙撰
畫訣 一卷 (清)龔賢撰
板橋題畫 一卷 (清)鄭燮撰
山南論畫 一卷 (清)王學浩撰
石村畫訣 一卷 (清)孔衍栻撰
寫竹雜記 一卷 (清)蔣和撰
薛濤詩 一卷 (唐)薛濤撰

7709

翠琅玕館叢書 四部

南海黄任恒重輯

民國五年(1916)據劉氏藏修堂叢書刊版重編本

粵圖、中大等

子目:

經部
李氏易解賸義 三卷 (清)李富孫撰
尚書蔡注考誤 一卷 (明)袁仁撰
詩氏族考 六卷 (清)李超孫撰
夏小正傳 二卷 (漢)戴德撰 (清)孫星衍校
春秋金鎖匙 三卷 (元)趙汸撰
春秋胡傳考誤 一卷 (明)袁仁撰
史部
南唐書合刻 四十八卷
南唐書 三十卷 (宋)馬令撰
南唐書 十八卷 附音釋 一卷 (宋)陸游撰 (元)戚光音釋
昭代名人尺牘小傳 二十四卷 (清)吴修撰
金石文字跋尾 六卷 (清)朱彝尊撰
芳堅館題跋 四卷 (清)郭尚先撰
南漢金石志 二卷 (清)吴蘭修撰
九曜石刻録 一卷 (清)周中孚撰
子部
張仲景注解傷寒百證歌 五卷 (宋)許叔微撰
壽親養老新書 四卷 (宋)陳直撰、(元)鄒鉉續
傷寒六經定法 一卷 問答 一卷 (清)舒詔撰
丹谿朱氏脈因證治 二卷 (元)朱震亨撰

脈藥聯珠 四卷 （清）龍柏撰
脈藥聯珠古方考 四卷 （清）龍柏撰
藥䕷忌宜 一卷 （清）陳澈撰
曉庵新法 六卷 （清）王錫闡撰
少廣正負術内篇 三卷 外篇 三卷 （清）孔廣森撰
靈棋經 二卷 （漢）東方朔撰、（晉）顏幼明、（劉宋）何承天注、（元）陳師凱、（明）劉基解
月波洞中記 一卷 （吳）張仲遠傳本
御覽書苑菁華 二十卷 （宋）陳思撰
張氏四種 （明）張丑撰
　　法書名畫見聞表 一卷
　　南陽名畫表 一卷
　　南陽法書表 一卷
　　清河秘篋書畫表 一卷
顏書編年録 四卷 （清）黃本驥撰
藝舟雙楫 六卷 （清）包世臣撰
玉臺書史 一卷 （清）厲鶚撰
苦瓜和尚畫語録 一卷 （清）釋道濟撰
畫訣 一卷 （清）龔賢撰
雨窗漫筆 一卷 （清）王原祁撰
東莊論畫 一卷 （清）王昱撰
浦山論畫 一卷 （清）張庚撰
山南論畫 一卷 （清）王學浩撰
石村畫訣 一卷 （清）孔衍栻撰
寫竹雜記 一卷 （清）蔣和撰
繪事津梁 一卷 （清）秦祖永撰
二十四畫品 一卷 （清）黃鉞撰
畫筌析覽 一卷 （清）湯貽汾撰
廣川畫跋 六卷 （宋）董逌撰
惲南田畫跋 四卷 （清）惲格撰
板橋題畫 一卷 （清）鄭燮撰
冬心畫題記 （清）金農撰
　　冬心先生畫竹題記 一卷
　　冬心畫梅題記 一卷
　　冬心畫馬題記 一卷
　　冬心畫佛題記 一卷
　　冬心自寫真題記 一卷
小山畫譜 二卷 （清）鄒一桂撰
無聲詩史 七卷 （清）姜紹書撰
玉臺畫史 五卷 別録 一卷 （清）湯漱玉輯
周櫟園印人傳 三卷 （清）周亮工撰
飛鴻堂印人傳 八卷 （清）汪啓淑撰
摹印傳燈 二卷 （清）葉爾寬撰
紫泥法 一卷 （清）汪鎬京撰
琴學八則 一卷 （清）程雄撰
裝潢志 一卷 （清）周嘉胄撰
桐堦副墨 一卷 （明）黎遂球撰
南村觴政 一卷 （清）張惣撰
錢譜 一卷 （宋）董逌（一題明董遹）撰
墨表 四卷 （清）萬壽祺撰
雪堂墨品 一卷 （清）張仁熙撰
漫堂墨品 一卷 （清）宋犖撰
觀石録 一卷 （清）高兆撰
水坑石記 一卷 （清）錢朝鼎撰
陶說 六卷 （清）朱琰撰
陽羨茗壺系 一卷 （明）周高起撰
獸經 一卷 （明）黃省曾撰
虎苑 二卷 （明）王穉登撰
洞山岕茶系 一卷 （明）周高起撰
幽夢影 二卷 （清）張潮撰
藏書紀要 一卷 （清）孫從添撰
清秘藏 二卷 （明）張應文撰
集部
　　薛濤詩 一卷 （唐）薛濤撰
　　詒晉齋集 八卷 後集 一卷 隨筆 一卷 （清）永瑆撰
　　寶綸堂文鈔 八卷 （清）齊召南撰
　　南海百咏續編 四卷 （清）樊封撰
　　遼詩話 二卷 （清）周春撰
　　凹園詩鈔 二卷 詞二卷 （民國）黃榮康撰

7710
知服齋叢書 五集
（清）順德龍鳳鑣輯
清光緒中順德龍氏刊本
粵圖、國圖
子目：

第一集
逸周書 十卷 （晉）孔晁注
漢禮器制度 一卷 （漢）叔孫通撰、（清）孫星衍輯
光緒十七年（1891）刊
漢官 一卷 （漢）□□撰、（清）孫星衍輯
光緒十七年（1891）刊
漢官解詁 一卷 （漢）王隆撰、（漢）胡廣注、（清）孫星衍輯
光緒十七年（1891）刊
漢舊儀 二卷 補遺 二卷 （漢）衛宏撰、（清）孫星衍校並輯補遺
光緒十七年（1891）刊
漢官儀 二卷 （漢）應劭撰、（清）孫星衍輯
光緒十七年（1891）刊
漢官典職儀式選用 一卷 （漢）蔡質撰、（清）孫星衍輯
光緒十七年（1891）刊
漢儀 一卷 （吳）丁孚撰、（清）孫星衍輯
光緒十八年（1892）刊
風俗通姓氏篇 二卷 （漢）應劭撰、（清）張澍輯補注
第二集
十三州志 一卷 （後魏）闞駰撰、（清）張澍輯
光緒十六年（1890）刊
三秦記 一卷 （□）辛□撰、（清）張澍輯
光緒十七年（1891）刊
三輔決録 二卷 （漢）趙岐撰、（晉）摯虞注、（清）張澍輯
南嶽小録 一卷 （唐）李沖昭撰
光緒十八年（1892）刊
金華赤松山志 一卷 （宋）倪守約撰
光緒十八年（1892）刊
島夷志略 一卷 （元）汪大淵撰
光緒十八年（1892）刊
寧古塔紀略 一卷 （清）吳榐臣撰
光緒十八年（1892）刊
元儒考略 四卷 （明）馮從吾撰
光緒十八年（1892）刊
少陽集 十卷 （宋）陳東撰
光緒十八年（1892）刊
第三集
雙溪醉隱集 六卷 （元）耶律鑄撰、（清）李文田箋
光緒十八年（1892）刊
楊忠愍公集 五卷 首一卷 末一卷 （明）楊繼盛撰
光緒二十三年（1897）刊
元親征録 一卷 （元）□□撰、（清）何秋濤校正、（清）李文田、（民國）沈曾植校注
第四集
陶庵集 二十二卷 首一卷 （明）黃淳耀撰
光緒十八年（1892）刊
谷簾學吟 一卷 （明）黃淵耀撰
第五集
崇禎五十宰相傳 一卷 （清）曹溶撰
崇禎内閣行略 一卷 閣臣年表 一卷 （明）陳盟撰

7711

螺樹山房叢書 五種 四十五卷

（清）順德龍裕光輯
清光緒中順德龍氏刊本
粵圖、國圖
子目：
錢仲文集 十卷 （唐）錢起撰
宮教集 十二卷 （宋）崔敦禮撰
元朝典故編年考 十卷 （清）孫承澤撰
静學文集 三卷 首一卷 末一卷 （明）王叔英撰
嘉靖以來首輔傳 八卷 （明）王世貞撰

7712

晨風閣叢書 二十一種

番禺沈宗畸輯
清宣統元年（1909）番禺沈氏刊本

粵圖、中大
子目：
詩經四家異文考補 一卷 （清）江瀚撰
説文解字校勘記殘稿 一卷 （清）王念孫撰、（清）桂馥録
仁廟聖政記 二卷 （明）□□撰
出圍城記 一卷 （清）甦庵道人（楊棨）撰
西域水道記校補 一卷 （清）徐松撰
寒山金石林部目 一卷 （明）趙均撰
昭陵碑録 三卷 附録 一卷 （民國）羅振玉輯
潛採堂書目四種 （清）朱彝尊撰
全唐詩未備書目 一卷
明詩綜採摭書目 一卷
兩淮鹽筴書引證書目 一卷
竹垞行笈書目 一卷
藝芸書舍宋元本書目 二卷 （清）汪士鍾撰
結一廬書目 四卷 （清）朱學勤撰
滂喜齋宋元本書目 一卷 （清）□□輯
曲録 六卷 （民國）王國維撰
戲曲考原 一卷 （民國）王國維撰
鹿門集 三卷 拾遺 一卷 續補遺 一卷 （唐）唐彦謙撰
邕州小集 一卷 （宋）陶弼撰
方叔淵遺稿 一卷 （元）方瀾撰
附
高氏三宴詩集 三卷 （唐）高正臣輯
香山九老會詩 一卷 （唐）白居易輯
古洋遺響集 一卷 （宋）文同撰
南唐二主詞 一卷 補遺 一卷 附校勘記 一卷 （南唐）李璟、（南唐）李煜撰、（民國）王國維輯補遺並撰校勘記
平園近體樂府 一卷 （宋）周必大撰
後村别調 一卷 補一卷 （宋）劉克莊撰
眉庵詞 一卷 （明）楊基撰

7713

晨風閣叢書 一集

番禺沈宗畸等輯
清光緒三十四年至宣統三年（1908—1911）國學萃編社鉛印本
粵圖、中大
子目：
毛鄭詩斠議 一卷 （民國）羅振玉撰
毛詩草木鳥獸蟲魚疏 二卷 （吴）陸璣撰 （民國）羅振玉校
幕巢館札記 一卷 （清）顏札定撰
懷珉精舍金石跋 一卷 （清）李宗蓮撰
湖海樓集拾遺 一卷 （清）陳維崧撰
謀野集删 二卷 （明）王穉登撰
煉庵駢體文選 四卷 （民國）沈宗畸輯
實獲齋文鈔 四卷 （民國）沈宗畸輯
駢花閣文選 四卷 （民國）沈宗畸輯
晦僧文略 二卷 （民國）陳澹然撰
樸學齋文鈔 四卷 （民國）沈宗畸輯
怡情小品 一卷 （清）龔廷鈞、（清）錢永基選
石遺室詩友詩録 六卷 （民國）陳衍輯
湖海同聲集 四卷 （清）童閏輯
石閭集 一卷 （清）蔣易撰
掣鯨堂集 一卷 （民國）費錫璜撰
明詩紀事鈔 一卷 （民國）陳田輯
漁洋山人感舊集小傳 一卷 （清）盧見曾撰、（民國）陳衍補遺
續詩人徵略後集 二卷 （清）吳仲撰
諸華香室閨秀詩鈔 二卷 （清）□□輯
湖船録 一卷 （清）厲鶚撰
五湖遊稿 一卷 （清）余懷撰
江鄉漁話 一卷 （民國）丁傳靖撰
銅仙殘泪 一卷 （清）魏秀仁撰
芙蓉莊紅豆録 一卷 （民國）徐兆瑋輯
謎話 二卷 （清）古銘猷撰
羅浮紀遊 一卷 （民國）潘飛聲撰
遼東行部志 一卷 （金）王寂撰
蘿庵遊賞小志 一卷 （清）李慈銘撰
建康同遊記 一卷 （民國）馮煦撰
説林（一名馬氏隨筆）二卷 （清）錫泰撰
今齊諧 一卷 （清）蹇蹇輯
海底仇 一卷 （清）黎虞孫、（清）范

公讜譯
異伶傳 一卷 （民國）陳澹然撰
幽夢影 一卷 （清）張潮撰
幽夢續影 一卷 （清）朱錫綬撰
今詞綜 三卷 （民國）沈宗畸輯
夢玉詞 一卷 （清）陳寅撰
飲瓊漿館詞 一卷 （民國）潘飛聲撰
勉憙集詞 一卷 （清）周星詒撰
鷗夢詞 一卷 （清）劉履芬撰
韻麋詞 一卷 （清）經半園撰
盂蘭夢 一卷 （清）嚴保庸撰
瓊花夢（一名江花夢）二卷（存卷上） 題（清）雷岸居士撰
望夫石 一卷 （清）曖初氏撰
媿嫿封 一卷 （清）楊恩壽撰
緑天香雪簃詩話 八卷 題（清）瞿園居士撰
眉韻樓詩話 八卷 （民國）孫雄撰
詩群 六卷 （民國）沈宗畸輯
小三吾亭詞話 五卷 冒廣生撰
道咸同光四朝詩史一斑録初編叙例 一卷 （民國）陳雄撰
雪樵詩存 一卷 （清）□□撰

7714

拜鴛樓校刻 四種 五卷

番禺沈宗畸輯
清光緒二十六年（1900）番禺沈氏刊本
粤圖、國圖等
子目：
影梅庵憶語 一卷 悼亡題詠集 一卷 （清）冒襄撰
板橋雜記 一卷 （清）余懷撰
海鷗小譜 一卷 （清）趙執信撰
欠愁集 一卷 （清）史震林撰

7715

風雨樓叢書 二十六種

順德鄧實輯
清宣統中順德鄧氏鉛印本
國圖、北大
子目：
貫華堂才子書彙稿 （清）金人瑞撰
聖嘆外書
唱經堂杜詩解 四卷
唱經堂古詩解 一卷
唱經堂左傳釋 一卷
唱經堂釋小雅 一卷
唱經堂釋孟子四章 一卷
唱經堂批歐陽永叔詞十二首 一卷
聖嘆内書
唱經堂通宗易論 一卷
唱經堂聖人千案 一卷
唱經堂語録類纂 二卷
聖嘆雜篇
唱經堂隨手通 一卷
日知録之餘 四卷 （清）顧炎武撰
宣統二年（1910）排印
容甫先生遺詩 五卷 補遺 一卷 附録 一卷 （清）汪中撰
宣統二年（1910）排印
信摭 一卷 （清）章學誠撰
讀畫録 四卷 （清）周亮工撰
印人傳 三卷 （清）周亮工撰
江邨銷夏録 三卷 （清）高士奇撰
龔定盦別集 一卷 （清）龔自珍撰
定盦詩集定本 二卷 詞定本 一卷 集外未刻詩 一卷 集外未刻詞 一卷 （清）龔自珍撰
吳越所見書畫録 六卷 書畫説鈴 一卷 （清）陸時化撰
宣統二年（1910）排印
松圓浪淘集 十八卷 偈庵集 二卷 （明）程嘉燧撰
梅村文集 二十卷 （清）吳偉業撰
宣統二年（1910）排印
天遊閣集 五卷 詩補 一卷 附録 一卷 （清）顧太清撰
宣統二年（1910）排印
謫麐堂遺集 文二卷 詩二卷 補遺 一卷 （清）戴望撰
宣統三年（1911）排印
庚子銷夏記 八卷 閑者軒帖考 一卷

（清）孫承澤撰
宣統三年（1911）排印
南雷餘集 一卷 （清）黃宗羲撰
秋笳集 八卷 補遺 一卷 （清）吳兆騫撰
宣統三年（1911）排印
東莊吟稿 七卷 （清）吕留良撰
帶經堂書目 四卷 （清）陳樹杓撰
乙卯劄記 一卷 丙辰劄記 一卷 （清）章學誠撰
清暉贈言 十卷 （清）徐永宣輯
宣統三年（1911）排印
清暉閣贈貽尺牘 二卷 （清）王翬撰
宣統三年（1911）排印
書畫題跋記 十二卷 （明）郁逢慶撰
宣統三年（1911）排印

7716

風雨樓秘笈留真 十種

順德鄧實輯
清宣統至民國間順德鄧氏風雨樓景印本
國圖、上圖
子目：
三吳舊語 一卷 （明）顧苓撰
民國四年（1915）據手寫本景印
山居隨筆 一卷 （清）孫承澤撰
民國四年（1915）據手寫本景印
史館稿傳 一卷 （清）朱彝尊撰
民國四年（1915）據手寫本景印
墨子經説解 二卷 （清）張惠言撰
宣統元年（1909）據手寫本景印
葦間詩稿 一卷 （清）姜宸英撰
民國五年（1916）據手寫本景印
茗柯文稿 一卷 （清）張惠言撰
宣統元年（1909）據手寫本景印
蒼潤軒碑跋 一卷 （明）盛時泰撰
據清魏錫曾手校舊鈔本景印
曝書亭文稿 一卷 （清）朱彝尊撰
民國五年（1916）據手寫本景印
清儀閣古印附注 一卷 （清）徐同柏撰
民國六年（1917）據手寫本景印
淵雅堂文稿 一卷 （清）王芑孫撰
民國六年（1917）據手寫本景印

7717

古學彙刊 二集

順德鄧實等輯
民國元年（1912）上海國粹學報社鉛印本
粵圖、國圖
子目：
第一集
經學類
蜀石經校記 一卷 （民國）繆荃孫撰
毛詩九穀考 一卷 （清）陳奂撰
國史儒林傳 二卷 （民國）繆荃孫撰
史學類
三垣筆記 三卷 補遺 三卷 （明）李清撰
太宗皇帝實録 殘八卷（存卷二十六至三十、卷七十六、卷七十九至八十）（宋）錢若水等撰
西遼立國本末考 一卷 疆域考 一卷 都城考 一卷 （清）丁謙撰
輿地類
島夷志略廣證 二卷 （民國）沈曾植撰
仁恕堂筆記 一卷 （清）黎士弘撰
掌故類
永憲録 一卷 （清）蕭奭齡撰
元婚禮貢舉考 一卷 （元）□□撰
目録類
士禮居藏書題跋再續記 二卷 （清）黄丕烈撰、（民國）繆荃孫輯
清學部圖書館善本書目 五卷 （民國）繆荃孫撰
敦煌石室經卷中未入藏經論著述目録 二卷 疑僞外道目録 一卷 （清）李翊灼撰
金石類
雲臺金石記 一卷 （清）□□撰
翠墨園語 一卷 （清）王懿榮輯
陽羨摩厓紀録 一卷 （清）吳騫等撰
附
荊南遊草 一卷 （清）吳騫撰
涪州石魚文字所見録 二卷 （清）姚覲元、（清）錢保塘撰
上谷訪碑記 一卷 （清）鄧嘉緝撰

雜記類
陸麗京雪罪雲遊記 一卷 （清）陸莘行撰
記桐城方戴兩家書案 一卷 （清）□□撰
金粟逸人逸事 一卷 （清）朱琰撰
越縵堂日記鈔 二卷 （清）李慈銘撰
蓬山密記 一卷 （清）高士奇撰
牧齋遺事 一卷 （清）□□撰
吴兔牀日記 一卷 （清）吴騫撰
何蝯叟日記 一卷 （清）何紹基撰
鄭鄤事跡 五卷 （清）湯狷石輯
羽琌山民逸事 一卷 （清）魏季子、（民國）繆荃孫撰
雲自在龕筆記 六卷 （民國）繆荃孫撰
詩文類
二顧先生遺詩 二卷 （清）顧杲、（清）顧緗撰
萬年少遺詩 一卷 （清）萬壽祺撰
今樂府 二卷 （清）吴炎撰、（清）潘檉章評
今樂府 一卷 （清）潘檉章撰、（清）吴炎評
章實齋文鈔 四卷 （清）章學誠撰
第二集
經學類
陳東塾先生讀詩日録 一卷 （清）陳澧撰
經典文字考異 三卷 （清）錢大昕撰
史學類
海外慟哭記 一卷 （清）黄宗羲撰
申范 一卷 （清）陳澧撰
歲貢士壽臧府君 （徐同柏）年譜 一卷 （清）徐士燕撰
輿地類
桂勝 四卷 （明）張鳴鳳撰
長溪瑣語 一卷 （明）謝肇淛撰
目録類
潛採堂宋金元人集目 一卷 （清）朱彝尊撰
静惕堂藏宋元人集目 一卷 （清）曹溶撰
庚子銷夏記校文 一卷 附校勘記 一卷 （清）何焯撰 校勘記 （清）魏錫曾撰
清學部圖書館方志目 一卷 （民國）繆荃孫撰
金石類
金石餘論 一卷 （清）李遇孫撰
寶素室金石書畫編年録 二卷 （清）釋達受撰
金石學録 四卷 （清）李遇孫撰
泰山石刻記 一卷 （清）孫星衍撰
雜記類
纖言 三卷 （清）陸圻撰
元郭天錫手書日記真蹟 四卷
附録 一卷 （元）郭畀撰
玉几山房聽雨録 二卷 （清）陳撰撰
巾箱説 一卷 （清）金埴撰
紀善録 一卷 （明）杜瓊撰
雲自在龕筆記 一卷 （民國）繆荃孫撰
詩文類
明何元朗徐陽初曲論 一卷 （明）何良俊、（明）徐復祚撰
靈谷紀遊稿 一卷 （民國）鄧實輯
竹垞老人晚年手牘 一卷 （清）朱彝尊撰
亭林先生集外詩 一卷 附亭林詩集校文 一卷 （清）顧炎武撰 附（清）荀徵撰
棗林詩集 三卷 （清）談遷撰
吾炙集小傳 一卷 （民國）鄧實撰

7718

聚德堂叢書 十二種

東莞陳伯陶輯
民國東莞陳氏刊本
粵圖、中大
子目：
琴軒集 十卷 （明）陳璉撰
民國十九年（1930）刊
學蔀通辯 十二卷 （明）陳建撰
民國十年（1921）刊
治安要義 六卷 （明）陳建撰
民國九年（1920）刊
擬古樂府 二卷 （明）李東陽撰、（明）陳建通考
民國八年（1919）刊
懸榻齋詩集 一卷 文集 一卷 （明）陳

履撰
民國九年（1920）刊
陳獻孟遺詩 一卷 附録 一卷 （清）陳阿平撰
民國八年（1919）刊
長春道教源流 八卷 （清）陳銘珪撰
浮山志 五卷 （清）酥醪洞主（陳銘珪）撰
荔莊詩存 一卷 （清）陳銘珪撰
民國七年（1918）刊
勝朝粤東遺民録 四卷 補遺 一卷 附一卷 九龍真逸（陳伯陶）撰
民國五年（1916）刊
宋東莞遺民録 二卷 詩文補遺 一卷 九龍真逸（陳伯陶）撰
民國五年（1916）刊
宋臺秋唱 三卷 附録 一卷 （清）蘇澤東輯
民國六年（1917）東莞黄瀚華刊

7719
龍谿精舍叢書 四部
潮陽鄭國勛輯
民國六年（1917）序潮陽鄭氏刊本
粤圖⊗、國圖
子目：
經部
韓詩外傳 十卷 補逸 一卷 （漢）韓嬰撰、（清）趙懷玉校並輯補逸
蔡氏月令 二卷 （漢）蔡邕撰、（清）蔡雲輯
春秋繁露 十七卷 （漢）董仲舒撰、（清）凌曙注
釋名 八卷 （漢）劉熙撰
小爾雅訓纂 六卷 （清）宋翔鳳撰
史部
山海經箋疏 十八卷 圖讚 一卷 訂訛 一卷 敘録 一卷 （清）郝懿行撰
穆天子傳 六卷 （晉）郭璞注、（清）洪頤煊校
世本 一卷 （漢）宋衷注、（清）茆泮林輯
譙周古史考 一卷 （蜀）譙周撰、（清）章宗源輯
越絶書 十五卷 附札記 一卷 （漢）袁康撰 札記（清）錢培名撰
吳越春秋 十卷 附札記 一卷 逸文 一卷 （漢）趙曄撰、（宋）徐天祜音注札記、（民國）徐乃昌撰並輯逸文
列女傳補注 八卷 敘録 一卷 校正 一卷 （清）王照圓撰
新序 十卷 （漢）劉向撰
説苑 二十卷 （漢）劉向撰
楚漢春秋 一卷 附疑義 一卷 （漢）陸賈撰、（清）茆泮林輯
前漢紀 三十卷 考 一卷 （漢）荀悦撰
後漢紀 三十卷 （晉）袁宏撰
兩漢紀字句異同考 一卷 （清）蔣國祚撰
華陽國志 十二卷 附補華陽國志三州郡縣目録 一卷 校勘記 一卷 （晉）常璩撰 補郡縣目録 （清）廖寅撰 校勘記 （清）顧觀光撰
鄴中記 一卷 （晉）陸翽撰
古孝子傳 一卷 （清）茆泮林輯
孝子傳 （漢）劉向撰
孝子傳 （晉）蕭廣濟撰
孝子傳 （□）王歆撰
孝子傳 （劉宋）王韶之撰
孝子傳 （□）周景式撰
孝子傳 （劉宋）師覺授撰
孝子傳 （□）宋躬撰
孝子傳 （□）虞盤佑撰
孝子傳 （劉宋）鄭緝之撰
孝子傳補遺
高士傳 三卷 （晉）皇甫謐撰
三輔黄圖 六卷 補遺 一卷 （漢）□□撰、（清）畢沅校
三輔决録 一卷 （清）趙岐撰、（晉）摯虞注、（清）張澍輯
三秦記 一卷 （□）辛□撰、（清）張澍輯
三輔舊事 一卷 （清）張澍輯

三輔故事 一卷 （清）張澍輯
洛陽伽藍記鉤沉 五卷 （民國）唐晏（震鈞）撰
子部
陸子新語校注 二卷 （民國）唐晏（震鈞）撰
新書 十卷 （漢）賈誼撰
孔叢子 三卷 （漢）孔鮒撰
鹽鐵論 十卷 附考證 一卷 （漢）桓寬撰 考證 （清）張敦仁撰
桓子新論 一卷 （漢）桓譚撰、（清）孫馮翼輯
申鑒 五卷 附録 一卷 （漢）荀悦撰、（明）黄省曾注
典論 一卷 魏文帝撰、（清）黄奭輯
徐乾中論 二卷 附札記 二卷 逸文 一卷 （漢）徐乾撰 札記逸文 （清）陳鱣撰並輯
人物志 三卷 （魏）劉劭撰、（後魏）劉昞注
伏侯古今注 三卷 補遺 一卷 又補遺 一卷 （漢）伏無忌撰、（清）茆泮林輯
獨斷 二卷 （漢）蔡邕撰、（清）盧文弨校
論衡 三十卷 （漢）王充撰
風俗通義 十卷 （漢）應劭撰、（清）盧文弨校
風俗通姓氏篇 二卷 （漢）應劭撰、（清）張澍輯並注
物理論 一卷 （晉）楊泉撰、（清）孫星衍輯
新論 二卷 （北齊）劉晝撰
夢書 一卷 （清）王照圓輯
焦氏易林 十六卷 （漢）焦贛撰
世説新語 三卷 （劉宋）劉義慶撰、（梁）劉孝標注
金樓子 六卷 梁元帝撰
顔氏家訓 七卷 注補並重校 一卷 注補正 一卷 壬子年重校 一卷 （北齊）顔子推撰、（清）趙曦明注 注補並重校 （清）盧文弨撰 注補正 （清）錢大昕撰
西京雜記 二卷 （漢）劉歆（一題晉葛洪）撰、（清）盧文弨校
博物志 十卷 （晉）張華撰、（宋）周日用、盧□注
淮南萬畢術 一卷 補遺 一卷 再補遺 一卷 （漢）劉安撰、（清）茆泮林輯
列仙傳校正本 二卷 贊 一卷 （漢）劉向撰、（清）王照圓校
佛國記 一卷 （晉）釋法顯撰
計然萬物録 一卷 補遺 一卷 （周）辛文撰、（清）茆泮林輯
齊民要術 十卷 （後魏）賈思勰撰
修文御覽 殘一卷 （北齊）祖珽等撰
集部
古文苑 二十一卷 （宋）章樵注
文心雕龍 十卷 附補注 一卷 （梁）劉勰撰、（清）黄叔琳注 附 （清）李群撰
兩漢三國學案 十一卷 （民國）唐晏（震鈞）撰

7720

半驪樓叢書 二十七種

番禺鄔慶時輯
民國刊本
北大、北師大
子目：
經學導言 一卷 鄔慶時撰
民國十七年（1928）刊
白鵝洲小志 一卷 鄔慶時撰
民國十八年（1929）刊
九峰采蘭記 一卷 鄔慶時撰
民國十八年（1929）刊
鼎樓詩草 二卷 鄔慶時撰
民國十六年（1927）刊
番禺隱語解 一卷 鄔慶時撰
東齋雜志 一卷 鄔慶時撰
民國十七年（1928）刊
南村草堂筆記 四卷 鄔慶時撰
民國九年（1920）刊

窮忙小記 一卷 鄔慶時撰
民國十七年（1928）刊
番禺末業志 四卷 鄔慶時撰
民國十八年（1929）刊
聽雨樓隨筆 四卷 鄔慶時撰
民國十六年（1927）刊
齊家淺説 一卷 鄔慶時撰
民國十八年（1929）刊
自然略説 四卷 鄔慶時撰
民國十六年（1927）刊
白桃花館雜憶 一卷 鄔慶時撰
民國十四年（1925）刊
立德堂詩話 （清）鄔以謙撰
智因閣詩集 （清）鄔寶珍撰
吉祥録 （清）鄔寶珍撰
明珠 （清）鄔寶珍撰
治家要義 一卷 附録 一卷 （民國）屈鳳竹撰
民國十七年（1928）刊
達庵隨筆 （清）鄔寶理撰
耕雲別墅詩話 （清）鄔啓祚撰
耕雲別墅詩集 （清）鄔啓祚撰
詩學要言 二卷 （清）鄔啓祚撰
王制通論 一卷 程大璋撰
民國十八年（1929）廣州刊
王制義按 三卷 （民國）程大璋撰
民國十九年（1930）廣州刊
無終始齋詩文集 三卷 程大璋撰
民國十七年（1928）廣州刊
孝經通論 四卷 鄔慶時撰
民國十九年（1930）刊
古今僞書考書後 一卷 （民國）程大璋撰
民國十九年（1930）刊

7721

白堅堂叢書 五種 十卷

番禺鄔慶時輯
民國鄔氏廣州刊本
粤圖、國圖
子目：
王制通論 一卷 （民國）程大璋撰
民國十八年（1929）刊
王制義按 三卷 （民國）程大璋撰
民國十九年（1930）刊
古今僞書考書後 一卷 （民國）程大璋撰
民國十九年（1930）刊
無終始齋詩文集 三卷 （民國）程大璋撰
民國十七年（1928）刊
南橘廬詩草 二卷 （民國）譚頤年撰
民國十七年（1928）刊

7722

滄海叢書 三輯

（清）東莞張伯楨輯
民國二十一年至二十三年（1932—1934）東莞張氏刊本
國圖、北大
子目：
第一輯
萬木草堂叢書目録 一卷 康有爲撰
袁督師遺集 三卷 附録 一卷 （明）袁崇焕撰
張文烈遺集 六卷 附録 一卷 （明）張家玉撰
附：寒木居詩鈔 一卷 （明）張家珍撰
袁督師配祀關岳議案 七卷 張伯楨輯
第二輯
哀烈録 一卷 康有爲輯
汪兆銘庚戌被逮供詞 一卷 張伯楨録
寄禪遺詩 一卷 釋敬安撰
焚餘草 一卷 張伯楨撰
愁思集 一卷 張伯楨撰
篁溪家譜 一卷 附録 二卷 張伯楨撰
篁溪歸釣圖題詞 一卷 張伯楨撰
南海康先生傳 一卷 張伯楨撰
第三輯
（民國）張伯楨撰
民國二十三年（1934）刊本
達賴喇嘛傳 一卷

班禪額爾德尼傳 一卷 附録 一卷
西藏大呼畢勒罕考 一卷
西藏聖蹟考 一卷
附
諸佛出世事蹟考 一卷
榮武佛開光設法録 一卷
榮武佛傳 一卷
白尊者普仁傳 一卷
白尊者普仁舍利塔銘 一卷
佛法靈感記 一卷
甲戌雜感 一卷

7723

信古閣小叢書 八種 十卷

南海黄任恒輯

民國二十一年到二十三年（1932—1934）南海黄氏鉛印本

北大、中大

子目：

周易黄氏注 一卷 （晉）黄穎撰、（清）馬國翰輯
民國二十一年（1932）排印
兩漢書舊本考 二卷 （清）范公詒撰、黄任恒校補
民國二十一年（1932）排印
毛本梁書校議 一卷 （清）陳澧撰、黄任恒録
民國二十一年（1932）排印
南海山水人物古蹟記 一卷 （元）吴萊撰
民國二十三年（1934）排印
新會條志修例 一卷 （清）黄培芳撰
民國二十三年（1934）排印
肇慶修志章程 一卷 （清）陳澧撰
民國二十三年（1934）排印
海東金石存考 一卷 待訪目 一卷 （清）劉喜海撰
民國二十三年（1934）排印
潔盦金石言 一卷 （清）范公飴撰
民國二十三年（1934）排印

7724

層冰草堂叢書 九種 十六卷

梅縣古直撰

民國中華書局排印本

清華、上圖

子目：

東林游草 一卷 （民國）閔孝吉箋
陶靖節年歲考證 一卷
曹子建詩箋二卷 （魏）曹植撰、古直箋
民國十七年（1928）排印
曹子建（植）年譜 一卷
汪容甫文箋 三卷 （清）汪中撰、古直注
諸葛忠武侯（亮）年譜 一卷
民國十八年（1929）排印
漢詩辨證 三卷
隅樓雜記 三卷
附
鍾季子文録 一卷 （民國）鍾動撰
民國十八年（1929）排印

7725

皇清經解 一千四百卷 首一卷

（清）阮元輯

清道光九年（1829）廣東學海堂刊本

粵圖、國圖等

清道光九年（1829）廣州學海堂刊咸豐十一年（1861）補刊本

粵圖等

子目：

左傳杜解補正 三卷 （清）顧炎武撰
音論 一卷 （清）顧炎武撰
易音 三卷 （清）顧炎武撰
詩本音 十卷 （清）顧炎武撰
日知録 二卷 （清）顧炎武撰
四書釋地 一卷 續一卷 又續 一卷 三續 一卷 （清）閻若璩撰
孟子生卒年月考 一卷 （清）閻若璩撰
潛邱劄記 二卷 （清）閻若璩撰
禹貢錐指 二十卷 例畧圖 一卷 （清）胡渭撰
學禮質疑 二卷 （清）萬斯大撰

學春秋隨筆 十卷 （清）萬斯大撰
毛詩稽古編 三十卷 （清）陳啓源撰
仲氏易 三十卷 （清）毛奇齡撰
春秋毛氏傳 三十六卷 （清）毛奇齡撰
春秋簡書刊誤 二卷 （清）毛奇齡撰
春秋屬辭比事記 四卷 （清）毛奇齡撰
經問 十四卷 補一卷 （清）毛奇齡撰
論語稽求篇 七卷 （清）毛奇齡撰
四書賸言 四卷 補一卷 （清）毛奇齡撰
詩説 三卷 附録 一卷 （清）惠周惕撰
湛園札記 一卷 （清）姜宸英撰
經義雜記 十卷 （清）臧琳撰
解春集 二卷 （清）馮景撰
尚書地理今釋 一卷 （清）蔣廷錫撰
易説 六卷 （清）惠士奇撰
禮説 十四卷 （清）惠士奇撰
春秋説 十五卷 （清）惠士奇撰
白田草堂存稿 一卷 （清）王懋竑撰
周禮疑義舉要 七卷 （清）江永撰
深衣考誤 一卷 （清）江永撰
春秋地理考實 四卷 （清）江永撰
群經補義 五卷 （清）江永撰
鄉黨圖考 十卷 （清）江永撰
儀禮章句 十七卷 （清）吳廷華撰
觀象授時 十四卷 （清）秦蕙田撰
經史問答 七卷 （清）全祖望撰
質疑 一卷 （清）杭世駿撰
注疏考證 六卷 （清）齊召南撰
　　尚書注疏考證 一卷
　　禮記注疏考證 一卷
　　春秋左傳注疏考證 二卷
　　春秋公羊傳注疏考證 一卷
　　春秋穀梁傳注疏考證 一卷
周官禄田考 三卷 （清）沈彤撰
尚書小疏 一卷 （清）沈彤撰
儀禮小疏 八卷 （清）沈彤撰
春秋左傳小疏 一卷 （清）沈彤撰
果堂集 一卷 （清）沈彤撰
周易述 二十一卷 （清）惠棟撰
古文尚書考 二卷 （清）惠棟撰
春秋左傳補注 六卷 （清）惠棟撰
九經古義 十六卷 （清）惠棟撰
春秋正辭 十一卷 春秋舉例 一卷 春秋要指 一卷 （清）莊存與撰
鍾山札記 一卷 （清）盧文弨撰
龍城札記 一卷 （清）盧文弨撰
尚書集注音疏 十三卷 尚書經師系表 一卷 （清）江聲撰
尚書後案 三十一卷 （清）王鳴盛撰
周禮軍賦説 四卷 （清）王鳴盛撰
十駕齋養新録 三卷 餘録 一卷 （清）錢大昕撰
潛研堂文集 六卷 （清）錢大昕撰
四書考異 三十六卷 （清）翟灝撰
尚書釋天 六卷 （清）盛百二撰
讀書脞録 二卷 續編 二卷 （清）孫志祖撰
弁服釋例 八卷 （清）任大椿撰
釋繒 一卷 （清）任大椿撰
爾雅正義 二十卷 （清）邵晉涵撰
宗法小記 一卷 （清）程瑤田撰
儀禮喪服文足徵記 十卷 （清）程瑤田撰
釋宫小記 一卷 （清）程瑤田撰
考工創物小記 四卷 （清）程瑤田撰
磬折古義 一卷 （清）程瑤田撰
溝洫疆理小記 一卷 （清）程瑤田撰
禹貢三江考 三卷 （清）程瑤田撰
水地小記 一卷 （清）程瑤田撰
解字小記 一卷 （清）程瑤田撰
聲律小記 一卷 （清）程瑤田撰
九穀考 四卷 （清）程瑤田撰
釋草小記 一卷 （清）程瑤田撰
釋蟲小記 一卷 （清）程瑤田撰
禮箋 三卷 （清）金榜撰
毛鄭詩考正 四卷 （清）戴震撰
杲溪詩經補注 二卷 （清）戴震撰
考工記圖 二卷 （清）戴震撰
戴東原集 二卷 （清）戴震撰
古文尚書撰異 三十三卷 （清）段玉裁撰
毛詩故訓傳 三十卷 （清）段玉裁訂
詩經小學 四卷 （清）段玉裁撰
周禮漢讀考 六卷 （清）段玉裁撰

儀禮漢讀考 一卷 （清）段玉裁撰
説文解字注 十五卷 （清）段玉裁撰
六書音均表 五卷 （清）段玉裁撰
經韻樓集 六卷 （清）段玉裁撰
廣雅疏證 十卷 （清）王念孫撰、（清）王引之述
讀書雜誌 二卷 （清）王念孫撰
春秋公羊通義 十二卷 敍一卷 （清）孔廣森撰
禮學巵言 六卷 （清）孔廣森撰
大戴禮記補注 十三卷 （清）孔廣森撰
經學巵言 六卷 （清）孔廣森撰
溉亭述古録 二卷 （清）錢塘撰
群經識小 八卷 （清）李惇撰
經讀考異 八卷 （清）武億撰
尚書今古文注疏 三十九卷 （清）孫星衍撰
問字堂集 一卷 （清）孫星衍撰
儀禮釋官 九卷 （清）胡匡衷撰
禮經釋例 十三卷 （清）凌廷堪撰
校禮堂文集 一卷 （清）凌廷堪撰
劉氏遺書 一卷 （清）劉臺拱撰
述學 二卷 （清）汪中撰
經義知新記 一卷 （清）汪中撰
大戴禮記正誤 一卷 （清）汪中撰
曾子注釋 四卷 （清）阮元撰
十三經注疏校勘記 二百四十八卷 （清）阮元撰
　　周易校勘記 九卷 略例校勘記 一卷 釋文校勘記 一卷
　　尚書校勘記 二十卷 釋文校勘記 二卷
　　毛詩校勘記 七卷 釋文校勘記 三卷
　　周禮校勘記 十二卷 釋文校勘記 二卷
　　儀禮校勘記 十七卷 釋文校勘記 一卷
　　禮記校勘記 六十三卷 釋文校勘記 四卷
　　春秋左傳校勘記 三十六卷 釋文校勘記 六卷
　　春秋公羊傳校勘記 十一卷 釋文校勘記 一卷
　　春秋穀梁傳校勘記 十二卷 釋文校勘記 一卷
　　論語校勘記 十卷 釋文校勘記 一卷
　　孝經校勘記 三卷 釋文校勘記 一卷
　　爾雅校勘記 六卷 釋文校勘記 二卷
　　孟子校勘記 十四卷 音義校勘記 二卷
考工記車製圖解 二卷 （清）阮元撰
積古齋鐘鼎彝器欵識 二卷 （清）阮元撰
疇人傳 九卷 （清）阮元撰
揅經室集 七卷 （清）阮元撰
撫本禮記鄭注考異 二卷 （清）張敦仁撰
易章句 十二卷 （清）焦循撰
易通釋 二十卷 （清）焦循撰
易圖略 八卷 （清）焦循撰
孟子正義 三十卷 （清）焦循撰
周易補疏 二卷 （清）焦循撰
尚書補疏 二卷 （清）焦循撰
毛詩補疏 五卷 （清）焦循撰
禮記補疏 三卷 （清）焦循撰
春秋左傳補疏 五卷 （清）焦循撰
論語補疏 二卷 （清）焦循撰
周易述補 四卷 （清）江藩撰
拜經日記 八卷 （清）臧庸撰
拜經文集 一卷 （清）臧庸撰
瞥記 一卷 （清）梁玉繩撰
經義述聞 二十八卷 （清）王引之撰
經傳釋詞 十卷 （清）王引之撰
周易虞氏義 九卷 （清）張惠言撰
周易虞氏消息 二卷 （清）張惠言撰
虞氏易禮 二卷 （清）張惠言撰
周易鄭氏義 二卷 （清）張惠言撰
周易荀氏九家義 一卷 （清）張惠言撰
易義别録 十四卷 （清）張惠言撰
五經異義疏證 三卷 （清）陳壽祺撰
左海經辨 二卷 （清）陳壽祺撰
左海文集 二卷 （清）陳壽祺撰
鑑止水齋集 二卷 （清）許宗彦撰

爾雅義疏　十九卷　（清）郝懿行撰
春秋左傳補注　三卷　（清）馬宗璉撰
春秋公羊經何氏釋例　十卷　（清）劉逢禄撰
公羊春秋何氏解詁箋　一卷　（清）劉逢禄撰
發墨守評　一卷　（清）劉逢禄撰
穀梁廢疾申何　二卷　（清）劉逢禄撰
左氏春秋考證　二卷　（清）劉逢禄撰
箴膏肓評　一卷　（清）劉逢禄撰
論語述何　二卷　（清）劉逢禄撰
燕寢考　三卷　（清）胡培翬撰
研六室雜著　一卷　（清）胡培翬撰
春秋異文箋　十三卷　（清）趙坦撰
寶甓齋札記　一卷　（清）趙坦撰
寶甓齋文集　一卷　（清）趙坦撰
夏小正疏義　附釋音異字記　四卷　（清）洪震煊撰
秋槎雜記　一卷　（清）劉履恂撰
吾亦廬稿　四卷　（清）崔應榴撰
論語偶記　一卷　（清）方觀旭撰
經書算學天文考　一卷　（清）陳懋齡撰
四書釋地辨證　二卷　（清）宋翔鳳撰
毛詩紬義　二十四卷　（清）李黼平撰
公羊禮説　一卷　（清）凌曙撰
禮説四卷　（清）凌曙撰
孝經義疏　一卷　（清）阮福撰
經傳考證　八卷　（清）朱彬撰
甓齋遺稿　一卷　（清）劉玉麐撰
説緯　一卷　（清）王崧撰
經義叢鈔　三十卷　（清）嚴杰輯
國朝石經考異　一卷　（清）馮登府撰
（以下補刊本、鴻寶齋本、點石齋本）
漢石經考異　一卷　（清）馮登府撰
魏石經考異　一卷　（清）馮登府撰
唐石經考異　一卷　（清）馮登府撰
蜀石經考異　一卷　（清）馮登府撰
北宋石經考異　一卷　（清）馮登府撰
三家詩異文疏證　二卷　（清）馮登府撰

7726

鄭氏叢刻　七種　十八卷

（清）潮陽鄭之僑輯
清乾隆二十五年（1760）潮陽鄭氏刊本
南圖、浙圖
子目：
濂溪書院興學編　一卷　（清）□□輯
濂溪書院勸學編　六卷　首一卷　（清）鄭之僑輯
四禮初稿　四卷　（明）宋纁撰
附
家禮雜儀　一卷　（宋）朱熹輯
通禮　一卷　（宋）朱熹輯
四禮翼　一卷　（明）吕坤撰
農桑易知録三絶　（清）鄭之僑撰

7727

四朝子史彙鈔　十三種　六十卷

□□□編
清南海孔氏嶽雪樓重編鈔本
粵圖
子目：
古今注　三卷　題（晉）崔豹撰
灌畦暇語　一卷　（唐）□□撰
江南别録　一卷　（宋）陳彭年撰
蘇黄門龍川别志　八卷　（宋）蘇轍撰
揮麈后録　二卷　（宋）王明清撰
泊宅編　三卷　（宋）方勺撰
遊宧紀聞　十卷　（宋）張世南撰
涉史隨筆　一卷　（宋）葛洪撰
西京雜記　六卷　題（晉）葛洪撰
湘山野録　三卷　續録　一卷　（宋）釋文瑩撰
唐語林　二卷　（宋）王讜撰
夢溪筆談　二十六卷　（宋）沈括撰
楚漢餘談　一卷　（明）高岱撰

（按：此編未知原有多少種。明鈔本存十三種六十八卷，清嶽雪樓重編鈔本，沈幹一《叢書書目彙編》第二六一頁著録。）

7728

明人子史彙鈔 十二種 二十二卷

（清）南海孔氏嶽雪樓重編

清鈔本

叢廣

青溪暇筆 二筆 （明）姚福撰

國初禮賢錄 一卷

菽園雜記 五卷 （明）陸容撰

懸笥瑣探 一卷 （明）劉昌撰

瑯環漫鈔 一卷 （明）文林撰

君子堂日詢手鏡 二卷 （明）王濟撰

寓圃雜記 二卷 （明）王錡撰

大狩龍飛錄 一卷 （明）明世宗御撰

損齋備忘志 二卷 （明）梅純撰

彭文憲公筆記 一卷 （明）彭時撰

病叟漫記 一卷 （明）陸釴撰

翦勝野聞 一卷 （明）徐禎卿撰

前聞記 二卷 （明）祝允明撰

7729

是亦樓叢書 八種 十卷

（清）番禺侯康編

清道光鈔本

中大

子目：

顏氏家訓 二卷 （北齊）顏之推撰

蘇沈良方 一卷 （宋）蘇軾、沈括輯

逍遙集 一卷 （宋）潘閬撰

碧血録 一卷 附周端孝先生血疏貼黄冊後跋 （清）姜采、侯康撰

江南餘載 一卷 （宋）鄭文寶撰

五國故事 二卷 （宋）□□撰

百正集 一卷 （宋）連文鳳撰

相臺書塾刊正九經三傳沿革例 一卷 （宋）岳珂撰

7730

層冰堂 五種 十六卷

梅縣古直撰

民國二十四年（1935）中華書局排印本

國圖、上圖

子目：

曹子建詩箋定本 四卷 （魏）曹植撰、古直注

阮嗣宗詠懷詩箋定本 一卷 （晉）阮籍撰、古直注

陶靖節詩箋定本 四卷 （晉）陶潛撰、古直注

陶靖節年譜 一卷

層冰文略 六卷 古直撰

7731

明良集 六種 九卷

（明）南海霍韜編

明嘉靖十二年（1533）刊本

上圖

洪武聖政記 一卷 （明）宋濂撰

金文靖公前北征録 一卷 後北征録 一卷 （明）金幼孜撰

北征記 一卷 （明）楊榮撰

三朝聖諭録 三卷 （明）楊士奇撰

天順日録 一卷 （明）李賢撰

燕對録 一卷 （明）李東陽撰

7732

閨門必讀 五種 五卷

（清）嚴衡編

清廣東古經閣刊巾箱本

叢廣

子目：

女小學 一卷 （清）嚴衡、方應時注

子訓内篇 一卷 （清）嚴衡、方應時注

女誡 一卷 （漢）班昭撰

女論語 一卷 （唐）宋若昭撰

女孝經 一卷 （漢）班昭撰

7733

養蒙 三種 三卷

潮陽郭泰棣編

民國十九年（1930）潮陽郭氏輔仁堂刊本

叢廣

三字經 一卷 唐趙德撰

三字經 一卷 章炳麟重訂

三字經 一卷 江謙增訂

7734
宋明兩大忠集合編 六種 二十二卷
花縣駱本釗編
民國五年（1916）花縣駱氏誦芬堂鉛印本
叢廣
文忠烈公别集　宋文天祥撰
指南録 四卷
指南後録 三卷 附一卷
詩史集杜 四卷
紀年録 一卷 附一卷
史忠正公集　明史可法撰（本書包括：綸音一卷、傳志一卷、奏疏一卷、書牘一卷、雜文一卷、書文一卷、詩一卷、榮哀録一卷）

郡邑、家族、獨撰

7735
嶺南叢書 四種 十三卷
（清）嘉應吳蘭修輯
清道光中刊本
國圖、豫圖
子目：
泰泉鄉禮 七卷 首一卷 （明）黄佐撰
海語 三卷 （明）黄衷撰
嶺海輿圖 一卷 （明）姚虞撰
南海百詠 一卷 （宋）方信孺撰

7736
嶺南遺書 六集 三百四十八卷
（清）南海伍崇曜輯
清道光同治間南海伍氏粤雅堂文字歡娱室刊本
粤圖、中大
子目：
第一集　道光十一年（1831）刊
雙槐歲鈔 十卷 （明）黄瑜撰
廣州人物傳 二十四卷 （明）黄佐撰
翰林記 二十卷 （明）黄佐撰
革除遺事節本 六卷 （明）黄佐撰
春秋别典 十五卷 （明）薛虞畿撰
百越先賢志 四卷 （明）歐大任撰
第二集　道光二十五年（1845）刊
劉希仁文集 一卷 （唐）劉軻撰
理學簡言 一卷 （宋）區仕衡撰
平定交南録 一卷 （明）丘濬撰
白沙語要 一卷 （明）陳獻章撰
甘泉新論 一卷 （明）湛若水撰
元祐黨籍碑考 一卷 慶元僞學逆黨籍 一卷 （明）海瑞撰
疑耀 七卷 （明）張萱撰
海語 三卷 （明）黄衷撰
郭給諫疏稿 二卷 （明）郭尚賓撰
算迪 八卷 （清）何夢瑤撰
春秋詩話 五卷 （清）勞孝輿撰
第三集　道光三十年（1850）刊
崔清獻公集 五卷 （宋）崔與之撰
崔清獻公言行録 三卷 （宋）李肖龍撰
羅浮志 十卷 （明）陳槤撰
小學古訓 一卷 （明）黄佐撰
龐氏家訓 一卷 （明）龐尚鵬撰
昭代經濟言 十四卷 （明）陳子壯撰
周易爻物當名 二卷 （明）黎遂球撰
正學續 四卷 （清）陳遇夫撰
史見 二卷 （清）陳遇夫撰
迂言百則 一卷 （清）陳遇夫撰
第四集　道光三十年（1850）刊
周易本義註 六卷 （清）胡方撰
賡和録 二卷 （清）何夢瑤撰
救荒備覽 四卷 附録 二卷 （清）勞潼撰
周易略解 八卷 （清）馮經撰
附
群經互解 一卷 （清）馮經撰
算略 一卷 （清）馮經撰
周髀算經述 一卷 （清）馮經撰
粤臺徵雅録 一卷 （清）羅元煥撰、（清）陳仲鴻注
重訂三家詩拾遺 十卷 （清）范家相撰、（清）葉鈞重訂
第五集　道光三十年（1850）刊
楊議郎著書 一卷 （漢）楊孚撰、（清）曾釗輯
異物志 一卷 （漢）楊孚撰、（清）曾釗輯

交州記 二卷 （晉）劉欣期撰、（清）曾釗輯
始興記 一卷 （劉宋）王韶之撰、（清）曾釗輯
潛虛述義 四卷 附考異 一卷 （清）蘇天木撰
五山志林 八卷 （清）羅天尺撰
測天約術 一卷 （清）陳昌齊撰
楚辭辨韻 一卷 （清）陳昌齊撰
袁督師事蹟 一卷 （清）□□撰
嶺南荔支譜 六卷 （清）吳應逵撰
南漢紀 五卷 （清）吳蘭修撰
南漢地理志 二卷 （清）吳蘭修撰
南漢金石志 二卷 （清）吳蘭修撰
端溪硯史 三卷 （清）吳蘭修撰
粵詩蒐逸 四卷 （清）黃子高輯
春秋古經説 二卷 （清）侯康撰
穀梁禮證 二卷 （清）侯康撰
補後漢書藝文志 四卷 （清）侯康撰
補三國藝文志 四卷 （清）侯康撰
第六集 同治二年（1863）刊
毛詩通考 三十卷 （清）林伯桐撰
毛詩識小 三十卷 （清）林伯桐撰
虞書命義和章解 一卷 （清）曾釗撰
蠡勺編 四十卷 （清）凌揚藻撰
紀夢編年 一卷 （清）釋成鷲撰

7737

廣東叢書 三集

廣東叢書編印委員會輯
民國商務印書館長沙景印排印本
子目：
第一集
唐丞相曲江張文獻公集 十二卷 附録 一卷 附曲江集考證 二卷 （唐）張九齡撰、（清）溫汝适校並撰考證 民國三十年（1941）據清雍正十二年張氏祠堂刊本景印
附
曲江年譜 一卷 （清）溫汝适撰
武谿集 二十卷 附補佚 一卷 （宋）余靖撰
民國三十五年（1946）據明成化本景印排印本
余襄公奏議 二卷 （宋）余靖撰
北燕巖集四集 四卷 （明）黃公輔撰
民國三十年（1941）據清道光本景印
禮部存稿 八卷 （明）陳子壯撰
民國三十年（1941）據明崇禎本景印
蓮鬚閣文鈔 十八卷 （明）黎遂球撰
民國三十年（1941）排印
喻園集 四卷 （明）梁朝鍾撰
民國三十年（1941）據清康熙本景印
翁山文鈔 四卷附佚文輯 三卷 （清）屈大均撰 佚文 徐信符輯
民國三十年（1941）據清康熙本景印排印本
第二集 民國三十七年（1948）印
皇明四朝成仁録 十二卷 （清）屈大均撰 據鈔本景印
翁山文鈔 六卷（卷五至十）附翁山佚文二輯 一卷 （清）屈大均撰 佚文黃蔭普輯
蒯緱館十一章 一卷 （清）薛始亨撰
第三集 民國三十七年（1948）印
太平天國官書四種 王重民輯
天理要論 一卷（太平天國）□□撰
據太平天國四年本景印
太平天國甲寅四年新曆 一卷
據太平天國四年本景印
太平天國戊午八年新曆 一卷
據太平天國八年本景印
太平禮制 一卷 （太平天國）□□撰
據太平天國八年本景印
天父天兄天王太平天國九年會試題 一卷 （太平天國）洪仁玕撰
據太平天國九年本景印
資政新編 一卷 （太平天國）洪仁玕撰
據太平天國九年本景印
欽定軍次實録 一卷 （太平天國）洪仁玕撰
據太平天國十一年本景印

誅妖檄文 一卷 （太平天國）洪仁玕撰
據太平天國十一年本景印
太平天國 一卷（太平天國）洪仁玕撰
據太平天國十二年本景印
廣州城坊志 六卷 黄佛頤撰
據稿本景印
六脈渠圖説 一卷 （清）陳坤撰
據光緒本景印

7738

廣東叢書 第一集 七種

吴川李漢魂編
民國二十六年（1937）鉛印本
港中文
子目：
唐丞相曲江張文獻公集 十二卷 （唐）張九齡撰
附曲江集考證 二卷 （清）温汝适撰
武谿集 二十卷 （宋）余靖撰
附武谿補佚 一卷 余襄公奏議 二卷 （民國）黄佛頤撰
北燕巖集 四卷 （明）黄公輔撰
禮部存稿 八卷 （明）陳子壯撰
蓮鬚閣文鈔 十八卷 （明）黎遂球撰
喻園集 四卷 （明）梁朝鍾撰
翁山文鈔 四卷 （清）屈大均撰
附翁山佚文 三卷 （民國）徐信符輯

7739

嶺南玉社叢書 七種 七卷

嶺南玉社輯
民國十四年（1925）廣州排印本
南圖
子目：
玉紀 一卷 （清）陳性撰
玉紀補 一卷 （清）劉心寶撰
玉紀正誤 一卷 李鳳廷撰
玩古 一卷 （清）徐壽基撰
古玉器 一卷 （清）陳元龍輯
玉社古玉所見録 一卷 （民國）嶺南玉社輯
古玉圖 一卷 （民國）嶺南玉社輯

7740

客人叢書 三種 十一卷

梅縣古直輯
民國梅縣古氏排印本
國圖、南圖
子目：
客人對 二卷
民國二十年（1931）排印
客人三先生詩選 三卷
民國十九年（1930）排印
李綉子先生詩 一卷 （清）李黼平撰
宋芷灣先生詩 一卷 （清）宋湘撰
黄公度先生詩 一卷 （清）黄遵憲撰
客人駢體文選 三卷
民國二十年（1931）排印

7741

學海堂叢刻 二函 十三種（又名：啓秀山房叢書）

（清）□□輯
清光緒中刊本
國圖、上圖等
子目：
第一函 光緒三年（1877）刊
石畫記 五卷 （清）阮元撰
供冀小言 上卷 （清）林伯桐撰
聽松廬詩略 二卷 （清）張維屏撰
續三十五舉 一卷 （清）黄子高撰
讀律提綱 一卷 （清）楊榮緒撰
桐花閣詞鈔 一卷 （清）吴蘭修撰
第二函 光緒十二年（1886）刊
周禮注疏小箋 五卷 （清）曾釗撰
面城樓集鈔 四卷 （清）曾釗撰
磨甋齋文存 一卷 （清）張杓撰
止齋文鈔 二卷 （清）馬福安撰
樂志堂文略 四卷 （清）譚瑩撰
是汝師齋遺詩 一卷 （清）朱次琦撰
景石齋詞略 一卷 （清）姚詩雅撰

7742

廣中五先生詩集 九卷

（明）談愷編

明嘉靖三十六年（1557）刻本
汪右丞詩集 五卷 （明）汪廣洋撰
西庵詩選 一卷 （明）孫蕡撰
聽雨詩選 一卷 （明）王佐撰
雪篷詩選 一卷 （明）黄哲撰
易庵詩選 一卷 （明）李德撰

7743
嶺南三大家詩選 二十四卷
（清）番禺王隼編
清康熙刊本
民國十年（1921）國華書局石印本
六瑩堂詩 八卷 （清）梁佩蘭撰
道援堂詩 八卷 （清）屈大均撰
獨漉堂詩 八卷 （清）陳恭尹撰

7744
粤東三子詩鈔 十四卷
（清）番禺黄玉階編
清道光二十二年（1842）廣州刻本
譚康侯詩 二卷 （清）譚敬昭撰
黄香石詩 三卷 （清）黄培芳撰
張維屏詩 九卷 （清）張維屏撰

7745
區太史集 三種 附二種 四十五卷
（明）高明區大相撰
清康熙刊本
叢廣
區太史詩集 二十七卷
區太史文集 十二卷
區子四書翼 六卷
附
遊江門稿 不分卷
疏稿 不分卷

7746
番禺屈氏家集 四種 十三卷
（清）番禺屈泰士等撰
清鈔本
中大
鐵井文稿 二卷 （清）屈泰士撰
介堂詩稿 一卷 （清）屈家遠撰
浩園詩稿 四卷 （清）屈江撰
醉鄉詩稿 六卷 （清）屈仲師撰

7747
黄氏家集 十二種 四十三卷
（清）番禺黄喬松編
清嘉慶十五年至二十五年（1810—1820）番禺黄氏嶺海樓刊本
叢廣
儒林録約刻 四卷 （清）張恒輯、（清）黄銘訂
仰山堂遺集 三卷 （清）黄紹統撰
嶺海樓詩鈔（一名香石詩鈔） 八卷 （清）黄培芳撰
嶺海樓文鈔 □卷 （清）黄培芳撰
粤嶽子 二卷 （清）黄培芳撰
虎坊雜誌 四卷 （清）黄培芳撰
雲泉隨札 二卷 並附録 （清）黄培芳撰
浮山小志 三卷 （清）黄培芳撰
史傳事略 一卷 （清）黄培芳撰
香石詩話 四卷 （清）黄培芳撰
粤嶽草堂詩話 □卷 （清）黄培芳撰
嶺海樓時文鈔初編 二卷 （清）黄培芳撰、（清）黄喬松編

7748
嶺海樓黄氏家集 三種 十一卷
（清）香山黄培芳編
清嘉慶十九年（1814）刊本
一九八〇年上海古籍書店據清嘉慶十九年刻本掃描印本
仰山堂遺集 三卷 （清）黄紹統撰
嶺海樓詩鈔 六卷 （清）黄培芳撰
香石詩話 二卷 （清）黄培芳撰

7749
順德李文誠公雜鈔 五種 二十卷
（清）順德李文田編
稿本
北大
元朝秘史 十五卷 （清）李文田注
元地理鈔 一卷
昭代叢書合刻目録 一卷

紀録彙編 一卷 （明）沈節甫輯
前北征録 一卷 後北征録 一卷 （清）李文田批識

7750
彙刻錢牧齋 五種 二十六卷
（清）錢謙益撰、順德鄧實輯
清宣統二年（1910）順德鄧氏風雨樓排印本
鄂圖
列朝詩集
錢牧齋尺牘 三卷 補遺 一卷（依虞山如月樓舊本重鐫）
吾炙集
錢注杜詩 二十卷 （唐）杜甫撰、（清）錢謙益箋註（靜思堂原本）
投筆集箋註 二卷 （清）錢曾箋註（據虞山龐氏藏舊鈔本校鐫）

7751
（香山）先三鄉賢年譜 三卷
（清）香山黄佛頤撰、（清）黄映奎輯
清光緒二十九年（1903）香山黄氏純淵堂刊本
國圖、上圖
子目：
雙槐公（黄瑜）年譜 一卷
粤洲公（黄畿）年譜 一卷
文裕公（黄佐）年譜 一卷

7752
南園叢書 十一種 二十三卷
南海簡照南輯
民國南海簡氏刊本
上圖、復旦
子目：
吾師録 一卷 （明）黄淳耀撰
謡己録 二卷 （明）黄淳耀撰
懺摩録 一卷 （清）彭兆蓀撰
家矩 一卷 （清）陳龍正撰
劉屏山先生聖傳論 一卷 （宋）劉子翬撰
耐俗軒新樂府 一卷 （清）申頲撰
孫鍾元先生答問 一卷 （清）孫奇逢撰
人範 六卷 （清）蔣元輯
藥言 一卷 賸稿 一卷 （清）李惺撰
銅貎館剟書 二卷 補二卷 附老學究語一卷 （清）李惺撰
冰言 一卷 補一卷 （清）李惺撰

7753
自明誠樓叢書 五種 二十五卷
順德龍官崇輯
民國二十三年至二十六年（1934—1937）順德龍氏中和園刊本
清華
子目：
南越五主傳 三卷 （清）梁廷枏撰
南越叢録 二卷 （清）梁廷枏撰
藤花亭鏡譜 八卷 （清）梁廷枏撰
藤花亭書畫跋 四卷 （清）梁廷枏撰
孫西庵集 八卷 （明）孫蕡撰

7754
小瀛壺叢書 □種
（清）澄海蔡卓勛輯撰
民國四年（1915）鉛印本
粵圖
存目：
塵影
壺中春
小瀛壺别集
小瀛壺仙館文宧
壺史
南華今夢集

7755
柳堂師友詩録初編 二百一十八種
（清）南海李長榮輯
清同治二年（1863）刊本
中大、國圖、上圖
子目：
聽松廬詩鈔 一卷 （清）張維屏撰
李文恭公詩鈔 一卷 （清）李星沅撰
訪粵集 一卷 （清）戴熙撰
有嘉聲齋賸草 一卷 （清）馮國倚撰
葆天爵齋遺草 一卷 （清）區昌豪撰

侶石山房詩草 一卷 （清）蘇鴻撰
息踵軒賸草 一卷 （清）區玉章撰
慎誠堂詩鈔 一卷 （清）鄧士憲撰
陳禮部集 一卷 （清）陳其錕撰
嶺海樓詩鈔 一卷 （清）黄培芳撰
樂志堂詩集 一卷 （清）譚瑩撰
挹甕齋詩草 一卷 （清）蔡蕙清撰
春暉書屋詩集 一卷 （清）何太青撰
子良詩存 一卷 （清）馮詢撰
榕塘吟館詩鈔 一卷 （清）鮑俊撰
融谷詩草 一卷 （清）文守元撰
宜亭草 一卷 （清）文晟撰
嘯劍山房賸草 一卷 （清）文星瑞撰
靈洲山人詩鈔 一卷 （清）徐灝撰
詩義堂後集 一卷 （清）彭泰來撰
蓼東賸草 一卷 （清）李孟羣撰
懷古田舍詩鈔 一卷 （清）徐榮撰
通齋詩集 一卷 （清）蔣超伯撰
彊恕齋吟草 一卷 （清）梅啓照撰
二知軒詩鈔 一卷 （清）方濬頤撰
捉麈集 一卷 （清）樊封撰
醉鶴詩草 一卷 （清）馮鏜撰
蔗境軒詩鈔 一卷 （清）梁炯撰
遺經樓草 一卷 （清）金菁茅撰
洛川詩略 一卷 （清）杜遊撰
嶽雪樓詩存 一卷 （清）孔繼勳撰
漁石賸草 一卷 （清）張璐撰
珍帚編詩集 一卷 （清）崔弼撰
知稼軒詩鈔 一卷 （清）黄子高撰
公餘閑詠詩鈔 一卷 （清）張玉堂撰
綠雲軒吟草 一卷 （清）尚昌懋撰
雲圃詩鈔 一卷 （清）周毓桂撰
軍中草 一卷 （清）黄振成撰
夢花草堂詩録 一卷 （清）韓鳳翔撰
日新樓詩草 一卷 （清）華定祁撰
柳村遺草 一卷 （清）陶應榮撰
至堂詩鈔 一卷 （清）艾暢撰
海天樓詩鈔 一卷 （清）喻福基撰
太華山人詩存 一卷 （清）王益謙撰
松石齋詩集 一卷 （清）王家齊撰
培根堂詩鈔 一卷 （清）高繼珩撰
愛廬吟草 一卷 （清）錢官俊撰
松寮詩訪存 一卷 （清）邱對顔撰
樵湖詩鈔 一卷 （清）陳瑩達撰
紅樹山莊詩鈔 一卷 （清）李景元撰
澧陽遺草 一卷 （清）許紉蘭撰
枕琴僅存草 一卷 （清）蘇六朋撰
味鐙閣詩鈔 一卷 （清）羅珊撰
竹筠書屋詩鈔 一卷 （清）陳華澤撰
夢鯉山房詩鈔 一卷 （清）李有祺撰
插菊軒詩鈔 一卷 （清）陳殿蘭撰
二山賸稿 一卷 （清）黄承谷撰
迂翁詩草 一卷 （清）李志襄撰
黎齋詩草 一卷 （清）潘正衡撰
杏林莊吟草 一卷 （清）鄧大林撰
寄漚館拾餘草 一卷 （清）劉慶生撰
未覺軒賸草 一卷 （清）徐兆麄撰
修竹軒遺草 一卷 （清）李景雲撰
六橋詩集 一卷 （清）譚錫朋撰
春藻堂詩集 一卷 （清）何朝昌撰
嵋君詩鈔 一卷 （清）朱鑑成撰
山右吟草 一卷 （清）袁杲撰
四照堂詩集 一卷 （清）譚溥撰
芙生詩鈔 一卷 （清）汪瑔撰
曼陀羅龕詩鈔 一卷 （清）倪鴻撰
寶墨樓詩冊 一卷 （清）蘇時學撰
如不及軒詩草 一卷 （清）陳起榮撰
務時敏齋詩集 一卷 （清）蕭諫撰
耘花館詩鈔 一卷 （清）金元撰
聽秋閣詩鈔 一卷 （清）黎耀宗撰
雲洋山館詩鈔 一卷 （清）潘世清撰
仰高軒詩草 一卷 （清）黄亨撰
知不足齋詩草 一卷 （清）鄧翔撰
海鶴巢詩鈔 一卷 （清）歐陽溟撰
雙桐圃詩鈔 一卷 （清）潘恕撰
瑞香吟館遺草 一卷 （清）崔俊良撰
雲根老屋詩鈔 一卷 （清）羅嘉蓉撰
夢香園賸草 一卷 （清）鄭績撰
槐花吟館詩鈔 一卷 （清）黄德華撰
評琴書屋吟草 一卷 （清）潘名熊撰
紅蕉山房詩鈔 一卷 （清）唐夢齡撰
倚魚山閣詩鈔 一卷 （清）馮培光撰

覺非堂稿 一卷 （清）歐陽經撰
巢雲山房詩鈔 一卷 （清）馮昕華撰
有絮吟館詩鈔 一卷 （清）馮晴華撰
雪鴻草 一卷 （清）馮晳華撰
玉儀軒吟草 一卷 （清）馮城寶撰
崎陽雜詠 一卷 （清）林子雲撰
松雲閣詩鈔 一卷 （清）李灼光撰
劍生遺草 一卷 （清）何應圖撰
六友堂賸草 一卷 （清）李國龍撰
小山園吟草 一卷 （清）梁傑庸撰
雪香齋吟草 一卷 （清）周文謳撰
退學吟庵詩鈔 一卷 （清）王錕撰
朝珊賸草 一卷 （清）林彭年撰
樵西草堂詩鈔 一卷 （清）陳次壬撰
安所遇軒詩鈔 一卷 （清）何世文撰
湖海詩存 一卷 （清）陳徽言撰
春星閣詩鈔 一卷 （清）楊季鸞撰
蓉舟遺詩 一卷 （清）潘鏡泉撰
二半山房吟草 一卷 （清）李鴻儀撰
松菊山房詩刪 一卷 （清）何時秋撰
不寐齋詩畧 一卷 （清）何天衢撰
小摩圍閣詩鈔 一卷 （清）沈澤蘅撰
桃花仙館詩鈔 一卷 （清）梁伯顯撰
潛修堂吟草 一卷 （清）麥啓科撰
翠竹軒詩鈔 一卷 （清）潘健榮撰
竹素園詩鈔 一卷 （清）陳簡書撰
心復心齋詩鈔 一卷 （清）周子祥撰
聽鸝軒詩鈔 一卷 （清）戴夔元撰
六勿軒詩存 一卷 （清）李毓林撰
愛竹館詩藁 一卷 （清）李瑞裕撰
孕花吟草 一卷 （清）徐鼒撰
悔昨齋詩録 一卷 （清）張深撰
巢蚊睫齋詩稿 一卷 （清）陳謙撰
蓬蓬館詩稿 一卷 （清）陳東撰
焦琴吟草 一卷 （清）陳湘生撰
瀟碧亭吟稿 一卷 （清）陳智淵撰
覺鹿軒詩草 一卷 （清）陳彤蓮撰
秋樹根館詩草 一卷 （清）李肇生撰
三十二蘭亭室詩鈔 一卷 （清）劉湝年撰
佩韋齋詩鈔 一卷 （清）潘貞敏撰
懺花盦詩鈔 一卷 （清）宋澤元撰
自怡齋詩鈔 一卷 （清）顏培瑚撰
眠琴館詩鈔 一卷 （清）胡斯錞撰
秦瓦硯齋詩鈔 一卷 （清）簡士良撰
虛舟詩 一卷 （清）賴學海撰
詩愚餘草 一卷 （清）黄熙虞撰
秩堂賸稿 一卷 （清）何大猷撰
磬舟遺稿 一卷 （清）顏敍適撰
醉客詩草 一卷 （清）單光亨撰
小泉詩草 一卷 （清）單子廉撰
惜陰軒詩草 一卷 （清）單玉騏撰
雙青堂詩鈔 一卷 （清）關少白撰
蕉雨山房詩集 一卷 （清）李家瑞撰
鳴琴仙館詩鈔 一卷 （清）文星昭撰
裒遺草堂詩鈔 一卷 （清）楊翰撰
攬芳園詩鈔 一卷 （清）譚楷撰
不懈齋詩鈔 一卷 （清）周慶麟撰
曼園詩鈔 一卷 （清）梁燕撰
雌伏吟 一卷 （清）蘇念禮撰
養拙齋詩鈔 一卷 （清）孫汝霖撰
婕花吟館詩鈔 一卷 （清）孫檭撰
綠綺樓詩鈔 一卷 （清）張振烈撰
榮寶堂詩鈔 一卷 （清）林玉衡撰
如不及齋詩鈔 一卷 （清）陳坤撰
養志書屋詩鈔 一卷 （清）崇祐撰
紀遊吟草 一卷 （清）杜鳳岐撰
洗俗齋詩草 一卷 （清）果爾敏撰
海雪詩龕詩鈔 一卷 （清）胡仁撰
銀月山房詩草 一卷 （清）李傳烇撰
豐壽山樵詩鈔 一卷 （清）吕祖海撰
欣所遇齋詩存 一卷 （清）吳家懋撰
念先堂詩稿 一卷 （清）周履方撰
桐桂軒課孫草 一卷 （清）官煥揚撰
紫薇山館遺草 一卷 （清）官楨揚撰
綠雲山房遺草 一卷 （清）官志春撰
偶香園詩草 一卷 （清）章康元撰
金臺詩鈔 一卷 （清）毓壽撰
嘉穀山房詩草 一卷 （清）張君玉撰
草草草堂詩草 一卷 （清）何仁山撰
一得山房詩鈔 一卷 （清）張景陽撰
竹坪詩草 一卷 （清）范奉常撰
澹虛齋詩草 一卷 （清）潘啓榮撰

思齊草堂詩鈔 一卷 （清）李桂蘭撰
海嶽堂詩稿 一卷 （清）江有燦撰
綠榕書屋賸草 一卷 （清）張廷棟撰
味閑軒詩鈔 一卷 （清）周棠芬撰
欣寄小集 一卷 （清）曾駿章撰
問鸝山館詩鈔 一卷 （清）楊炳勳撰
稻鄉樵唱 一卷 （清）黃寶田撰
子新遺詩 一卷 （清）黃寶銘撰
子熙賸草 一卷 （清）宋紹濂撰
守默齋詩稿 一卷 （清）何應祺撰
清芬閣詩草 一卷 （清）尹樹琪撰
珊洲別墅詩鈔 一卷 （清）尹士選撰
綠芸吟館詩鈔 一卷 （清）朱爾田撰
公餘寄詠詩鈔 一卷 （清）羅璋撰
月巖詩鈔 一卷 （清）吳昭良撰
澹園吟草 一卷 （清）陳璚撰
枕上吟草 一卷 （清）汪雲撰
鼇山存眞草 一卷 （清）鄧章撰
嶺南遊草 一卷 （清）蔡愚若撰
天覺樓詩集 一卷 （清）王國賓撰
中州集 一卷 （清）倪明進撰
澗南遺草 一卷 （清）倪元藻撰
梅花書屋詩鈔 一卷 （清）陳方平撰
攬香閣詩稿 一卷 （清）陳子璣撰
毋自欺齋詩稿 一卷 （清）陳其藻撰
宦遊吟草 一卷 （清）蔡錦青撰
松壽軒詩鈔 一卷 （清）李聯蕃撰
陶情小草 一卷 （清）李聯芬撰
寄影軒詩鈔 一卷 （清）張觀美撰
笠山詩草 一卷 （清）李綸光撰
鹿洲吟草 一卷 （清）梁永泰撰
駕海樓稿 一卷 （清）曾鎮鰲撰
委懷書舫遺草 一卷 （清）李孝昌撰
綠珊軒詩草 一卷 （清）劉士忠撰
眠綠山房詩草 一卷 （清）鄭榮撰
延正學齋詩集 一卷 （清）馮濬撰
梧桐庭院詩鈔 一卷 （清）潘光瀛撰
三十六村草堂詩鈔 一卷 （清）潘定桂撰
慧海小草 一卷 （清）釋契生撰
片雲行草 一卷 （清）釋相益撰
龍藏山人賸草 一卷 （清）釋笑平撰
小浮山齋詩 一卷 （清）釋成果撰
亘禪偶存草 一卷 （清）釋亘禪撰
簪花閣詩鈔 一卷 （清）郭潤玉撰
鏡香賸草 一卷 （清）余菱撰
綠窗吟草 一卷 （清）蘇念淑撰
順叔吟草 一卷 （日本）藤宏光撰

（按："柳堂"，既非堂室名，也非清代盛行的詩社名稱，此乃李長榮之號也。李長榮，字子黼，號柳堂，南海（今廣州）人。官教諭，工詩書。此為李氏組織218位粵籍、外籍及日本詩友所提供的詩作彙編而成。這些人中，有的在詩壇久負盛名，有的卻默默無聞；既有官員，又有平民。反映了那個時代文學創作的盛況，具有較大的時代性、廣泛性和學術性，有一定史料和參考價值。）

7756
梅州叢書目録述例、提要 □□卷
（民國）謝貞盤編
民國二十五年（1936）鉛印本
粵圖
缺子目

7757
微尚齋叢刻 六種 十一卷
番禺汪兆鏞輯
清宣統至民國間番禺汪氏微尚齋刊本
粵圖
子目：
桐花閣詞 一卷 補遺 一卷 （清）吳蘭修撰
宣統二年（1910）刊本
憶江南館詞 一卷 （清）陳澧撰
民國三年（1914）刊本
誦芬録 一卷 （民國）汪兆鏞撰
微尚齋詩 二卷 （民國）汪兆鏞撰
宣統三年（1911）刊本
雨屋深鐙詞 一卷 （民國）汪兆鏞撰
民國元年（1912）刊本
椶窗雜記 四卷 （民國）汪兆鏞撰
民國三十二年（1943）鉛印本

7758

鄔家初集 十種 十二卷（書又名：鄔氏叢刻）

番禺鄔慶時輯

清光緒宣統間刊民國二十年（1931）廣州鄔氏彙印本

北圖、復旦

子目：

鄉賢公遺著 一卷 （宋）鄔大昕撰

詩學要言 三卷 （清）鄔啓祚輯

宣統三年（1911）刊

耕雲别墅詩話 一卷 （清）鄔啓祚撰

宣統三年（1911）刊

耕雲别墅詩集 一卷 （清）鄔啓祚撰

宣統元年（1909）刊

達庵隨筆 一卷 （清）鄔寶理撰

光緒三十四年（1908）刊

明珠 一卷 （清）鄔寶珍撰

宣統二年（1910）刊

吉祥録 一卷 （清）鄔寶珍撰

宣統元年（1909）刊

智因閣詩集 一卷 （清）鄔寶珍撰

宣統元年（1909）刊

治家要義 一卷 （民國）屈鳳竹撰

民國十七年（1928）刊

立德堂詩話 一卷 （清）鄔以謙撰

宣統二年（1910）刊

7759

海南叢書 九集 二十一種

（民國）海南書局輯

民國二十四年（1935）瓊州海南書局排印

清華

子目：

第一集

瓊臺會稿 十卷 （明）丘濬撰

第二集

備忘録 六卷 （明）海瑞撰

第三集

雞肋集 十卷 首 一卷 （明）王佐撰

湄丘集 二卷 （明）邢宥撰

傳芳集 不分卷 （明）唐胄撰

第四集

天池草 不分卷 （明）王宏誨撰

第五集

陳中祕稿 不分卷 （明）陳是集撰

陳檢討集 不分卷 （明）陳繗所

鍾筠溪集 不分卷 （明）鍾芳撰

張事軒集 不分卷 （明）張子冀撰

第六集

石湖遺稿 不分卷 （明）鄭廷鵠撰

北泉草堂遺稿 不分卷 （明）林士元撰

梁中丞集 不分卷 （明）梁雲龍撰

許忠直公遺集 不分卷 （明）許子偉撰

松谿小草 不分卷 （清）王懋曾撰

揚齋集 不分卷 （清）王承烈撰

第七集

筠心堂文集 二卷 （清）張岳崧撰

第八集

闡道堂遺稿 不分卷 （清）雲茂琦撰

第九集

白鶴軒集 不分卷 （清）韓錦雲撰

志親堂集 不分卷 （清）林燕典撰

抱經閣集 不分卷 （清）馮驥聲撰

7760

甘泉全集 三種 一百七十卷

（明）增城湛若水撰

清同治五年（1866）資政堂刊本

國圖、科圖等

子目：

春秋正傳 三十七卷 末一卷

聖學格物通 一百卷

湛甘泉先生文集 三十二卷

7761

杭大宗叢書 八種 十八卷

（清）杭世駿撰

清乾隆中杭賓仁羊城刊本

粵圖、魯圖

子目：

諸史然疑 一卷

漢書蒙拾 三卷

後漢書蒙拾 二卷

石經考異 二卷
續方言 二卷
晉書補傳贊 一卷
文選課虛 四卷
榕城詩話 三卷

7762
古愚老人消夏録 十七種 六十七卷
（清）番禺汪汲撰
清乾隆嘉慶間古愚山房刊本
國圖、北大
子目：
事物原會 四十卷
嘉慶元年（1796）刊
十三經紀字 一卷
字典紀字 一卷
韻府紀字 一卷
壘字編 一卷
詞名集解 六卷 續編 二卷
宋樂類編 二卷
南北詞名宮調彙録 二卷
院本名目 一卷
雜劇待考 一卷
琴曲萃覽 一卷
樂府標源 二卷
樂府遺聲 一卷
漱經齋座右銘類編 一卷 續編 一卷
乾隆五十九年（1794）刊
解毒編 一卷
怪疾奇方 一卷
嘉慶六年（1801）刊
彙集經驗方 一卷

7763
賜書堂全集 八種 二十五卷
（清）海康陳昌齊撰
清刊本
國圖、清華
子目：
賜書堂全集鈔 六卷 詩鈔 一卷
測天約術 一卷
呂氏春秋正誤 一卷
楚辭音義 一卷
新論正誤 一卷
經典釋文附録 一卷
臨池瑣語 一卷
淮南子正誤 十二卷

7764
有竹居集 三種 十六卷
（清）任兆麟撰
清嘉慶二十四年（1819）兩廣節署刊本
粵圖、科圖
子目：
林屋詩藁 四卷
心齋文藁 九卷
雜著 三卷
聲音表 一卷
孟子時事略 一卷
蒼頡篇 一卷

7765
李綉子全書 四種 四十卷
（清）嘉應李黼平撰
清道光七年（1827）著花庵刊
川大
子目：
毛詩紬義 二十四卷
著花庵集 八卷
吳門集 八卷
南歸集 四卷

7766
順德李氏遺書 四種 四卷
（清）順德李文田撰
清光緒二十三年（1897）排印本
上圖、武大
子目：
西遊録注 一卷
朔方備乘札記 一卷
和林金石攷 一卷
和林詩 一卷

7767
藤花亭 十七種 九十五卷
（清）順德梁廷枏撰

清道光八年至十三年（1828—1833）刊本
國圖、北大
子目：
論語古解 十卷
南越五主傳 三卷
南越叢録 二卷
南漢書 十八卷
南漢書考異 十八卷
南漢叢録 二卷
南漢文字略 四卷
金石稱例 一卷
續金石稱例 一卷
碑文摘奇 一卷
書餘 一卷
東坡事類 二十二卷
曲話 五卷
江梅夢雜劇 一卷
圓香夢雜劇 一卷
曇花夢雜劇 一卷
斷緣夢雜劇 一卷
後附
錢塘女史檀氏遺詩 不分卷 （清）檀桂撰
白雲紀遇並附録 不分卷
雜劇九種 不分卷
三井得澍
龍井茶歌
祥徵冰繭
海宇歌
燈燃法界
葛嶺丹爐
仙醞延齡
瑞獻天台
瀛波清晏

7768
廣雅堂 四種 十五卷
（清）張之洞撰
民國南皮張氏刊本
國圖、粤圖、中大
子目：
廣雅堂駢體文 二卷 補遺 一卷
民國十年（1921）刊
廣雅堂散體文 二卷 附錄 一卷
民國十年（1921）刊
廣雅堂雜著 四卷
民國十一年（1922）刊
廣雅堂論金石札 五卷

7769
詠梅軒叢書 四種 八卷
（清）南海謝蘭生撰
清道光二十九年至三十年（1849—1850）詠梅軒刊本
北大、科圖
子目：
詠梅軒思忠録 二卷
軍興紀略 一卷
詠梅軒雜記 一卷 補遺 一卷
附
姚公遺蹟詩鈔 三卷 （清）姚懷祥撰
［按：孫殿起《叢書書目拾遺》卷九收録。此與《綜録》所收子目有異同。謝蘭生之著述自道光至光緒代有刊刻，或係隨刻隨印，故各家藏本多寡不一；且各編子目互有重複，未知究竟作過幾次彙編或彙印。僅所知見者，連同《綜録》已收，竟有五編之多，疑其中有藏書者或書賈所爲。爲備查檢，謹依時間先後序録之。］

7770
詠梅軒叢書 七種 十三卷
（清）南海謝蘭生撰
清道光間刊本
粤圖
子目：
仰觀録 四卷（第四卷附圖）
方輿紀略附邊海紀略邊疆説 一卷
方輿紀略續編 一卷
詠梅軒雜紀 一卷
軍興紀略 一卷
思忠録 二卷
姚公遺蹟詩鈔 三卷 （清）姚懷祥撰

7771
詠梅軒雜著 四種 八卷
（清）南海謝蘭生撰
清同治六年（1867）刊本
粵圖
子目：
　　十家語録摘要 二卷
　　詠梅軒劄記 一卷 劄記賸稿 一卷 增訂 一卷
　　〔詠梅軒〕仰觀續録 二卷
　　輿圖總論注釋 一卷

7772
脩本堂叢書 十種
（清）番禺林伯桐撰
清道光二十四年（1844）林世懋刊本
國圖、上圖
子目：
　　毛詩通攷 三十卷
　　毛詩識小 三十卷
　　冠昏喪祭儀考 十二卷
　　　品官家儀考 十二卷
　　　士人家儀考 四卷
　　　人家冠昏喪祭考 四卷
　　史記蠡測 一卷
　　供冀小言 一卷
　　脩本堂稿 五卷
　　月亭詩鈔 一卷 道光五年（1825）刊
　　古諺箋 十一卷 道光十八年（1838）刊
　　學海堂志 一卷 （清）陳灃續 道光十八年（1838）刊同治五年（1866）補刊
　　公車見聞録 一卷 道光十九年（1839）刊

7773
番禺陳氏東塾叢書 五種 三十四卷
（清）番禺陳灃撰
清咸豐至光緒間刊本
國圖、贛圖
子目：
　　漢儒通義 七卷 （清）陳灃輯
　　咸豐八年（1858）刊
　　聲律通考 十卷
　　咸豐十年（1860）刊
　　切韻考 六卷 外篇 三卷
　　光緒八年（1882）刊
　　漢書地理志水道圖説 七卷
　　考正德清胡氏禹貢圖 一卷 （清）陳宗誼撰
　　同治二年（1863）刊

7774
陳氏遺書 四種 五卷
（明）海陽陳廷策撰 （清）温迮壐編
清乾隆間刊本
叢廣
四書遺義 二卷
崇道編 一卷
弟子職 一卷
童蒙須知 一卷

7775
京塵雜録 四種 四卷
（清）梅州楊懋建撰
清光緒十二年（1886）上海同文書局石印本
港中文
子目：
　　長安看花記 一卷
　　辛壬癸甲録 一卷
　　丁年玉筍志 一卷
　　夢華瑣簿 一卷

7776
顧氏說文 二種 八卷
（清）顧廣圻撰
（清）香山劉履芬鈔本
上圖
子目：
　　說文攷異 五卷 附録 一卷
　　說文辨疑 一卷 條記 一卷

7777
縮印陶蘇詩合箋 二種 八卷
（清）順德温汝能撰

清光緒十八年（1892）上海五彩公司石印本
子目：
陶詩彙評 四卷
東坡和陶合箋 四卷

7778
星溪集略 七種 八卷
（清）番禺汪佑撰
稿本
福師
子目：
歷代相傳聖賢道統圖攷 一卷
傳經諸儒攷 一卷
樂經源流攷 一卷
方塘世系一脈述 一卷
按摩法 一卷
正字千文釋義 一卷
正字千家姓 一卷 （明）吳沈撰
附録 不分卷

7779
小四夢 四卷
（清）順德梁廷枏撰
清道光刊本
子目：
江梅夢雜劇 一卷
圓香夢雜劇 一卷
曇花夢雜劇 一卷
斷緣夢雜劇 一卷

7780
倭文端公遺書 十種 十四卷
（清）倭仁撰
清光緒元年（1875）至七年（1881）求我齋廣東刊本
宜昌師專
子目：
御題啟心金鑑 一卷 （清）倭仁輯
御題沃心金鑑 一卷 （清）倭仁輯
講義 一卷
奏疏 一卷
為大學指 一卷
日記 三卷 日記之餘 一卷
雜稿 一卷
吏治輯要 一卷
莎車行紀 一卷
嘉善録 一卷 補一卷

7781
四書講義 十一卷
（清）南海何文綺撰
（清）南海何氏自刊袖珍本
叢廣
子目：
大學 一卷
中庸 一卷
論語 二卷
孟子 七卷

7782
我佛山人筆記 四種 四卷
（清）南海吳沃堯撰
民國四年（1915）瑞華書局石印本
子目：
趼廛隨筆 一卷
趼廛續筆 一卷
中國偵探三十四案 一卷
上海三十年艷跡 一卷

7783
讀書堂叢刊 十二種 九十三卷
順德簡朝亮撰
清光緒至民國間讀書堂隨刊隨印本
叢廣
子目：
讀書堂集 十三卷 附註 三卷 梁應揚註
讀書草堂明詩 四卷（即詩評） 鉛印本
尚書集注述疏 三十二卷 首一卷 末二卷 附讀書堂答問 一卷
論語集注補正述疏 十卷 首一卷 附讀書堂答問 一卷
孝經集註述疏 一卷 附讀書堂答問 一卷
禮記子思子言鄭注補正 四卷
毛詩說習傳 一卷
朱子大學章句釋疑 一卷
纂修粵東簡氏大同譜 十三卷 鉛印本

順德簡岸簡氏家譜 五卷 鉛印本
朱九江集 十卷年譜 一卷 簡朝亮編 清光緒間刻
朱九江講學記 一卷 簡朝亮輯 清光緒間刻

（按：是書係隨刻隨印，未見總目録，僅見過其中某些零種。《綜録》收有《尚書》、《論語》、《考經》、《禮記》四種，總名《讀書堂叢刻》。）

7784
經義莛撞 三種 五卷
易順鼎撰
清光緒自刊本
叢廣
子目：
讀經瑣記 一卷 補遺 一卷
讀老札記 二卷
淮南子許注鈎沉 一卷

7785
文學小叢書 二種 四卷
梅縣古直撰
民國十五年（1926）上海聚珍仿宋字排印本
子目：
漢詩研究 二卷
陶詩研究 二卷

7786
學壽堂叢書 十二種
（清）番禺徐紹楨撰
清咸豐至光緒間番禺徐氏梧州刊本
國圖、北大
子目：
通介堂經説 三十七卷 （清）徐灝撰
咸豐四年（1854）刊
樂律攷 二卷 （清）徐灝撰
同治三年（1864）刊
靈州山人詩録 六卷 （清）徐灝撰
同治三年（1864）刊
四書質疑 十九卷
光緒九年（1883）刊
孝經質疑 一卷
光緒十年（1884）刊
後漢書朔閏攷 五卷
光緒十七年（1891）刊
三國志質疑 六卷
光緒十二年（1886）刊
勾股通義 三卷
光緒十四年（1888）刊
學一齋算課草 四卷 （清）徐紹楨輯
光緒二十三年（1897）刊
學一齋勾股代數草 二卷 （清）嚴杏林等撰
學一齋算學問答 一卷 （清）徐紹楨輯
光緒二十五年（1899）刊
算學報 三卷 （清）朱憲章輯

7787
小瀛壺仙館叢刊 十種 十九卷
澄海蔡卓勛撰
民國十四年（1925）嶺東蔡氏排印本
上圖、復旦
子目：
瀛壺文鈔 一卷 閑閑録 一卷
瀛壺詩鈔 八卷
侍齋文鈔 一卷 詩鈔 一卷 蔡少銘撰
侍齋古今詩鈔 一卷 蔡少銘撰
寄樓鱗爪集 一卷
塵影 一卷
瀛壺聯鈔 一卷
花拾遺 一卷
鶺夢影 一卷
一家言 一卷

7788
寓園叢書 七種 八十五卷
東莞張其淦撰
民國十九年（1930）排印本
杭大
子目：
邵村學易 二十卷
洪範微 二卷
左傳禮説 十卷
明代千遺民詩詠初編 十卷 二編 十卷

三編 一卷
松柏山房駢體文鈔 四卷
邵村詠史詩鈔 十八卷
邵村壽言二集 十卷 祁正輯

7789
何筆山詩文集 七種 三十卷
（清）順德何焱撰
清道光間刊本
北大
子目：
講易見心 一卷
照中樓文集 一卷
理學精醇 一卷
格言輯要 一卷
先正模範 十二卷
王文成公雜詠 二卷
何筆山詩集 四卷

7790
孔廣陶手稿 五種 五卷（或名《孔少唐存稿五種》）
（清）南海孔廣陶撰
稿本
上圖
子目：
撵石齋續藏諸帖 一卷
宋藏山藏帖 一卷
停雲館帖記 一卷
蘇詩注内所缺須查補 一卷
天禄琳琅鑒藏舊版書籍 一卷

7791
海國四説 十四卷
（清）順德梁廷枏撰
清道光二十六年（1846）刊本
粤圖、國圖、遼圖
子目：
耶穌教難入中國説 一卷
合省國説 三卷
蘭崙偶説 四卷
粤道貢國説 六卷

7792
嶺海異聞録 五種 十一卷
（清）陳坤輯
清光緒中刊本
上圖
子目：
澳門紀略 二卷 （清）印光任、（清）張汝霖撰
光緒十年（1884）刊
連山綏猺廳志 一卷 （清）姚柬之撰
光緒十三年（1887）刊
虔鎮圖 一卷 （清）陳坤輯
治黎輯要六卷 （清）陳坤輯
光緒十五年（1889）刊
黎岐紀聞 一卷 （清）張慶長撰

7793
國學别録 三種 三卷
惠陽方元撰
民國十七年（1928）惠陽方氏山山館排印本
清華、南大
子目：
荀子非十二子篇釋 一卷
淮南子要略篇釋 一卷
史公論六家要指篇釋 一卷
大廣益會玉篇 三十卷 （宋）陳彭年等重修
干禄字書 一卷 （唐）顔元孫撰
五經文字 三卷 （唐）張參撰
新加九經字樣 一卷 （唐）唐玄度撰
大宋重修廣韻 五卷 （宋）陳彭年等重修
據張氏澤存堂本重刊
廣韻 五卷 （宋）陳彭年等重修
據明内府本重刊

7794
南海桂氏經學 六種 六卷
（清）南海桂文燦撰
清咸豐光緒間刊本
上圖、南圖
子目：
鄭氏詩箋禮注異義考 一卷

孝經集解 一卷
潛心堂集 一卷
孟子趙注考證 一卷
弟子職解詁 一卷
先考皓庭府君（桂文燦）事略 一卷 （清）桂壇等撰

7795
桂皓庭叢稿 七種 二十五卷
（清）南海桂文燦撰
稿本（存七種十四卷）
中大
子目：
毛詩釋地 四卷（鈔本）
周禮今釋 五卷（鈔本）
孝經集證 四卷（存一卷）（鈔本）
群經補正 二卷（存一卷）（鈔本）
牧令芻言 一卷（稿本）
海防事宜 一卷（鈔本）
桂皓庭集 八卷（存一卷）（稿本）

7796
南海桂子白先生遺稿 十二種 三十五卷
（清）南海桂文燦撰
稿本
科圖
子目：
經學博采録 十一卷
孝經集證 四卷
海防事宜 一卷
易大義補 一卷
孟子趙注考證 一卷
發墨守評 一卷
箴膏肓評 一卷
四書集注箋 四卷
説文部首句讀 一卷
周禮今釋 五卷
周禮通釋 四卷
條陳 一卷

7797
桂氏經學叢書（一名《桂氏遺書》）十八種 六十八卷
（清）南海桂文燦撰
清咸豐同治間刊光緒間補刊本
易大義補 一卷
禹貢川澤考 二卷
毛詩釋地 六卷
鄭氏詩箋禮注異義考 一卷
周禮今釋 六卷
箴膏肓評 一卷
起廢疾評 一卷
發墨守評 一卷
論語皇疏考證 十卷
孝經集證 四卷
孝經集解 一卷
孟子趙注考證 一卷
群經補證 六卷
附
經學博采録 十二卷
潛心堂集 十二卷
弟子職解詁 一卷
漸齋詩鈔 一卷 清桂鴻撰
說文部首句讀 一卷
（按：是編各種非刻於一時，故各家藏本品種多寡不一。此據孫殿起《叢書書目拾遺》卷一著録。）

7798
李氏 五種 三十八卷
（清）李兆洛撰
清光緒四年（1878）順德馬貞榆重刊本
粤圖、北師大
子目：
歷代地理志韻編今釋 二十卷
皇朝輿地韻編 二卷
歷代地理沿革圖 一卷 （清）六承如撰 （清）馬徵麟增輯
皇朝一統輿圖 一卷
紀元編 三卷 末一卷 （清）六承如録

7799
希山叢著 五種 十一卷
興寧羅師揚撰
民國二十五年（1936）興寧羅氏排印本
國圖、北大

子目：
山廬文鈔 五卷 詩鈔 一卷
亞洲史 二卷
寧東羅譜禮俗譜 一卷
興民學校小史 一卷
附
先考幼山府君（羅師揚）年譜 一卷
羅香林撰

7800
說劍堂著書 十四種 十四卷
番禺潘飛聲撰
清光緒二十四年（1898）仙城藥洲刊本
科圖、清華等
子目：
老劍文稿 一卷
西海紀行 一卷
天外歸槎録 一卷
遊薩克遜日記 一卷
香海集 一卷
遊樵漫草 一卷
悼亡百韻 一卷
論粵東詞絶句 一卷
柏林竹枝詞 一卷
海上秋吟 一卷
海山詞 一卷
花語詞 一卷
珠江低唱 一卷
長相思詞 一卷

7801
菽園著書 五種 十六卷
澄海邱煒萲撰
清光緒二十七年（1901）排印本
上圖、南大
子目：
菽園贅談 七卷
答粵督書 一卷
庚寅偶存 一卷
壬辰冬興 一卷
揮麈拾遺 六卷

7802
綉詩樓叢書 三十六種
饒平陳步墀編撰
清宣統至民初印本
粵圖、港大、港中文
子目：
綉詩樓詩 五卷
週伍西阡記
綉詩樓二集 三卷
寒木春華齋詩 一卷
課孫草
雙谿詞 三卷
素絢女子課本
十萬金鈴館詞 二卷
茅茨集 二卷
宋臺集 一卷
宋臺秋唱 三卷
半讀堂文存 二卷
有光集
歲寒堂壽言
陳文良公集
劉太夫人榮哀録
（按：此叢書輯有三十種，有卷次與無卷次，有鉛印、石印本，此録潮人著作，非潮人著作暫不載。）

7803
勵耘書屋叢刻二集 八種 五十六卷
新會陳垣撰
民國刊本
北大、上圖
子目：
第一集
元西域人華化考 八卷
民國二十三年（1934）勵耘書屋刊
元典章校補 十卷
民國二十年（1931）國立北京大學研究所刊
元典章校補釋例 六卷
民國二十三年（1934）國立中央研究院歷史語言研究所刊

第二集
史諱舉例 八卷
民國二十二年（1933）勵耘書屋刊
舊五代史輯本發覆 三卷
民國二十六年（1937）北京輔仁大學刊
附
薛史輯本避諱例 一卷
吳漁山先生年譜 二卷
民國二十六年（1937）北京輔仁大學刊
附
墨井集源流考 一卷
釋氏疑年録 十二卷 通檢 一卷
民國二十八年（1939）輔仁大學刊
清初僧諍記 三卷 表一卷
民國二十三年（1934）勵耘書屋刊

7804
天馬山房叢書 六種 九卷
臺山馬敘倫撰
民國排印本
上圖、魯圖
子目：
莊子年表 一卷
莊子佚文 一卷
鄧析子校録 二卷 補遺 一卷
列子僞書考 一卷
修辭九論 一卷
天馬山房文存 二卷

7805
隅樓叢書 四種 十卷
梅縣古直撰
民國十五年至十七年（1926—1928）上海聚珍仿宋書局排印本
清華、上圖
子目：
陶靖節詩箋 四卷 餘錄 一卷 校勘記 一卷 （晉）陶潛撰、古直注
陶靖節年譜 一卷
黄公度先生詩箋 三卷 （民國）黄遵憲撰
詩品箋 三卷

7806
張南山全集 十三種
（清）番禺張維屏撰
清道光咸豐間刊本
清華、杭大
子目：
松心文鈔 十卷 咸豐七年（1857）刊
松心詩集 二十二卷 道光三十年（1850）刊
國朝詩人徵略初稿 六十卷 道光十年（1830）刊
聽松廬詩鈔 十六卷
松心詩録 十卷 道光三十年（1850）刊
松心雜詩 不分卷
聽松廬駢體文鈔 四卷 道光二十三年（1843）刊
聽松詩話 一卷
藝談録 二卷
花甲閒談 十六卷 道光十九年（1839）刊
桂遊日記 三卷 道光十七年（1837）刊
春遊唱和詩 不分卷 道光二十六年（1846）刊

7807
海雅堂全集 五種 七十六卷
（清）番禺凌揚藻撰
清道光中刊本
國圖、清華
子目：
蠡洲花農詩略 六卷 文略 十六卷 文略續 六卷
拄楣蓛記 六卷
春秋咫聞鈔 十二卷
四書紀疑録 六卷
國朝嶺海詩鈔 二十四卷 （清）凌揚藻輯

7808

味根山房全集 五種 二十四卷

（清）番禺史善長撰

清光緒中番禺史氏刊本

上圖、豫圖

子目：

味根山房詩鈔 九卷 文集 一卷

輪臺雜記 二卷

東還紀略 一卷

趨庭瑣語 八卷 （清）史澄撰 光緒十一年（1885）繼園刊

退思軒詩存 一卷 試帖 二卷 （清）史澄撰

7809

何宮贊遺書 六種 十一卷

（清）番禺何若瑤撰

清光緒八年（1882）何雲旭刊書

國圖、北大

子目：

春秋公羊注疏質疑 二卷

前漢書注考證 一卷

後漢書注考證 一卷

海陀華館文集 一卷 詩集 三卷

隙亭臏草 一卷 襍言 一卷 （清）何森撰

先世事略 一卷

7810

面城樓叢刊 三種 十九卷

（清）南海曾釗撰

清嘉慶道光間南海曾氏面城樓刊本

國圖

子目：

字林 七卷 首一卷 （晉）呂忱撰 （清）曾釗校增 嘉慶二十四年（1819）刊

周易虞氏義箋 九卷

詩毛鄭異同辨 二卷

7811

孔少唐存稿 五種 五卷

（清）南海孔廣陶撰

稿本

上圖

子目：

葎石齋續藏諸帖 一卷

宋藏山藏帖 一卷

停雲館帖記 一卷

蘇詩注內所缺須查補 一卷

天祿琳琅鑒藏舊版書籍 一卷

藏書單位名稱對照表

國　圖：國家圖書館
國一檔：國家第一檔案館
歷　博：中國歷史博物館
國文遺：國家文化遺產局
黨　校：中共中央黨校圖書館
科　圖：中國科學院圖書館
社　科：中國社會科學院圖書館
文學所：中國社會科學院文學研究所
歷史所：中國社會科學院歷史研究所
近代史所：中國社會科學院近代史研究所
地理所：中國社會科學院地理研究所
文藝院：文化部文學藝術研究院圖書館
故　宫：北京故宫博物院圖書館
醫科院：中國醫學科學院圖書館
首　圖：首都圖書館
北　大：北京大學圖書館
清　華：清華大學圖書館
人　大：中國人民大學圖書館
北師大：北京師範大學圖書館
民　院：中央民族大學圖書館
北中醫：北京中醫藥大學圖書館
科　大：北京科技大學圖書館
中醫院：北京中醫研究院圖書館
北文局：北京市文物局
上　圖：上海圖書館
上　博：上海博物館
復　旦：復旦大學圖書館
華東師大：華東師範大學圖書館
上海師大：上海師範大學圖書館
上海醫大：上海中醫藥大學圖書館
辭　書：上海辭書出版社圖書館
津　圖：天津人民圖書館
南　開：南開大學圖書館
津　師：天津師範大學圖書館
河北大：河北大學圖書館
豫　圖：河南省圖書館
新　鄉：河南省新鄉市圖書館
晉　圖：山西省圖書館
晉文物局：山西省文物局
晉　大：山西大學圖書館
祁　縣：山西省祁縣圖書館
臨　猗：山西省臨猗縣圖書館
遼　圖：遼寧省圖書館
遼　大：遼寧大學圖書館
瀋　圖：遼寧省瀋陽市圖書館
大連圖：遼寧省大連市圖書館
丹東圖：遼寧省丹東市圖書館
錦　圖：遼寧省錦州市圖書館
錦　師：遼寧省錦州師範大學圖書館
吉　圖：吉林省圖書館
吉　社：吉林省社會科學院圖書館
吉　大：吉林大學圖書館
東北師大：東北師範大學圖書館
長　圖：吉林省長春市圖書館
吉市圖：吉林省吉林市圖書館
黑　圖：黑龍江省圖書館
哈　圖：黑龍江省哈爾濱市圖書館
哈　大：哈爾濱大學圖書館
哈　師：哈爾濱師範大學圖書館
哈軍工：哈爾濱軍事工程大學圖書館
陝　圖：陝西省圖書館
西安文管會：陝西省西安市文物管理委員會
西北大：西北大學圖書館
魯　圖：山東省圖書館
魯　博：山東省博物館
濟　圖：山東省濟南市圖書館
山　大：山東大學圖書館
山　師：山東師範大學圖書館
文　登：山東省文登縣圖書館
曹　縣：山東省曹縣圖書館

安　丘：山東省安丘縣圖書館
青　博：山東省青島市博物館
南　圖：南京圖書館
南　博：南京市博物館
南太博：南京太平天國歷史博物館
南地所：南京地理研究所
蘇　圖：蘇州市圖書館
蘇　博：蘇州市博物館
南　大：南京大學圖書館
南京師大：南京師範大學圖書館
無　圖：江蘇省無錫市圖書館
揚　圖：江蘇省揚州市圖書館
揚　博：江蘇省揚州市博物館
常熟圖：江蘇省常熟市圖書館
吳　縣：江蘇省吳縣圖書館
如　皋：江蘇省如皋市圖書館
江蘇師大：江蘇師範大學圖書館
浙　圖：浙江省圖書館
杭　圖：浙江省杭州市圖書館
杭　大：杭州大學圖書館
温　圖：浙江省温州市圖書館
寧　圖：浙江省寧波市圖書館
臨海博：浙江臨海博物館
天　一：寧波天一閣
紹　圖：浙江省紹興市圖書館
紹　魯：浙江省紹興魯迅圖書館
皖　圖：安徽省圖書館
皖　博：安徽省博物館
安　圖：安徽省安慶市圖書館
贛　圖：江西省圖書館
廬　圖：江西廬山市圖書館
閩　圖：福建省圖書館
福建師大：福建師範大學圖書館
厦　圖：福建省厦門市圖書館
厦　大：厦門大學圖書館
鄂　圖：湖北省圖書館
武　漢：武漢市圖書館
武　大：武漢大學圖書館
宜昌師專：湖北省宜昌師範專科學校
湘　圖：湖南省圖書館
湘　大：湖南大學圖書館
湘社科：湖南省社會科學院圖書館
湘師大：湖南師範大學圖書館
桂　博：廣西壯族自治區博物館
桂　檔：廣西壯族自治區檔案館
重　慶：重慶市圖書館
川　圖：四川省圖書館
川　大：四川大學圖書館
榮　縣：四川省榮縣文化館
滇　圖：雲南省圖書館
甘　圖：甘肅省圖書館
內　圖：內蒙古自治區圖書館
海　師：海南師範大學圖書館
云　大：云南大學圖書館
貴　博：貴州省博物館
黔師大：貴州師範大學圖書館
新　圖：新疆維吾爾自治區圖書館
港中文：香港中文大學圖書館
港中山：香港中山圖書館
港中央：香港中央圖書館
港　大：香港大學馮平山圖書館
港學海：香港學海書樓
港　文：香港文物展覽會
浸　大：香港浸會大學圖書館
港嶺大：香港嶺南大學圖書館
港科大：香港科技大學圖書館
澳政署：澳門行政總署圖書館
澳聖約：澳門聖約瑟修院
澳利氏：澳門利氏蒙學社圖書館
普　濟：澳門普濟禪院
澳　大：澳門大學圖書館
澳中央：澳門中央圖書館
臺　灣：臺灣“中央”圖書館
臺　宫：臺灣故宫博物院
臺　大：臺灣大學圖書館
臺　師：臺灣師範大學圖書館
臺　防：臺灣“國防研究院”圖書館
臺　研：臺灣“中央研究院”歷史語言研究所
臺　傅：臺北傅斯年圖書館
臺“國圖”：臺灣“國家圖書館”

粤　圖：廣東省立中山圖書館
粤　博：廣東省博物館
粤　社：廣東省社會科學院圖書館

粵文館：廣東省文史研究館
粵劇博：廣東粵劇博物館
廣藝博：廣州省藝術博物館
中　大：中山大學圖書館
華　師：華南師範大學圖書館
華　農：華南農業大學圖書館
廣　外：廣東外語外貿大學圖書館
廣中醫：廣州中醫藥大學圖書館
暨　大：暨南大學圖書館
廣　圖：廣州市圖書館
廣　大：廣州大學圖書館
佛　圖：廣東省佛山市圖書館
佛　博：廣東省佛山市博物館
汕　圖：廣東省汕頭市圖書館
汕　頭：汕頭大學圖書館
汕文局：廣東省汕頭市文化局
文化局：廣東省高要縣文化館
揭　博：廣東省揭陽市博物館
榕城區圖：廣東省揭陽市榕城區圖書館
河婆中學：揭西河婆中學圖書館
順　圖：廣東省佛山市順德圖書館
順　博：廣東省佛山市順德博物館
潮　圖：廣東省潮州市圖書館
潮　博：廣東省潮州市博物館
庵埠文化站：廣東省潮安縣庵埠文化站
新　會：廣東省新會景堂圖書館
普　寧：廣東省普寧市圖書館
劍英圖：廣東省梅州市葉劍英圖書館
高要圖：廣東省高要市圖書館

日國會：日本國立國會圖書館
日内閣：日本内閣文庫
日宫内：日本宫内廳書部
靜　嘉：日本靜嘉堂文庫
尊　經：日本尊經閣文庫
東　洋：日本東洋文庫
東　研：日本東京大學東洋文化研究所
東　文：日本東方文化研究所
神　户：日本神户外國語學院圖書館
大阪府圖：日本大阪府立圖書館
京　都：日本京都大學人文所
天　理：日本天理私藏書
波多野：日本波多野藏書
關　西：日本關西大學圖書館
公　文：日本公文書館
東京都圖：日本東京都圖書館
韓　國：韓國漢城國立中央圖書館
愛知文：韓國漢城愛知大學圖書館
美國會：美國國會圖書館
哈　燕：美國哈佛燕京學社漢和圖書館
普　葛：美國普林斯頓大學葛思德東方圖書館
加州東亞：美國加利佛尼亞州東亞圖書館
加大博：美國加州大學伯克利分校博物館
耶　魯：美國耶魯大學圖書館
哥　比：美國哥倫比亞大學圖書館
猶他譜：美國猶他州族譜學會
加英哥大：加拿大英屬哥倫比亞大學亞洲研究所書目
英　博：英國博物館
英國會：英國國會圖書館
英不博：英國不列顛博物館
英皇亞：英國皇家亞洲學會
法國會：法國巴黎國會圖書館
葡國圖：葡萄牙國家圖書館
馬來大：馬來西亞馬來大學圖書館
梵蒂岡：意大利梵蒂岡圖書館

俗目：中國俗曲總目
叢廣：中國叢書廣録
廣文：廣州文獻書目提要
黄目：廣東文獻知見録（黄蔭普）
英目：阿英晚清戲曲小説目
徐氏南州書樓
汪氏家族
喬林吟樓
汕頭愛祿堂
饒氏天嘯樓

個人：李一氓　汪宗衍　胡亦從　王貴忱
施蟄存　鄭振鐸　梁基永　劉斯翰
馬國權　楊傑祥

參考文獻

1. 中國古籍善本書目．中國古籍善本書目編輯委員會．上海：上海古籍出版社，1985—1995
2. 中國叢書綜録．上海圖書館編．上海：中華書局，1959
3. 中國叢書廣録．陽海清．武漢：湖北人民出版社，1999
4. 東北地區古籍綫裝書聯合目録．王榮國等主編．瀋陽：遼海出版社，2003
5. 廣東文獻綜録．駱偉主編．廣州：中山大學出版社，2000
6. 廣東文獻書目知見録．黄蔭普編．廣州：黄氏憶江南館，1972
7. 廣東文獻書目知見録：附補編．黄蔭普編．廣州：黄氏憶江南館，1978
8. 廣州大典文獻選目．廣州大典編輯委員會．打印本，2010—2012
9. 廣州文獻書目提要．李仲偉等編著．廣州：廣東人民出版社，2000
10. 佛山市圖書館地方文獻聯合目録．曾赤敏主編．佛山市圖書館編印，2004
11. 客家文獻綜録．廣東省立中山圖書館等編．香港：天馬圖書有限公司，1994
12. 潮汕文獻書目．廣東省立中山圖書館、汕頭圖書館等合編．廣州：廣東人民出版社，1994
13. 中山大學圖書館古籍善本書目．中山大學圖書館編．桂林：廣西師範大學出版社，2004
14. 廣東省社會科學院古籍善本書目．廣東省社會科學院．打印本，2008
15. 香港所藏古籍書目．賈晉華主編．上海：上海古籍出版社，2003
16. 清代稿鈔本三輯．廣東省立中山圖書館、中山大學圖書館合編．廣州：廣東人民出版社，2008
17. 廣東印譜考．冼玉清著．陳莉、謝光輝整理．北京：文物出版社，2010
18. 澳門古籍藏書．鄧駿捷著．香港：三聯書店，2012
19. 佛山藏木魚書目録與研究．曾赤敏、朱培建主編．廣州：廣州出版社，2009
20. 廣東説唱文學研究——木魚書目録．稻葉明子等編．東京：日本東京好文出版社，1995
21. 南音、龍舟和木魚的編寫．蔡衍棻．廣州：廣東人民出版社，1978
22. 香港古典詩文集經眼録．鄒穎文．北京：中華書局，2012
23. 杭州圖書館善本書目．杭州圖書館．杭州：西泠印社，2011（綫裝本）
24. 可居叢稿．王貴忱．廣州：廣東人民出版社，2011
25. 嶺南歷史文獻．羅志歡．廣州：廣東人民出版社，2006
26. 四庫全書總目．（清）永瑢等撰．北京：中華書局，1965
27. 廣東歷代著者要録：廣州府部．廣州圖書館．廣州：廣州人民出版社，2012
28. 嶺南文學史．陳永正．廣州：廣東高等教育出版社，1993
29. 廣東歷代地方志集成．廣東地方志辦公室輯．廣州：嶺南美術出版社，2007
30. 廣東女子藝文考．冼玉清．上海：商務印書館，1941
31. 嶺南才女．黄昏．廣州：廣東人民出版社，2002
32. 廣東方志要録．李默．廣州：廣州地方志編纂委員會鉛印本，1987
33. 廣東近現代人物詞典．倪俊明、沈錦鋒．廣州：廣東科技出版社，1991

34. 廣東書院制度. 劉伯驥. 臺北：“國立編譯館”中華叢書編審委員會，1978

35. 嶺南畫徵略，汪兆鏞. 廣州：廣東人民出版社，1988

36. 嶺南中醫. 沈英森主編. 廣州：廣東人民出版社，2000

37. 美國哈佛大學哈佛燕京圖書館中文善本書志. 沈津. 上海：上海辭書出版社，1999

38. 美國國會圖書館藏中國善本書目. 王重民. 臺北：文海出版社，1972

39. “國立中央圖書館”臺灣分館綫裝書目録. “國立中央圖書館”臺灣分館. 臺北：“國立中央圖書館”臺灣分館，1991

40. 日本藏漢籍珍本追蹤紀實——嚴紹璗海外訪書志. 嚴紹璗. 上海：上海古籍出版社，2005

41. 日本見藏稀見中國地方志書録. 崔建英. 北京：書目文獻出版社，1986

42. 清人筆記條辨. 張舜徽. 北京：中華書局，1986

43. 清人文集別録. 張舜徽. 北京：中華書局，1963

44. 歷代寓穗名流. 李小松. 香港：南粵出版社，1985

45. 古籍珍稀版本知見録. 施廷鏞. 北京：北京圖書館出版社，2005

46. 中國古代的學校、書院及其刻本研究. 趙連穩、朱耀廷. 北京：光明日報出版社，2007

47. 廣東研究參考資料敘録：史地篇初編. 李景新. 廣州：蔚興印書局，1937

48. 廣東文徵. 吳道鎔. 香港：香港中文大學出版部，1973

49. 廣東文徵續編. 許衍董. 香港：廣東文徵編印委員會，1987

50. 學海書樓藏廣東文獻書籍目録. 鄧又同. 香港：學海書樓，1995

51. 廣東文徵作者考. 吳道鎔. 1941（鉛印本）

52. 海南師範大學館藏海南地方文獻古籍綫裝書目提要. 陳秀雲. 海南：海南出版社，2007

53. 廣東省立中山圖書館古籍善本書目. 廣東省立中山圖書館. 北京：國家圖書館出版社，2012

54. 海南地方文獻書目提要. 何卜吉. 海南：海南出版社，2008

55. 澳門大學圖書館古籍特藏圖録. 澳門大學圖書館. 澳門：2006（彩印本）

56.（澳門）何東圖書館藏中國古籍展覽目録. 澳門中央圖書館. 澳門：2000（彩印本）

57.（澳門）劉羨冰女士贈書目録. 澳門中央圖書館編. 澳門：2002（彩印本）

58. 簡明廣東史. 蔣祖緣、方志欽. 廣州：廣東人民出版社，1987

59.《廣東文獻綜録》詞類書目補正. 謝永芳. 圖書館論壇，2010（1）

60. 不列顛哥倫比亞大學的中文特藏. 劉靜. 中文古籍整理與版本目録學國際學術研討會論文集. 桂林：廣西師範大學出版社，2013

61. 南海孔氏嶽雪樓叢鈔散出本知見録. 謝暉. 廣東史志，2000（1）

62. 南海孔氏嶽雪樓鈔本四海遺珍録. 趙燦鵬. 廣東史志，2007（4）

63. 廣東省第一批珍貴古籍名録圖録. 廣東省立中山圖書館、廣東省古籍保護中心. 廣州：廣東人民出版社，2012

64. 江蘇首批、二批、三批國家珍貴古籍名録圖録. 江蘇省文化廳、江蘇省古籍保護中心. 南京：鳳凰出版社，2008

65. 天津圖書館古籍善本圖録. 天津圖書館編. 天津：天津古籍出版社，2009

書名索引

D

G

H

J

K

N

R

責任者索引

D

O

P

R

T

W